2014—2015年
中国工业和信息化发展
系列蓝皮书

中国信息化发展水平评估蓝皮书（2014年）

The Blue Book on the Development of Informatization in China(2014)

中国电子信息产业发展研究院　编著

主　编／　樊会文
副主编／　陆　峰

人民出版社

责任编辑：邵永忠

封面设计：佳艺堂

责任校对：吕　飞

图书在版编目（CIP）数据

中国信息化发展水平评估蓝皮书 . 2014 年 / 樊会文 主编；

中国电子信息产业发展研究院 编著 .—北京：人民出版社，2015. 7

ISBN 978-7-01-014979-0

Ⅰ . ①中… Ⅱ . ①樊… ②中… Ⅲ . ①信息化进程—白皮书—

中国— 2014 Ⅳ . ① G203

中国版本图书馆 CIP 数据核字（2015）第 141389 号

中国信息化发展水平评估蓝皮书（2014年）

ZHONGGUO XINXIHUA FAZHAN SHUIPING PINGGU LANPISHU (2014NIAN)

中国电子信息产业发展研究院　编著

樊会文　主编

人民出版社 出版发行

（100706　北京市东城区隆福寺街 99 号）

北京艺辉印刷有限公司印刷　新华书店经销

2015 年 7 月第 1 版　2015 年 7 月北京第 1 次印刷

开本：710 毫米 × 1000 毫米　1/16　印张：33

字数：552 千字

ISBN 978-7-01-014979-0　定价：158.00 元

邮购地址　100706　北京市东城区隆福寺街 99 号

人民东方图书销售中心　电话（010）65250042　65289539

代 序

大力实施中国制造2025　加快向制造强国迈进
——写在《中国工业和信息化发展系列蓝皮书》出版之际

制造业是国民经济的主体，是立国之本、兴国之器、强国之基。打造具有国际竞争力的制造业，是我国提升综合国力、保障国家安全、建设世界强国的必由之路。新中国成立特别是改革开放以来，我国制造业发展取得了长足进步，总体规模位居世界前列，自主创新能力显著增强，结构调整取得积极进展，综合实力和国际地位大幅提升，行业发展已站到新的历史起点上。但也要看到，我国制造业与世界先进水平相比还存在明显差距，提质增效升级的任务紧迫而艰巨。

当前，全球新一轮科技革命和产业变革酝酿新突破，世界制造业发展出现新动向，我国经济发展进入新常态，制造业发展的内在动力、比较优势和外部环境都在发生深刻变化，制造业已经到了由大变强的紧要关口。今后一段时期，必须抓住和用好难得的历史机遇，主动适应经济发展新常态，加快推进制造强国建设，为实现中华民族伟大复兴的中国梦提供坚实基础和强大动力。

2015年3月，国务院审议通过了《中国制造2025》。这是党中央、国务院着眼国际国内形势变化，立足我国制造业发展实际，做出的一项重大战略部署，其核心是加快推进制造业转型升级、提质增效，实现从制造大国向制造强国转变。我们要认真学习领会，切实抓好贯彻实施工作，在推动制造强国建设的历史进程中做出应有贡献。

一是实施创新驱动，提高国家制造业创新能力。把增强创新能力摆在制造强国建设的核心位置，提高关键环节和重点领域的创新能力，走创新驱动发展道路。加强关键核心技术研发，着力攻克一批对产业竞争力整体提升具有全局性影响、带动性强的关键共性技术。提高创新设计能力，在重点领域开展创新设计示范，推广以绿色、智能、协同为特征的先进设计技术。推进科技成果产业化，不断健全以技术交易市场为核心的技术转移和产业化服务体系，完善科技成果转化协同推进机制。完善国家制造业创新体系，加快建立以创新中心为核心载体、以公共服务平台和工程数据中心为重要支撑的制造业创新网络。

二是发展智能制造，推进数字化网络化智能化。 把智能制造作为制造强国建设的主攻方向，深化信息网络技术应用，推动制造业生产方式、发展模式的深刻变革，走智能融合的发展道路。制定智能制造发展战略，进一步明确推进智能制造的目标、任务和重点。发展智能制造装备和产品，研发高档数控机床等智能制造装备和生产线，突破新型传感器等智能核心装置。推进制造过程智能化，建设重点领域智能工厂、数字化车间，实现智能管控。推动互联网在制造业领域的深化应用，加快工业互联网建设，发展基于互联网的新型制造模式，开展物联网技术研发和应用示范。

三是实施强基工程，夯实制造业基础能力。 把强化基础作为制造强国建设的关键环节，着力解决一批重大关键技术和产品缺失问题，推动工业基础迈上新台阶。统筹推进"四基"发展，完善重点行业"四基"发展方向和实施路线图，制定工业强基专项规划和"四基"发展指导目录。加强"四基"创新能力建设，建立国家工业基础数据库，引导产业投资基金和创业投资基金投向"四基"领域重点项目。推动整机企业和"四基"企业协同发展，重点在数控机床、轨道交通装备、发电设备等领域，引导整机企业和"四基"企业、高校、科研院所产需对接，形成以市场促产业的新模式。

四是坚持以质取胜，推动质量品牌全面升级。 把质量作为制造强国建设的生命线，全面夯实产品质量基础，提升企业品牌价值和"中国制造"整体形象，走以质取胜的发展道路。实施工业产品质量提升行动计划，支持企业以加强可靠性设计、试验及验证技术开发与应用，提升产品质量。推进制造业品牌建设，引导企业增强以质量和信誉为核心的品牌意识，树立品牌消费理念，提升品牌附加值和软实力，加大中国品牌宣传推广力度，树立中国制造品牌良好形象。

五是推行绿色制造，促进制造业低碳循环发展。 把可持续发展作为制造强国建设的重要着力点，全面推行绿色发展、循环发展、低碳发展，走生态文明的发展道路。加快制造业绿色改造升级，全面推进钢铁、有色、化工等传统制造业绿色化改造，促进新材料、新能源、高端装备、生物产业绿色低碳发展。推进资源高效循环利用，提高绿色低碳能源使用比率，全面推行循环生产方式，提高大宗工业固体废弃物等的综合利用率。构建绿色制造体系，支持企业开发绿色产品，大力发展绿色工厂、绿色园区，积极打造绿色供应链，努力构建高效、清洁、低碳、循环的绿色制造体系。

六是着力结构调整，调整存量做优增量并举。把结构调整作为制造强国建设的突出重点，走提质增效的发展道路。推动优势和战略产业快速发展，重点发展新一代信息技术产业、高档数控机床和机器人、航空航天装备、海洋工程装备及高技术船舶、先进轨道交通装备、节能与新能源汽车、电力装备、新材料、生物医药及高性能医疗器械、农业机械装备等产业。促进大中小企业协调发展，支持企业间战略合作，培育一批竞争力强的企业集团，建设一批高水平中小企业集群。优化制造业发展布局，引导产业集聚发展，促进产业有序转移，调整优化重大生产力布局。积极发展服务型制造和生产性服务业，推动制造企业商业模式创新和业态创新。

七是扩大对外开放，提高制造业国际化发展水平。把提升开放发展水平作为制造强国建设的重要任务，积极参与和推动国际产业分工与合作，走开放发展的道路。提高利用外资和合作水平，进一步放开一般制造业，引导外资投向高端制造领域。提升跨国经营能力，支持优势企业通过全球资源利用、业务流程再造、产业链整合、资本市场运作等方式，加快提升国际竞争力。加快企业"走出去"，积极参与和推动国际产业合作与产业分工，落实丝绸之路经济带和21世纪海上丝绸之路等重大战略，鼓励高端装备、先进技术、优势产能向境外转移。

建设制造强国是一个光荣的历史使命，也是一项艰巨的战略任务，必须动员全社会力量、整合各方面资源、齐心协力、砥砺前行。同时，也要坚持有所为、有所不为，从国情出发，分步实施、重点突破、务求实效，让中国制造"十年磨一剑"，十年上一个新台阶！

工业和信息化部部长　苗圩

2015 年 6 月

前　言

一

2014 年，我国信息化发展呈现出新的特点，在国家各项信息化政策措施的强有力推动下，2014 年我国宽带网络覆盖范围不断扩大，传输速率和接入能力不断增强，信息技术创新应用不断加快，信息领域新产品、新服务、新业态大量涌现，信息通信产业实现跨越式发展，信息化已经成为推动产业升级和改善民生服务的重要推动力，成为提升国家综合实力的新引擎。

进入新时期，党和国家提出了信息化发展的新任务，中央网络安全和信息化领导小组成立标志着我国信息化发展进入一个崭新发展阶段；李克强总理在 2015 年政府工作报告中提出了制定"互联网＋"行动计划，希望用互联网推动经济转型发展；国务院已经出台《中国制造 2025》，对我国制造业信息化应用提出了更高发展要求。全面深化国民经济和社会各领域的信息化应用、提升各领域信息化水平将成为今后很长一段时期促进我国发展的重要任务之一。要实现信息化水平大幅提升，必须能够有科学合理的指标体系真实客观评价信息化发展水平，这需要我们结合国情、深入研究。为此，赛迪研究院在 2013 年开展全国信息化发展水平评估的基础上，进一步完善了信息化发展水平评估指标体系，并进行评估测算，力求全面真实地反映我国信息化发展水平。

二

实施信息化发展水平评估有利于掌握提高与国际社会对话的话语权。当前国际电信联盟、联合国经济与社会事务部、世界经济论坛等国际组织和美国、欧盟、加拿大、澳大利亚、日本等国家和地区的相关研究机构相继发布了信息化水平评估指标体系和国家（地区）信息化水平排名。此外，国际社会的一些知名公司，如国际数据集团、思科、通信地图等也提出了衡量国际信息水平的相关指数。国际组织、有关国家和智库发布的信息化水平排名都显示我国信息化发展排名呈现出"先上升、后下滑"的变动态势，特别是2007年后，排名连续下滑。评估结果部分反映了我国信息化发展进展，但也未充分考虑到我国人口基数大和区域发展不平衡等国情因素。因此，通过评估建立起适合我国国情的信息化发展水平指标体系，实现与国际主流信息化水平指数有效对接，有利于增强我国与国际对话交流的话语权。

实施信息化发展水平评估有利于各地查找信息化差距、发现问题、积极改进，推进发展方式转变和产业转型升级。信息化发展水平评估是推进信息化发展的重要抓手，有利于摸清各地信息化发展现状，及时发现存在问题，准确把握发展趋势和规律，引导政府部门找到发展方向和实现路径，制定具体有力的推进措施。同时，通过信息化水平的测算与评估，能极大地调动政府、企业和个人使用信息通信技术的积极性，推动信息产业发展，催生新兴产业和信息服务业，充分释放信息通信技术在我国经济发展方式和产业结构转型升级中的作用。

三

在部相关司局和各地工业和信息化主管部门的大力支持下，赛迪研究院编撰了《中国信息化发展水平评估蓝皮书（2014年）》。全书共分为三十四章：

第一章主要介绍信息化发展水平评估指标体系和计算方法。信息化发展水平评估指标体系主要由网络就绪度指数、信息通信技术应用指数、应用效益三类指标构成（包括三类20个指标）。

第二章对信息化发展水平评估结果进行综合分析。通过年度对比分析和区域横向比较，深入分析了2013年、2014年31个省（自治区、直辖市）信息化发展水平综合指数，总结归纳出我国信息化发展特点。

第三章至三十三章分别对31个省（自治区、直辖市）信息化发展情况进行剖析。对网络就绪度、信息通信技术应用和信息化应用效益三类指标进行分项比较和定量评价，评析2014年31个省（自治区、直辖市）的信息化优劣势，总结基本特征，并对各省推进信息化发展提出相关建议。

第三十四章结合本次信息化发展水平评估结果，根据当前信息化发展形势，分析我国信息化面临的五大转变和十大发展趋势。

　　建立科学的信息化发展水平评估指标体系是一次创造性的研究探索，也是一项长期的工作，由于信息技术发展很快，衡量信息化发展水平的指标也需要根据信息通信技术应用创新适当调整，我们会根据评估工作实践和各方面提出的宝贵意见，进一步修改完善评估指标体系和方法，力争形成既能科学准确地反映信息化发展实际水平，又能够保持稳定可比的信息化发展水平评估指标体系。

目 录

第一章　信息化发展水平评估指标体系

2014 年信息化发展水平评估指标体系在 2013 年评估的基础上进行了修改完善。目前，信息化发展水平评估指标分三级指标，一级指标分为三类指数，分别为网络就绪度指数、信息通信技术应用指数、应用效益指数。其中网络就绪度指数、信息通信技术应用指数、应用效益指数等三类指数权重各占 40%、40%、20%。其中一级指标 3 个、二级指标 12 个、三级指标 20 个。

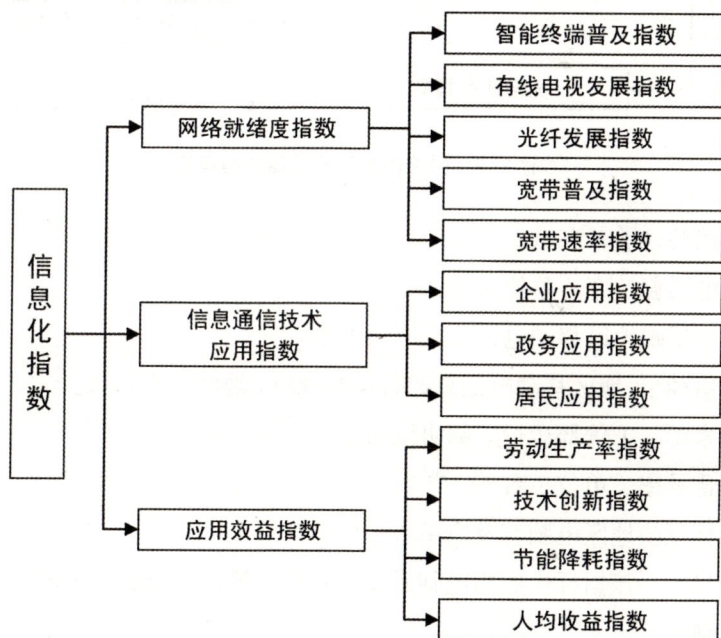

图1-1　信息化水平指标组成框架图

1

一、指标体系

（一）网络就绪度指数

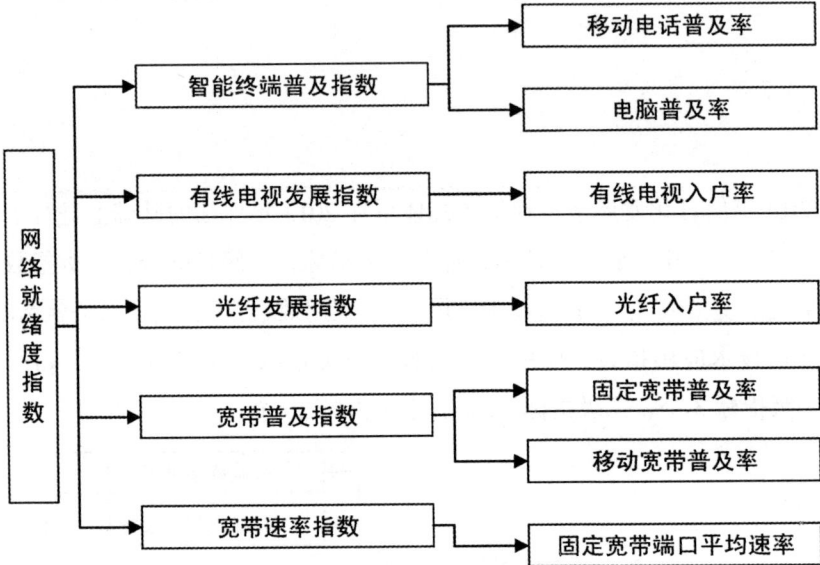

图1-2　网络就绪度指数组成框架图

1. 智能终端普及指数

移动电话普及率（单位：部/百人）

该指标反映地区移动电话普及应用水平。

统计口径：（地区移动电话总拥有量 *100）/地区总人口数。

数据来源：工信部运行监测协调局。

电脑普及率（单位：台/百户）

该指标反映地区电脑普及应用水平。

统计口径：该指标中所指电脑涵盖台式机、笔记本电脑、上网本、超级本以及平板电脑等。

数据来源：国家统计局。

2. 有线电视发展指数

有线电视入户率（单位：%）

该指标反映地区电视业务网络化应用水平。

统计口径：已经开通有线电视接入的用户数／地区总户数。

数据来源：地方经济和社会发展统计公报。

3. 光纤发展指数

光纤入户率（单位：%）

该指标反映地区光纤普及应用水平。

统计口径：已经开通光纤上网的用户数／地区总户数。已经开通光纤上网的用户是具有光纤接入能力并且开通光纤上网的用户。

数据来源：工信部运行监测协调局。

4. 宽带普及指数

固定宽带普及率（单位：%）

该指标反映地区固定宽带普及应用水平。

统计口径：互联网宽带接入用户数／地区总户数。

数据来源：工信部运行监测协调局。

移动宽带普及率（单位：%）

该指标反映地区移动宽带普及应用水平。

统计口径：地区3G及后续演进技术用户数／地区总人口数。

数据来源：工信部运行监测协调局。

5. 宽带速率指数

固定宽带端口平均速率（单位：Mbps）

该指标反映地区宽带平均接入速率。

统计口径：统计本地区各大互联网宽带服务提供商（不局限于电信、联通、移动、广电四大营运商）卖出的固定互联网宽带服务中平均每个宽带端口的名义速率（不是指实际下载速率）。

数据来源：工信部运行监测协调局。

（二）信息通信技术应用指数

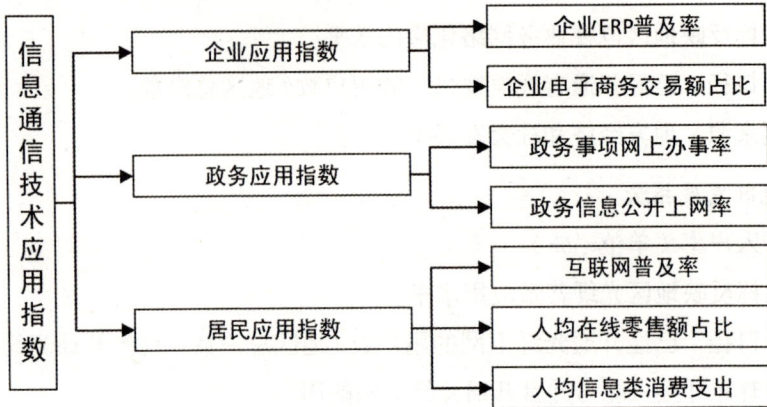

图1-3　信息通信技术应用指数组成框架图

6.企业应用指数

企业 ERP 普及率（单位：%）

该指标反映地区企业 ERP 应用水平。

统计口径：受调查的企业中广泛应用 ERP 的企业数/受调查的企业总数。企业广泛应用 ERP 是指物料需求计划、采购计划、主生产计划、销售执行计划、财务预算、人力资源计划等功能基本实现。

数据来源：信息化推进司区域"两化"融合水平评估企业调查数据。

企业电子商务交易额占比（单位：%）

反映地区企业采购销售信息化水平。

统计口径：受调查的企业中通过电子商务产生的采购和销售额/受调查的企业采购和销售额。

数据来源：信息化推进司区域"两化"融合水平评估企业调查数据。

7.政务应用指数

政务事项网上办事率（单位：%）

该指标反映地区政务部门对社会提供网上办事服务水平。

统计口径：全流程在线办理的政务事项/政务事项总数。全流程在线办理的政务事项是指政府对社会提供全流程网上办事服务的政务事项，网上办事全流程应覆盖五项服务，即办事指南、表格下载、网上咨询、网上申请、结果反馈。

数据来源：中国软件评测中心。

政府信息公开上网率（单位：%）

该指标反映地区政务部门政务信息公开电子化水平。

统计口径：地区政府网上信息公开总条数／地区政府信息公开总条数。

数据来源：中国软件评测中心。

8. 居民应用指数

互联网普及率（单位：%）

该指标反映地区居民互联网普及应用水平。

统计口径：有过上网经历的人数／地区人口总数。

数据来源：中国互联网络信息中心。

人均在线零售额占比（单位：%）

该指标反映地区人均网络购物消费水平。

统计口径：人均在线零售额／人均社会消费品零售总额。在线零售指通过在线支付购买的商品和服务价格总额。

数据来源：国家统计局。

人均信息类消费支出 [1]（单位：元／人·年）

该指标反映地区人均信息类消费水平。

统计口径：信息类消费包括三大类，即信息产品消费、信息服务消费、信息内容消费。其中信息产品包括计算机、手机、平板电脑、电视机、网络设备、软件产品等。信息服务消费包括通话服务（手机、固话等）、移动互联网服务（移动增值业务服务）、宽带网络服务、有线电视服务等。信息内容服务包括网络影音服务、游戏娱乐服务、数字图书服务、图书报刊等。

数据来源：工信部运行监测协调局。

---

[1]　目前该指标数据用人均电信业务支出来替代

（三）应用效益指数

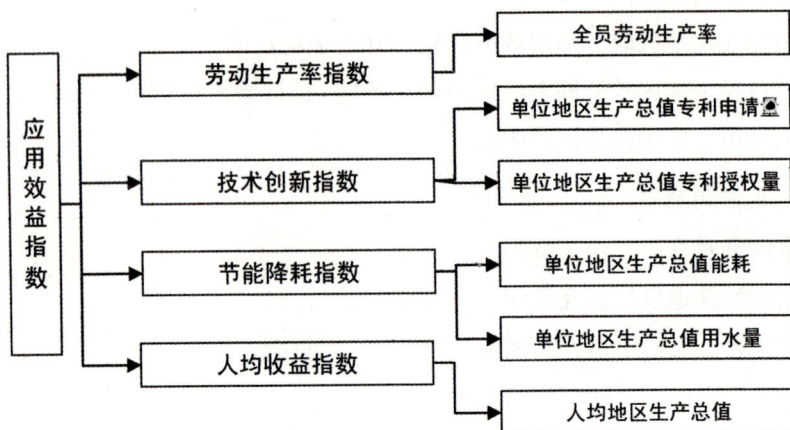

图1-4　应用效益指数组成框架图

9. 劳动生产率指数

全员劳动生产率（单位：元／人·年）

该指标反映地区从业人员的劳动生产效率水平。

统计口径：工业增加值／全员从业人员平均人数。

数据来源：国家统计局。

10. 技术创新指数

单位地区生产总值专利申请量（单位：个／亿元）

该指标反映地区研发创新水平。

统计口径：年度国内三种专利申请量／GDP。

数据来源：GDP取自国家统计局，年度国内三种专利申请授权量取自国家知识产权局。

单位地区生产总值专利授权量（单位：个／亿元）

该指标反映地区研发创新水平。

统计口径：年度国内三种专利申请授权量／GDP。

数据来源：GDP取自国家统计局，年度国内三种专利申请授权量取自国家知识产权局。

11. 节能降耗指数

单位地区生产总值能耗（单位：吨标准煤／万元）

表 1-1　信息化发展水平评估指标体系

一级指标	序号	二级指标	权重	序号	三级指标	权重	单位	指标说明	统计口径	数据来源
网络就绪度指数（40分）	1	智能终端普及指数	10	1	移动电话普及率	5	部/百人	反映地区移动电话普及应用水平	（地区移动电话总拥有量*100）/地区总人口数	工信部运行监测协调局
				2	电脑普及率	5	台/人	反映地区电脑普及应用水平	该指标中所指电脑涵盖台式机、笔记本电脑、上网本、超级本以及平板电脑等	国家统计局
	2	有线电视发展指数	6	3	有线电视入户率	6	%	反映地区电视网络化应用水平	已经开通有线电视接入的用户数/地区总户数	各省经济和社会发展统计公报
	3	光纤发展指数	8	4	光纤入户率	8	%	反映地区光纤普及应用水平	已经开通光纤上网的用户数/地区总户数	工信部运行监测协调局
	4	宽带普及指数	8	5	固定宽带普及率	4	%	反映地区固定宽带普及应用水平	互联网宽带接入用户数/地区总户数	工信部运行监测协调局
				6	移动宽带普及率	4	%	反映地区移动宽带普及应用水平	地区3G及后续演进技术用户数/手机用户总数	工信部运行监测协调局
	5	宽带速率指数	8	7	固定宽带端口平均速率	8	Mbps	反映地区宽带平均接入速率	统计本地区各大互联网宽带服务提供商卖出的固定互联网宽带服务中平均每个宽带端口的购买速率	工信部运行监测协调局
信息通信技术应用指数（40分）	6	企业应用指数	10	8	企业ERP普及率	5	%	反映地区企业ERP应用水平	受调查的企业中广泛应用ERP的企业广泛应用ERP的企业数/企业广泛应用ERP的企业数/企业总数。企业广泛应用ERP是指物料需求计划、主生产计划、采购计划，财务预算、人力资源计划等功能基本实现	信息化司"两化"融合企业调查数据
				9	企业电子商务交易额占比	5	%	反映地区企业采购销售信息化水平	受调查的企业通过电子商务产生的采购和销售额/受调查企业的采购和销售额	信息化司"两化"融合企业调查数据

（续表）

一级指标	序号	二级指标	权重	序号	三级指标	权重	单位	指标说明	统计口径	数据来源
信息通信技术应用指数（40分）	7	政务应用指数	10	10	政务事项网上办事率	5	%	反映地区政务部门对社会提供网上办事服务水平	全流程在线办理的政务事项项数总数。全流程在线提供全流程网上办理的政务事项是指政府对社会提供的政务服务，网上办事全流程覆盖五项服务，即办事指南、表格下载、网上咨询、网上申请、结果反馈	中国软件评测中心
				11	政府信息公开上网率	5	%	反映地区政务部门政务信息公开电子化水平	地区政府网上信息公开总条数数/地区政府信息公开总条数	中国软件评测中心
				12	互联网普及率	8	%	反映地区居民互联网普及应用水平	有过上网经历的人数/地区人口总数	中国互联网络信息中心
	8	居民应用指数	20	13	人均在线零售额占比	8	%	反映地区人均网络购物消费水平	在线零售指通过在线支付购买的商品和服务总额。人均在线零售额=社会消费品零售额总额	国家统计局
				14	人均信息类消费支出	4	元/(人·年)	反映地区人均信息类消费水平	信息类消费包括三大类，即信息产品消费、信息服务消费、信息内容消费。其中信息产品包括计算机、平板电脑、电视机、网络设备、软件产品等。信息服务消费包括通话服务（手机、固定话等）、移动互联网络服务（移动增值业务服务）、宽带网络服务、有线电视网络服务等。信息内容服务包括网络影音服务、游戏娱乐服务、数字图书报刊等	工信部运行监测协调局

（续表）

一级指标	序号	二级指标	权重	序号	三级指标	权重	单位	指标说明	统计口径	数据来源
应用效益指数（20分）	9	劳动生产率指数	5	15	全员劳动生产率	5	元/（人·年）	反映地区从业人员的劳动生产率效率	工业增加值／全员从业人员平均人数	国家统计局
	10	技术创新指数	5	16	单位地区生产总值专利申请量	2	个/亿元	反映地区研发创新水平	年度国内三种专利申请量/GDP	GDP取自国家统计局，年度专利申请量取自国家知识产权局
				17	单位地区生产总值专利授权量	3	个/亿元	反映地区研发创新水平	年度国内三种专利授权量/GDP	GDP取自国家统计局，年度专利申请量取自国家知识产权局
	11	节能降耗指数	5	18	单位地区生产总值能耗	3	吨标准煤/万元	反映信息化在促进地区节能方面取得的成效。	综合能源消费量（万元）。综合能源消费量为一个地区一定时期的三次产业、居民生活所耗费的电力、油品、煤品等能源品种折算成标准煤的合计数	国家统计局
				19	单位地区生产总值用水量	2	立方米/万元	反映信息化在促进地区节水方面取得的成效	地区用水总量/地区GDP（万元）	国家统计局
	12	人均收益指数	5	20	人均地区生产总值	5	元/人	反映信息化对人均收益的贡献率	地区生产总值/地区人口总数	国家统计局

该指标反映信息化在促进地区节能方面取得的成效。

统计口径：综合能源消费量（吨标准煤）/GDP（万元）。综合能源消费量为一个地区一定时期的三次产业、居民生活所耗费的电力、油品、煤品等能源品种折算成标准煤的合计数。

数据来源：国家统计局。

单位地区生产总值用水量（单位：立方米/万元）

该指标反映信息化在促进地区节水方面取得的成效。

统计口径：地区用水总量/地区GDP（万元）

数据来源：国家统计局。

12. 人均收益指数

人均地区生产总值（单位：元/人）

该指标反映信息化对人均收益的贡献率。

统计口径：地区生产总值/地区人口总数。

数据来源：国家统计局。

二、测算方法

根据信息化发展水平评估指标体系，采用无量纲化处理和综合评分法，计算出信息化水平指数。计算方法如下：

（一）指标无量纲化

为了消除各指标单位不同的问题，首先对数据进行无量纲化处理，计算出无量纲化后的相对值。各评估指标原始值记为 X_{ni}（n= 年份，i= 指标），无量纲化后值记为 Z_{ni}。为了避免某年数据变化过大造成无量纲化值突变，消除数值突变对评估效果的影响，这里采用取对数的方式对指标进行无量纲化。考虑到综合计算结果能满足各地自己时间维度上的纵向比较需求，借鉴CPI指数计算方法，设定指标基期。选择2010年作为基期，将2010年的全国各省数据的中间值记为 $\overline{Z}_{(n=2010)i}$ =50。2010年之后，第 n 年无量纲化后的值为 Z_{ni}（n ≥ 2010）：

正指标计算公式　$Z_{ni} = [Log_2(1 + \dfrac{X_{ni}}{\overline{X}_{(n=2010)i}})] * 50$

逆指标计算公式　$Z_{ni} = [Log_2(1 + \dfrac{\overline{X}_{(n=2010)i}}{X_{ni}})] * 50$

（二）指标权重确定

指标权重确定采取专家打分法（即 Delphi 法）。根据专家意见，三类指标的权重中，网络就绪度指数、信息通信技术应用指数、应用效益指数等权重各占 40%、40%、20%。

（三）分类指数和总指数的合成

各评估指标首先计算无量纲化值 Z_{ni}，依据各评估指标无量纲化值 Z_{ni} 分别计算出网络就绪度指数、信息通信技术应用指数、应用效益指数，最后加权计算出信息化水平指数。

1. 分类指数的合成方法

依据某一类所有指标无量纲化后的数值与其权重计算公式为：

$$I_{jn} = \dfrac{\displaystyle\sum_{i=j\min}^{j\max} Z_{ni}W_i}{\displaystyle\sum_{i=j\min}^{j\max} W_i} \qquad (1 \leqslant j \leqslant 3, j \in N)$$

I_{1n}、I_{2n}、I_{3n} 别代表网络就绪度指数、信息通信技术应用指数、应用效益指数。

2. 信息化指数合成方法

依据所有指标无量纲化后的数值与其权重计算公式为：

$$I_n = \sum_{j=1}^{3} \left(I_{jn} \dfrac{\displaystyle\sum_{i=j\min}^{j\max} W_i}{\displaystyle\sum_{i=1}^{20} W_i} \right)$$

$$即\quad I_n = \frac{\sum\limits_{i=1}^{20} Z_{ni}W_i}{\sum\limits_{i=1}^{20} W_i}$$

经过上述计算处理后，便可得到参评对象的信息化水平指数。最终测算数据既可以实现同一地区不同年度之间的纵向比较，又能实现同一年度不同地区之间的横向比较。

第二章　全国信息化发展水平总体情况

2014 年中国信息化发展水平评估在 2013 年评估的基础上，对指标体系进行了优化调整，指标体系调整为一级指标 3 个，二级指标 12 个，三级指标 20 个。本报告依据新的指标体系和采集数据，在测算结果的基础上撰写完成。

一、综合分析

2014 年全国信息化发展指数为 66.56，比 2013 年增长了 5.86。其中，网络就绪度指数为 60.94，增长了 10.05；信息通信技术应用指数为 69.38，增长了 3.05；应用效益指数为 72.19，增长了 3.11。

表 2-1　2013-2014 年全国信息化发展指数情况比较

年份	网络就绪度指数	信息通信技术应用指数	应用效益指数	信息化发展指数
2013年	50.89	66.33	69.08	60.7
2014年	60.94	69.38	72.19	66.56
增长量	10.05	3.05	3.11	5.86

数据来源：中国电子信息产业发展研究院，2014 年 12 月。

13

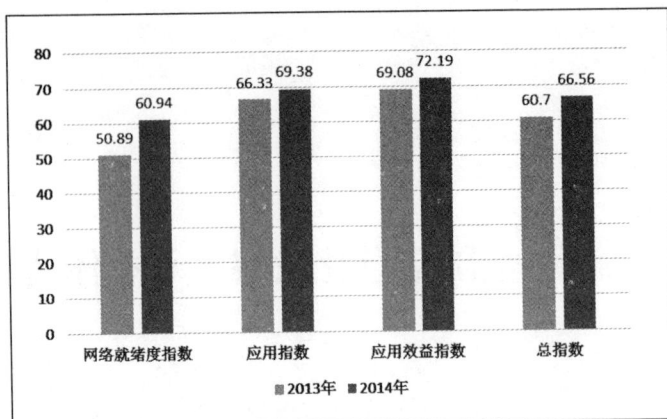

图2-1 2013—2014年全国信息发展指数情况比较

数据来源：中国电子信息产业发展研究院，2014年12月。

2014年信息化发展指数增长最快前十名的省份为贵州、重庆、湖南、浙江、北京、安徽、辽宁、宁夏、四川、江西。

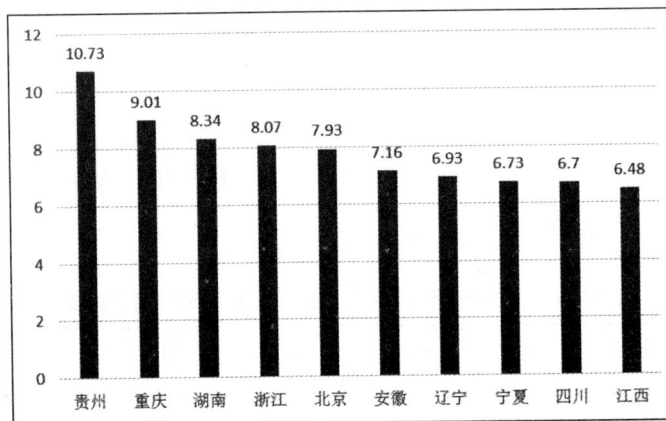

图2-2 2014年信息化发展指数增长最快前十名

数据来源：中国电子信息产业发展研究院，2014年12月。

2014年网络就绪度指数增长最快前十名的省份为辽宁、北京、青海、西藏、湖南、宁夏、四川、河北、广西、安徽。

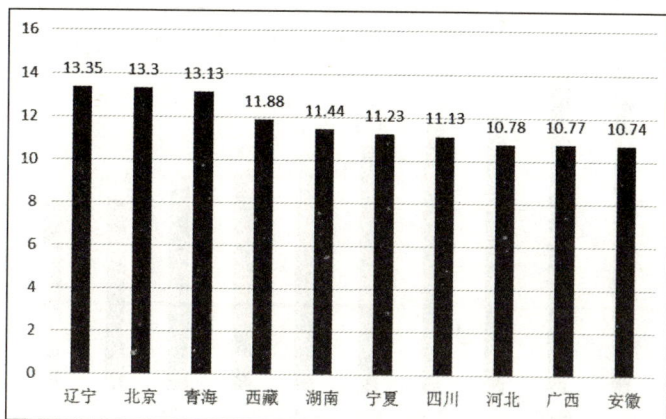

图2-3 2014年网络就绪度指数增长最快前十名

数据来源：中国电子信息产业发展研究院，2014 年 12 月。

2014 年信息通信技术应用指数指数增长最快前十名的省份为贵州、重庆、湖南、浙江、安徽、湖北、江西、内蒙古、北京、四川。

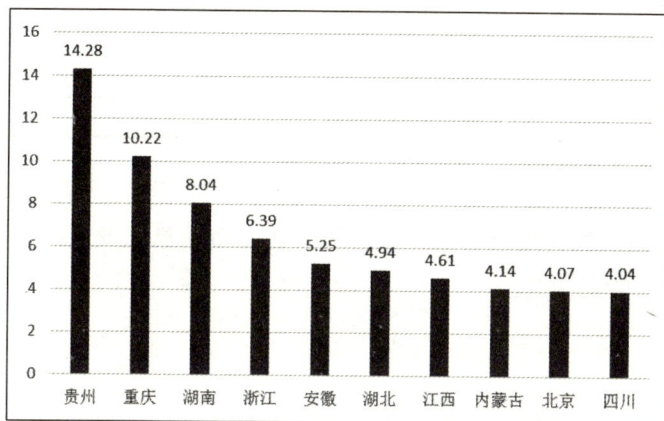

图2-4 2014年信息通信技术应用指数指数增长最快前十名

数据来源：中国电子信息产业发展研究院，2014 年 12 月。

2014 年应用效益指数指数增长最快前十名的省份为浙江、贵州、陕西、天津、北京、广西、宁夏、福建、甘肃、安徽。

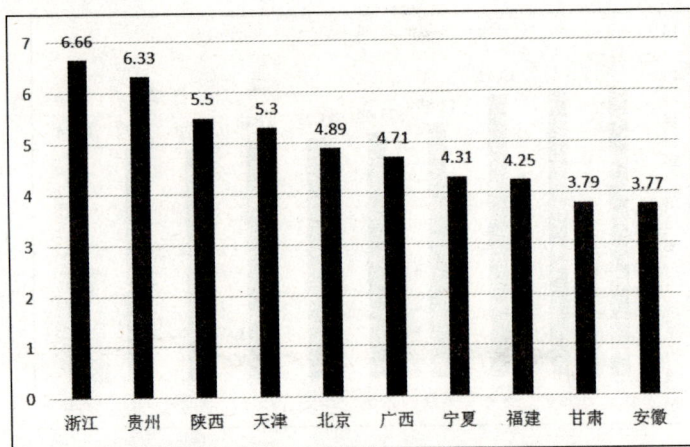

图2-5 2014年应用效益指数指数增长最快前十名

数据来源：中国电子信息产业发展研究院，2014年12月。

表2-2 2013—2014年信息化发展指数东中西部差距

	东部地区	中部地区	西部地区
2013年	71.63	57.59	52.76
2014年	77.25	63.19	59.02
增长	5.62	5.6	6.26

数据来源：中国电子信息产业发展研究院，2014年12月。

2014年全国信息化发展水平评估各省、区、市信息化发展指数和分指数如图2-9和表2-3所示。

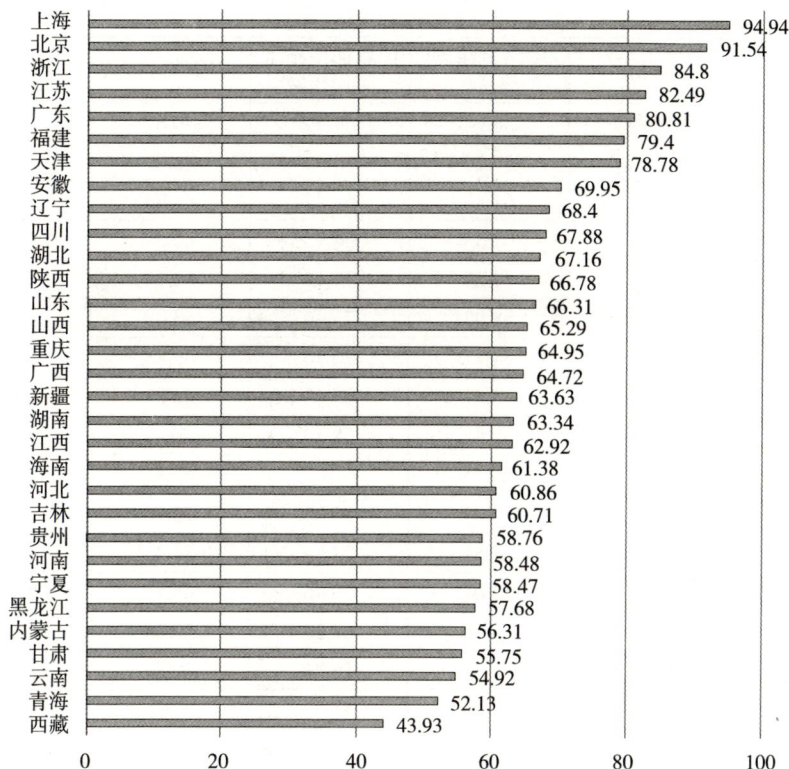

图2-6 2014年全国信息化发展水平评估各省市信息化发展指数

数据来源：中国电子信息产业发展研究院，2014年12月。

表2-3 2014年全国信息化发展水平评估各省市信息化发展指数

序号	省份	网络就绪度指数	信息通信技术应用指数	应用效益指数	信息化发展指数
1	上海	88.45	96.77	104.25	94.94
2	北京	86.65	88.85	106.68	91.54
3	浙江	77.21	83.6	102.35	84.8
4	江苏	76.43	78.53	102.55	82.49
5	广东	71.22	84.87	91.89	80.81
6	福建	72.87	84.37	82.56	79.4
7	天津	71.03	66.49	118.85	78.78
8	安徽	55.46	82.27	74.27	69.95
9	辽宁	65.07	64.4	83.04	68.4
10	四川	59.18	74.74	71.56	67.88
11	湖北	60.52	70.88	72.99	67.16

（续表）

序号	省份	网络就绪度指数	信息通信技术应用指数	应用效益指数	信息化发展指数
12	陕西	56.94	69.59	80.87	66.78
13	山东	59.19	63.55	86.07	66.31
14	山西	61.81	69.25	64.34	65.29
15	重庆	57.53	64.55	80.57	64.95
16	广西	59.29	75.18	54.64	64.72
17	新疆	58.93	73.46	53.39	63.63
18	湖南	54.77	70.16	66.83	63.34
19	江西	53.41	73.48	60.83	62.92
20	海南	59.43	68.43	51.2	61.38
21	河北	63.25	57	63.81	60.86
22	吉林	59.03	56.36	72.76	60.71
23	贵州	47.51	73.69	51.41	58.76
24	河南	53.04	60.46	65.42	58.48
25	宁夏	58.59	62.27	50.65	58.47
26	黑龙江	52.36	56.71	70.27	57.68
27	内蒙古	54.24	51.93	69.2	56.31
28	甘肃	47.58	67.53	48.52	55.75
29	云南	50.55	63.1	47.31	54.92
30	青海	56.02	50.16	48.28	52.13
31	西藏	41.47	48.08	40.53	43.93
	全国值	60.94	69.38	72.19	66.56

数据来源：中国电子信息产业发展研究院，2014年12月。

2014年，我国信息网络加速完善，信息通信技术继续深化应用，信息化应用效益提升明显，全国信息化发展呈现以下几个特点：

一是信息化发展指数保持快速增长态势。2014年全国信息化发展指数比2013年增长了9.65%，高于同期GDP增速。其中增长幅度超过8的有四个省份，分别为贵州、重庆、湖南、浙江；增长幅度在5以上的有20个省份，增长幅度超过全国平均增长水平的有14个省份。

二是信息网络建设受政策驱动影响明显。在网络就绪度、信息通信技术应用、应用效益三个分指数中，网络就绪度指数增长最快，2014年比2013年增长了10.05，增长率达到19.75%，31个省份的网络就绪指数增长幅度均超过7个点。这主要得益于国家政策强力支持宽带网络建设。2013年，国家发布了《关于促进信息消费扩大内需的若干意见》《"宽带中国"战略及实施方案》。工信部制定了《信息化和工业化深度融合专项行动计划（2013—2018年）》，组织实施了"宽带中国2013专项行动"，住建部组织开展193个智慧城市试点。这些政策有力地促进了各地信息网络基础设施的演进升级。

三是东部和中部地区信息化发展水平差距基本保持不变，东部、中部地区与西部地区的差距小幅缩小。2014年，东部和中部地区的信息化发展指数增长幅度均为5.6，西部地区增长幅度达6.26，明显高于东部和中部地区。这主要得益于国家大力支持西部地区开发建设，加大了对西部地区的财政转移支付力度，促使西部地区网络基础设施建设和信息通信技术应用大幅提升。

另外依据新的指标体系，对2013年信息化发展水平进行了重新测算。2013年全国信息化发展指数和分指数如图2-10和表2-4所示。

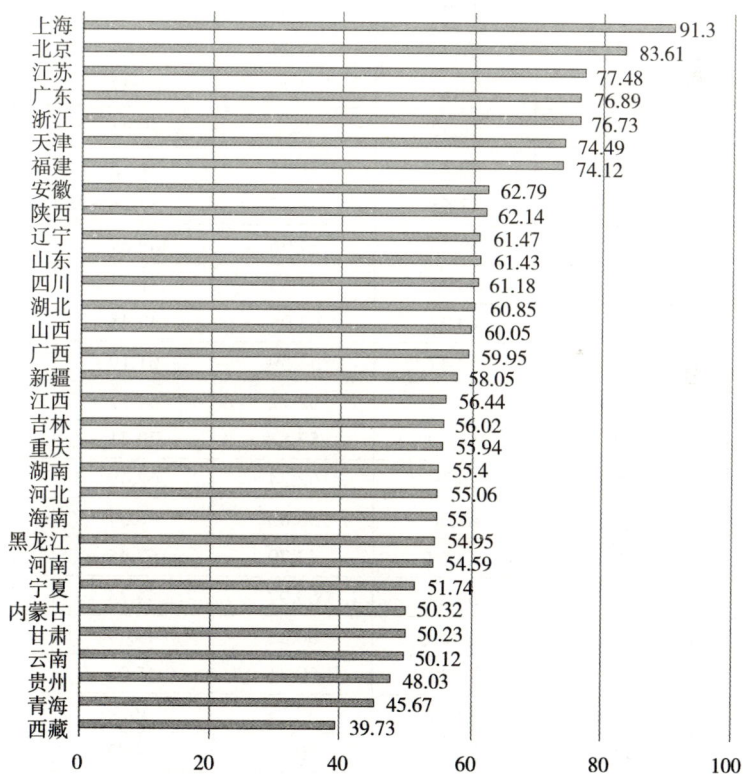

图2-7　2013年全国信息化发展水平评估工作中各省份信息化发展指数

数据来源：中国电子信息产业发展研究院，2014年12月。

表 2-4　2013 年全国信息化发展水平评估工作中各省份信息化发展指数

序号	省份	网络就绪度指数	信息通信技术应用指数	应用效益指数	信息化发展指数
1	上海	81.28	94.88	104.16	91.3
2	北京	73.35	84.78	101.79	83.61
3	江苏	66.7	75.7	102.59	77.48
4	广东	61.78	86.05	88.78	76.89
5	浙江	66.76	77.21	95.69	76.73
6	天津	64.03	65.42	113.55	74.49
7	福建	64.72	81.42	78.31	74.12
8	安徽	44.72	77.02	70.5	62.79
9	陕西	49.21	68.44	75.37	62.14
10	辽宁	51.72	61.8	80.31	61.47
11	山东	48.72	63.31	83.11	61.43
12	四川	48.05	70.7	68.4	61.18
13	湖北	51.26	65.94	69.87	60.85
14	山西	51.14	67.25	63.47	60.05
15	广西	48.52	76.4	49.93	59.95
16	新疆	48.27	71.24	51.23	58.05
17	江西	43.65	68.87	57.16	56.44
18	吉林	50.25	54.96	69.69	56.02
19	重庆	46.91	54.33	77.24	55.94
20	海南	49.23	65.05	48.45	55.4
21	河北	52.47	54.59	61.19	55.06
22	湖南	43.33	62.12	64.11	55
23	黑龙江	44.49	57.54	70.71	54.95
24	河南	43	62.24	62.49	54.59
25	宁夏	47.36	58.83	46.34	51.74
26	内蒙古	44.28	47.79	67.45	50.32
27	甘肃	39.24	63.97	44.73	50.23
28	云南	42.53	60.53	44.49	50.12
29	贵州	38.11	59.41	45.08	48.03
30	青海	42.89	48.13	46.3	45.67
31	西藏	29.59	50.27	38.92	39.73
	全国值	50.89	66.33	69.08	60.7

数据来源：中国电子信息产业发展研究院，2014 年 12 月。

二、网络就绪度分析

2014 年全国网络就绪度指数为 60.94，各省份网络就绪度指数如下图。

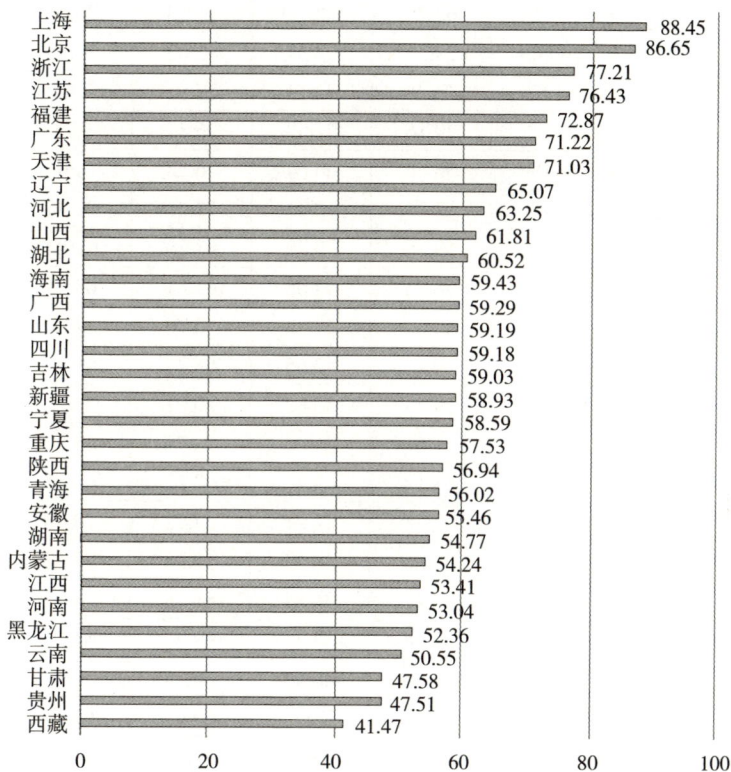

图2-8　2014年各省市网络就绪度指数

数据来源：中国电子信息产业发展研究院，2014 年 12 月。

从评估结果来看，网络就绪度指数从 2013 年的 50.89 增长到了 2014 年的 60.94，增长了 10.05。2014 年全国所有省份网络就绪度指数增长幅度都在 7 以上，其中有 17 个省份网络就绪度指数增长幅度都在 10 以上，增长幅度超过全国平均增长水平的有 16 个省份。

上海、北京、浙江、江苏、福建、广东、天津等 7 省、市网络就绪度指数均超过了 70，这些省、市 2014 年大幅度推进宽带普及提速工程，光纤入户率、移动宽带普及率和网速都有大幅提升。甘肃、贵州、西藏等三省、区网络就绪度指数均低于 50，这些地区原有网络信息基础设施水平比较差，虽然也在推进宽带普及提速，但受限于经济实力，用户规模没有跟上去。

表 2-5　2014 年各省份网络就绪度指数

序号	省份	智能终端普及指数	有线电视发展指数	光纤发展指数	宽带普及指数	宽带速率指数	网络就绪度指数
1	上海	102.13	68.73	108.34	75.13	79.56	88.45
2	北京	100.65	70.39	92.44	85.63	76.58	86.65
3	浙江	88.67	70.8	72.13	77.81	72.2	77.21
4	江苏	81.03	79.16	71.57	76.81	73.1	76.43
5	福建	84.03	56.44	66.64	76.28	74.04	72.87
6	广东	90.68	63.24	46.9	77.06	71.35	71.22
7	天津	81.88	59.85	70.79	67.28	69.84	71.03
8	辽宁	74.52	66.93	44.06	69.61	68.31	65.07
9	河北	66.16	45.83	57.82	70.76	70.6	63.25
10	山西	67.38	49.42	52.66	68.23	66.86	61.81
11	湖北	65.6	59.44	36.82	70.01	69.2	60.52
12	海南	63.26	51.61	41.02	72.79	65.57	59.43
13	广西	62.2	51.19	43.47	67.22	69.61	59.29
14	山东	71.59	48.48	31.71	67.92	70.48	59.19
15	四川	59.07	55.26	48.43	59.78	72.42	59.18
16	吉林	66.79	60.27	34.84	61.58	70.02	59.03
17	新疆	62.08	37.98	53.21	69.77	65.57	58.93
18	宁夏	64.54	51.55	40.45	66.35	66.8	58.59
19	重庆	66.03	54.24	26.6	69.93	67.89	57.53
20	陕西	68.54	53.85	19.2	71.67	67.77	56.94
21	青海	59.29	44.69	43.63	64.15	64.7	56.02
22	安徽	59.01	44.69	37.04	62.39	70.6	55.46
23	湖南	58.19	48.94	28.33	65.88	70.19	54.77
24	内蒙古	67.38	43.49	27	58.92	68.43	54.24
25	江西	58.02	52.95	22.23	63.49	69.08	53.41
26	河南	61.14	39.77	26	64.62	68.31	53.04
27	黑龙江	61.86	52.14	15.63	60.19	69.55	52.36
28	云南	54.49	45.03	22.34	60.52	68.01	50.55
29	甘肃	55.42	35.96	15.4	57.58	68.66	47.58
30	贵州	55.13	43.22	14.64	56.45	65.14	47.51
31	西藏	46.23	0	22.97	60.97	65.63	41.47
	全国值	68.48	51.79	43.04	67.64	69.55	60.94

数据来源：中国电子信息产业发展研究院，2014 年 12 月。

2013 年全国网络就绪度指数为 50.89，各省份网络就绪度指数如下图。

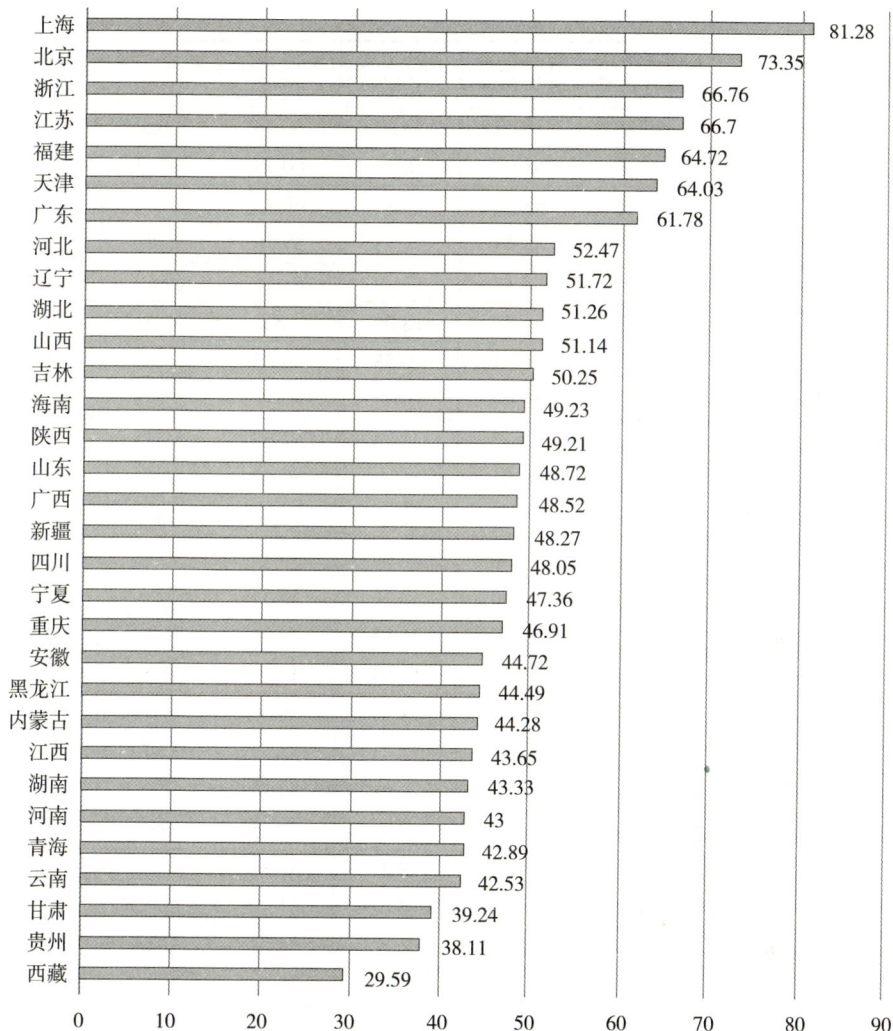

图2-9 2013年各省份网络就绪度指数

数据来源：中国电子信息产业发展研究院，2014年12月。

表2-6 2013年各省份网络就绪度指数

序号	省份	智能终端普及指数	有线电视发展指数	光纤发展指数	宽带普及指数	宽带速率指数	网络就绪度指数
1	上海	99.03	67.38	95.11	69.26	67.71	81.28
2	北京	97.33	67.25	66.15	73.97	54.54	73.35
3	浙江	84.33	70.02	54.17	66.82	54.9	66.76
4	江苏	77.8	77.07	51.04	67.42	59.97	66.7

（续表）

序号	省份	智能终端普及指数	有线电视发展指数	光纤发展指数	宽带普及指数	宽带速率指数	网络就绪度指数
5	福建	80.85	56.69	53.07	66.48	60.5	64.72
6	天津	81.3	61.07	58.75	60.18	53.82	64.03
7	广东	85.16	63.39	26.85	69.37	58.68	61.78
8	河北	62.82	42.33	34.53	59.15	58.41	52.47
9	辽宁	70.68	62.14	12.79	61.18	49.69	51.72
10	湖北	64.2	61.77	18.09	56.2	55.41	51.26
11	山西	63	48.93	30.58	59.35	50.31	51.14
12	吉林	63.53	59.87	19.31	54.4	53.23	50.25
13	海南	59.43	47.77	21.75	62.52	51.75	49.23
14	陕西	65.49	50.85	9.51	59.82	56.75	49.21
15	山东	67.6	47.54	8.62	58.44	56.4	48.72
16	广西	58.12	51.76	24.99	55.15	50.99	48.52
17	新疆	58.99	37.06	32.35	55.55	51.9	48.27
18	四川	54.33	57.05	21.65	51.4	56.47	48.05
19	宁夏	61.42	51.04	16.84	51.01	53.89	47.36
20	重庆	61.34	53.85	11.39	56.66	49.46	46.91
21	安徽	55.35	35.17	22.71	52.51	52.79	44.72
22	黑龙江	57.06	48.49	3.45	50.82	60.5	44.49
23	内蒙古	64.16	44.63	2.9	50.55	54.26	44.28
24	江西	54.3	49.41	8.5	50.87	53.96	43.65
25	湖南	54.98	43.2	10.08	51.77	53.67	43.33
26	河南	55.09	38.74	8.05	54.01	55.05	43
27	青海	57.11	43	17.98	48.83	43.99	42.89
28	云南	49.1	47.42	10.14	49.65	55.9	42.53
29	甘肃	50.96	34.08	7.72	43.27	55.97	39.24
30	贵州	49.03	44.17	6.08	43.36	46.7	38.11
31	西藏	42.29	0	4.61	44.94	45.56	29.59
	全国值	64.72	50.42	24.83	56.61	54.29	50.89

数据来源：中国电子信息产业发展研究院，2014年12月。

（一）智能终端普及指数

2014年全国智能终端普及指数为68.48，各省份智能终端普及指数情况如下图所示。

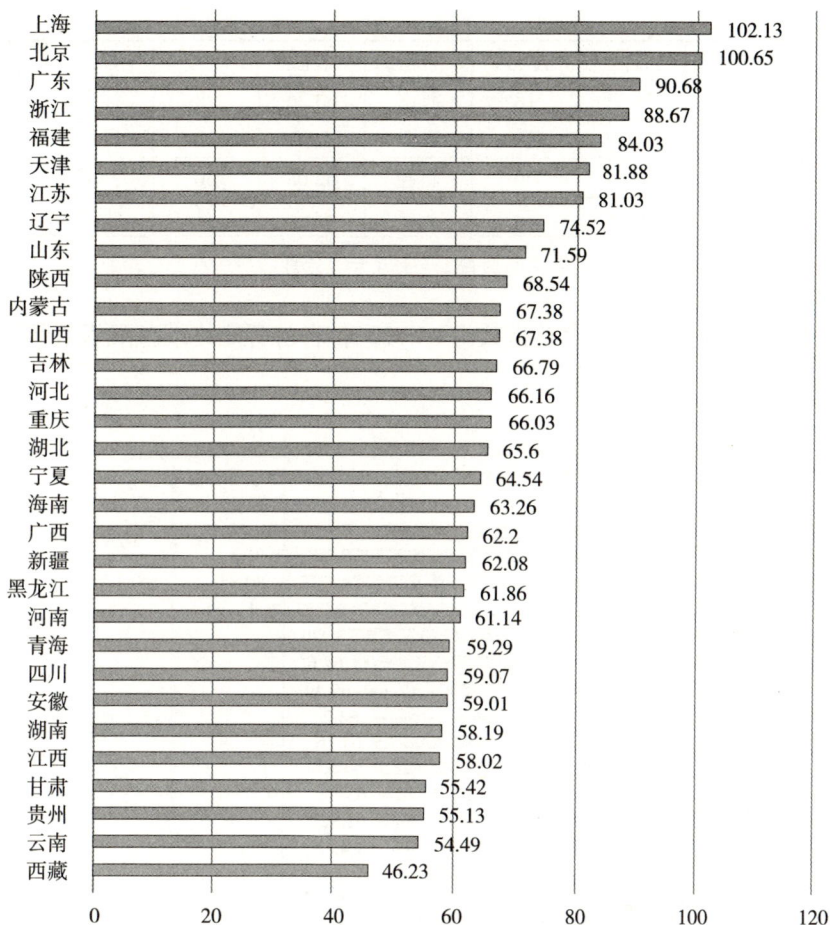

图2-10　2014年各省份智能终端普及指数

数据来源：中国电子信息产业发展研究院，2014 年 12 月。

表 2-7　2014 年各省份智能终端普及指数表

序号	省份	数值	序号	省份	数值	序号	省份	数值
1	上海	102.13	11	山西	67.38	21	黑龙江	61.86
2	北京	100.65	12	内蒙古	67.38	22	河南	61.14
3	广东	90.68	13	吉林	66.79	23	青海	59.29
4	浙江	88.67	14	河北	66.16	24	四川	59.07
5	福建	84.03	15	重庆	66.03	25	安徽	59.01
6	天津	81.88	16	湖北	65.6	26	湖南	58.19
7	江苏	81.03	17	宁夏	64.54	27	江西	58.02

（续表）

序号	省份	数值	序号	省份	数值	序号	省份	数值
8	辽宁	74.52	18	海南	63.26	28	甘肃	55.42
9	山东	71.59	19	广西	62.2	29	贵州	55.13
10	陕西	68.54	20	新疆	62.08	30	云南	54.49
——	——	——	——	——	——	31	西藏	46.23

数据来源：中国电子信息产业发展研究院，2014年12月。

2013年全国智能终端普及指数为64.72，各省份智能终端普及指数情况如下图所示。

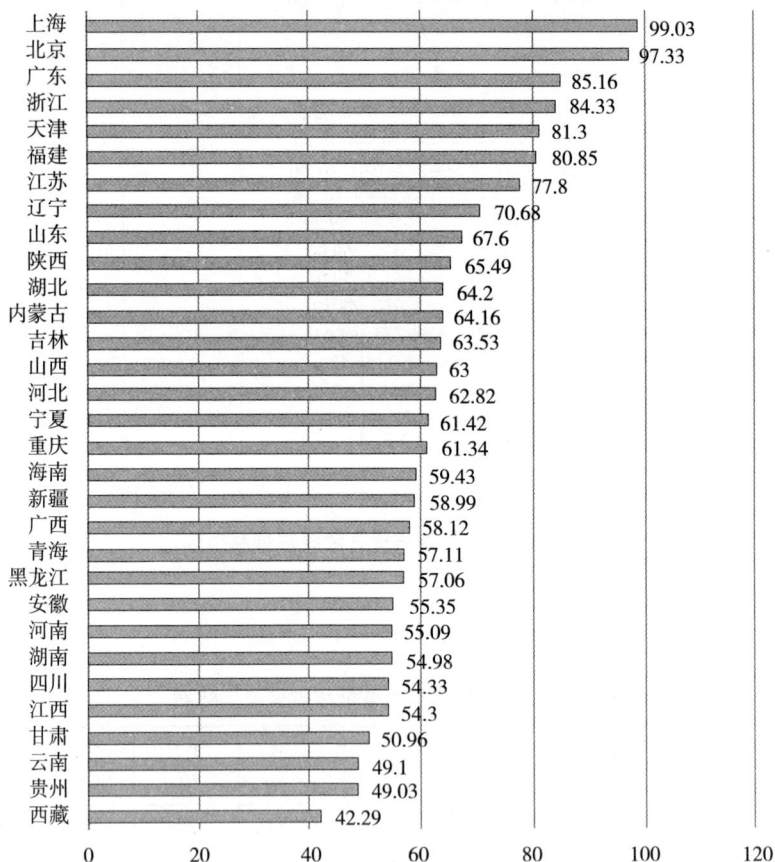

图2-11　2013年各省份智能终端普及指数

数据来源：中国电子信息产业发展研究院，2014年12月。

表2-8　2013年各省份智能终端普及指数表

序号	省份	数值	序号	省份	数值	序号	省份	数值
1	上海	99.03	11	湖北	64.2	21	青海	57.11
2	北京	97.33	12	内蒙古	64.16	22	黑龙江	57.06
3	广东	85.16	13	吉林	63.53	23	安徽	55.35
4	浙江	84.33	14	山西	63	24	河南	55.09
5	天津	81.3	15	河北	62.82	25	湖南	54.98
6	福建	80.85	16	宁夏	61.42	26	四川	54.33
7	江苏	77.8	17	重庆	61.34	27	江西	54.3
8	辽宁	70.68	18	海南	59.43	28	甘肃	50.96
9	山东	67.6	19	新疆	58.99	29	云南	49.1
10	陕西	65.49	20	广西	58.12	30	贵州	49.03
	——	——		——	——	31	西藏	42.29

数据来源：中国电子信息产业发展研究院，2014年12月。

（二）有线电视发展指数

2014年全国有线电视发展指数为51.79，各省份有线电视发展指数情况如下图所示。

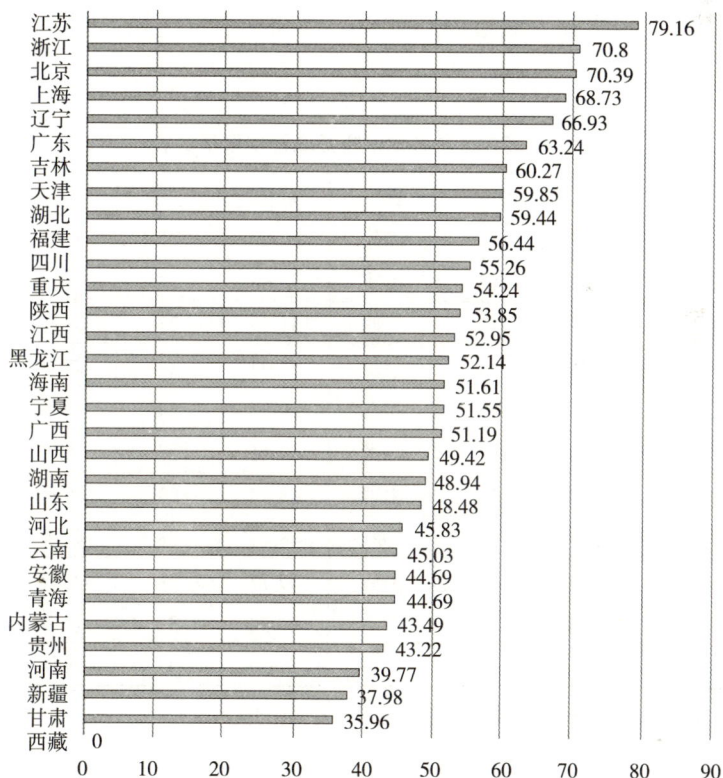

图2-12　2014年各省份有线电视发展指数

数据来源：中国电子信息产业发展研究院，2014年12月。

表 2-9　2014 年各省份有线电视发展指数表

序号	省份	数值	序号	省份	数值	序号	省份	数值
1	江苏	79.16	11	四川	55.26	21	山东	48.48
2	浙江	70.8	12	重庆	54.24	22	河北	45.83
3	北京	70.39	13	陕西	53.85	23	云南	45.03
4	上海	68.73	14	江西	52.95	24	青海	44.69
5	辽宁	66.93	15	黑龙江	52.14	25	安徽	44.69
6	广东	63.24	16	海南	51.61	26	内蒙古	43.49
7	吉林	60.27	17	宁夏	51.55	27	贵州	43.22
8	天津	59.85	18	广西	51.19	28	河南	39.77
9	湖北	59.44	19	山西	49.42	29	新疆	37.98
10	福建	56.44	20	湖南	48.94	30	甘肃	35.96
——	——	——	——	——	——	31	西藏	0

数据来源：中国电子信息产业发展研究院，2014 年 12 月。

2013 年全国有线电视发展指数为 50.42，各省份有线电视发展指数情况如下页图所示。

表 2-10　2013 年各省份有线电视发展指数表

序号	省份	数值	序号	省份	数值	序号	省份	数值
1	江苏	77.07	11	福建	56.69	21	云南	47.42
2	浙江	70.02	12	重庆	53.85	22	内蒙古	44.63
3	上海	67.38	13	广西	51.76	23	贵州	44.17
4	北京	67.25	14	宁夏	51.04	24	湖南	43.2
5	广东	63.39	15	陕西	50.85	25	青海	43
6	辽宁	62.14	16	江西	49.41	26	河北	42.33
7	湖北	61.77	17	山西	48.93	27	河南	38.74
8	天津	61.07	18	黑龙江	48.49	28	新疆	37.06
9	吉林	59.87	19	海南	47.77	29	安徽	35.17
10	四川	57.05	20	山东	47.54	30	甘肃	34.08
——	——	——	——	——	——	31	西藏	0

数据来源：中国电子信息产业发展研究院，2014 年 12 月。

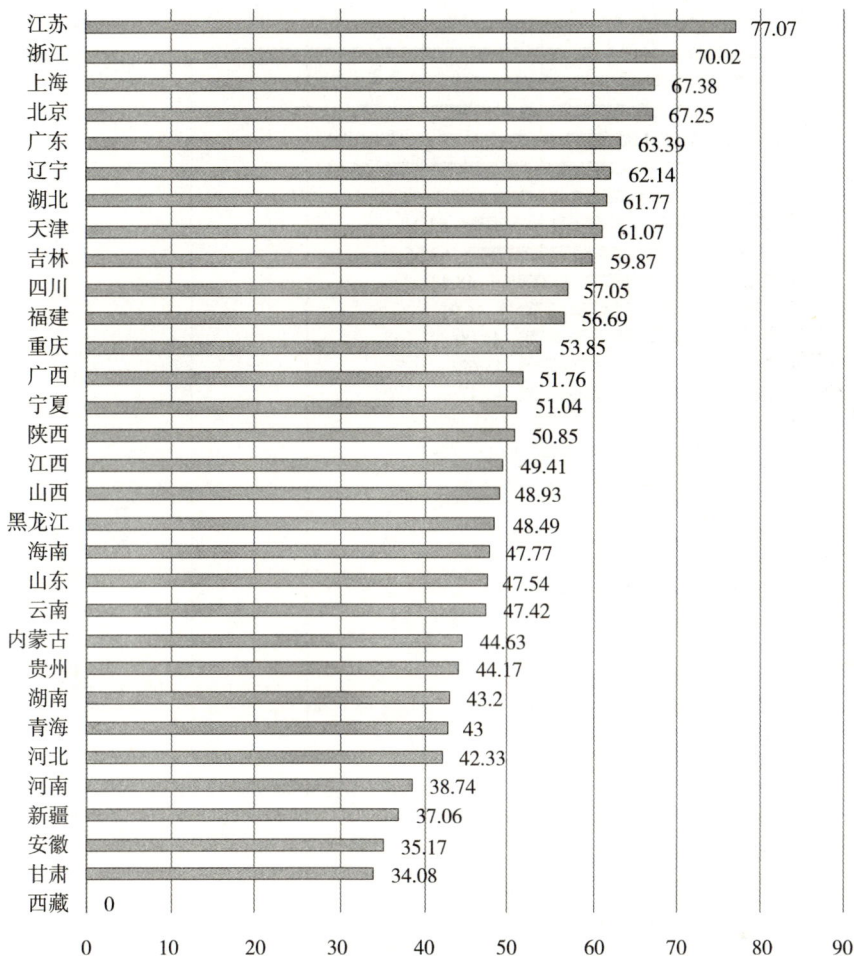

图2-13　2013年各省份有线电视发展指数

数据来源：中国电子信息产业发展研究院，2014年12月。

（三）光纤发展指数

2014年全国光纤发展指数为43.04，各省份光纤发展指数情况如下图所示。

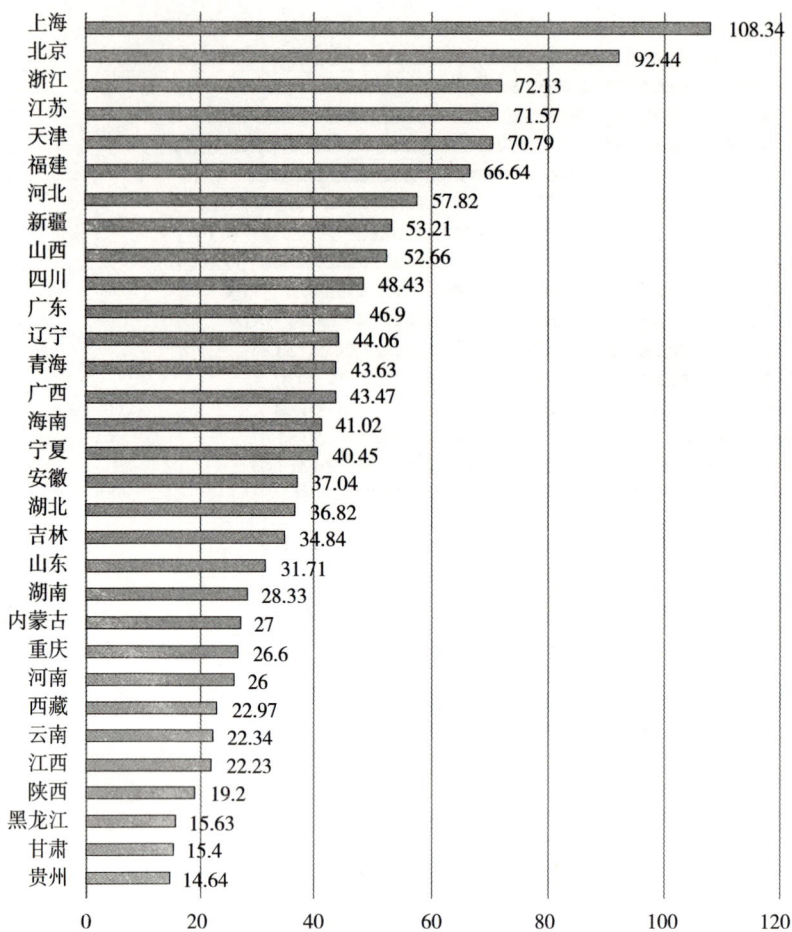

图2-14　2014年各省份光纤发展指数

数据来源：中国电子信息产业发展研究院，2014年12月。

表2-11　2014年各省份光纤发展指数表

序号	省份	数值	序号	省份	数值	序号	省份	数值
1	上海	108.34	11	广东	46.9	21	湖南	28.33
2	北京	92.44	12	辽宁	44.06	22	内蒙古	27
3	浙江	72.13	13	青海	43.63	23	重庆	26.6
4	江苏	71.57	14	广西	43.47	24	河南	26
5	天津	70.79	15	海南	41.02	25	西藏	22.97
6	福建	66.64	16	宁夏	40.45	26	云南	22.34
7	河北	57.82	17	安徽	37.04	27	江西	22.23

（续表）

序号	省份	数值	序号	省份	数值	序号	省份	数值
8	新疆	53.21	18	湖北	36.82	28	陕西	19.2
9	山西	52.66	19	吉林	34.84	29	黑龙江	15.63
10	四川	48.43	20	山东	31.71	30	甘肃	15.4
						31	贵州	14.64

数据来源：中国电子信息产业发展研究院，2014 年 12 月。

2013 年全国光纤发展指数为 24.83，各省份光纤发展指数情况如下图所示。

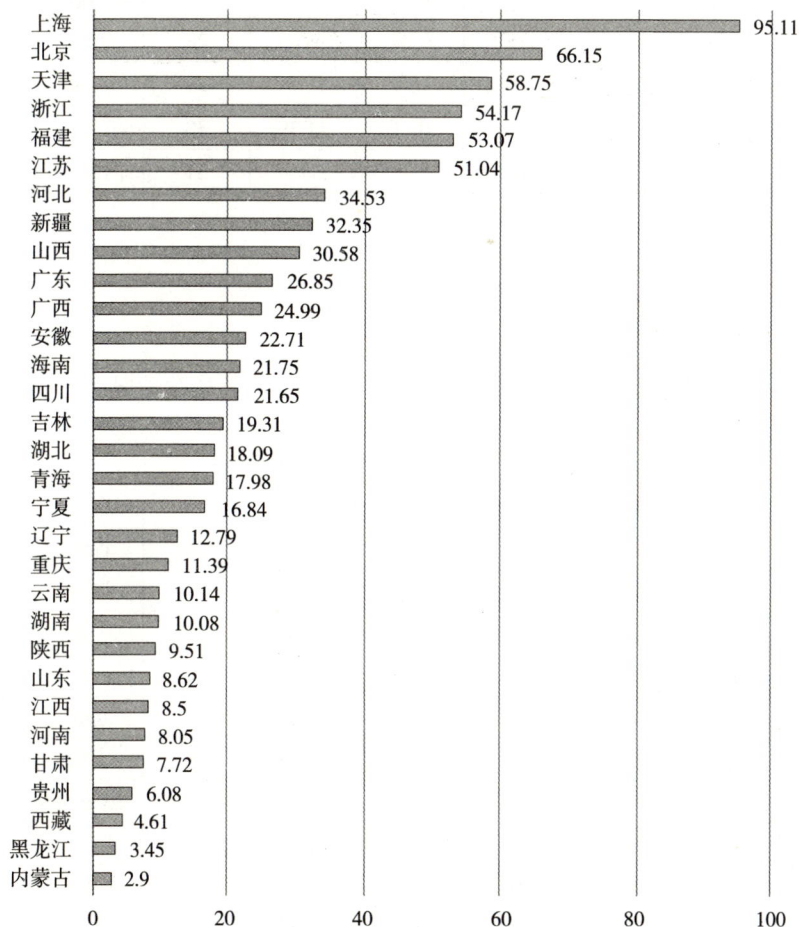

图2-15　2013年各省份光纤发展指数

数据来源：中国电子信息产业发展研究院，2014 年 12 月。

表2-12　2013年各省份光纤发展指数表

序号	省份	数值	序号	省份	数值	序号	省份	数值
1	上海	95.11	11	广西	24.99	21	云南	10.14
2	北京	66.15	12	安徽	22.71	22	湖南	10.08
3	天津	58.75	13	海南	21.75	23	陕西	9.51
4	浙江	54.17	14	四川	21.65	24	山东	8.62
5	福建	53.07	15	吉林	19.31	25	江西	8.5
6	江苏	51.04	16	湖北	18.09	26	河南	8.05
7	河北	34.53	17	青海	17.98	27	甘肃	7.72
8	新疆	32.35	18	宁夏	16.84	28	贵州	6.08
9	山西	30.58	19	辽宁	12.79	29	西藏	4.61
10	广东	26.85	20	重庆	11.39	30	黑龙江	3.45
——	——	——	——	——	——	31	内蒙古	2.9

数据来源：中国电子信息产业发展研究院，2014年12月。

（四）宽带普及指数

2014年全国宽带普及指数为67.64，各省市宽带普及指数情况如下页图所示。

表2-13　2014年各省份宽带普及指数表

序号	省份	数值	序号	省份	数值	序号	省份	数值
1	北京	85.63	11	重庆	69.93	21	青海	64.15
2	浙江	77.81	12	新疆	69.77	22	江西	63.49
3	广东	77.06	13	辽宁	69.61	23	安徽	62.39
4	江苏	76.81	14	山西	68.23	24	吉林	61.58
5	福建	76.28	15	山东	67.92	25	西藏	60.97
6	上海	75.13	16	天津	67.28	26	云南	60.52
7	海南	72.79	17	广西	67.22	27	黑龙江	60.19
8	陕西	71.67	18	宁夏	66.35	28	四川	59.78
9	河北	70.76	19	湖南	65.88	29	内蒙古	58.92
10	湖北	70.01	20	河南	64.62	30	甘肃	57.58
——	——	——	——	——	——	31	贵州	56.45

数据来源：中国电子信息产业发展研究院，2014年12月。

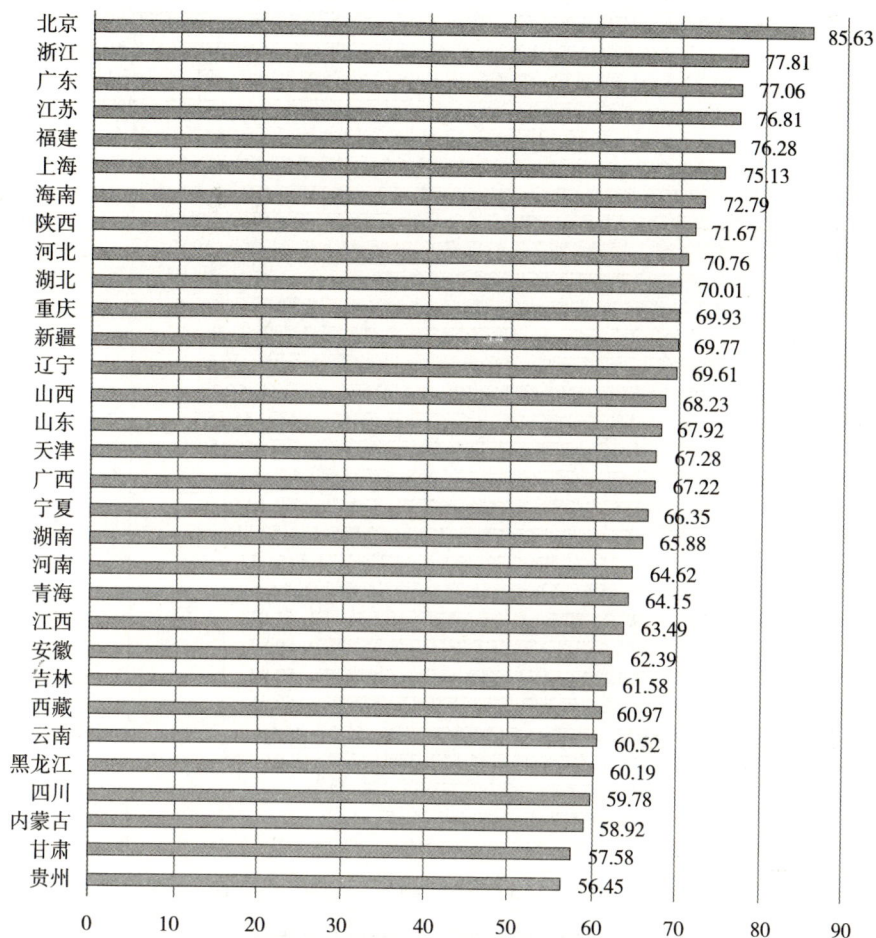

图2-16　2014年各省份宽带普及指数

数据来源：中国电子信息产业发展研究院，2014年12月。

2013年全国宽带普及指数为56.61，各省份宽带普及指数情况如下图所示。

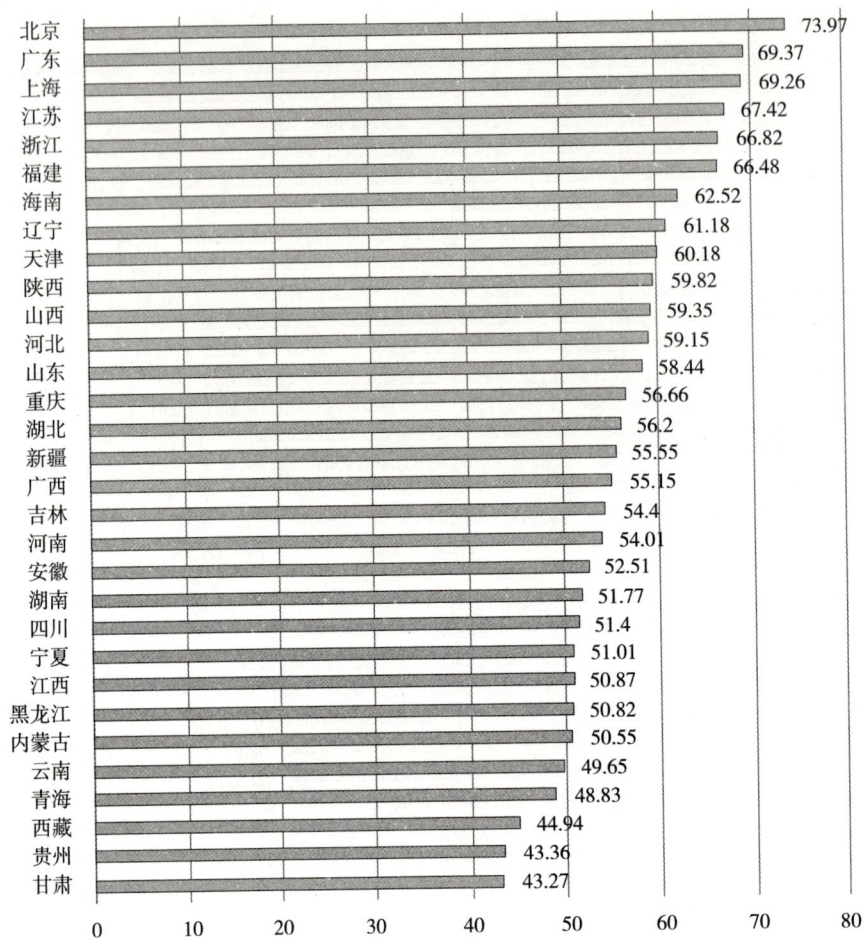

图2-17　2013年各省份宽带普及指数

数据来源：中国电子信息产业发展研究院，2014年12月。

表2-14　2013年各省份宽带普及指数表

序号	省份	数值	序号	省份	数值	序号	省份	数值
1	北京	73.97	11	山西	59.35	21	湖南	51.77
2	广东	69.37	12	河北	59.15	22	四川	51.4
3	上海	69.26	13	山东	58.44	23	宁夏	51.01
4	江苏	67.42	14	重庆	56.66	24	江西	50.87
5	浙江	66.82	15	湖北	56.2	25	黑龙江	50.82
6	福建	66.48	16	新疆	55.55	26	内蒙古	50.55
7	海南	62.52	17	广西	55.15	27	云南	49.65

（续表）

序号	省份	数值	序号	省份	数值	序号	省份	数值
8	辽宁	61.18	18	吉林	54.4	28	青海	48.83
9	天津	60.18	19	河南	54.01	29	西藏	44.94
10	陕西	59.82	20	安徽	52.51	30	贵州	43.36
——	——	——	——	——	——	31	甘肃	43.27

数据来源：中国电子信息产业发展研究院，2014 年 12 月。

（五）宽带速率指数

2014 年全国宽带速率指数为 69.55，各省份宽带速率指数情况如下图所示。

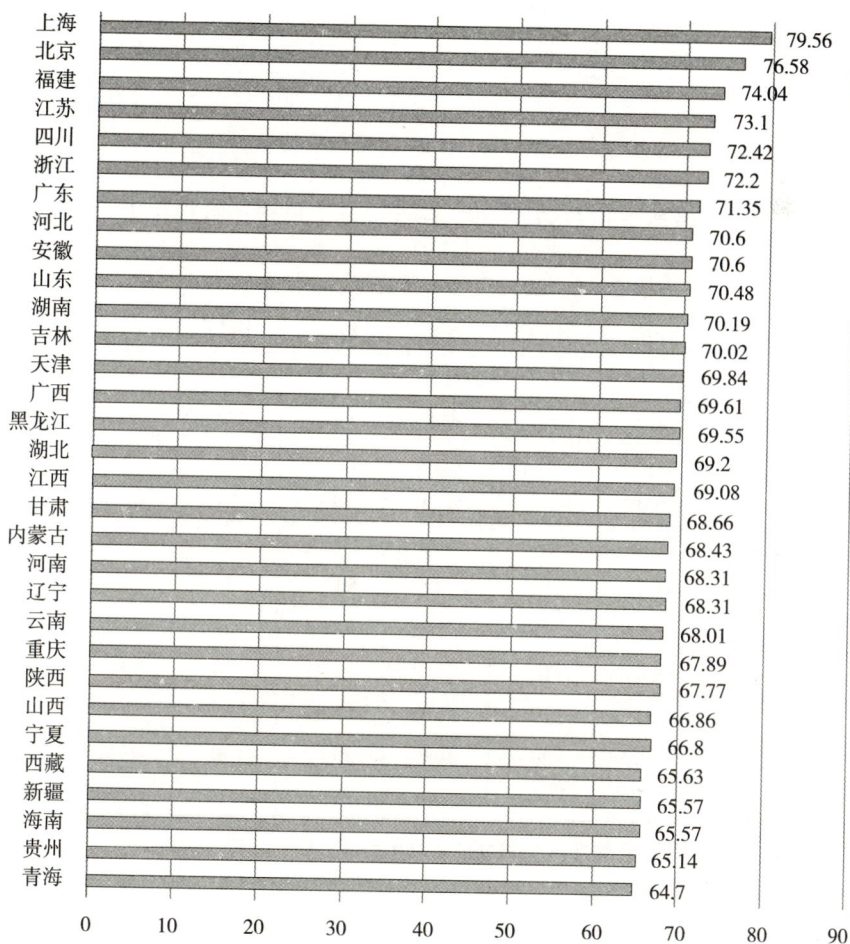

图2-18　2014年各省份宽带速率指数

数据来源：中国电子信息产业发展研究院，2014 年 12 月。

表 2-15　2014 年各省份宽带速率指数表

序号	省份	数值	序号	省份	数值	序号	省份	数值
1	上海	79.56	11	湖南	70.19	21	河南	68.31
2	北京	76.58	12	吉林	70.02	22	云南	68.01
3	福建	74.04	13	天津	69.84	23	重庆	67.89
4	江苏	73.1	14	广西	69.61	24	陕西	67.77
5	四川	72.42	15	黑龙江	69.55	25	山西	66.86
6	浙江	72.2	16	湖北	69.2	26	宁夏	66.8
7	广东	71.35	17	江西	69.08	27	西藏	65.63
8	安徽	70.6	18	甘肃	68.66	28	海南	65.57
9	河北	70.6	19	内蒙古	68.43	29	新疆	65.57
10	山东	70.48	20	辽宁	68.31	30	贵州	65.14
——			——			31	青海	64.7

数据来源：中国电子信息产业发展研究院，2014 年 12 月。

2013 年全国宽带速率指数为 54.29，各省份宽带速率指数情况如下页图所示。

表 2-16　2013 年各省份宽带速率指数表

序号	省份	数值	序号	省份	数值	序号	省份	数值
1	上海	67.71	11	云南	55.9	21	吉林	53.23
2	福建	60.5	12	湖北	55.41	22	安徽	52.79
3	黑龙江	60.5	13	河南	55.05	23	新疆	51.9
4	江苏	59.97	14	浙江	54.9	24	海南	51.75
5	广东	58.68	15	北京	54.54	25	广西	50.99
6	河北	58.41	16	内蒙古	54.26	26	山西	50.31
7	陕西	56.75	17	江西	53.96	27	辽宁	49.69
8	四川	56.47	18	宁夏	53.89	28	重庆	49.46
9	山东	56.4	19	天津	53.82	29	贵州	46.7
10	甘肃	55.97	20	湖南	53.67	30	西藏	45.56
——			——			31	青海	43.99

数据来源：中国电子信息产业发展研究院，2014 年 12 月。

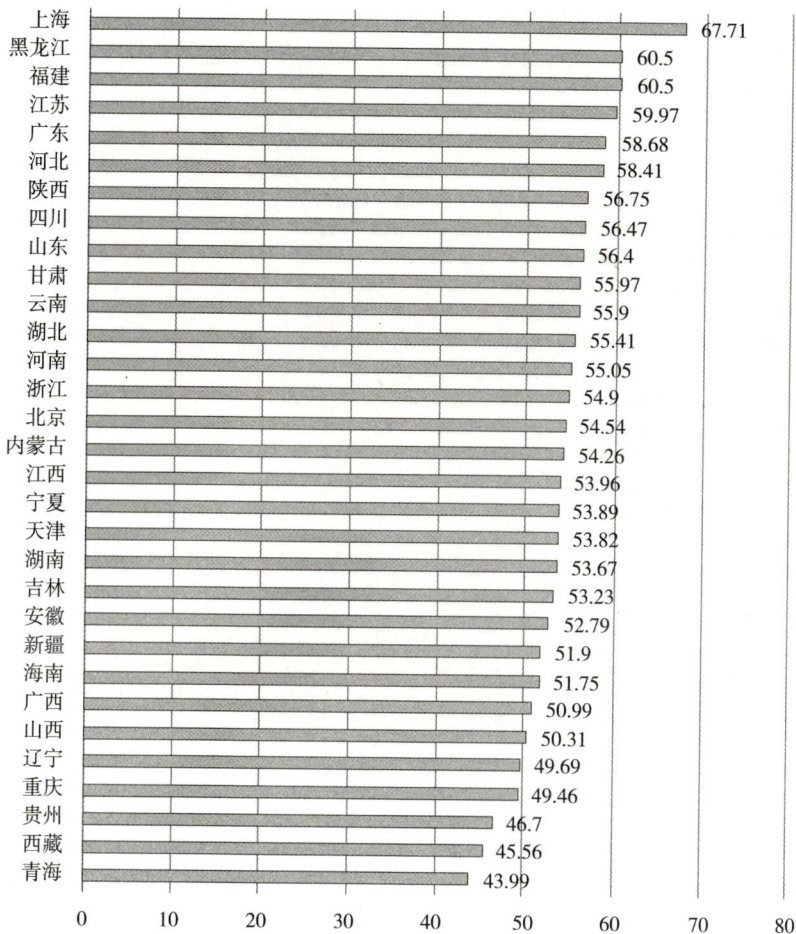

图2-19　2013年各省份宽带速率指数

数据来源：中国电子信息产业发展研究院，2014年12月。

三、信息通信技术应用分析

2014年全国信息通信技术应用指数为69.38，各省份信息通信技术应用指数如下图。

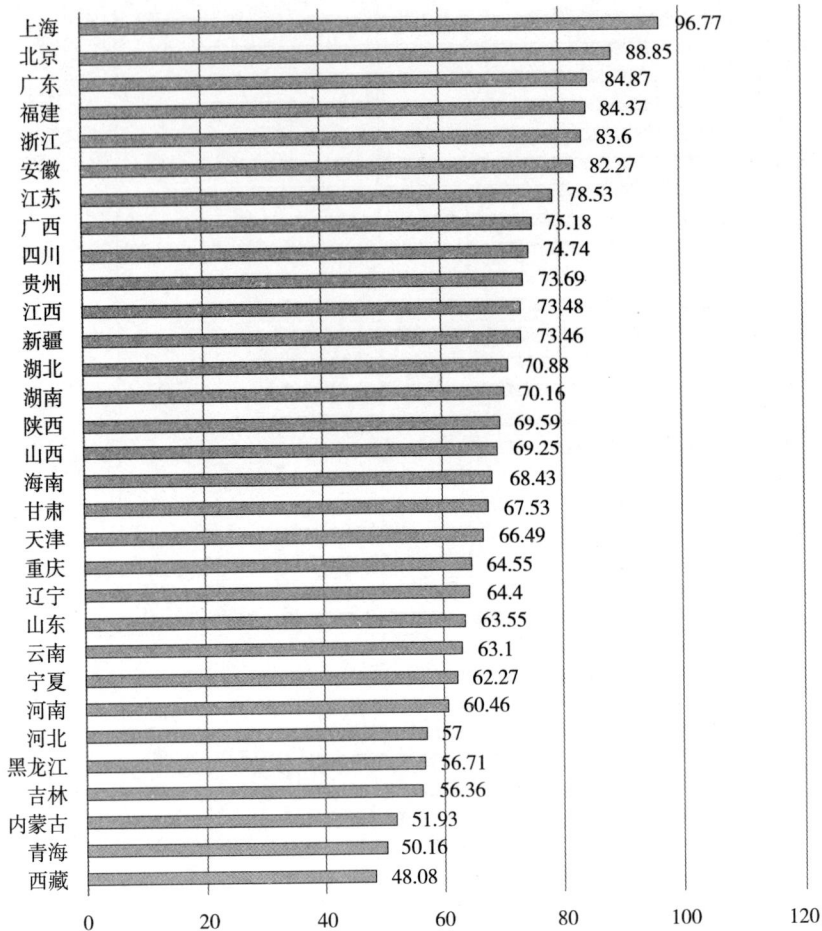

上海 96.77
北京 88.85
广东 84.87
福建 84.37
浙江 83.6
安徽 82.27
江苏 78.53
广西 75.18
四川 74.74
贵州 73.69
江西 73.48
新疆 73.46
湖北 70.88
湖南 70.16
陕西 69.59
山西 69.25
海南 68.43
甘肃 67.53
天津 66.49
重庆 64.55
辽宁 64.4
山东 63.55
云南 63.1
宁夏 62.27
河南 60.46
河北 57
黑龙江 56.71
吉林 56.36
内蒙古 51.93
青海 50.16
西藏 48.08

图2-20 2014年各省份信息通信技术应用指数

数据来源：中国电子信息产业发展研究院，2014年12月。

从评估结果来看，信息通信技术应用指数从2013年的66.33增长到了2014年的69.38，增长了3.05。其中，增长幅度在10以上的省份有两个省，分别为贵州和重庆；增长幅度在3以上的省份有13个省，均超过平均增长水平；增长幅度超过全国平均增长水平的有13个省。

上海、北京、广东、福建、浙江、安徽等六省、市信息通信技术应用指数超过了80，主要原因在于此类地区2013年大力推进企业"两化"融合并大力发展电子商务，企业信息化应用水平和居民电子商务应用水平都有显著提升。河北、黑龙江、吉林、内蒙古、青海、西藏等六省、区信息通信技术应用指数均低于60分，主要原因在于企业应用水平和政务应用水平远低于全国水平。

表 2-17　2014 年各省份信息通信技术应用指数

序号	省份	企业应用指数	政务应用指数	居民应用指数	信息通信技术应用指数
1	上海	87.07	79.88	110.07	96.77
2	北京	88.41	82.97	92.01	88.85
3	广东	86.99	75.5	88.49	84.87
4	福建	70.56	81.96	92.47	84.37
5	浙江	90.01	57.49	93.45	83.6
6	安徽	82.35	69.79	88.48	82.27
7	江苏	92.58	61.82	79.86	78.53
8	广西	82.81	57.22	80.35	75.18
9	四川	61.09	78.03	79.91	74.74
10	贵州	67.37	55.91	85.75	73.69
11	江西	76.04	53.58	82.15	73.48
12	新疆	78.2	51.62	82.01	73.46
13	湖北	67.09	76.4	70.01	70.88
14	湖南	63.52	83.56	66.78	70.16
15	陕西	40.64	70.53	83.58	69.59
16	山西	75.39	52.98	74.32	69.25
17	海南	67.53	78.62	63.78	68.43
18	甘肃	66.43	54.22	74.73	67.53
19	天津	70.18	47.37	74.2	66.49
20	重庆	61.4	48.81	74	64.55
21	辽宁	34.83	61.68	80.54	64.4
22	山东	67.47	56.39	65.17	63.55
23	云南	40.44	57.8	77.09	63.1
24	宁夏	56.46	33.41	79.6	62.27
25	河南	84.63	35.41	60.89	60.46
26	河北	53.9	37.49	68.31	57
27	黑龙江	54.38	40.97	65.75	56.71
28	吉林	47.49	38.96	69.49	56.36
29	内蒙古	27.77	52.61	63.68	51.93
30	青海	43.6	51.62	52.7	50.16
31	西藏	30.93	28.25	66.56	48.08
	全国值	65.08	58.48	76.97	69.38

数据来源：中国电子信息产业发展研究院，2014 年 12 月。

2013年全国信息通信技术应用指数为66.33，各省份信息通信技术应用指数如下图。

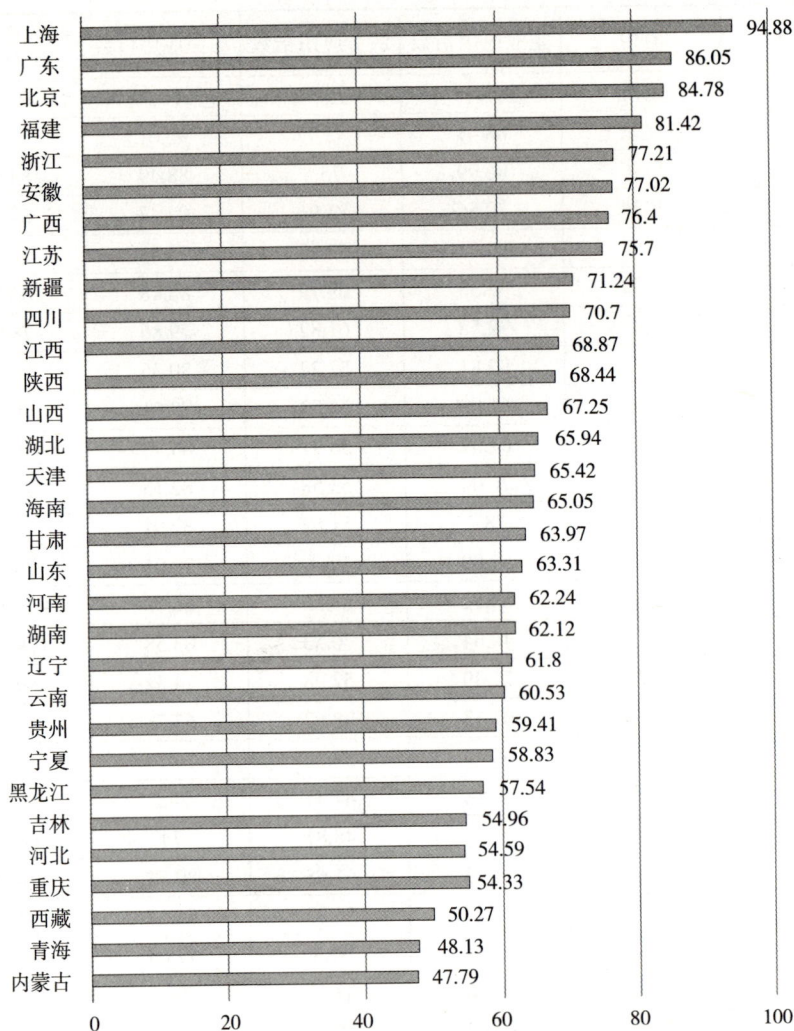

图2-21　2013年各省份信息通信技术应用指数

数据来源：中国电子信息产业发展研究院，2014年12月。

表 2-18　2013 年各省份信息通信技术应用指数

序号	省份	企业应用指数	政务应用指数	居民应用指数	信息通信技术应用指数
1	上海	85.23	83.85	105.22	94.88
2	广东	99.4	81.17	81.82	86.05
3	北京	82.04	85.06	86	84.78
4	福建	70.3	78.66	88.36	81.42
5	浙江	61.57	70.62	88.32	77.21
6	安徽	72.5	77.11	79.23	77.02
7	广西	93.91	67.44	72.12	76.4
8	江苏	88.65	72.24	70.95	75.7
9	新疆	78.15	56.39	75.22	71.24
10	四川	49.15	80.38	76.63	70.7
11	江西	62.51	65.78	73.6	68.87
12	陕西	35.84	80.97	78.47	68.44
13	山西	76.53	64.34	64.06	67.25
14	湖北	63.49	76.52	61.88	65.94
15	天津	57.24	75.11	64.67	65.42
16	海南	66.21	83.62	55.18	65.05
17	甘肃	64.05	61.33	65.25	63.97
18	山东	63.74	71.78	58.86	63.31
19	河南	80.54	60.69	53.87	62.24
20	湖南	41.96	82.53	61.99	62.12
21	辽宁	27.38	69.66	75.07	61.8
22	云南	32.96	73.58	67.79	60.53
23	贵州	35.5	58.58	71.78	59.41
24	宁夏	49.28	42.37	71.84	58.83
25	黑龙江	47.62	70.9	55.81	57.54
26	吉林	31.15	64.84	61.92	54.96
27	河北	45.83	58.5	57.01	54.59
28	重庆	38.3	60.69	59.16	54.33
29	西藏	34.73	49.48	58.44	50.27
30	青海	33.1	64.45	47.47	48.13
31	内蒙古	26.31	57.81	53.53	47.79
	全国值	57.91	69.24	69.08	66.33

数据来源：中国电子信息产业发展研究院，2014 年 12 月。

（一）企业应用指数

2014年全国企业应用指数为65.08，各省份企业应用指数情况如下图所示。

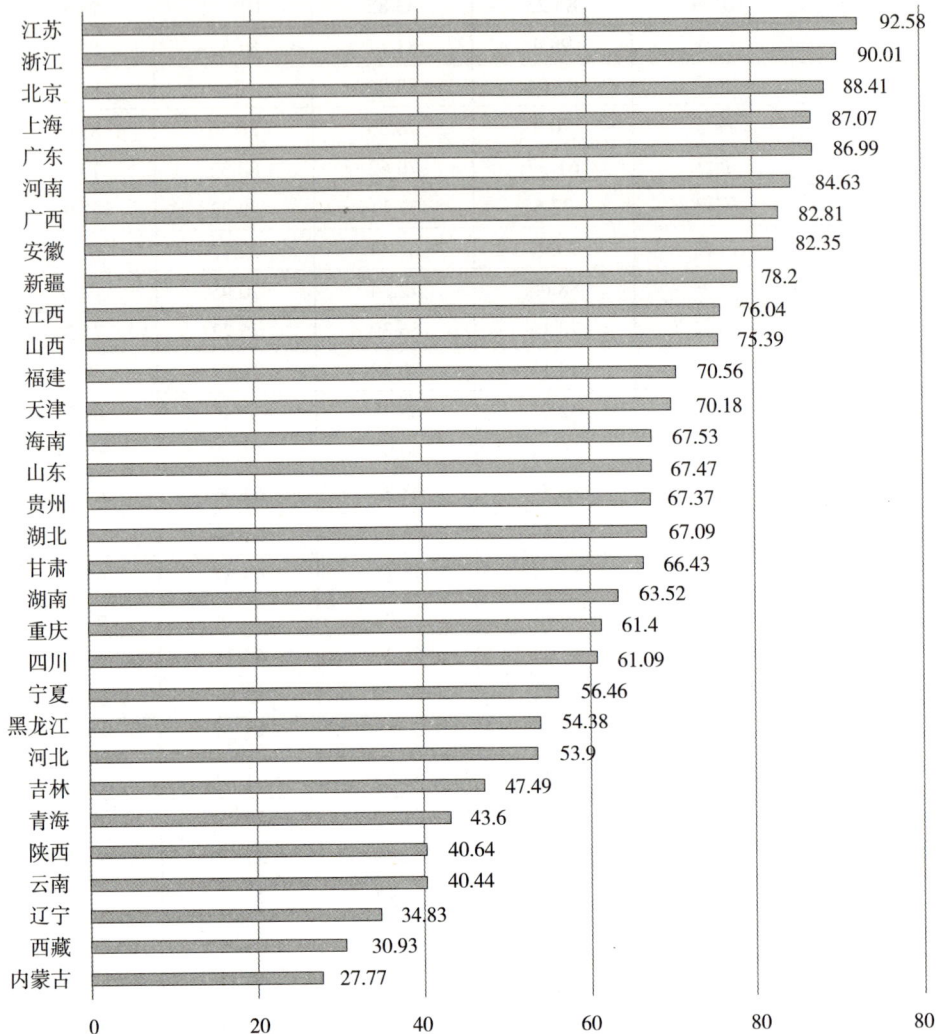

江苏	92.58
浙江	90.01
北京	88.41
上海	87.07
广东	86.99
河南	84.63
广西	82.81
安徽	82.35
新疆	78.2
江西	76.04
山西	75.39
福建	70.56
天津	70.18
海南	67.53
山东	67.47
贵州	67.37
湖北	67.09
甘肃	66.43
湖南	63.52
重庆	61.4
四川	61.09
宁夏	56.46
黑龙江	54.38
河北	53.9
吉林	47.49
青海	43.6
陕西	40.64
云南	40.44
辽宁	34.83
西藏	30.93
内蒙古	27.77

图2-22　2014年各省份企业应用指数

数据来源：中国电子信息产业发展研究院，2014年12月。

表 2-19　2014 年各省份企业应用指数表

序号	省份	数值	序号	省份	数值	序号	省份	数值
1	江苏	92.58	11	山西	75.39	21	四川	61.09
2	浙江	90.01	12	福建	70.56	22	宁夏	56.46
3	北京	88.41	13	天津	70.18	23	黑龙江	54.38
4	上海	87.07	14	海南	67.53	24	河北	53.9
5	广东	86.99	15	山东	67.47	25	吉林	47.49
6	河南	84.63	16	贵州	67.37	26	青海	43.6
7	广西	82.81	17	湖北	67.09	27	陕西	40.64
8	安徽	82.35	18	甘肃	66.43	28	云南	40.44
9	新疆	78.2	19	湖南	63.52	29	辽宁	34.83
10	江西	76.04	20	重庆	61.4	30	西藏	30.93
——			——			31	内蒙古	27.77

数据来源：中国电子信息产业发展研究院，2014 年 12 月。

2013 年全国企业应用指数为 57.91，各省份企业应用指数情况如下页图所示。

表 2-20　2013 年各省份企业应用指数表

序号	省份	数值	序号	省份	数值	序号	省份	数值
1	广东	99.4	11	海南	66.21	21	河北	45.83
2	广西	93.91	12	甘肃	64.05	22	湖南	41.96
3	江苏	88.65	13	山东	63.74	23	重庆	38.3
4	上海	85.23	14	湖北	63.49	24	陕西	35.84
5	北京	82.04	15	江西	62.51	25	贵州	35.5
6	河南	80.54	16	浙江	61.57	26	西藏	34.73
7	新疆	78.15	17	天津	57.24	27	青海	33.1
8	山西	76.53	18	宁夏	49.28	28	云南	32.96
9	安徽	72.5	19	四川	49.15	29	吉林	31.15
10	福建	70.3	20	黑龙江	47.62	30	辽宁	27.38
——			——			31	内蒙古	26.31

数据来源：中国电子信息产业发展研究院，2014 年 12 月。

广东 99.4
广西 93.91
江苏 88.65
上海 85.23
北京 82.04
河南 80.54
新疆 78.15
山西 76.53
安徽 72.5
福建 70.3
海南 66.21
甘肃 64.05
山东 63.74
湖北 63.49
江西 62.51
浙江 61.57
天津 57.24
宁夏 49.28
四川 49.15
黑龙江 47.62
河北 45.83
湖南 41.96
重庆 38.3
陕西 35.84
贵州 35.5
西藏 34.73
青海 33.1
云南 32.96
吉林 31.15
辽宁 27.38
内蒙古 26.31

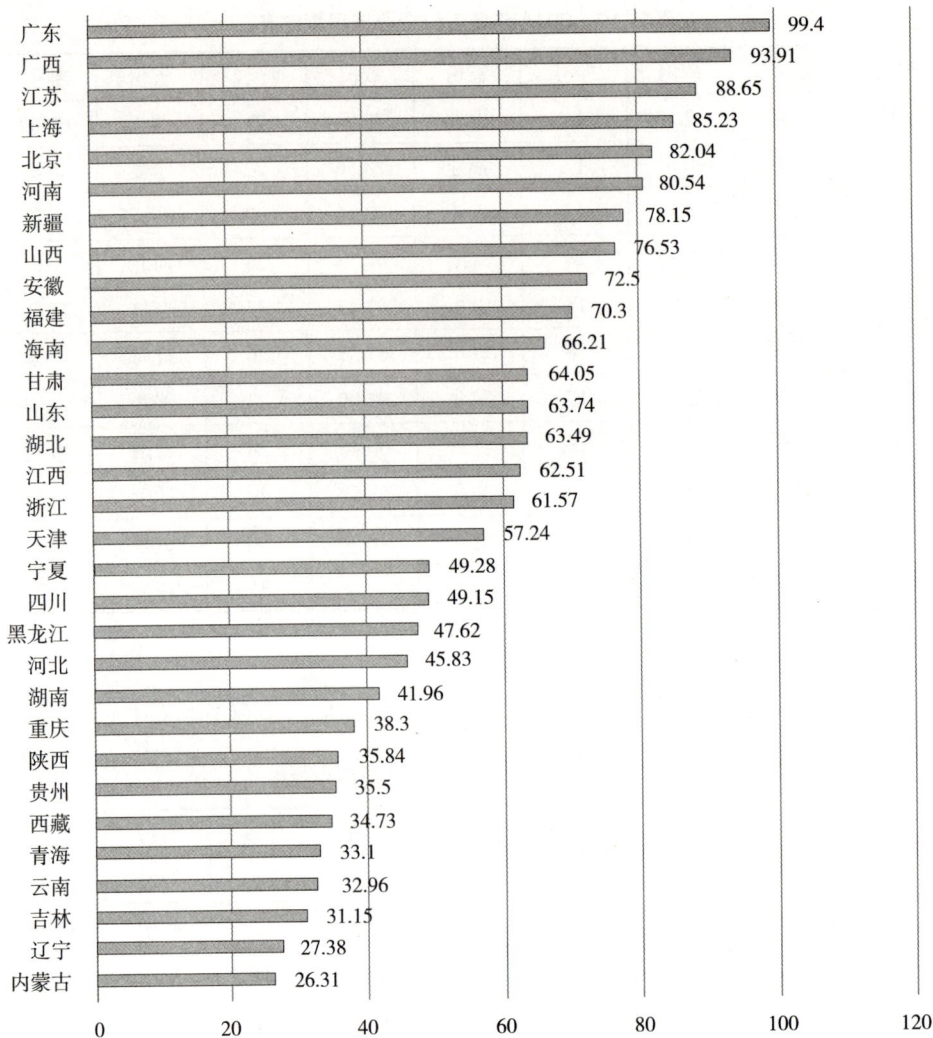

图2-23　2013年各省份企业应用指数

数据来源：中国电子信息产业发展研究院，2014年12月。

（二）政务应用指数

2014年全国政务应用指数为58.48，各省份政务应用指数情况如下图所示。

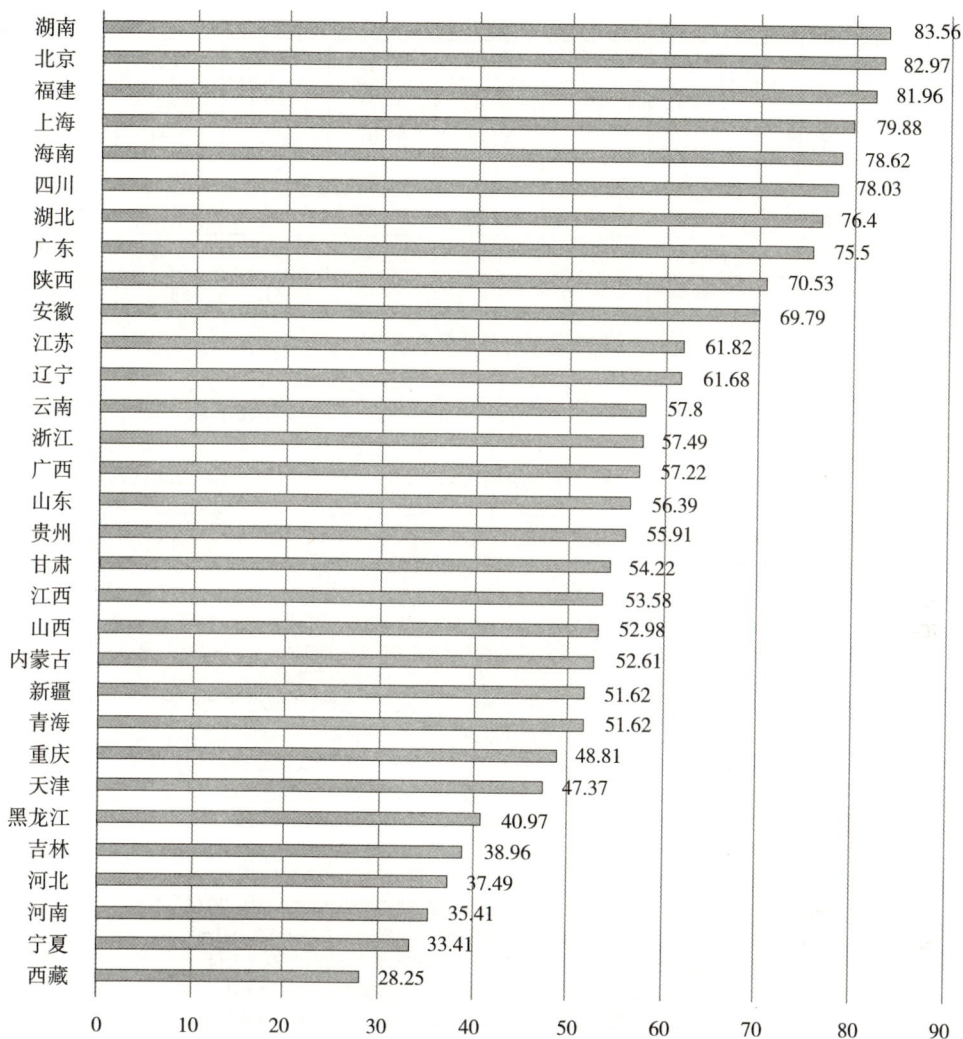

图2-24   2014年各省份政务应用指数

数据来源：中国电子信息产业发展研究院，2014年12月。

表2-21   2014年各省份政务应用指数表

序号	省份	数值	序号	省份	数值	序号	省份	数值
1	湖南	83.56	11	江苏	61.82	21	内蒙古	52.61
2	北京	82.97	12	辽宁	61.68	22	青海	51.62
3	福建	81.96	13	云南	57.8	23	新疆	51.62
4	上海	79.88	14	浙江	57.49	24	重庆	48.81
5	海南	78.62	15	广西	57.22	25	天津	47.37

（续表）

序号	省份	数值	序号	省份	数值	序号	省份	数值
6	四川	78.03	16	山东	56.39	26	黑龙江	40.97
7	湖北	76.4	17	贵州	55.91	27	吉林	38.96
8	广东	75.5	18	甘肃	54.22	28	河北	37.49
9	陕西	70.53	19	江西	53.58	29	河南	35.41
10	安徽	69.79	20	山西	52.98	30	宁夏	33.41
—	—	—	—	—	—	31	西藏	28.25

数据来源：中国电子信息产业发展研究院，2014年12月。

2013年全国政务应用指数为69.24，各省份政务应用指数情况如下图所示。

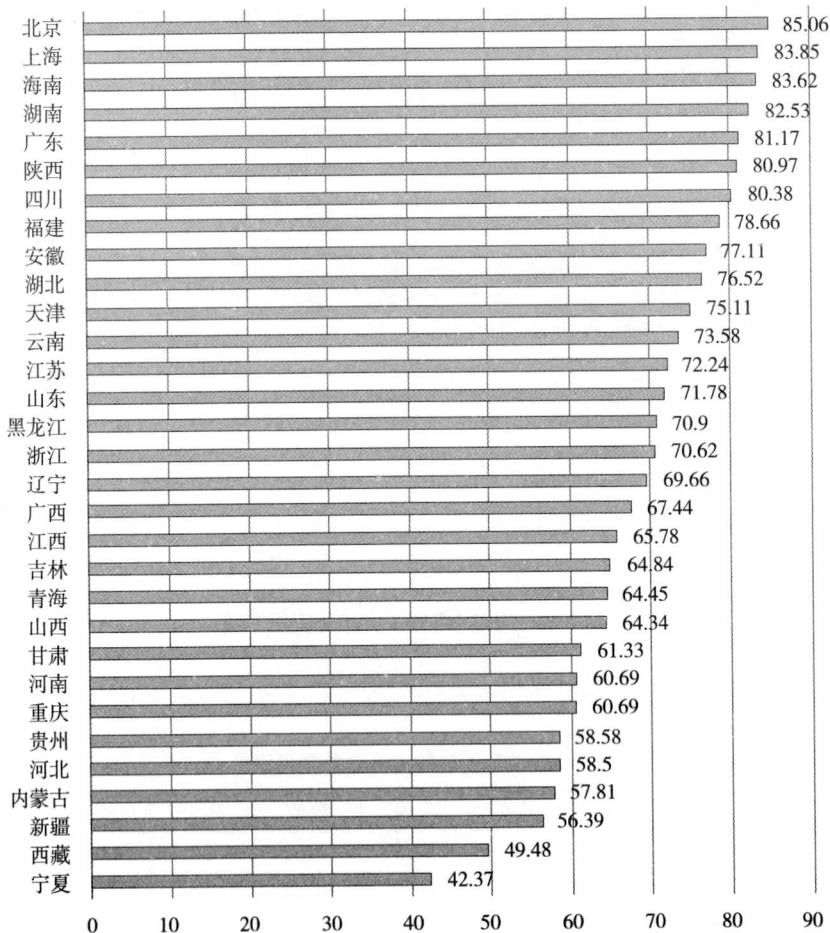

图2-25　2013年各省份政务应用指数

数据来源：中国电子信息产业发展研究院，2014年12月。

表 2-22　2013 年各省份政务应用指数表

序号	省份	数值	序号	省份	数值	序号	省份	数值
1	北京	85.06	11	天津	75.11	21	青海	64.45
2	上海	83.85	12	云南	73.58	22	山西	64.34
3	海南	83.62	13	江苏	72.24	23	甘肃	61.33
4	湖南	82.53	14	山东	71.78	24	重庆	60.69
5	广东	81.17	15	黑龙江	70.9	25	河南	60.69
6	陕西	80.97	16	浙江	70.62	26	贵州	58.58
7	四川	80.38	17	辽宁	69.66	27	河北	58.5
8	福建	78.66	18	广西	67.44	28	内蒙古	57.81
9	安徽	77.11	19	江西	65.78	29	新疆	56.39
10	湖北	76.52	20	吉林	64.84	30	西藏	49.48
——	——	——	——	——	——	31	宁夏	42.37

数据来源：中国电子信息产业发展研究院，2014 年 12 月。

（三）居民应用指数

2014 年全国居民应用指数为 76.97，各省市居民应用指数情况如下页图所示。

表 2-23　2014 年各省份居民应用指数表

序号	省份	数值	序号	省份	数值	序号	省份	数值
1	上海	110.07	11	辽宁	80.54	21	湖北	70.01
2	浙江	93.45	12	广西	80.35	22	吉林	69.49
3	福建	92.47	13	四川	79.91	23	河北	68.31
4	北京	92.01	14	江苏	79.86	24	湖南	66.78
5	广东	88.49	15	宁夏	79.6	25	西藏	66.56
6	安徽	88.48	16	云南	77.09	26	黑龙江	65.75
7	贵州	85.75	17	甘肃	74.73	27	山东	65.17
8	陕西	83.58	18	山西	74.32	28	海南	63.78
9	江西	82.15	19	天津	74.2	29	内蒙古	63.68
10	新疆	82.01	20	重庆	74	30	河南	60.89
——	——	——	——	——	——	31	青海	52.7

数据来源：中国电子信息产业发展研究院，2014 年 12 月。

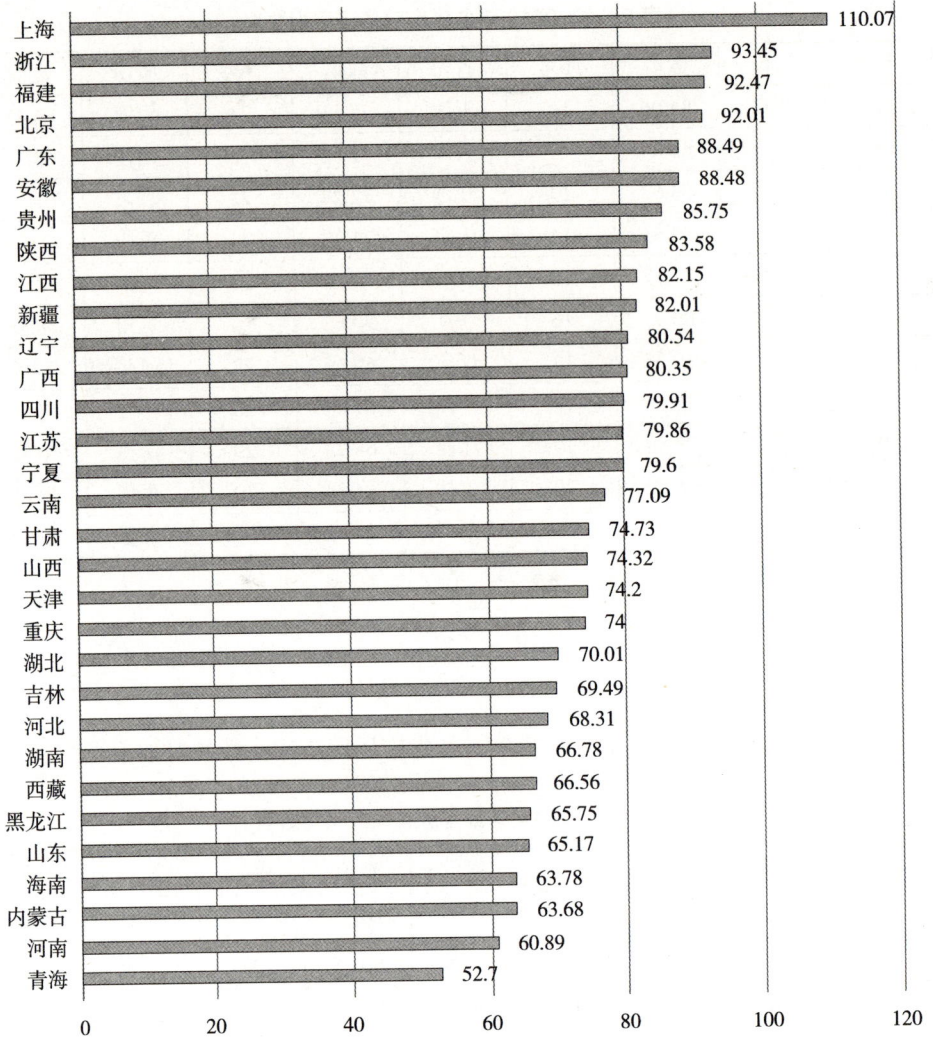

图2-26 2014年各省份居民应用指数

数据来源：中国电子信息产业发展研究院，2014 年 12 月。

2013 年全国居民应用指数为 69.08，各省份居民应用情况如下图所示。

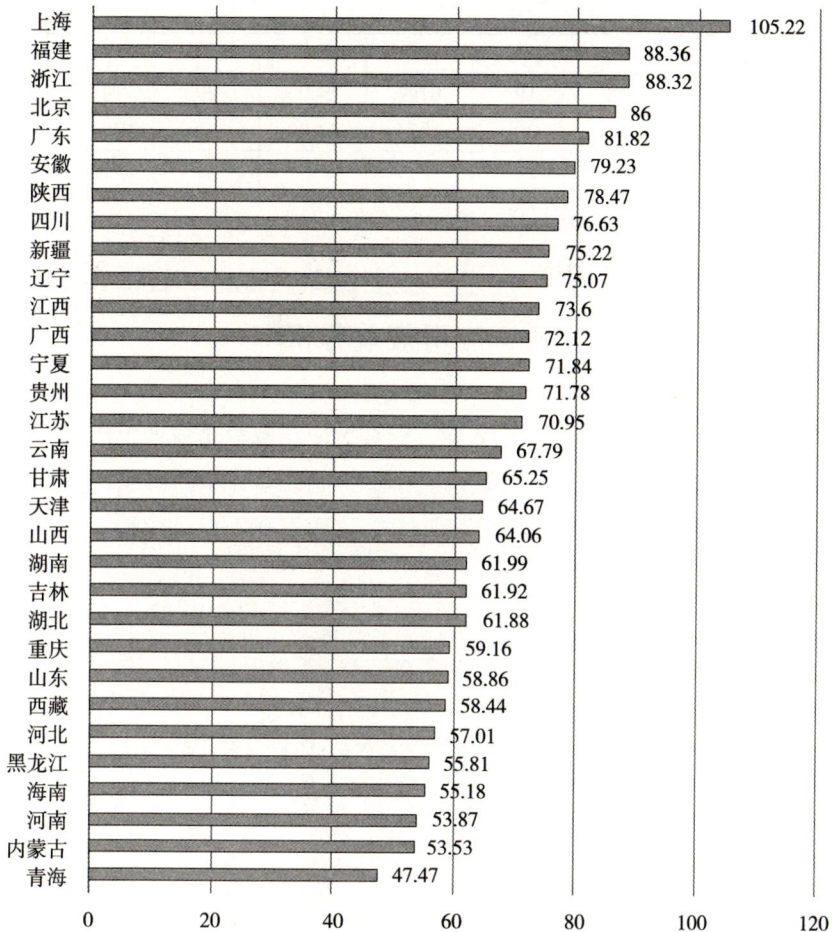

图2-27　2013年各省份居民应用指数

数据来源：中国电子信息产业发展研究院，2014年12月。

表2-24　2013年各省份居民应用指数表

序号	省份	数值	序号	省份	数值	序号	省份	数值
1	上海	105.22	11	江西	73.6	21	吉林	61.92
2	福建	88.36	12	广西	72.12	22	湖北	61.88
3	浙江	88.32	13	宁夏	71.84	23	重庆	59.16
4	北京	86	14	贵州	71.78	24	山东	58.86
5	广东	81.82	15	江苏	70.95	25	西藏	58.44
6	安徽	79.23	16	云南	67.79	26	河北	57.01
7	陕西	78.47	17	甘肃	65.25	27	黑龙江	55.81
8	四川	76.63	18	天津	64.67	28	海南	55.18

（续表）

序号	省份	数值	序号	省份	数值	序号	省份	数值
9	新疆	75.22	19	山西	64.06	29	河南	53.87
10	辽宁	75.07	20	湖南	61.99	30	内蒙古	53.53
——			——			31	青海	47.47

数据来源：中国电子信息产业发展研究院，2014年12月。

四、应用效益分析

2014年全国应用效益指数为72.19，各省份应用效益指数如下图。

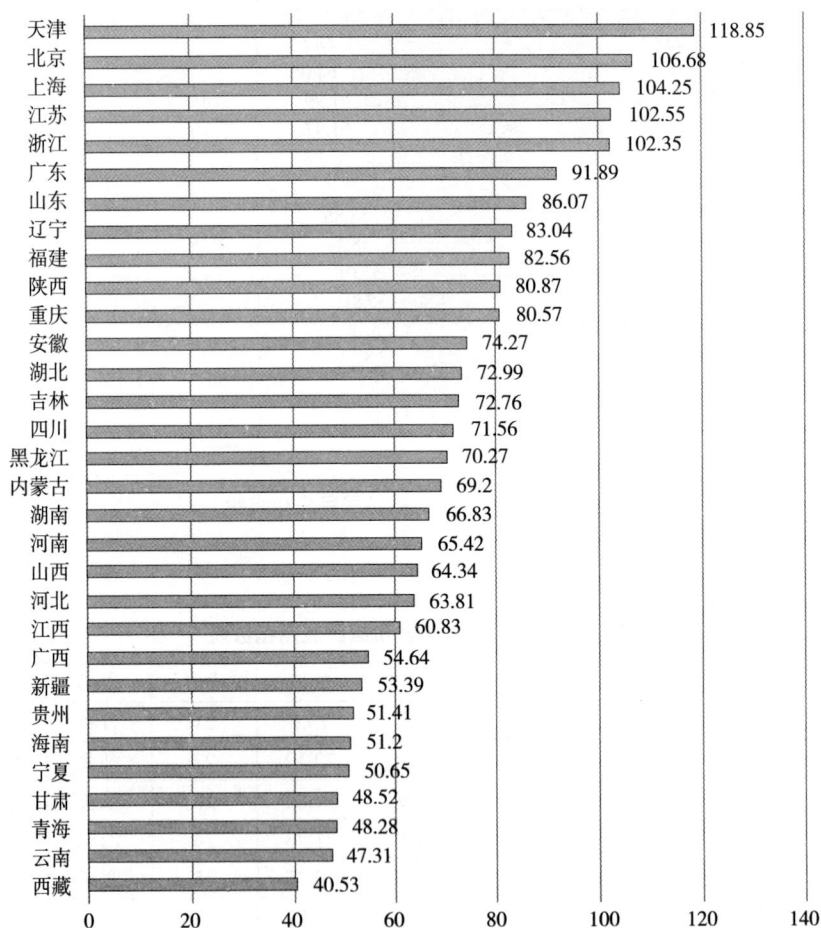

图2-28　2014年各省份应用效益指数

数据来源：中国电子信息产业发展研究院，2014年12月。

　　从评估结果来看，应用效益从 2013 年的 69.08 增长到了 2014 年的 72.19，增长了 3.11。其中增长幅度超过全国平均增长水平的有 16 个省份。

　　天津、北京、上海、江苏、浙江、广东等六省市应用效益指数均超过了 90。主要原因：一是这些地区地区经济比较发达，劳动生产率和人均收入普遍比较高；二是 IT 企业云集，技术创新比较活跃；三是随着日益加重的雾霾，这些地区加快了对传统"三高"产业的转移和改造力度，节能降耗水平有了显著提升。

表 2-25　2014 年各省份应用效益指数

序号	省份	劳动生产率指数	技术创新指数	节能降耗指数	人均收益指数	应用效益指数
1	天津	132.12	100.33	131.62	111.31	118.85
2	北京	55.34	130.4	133.41	107.57	106.68
3	上海	107.8	107.32	96.22	105.67	104.25
4	江苏	90.07	146.38	78.31	95.45	102.55
5	浙江	76.39	154.9	87.17	90.95	102.35
6	广东	82.94	115.33	86.27	83.04	91.89
7	山东	78.16	85.34	99.62	81.15	86.07
8	辽宁	92.02	60.64	93.86	85.65	83.04
9	福建	78.41	88.32	81.05	82.46	82.56
10	陕西	73.45	88.05	93.69	68.28	80.87
11	重庆	58.03	102.11	93.74	68.38	80.57
12	安徽	52.21	116.5	72.5	55.89	74.27
13	湖北	67.43	73.66	82.66	68.2	72.99
14	吉林	84.69	39.29	94.27	72.79	72.76
15	四川	52.31	94.09	83	56.83	71.56
16	黑龙江	61.7	79.86	76.8	62.71	70.27
17	内蒙古	101.35	21.14	64.08	90.22	69.2
18	湖南	54.72	65.89	84.84	61.87	66.83
19	河南	57.62	64.35	80.81	58.88	65.42
20	山西	70.38	54.88	72.46	59.63	64.34
21	河北	68.44	46.96	75.81	64.04	63.81
22	江西	59.31	51.57	76.44	56	60.83
23	广西	45.67	52	66.36	54.53	54.64
24	新疆	68.54	45.66	37.01	62.34	53.39
25	贵州	29.95	70.34	61.1	44.24	51.41
26	海南	31.88	35.79	76.89	60.22	51.2

（续表）

序号	省份	劳动生产率指数	技术创新指数	节能降耗指数	人均收益指数	应用效益指数
27	宁夏	60.05	44.95	32.77	64.81	50.65
28	甘肃	38.86	60.02	49	46.2	48.52
29	青海	65.84	24.34	41.37	61.58	48.28
30	云南	34.31	45	62.65	47.3	47.31
31	西藏	10.46	14.51	88.52	48.64	40.53
	全国值	65.82	73.55	79.17	70.22	72.19

数据来源：中国电子信息产业发展研究院，2014年12月。

2013年全国应用效益指数为69.08，各省份应用效益指数如下图。

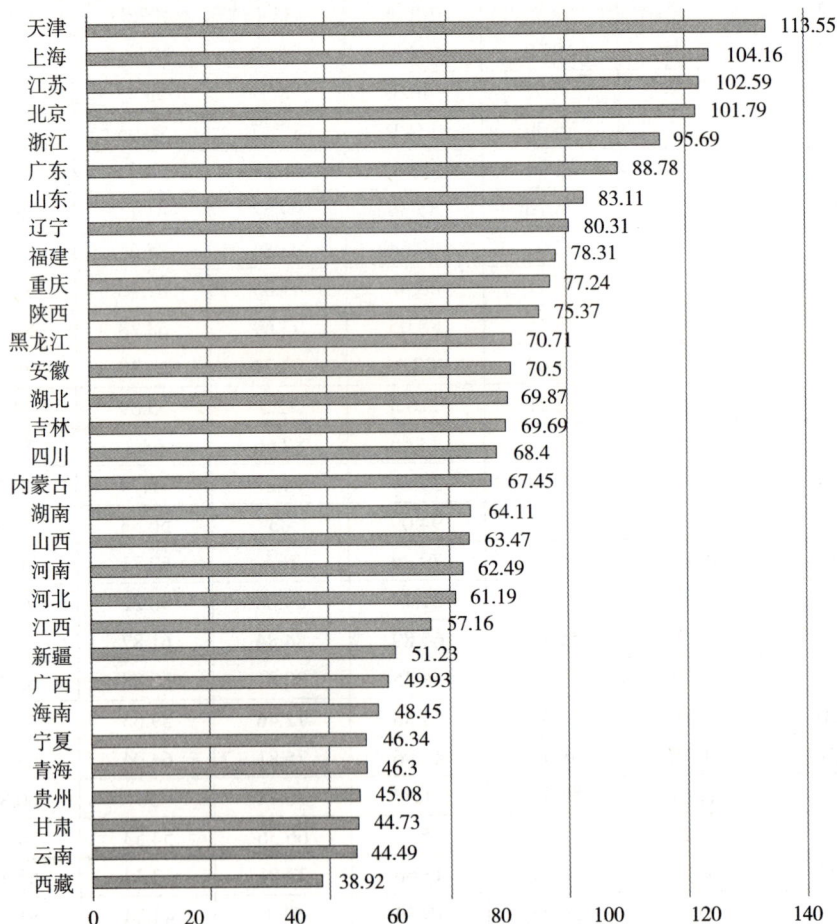

图2-29　2013年各省份应用效益指数

数据来源：中国电子信息产业发展研究院，2014年12月。

表 2-26　2013 年各省份应用效益指数

序号	省份	劳动生产率指数	技术创新指数	节能降耗指数	人均收益指数	应用效益指数
1	天津	129.36	89.03	128.27	107.55	113.55
2	上海	108.02	110.72	95.2	102.71	104.16
3	江苏	89.14	153.18	77.18	90.87	102.59
4	北京	53.46	119.6	130.05	104.05	101.79
5	浙江	58.69	151.75	85.3	87.01	95.69
6	广东	80.44	112.42	83.07	79.2	88.78
7	山东	75.51	83.07	96.74	77.1	83.11
8	辽宁	88.63	60.06	91.11	81.43	80.31
9	福建	74.51	81.77	78.98	78	78.31
10	重庆	57.84	94.43	92.41	64.26	77.24
11	陕西	69.41	77.21	90.97	63.88	75.37
12	黑龙江	66.21	80.51	75.44	60.67	70.71
13	安徽	46.48	111.48	71.77	52.25	70.5
14	湖北	63.38	72.3	79.9	63.89	69.87
15	吉林	80.88	37.73	91.13	69.02	69.69
16	四川	49.91	90.25	80.12	53.3	68.4
17	内蒙古	101.67	17.13	63.58	87.41	67.45
18	湖南	51.63	64.68	82.06	58.06	64.11
19	山西	75.21	48.73	71.7	58.24	63.47
20	河南	56.14	59.57	78.57	55.66	62.49
21	河北	66.37	42.75	73.98	61.67	61.19
22	江西	55.73	44.83	75.8	52.26	57.16
23	新疆	67.75	37.93	40.79	58.44	51.23
24	广西	43.63	40.3	64.62	51.16	49.93
25	海南	30.7	31.51	74.83	56.74	48.45
26	宁夏	57.58	34.1	32.24	61.45	46.34
27	青海	62.85	24.17	40.49	57.71	46.3
28	贵州	24.06	61.45	55.37	39.45	45.08
29	甘肃	36.84	52.17	47.05	42.87	44.73
30	云南	32.13	42.73	59.93	43.19	44.49
31	西藏	9.61	15.77	86.05	44.26	38.92
	全国值	63.35	69.14	77.25	66.57	69.08

数据来源：中国电子信息产业发展研究院，2014 年 12 月。

（一）劳动生产率指数

2014 年全国劳动生产率指数为 65.82，各省份劳动生产率指数情况如下图所示。

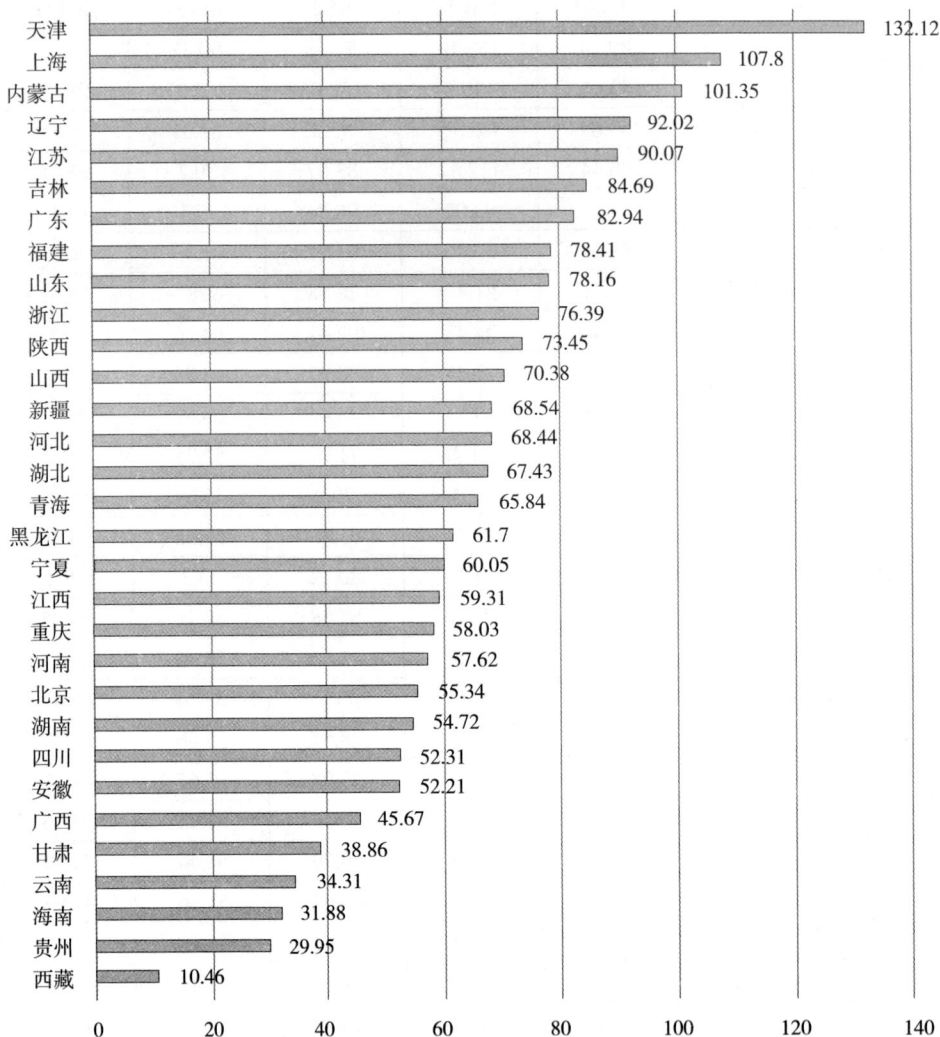

省份	指数
天津	132.12
上海	107.8
内蒙古	101.35
辽宁	92.02
江苏	90.07
吉林	84.69
广东	82.94
福建	78.41
山东	78.16
浙江	76.39
陕西	73.45
山西	70.38
新疆	68.54
河北	68.44
湖北	67.43
青海	65.84
黑龙江	61.7
宁夏	60.05
江西	59.31
重庆	58.03
河南	57.62
北京	55.34
湖南	54.72
四川	52.31
安徽	52.21
广西	45.67
甘肃	38.86
云南	34.31
海南	31.88
贵州	29.95
西藏	10.46

图2-30　2014年各省份劳动生产率指数

数据来源：中国电子信息产业发展研究院，2014 年 12 月。

表 2-27　2014 年各省份劳动生产率指数表

序号	省份	数值	序号	省份	数值	序号	省份	数值
1	天津	132.12	11	陕西	73.45	21	河南	57.62
2	上海	107.8	12	山西	70.38	22	北京	55.34
3	内蒙古	101.35	13	新疆	68.54	23	湖南	54.72
4	辽宁	92.02	14	河北	68.44	24	四川	52.31
5	江苏	90.07	15	湖北	67.43	25	安徽	52.21
6	吉林	84.69	16	青海	65.84	26	广西	45.67
7	广东	82.94	17	黑龙江	61.7	27	甘肃	38.86
8	福建	78.41	18	宁夏	60.05	28	云南	34.31
9	山东	78.16	19	江西	59.31	29	海南	31.88
10	浙江	76.39	20	重庆	58.03	30	贵州	29.95
——	——	——				31	西藏	10.46

数据来源：中国电子信息产业发展研究院，2014 年 12 月。

2013 年全国劳动生产率指数为 63.35，各省份劳动生产率指数情况如下图所示。

表 2-28　2013 年各省份劳动生产率指数

序号	省份	数值	序号	省份	数值	序号	省份	数值
1	天津	129.36	11	陕西	69.41	21	江西	55.73
2	上海	108.02	12	新疆	67.75	22	北京	53.46
3	内蒙古	101.67	13	河北	66.37	23	湖南	51.63
4	江苏	89.14	14	黑龙江	66.21	24	四川	49.91
5	辽宁	88.63	15	湖北	63.38	25	安徽	46.48
6	吉林	80.88	16	青海	62.85	26	广西	43.63
7	广东	80.44	17	浙江	58.69	27	甘肃	36.84
8	山东	75.51	18	重庆	57.84	28	云南	32.13
9	山西	75.21	19	宁夏	57.58	29	海南	30.7
10	福建	74.51	20	河南	56.14	30	贵州	24.06
——	——	——	——	——	——	31	西藏	9.61

数据来源：中国电子信息产业发展研究院，2014 年 12 月。

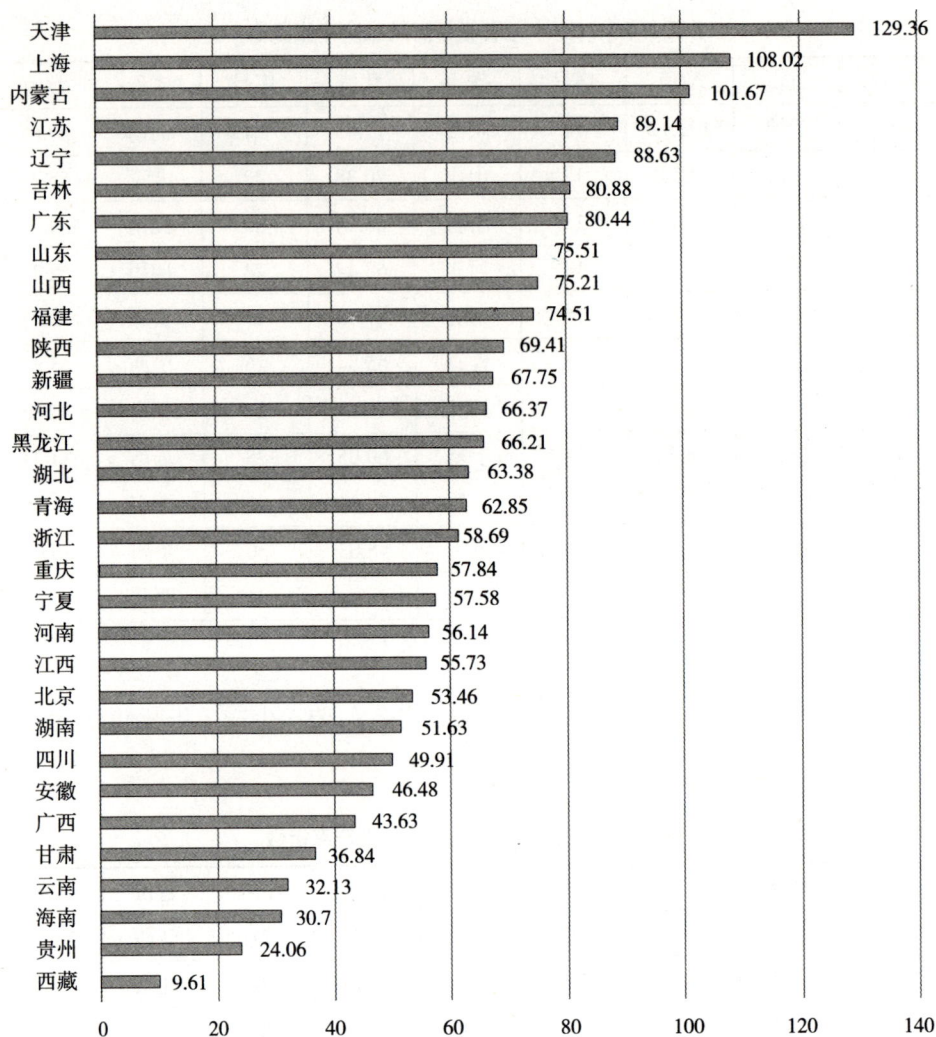

图2-31　2013年各省份劳动生产率指数

数据来源：中国电子信息产业发展研究院，2014年12月。

（二）技术创新指数

2014年全国技术创新指数为73.55，各省份技术创新指数情况如下图所示。

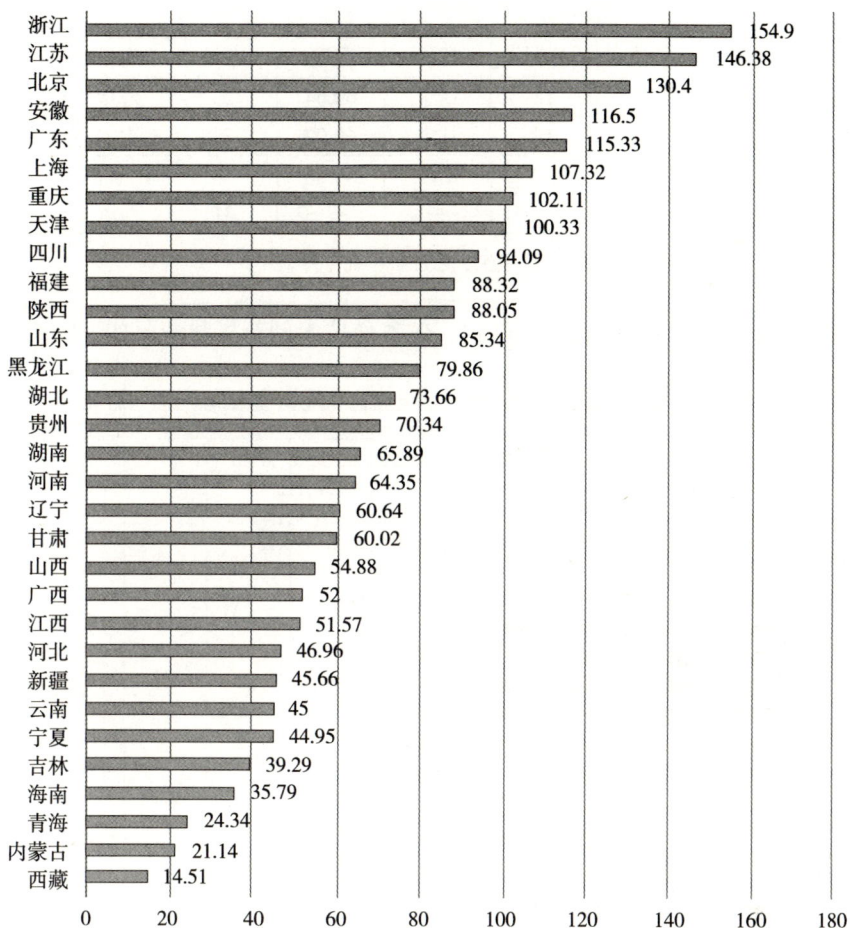

图2-32 2014年各省份技术创新指数

数据来源：中国电子信息产业发展研究院，2014年12月。

表2-29 2014年各省份技术创新指数表

序号	省份	数值	序号	省份	数值	序号	省份	数值
1	浙江	154.9	11	陕西	88.05	21	广西	52
2	江苏	146.38	12	山东	85.34	22	江西	51.57
3	北京	130.4	13	黑龙江	79.86	23	河北	46.96
4	安徽	116.5	14	湖北	73.66	24	新疆	45.66
5	广东	115.33	15	贵州	70.34	25	云南	45
6	上海	107.32	16	湖南	65.89	26	宁夏	44.95
7	重庆	102.11	17	河南	64.35	27	吉林	39.29

（续表）

序号	省份	数值	序号	省份	数值	序号	省份	数值
8	天津	100.33	18	辽宁	60.64	28	海南	35.79
9	四川	94.09	19	甘肃	60.02	29	青海	24.34
10	福建	88.32	20	山西	54.88	30	内蒙古	21.14
——	——	——	——	——	——	31	西藏	14.51

数据来源：中国电子信息产业发展研究院，2014年12月。

2013年全国技术创新指数为69.14，各省份技术创新指数情况如下图所示。

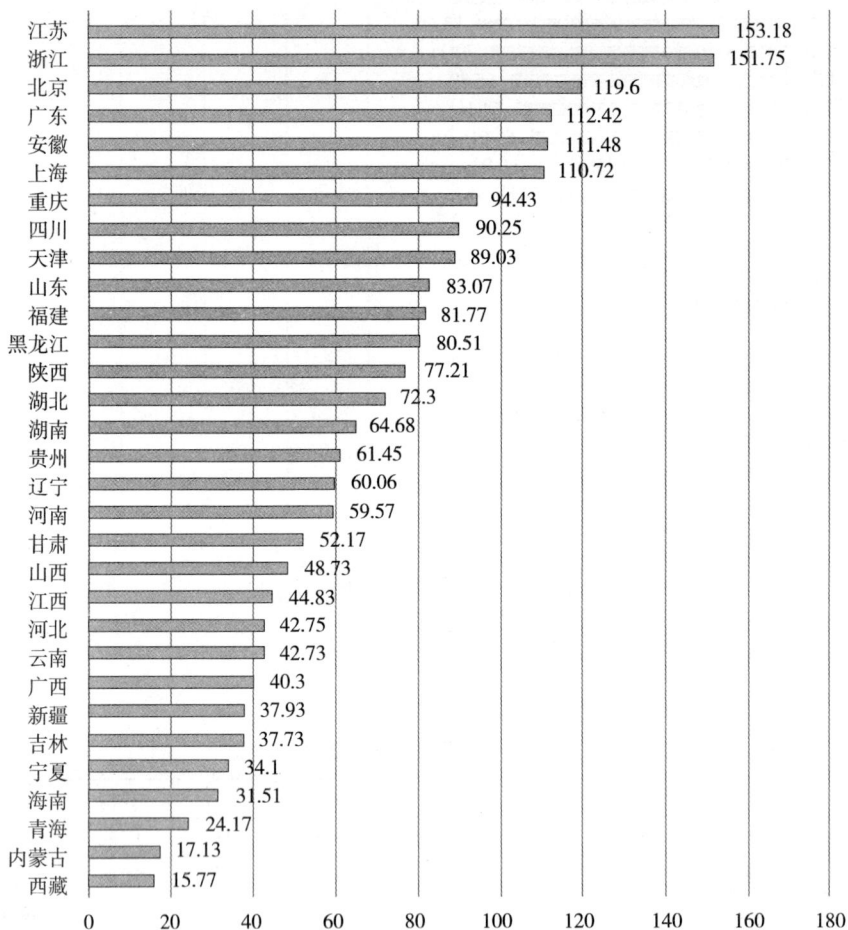

图2-33　2013年各省份技术创新指数

数据来源：中国电子信息产业发展研究院，2014年12月。

表 2-30 2013 年各省份技术创新指数表

序号	省份	数值	序号	省份	数值	序号	省份	数值
1	江苏	153.18	11	福建	81.77	21	江西	44.83
2	浙江	151.75	12	黑龙江	80.51	22	河北	42.75
3	北京	119.6	13	陕西	77.21	23	云南	42.73
4	广东	112.42	14	湖北	72.3	24	广西	40.3
5	安徽	111.48	15	湖南	64.68	25	新疆	37.93
6	上海	110.72	16	贵州	61.45	26	吉林	37.73
7	重庆	94.43	17	辽宁	60.06	27	宁夏	34.1
8	四川	90.25	18	河南	59.57	28	海南	31.51
9	天津	89.03	19	甘肃	52.17	29	青海	24.17
10	山东	83.07	20	山西	48.73	30	内蒙古	17.13
						31	西藏	15.77

数据来源：中国电子信息产业发展研究院，2014 年 12 月。

（三）节能降耗指数

2014 年全国节能降耗指数为 79.17，各省份节能降耗指数情况如下图所示。

表 2-31 2014 年各省份节能降耗指数表

序号	省份	数值	序号	省份	数值	序号	省份	数值
1	北京	133.41	11	广东	86.27	21	河北	75.81
2	天津	131.62	12	湖南	84.84	22	安徽	72.5
3	山东	99.62	13	四川	83	23	山西	72.46
4	上海	96.22	14	湖北	82.66	24	广西	66.36
5	吉林	94.27	15	福建	81.05	25	内蒙古	64.08
6	辽宁	93.86	16	河南	80.81	26	云南	62.65
7	重庆	93.74	17	江苏	78.31	27	贵州	61.1
8	陕西	93.69	18	海南	76.89	28	甘肃	49
9	西藏	88.52	19	黑龙江	76.8	29	青海	41.37
10	浙江	87.17	20	江西	76.44	30	新疆	37.01
——	——	——	——	——	——	31	宁夏	32.77

数据来源：中国电子信息产业发展研究院，2014 年 12 月。

省份	指数
北京	133.41
天津	131.62
山东	99.62
上海	96.22
吉林	94.27
辽宁	93.86
重庆	93.74
陕西	93.69
西藏	88.52
浙江	87.17
广东	86.27
湖南	84.84
四川	83
湖北	82.66
福建	81.05
河南	80.81
江苏	78.31
海南	76.89
黑龙江	76.8
江西	76.44
河北	75.81
安徽	72.5
山西	72.46
广西	66.36
内蒙古	64.08
云南	62.65
贵州	61.1
甘肃	49
青海	41.37
新疆	37.01
宁夏	32.77

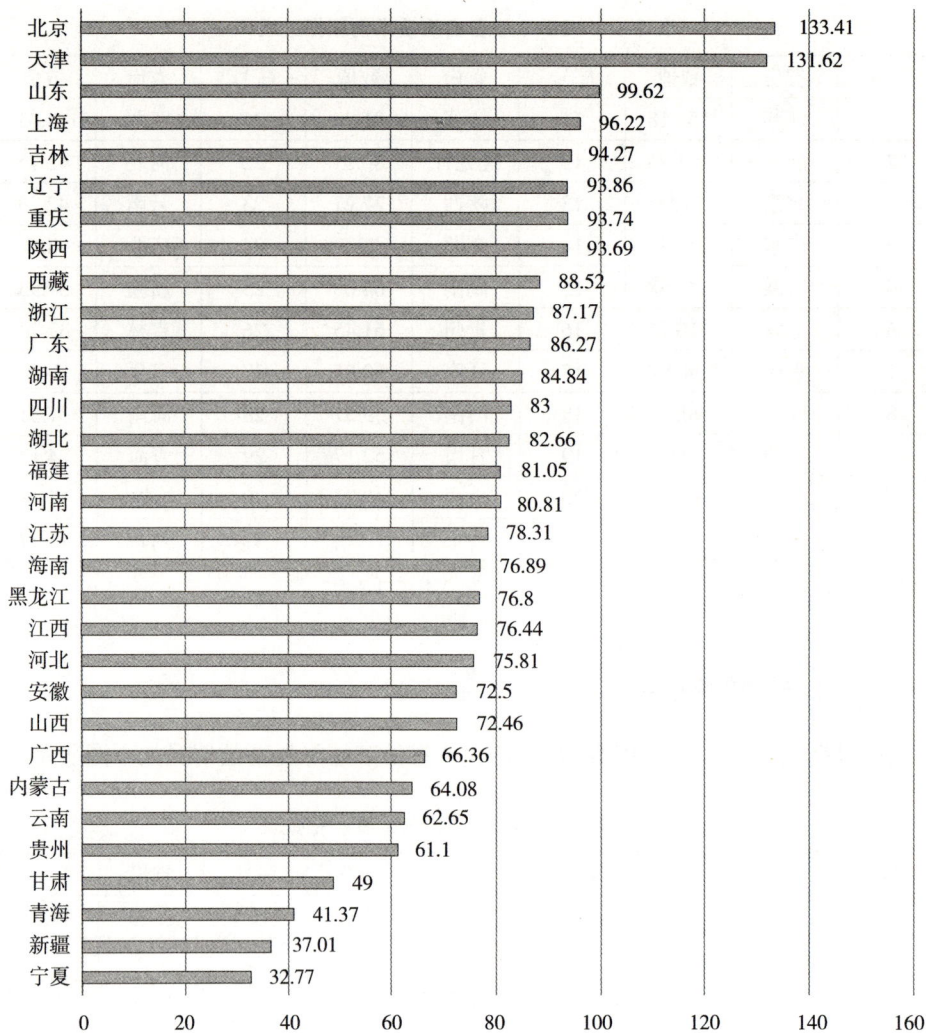

图2-34　2014年各省份节能降耗指数

数据来源：中国电子信息产业发展研究院，2014 年 12 月。

2013 年全国节能降耗指数为 77.25，各省份节能降耗指数情况如下图所示。

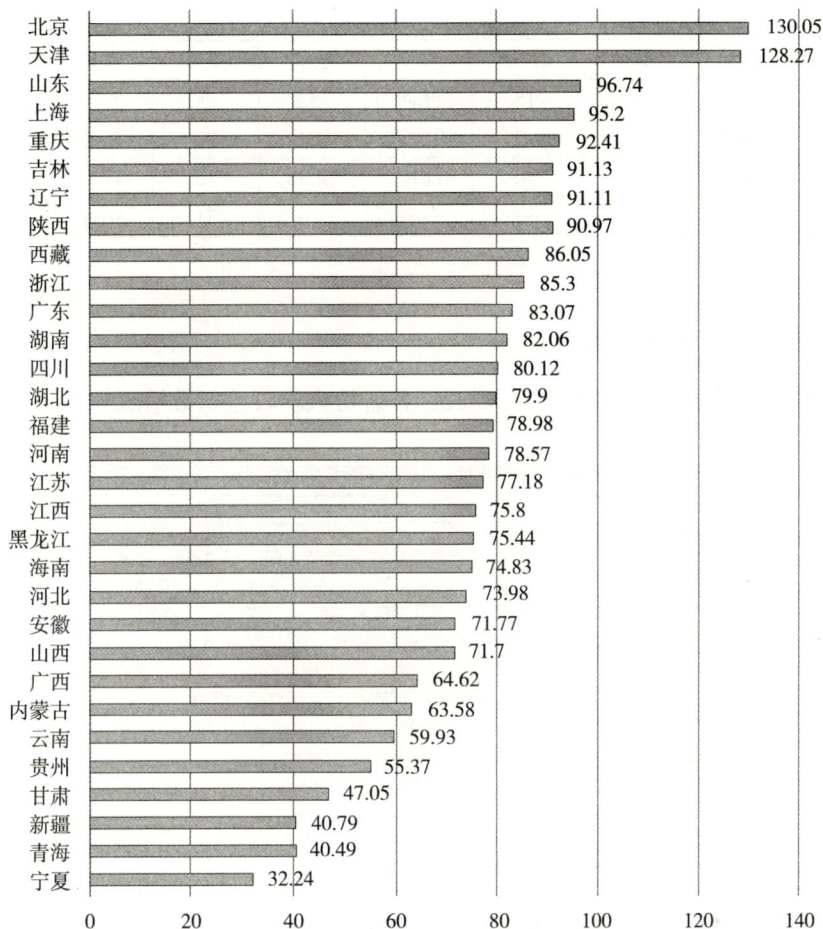

图2-35　2013年各省份节能降耗指数

数据来源：中国电子信息产业发展研究院，2014年12月。

表2-32　2013年各省份节能降耗指数表

序号	省份	数值	序号	省份	数值	序号	省份	数值
1	北京	130.05	11	广东	83.07	21	河北	73.98
2	天津	128.27	12	湖南	82.06	22	安徽	71.77
3	山东	96.74	13	四川	80.12	23	山西	71.7
4	上海	95.2	14	湖北	79.9	24	广西	64.62
5	重庆	92.41	15	福建	78.98	25	内蒙古	63.58
6	吉林	91.13	16	河南	78.57	26	云南	59.93
7	辽宁	91.11	17	江苏	77.18	27	贵州	55.37

（续表）

序号	省份	数值	序号	省份	数值	序号	省份	数值
8	陕西	90.97	18	江西	75.8	28	甘肃	47.05
9	西藏	86.05	19	黑龙江	75.44	29	新疆	40.79
10	浙江	85.3	20	海南	74.83	30	青海	40.49
——	——	——	——	——	——	31	宁夏	32.24

数据来源：中国电子信息产业发展研究院，2014年12月。

（四）人均收益指数

2014年全国人均收益指数为70.22，各省份人均收益指数情况如下图所示。

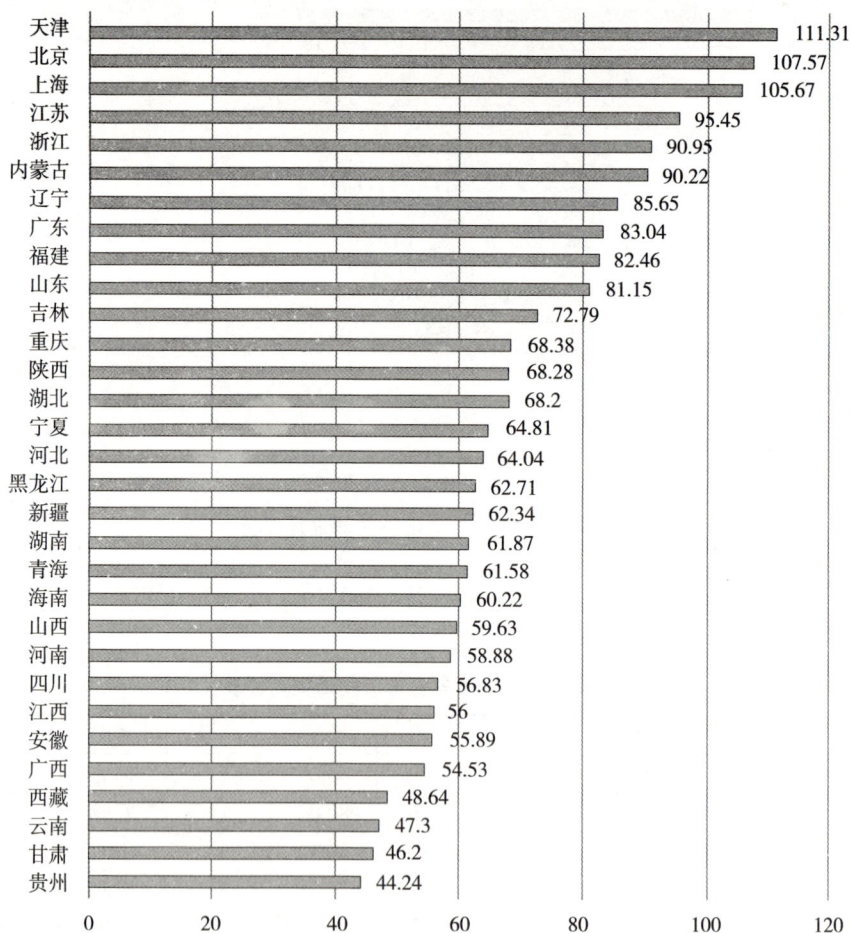

图2-36　2014年各省份人均收益指数

数据来源：中国电子信息产业发展研究院，2014年12月。

表 2-33　2014 年各省份人均收益指数表

序号	省份	数值	序号	省份	数值	序号	省份	数值
1	天津	111.31	11	吉林	72.79	21	海南	60.22
2	北京	107.57	12	重庆	68.38	22	山西	59.63
3	上海	105.67	13	陕西	68.28	23	河南	58.88
4	江苏	95.45	14	湖北	68.2	24	四川	56.83
5	浙江	90.95	15	宁夏	64.81	25	江西	56
6	内蒙古	90.22	16	河北	64.04	26	安徽	55.89
7	辽宁	85.65	17	黑龙江	62.71	27	广西	54.53
8	广东	83.04	18	新疆	62.34	28	西藏	48.64
9	福建	82.46	19	湖南	61.87	29	云南	47.3
10	山东	81.15	20	青海	61.58	30	甘肃	46.2
——	——	——	——	——	——	31	贵州	44.24

数据来源：中国电子信息产业发展研究院，2014 年 12 月。

2013 年全国人均收益指数为 66.57，各省份人均收益指数情况如下图所示。

表 2-34　2013 年各省份人均收益指数表

序号	省份	数值	序号	省份	数值	序号	省份	数值
1	天津	107.55	11	吉林	69.02	21	青海	57.71
2	北京	104.05	12	重庆	64.26	22	海南	56.74
3	上海	102.71	13	湖北	63.89	23	河南	55.66
4	江苏	90.87	14	陕西	63.88	24	四川	53.3
5	内蒙古	87.41	15	河北	61.67	25	江西	52.26
6	浙江	87.01	16	宁夏	61.45	26	安徽	52.25
7	辽宁	81.43	17	黑龙江	60.67	27	广西	51.16
8	广东	79.2	18	新疆	58.44	28	西藏	44.26
9	福建	78	19	山西	58.24	29	云南	43.19
10	山东	77.1	20	湖南	58.06	30	甘肃	42.87
——	——	——	——	——	——	31	贵州	39.45

数据来源：中国电子信息产业发展研究院，2014 年 12 月。

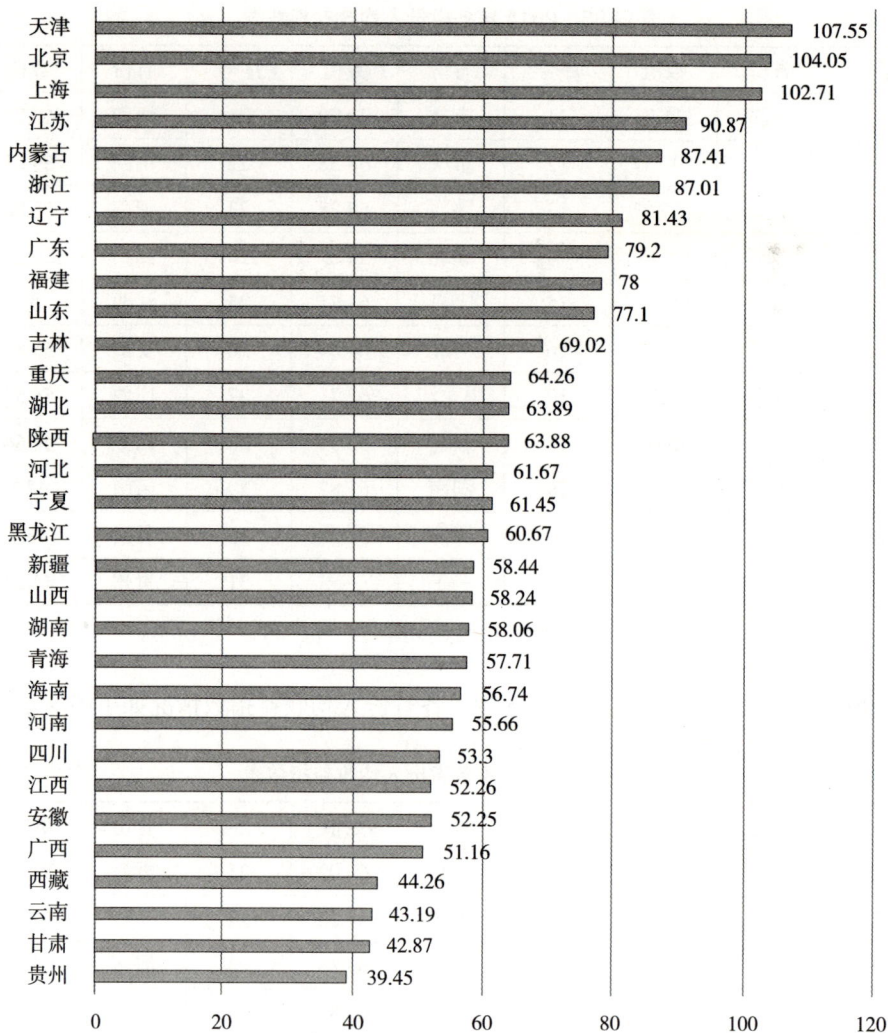

图2-37 2013年各省份人均收益指数

数据来源：中国电子信息产业发展研究院，2014 年 12 月。

第三章　北京市信息化发展水平分析

一、总体情况

（一）经济社会发展情况

2013 年是北京全面贯彻落实党的十八大精神的第一年。在较大的经济下行压力面前，北京市迎难而上，稳中求进，经济社会发展取得了新的成就。截至 2013 年年底，全市常住人口 2114.8 万人，比上年末增加 45.5 万人。全年实现地区生产总值 19500.6 亿元，同比增长 7.7%。三次产业结构由 2012 年的 0.8:22.7:76.5 变为 0.8:22.3:76.9。城镇居民人均可支配收入达到 40321 元，同比增长 10.6%，扣除价格因素后，实际增长 7.1%。农村居民人均纯收入达到 18337 元，同比增长 11.3%，扣除价格因素后，实际增长 7.7%。全市完成地方公共财政预算收入 3661.1 亿元，比上年增长 10.4%。北京市坚持创新驱动，落实先行先试各项政策。加快重点功能区和重大产业项目建设，出台促进电子商务发展等系列促消费政策，举办北京购物季、惠民文化消费季等活动，成功举办第九届园博会。放开市政基础设施领域社会资本投资，增强经济社会发展活力。全市在转变经济发展方式、推进首都生态文明建设、加强城市管理与运行、促进城乡区域一体化发展、创新社会管理等方面积极求进，和谐社会首善之区建设更上一层台阶。

（二）信息化发展特点

1. 加快建设下一代信息基础设施

北京市于 2013 年 6 月出台《宽带北京行动计划（2013—2015 年）》，计划建成国内领先、国际先进、泛在、融合、智能、可信的下一代信息基础设施。2013年，北京市在通信网络建设方面，完成新增光纤到户覆盖家庭100万户、新增光纤宽带接入用户80万、累计接入家庭600余万户的任务，并实现4M以上宽带接入产品用户达到70%、10M以上用户达到30%的目标。推进以"3G+WLAN"模式为主的无线城市建设，全市无线通信网络覆盖率达到97.92%。新增3G基站5000个、累计超过2.7万个，加快WLAN在市级行政服务大厅、交通枢纽、重点旅游景区、大型文化体育场所等区域的覆盖，新增无线接入点（AP）3万个，累计达到17万个，搭建4G规模试验网，建设4G基站1400个。在广播电视网络建设方面，北京市推动有线电视网络改造，2013年新增高清交互数字电视用户50万户。加快有线电视双向网向远郊城镇及农村地区扩展，着力构建覆盖农村地区的广播影视公共服务体系，完成昌平、怀柔、延庆3个区县、10个乡镇、217个行政村有线广播村村响工程、北京应急广播系统和5个高山转播站备用广播电视发射设备的建设工作。在三网融合推进方面，北京市积极推动交互式网络电视（IPTV）、手机电视和基于有线电视网络的互联网接入等业务快速发展，实现全市IPTV用户达到20万户,通过有线电视网络接入互联网的用户达到20万户。

2. "两化"深度融合促进产业转型提升

2013年，北京市重点以国有企业"两化"融合为突破口，推进地区产业转型升级。北京市经信委和国资委联合下发《关于开展北京市属国有企业两化融合评估试点工作的通知》，并召开北京市属国有企业两化融合测评暨CIO培训会，开展北京市属企业两化融合评估试点工作。2013年第三季度，北京市许多大型石化、能源、汽车企业整合产业链上下游资源，推进企业间信息化集成应用和产业链协同。中石油、中石化、二商等一大批集团型企业纷纷基于电子商务采购平台，实现企业间的信息流、物流和资金流的协同。截至9月底，中石化将95%以上的生产经营所需物资实现了电子采购，涵盖化工原辅料、煤炭、钢材、机电设备等大宗通用物资。据中石化公布，截至5月底中石化物资采购电子商务平台累计成交突破1.5万亿元。在能源行业，中广核风电的"中广核智能风电场系统"获得2013年国家电力行业信息化成果奖二等奖，它将工单管理系统、物资管理系统、移动检修、功率预测、振动监测等系统与监控系统整合成统一、完整的系统平台，有效降低运维成本，提高运维质量，提升现场作业安全水平。在汽车行业，北汽福田建立了供应链协同公共电子商务平台，逐步整合具备条件的典型汽车制造企业供应链相关资源，实现平台用户向非汽车行业的扩展。面向中小企业的信息化公共服务平台加快推广。北京市中小企业信息化推进工程启动为中小企业免费提供三类国家级域名以及"微商家"服务平台。北京软件与信息服务业公共服务平台走进亦庄开发区，开展"进园区，送服务"活动。北京数码大方公司成功开发"中国工业软件云服务平台"，通过整合云计算、物联网、移动互联网、创新设计与协同制造等技术，为中小企业提供研发设计、数据管理、协同营销等软件工具和数控编程、仿真分析、3D打印等工程服务。

3. **通信设备制造与信息服务领域创新活跃**

北京市九家企业入围"2013年（27届）北京地区电子信息百强企业"，包括联想、北大方正、京东方、同方、航天信息、紫光、华胜天成、大唐电信、大恒新纪元等。小米手机2013年创新互联网营销模式，通过电商渠道售出1870万台手机，较2012年增长160%，获得收入316亿元，同比增长150%。北京市软件名城创建工作完成工信部组织的现场评审。软件与信息服务业全年兼并收购案例35起，金额达到103亿元。亚信联创在国内自主软件产品出口排名第一，百度成为全球互联网市值排名前十家公司之一。北斗导航与位置服务产业发展实施方案发布，启动6大领域10项示范应用，推广北斗终端2万多个，核心设备基本实现国产化。"祥云工程"快速推进，中关村云基地投入运营，云计算产业链基本形成，推出新产品90多项，自主研发的大数据管理平台等软件在国家重大系统中得到应用。新登记软件产品6543件，同比增长2.4倍。

4. **智慧城市建设进入实质推进期**

2013年，北京市按照《"智慧北京"行动纲要》的要求，以信息化创新社会服务管理工作日见成效。"智慧旅游""智慧社区"等建设落实推进。北京市编制了《北京智慧旅游顶层设计》，并发布了景区、饭店、旅行社、旅游乡村四种业态的《智慧旅游建设规范》，推出了部分A级景区的自助导游软件和网络虚拟旅游系统，建立了首都旅游产业调度平台，开展了智慧旅游需求与产业对接活动。截至2013年年底，北京市开展首批智慧社区试点建设验收认定工作，认定北京市星级智慧社区524个，率先达到百兆宽带入户、物联网和云计算社区应用、无线网络公共区域全覆盖、水电气远程抄表、智能家电控制等标准。在城市安全运行和应急管理领域，交通安全应急管理物联网应用体系初步建立，"极端天气条件下道路交通保畅物联网应用示范工程"和"轨道交通安全防范物联网应用示范工程"建设取得重要进展。继东城区、朝阳区、未来科技城、丽泽金融商务区之后，北京经济技术开发区和房山区长阳镇成为 2013 年度国家智慧城市试点。北京经济技术开发区围绕智慧城市整体战略思路，按照统筹规划、资源共建、数据共享的原则，在信息化基础设施、城市管理、企业服务等方面取得了阶段性成果，建成全市首个集应急、公安、交通、城管、消防于一身的城市综合管理平台，基于物联网技术的环保在线监测系统，开发区劳动用工及薪酬管理系统，科技综合服务平台等一系列平台与系统。房山区长阳镇按照《2013—2020 智慧长阳建设总体规划》，稳步有序地开展"智慧长阳"建设工程，全面加快城市智能运转、企业智能运营、生活智能便捷、政府智能服务等方面建设工作。

5. 信息消费拉动内需作用凸显

电子商务已经成为拉动首都消费市场的重要引擎。2013 年北京市电子商务交易额达为 7505 亿元，同比增长 36.5%。2013 年前三季度，北京在全国排名前九位的 B2C 平台中占 5 家，交易规模占全国 62.8%。慧聪网和敦煌网居全国 B2B 平台市场份额的第三、四位。北京市网络零售额达到 926.8 亿元，增长 44.3%，占社会消费品零售总额的 11.1%，对社会零售额度增量的贡献率达 42.4%。举办中国北京电子商务大会，开展点击消费活动，吸引 30 多家电商企业参与，实现网上销售额 491.25 亿元。社区电子商务明显提升便民服务水平，涌现出一批以中商惠民、数字王府井等为代表的致力于惠民服务的企业。农产品电子商务成为热点。新发地农产品电子交易中心现货交易平台上线，新发地与京东合作，40 天总订单量达到 3624 单，销售额约 18 万元；北京"181"菜篮子电子商务平台服务范围持续扩大，服务提供更加便捷。互联网金融爆发式发展。京东、慧聪网等互联网企业纷纷推出互联网金融产品与服务，人人贷等一批 P2P 众筹企业交易量迅猛增长。

6. 电子政务建设稳步推进

截至 2013 年年底，北京市政务物联数据专网基站数量超过 200 个，基本覆盖主要应用示范区，重点承担业务主要包括多方会议电话、联席办公、远程实时监控等，工程建设已从大规模建设转为以应用需求为导向，进行深度覆盖和网络优化阶段。首都之窗连续 6 年名列全国省级政府门户网站第一。开展政务网络和重要信息系统安全大检查，推动建立第三方测试的常态化机制，并开展政务信息安全技术培训。无线电监测和重点领域应急值守不断加强，确保了重大活动期间重要信息网络系统的稳定运行。

二、信息化水平分析

（一）总体水平

"十二五"以来，北京市信息化实现了快速发展，信息化发展总指数从 2013 年的 83.61 提升到 2014 年的 91.54，指数值增长了 7.93。网络基础设施继续快速发展，网络就绪度指数从 2013 年的 73.35 提升到了 2014 年的 86.65，指数值增长了 13.3。信息通信技术应用进一步普及和深化，信息通信技术应用指数从 2013 年的 84.78 提升到 2014 年的 88.85，指数值增长了 4.07。信息化应用效益初步显现，应用效益指数从 2013 年的 101.79 上升到 2014 年的 106.68，指数值增长了 4.89。

表 3-1　北京市 2013—2014 年信息化指标情况

指标名称	2013年指数值	2014年指数值	变化情况
网络就绪度指数	73.35	86.65	13.3
信息通信技术应用指数	84.78	88.85	4.07
应用效益指数	101.79	106.68	4.89
信息化发展总指数	83.61	91.54	7.93

数据来源：中国电子信息产业发展研究院，2014 年 12 月。

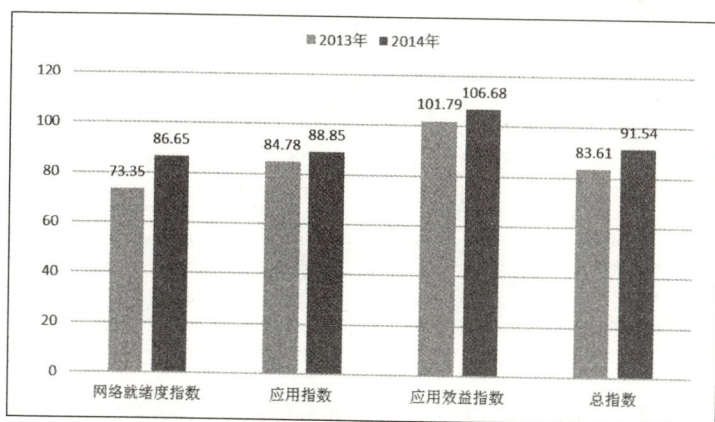

图3-1　北京市2013—2014年信息化指标情况

数据来源：中国电子信息产业发展研究院，2014 年 12 月。

（二）分类指标

1.网络就绪度指数

在网络就绪度方面，"十二五"以来，北京市大力推进网络基础设施建设，网络基础设施实现了跨越式发展。智能终端进一步普及应用，普及指数从2013年的97.33提升到2014年的100.65，数值增长了3.32。有线电视发展指数从2013年的67.25提升到2014年的70.39，指数值增加了3.14。光纤网络快速发展，光纤发展指数从2013年的66.15提升到2014年的92.44，指数值增长了26.29。宽带普及继续推进，宽带普及指数从2013年的73.97提升到2014年的85.63，指数值增长了11.66。宽带速率进一步提升，宽带速率指数从2013年的54.54提升到2014年的76.58，指数值增长了22.04。

表3-2　北京市2013—2014年网络就绪度一级指标情况

指标名称	2013年指数值	2014年指数值	变化情况
智能终端普及指数	97.33	100.65	3.32
有线电视发展指数	67.25	70.39	3.14
光纤发展指数	66.15	92.44	26.29
宽带普及指数	73.97	85.63	11.66
宽带速率指数	54.54	76.58	22.04

数据来源：中国电子信息产业发展研究院，2014年12月。

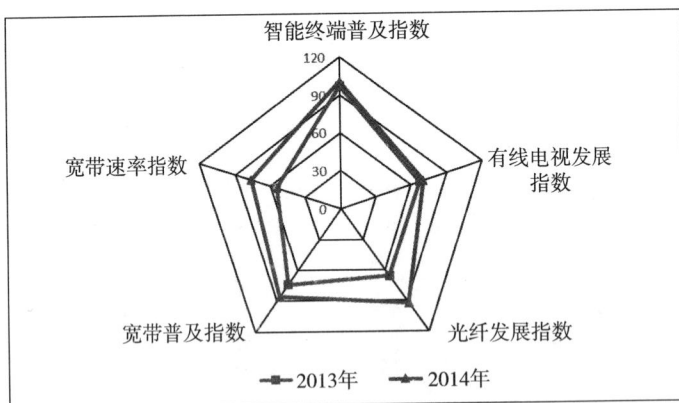

图3-2　北京市2013—2014年网络就绪度指数一级指标情况

数据来源：中国电子信息产业发展研究院，2014年12月。

就网络就绪度各项细分指标来讲，北京市"十二五"以来网络基础设施各方面基本上都取得了较大发展。移动电话用户数保持稳步增长，移动电话普及率指

数从 2013 年的 89.22 提升到 2014 年的 91.21，指数值增加了 1.99。电脑普及率
进一步提高，电脑普及率指数从 2013 年的 105.44 提升到 2014 年的 110.09，指
数值增长了 4.65。有线电视用户数略有增长，有线电视入户率指数从 2013 年的
67.25 增加到 2014 年的 70.39，指数值增加了 3.14。光纤入户快速推进，光纤入
户率指数从 2013 年的 66.15 提升到 2014 年的 92.44，指数值增长了 26.29。互联
网固定宽带用户数略有增加，互联网固定宽带普及率指数从 2013 年的 85.9 增加
到 2014 年的 87.68，指数值增加了 1.78。3G 和 4G 用户数实现快速增长，移动宽
带普及率指数从 2013 年的 62.03 增长到了 2014 年的 83.58，指数值增长了 21.55。
宽带普及提速行动成效显著，固定宽带端口平均速率指数从 2013 年的 54.54 增
长到了 2014 年的 76.58，指数值增长了 22.04。

表 3-3　北京市 2013—2014 年网络就绪度指数二级指标情况

指标名称	2013年指数值	2014年指数值	变化情况
移动电话普及率	89.22	91.21	1.99
电脑普及率	105.44	110.09	4.65
有线电视入户率	67.25	70.39	3.14
光纤入户率	66.15	92.44	26.29
固定宽带普及率	85.9	87.68	1.78
移动宽带普及率	62.03	83.58	21.55
固定宽带端口平均速率	54.54	76.58	22.04

数据来源：中国电子信息产业发展研究院，2014 年 12 月。

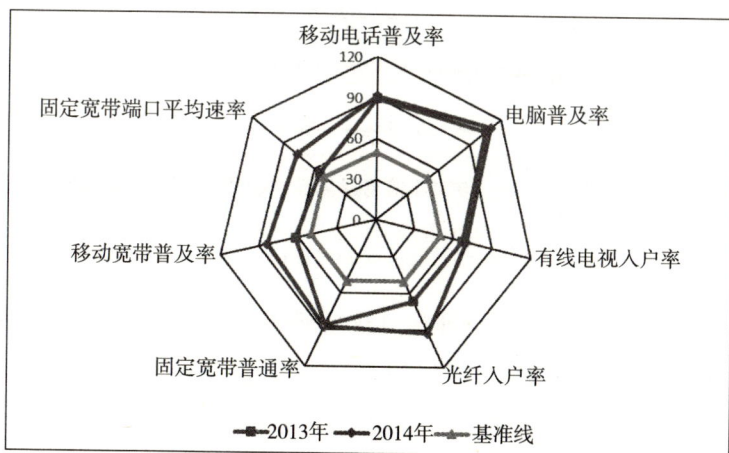

图3-3　北京市2013—2014年网络就绪度指数二级指标情况

数据来源：中国电子信息产业发展研究院，2014 年 12 月。

2. 信息通信技术应用指数

在信息通信技术应用方面，"十二五"以来，北京市企业、居民两方面信息化都取得了很大发展。企业应用指数从 2013 年的 82.04 提升到 2014 年的 88.41，指数值增长了 6.37。政务应用指数从 2013 年的 85.06 下降到 2014 年的 82.97，指数值下降了 2.09。居民应用指数从 2013 年的 86 提升到 2014 年的 92.01，指数值增长了 6.01。

表 3-4　北京市 2013—2014 年信息通信技术应用指数一级指标情况

指标名称	2013年指数值	2014年指数值	变化情况
企业应用指数	82.04	88.41	6.37
政务应用指数	85.06	82.97	−2.09
居民应用指数	86	92.01	6.01

数据来源：中国电子信息产业发展研究院，2014 年 12 月。

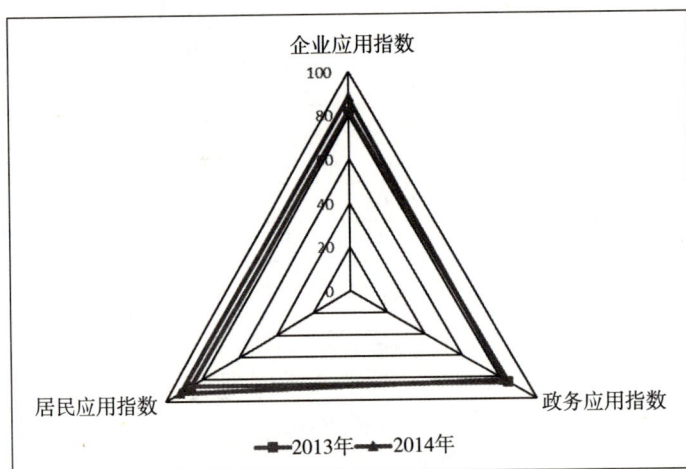

图3-4　北京市2013—2014年信息通信技术应用指数一级指标情况

数据来源：中国电子信息产业发展研究院，2014 年 12 月。

在企业信息化应用方面，企业信息化发展环境有较大改善。企业 ERP 普及率从 2013 年的 55.75 增长到 2014 年的 58.42，指数值增加了 2.67；企业电子商务交易额占比指数从 2013 年的 108.34 增加到了 118.4，指数值增加了 10.06。

在政务信息化应用方面，政务事项网上办事率指数从 2013 年 99.38 上升到了 2014 年 102.45，指数值上升了 3.07。政府信息公开上网率指数从 2013 年

70.75 下降到了 2014 年 63.5，指数值下降了 7.25。

在居民信息化方面，"十二五"以来，北京市居民信息化应用水平进一步提升。互联网用户数稳步增长，互联网普及率指数从 2013 年的 83.18 提升到 2014 年的 85.21，指数值增长了 2.03；居民电子商务快速发展，人均在线零售额占比指数从 2013 年的 81.15 提升到 2014 年的 92.4，指数值增长了 11.25。居民信息消费快速增长，人均信息类消费支出指数由 2013 年的 101.36 提升到 2014 年的 104.81，指数值增长了 3.45。

表 3-5　北京市 2013—2014 年信息通信技术应用指数二级指标情况

指标名称	2013年指数值	2014年指数值	变化情况
企业ERP普及率	55.75	58.42	2.67
企业电子商务交易额占比	108.34	118.4	10.06
政务事项网上办事率	99.38	102.45	3.07
政府信息公开上网率	70.75	63.5	−7.25
互联网普及率	83.18	85.21	2.03
人均在线零售额占比	81.15	92.4	11.25
人均信息类消费支出	101.36	104.81	3.45

数据来源：中国电子信息产业发展研究院，2014 年 12 月。

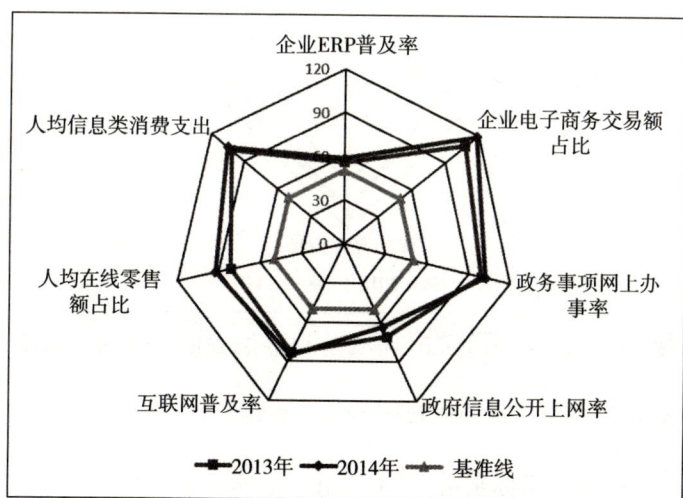

图3-5　北京市2013—2014年信息通信技术应用指数二级指标情况

数据来源：中国电子信息产业发展研究院，2014 年 12 月。

3. 信息化应用效益指数

在信息化应用效益方面，"十二五"以来，北京市信息化应用效益日渐凸显出来。劳动生产率指数从 2013 年的 53.46 增长到了 2014 年的 55.34，指数值增长了 1.88；技术创新指数从 2013 年的 119.6 增长到了 2014 年的 130.4，指数值增长了 10.8；节能降耗指数从 2013 年的 130.05 增长到了 2014 年的 133.41，指数值增长了 3.36；人均收益指数从 2013 年的 104.05 增长到了 2014 年的 107.57，指数值增长了 3.52。

表 3-6 北京市 2013—2014 年信息化应用效益指数一级指标情况

指标名称	2013年指数值	2014年指数值	变化情况
劳动生产率指数	53.46	55.34	1.88
技术创新指数	119.6	130.4	10.8
节能降耗指数	130.05	133.41	3.36
人均收益指数	104.05	107.57	3.52

数据来源：中国电子信息产业发展研究院，2014 年 12 月。

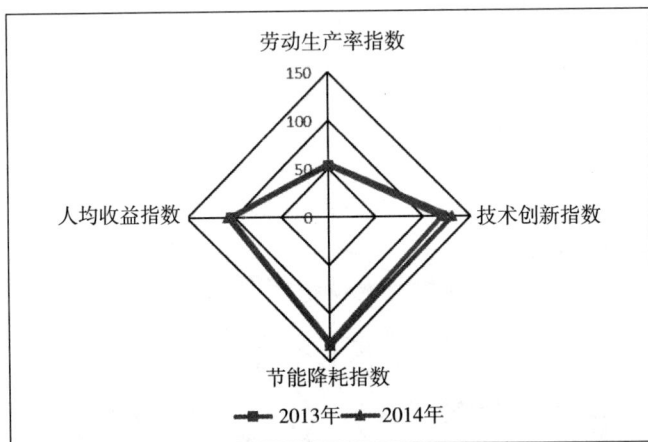

图3-6 北京市2013—2014年信息化应用效益指数一级指标情况

数据来源：中国电子信息产业发展研究院，2014 年 12 月。

就信息化各项细分指标来讲，"十二五"以来，北京市信息化应用效益各方面都取得了积极进展。全员劳动生产率指数从 2013 年的 53.46 增长到了 2014 年的 55.34，指数值增长了 1.88。单位地区生产总值专利申请量指数值从 2013 年的 126.36 提升到 2014 年的 142.36，指数值增长了 16；单位地区生产总值专利授权量指数值从 2013 年的 115.09 提升到 2014 年的 122.42，指数值增加了 7.33。信息化促进节能降耗，单位地区生产总值能耗指数从 2013 年的 117.38 增加到 2014 年的 119.91，指数值增加了 2.53；单位地区生产总值用水量指数从 2013 年的 149.06 增加到 2014 年的 153.67，指数值增长了 4.61。信息化带动了经济快速发展，人均地区生产总值指数由 2013 年的 104.05 提升到 2014 年的 107.57，指数值增长了 3.52。

表 3-7　北京市 2013—2014 年信息化应用效益指数二级指标情况

指标名称	2013年指数值	2014年指数值	变化情况
全员劳动生产率	53.46	55.34	1.88
单位地区生产总值专利申请量	126.36	142.36	16
单位地区生产总值专利授权量	115.09	122.42	7.33
单位地区生产总值能耗	117.38	119.91	2.53
单位地区生产总值用水量	149.06	153.67	4.61
人均地区生产总值	104.05	107.57	3.52

数据来源：中国电子信息产业发展研究院，2014 年 12 月。

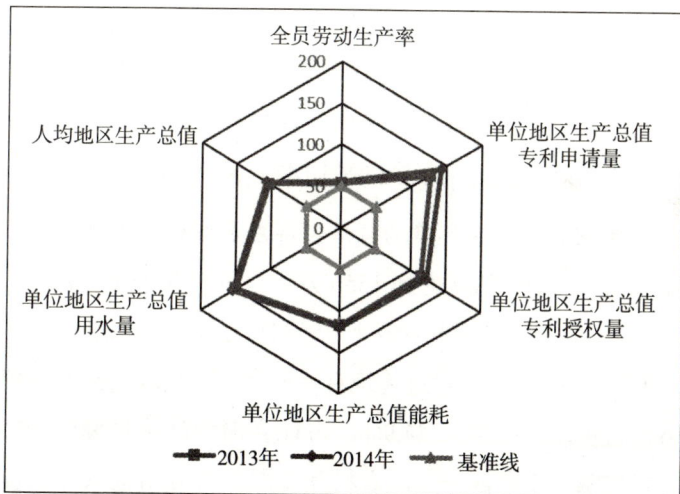

图3-7　北京市2013—2014年信息化应用效益指数二级指标情况

数据来源：中国电子信息产业发展研究院，2014 年 12 月。

三、优劣势评价

（一）优势

1. 坚实的经济社会基础为信息化发展提供了良好条件

社会经济综合实力强是信息化快速健康发展的有力保障。从总量上看，北京市 2013 年实现地区生产总值 19500.6 亿元，同比增长 7.7%；地方公共财政预算收入 3661.1 亿元，同比增长 10.4%。从人均来看，全市人均地区生产总值达到 93213 元（按年平均汇率折合 15052 美元），城镇居民人均可支配收入超过 4 万元，农村居民人均纯收入超过 1.8 万元，分别实际增长 7.1% 和 7.7%。按照世界银行"人均 GDP 达到 12616 美元属于高收入国家和地区"的标准来看，北京市已经进入高收入地区行列。

2. 信息基础设施发展状况明显改善

随着 2013 年北京市出台《宽带北京行动计划（2013—2015 年）》，信息基础设施建设明显加速，水平明显提升。根据宽带发展联盟 2013 年下半年发布的《中国宽带速率状况报告》显示，北京市忙闲时加权平均可用下载速率为 4.39Mbit/s，仅次于上海，居全国第二，远高于全国平均水平 3.53Mbit/s。

3. 良好的互联网普及应用环境为网络经济发展提供了保障

2013 年，北京市网民规模达到 1556 万人，同比增长 6.7%，互联网普及率 75.2%，居全国第一。电子商务交易额达到 7505 亿元，同比增长 36.5%。[1] 2013 年 1—10 月，北京市网络销售额首度超过传统百货业 [2]，限额以上批发零售企业实现网上零售额 716.6 亿元，同比增长 44.9%，占社会消费品零售额的 10.5%，拉动社会消费品零售额增长 3.6 个百分点。农村互联网普及应用也取得了较大进步。根据北京市农委信息中心数据显示，2013 年，北京市农户的手机、有线电视、固定电话和电脑普及率分别为 91%、87%、73% 和 66%。北京农户对政策法规等管理类信息，市场价格等市场类信息，气象、种植技术等专业类信息需求比例最高，

---

[1] 《第33次中国互联网络发展状况统计报告》，2014年1月。
[2] 《2013北京商业发展蓝皮书》。

并呈多元化发展。[1]

4.战略性新兴产业快速发展对提升信息化水平需求迫切

北京市加快实施工业提升工程，出台高端装备、航空航天、新材料等战略性新兴产业发展规划，启动中关村战略性新兴产业创新引领工程。北邮信息网络产业技术研究院等9个科学城项目陆续投入运行。战略性新兴产业的发展对信息技术的发展不断提出新需求。电子、汽车、医药等高端制造业维持较快增长。京东方8.5代线全面量产，与中芯国际、冠捷整机等上下游配套企业形成完整的绿色生态链。北汽集团产业链集聚发展，综合经营指标进入行业前四。一批高端工业项目相继落地，完成固定资产投资707.8亿元，对加快信息化进程的需求越来越大。

（二）劣势

1.信息化领域自主创新还未完全发挥潜能

信息化投入总量有待提高，投入结构有待优化。2013年，北京市企业信息化年投入总额为138.5亿元，虽然投入额连年增长，但是占地区生产总值的比重仅为0.7%。此外，北京市对信息化科研创新的投入中，政府投入多，企业投入少，中央投入多，地方投入少，专利成果多，核心关键技术成果少。这种情况与北京市作为全国高端人才中心和科研资源中心的地位不相符合。

2.智慧城市建设还面临许多问题和挑战

北京市作为首都和特大型城市，城市人口总量已经突破2114.8万，其中外来人口达到802.7万人，庞大的人口规模对于城市运行管理不断提出新的要求和挑战。此外，北京市在经济产业发展、文化社会进步、公共服务与社会保障、城市安全与管理等诸多方面所面临的发展问题，无现成模式可照搬，必须探索出符合首都自身特点的智慧城市建设路径。目前，北京市信息化对城市精细化管理的支撑不够，在领导决策、城市运行和公共服务方面的信息化应用还有待深化，在资源共享和集约整合方面还需要统筹。原有的垂直管理所带来的各部门信息资源各不相通的情况不容易改变，将减慢智慧城市建设的步伐，亟需加快转变城市管理理念，推进信息协同共享，建立互联互通统一标准。

---

[1] 《北京市农业农村信息化发展战略研究》，2013年。

四、相关建议

（一）进一步加快提升信息基础设施建设水平

贯彻实施"宽带中国"战略，开展"宽带北京"2014专项行动。持续增强网络覆盖能力，开展对于基站管理办法的立法调研，研究推进基站规划纳入城市基础设施规划，启动编制基站布局专项规划。深入推进光纤入户工程，部署完善宽带用户测速系统，研究开发网络优化项目。支持4G移动应用试点，为创建宽带示范城市奠定坚实基础。扩大政务物联数据专网基础设施建设，促进无线城市建设取得新进展。以发展高清交互式数字电视网络为基础，继续扩大高清交互数字电视用户规模，积极布局下一代广播电视网（NGB）。

（二）继续推进"两化"融合发展

把握工业互联网和"工业4.0"发展趋势，围绕智能工业发展、传统产业升级、二三产业融合，加快实施两化深度融合专项行动计划，开展评估和典型企业推广，推动产业园信息化建设，促进工业生产在价值链上的高端化，不断提高构建高精尖经济结构的能力。增强信息化对材料能源产业、装备制造业、汽车产业、都市产业、生物和医药产业、航空航天产业等战略性新兴产业的引领和支撑，加强企业技术改造中信息技术的深度应用，推动柔性制造、绿色制造、智能制造、个性化制造和规模化协同等生产方式变革，促进管理机制创新，提升企业发展质量和效益。发展软件与信息服务业，启动建设世界级软件名城的工作，出台促进软件和集成电路产业发展意见。加强在云计算、大数据等领域的国际合作，引进一批世界前沿的创新项目。支持企业承担国家级重大信息化工程建设，集中力量支持总收入千亿级、软件收入百亿级规模的集团企业。

（三）加快互联网经济创新发展

以信息消费为支点，大力推进移动互联网、电子商务、云计算等产业发展，积极培育信息服务新业态。贯彻落实国务院促进信息消费扩大内需的若干意见，出台配套实施方案。发挥中关村国家自主创新示范区先行先试政策优势和新兴产业创新资源优势，推动企业开展商业模式创新和业务融合创新，加快发展移动互联网、网络视频、社交网络、数字电视等信息服务，启动大数据应用示范工程，扩大北斗卫星导航、物联网等应用示范工程的实施范围，继续实施移动互联网工程和祥云工程。全方位推动信息产业转型升级，深层次推进信息消费与文化消费融合，多举措促进电子商务快速发展。

（四）提高信息化在城市精细化管理与服务方面的支撑力度

进一步提升公共服务信息化水平。落实国家信息惠民政策措施和相关重大项目，开展信息惠民示范市创建工作，全面提升教育、医疗、食品安全、养老、就业等民生领域的信息化水平。推进城市智能运行重点工程建设的整合，完善政务云和信息共享主题库，推动智能交通、环保监测、综合执法、食品安全等领域信息共享，启动三维空间地理信息系统，推进建设网格化服务管理体系，扩大物联网在城市运行和应急管理中的示范应用。推进民生领域服务模式创新，启动"北京服务您"智能终端应用建设，提升网上服务大厅和智慧社区的应用水平，引导社会资源在教育、医疗、旅游等领域创新服务。推进金融IC卡在民生领域的应用融合创新，支持互联网支付、移动支付等创新支付手段在公共服务领域中的应用。强化信息网络安全保障，开展信息安全立法研究，完善信息安全应急体系，加强无线电管理，做好全国"两会"等重要活动的信息安全保障服务。

第四章　天津市信息化发展水平分析

一、总体情况

（一）经济社会发展情况

2013 年，面对错综复杂的国内外经济环境，天津市认真贯彻落实中央各项宏观调控政策措施，坚持稳中求进、求优，紧紧围绕加快建设美丽天津，积极推进转型发展实现城市定位，开拓创新，接力奋斗。全年地区生产总值（GDP）为14370.16 亿元，按可比价格计算，同比增长 12.5%。三次产业结构为 1.3：50.6：48.1。第一产业增加 188.45 亿元，第二产业增加 7276.68 亿元，第三产业增加6905.03 亿元，分别增长 3.7%，12.7% 和 12.5%。全年城市居民人均可支配收入32658 元，农村居民人均可支配收入 15405 元，城乡居民收入分别增长 10.2% 和13.5%。全年地方一般预算收入 2078.30 亿元，同比增长 18.1%。[1] 2013 年，天津市经济社会发展取得明显成绩，社会和谐稳定，民生持续改善。

（二）信息化发展特点

1. 信息化基础设施进一步惠及城乡

一是通信基础设施方面。截至 2013 年年底，互联网宽带接入用户达到 188.4万户，全市出口带宽达到 1800G，光纤网覆盖全市 12 个区县，有 360 万户居民实现了光纤入户，九成以上光纤宽带用户都升速到 10M 以上。2013 年 12 月底，天津 TD-LTE 4G 网络正式商用，已拥有 4G 基站 6000 多个。同时天津市大力推

---

[1]　天津市统计局：《二〇一三年天津市国民经济和社会发展统计公报》，2014年3月。

进全市重要公共场所建设无线局域网试点。二是广播电视方面。天津市在实施"村村通"工程以后，又大力开展"户户通"工程，2013年底，天津市广播电视覆盖率分别达到97.59%和98.9%，累计覆盖农户5.4万户。三是三网融合方面。全市有线电视用户达310万户，其中数字电视用户244万户；双向化升级改造250万户，城市双向覆盖率达96%以上，IPTV发展到40万户，位居全国前列。华为服务于IPTV和OTT业务的统一增值业务平台在天津联通开展商用，联合20个合作伙伴，截至2013年年底，向天津联通所有IPTV用户提供包括游戏、教育、生活等共400款应用，67款增值业务，45000集教育视频。

2. "两化"融合创智慧企业，推产业结构调整

2013年，天津市以唱好"双城记"，引进"大龙头"，培育"小巨人"准则，以创新为动力，以新一代信息技术为支撑，大力发展新一代信息技术产业和信息服务业，推进制造业和服务业融合发展。大力推进龙头企业"两化"融合示范建设。大港油田、天津石化、天狮、众品四家企业被认定为国家两化融合示范企业。同时规模超千亿集团达到5家，产业聚集效应进一步显现。

扶持中小企业发展。实施新一轮科技小巨人发展计划，新增科技型中小企业1.5万家、小巨人企业600家，培育出一批领军企业和"杀手锏"产品。

大力推进电子商务发展。天津市引进了阿里巴巴、当当网、亚马逊、京东、58同城等18家国内外知名电商企业落户，初步形成了滨海新区、武清、宝坻、和平、南开五个电商企业聚集区，全市电子商务交易总额达1136亿元。天津市培育了4家第三方支付企业，形成了同城24小时送达的物流体系，培育了14个交易市场和交易平台，其中金融资产、贵金属、渤交所交易额超过万亿元。

产业结构调整优化。天津市建成投产150项重大工业项目，优势支柱产业占全市工业比重超过90%。天津市建成全国首家863产业化促进中心、国家肿瘤诊疗中心、国家锂离子动力电池研究中心等创新平台，国家专利审查协作天津中心亦启动建设。以航空航天、石油化工、汽车及装备制造、电子信息、粮油轻纺、新材料新能源、生物制药、金融及现代服务业等八大产业为主导的滨海新区，集聚139家世界500强企业在此投资兴建了350多个项目。滨海新区依托现有文化产业资源，建成滨海新区国家级文化和普及融合示范基地、国家动漫产业综合示范园、中国天津3D影视创意园区、国家影视网络动漫实验园、国家数字出版基地、中国旅游产业园等八个国家级园区。

电子信息产业蓬勃发展。天津市引进神舟通用、天融信、中星电子、国芯科技、奇虎360等一批龙头企业，形成三个信息安全产业园，建立信息安全测评、电子认证、国家计算机病毒应急处理中心，所持资源访问控制、高品质光折变三维信息存储技术在国内领先，研发出终端安全芯片填补了国内空白，金融证券和保险市场安全数据库国内市场占有率达25%。[1]

3. 率先着力智慧电网，打造天津市智慧生活

教育信息化方面。天津市北辰区教育云平台于2013年11月正式启用，同时区教育信息化中心投入使用。学生和老师可以在网络平台实现互动交流，促进在线学习和优质教育资源共享。

社会保障及医疗信息化方面。劳动就业服务管理信息系统实现了就业服务各项业务经办、再就业优惠待遇和失业保险待遇支付的计算机网络化管理；在全国率先开通的二手房交易资金监管系统，提供网上交易签约、权属变更登记、交纳税费的一条龙服务；天津市部署全市统一的社区管理和社区服务综合信息平台，已基本形成全市社区综合数据库，同时建设了"8890""12319"等一批便民信息系统。天津市建成以居民电子健康档案为基础、覆盖城乡基层医疗机构的社区卫生信息化管理体系，搭建起覆盖城市社区卫生机构和农村乡镇卫生院的互联互通网络，于2014年初上线运行。[2]

智慧城市方面。天津市把建设智慧城市作为产业结构调整的重要举措，引领天津经济发簪的新引擎。中新天津生态城、津南新城区已经成功入选国家智慧城区试点名单。天津配电网智能化示范项目首先在和平区、河西区这两个天津市的核心区域取得了试点成功。滨江新区实现居民可自发电并网，并拥有天津第一座电动汽车充电站——普济河道充电站。

4. 借力农业物联网创造农村新气象

农村信息服务方面。天津市2013年持续建设农村综合信息服务资源平台，依托农村综合信息服务站、12316服务热线、数字电视等多种平台，为农民提供政务公开、农业科技、社会保障、文化生活、教育卫生等公共信息服务。现代农业方面。天津市作为农业部确定的全国首批"农业物联网区域试验工程"试验区，2013年正式启动实施了天津农业物联网区域试验工程。通过物联网技术，发展

---

[1] 《天津加快打造智慧城市》，《中国智慧城市》2014年1月7日。
[2] 天津人民广播电台经济广播：《卫生信息化网络明年初上线 津医疗机构互联互通》，2013年12月11日。

高效智能农业方式，并对农产品产业链的生产、流通、检验检疫等各个环节建立全程的闭环追溯，确保食品安全。农民专业合作社达到 4650 家，90% 以上的农户进入产业化体系。天津市设施农业气象技术研发中心已在 11 个区县建立了较为完备的现代农业气象观测网络，为准确监测预报现代农业气象提供了重要的观测基础。[1]

5. 大数据助力电子政务，云平台构建服务型政府

天津作为首批基于云计算的电子政务公共平台建设和应用试点城市之一，扎实推进信息基础设施"五个一"工程，做好政府云、公共云、行业云"三云"应用，建成全市统一的宽带电子政务外网，实现市区街三级政务网络互联互通，已完成国家政府部门互联网统一接入试点，政府网站信息安全防范能力居全国第三。4G/LTE 政务专网已建立 120 个基站，覆盖中心城区和滨海新区部分区域，在公安、城管、消防、应急等领域开展试用。电子政务应用方面。2013 年，天津市率先启动政务大数据，将审计一张网大数据的做法逐步拓展到城市规划、土地、建设和管理等领域。天津市人力资源和社会保障局以"精简事项、再造流程、优化服务、提高效能"为目标，打造人力社保"阳光政务"服务品牌，重点做好"五个一"建设，即"一单"审批，"一网"功能，"一号"服务，"一厅"办事，"一屏"展示。滨海新区正式推出政府门户网站手机版"掌上滨海"。

二、信息化水平分析

（一）总体水平

"十二五"以来，天津市信息化实现了稳步发展，信息化发展总指数从 2013 年的 74.49 提升到 2014 年的 78.78，指数值增长了 4.29。网络基础设施较快发展，网络就绪度指数从 2013 年的 64.03 提升到了 2014 年的 71.03，指数值增长了 7。信息通信技术应用指数从 2013 年的 65.42 提升到 2014 年的 66.49，指数值增长了 1.07。信息化应用效益继续显现，应用效益指数从 2013 年的 113.55 提升到 2014 年的 118.85，指数值提高了 5.3。

---

[1]　《"智慧农业"引领现代农业发展》，《新华智慧城市》2014年5月26日。

表4-1　天津市2013—2014年信息化指标情况

指标名称	2013年指数值	2014年指数值	变化情况
网络就绪度指数	64.03	71.03	7
信息通信技术应用指数	65.42	66.49	1.07
应用效益指数	113.55	118.85	5.3
信息化发展总指数	74.49	78.78	4.29

数据来源：中国电子信息产业发展研究院，2014年12月。

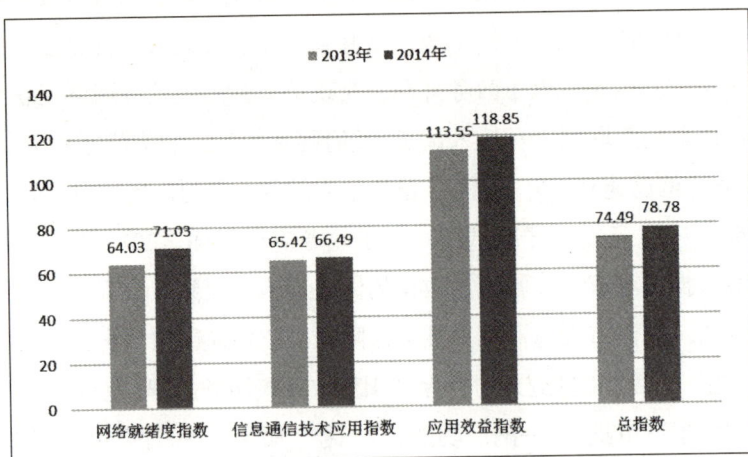

图4-1　天津市2013—2014年信息化指标情况

数据来源：中国电子信息产业发展研究院，2014年12月。

（二）分类指标

1. 网络就绪度指数

在网络就绪度方面，"十二五"以来，天津市大力推进网络基础设施建设，网络基础设施实现了较大发展。2013年智能终端进一步普及应用，智能终端普及指数从2013年的81.3提升到2014年的81.88，数值增长了0.58。有线电视发展指数从2013年的61.07降低到2014年的59.85，指数值降低了1.22。光纤网络快速发展，光纤发展指数从2013年的58.75提升到2014年的70.79，指数值增长了12.04。宽带普及继续推进，宽带普及指数从2013年的60.18提升到2014年的67.28，指数值增长了7.1。宽带速率进一步提升，宽带速率指数从2013年的53.82提升到2014年的69.84，指数值增长了16.02。

表 4-2　天津市 2013—2014 年网络就绪度一级指标情况

指标名称	2013年指数值	2014年指数值	变化情况
智能终端普及指数	81.3	81.88	0.58
有线电视发展指数	61.07	59.85	−1.22
光纤发展指数	58.75	70.79	12.04
宽带普及指数	60.18	67.28	7.1
宽带速率指数	53.82	69.84	16.02

数据来源：中国电子信息产业发展研究院，2014 年 12 月。

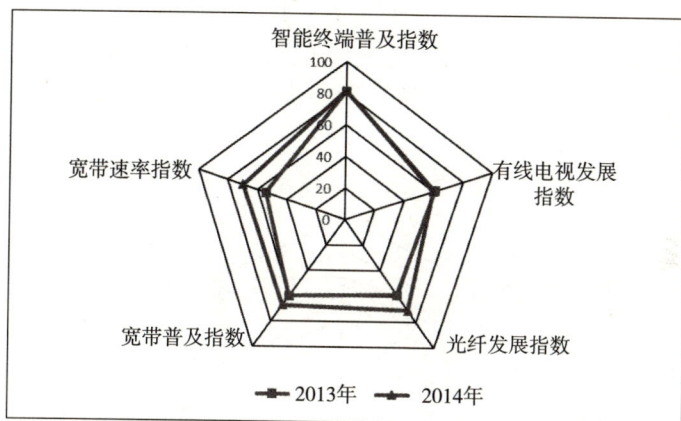

图4-2　天津市2013—2014年网络就绪度指数一级指标情况

数据来源：中国电子信息产业发展研究院，2014 年 12 月。

就网络就绪度各项细分指标来讲，天津市"十二五"以来网络基础设施各方面都取得了较大发展。移动电话用户数略有减少，移动电话普及率指数从 2013年的 66.83 下降到 2014 年的 64.94，指数值减少了 1.89。电脑普及率进一步提高，电脑普及率指数从 2013 年的 95.76 提升到 2014 年的 98.82，指数值增长了3.06。随着电脑普及，有线电视入户率指数从 2013 年的 61.07 略下降到 2014 年的 59.85，指数值下降了 1.22。光纤入户快速推进，光纤入户率指数从 2013 年的58.75 提升到 2014 年的 70.79，指数值增长了 12.04。随着移动宽带的普及，互联网固定宽带普及率指数从 2013 年的 65.84 下降到 2014 年的 59.15，指数值降低了 6.69。3G 和 4G 用户数实现快速增长，移动宽带普及率指数从 2013 年的 54.52增长到了 2014 年的 75.41，指数值增长了 20.89。宽带普及提速行动初显成效，固定宽带端口平均速率指数从 2013 年的 53.82 增长到了 2014 年的 69.84，指数值增长了 16.02。

表 4-3　天津市 2013—2014 年网络就绪度指数二级指标情况

指标名称	2013年指数值	2014年指数值	变化情况
移动电话普及率	66.83	64.94	−1.89
电脑普及率	95.76	98.82	3.06
有线电视入户率	61.07	59.85	−1.22
光纤入户率	58.75	70.79	12.04
固定宽带普及率	65.84	59.15	−6.69
移动宽带普及率	54.52	75.41	20.89
固定宽带端口平均速率	53.82	69.84	16.02

数据来源：中国电子信息产业发展研究院，2014 年 12 月。

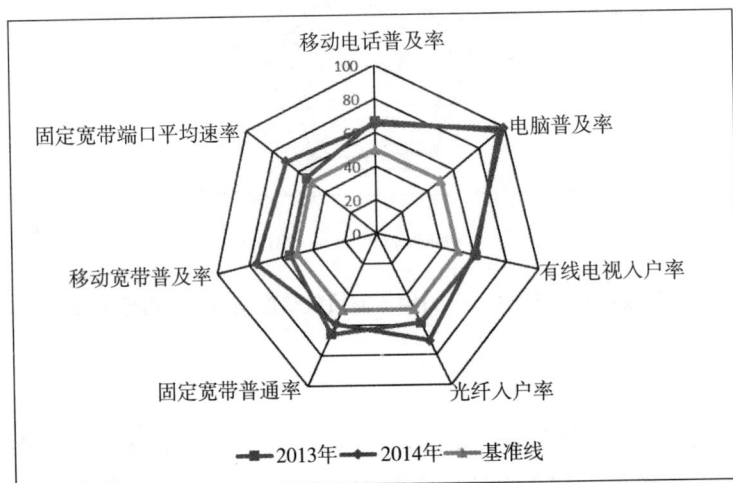

图4-3　天津市2013—2014年网络就绪度指数二级指标情况

数据来源：中国电子信息产业发展研究院，2014 年 12 月。

2. 信息通信技术应用指数

在信息通信技术应用方面，"十二五"以来，天津市企业、居民两方面信息化都取得了很大发展。企业应用指数从 2013 年的 57.24 提升到 2014 年的 70.18，指数值增长了 12.94。政务应用指数从 2013 年的 75.11 下降到 2014 年的 47.37，指数值下降了 27.74。居民应用指数从 2013 年的 64.67 提升到 2014 年的 74.2，指数值增长了 9.53。

表4-4　天津市2013-2014年信息通信技术应用指数一级指标情况

指标名称	2013年指数值	2014年指数值	变化情况
企业应用指数	57.24	70.18	12.94
政务应用指数	75.11	47.37	−27.74
居民应用指数	64.67	74.2	9.53

数据来源：中国电子信息产业发展研究院，2014年12月。

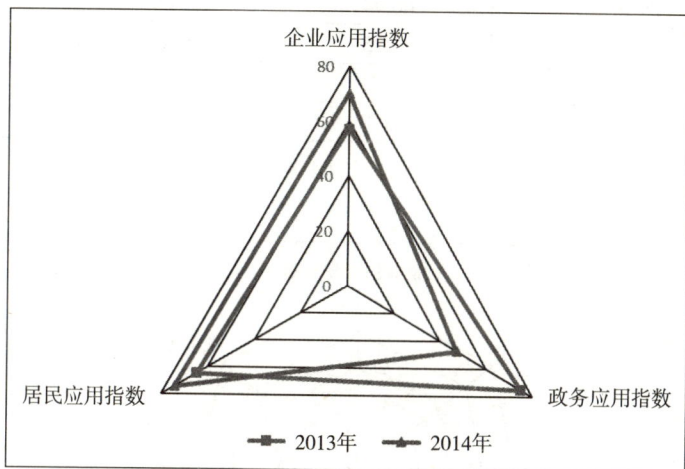

图4-4　天津市2013—2014年信息通信技术应用指数一级指标情况

数据来源：中国电子信息产业发展研究院，2014年12月。

在企业信息化应用方面，天津市"十二五"以来大力推进企业"两化"融合工作，企业信息化发展环境进一步改善。企业ERP普及率指数从2013年的46.92提升到2014年的63.98，指数值增加了17.06；企业电子商务交易额占比指数从2013年的67.57增加到了76.39，指数值增加了8.82。

在政务信息化应用方面，政务事项网上办事率指数从2013年83.28下降到了2014年39.29，指数值下降了43.99。政府信息公开上网率指数从2013年的66.94下降到了2014年的55.45，指数值下降了11.49。

在居民信息化方面，"十二五"以来，天津市居民信息化应用水平进一步提升。互联网用户数稳步增长，互联网普及率指数从2013年的73.15提升到2014年的75.32，指数值增长了2.17；居民电子商务快速发展，人均在线零售额占比指数从2013年的56.88提升到2014年的78.28，指数值增长了21.4。居民信息消费快速增长，人均信息类消费支出由2013年的63.3提升到2014年的63.78，指数值增长了 0.48。

表 4-5 天津市 2013—2014 年信息通信技术应用指数二级指标情况

指标名称	2013年指数值	2014年指数值	变化情况
企业ERP普及率	46.92	63.98	17.06
企业电子商务交易额占比	67.57	76.39	8.82
政务事项网上办事率	83.28	39.29	−43.99
政府信息公开上网率	66.94	55.45	−11.49
互联网普及率	73.15	75.32	2.17
人均在线零售额占比	56.88	78.28	21.4
人均信息类消费支出	63.3	63.78	0.48

数据来源：中国电子信息产业发展研究院，2014 年 12 月。

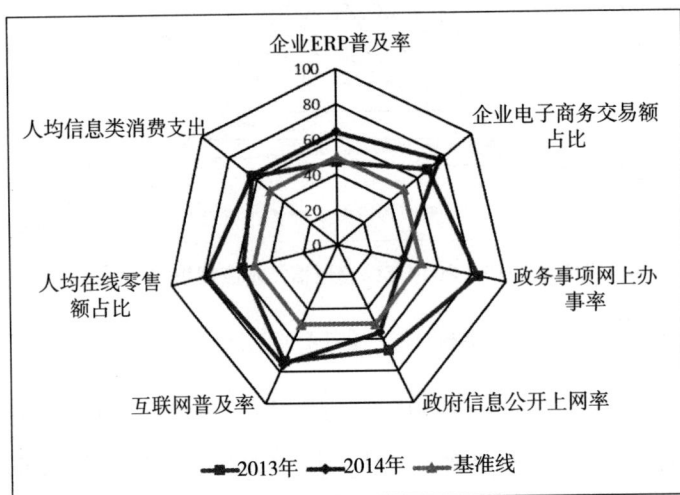

图4-5 天津市2013—2014年信息通信技术应用指数二级指标情况

数据来源：中国电子信息产业发展研究院，2014 年 12 月。

3. 信息化应用效益指数

在信息化应用效益方面，"十二五"以来，天津市信息化应用效益日渐凸显出来。劳动生产率指数从 2013 年的 129.36 增长到了 2014 年的 132.12，指数值增长了 2.76；技术创新指数从 2013 年的 89.03 增长到了 2014 年的 100.33，指数值增长了 11.3；节能降耗指数从 2013 年的 128.27 增长到了 2014 年的 131.62，指数值增长了 3.35；人均收益指数从 2013 年的 107.55 增长到了 2014 年的 111.31，指数值增长了 3.76。

表 4-6　天津市 2013—2014 年信息化应用效益指数一级指标情况

指标名称	2013年指数值	2014年指数值	变化情况
劳动生产率指数	129.36	132.12	2.76
技术创新指数	89.03	100.33	11.3
节能降耗指数	128.27	131.62	3.35
人均收益指数	107.55	111.31	3.76

数据来源：中国电子信息产业发展研究院，2014 年 12 月。

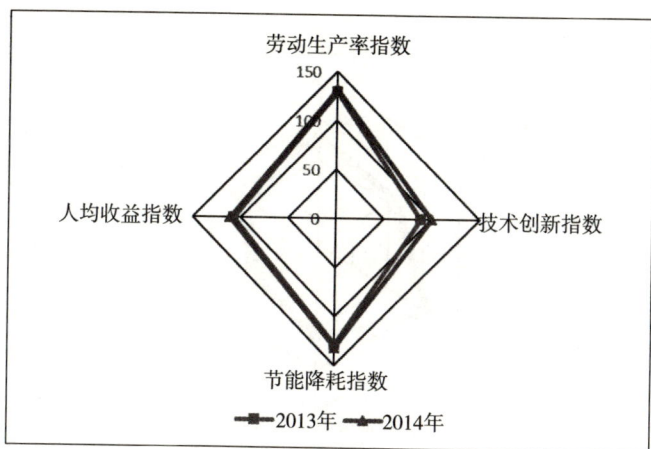

图4-6　天津市2013—2014年信息化应用效益指数一级指标情况

数据来源：中国电子信息产业发展研究院，2014 年 12 月。

　　就信息化各项细分指标来讲，"十二五"以来，天津市信息化应用效益方面面都取得了积极进展。全员劳动生产率指数从 2013 年的 129.36 增长到了 2014 年的 132.12，指数值增长了 2.76。单位地区生产总值专利申请量指数值从 2013 年的 99.29 提升到 2014 年的 118.32，指数值增长了 19.03；单位地区生产总值专利授权量指数值从 2013 年的 82.19 增加到 2014 年的 88.34，指数值上升了 6.15。信息化促进节能减排发展，单位地区生产总值能耗指数从 2013 年的 109.6 增加到 2014 年的 111.8，指数值增加了 2.2；单位地区生产总值用水量指数从 2013 年的 156.28 增加到 2014 年的 161.35，指数值增长了 5.07。信息化带动了经济快速发展，人均地区生产总值指数由 2013 年的 107.55 提升到 2014 年的 111.31，指数值增长了 3.76。

表4-7　天津市2013—2014年信息化应用效益指数二级指标情况

指标名称	2013年指数值	2014年指数值	变化情况
全员劳动生产率	129.36	132.12	2.76
单位地区生产总值专利申请量	99.29	118.32	19.03
单位地区生产总值专利授权量	82.19	88.34	6.15
单位地区生产总值能耗	109.6	111.8	2.2
单位地区生产总值用水量	156.28	161.35	5.07
人均地区生产总值	107.55	111.31	3.76

数据来源：中国电子信息产业发展研究院，2014年12月。

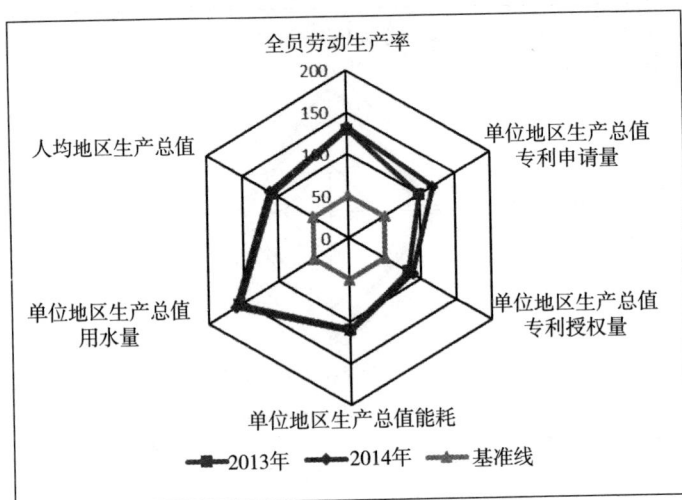

图4-7　天津市2013—2014年信息化应用效益指数二级指标情况

数据来源：中国电子信息产业发展研究院，2014年12月。

三、优劣势评价

（一）优势

1.通信基础设施日趋完善，为城市信息化发展奠定良好基础

天津基本形成光纤与无线相结合、覆盖全市的高性能宽带通信网络和双向化数字广播电视网络，全市出口带宽达到1800G，特别是"快时代"的4G网络，覆盖了海河沿线75平方公里，宽带用户达到189万户，光纤入户能力达到

360 万户，实际接入 117 万户，住宅带宽提供能力达到 100 兆比特每秒（Mbps）。无线宽带网络覆盖全市，共建成移动电话基站 3.6 万个，其中 3G 基站 1.5 万个，在高校、酒店、商场、机场、火车站等 5000 多个人员密集场所建设无线局域网（WLAN），共开通无线 WiFi 接入点（AP）8.4 万个。已建成第四代基于时分双工模式移动通信长期演进技术（TD-LTE）的基站 6000 个，覆盖全市主要区域，并正式开始商用。广播电视网络双向化改造全国领先，全市有线电视用户达到 300 万户，其中数字电视用户 283 万户，城市有线电视网络双向化覆盖率达 96% 以上。基于改造后的双向化广播电视网络开通了高清互动业务，发展用户 60 万户。[1]

2. 信息化在社会领域应用广泛，成为构建和谐社会的重要手段

目前，全市建成城乡一体化的劳动和社会保障信息系统，实现各项社会保险网上申报和缴费，医保覆盖全市城乡 1000 万名参保人员，在全国率先实现了医保网、医院内网和银行网的"三网互通"，实时结算。公众信息应用系统便民作用明显，劳动就业服务管理信息系统实现了就业服务各项业务经办、再就业优惠待遇和失业保险待遇支付的计算机网络化管理，为用人单位和劳动者提供方便快捷的公众服务；在全国率先开通的二手房交易资金监管系统，做到网上交易签约、权属变更登记、交纳税费的一条龙服务；"8890""12319"等一批便民信息系统方便了群众，赢得了赞誉。社区信息化扎实推进，部署全市统一的社区管理和社区服务综合信息平台，目前基本完成了全市城市社区的楼宇、居民、驻区单位、公共服务等基础数据的采集、录入，形成了本市社区综合数据库。[2]

3. 电子信息产业总体水平全国前列，为信息化发展打下良好基础

天津是全国重要的电子信息产业基地，产业总体水平处于国内前列，企业个数、工业总产值、主营业务收入、利润总额等各项指标都排名全国前列。天津市全行业 2014 年上半年累计产值达 1800 亿元，收入达到 1771.3 亿元，利润达75.9 亿元。软件业的发展成为天津电子信息产业新亮点，2014 年上半年天津市软件产业实现业务收入 480.3 亿元，同比增长 26.6%。大项目好项目的不断引进，成为天津电子信息产业不断发展壮大的助推器，产业集聚效应明显，在天津经济技术开发区，形成了包括移动通讯、微电子、显示器、汽车电子为主的产业群；在西青开发区，则集中了芯片制造、封装企业、元器件和家庭视听设备为主的企

---

[1] 《"宽带天津"实施方案（2014—2016年）》。
[2] 《天津信息化水平居全国前列》，《天津日报》2013年2月25日。

业；滨海高新区聚集了全市近70%的集成电路设计、软件企业和60%的系统集成企业；空港经济区在服务外包、移动互联网、物联网等领域发展势头强劲，聚集了软通动力、东软、CSC、大唐、中兴等企业。天津的电子信息产业除了继续保持通信设备制造、电子元器件制造、数字视听等传统领域优势外，在新型显示器、移动互联网、云计算、物联网等新一代信息技术产业领域也正在形成特色和优势。

（二）劣势

1. 电子信息产业自主创新能力有待提高，信息产业亟需转型升级

天津市作为我国电子信息产业的重要基地，行业规模与实力在国内位居前列，但是长期面临缺乏核心技术、自主创新能力弱、发展受制于人等问题，电子信息制造业在全球产业链条中处于低端。同时，随着劳动力以及土地等要素优势逐渐消失，产业转移出现新态势，东部发达地区的电子信息制造业加速向中西部和要素更加廉价的东南亚等国家和地区转移。在我国国民经济调结构、转方式，经济结构转型升级的大背景下，天津电子信息产业转型升级的压力尤其艰巨。

2. 电子政务建设有待加强，信息资源共享不足

"十二五"以来，天津市企业、居民两方面信息化都取得了很大发展，但是政务应用指数从2013年的75.11下降到2014年的47.37，指数值下降了27.74。在政务信息化应用方面，政务事项网上办事率指数从2013年83.28下降到了2014年39.29，指数值下降了43.99。政府信息公开上网率指数从2013年66.94下降到了2014年55.45，指数值下降了11.49。电子政务建设任重而道远，政府协同管理、政府信息资源共享等方面有待提高。

3. 中小企业信息化集成应用水平偏低

天津市除一些大型企业做到信息化集成外，大部分中小企业信息化水平还处于单项应用阶段，存在信息孤岛现象。公司领导层尤其中小企业领导层对信息化建设方面不够重视，对企业转型升级"两化"融合的观念转变困难。信息化建设投入比例相对较小，缺乏应有的积极性和主动性。信息化高层次人才相对不足，尤其是既懂信息化技术又懂业务流程和企业管理的复合型骨干人才比较欠缺。

四、相关建议

（一）推动信息产业创新，以创新引领产业转型升级

努力突破原始创新，大力推进集成创新，加强引进技术的消化吸收再创新，形成从研发、生产到应用的完整创新链条。以重大科技专项及重大工程为抓手，加大研发投入，着力攻克一批制约产业升级的核心关键技术，提升成果产业化效率；以技术创新为契机催生新型组织业态，鼓励引导商业模式创新。探索产学研合作的新模式，建立信息技术创新体系，建立科研院所成果产业化风险保障制度，提升创新水平。强化信息安全技术自主创新。重点突破安全芯片、国产密码算法应用、网络安全综合监控、嵌入式控制系统安全等关键技术，启动支撑云计算、物联网等应用安全的基础研究和共性支撑设施建设，尽快形成具有自主知识产权的软硬件产品。

（二）加快效能政府建设，提升执政能力

加快推进信息化"五个一"工程建设，建成骨干万兆光网，实现业务专网、电信网、广电网、电力网与政务网的互联互通。同时，建成全市统一的政务云计算中心，实现集中式和规模化部署，为市级政府职能部门提供统一的网络、计算和存储资源。新增信息系统全部进入政务云计算中心，鼓励原有的信息系统迁入政务云计算中心，全面实现市和区县两级政府职能部门互联互通。加快数据库建设与开发应用，完成人口信息和空间地理信息库建设，启动法人信息库建设，为政府部门、企事业单位和市民提供应用服务。

（三）健全中小企业信息化服务体系

围绕中小微企业需求，以创建"数字企业"为抓手，大力实施全市中小企业信息化推进工程，促进云计算、物联网等新一代信息技术在中小企业的应用。整合服务资源，完善中小企业公共服务平台网络平台功能，提高服务的社会化、专业化水平，降低企业信息化门槛，提升企业管理效率和竞争力。

第五章　河北省信息化发展水平分析

一、总体情况

（一）经济社会发展情况

2013 年河北省以建设"三个河北"为目标，坚持稳中求进工作总基调，以提高经济发展质量效益为中心，主动适应经济发展新常态，保持经济运行在合理区间，把转方式调结构放到更加重要位置，大力推动京津冀协同发展，狠抓改革攻坚，突出创新驱动，加强民生保障，推进依法治省，促进经济持续健康发展和社会和谐稳定。2013 年末全省常住人口达到 7332.61 万人，全省生产总值达到 28301.4 亿元，同比增长 8.2% 左右，全部财政收入 3641.5 亿元，比上年增长 4.7%。全部工业增加值 13194.8 亿元，比上年增长 9.4%。第一产业增加 3500.4 亿元，第二产业增加 14762.1 亿元，第三产业增加 10038.9 亿元，分别增长 3.5%，9.0% 和 8.4%。全社会固定资产投资完成 23194.2 亿元，同比增长 18.0%。社会消费品零售总额实现 10516.7 亿元，同比增长 13.6%。2013 年，河北省经济发展实现稳中向好，社会事业取得全面进步。[1]

（二）信息化发展特点

1. 加快信息基础设施普及进程

2013 年河北全省通信行业积极推进"宽带中国"和促进信息消费两个国家战略。一是通信网络方面。2013 完成电信业务总量 576.4 亿元，完成电信业务收

---

[1]　河北省统计局：《河北省2013年国民经济和社会发展统计公报》，2014年2月。

入 489.4 亿元；互联网宽带用户达到 1031.6 万户，行政村通宽带率达到 98.7%。二是广播电视方面。有线电视用户 863.4 万户，有线数字电视用户 685.5 万户。年末广播节目综合人口覆盖率 99.33%，电视节目综合人口覆盖率 99.26%。三是三网融合方面。通过家庭宽带实现的典型"三网融合"应用 IPTV 业务，其 IPTV 产品已经上市销售。有效提升了广大用户的生活质量和幸福指数，有力推动了全省广电、通信和互联网事业的融合协同发展。

2. 以龙头企业示范带动，促行业和区域"两化"深度融合

"两化"深度融合是占领全球科技和产业竞争新的制高点的重要途径，是河北省工业转型升级的迫切需要，也是提高企业核心竞争力的必然选择。河北省"两化"融合正处于加速阶段，一是在企业层面，全省已培育 260 多家省级"两化"融合重点企业、46 家示范企业和 10 个"两化"融合公共服务示范平台，此外，河北省将组织 100 项全省"两化"融合重点项目，给予相关企业政策倾斜和一定的资金支持。二是在行业层面。大力发展面向企业、行业、区域的"两化"融合公共服务平台，推动工业向创新驱动、绿色低碳、智能制造、服务化发展转型。2013 年底河北省批示了第二批"两化"融合公共服务示范平台，包括旺达物流网、秦皇岛煤炭网、玻璃巴巴网等 10 家企业。三是在区域层面。大力推广唐山暨曹妃甸国家级两化融合试验区建设经验，打造 5 个省级"两化"融合示范区，每年培育 100 家"两化"融合重点企业和 15 家示范企业，力争使一批行业龙头，企业成为国家示范，以点带面，推动"两化"融合对标赶超。四是在环境方面，河北省正在认真贯彻落实工信部的"两化"深度融合专项行动计划，而"河北省两化深度融合五年行动计划"初步构想和框架也已经形成。结合资源依赖型的经济发展方式所带来的高排放、高污染的现状，河北着力开展"两化"融合促进节能减排专项工作。河北有 43 个企业能源管理中心和清洁生产项目被列为国家级示范项目，获得中央财政资金支持共计 3.414 亿元。

3. 社会信息化惠民生促和谐

一是教育科研方面。全省有 300 所学校建成校园网，完成了"教育管理信息化标准"示范区建设，使农村孩子享受到优质教育资源。二是社会保障方面。建立社会保险扩面征缴挂钩机制，覆盖面不断扩大，覆盖城乡的公共就业服务体系基本形成，开通了 12340 社情民意调查电话热线。三是医疗卫生方面。建立了覆盖 18 个区、县（市）疾病控制机构、546 个社区、193 个乡镇、1889 个行政村

组成的四级城乡疫情报告网络,增强了全市突发性公共卫生事件的应急处理能力。全面启动"金保工程"一期建设。顺利完成市劳动和社会保障数据中心建设,所有网络设备全部投入使用。四是文化旅游方面。2014年接待国内游客2.7亿人次,创收1973.8亿元。投入整改资金22亿元,加快重点旅游项目建设、完善旅游公共服务体系。五是智能城市方面。在河北省的石家庄、邯郸、廊坊、秦皇岛等市开展试点城市,全省11个设区市和135个县(市)将全部立项启动数字城市建设。已在全省建设城市监控点2.2万个,建设3千余个平安校园,"数字旅游"覆盖景点68个等。

4. 强化农业信息资源的开发利用,积极推进农业生产智能化建设。

一是农业信息服务方面。加强全省农业数据中心建设,完善12316农业信息综合服务平台和河北农业信息网站群建设,为农业生产经营者提供便捷、高效率、高质量的三农综合信息服务。二是农业生产经营方面。强化农业行业发展和管理信息资源的采集、整理及开发利用,推动全省共建共享数据库建设。拓展农业产品加工、储藏、运输等多过程的决策生产服务。三是涉农监管方面。积极推进温室环境监控、植物生长管理、设施自动化控制等信息技术产品的应用,实现设施园艺生产的自动化、智能化。研制推广设施养殖环境监控系统、自动饲喂、疫病诊断与辅助决策等信息技术产品,实现健康养殖管理的智能化。

5. 以完善电子政务建设,促信息共享和管理优化

河北省电子政务框架初步形成。实施了"112工程",构建了河北省统一的电子政务网络平台和信息交换与共享平台,重点推进了12个跨部门应用系统。统一的电子政务网络为26个部门提供了纵向业务专网服务,支撑网上审批、财政网上支付等多个跨部门应用。人口与人力资源、法人、基础地理等五大基础数据库在经济和社会生活中发挥了重要作用。依托全省统一信息交换与共享平台,实现了工商、国税、地税、质监等部门间企业基础信息交换共享,促进了财税增收。网上审批与电子监察系统提前两年完成了"十一五"提出的60%行政许可实现网上办理的目标任务。省级49个部门473项行政许可事项中,除25项因涉密外,其余448项全部实现网上审批与电子监察,走在了全国前列。省直部门核心业务已不同程度地实现信息化,上报省政府的文件已全部实现网上传输。河北省政府门户网站体系已基本形成,成为政府信息公开的有效载体,有力促进了服务型政府建设。网民使用政府网站的比例达到25.5%,通过政府网站查询政务信

息的比例达到 74.1%。石家庄市和邯郸市政府门户网站位列全国 30 强。河北省被国家列为信息资源开发利用试点省份，探索形成了"河北省基于信息资源规划的信息化应用建设与管理模式"，属国内首创。

二、信息化水平分析

（一）总体水平

"十二五"以来，河北省信息化稳步发展，信息化发展总指数从 2013 年的 55.06 提升到 2014 年的 60.86，指数值增长 5.8 点。三项指数中，网络就绪度指数增长最为迅速，从 2013 年的 52.47 提升到了 2014 年的 63.25，指数值增长了 10.78 点。信息通信技术应用进一步普及，信息通信技术应用指数从 2013 年的 54.59 提升到 2014 年的 57，指数值增长了 2.41 点。信息化应用效益初步显现，信息化应用效益指数从 2013 年的 61.19 提升到 2014 年的 63.81，指数值增长了 2.62 点。

表 5-1　河北省 2013—2014 年信息化指标情况

指标名称	2013年指数值	2014年指数值	变化情况
网络就绪度指数	52.47	63.25	10.78
信息通信技术应用指数	54.59	57	2.41
信息化应用效益指数	61.19	63.81	2.62
信息化发展总指数	55.06	60.86	5.8

数据来源：中国电子信息产业发展研究院，2014 年 12 月。

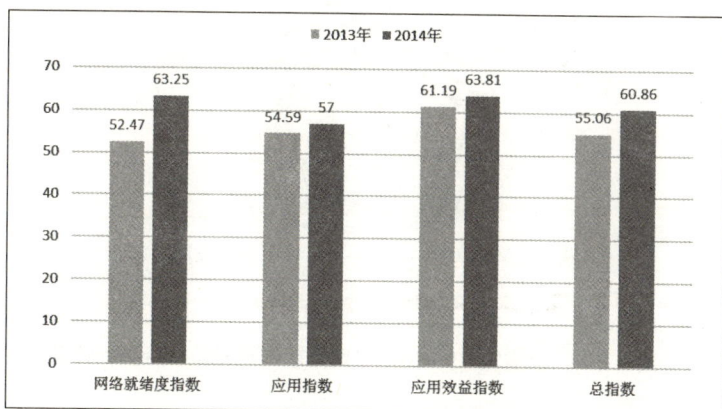

图5-1　河北省2013—2014年信息化指标情况

数据来源：中国电子信息产业发展研究院，2014 年 12 月。

（二）分类指标

1. 网络就绪度指数

在网络就绪度方面，"十二五"以来，河北省大力加强网络信息基础设施建设，网络信息基础设施实现快速发展。智能终端进一步普及应用，智能终端普及指数从 2013 年的 62.82 提升到 2014 年的 66.16，指数值增长 3.34 点。电视网络化顺利推进，有线电视发展指数从 2013 年的 42.33 提升到 2014 年的 45.83，指数值增长 3.5 点。光纤网络迅猛发展，光纤发展指数从 2013 年的 34.53 提升到 2014 年的 57.82，指数值增长 23.29 点。宽带普及加速，宽带指数从 2013 年的 59.15 提升到 2014 年的 70.76，指数值增长了 11.61 点。宽带速率进一步提升，宽带速率指数从 2013 年的 58.41 提升到 2014 年的 70.6，指数值增长了 12.19 点。

表 5–2　河北省 2013—2014 年网络就绪度一级指标情况

指标名称	2013年指数值	2014年指数值	变化情况
智能终端普及指数	62.82	66.16	3.34
有线电视发展指数	42.33	45.83	3.5
光纤发展指数	34.53	57.82	23.29
宽带普及指数	59.15	70.76	11.61
宽带速率指数	58.41	70.6	12.19

数据来源：中国电子信息产业发展研究院，2014 年 12 月。

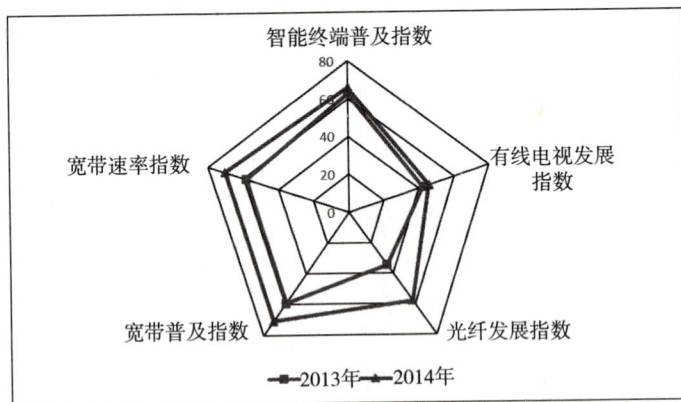

图5–2　河北省2013—2014年网络就绪度指数一级指标情况

数据来源：中国电子信息产业发展研究院，2014 年 12 月。

就网络就绪度各项细分指标来讲，河北省"十二五"以来网络基础设施方面面都取得了很大发展。移动电话用户数保持稳步增长，移动电话普及率指数从2013年的56.38提升到2014年的59.55，指数值增长了3.17。电脑普及率进一步提高，电脑普及率指数从2013年的69.27提升到2014年的72.76，指数值增长了3.49。有线电视用户数进一步增长，有线电视入户率指数从2013年的42.33增长到2014年的45.83，指数值增长了3.5。光纤入户快速推进，光纤入户率指数从2013年的34.53提升到2014年的57.82，指数值增长了23.29。互联网固定宽带用户数稳步增长，固定宽带普及率指数从2013年的68.79提升到2014年的70.3，指数值增长了1.51。3G和4G用户数实现快速增长，移动宽带普及率指数从2013年的49.51增长到了2014年的71.22，指数值增长了21.71。宽带普及提速行动初显成效，固定宽带端口平均速率指数从2013年的58.41增长到了2014年的70.6，指数值增长了12.19。

表5-3　河北省2013—2014年网络就绪度指数二级指标情况

指标名称	2013年指数值	2014年指数值	变化情况
移动电话普及率	56.38	59.55	3.17
电脑普及率	69.27	72.76	3.49
有线电视入户率	42.33	45.83	3.5
光纤入户率	34.53	57.82	23.29
固定宽带普及率	68.79	70.3	1.51
移动宽带普及率	49.51	71.22	21.71
固定宽带端口平均速率	58.41	70.6	12.19

数据来源：中国电子信息产业发展研究院，2014年12月。

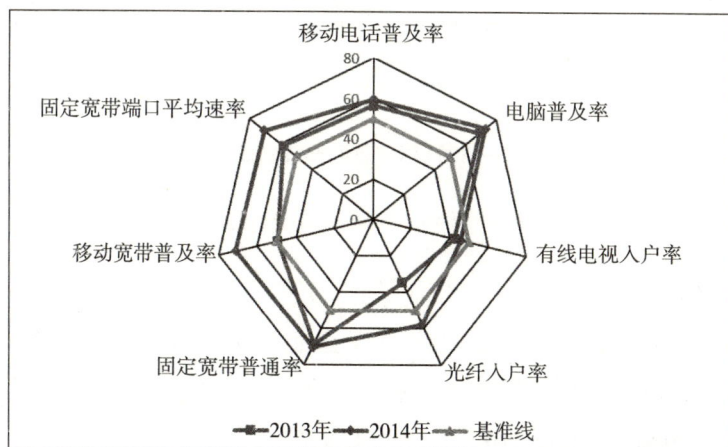

图5-3　河北省2013—2014年网络就绪度指数二级指标情况

数据来源：中国电子信息产业发展研究院，2014年12月。

2. 信息通信技术应用指数

在信息通信技术应用方面，"十二五"以来，河北省企业、居民两方面信息化都取得了发展，尤其在居民信息化应用方面，增长尤为明显。企业应用指数从2013年的45.83提升到2014年的53.9，指数值增长了8.07点。政务应用指数从2013年的58.5下降到2014年的37.49，指数值降低了21.01点。居民应用指数从2013年的57.01提升到2014年的68.31，指数值增长了11.3点。

表5-4　河北省2013—2014年信息通信技术应用指数一级指标情况

指标名称	2013年指数值	2014年指数值	变化情况
企业应用指数	45.83	53.9	8.07
政务应用指数	58.5	37.49	−21.01
居民应用指数	57.01	68.31	11.3

数据来源：中国电子信息产业发展研究院，2014年12月。

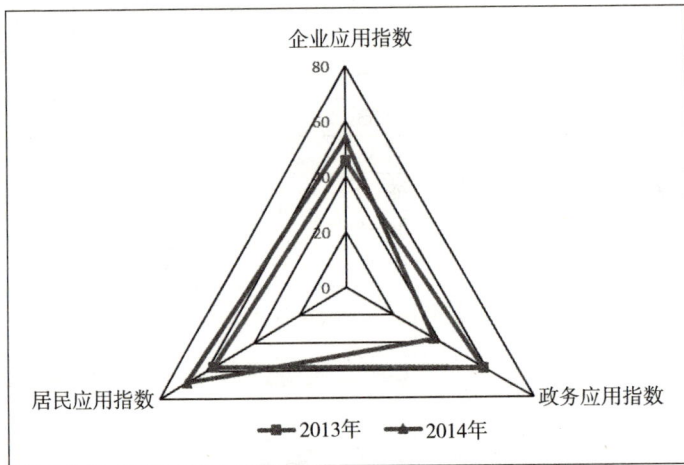

图5-4　河北省2013—2014年信息通信技术应用指数一级指标情况

数据来源：中国电子信息产业发展研究院，2014年12月。

在企业信息化应用方面，河北省"十二五"以来大力推进企业"两化"融合工作，企业信息化发展环境进一步改善。企业ERP普及率从2013年的56.51提升到2014年的65.9，指数值增长了9.39；企业电子商务交易额占比指数从2013年的35.16上升到了41.89，指数值上升了6.73。

在政务信息化应用方面，政务事项网上办事率指数从2013年的57.1下降到了 2014 年的 24.98，指数值下降了 32.12。政府信息公开上网率指数从 2013 年的 59.9 下降到了 2014 年的 50，指数值下降了 9.9。

在居民信息化方面，"十二五"以来，河北省居民信息化应用水平进一步提升。互联网用户数稳步增长，互联网普及率指数从 2013 年的 58.38 提升到 2014 年的 63.04，指数值增长了 4.66；居民电子商务快速发展，人均在线零售额占比指数从 2013 年的 63.15 提升到 2014 年的 85.68，指数值增长了 22.53。居民信息消费快速增长，人均信息类消费支出由 2013 年的 41.97 提升到 2014 年的 44.11，指数值增长了 2.14。

表 5-5 河北省 2013—2014 年信息通信技术应用指数二级指标情况

指标名称	2013年指数值	2014年指数值	变化情况
企业ERP普及率	56.51	65.9	9.39
企业电子商务交易额占比	35.16	41.89	6.73
政务事项网上办事率	57.1	24.98	−32.12
政府信息公开上网率	59.9	50	−9.9
互联网普及率	58.38	63.04	4.66
人均在线零售额占比	63.15	85.68	22.53
人均信息类消费支出	41.97	44.11	2.14

数据来源：中国电子信息产业发展研究院，2014 年 12 月。

图5-5 河北省2013—2014年信息通信技术应用指数二级指标情况

数据来源：中国电子信息产业发展研究院，2014 年 12 月。

3. 信息化应用效益指数

在信息化应用效益方面，"十二五"以来，河北省信息化应用效益日渐凸显出来。劳动生产率指数从2013年的66.37增长到了2014年的68.44，指数值增长了2.07；技术创新指数从2013年的42.75上升到了2014年的46.96，指数值增长了4.21；节能降耗指数从2013年的73.98增长到了2014年的75.81，指数值增长了1.83；人均收益指数从2013年的61.67增长到了2014年的64.04，指数值增长了2.37。

表5-6　河北省2013—2014年信息化应用效益指数一级指标情况

指标名称	2013年指数值	2014年指数值	变化情况
劳动生产率指数	66.37	68.44	2.07
技术创新指数	42.75	46.96	4.21
节能降耗指数	73.98	75.81	1.83
人均收益指数	61.67	64.04	2.37

数据来源：中国电子信息产业发展研究院，2014年12月。

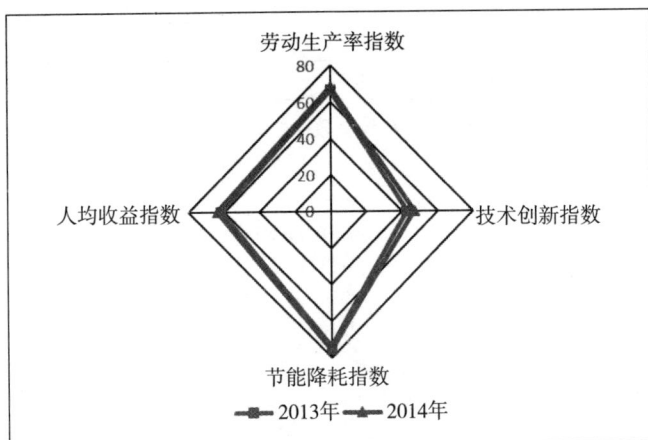

图5-6　河北省2013—2014年信息化应用效益指数一级指标情况

数据来源：中国电子信息产业发展研究院，2014年12月。

就信息化各项细分指标来讲，"十二五"以来，河北省信息化应用效益方面面都取得了积极进展。全员劳动生产率指数从2013年的66.37增长到了2014的年68.44，指数值增长了2.07。单位地区生产总值专利申请量指数值从2013年的42.95提升到2014年的48.57，指数值增长了5.62；单位地区生产总值专利授权量指数值从2013年的42.62提升到2014年的45.88，指数值增长了3.26。信息化促进了节能减排，单位地区生产总值能耗指数从 2013 年的 72.36 提升到 2014 年的 72.73，指数值增长了 0.37；单位地区生产总值用水量指数从 2013 年的 76.42 提升到 2014 年的 80.42，指数值增长了 4。信息化带动了经济快速发展，人均地区生产总值指数由 2013 年的 61.67 提升到 2014 年的 64.04，指数值增长了 2.37。

表 5-7　河北省 2013—2014 年信息化应用效益指数二级指标情况

指标名称	2013年指数值	2014年指数值	变化情况
全员劳动生产率	66.37	68.44	2.07
单位地区生产总值专利申请量	42.95	48.57	5.62
单位地区生产总值专利授权量	42.62	45.88	3.26
单位地区生产总值能耗	72.36	72.73	0.37
单位地区生产总值用水量	76.42	80.42	4
人均地区生产总值	61.67	64.04	2.37

数据来源：中国电子信息产业发展研究院，2014 年 12 月。

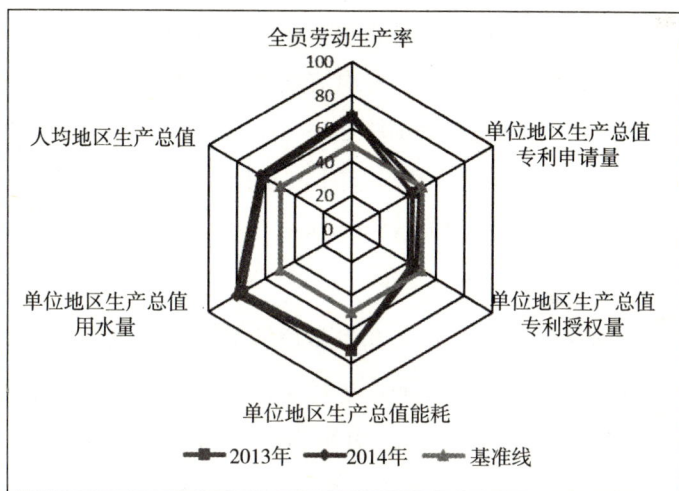

图5-7　河北省2013年-2014年信息化应用效益指数二级指标情况

数据来源：中国电子信息产业发展研究院，2014 年 12 月。

三、优劣势评价

（一）优势

1. 网络信息基础设施建设处在全国上游水平

根据评估数据显示，2014 年河北省网络就绪度指数达到 63.25，位居全国第

9名，处在全国上游水平。其中光纤入户率、固定宽带普及率、固定宽带端口平均速率三项指数优势更为明显，2014年三项指数分别达到了57.82、70.3、70.6，分别位居了全国第7、8、9名。

2. 多项信息通信技术应用均有不同程度提升

根据评估数据显示，2014年河北省多项信息通信技术应用水平相比2013均有不同程度提升，包括移动电话普及率、有线电视入户率、移动宽带普及率、企业ERP普及率、政府信息公开上网率、互联网普及率、人均在线零售额占比等7项指数，其中提升在4位以上的指数包括移动宽带普及率、企业ERP普及率、政府信息公开上网率、人均在线零售额占比，分别提升了4位、4位、5位和4位。

（二）劣势

1. 信息通信技术应用处在全国中下游水平

根据评估数据显示，2014年河北省企业电子商务交易额占比、政务事项网上办事率、人均在线零售额占比、人均信息类消费支出四项指数分别为41.89、24.98、85.68、44.11，分别位居全国第25、30、23、22名，其中政务事项网上办事率处于全国末尾水平，四项指数与全国平均相应水平的69.59、63.48、102.93、54.39分别相差了27.7、38.5、17.25、10.28。

2. 地区创新水平处在全国下游水平

根据评估数据显示，2014年河北省单位地区生产总值专利申请量指数、单位地区生产总值专利授权量指数分别为48.57、45.88，分别位居全国24、22名，与全国平均相应水平的81.32、68.36，分别相差32.75、22.48，处在全国下游水平。

3. 单位地区生产总值能耗较高

根据评估数据显示，2014年河北省单位地区生产总值能耗指数达到72.73，位居全国第23名，与全国平均水平的87.16，相差14.43。河北省节能减排方面压力非常大，全国十大污染城市七个都在河北省。河北省产业结构偏重，钢铁、建材、石化、电力等"两高"行业集中，其中，钢铁粗钢产量超全国总量的1/4；能源结构不尽合理，能源消费居全国第二位，单位GDP能耗比全国水平高近60%。河北目前的大气污染还是以煤烟型、颗粒物为主要特征，大气污染物排放量巨大。其中，氮氧化物、烟（粉）尘排放量居全国第一位，二氧化硫排放量居全国第二位。

四、相关建议

（一）大力推进"互联网+"行动，推动传统产业转型升级

　　加快嵌入式系统芯片、电子标签、可编程控制器、工业计算机等信息技术在工业产品生产和使用中的应用，提升新能源汽车、数控机床、重大成套装备、现代五金制品、现代家电等的智能化程度。以骨干制造型企业为重点，推进虚拟仿真、数字模型等关键研发技术应用，推广智能化、自动化、网络化生产控制系统和装备，支持企业在研产供销、经营管理与生产控制、业务与财务流程无缝衔接等领域建设跨平台、跨地域的信息化系统。推动各类大中型企业建设线上、线下协同的电子商务应用系统，或运用第三方电子商务服务平台开展在线销售、采购等生产经营活动。支持中小企业电子商务应用，扶持服务中小企业的第三方电子商务服务平台建设，帮助中小企业开拓国内外市场，降低经营成本，提高商务效率，不断提升中小企业电子商务应用水平。

（二）加快落实创新驱动发展战略，提升地区创新活力

　　推广创客空间、创业咖啡、创新工场等新型孵化模式，发挥行业领军企业、创业投资机构、社会组织等社会力量的主力军作用，构建一批低成本、便利化、全要素、开放式的众创空间。开展龙头企业创新转型试点，探索政府支持企业技术创新、管理创新、商业模式创新的新机制。改革产业监管制度，将前置审批为主转变为依法加强事中事后监管为主，形成有利于转型升级、鼓励创新的产业政策导向。加快制定"互联网＋"全面发展的国家战略及具体指导意见，鼓励和促进互联网与各产业的融合创新，推动"互联网＋交通""互联网＋医疗"等新业态以及"互联网＋政务民生"的快速发展。

（三）大力促进信息消费，提升信息惠民水平

　　加大移动互联网、云计算和大数据应用等软件技术产品的研发力度。重点推进"气象云""教育云""健康云""商旅云""中小企业云""创新云""检测云"等信息服务资源建设，促进信息服务业的高端化发展。支持教育、卫生、文化、

影音、游戏、动漫、在线阅读、在线翻译、旅游出行等工作学习娱乐健康类软件产品的开发，培育新型数字教育和文化娱乐消费。重点扶持建设覆盖面广、影响力大的互联网和互动电视网络教学、娱乐服务平台和生活服务平台。加快智慧健康建设，实现公共医疗服务便利化和优质医疗资源共享，满足市民日益多样化的医疗卫生服务需求。开发符合老人照护服务需求的养老系统，构建形成以机构养老、居家养老和日托服务为主要内容的"三位一体"智能化养老服务组织模式，逐步推行智慧养老。

（四）以信息化促进节能减排，建设美丽河北

加快钢铁、石化、有色、建材等行业主要耗能设备和工艺流程的智能化改造，加强对能源资源的实时监测、精确控制和集约利用。推广 ERP 系统，将节能减排目标以任务计划和资金计划的形式体现到 ERP 系统中，作为企业综合计划不可或缺的重要组成部分。提高生产控制水平，做到工艺流程的标准化和最优化，加速 MES 系统推广，提高产品质量、产量和劳动生产率。促进 ERP、MES、DCS 等信息系统的集成，实现信息系统的深化应用和优化应用，做到既能通观全局，又可精细控制，全面提高企业管理水平和科技水平。引导工业企业建立能源管理中心，加快合同能源管理、节能设备租赁等节能新机制推广。在重点行业和地区建立工业主要污染物排放自动连续监测和工业固体废弃物综合利用信息管理体系。

第六章 山西省信息化发展水平分析

一、总体情况

（一）经济社会发展情况

2013年，山西省坚持主题主线和稳中求进工作总基调，积极应对经济下行压力，认真落实中央宏观调控政策和各项决策部署，结合山西省实际，及时制定实施煤炭20条、低热值煤发电20条、煤层气20条、保障工业运行12条等一系列政策措施，对稳增长发挥了重要作用。全年全省生产总值12602.2亿元，同比增长8.9%。其中，第一产业增加773.8亿元，第二产业增加6792.7亿元，第三产业增加值5035.8亿元，同比分别增长4.5%，10.2%和7.5%，第一、二、三产业占生产总值的比重分别为6.1%，53.9%和40.0%。2013年末全省常住人口为3630万人，同比增加19万人。人均地区生产总值34813元，按2013年平均汇率计算为5621美元。全年城镇居民人均可支配收入22456元，农村居民人均纯收入7154元，同比分别增长10.0%和12.5%。全年全省公共财政收入1700.2亿元，同比增长12.1%。2013年，全省经济保持平稳健康发展，社会事业全面进步，人民生活水平不断提高。[1]

（二）信息化发展特点

1. 着力推动新一代信息化基础设施覆盖

山西省积极推动"宽带中国"战略的实施，加快"光纤城市"建设，推进城

---

[1] 山西省统计局：《山西省2013年国民经济和社会发展统计公报》，2014年2月。

市光纤到户，优化 3G 网络覆盖范围和质量，加快 4G 网络建设，实施了全省公共场所 WLAN 免费覆盖工程，首批 i-shanxi 无线网络已实现了机场、火车站以及各市行政服务中心等百余处场所的网络覆盖。宽带覆盖全部城镇和行政村，全省宽带接入用户 521.3 万户，宽带用户普及率达 15.12%；全省网民达到 1755 万人，互联网普及率达 48.6%；3G 用户数达 1026 万户，3G 用户普及率达 28.41%。山西省积极组织推进广播电视"户户通"工程，年末全省共有广播电视台 113 座，广播电台 1 座，电视台 3 座，中短波转播发射台 15 座，调频转播发射台 119 座，一百瓦以上电视转播发射台 148 座，广播人口覆盖率达 96.76%，电视人口覆盖率达 98.45%，有线电视用户 497.9 万户。在三网融合方面，山西省持续抓推进有双向化改造，开展高清交互数字电视、视频点播、时移电视、互联网电视、跨屏转移等广电新业务。

2. 以重点项目推动"两化"深度融合，产业布局优化

2013 年以来，山西省研究确定各地重点支持新兴产业发展的重点产业链、龙头企业、特色集群和重点项目，优先集中支持资金，培育新材料、新能源等产业，推动钢材、铝镁、煤化工、食品等产品精深加工，大力发展新兴制造业，实现由传统的"初加工"向"深加工"转变。

政策支持引导。山西省经信委发布《山西省信息化促进条例》，作为第一部规范信息化建设和管理的地方性法规，鼓励企业建立首席信息官制度，有力推进"两化"的深度融合。此外，山西省逐步开展"两化"融合试点示范评选认定和贯标试点工作，有力提升了"两化"融合整体水平。

积极推进重点工程项目建设。山西省持续实施新兴产业"512"工程，传统产业提升改造项目有 216 个，新能源、新材料、食品、医药、装备制造等新兴产业项目建设有 712 个，项目总投资 3131 亿元，已有 400 多个项目建成投产或部分投产。重点推进了晋中新能源汽车产业化项目、阳泉百度云计算、晋西高端装备制造、三一煤机科技城项目、中电科二所第三代半导体碳化硅基片、罗克佳华物联网应用、山西北斗位汛北斗定位系统产业化等 354 个项目建设，已有 130 个项目建成投产或部分投产，2013 年信息产业规模突破 800 亿元。此外，山西省扎实推进千项节能改造项目，全省万元地区生产总值综合能耗下降 3.8% 左右。同时，山西省实施服务业发展"1511"工程，现代物流、信息服务、文化旅游等服务业发展加快。

着力优化产业布局。围绕低质煤高效清洁利用，山西省大力发展现代煤化工产业，在晋东、晋中、晋北规划建设各具特色的三大现代煤化工产业基地，培育壮大 15 个具有鲜明循环经济特色的煤化工精品园区，优化提升传统煤化工产业，实现集约发展。加快培育壮大各类新兴产业，山西省进一步细化轨道交通装备制造产业布局，重点打造太原、大同、永济三大基地，开展一系列以企业为主体的重大发展项目。太重高铁零部件等项目建成投用，潞安煤制油、太钢不锈钢和硅钢冷连轧、吕梁数据中心等项目加快推进。

强化科技和人才支撑。山西省正式筹建科技创新城，新建省级重点实验室 16 家、省级工程技术研究中心 7 家、省级以上企业技术中心 35 家。新建院士工作站 14 个，引进海外高层次人才 62 名，选拔省级学术技术带头人 202 名、新兴产业领军人才 64 名，"千人百县"服务基层活动取得新成效。

3. 深入推进智慧山西建设，社会领域信息化全面发展

教育信息化方面。全面启动"教育三通两平台"建设，加快优质教学资源区域共享，推进城乡教育资源均等化，着力促进建设全省统一门户、统一身份认证、统一技术标准的网络平台。截至 2013 年年底，全省 8 人以上教学点实现数字资源配备全覆盖，并在小学三、四、五年级和初高中一、二年级开设开足信息技术课程。[1] 2013 年吕梁、太行等贫困地区 1000 所农村中小学已通宽带。

社会保障与医疗信息化方面。山西省人社厅在全省全面启动社会保障卡应用工作，人社厅与主要商业银行完成了社保卡银行网点应用部署，全省已有 80% 的市县启动了社会保障卡应用工作。山西省加快医疗信息化建设，推进医疗资源共享和便捷诊疗服务，县（市、区）新农合管理覆盖率达到 90% 以上，省内异地就医直接结算系统也已覆盖全省 8 个市的城镇。

智慧城市方面。2013 年，山西省太原、阳泉两市被确定为国家"智慧城市"技术和标准试点城市。太原市着力推进总体设计与智慧城市基础设施完善，2013 年初亦被确定为国家"智慧旅游"试点城市，已实现"旅游团队服务管理系统"在全市旅行社的全覆盖，为市旅游局实时监控旅游团队提供服务。[2]"智慧阳泉中心"已投入运行，可向天网工程、平安校园、煤矿检测等 28 个系统，共 48 个信息化应用系统提供指挥、监控、管理和服务，实现市区主要公共场所全覆盖，形

---

[1]　《我省列出教育信息化"路线图"》，《山西晚报》2013 年 12 月 1 日。
[2]　《太原"智慧旅游"走在全国前列》，《太原日报》2013 年 12 月 4 日。

成容纳 3 万个用户同时上网的能力。[1]

4. 现代化农业农村建设成效显著

山西省科技厅围绕创新驱动农业发展，着力加强农业科技创新和构建新型社会化科技服务体系，启动了山西省农业科技创新工程、山西省百千万强农富民专项行动计划、农业信息化科技示范等三大工程。

加强农村信息服务。基于现有三级农村信息网、星火科技"12396"信息服务体系及 4 市 10 乡镇科技信息服务站，开发种植、养殖和加工等产业服务系统和农村技术承包服务平台，对接农资配送信息服务系统、农村中小企业信息服务及农村电子商务，完善 100 个农村农业信息化示范基地，构建一体化农业信息服务示范体系。

推进现代农业建设。山西省建设发展了 50 个省、市级科技研发示范园区，中试转化 100 项以上新技术、新产品，稳定和发展了 50 个高水平的农业科技创新团队，共培植了 50 个围绕业已形成的多元化农业科技服务格局。

5. 电子政务深入发展，便民利民效益突显

山西省电子政务快速发展，政府网站已基本实现全覆盖，信息公开功能日臻完善，电子政务水平稳步提高，基本达到全国中游水平。

山西省把数字城市建设作为信息化建设和电子政务建设的重要支撑，已完成太原、晋城、阳泉、晋中四个地级市的数字城市建设任务，2013 年全面完成大同、朔州、忻州、长治、临汾、运城、吕梁 7 个地级市的数字城市建设。[2] 例如，数字太原成果已覆盖到 21 个部门。在公安警务"天眼"工程中，通过启用社会治安动态监控系统极大缩短了接处警响应时间；在物联网"地眼"工程中，建立地下三维管线系统，初步实践感知地下管线运行安全，助力当地政府决策、科学规划。

山西公安系统摸索出了一条融合各新媒体形态、省市县三级网络全覆盖的电子政务发展新模式，"民生警务"迈入大数据时代。山西便民服务在线电子政务群涉及户政、出入境、交警、消防等 9 类 185 项与群众息息相关的公安业务，自开通 4 个月来，日均访问量稳定在 5.5 万左右；受理群众咨询求助 12053 件，回复率达 99.1%，创造了同类电子政务网站的一个记录。在网上便民服务平台的技

---

[1] 《"智慧"让山西阳泉插上"云"翅膀》，南方网，2013年10月22日。
[2] 《2013年山西将全面完成地市"数字城市"建设》，中国新闻网，2013年3月7日。

术支撑下，山西省以民意为导向的新型警务工作模式初步形成。[1]

二、信息化水平分析

（一）总体水平

"十二五"以来，山西省信息化实现了快速发展，信息化发展总指数从 2013 年的 60.05 提升到 2014 年的 65.29，指数值增长 5.24 点。网络基础设施实现了跨越式发展，网络就绪度指数从 2013 年的 51.14 提升到了 2014 年的 61.81，指数值增长了 10.67 点。信息通信技术应用进一步普及和深化，信息通信技术应用指数从 2013 年的 67.25 提升到 2014 年的 69.25，指数值增长了 2。信息化应用效益初步显现，信息化应用效益指数从 2013 年的 63.47 提升到 2014 年的 64.34，指数值增长了 0.87 点。

表 6-1　山西省 2013—2014 年信息化指标情况

指标名称	2013年指数值	2014年指数值	变化情况
网络就绪度指数	51.14	61.81	10.67
信息通信技术应用指数	67.25	69.25	2
信息化应用效益指数	63.47	64.34	0.87
信息化发展总指数	60.05	65.29	5.24

数据来源：中国电子信息产业发展研究院，2014 年 12 月。

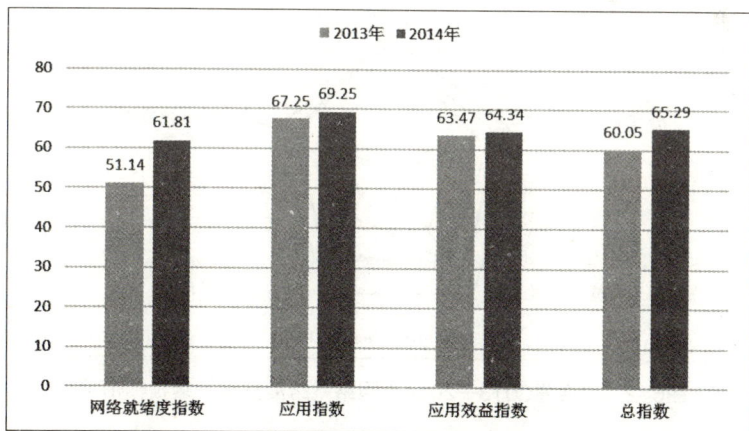

图6-1　山西省2013—2014年信息化指标情况

数据来源：中国电子信息产业发展研究院，2014 年 12 月。

---

[1]　《山西公安打造全国最大便民服务网站群》，光明网，2013年5月16日。

（二）分类指标

1. 网络就绪度指数

在网络就绪度方面，"十二五"以来，山西省大力加强网络基础设施建设，网络基础设施实现了跨越式发展。智能终端进一步普及应用，普及指数从2013年63提升到2014年的67.38，指数值增长4.38点。"三网融合"顺利推进，有线电视发展指数从2013年的48.93提升到2014年的49.42，指数值增长0.49点。光纤网络快速发展，光纤发展指数从2013年的30.58提升到2014年的52.66，指数值增长22.08点。宽带普及加速，宽带普及指数从2013年的59.35提升到2014年的68.23，指数值增长了8.88。宽带速率进一步提升，宽带速率指数从2013年的50.31提升到2014年的66.86，增长了16.55点。

表6-2　山西省2013—2014年网络就绪度一级指标情况

指标名称	2013年指数值	2014年指数值	变化情况
智能终端普及指数	63	67.38	4.38
有线电视发展指数	48.93	49.42	0.49
光纤发展指数	30.58	52.66	22.08
宽带普及指数	59.35	68.23	8.88
宽带速率指数	50.31	66.86	16.55

数据来源：中国电子信息产业发展研究院，2014年12月。

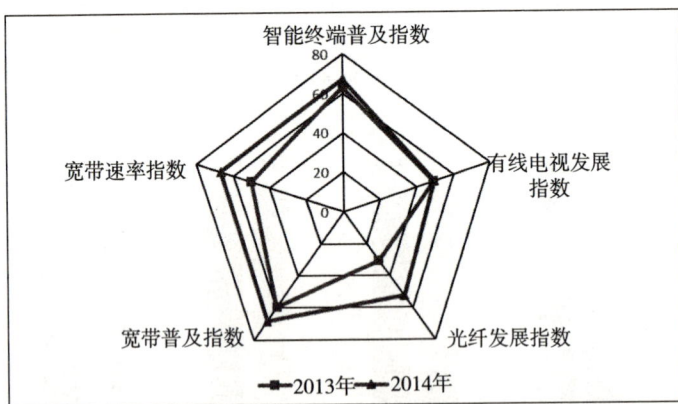

图6-2　山西省2013—2014年网络就绪度指数一级指标情况

数据来源：中国电子信息产业发展研究院，2014年12月。

就网络就绪度各项细分指标来讲，山西省"十二五"以来网络基础设施方面面都取得了很大发展。移动电话用户数保持稳步增长，移动电话普及率指数从

2013 年的 56.79 提升到 2014 年的 61.25，指数值增长了 4.46。电脑普及率进一步提高，普及率指数从 2013 年的 69.21 提升到 2014 年的 73.51，指数值增长了4.3。有线电视用户数进一步增长，户率指数从 2013 年的 48.93 增长到 2014 年的 49.42，指数值增长了 0.49。光纤入户快速推进，光纤入户率指数从 2013 年的30.58 提升到 2014 年的 52.66，指数值增长了 22.08。互联网固定宽带用户数稳步增长，固定宽带普及率指数从 2013 年的 68.7 提升到 2014 年的 69，指数值增长了 0.3。3G 和 4G 用户数实现快速增长，移动宽带普及率指数从 2013 年的 50 增长到了 2014 年的 67.46，指数值增长了 17.46。宽带普及提速行动初显成效，固定宽带端口平均速率指数从 2013 年的 50.31 增长到了 2014 年的 66.86，指数值增长了 16.55。

表 6-3　山西省 2013—2014 年网络就绪度指数二级指标情况

指标名称	2013年指数值	2014年指数值	变化情况
移动电话普及率	56.79	61.25	4.46
电脑普及率	69.21	73.51	4.3
有线电视入户率	48.93	49.42	0.49
光纤入户率	30.58	52.66	22.08
固定宽带普及率	68.7	69	0.3
移动宽带普及率	50	67.46	17.46
固定宽带端口平均速率	50.31	66.86	16.55

数据来源：中国电子信息产业发展研究院，2014 年 12 月。

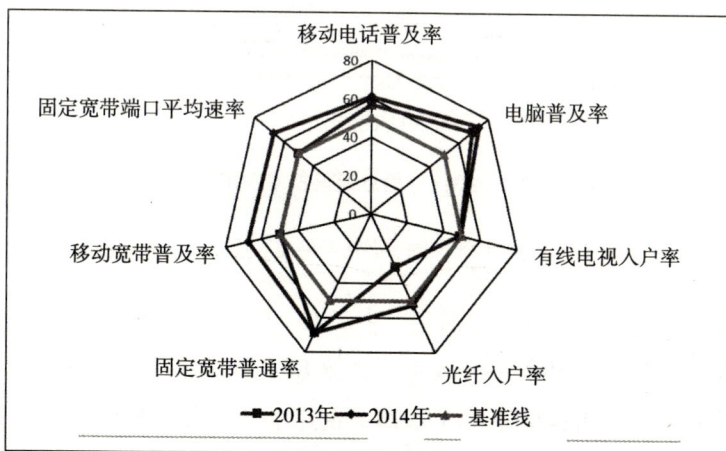

图6-3　山西省2013—2014年网络就绪度指数二级指标情况

数据来源：中国电子信息产业发展研究院，2014 年 12 月。

2. 信息通信技术应用指数

在信息通信技术应用方面，"十二五"以来，山西省居民应用信息化方面取得了很大发展。企业应用指数从 2013 年的 76.53 降低到 2014 年的 75.39，指数值下降了 1.14。政务应用指数从 2013 年的 64.34 降低到 2014 年的 52.98，指数值下降了 11.36。居民应用指数从 2013 年的 64.06 提升到 2014 年的 74.32，指数值增长了 10.26。

表6-4　山西省2013—2014年信息通信技术应用指数一级指标情况

指标名称	2013年指数值	2014年指数值	变化情况
企业应用指数	76.53	75.39	−1.14
政务应用指数	64.34	52.98	−11.36
居民应用指数	64.06	74.32	10.26

数据来源：中国电子信息产业发展研究院，2014 年 12 月。

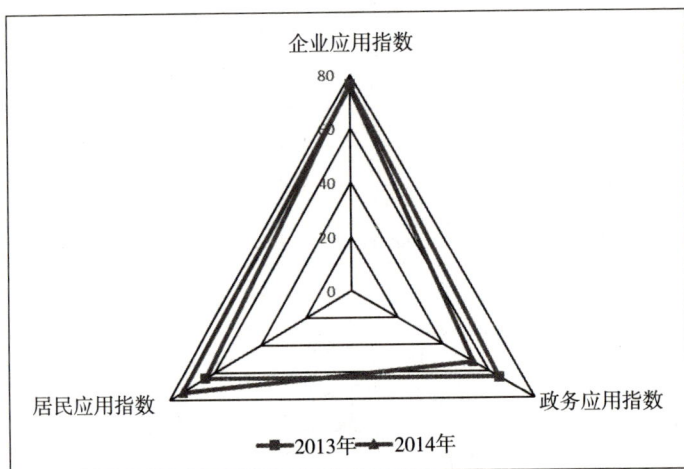

图6-4　山西省2013—2014年信息通信技术应用指数一级指标情况

数据来源：中国电子信息产业发展研究院，2014 年 12 月。

在企业信息化应用方面，山西省"十二五"以来大力推进企业"两化"融合工作，企业信息化发展环境部分改善。企业 ERP 普及率从 2013 年的 58.68 降低到 2014 年的 55.73，指数值下降了 2.95；企业电子商务交易额占比指数从 2013 年的 94.38 增长到了 95.05，指数值上升了 0.67。

在政务信息化应用方面，政务事项网上办事率指数从 2013 年的 67.57 下降到了 2014 年的 55.96，指数值下降了 11.61。政府信息公开上网率指数从 2013 年的 61.12 下降到了 2014 年的 50，指数值下降了 11.12。

在居民信息化方面，"十二五"以来，山西省居民信息化应用水平进一步提升。互联网用户数稳步增长，互联网普及率指数从 2013 年的 60.93 提升到 2014 年的 64.92，指数值增长了 3.99；居民电子商务快速发展，人均在线零售额占比指数从 2013 年的 76.3 提升到 2014 年的 97.06，指数值增长了 20.76。居民信息消费快速增长，人均信息类消费支出由 2013 年的 45.83 提升到 47.66，指数值增长了1.83。

表 6-5　山西省 2013—2014 年信息通信技术应用指数二级指标情况

指标名称	2013年指数值	2014年指数值	变化情况
企业ERP普及率	58.68	55.73	-2.95
企业电子商务交易额占比	94.38	95.05	0.67
政务事项网上办事率	67.57	55.96	-11.61
政府信息公开上网率	61.12	50	-11.12
互联网普及率	60.93	64.92	3.99
人均在线零售额占比	76.3	97.06	20.76
人均信息类消费支出	45.83	47.66	1.83

数据来源：中国电子信息产业发展研究院，2014 年 12 月。

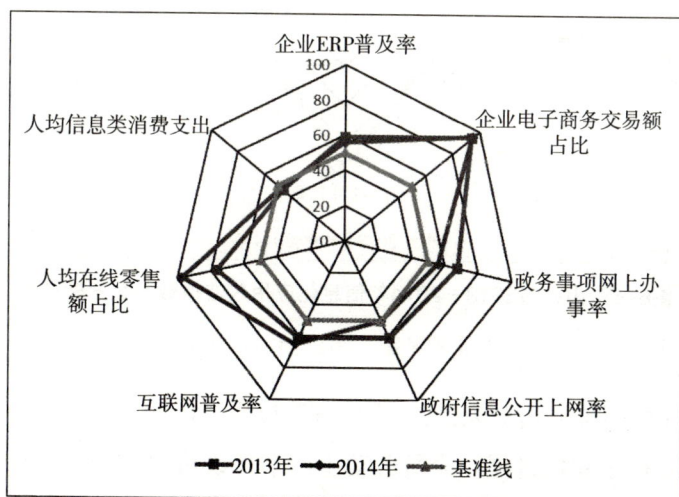

图6-5　山西省2013—2014年信息通信技术应用指数二级指标情况

数据来源：中国电子信息产业发展研究院，2014 年 12 月。

3. 信息化应用效益指数

在信息化应用效益方面，"十二五"以来，山西省信息化应用效益日渐凸显出来。劳动生产率指数从2013年的75.21下降到了2014年的70.38，指数值下降了4.83；技术创新指数从2013年的48.73增长到了2014年的54.88，指数值增长了6.15；节能降耗指数从2013年的71.7增长到了2014年的72.46，指数值增长了0.76；人均收益指数从2013年的58.24增长到了2014年的59.63，指数值增长了1.39。

表6-6　山西省2013—2014年信息化应用效益指数一级指标情况

指标名称	2013年指数值	2014年指数值	变化情况
劳动生产率指数	75.21	70.38	−4.83
技术创新指数	48.73	54.88	6.15
节能降耗指数	71.7	72.46	0.76
人均收益指数	58.24	59.63	1.39

数据来源：中国电子信息产业发展研究院，2014年12月。

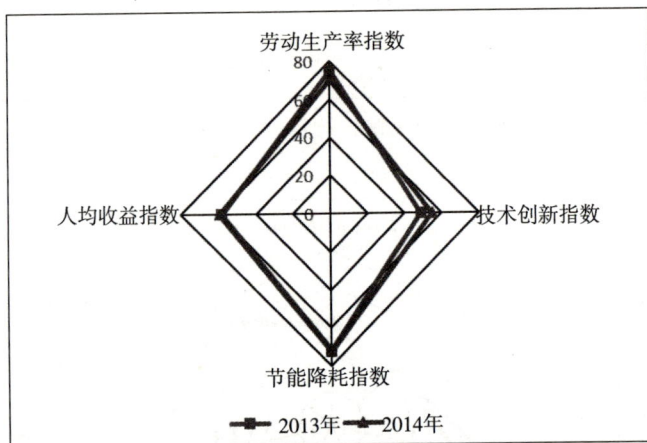

图6-6　山西省2013—2014年信息化应用效益指数一级指标情况

数据来源：中国电子信息产业发展研究院，2014年12月。

就信息化各项细分指标来讲，"十二五"以来，山西省信息化应用效益基本上各方面都取得了积极进展。全员劳动生产率指数从2013年的75.21降低到了2014年的70.38，指数值下降了4.83。单位地区生产总值专利申请量指数值从2013年的57.07提升到2014年的65.24，指数值增长了8.17；单位地区生产总值专利授权量指数值从2013年的43.17提升到2014年的47.97，指数值增长了4.8。

信息化促进了节能减排，单位地区生产总值能耗指数从 2013 年的 62.3 提升 2014 年的 62.41，指数值增长了 0.11；单位地区生产总值用水量指数从 2013 年的 85.8 提升到 2014 年的 87.53，指数值增长了 1.73。信息化带动了经济快速发展，人均地区生产总值指数由 2013 年的 58.24 提升到 2014 年的 59.63，指数值增长了 1.39。

表 6-7　山西省 2013—2014 年信息化应用效益指数二级指标情况

指标名称	2013年指数值	2014年指数值	变化情况
全员劳动生产率	75.21	70.38	-4.83
单位地区生产总值专利申请量	57.07	65.24	8.17
单位地区生产总值专利授权量	43.17	47.97	4.8
单位地区生产总值能耗	62.3	62.41	0.11
单位地区生产总值用水量	85.8	87.53	1.73
人均地区生产总值	58.24	59.63	1.39

数据来源：中国电子信息产业发展研究院，2014 年 12 月。

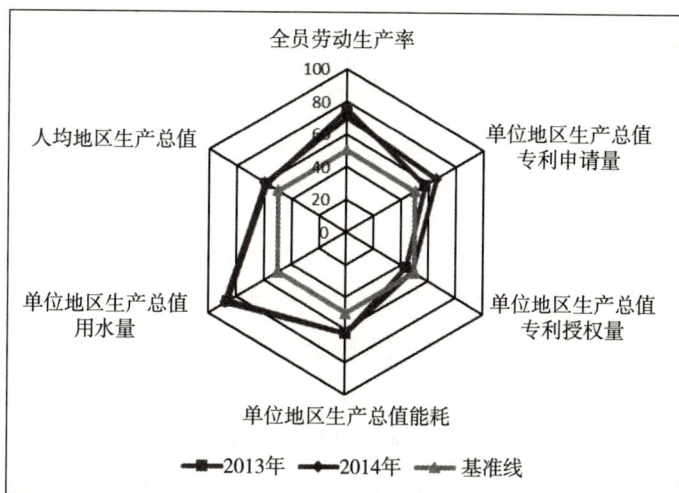

图6-7　山西省2013—2014年信息化应用效益指数二级指标情况

数据来源：中国电子信息产业发展研究院，2014 年 12 月。

三、优劣势评价

（一）优势

1. 国家资源型经济转型综合配套改革试验区为信息化发展带来机遇

2010 年国务院批准设立山西省为国家资源型经济转型综合配套改革试验区，

是全国唯一的全省域、全方位、系统性的进行资源型经济转型综合配套改革试验的区域，具有鲜明的山西改革特色，对破解资源型经济转型这个历史难题具有全局性意义。党的十八届三中全会发出了全面深化改革的"动员令"，为山西省进一步丰富转型综改试验区建设的内涵，破解制约资源型经济转型的体制机制障碍，加快推进转型综合改革试验区建设提供了新的重大历史机遇。2014年，中共山西省委印发《关于深入贯彻党的十八届三中全会精神加快推进转型综改试验区建设的若干意见》。这将为信息化提供广阔的用武之地，信息化将为改革试验区发展提供强大的支撑。

2. 工业基础相对较好，重点行业企业信息化水平较高

山西省是我国老工业基地，是国家的能源重化工基地，煤炭、冶金、电力、化工、装备制造等产业基础雄厚。"十二五"以来，山西省省创新工作机制，着力推动工业化和信息化融合发展，工业整体综合竞争力得到提升。重点行业企业信息化水平较高，从八五CIMS计划实施，榆次经纬纺机就是示范企业，太重、太钢等大型骨干企业是我国制造业行业"两化"融合的重点企业，煤炭行业在安全生产、质量监控、人员定位方面的信息化建设使全省大型煤矿企业向"数字矿山"积极推进。

（二）劣势

1. 单位产值能耗较高，工业发展对资源依赖严重

长期以来，由于粗放的生产方式和畸重的产业结构，山西省面临着资源消耗强度大、能源利用效率低、环境污染和生态破坏严重等一系列突出问题，在节能减排方面任务非常艰巨。而以往的措施过分偏重于淘汰落后产能和行政管制，在技术投入、研发和应用方面，尤其是促进信息技术在节能减排治污等方面应用的力度不够，因而节能减排效果不是非常明显。

2. 电子信息产业较弱，拉动效应仍不明显

山西省信息产业发展已初具规模，其发展规模与速度也逐年扩大和增长，但与发达地区和周边省份相比，山西省的信息产业在工业总产值、销售收入、市场占有率、占GDP比重等方面都较低，在全国处于中下游水平。信息企业投资和研发投入资金不足，争取到的国家政策性支持资金虽每年都有新增长，但相对有限，拉动效应仍不明显。

3.信息化应用层次较低，总体还处于起步状态

山西省产业结构单一化、初级化、重型化问题仍然比较突出，经济发展方式比较粗放，科技创新能力不强，节能减排和安全生产压力较大，行业信息化、工业园区信息化、电子商务还处于萌芽状态，政府信息化还主要停留在改善办公条件的水平上。信息化发展水平总体还处于起步状态，还不能适应转型跨越发展的要求。

四、相关建议

（一）以信息化加快工业结构调整升级

加快信息化和工业化渗透融合进程，以煤炭、焦化、冶金、电力、装备等优势产业为重点，推进产品研发设计、流程控制、企业管理、市场营销、人力资源开发等环节的信息化。发展供应链管理、集成制造和敏捷制造等网络制造与管理技术，促进企业向高端制造和服务转型。以嵌入式系统为重点，大力发展数控装备、汽车电子、自动化控制等产业。建立共性技术支撑服务平台，为工业技术改造提供信息化支撑，促进产业转型。同时，为现代物流、电子商务等提供软硬件环境和技术的支撑。

（二）是加速发展信息产业

加强宏观调控和规划指导，制定"十三五"规划发展思路，认真抓好山西省信息产业专项规划的实施，制定和落实产业发展相关扶持政策，实施产业和科技重大专项，加快电子信息产业发展步伐。

（三）推进信息化在节能降耗、减排治污等方面的应用

加强信息技术在高耗能、高污染行业的推广应用，改造传统工艺和生产流程，有效整合物流资源，建立管控一体的能源管理中心，提高能源利用效率、减少污染排放；大力推广计算机辅助、虚拟仿真、模糊控制等技术，提高自动化、精准化生产水平，降低废品率和物料消耗；遵照循环经济理念，建立废旧资源综合信息管理系统，提高废旧资源综合利用率；探索建立区域性能源监控和交易平台，开展能源需求侧管理和合同能源管理，促进节能降耗和能源综合利用；建立环境

保护信息支撑体系，提高生态文明水平。

（四）加强信息化人才培养工作

目前，山西省有不少的知名企业和人才以直接和间接的方式转移到经济发达的地区，究其原因，是山西省发展经济的软硬件环境还有待改善，核心的问题是在市场经济的条件下，科技人员的劳动付出得不到应有的回报，因此科技人员走向了官场、商场，甚至"孔雀东南飞"。制定有利于造就山西电子信息产业的企业领军人物和技术带头人的分配政策和激励措施，鼓励企业采用高薪聘用、效益提成、入股分红等多种形式引进企业带头人，不断完善人才机制，充分调动其积极性、创造性，提高行业管理人员和企业职工的整体素质和水平迫在眉睫。

第七章　内蒙古自治区信息化发展水平分析

一、总体情况

（一）经济社会发展情况

在党中央、国务院和内蒙古自治区党委的正确领导下，2013年自治区政府紧紧依靠全区各族人民，全面贯彻落实党的十八大精神和自治区"8337"发展思路，坚持稳中求进工作总基调，统筹推进稳增长、调结构、促改革、惠民生等各项工作，努力克服经济下行压力，在推进科学发展、富民强区的道路上迈出了新步伐。

经济发展呈现稳中向好态势。2013年，全区常住人口为2497.61万人，比上年增加7.71万人。初步核算，全区实现生产总值16832.38亿元，按可比价格计算，同比增长9%。其中，第一产业增加值1599.41亿元，同比增长5.2%；第二产业增加值9084.19亿元，同比增长10.7%；第三产业增加值6148.78亿元，增长7.1%。第一产业对GDP的贡献率为4.7%，第二产业对GDP的贡献率为67.6%，第三产业对GDP的贡献率为27.7%。人均生产总值达到67498元，同比增长8.7%，按年均汇率计算折合为10900美元。全区生产总值中一、二、三次产业比例为9.5：54.0：36.5。全年完成地方财政总收入2658.42亿元，其中公共财政预算收入1719.54亿元，同比分别增长6.5%和10.7%。

（二）信息化发展特点

1. 电子政务基础设施逐步发展完善

内蒙古自治区电子政务基础设施逐步完善，电子政务三级网络和外网平台已经具备了为自治区本级政务部门业务系统运行提供支撑的能力。2013年，内蒙古被工信部列为"基于云计算的电子政务公共平台顶层设计"试点省份，呼和浩特市、包头市、呼伦贝尔市、通辽市、赤峰市、锡林郭勒盟、鄂尔多斯市、巴彦淖尔市、乌海市及阿拉善盟成为首批市（县、区）试点示范地区。电子政务外网建设已基本形成纵向到底、横向到边的核心网与骨干网，实现了与国家电子政务外网的有效对接。自治区到盟市骨干传输线路达到155M，盟市到旗县达到10M，电子政务外网互联网出口为双500M。自治区所属12个盟市、2个计划单列市、99个旗县（市、区）及自治区本级所有政务部门已全部接入统一的电子政务外网，各盟市横向部门接入率达到90%以上，旗县横向接入率达到80%。

2. "两化"融合深入推进

呼包鄂"两化"融合试验区逐步推进，蒙西高新技术集团、鄂尔多斯羊绒集团和内蒙古伊泰集团被确定为全国创新型企业试点单位，在绒纺、建材、生物制药和化工行业建成博士后工作站，建成国家"863"计划成果产业化基地。全区规模以上工业企业，尤其是冶金、机械、电力、乳业和化工等企业，应用信息技术的成效非常显著。伊利、蒙牛集团利用信息技术，建设统一的产品质量信息监控平台，用信息技术手段实现了从基础的原奶采购、检验、生产加工过程到消费服务的产品质量控制，避免了由于人为判断错误而造成的产品误检和漏检，确保了从源头和消费全过程食品安全。呼和浩特市企业上网率达到90%，60%以上企业拥有网络营销和产品展示渠道。2013年，锡林郭勒盟的羊肉全产业链追溯体系平台和各环节硬件设备初步构建完成。运用互联网以及数据库等现代信息技术手段，实现了羊肉"来源可追溯、去向可查证、责任可追究"的全程追溯体系管理。目前，追溯体系产品已投放市场，消费者对所购产品的二维码进行扫描，即可获得养殖和屠宰加工信息。

3. 云计算等新兴产业迅速发展壮大

内蒙古自治区资源丰富、电力供应充足、寒冷期较长，适合发展云计算产业。2010年，自治区党委、政府明确提出大力发展云计算产业，中国电信、中国移动、中国联通三大通讯运营商和中兴集团等大型云计算数据中心IDC，先后落地呼包鄂赤云计算基地。目前，全区建成和在建的云计算数据中心项目有10个，总投资700多亿元。内蒙古自治区云计算发展成果初显，呼和浩特市和林格尔县已建成云计算8000机架、12万台服务器的承载量，成为亚太地区最大的云计算产业园；内蒙古红山物流园区被商务部确定为首批国家电子商务示范基地，红山区政府与内蒙古大学、赤峰智云科技有限公司合作建成了目前国内最大的蒙古文资源云。

二、信息化水平分析

（一）总体水平

"十二五"以来，内蒙古自治区信息化实现了快速发展，信息化发展总指数从 2013 年的 50.32 提升到 2014 年的 56.31，指数值增长了 5.99。网络基础设施继续快速发展，网络就绪度指数从 2013 年的 44.28 提升到了 2014 年的 54.24，指数值增长了 9.96。信息通信技术应用进一步普及和深化，应用指数从 2013 年的 47.79 提升到 2014 年的 51.93，指数值增长了 4.14。信息化应用效益初步显现，应用效益指数从 2013 年的 67.45 上升到 2014 年的 69.2，指数值增长了 1.75。

表 7-1　内蒙古自治区 2013—2014 年信息化指标情况

指标名称	2013年指数值	2014年指数值	变化情况
网络就绪度指数	44.28	54.24	9.96
信息通信技术应用指数	47.79	51.93	4.14
应用效益指数	67.45	69.2	1.75
信息化发展总指数	50.32	56.31	5.99

数据来源：中国电子信息产业发展研究院，2014 年 12 月。

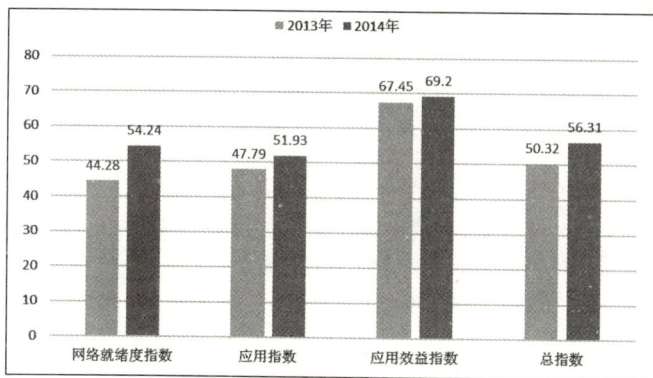

图7-1　内蒙古自治区2013—2014年信息化指标情况

数据来源：中国电子信息产业发展研究院，2014 年 12 月。

（二）分类指标

1. 网络就绪度指数

在网络就绪度方面，"十二五"以来，内蒙古自治区大力推进网络基础设施建设，网络基础设施实现了跨越式发展。智能终端进一步普及应用，普及指数从2013年的64.16提升到2014年的67.38，数值增长了3.22。有线电视发展指数从2013年的44.63下降到2014年的43.49，指数值减少了1.14。光纤网络快速发展，发展指数从2013年的2.9提升到2014年的27，指数值增长了24.1。宽带普及继续推进，宽带普及指数从2013年的50.55提升到2014年的58.92，指数值增长了8.37。宽带速率进一步提升，宽带速率指数从2013年的54.26提升到2014年的68.43，指数值增长了14.17。

表7-2　内蒙古自治区2013—2014年网络就绪度一级指标情况

指标名称	2013年指数值	2014年指数值	变化情况
智能终端普及指数	64.16	67.38	3.22
有线电视发展指数	44.63	43.49	−1.14
光纤发展指数	2.9	27	24.1
宽带普及指数	50.55	58.92	8.37
宽带速率指数	54.26	68.43	14.17

数据来源：中国电子信息产业发展研究院，2014年12月。

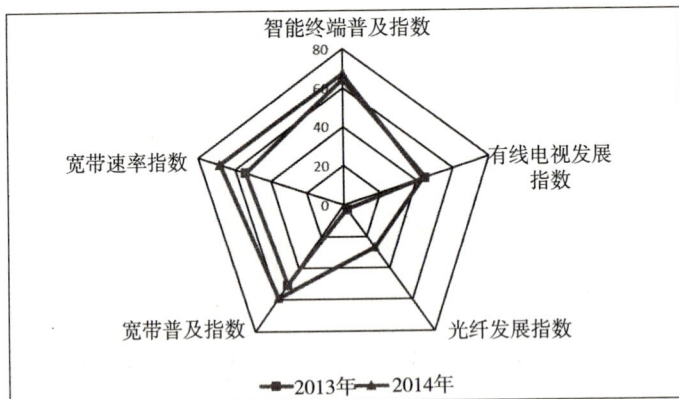

图7-2　内蒙古自治区2013—2014年网络就绪度指数一级指标情况

数据来源：中国电子信息产业发展研究院，2014年12月。

就网络就绪度各项细分指标来讲，内蒙古自治区"十二五"以来网络基础设施各方面基本上都取得了较大发展。移动电话用户数保持稳步增长，移动电话普及率指数从 2013 年的 68.89 提升到 2014 年的 71.14，指数值增加了 2.25。电脑普及率进一步提高，普及率指数从 2013 年的 59.44 提升到 2014 年的 63.61，指数值增长了 4.17。有线电视用户数略有减少，有线电视入户率指数从 2013 年的 44.63 减少到 2014 年的 43.49，指数值减少了 1.14。光纤入户快速推进，光纤入户率指数从 2013 年的 2.9 提升到 2014 年的 27，指数值增长了 24.1。互联网固定宽带用户数略有增加，互联网固定宽带普及率指数从 2013 年的 55.04 增加到 2014 年的 55.25，指数值增加了 0.21。3G 和 4G 用户数实现快速增长，移动宽带普及率指数从 2013 年的 46.05 增长到了 2014 年的 62.6，指数值增长了 16.55。宽带普及提速行动成效显著，固定宽带端口平均速率指数从 2013 年的 54.26 增长到了 2014 年的 68.43，指数值增长了 14.17。

表 7-3　内蒙古自治区 2013—2014 年网络就绪度指数二级指标情况

指标名称	2013年指数值	2014年指数值	变化情况
移动电话普及率	68.89	71.14	2.25
电脑普及率	59.44	63.61	4.17
有线电视入户率	44.63	43.49	−1.14
光纤入户率	2.9	27	24.1
固定宽带普及率	55.04	55.25	0.21
移动宽带普及率	46.05	62.6	16.55
固定宽带端口平均速率	54.26	68.43	14.17

数据来源：中国电子信息产业发展研究院，2014 年 12 月。

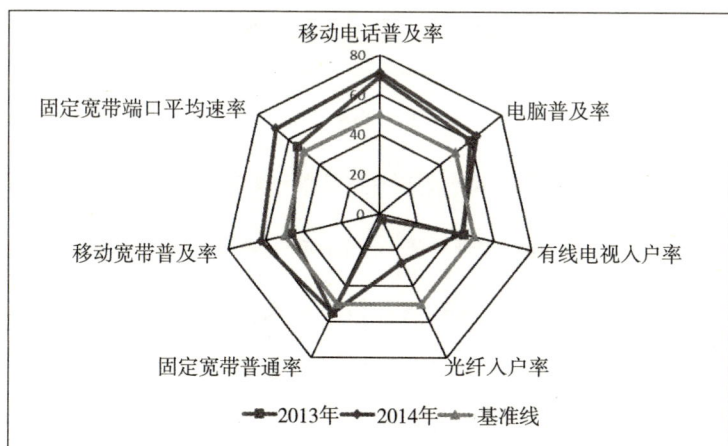

图7-3　内蒙古自治区2013—2014年网络就绪度指数二级指标情况

数据来源：中国电子信息产业发展研究院，2014 年 12 月。

2. 信息通信技术应用指数

在信息通信技术应用方面，"十二五"以来，内蒙古自治区企业、居民两方面信息化都取得了很大发展。企业应用指数从2013年的26.31提升到2014年的27.77，指数值增长了1.46。政务应用指数从2013年的57.81下降到2014年的52.61，指数值下降了5.2。居民应用指数从2013年的53.53提升到2014年的63.68，指数值增长了10.15。

表7-4　内蒙古自治区2013-2014年信息通信技术应用指数一级指标情况

指标名称	2013年指数值	2014年指数值	变化情况
企业应用指数	26.31	27.77	1.46
政务应用指数	57.81	52.61	−5.2
居民应用指数	53.53	63.68	10.15

数据来源：中国电子信息产业发展研究院，2014年12月。

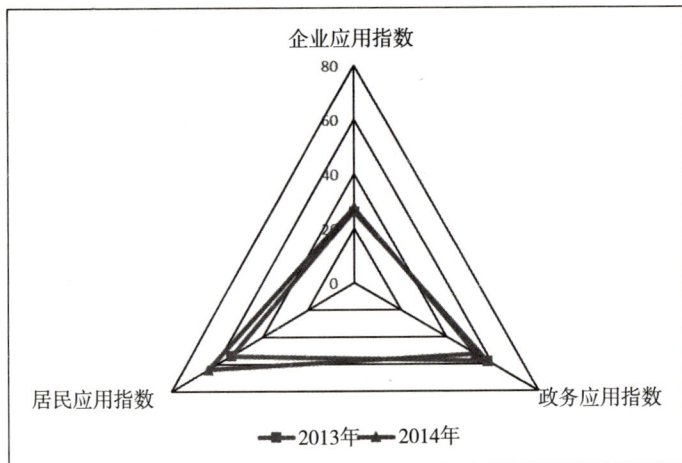

图7-4　内蒙古自治区2013—2014年信息通信技术应用指数一级指标情况

数据来源：中国电子信息产业发展研究院，2014年12月。

在企业信息化应用方面，企业信息化发展环境有部分改善。企业ERP普及率从2013年的51.22下降到2014年的48.79，指数值减少了2.43；企业电子商务交易额占比指数从2013年的1.4增加到了6.74，指数值增加了5.34。

在政务信息化应用方面，政务事项网上办事率指数从2013年58.22下降到了2014年52.45，指数值减少了5.77。政府信息公开上网率指数从2013年57.39

下降到了 2014 年 52.77，指数值下降了 4.62。

在居民信息化方面，"十二五"以来，内蒙古自治区居民信息化应用水平进一步提升。互联网用户数稳步增长，互联网普及率指数从 2013 年的 55.82 提升到 2014 年的 60.65，指数值增长了 4.83；居民电子商务快速发展，人均在线零售额占比指数从 2013 年的 51.43 提升到 2014 年的 71.11，指数值增长了 19.68。居民信息消费快速增长，人均信息类消费支出指数由 2013 年的 53.14 提升到 2014 年的 54.87，指数值增长了 1.73。

表 7-5　内蒙古自治区 2013—2014 年信息通信技术应用指数二级指标情况

指标名称	2013年指数值	2014年指数值	变化情况
企业ERP普及率	51.22	48.79	−2.43
企业电子商务交易额占比	1.4	6.74	5.34
政务事项网上办事率	58.22	52.45	−5.77
政府信息公开上网率	57.39	52.77	−4.62
互联网普及率	55.82	60.65	4.83
人均在线零售额占比	51.43	71.11	19.68
人均信息类消费支出	53.14	54.87	1.73

数据来源：中国电子信息产业发展研究院，2014 年 12 月。

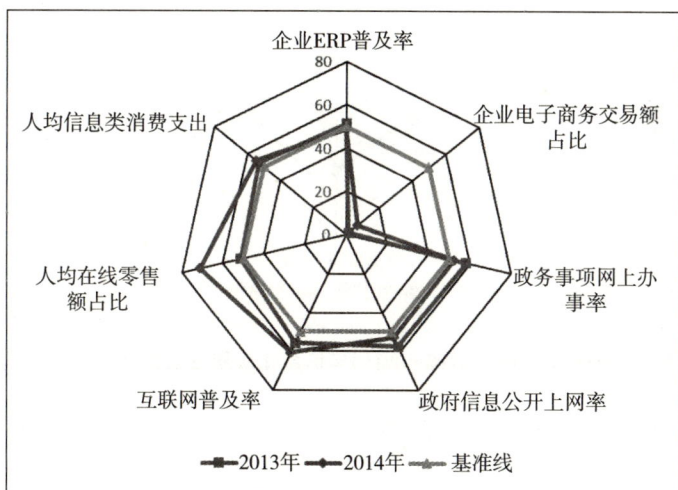

图7-5　内蒙古自治区2013—2014年信息通信技术应用指数二级指标情况

数据来源：中国电子信息产业发展研究院，2014 年 12 月。

3. 信息化应用效益指数

在信息化应用效益方面，"十二五"以来，内蒙古自治区信息化应用效益日渐凸显出来。劳动生产率指数从 2013 年的 101.67 略下降到了 2014 年的 101.35，指数值略减少 0.32，基本持平；技术创新指数从 2013 年的 17.13 增长到了 2014 年的 21.14，指数值增长了 4.01；节能降耗指数从 2013 年的 63.58 增长到了 2014 年的 64.08，指数值增长了 0.5；人均收益指数从 2013 年的 87.41 增长到了 2014 年的 90.22，指数值增长了 2.81。

表 7-6　内蒙古自治区 2013—2014 年信息化应用效益指数一级指标情况

指标名称	2013年指数值	2014年指数值	变化情况
劳动生产率指数	101.67	101.35	−0.32
技术创新指数	17.13	21.14	4.01
节能降耗指数	63.58	64.08	0.5
人均收益指数	87.41	90.22	2.81

数据来源：中国电子信息产业发展研究院，2014 年 12 月。

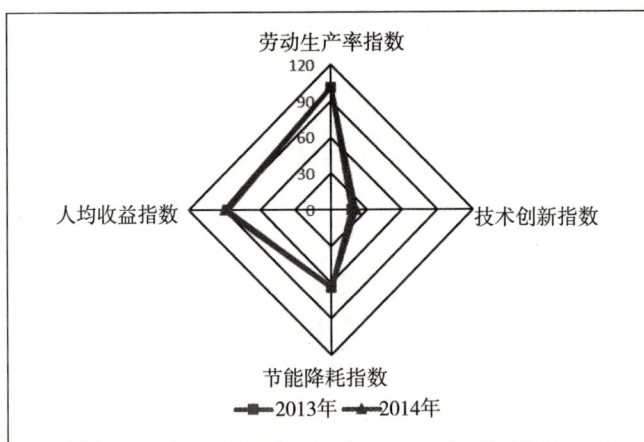

图7-6　内蒙古自治区2013—2014年信息化应用效益指数一级指标情况

数据来源：中国电子信息产业发展研究院，2014 年 12 月。

就信息化各项细分指标来讲，"十二五"以来，内蒙古自治区信息化应用效益基本各方面都取得了积极进展。全员劳动生产率指数从 2013 年 101.67 下降到了 2014 年 101.35，指数值减少了 0.32。单位地区生产总值专利申请量指数值从 2013 年的 17.5 提升到 2014 年的 22.84，指数值增长了 5.34；单位地区生产总值专利授权量指数值从 2013 年的 16.89 提升到 2014 年的 20，指数值增加了 3.11。信息化促进节能降耗，单位地区生产总值能耗指数从 2013 年的 68.22 略下降到 2014 年的 67.32，指数值减少了 0.9；单位地区生产总值用水量指数从 2013 年的 56.63 增加到 2014 年的 59.21，指数值增长了 2.58。信息化带动了经济快速发展，人均地区生产总值指数由 2013 年的 87.41 提升到 2014 年的 90.22，指数值增长了 2.81。

表 7-7　内蒙古自治区 2013—2014 年信息化应用效益指数二级指标情况

指标名称	2013年指数值	2014年指数值	变化情况
全员劳动生产率	101.67	101.35	−0.32
单位地区生产总值专利申请量	17.5	22.84	5.34
单位地区生产总值专利授权量	16.89	20	3.11
单位地区生产总值能耗	68.22	67.32	−0.9
单位地区生产总值用水量	56.63	59.21	2.58
人均地区生产总值	87.41	90.22	2.81

数据来源：中国电子信息产业发展研究院，2014 年 12 月。

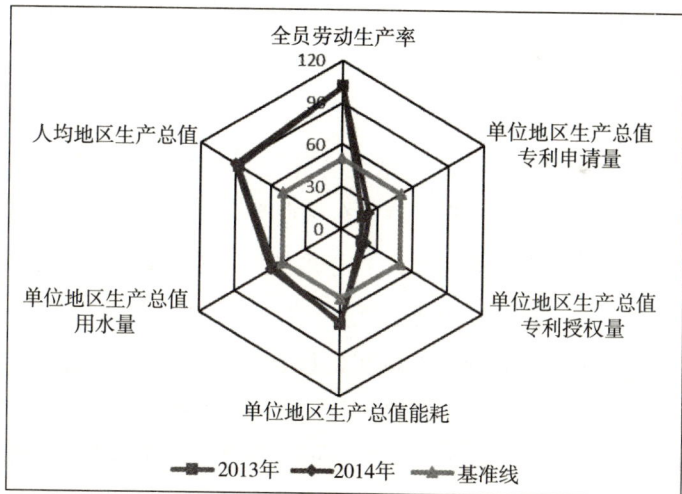

图7-7　内蒙古自治区2013—2014年信息化应用效益指数二级指标情况

数据来源：中国电子信息产业发展研究院，2014 年 12 月。

三、优劣势评价

（一）优势

1. 具有民族特色的智能终端快速普及

2013年，内蒙古自治区智能终端普及率指数为67.38，较上年提升3个多点，在全国处于中上游水平，其中移动电话普及率在全国处于领先位置，与其他评价指标相比，内蒙古在智能终端普及率方面具有明显优势。2013年，内蒙古加大智能终端普及力度，特别是具有民族特色的智能终端得到快速普及。仅就内蒙古电信公司推广力度来看，该公司2012年9月1日推出中国首款"天翼·吉祥"蒙汉双语3G智能手机，一经推出就在社会上引起强烈反响。2013年，蒙汉双语手机销量即达3万部，2014年计划销量6.5万部，其中锡林郭勒盟地区销售1万部。随着移动互联网和新媒体的迅猛发展，蒙汉手机能够极大满足蒙族人民移动互联网上交流沟通的需要，而少数民族地区智能终端的快速普及也为扩大信息消费打下良好基础。

2. 信息消费促进经济发展潜力大

2013年，内蒙古自治区人均信息类消费支出指数值为54.87，较上年有所提升，处于全国中上游水平，说明内蒙古在信息产品、信息服务和信息内容方面消费体量大。一方面信息消费本身壮大了内蒙古自治区经济，另一方面信息消费也易于通过电子商务在线交易带动其他产业发展，进而促进整体经济发展。2013年，内蒙古电子商务发展态势良好，与阿里巴巴合作举办淘宝"内蒙古羊绒节"，实现交易额900多万元；乌兰察布市搭建了具有"中国薯都"特色的网上交易平台，为"马铃薯现场交易"和"网上商城"提供了全过程电子商务专业服务；推动村镇（嘎查）普及和应用商务部"新农村商网"，开展"新农村商网"冬、夏、秋季网上对接会，完成意向销售8731万元，实现线下交易273笔，交易额2727万元。同时，内蒙古自治区积极发展跨境电子商务，目前共建设跨境电子商务平台8个，主要集中在满洲里市和二连浩特市，主要面向俄罗斯和蒙古两个国家。其他开展跨境电子商务业务的企业有30余家，主要集中在呼和浩特市、包头市和赤峰市，大多数企业借助国内外贸电商平台开展业务，出口的国家和地区有美国、蒙古、韩国、意大利、德国、印度尼西亚等。

3. 电子政务应用水平大幅提升

2013 年，内蒙古积极推进电子政务建设，应用水平大幅提升。在政府信息公开上网率方面，2013 年该指数值为 52.77，处于全国中上游水平，较上年大幅提升。2013 年，内蒙古自治区各级行政机关充分发挥政府网站第一公开平台作用，通过各级政府门户网站及部门网站的政府信息公开专栏公开政府信息 27 万条，其中，区直部门公开 4 万条，盟市、旗县公开 23 万条。同时，内蒙古注重加强信息公开载体建设。各级政府及部门网站建设和管理水平得到较大提升，自治区政府办公厅组织开发了全区政府门户网站信息公开目录群系统，自治区公安厅、食药局、工商局等单位还借助政务微博、有线电视等媒体，及时发布权威信息。此外，各级政府及部门还充分利用在线访谈、政务微博等新载体，丰富政府信息公开形式和渠道。

（二）劣势

1. 信息基础设施覆盖偏低

从 2013 年评价数据来看，内蒙古自治区光纤发展指数、宽带普及指数、宽带速率指数和有线电视发展指数分别为 27、58.92、68.43 和 43.49，均处于全国中下游水平，无论从普及程度还是从服务质量看，都存在大幅提升空间。目前，信息基础设施建设仍滞后于自治区发展，全区通讯基础设施水平较差，有待提高。由于内蒙古地广人稀，在偏远的行政村、自然村和牧业点，通信基础设施差，光缆覆盖不够，宽带上网接入困难，接入率偏低的现象普遍存在。

2. 企业信息化应用不够深入

2013 年，内蒙古自治区企业应用指数为 27.77，位于全国下游水平。企业 ERP 普及率、企业电子商务交易额占比、单位地区专利拥有和授权量等比较落后，企业信息化应用不够深入，应用信息技术改造传统产业力度仍显不足，服务中小企业效果有待提升，企业创新活力也有待加强。

四、相关建议

（一）进一步推进信息基础设施建设

统筹规划和布局信息基础设施建设，提升信息基础设施支撑服务水平。进一步加快固定和无线宽带覆盖力度，加快城市老旧小区光纤网络改造，结合村村通工程加大牧区 3G、4G 无线网络覆盖，实现覆盖面与服务质量双跃升。结合宽带规划统筹自治区云基础设施建设，为大力发展健康医疗、安全生产等领域宽带应用搭好平台。

（二）强化信息产业支撑能力

以呼和浩特电子信息产品制造业基地、鄂尔多斯信息产业园区和包头内蒙古软件园区"二个园区一个基地"为依托，面向需求大力发展电子信息产品制造和软件产业，增强创新能力，形成一批引领信息消费、支撑经济转型的骨干企业。进一步加快云计算产业发展，加快云计算基础设施建设，积极探索和开发云计算研发和信息服务业，以云计算产业带动制造业和服务业转型。

（三）提升电子政务为民服务能力

加快内蒙古自治区电子政务集约化发展，完善电子政务云中心建设，建成信息资源一体化、业务应用一体化、运维服务一体化和安全保障一体化的电子政务平台。不断完善政务网站在线服务、网上办事功能，提升政务网站为民服务效能。加强社会信息化建设，推动政务网站向基层延伸，特别是牧区牧民的电子政务服务，为居民和牧民提供社会保障、就医等基本服务。

第八章　辽宁省信息化发展水平分析

一、总体情况

（一）经济社会发展情况

2013 年，辽宁省各地区、各部门坚持以科学发展为主题，以加快转变经济发展方式为主线，牢牢把握"稳中求进"工作总基调，着力推进稳增长、调结构、促改革、惠民生的各项工作。全年地区生产总值 27077.7 亿元，按可比价格计算，同比增长 8.7%。按可比价格计算，人均地区生产总值 61686 元，同比增长 8.6%，其中，城镇居民人均可支配收入 25578 元，农民人均纯收入 10523 元，分别实际增长 7.6% 和 9.5%。第一产业产值增加 2321.6 亿元，第二产业产值增加 14269.5 亿元，第三产业产值增加 10486.6 亿元，同比分别增长 4.8%、8.9% 和 9.2%。三次产业增加值占地区生产总值的比重由 2012 年的 8.7∶53.2∶38.1 改变为 8.6∶52.7∶38.7。全年公共财政预算收入 3341.8 亿元，同比增长 7.6%。2013 年，辽宁省国民经济实现了平稳发展，城乡居民生活继续改善，各项社会事业不断进步。[1]

（二）信息化发展特点

1. 以"宽带普及提升"为着力点，推进信息化基础建设

2013 年，辽宁省加速推进"宽带中国"建设，大力实施"宽带普及提升工程"，全年新增宽带端口 165 万个，其中光纤端口 140 万个，占 85%；全省 4M及以上宽带接入用户比例超 92%，截至 2013 年 10 月，4M 至 8M 之间的宽带用户达到 326.5 万户，8M 以上的宽带用户达到 104.1 万户；全省互联网宽带接入用

---

[1] 辽宁省统计局：《二〇一三年辽宁省国民经济和社会发展统计公报》，2014 年 2 月。

户达 723.3 万户，同比增加 53.6 万户。城市宽带接入用户达到 623.1 万户；农村宽带接入用户达到 100.2 万户。3G 上网用户达到 862.8 万户，同比增长 238.8 万户。2013 年 12 月底，辽宁沈阳被批准为全国第一批提供 4 G 服务的城市，其后，4G 业务于 2014 年初在辽宁全省开始商用。广播电视方面，全省大力推进广播电视"户户通"工程，其中大连率先实现广播电视全覆盖。三网融合方面，辽宁省在阜新市和朝阳市展开双向高清机顶盒升级合作试点，提供"电视互联网"服务。辽宁联通完成全省 IPTV 组播业务上线工作。

2. 以"两化"深度融合振兴老工业区

辽宁省抓住老工业基地振兴和沿海经济带、沈阳经济区上升为国家战略的历史机遇，通过全面推进"两化"深度融合，重振老工业基地雄风，努力把辽宁建设成为国家新型产业基地和新的重要的增长区域。沈阳市两化融合展示中心面向社会团体开放，成为全国唯一一个以"两化"融合为主题的展示中心。辽宁省大力建设"两化"融合试点城市和区域。沈阳在第二批国家"两化"融合试点城市排名第一。沈阳国家级"两化"融合试验区已建立起政府引导、全社会广泛参与的协同推进机制，形成以 36 个示范企业、5 个市级试验区、百户重点企业为主体，以十百千万工程为重要内容的整体推进、重点突破的发展格局。[1]"两化"深度融合促进了产业结构的改善。沈阳老工业基地产业结构更趋合理，产业链更加完善，借沈阳"两化"融合的科技创新平台，沈阳经济区各城市纷纷推进产业升级，促进集约发展、内涵发展、绿色发展，电子信息及软件服务业实现跨越式发展，已成为沈阳市第四大支柱产业，辽宁工业逐步向智能制造、柔性制造、服务型制造为特征的现代生产体系转变。

3. 以信息化推进辽宁智慧生活

教育信息化方面，辽宁省实施教育信息化三年行动计划，加强"三通两平台"建设，全部城镇中小学校和 80% 的农村学校实现"校校通"，普通高中已建 200M 以上光纤接入。建立省优质数字教育资源中心，教育视频资源库，截至 2013 年年底，辽宁省已实现农村教学点数字教育资源全覆盖，全省开发和征集的 400G 小学阶段各学科优质数字教育资源已直接存入计算机，并一同配发至全省 176 个教学点；[2] 建设网络学习空间，完成辽宁教育云库——辽宁教育数据中

---

[1] 《辽宁：两化深度融合促进产业升级》，电子信息产业网，2013年5月24日。
[2] 《辽宁已实现农村教学点数字教育资源全覆盖》，中国教育新闻网，2014年1月15日。

心（二期）10个系统特别是学生、教师、学校资产等管理信息系统建设，完成教育资源公共服务平台建设。

社会保障与医疗信息化方面，铁岭市在全省率先上线运行金保二期系统。社保卡实现"一卡多用"。辽宁省在原有网络基础上，形成纵向贯穿省、市、县、乡、村，横向覆盖公共卫生、医疗服务、药品供应和卫生综合管理等主要业务领域的五级卫生专网，实现区域内互联互通，信息共享。截至2013年12月底，辽宁已发放居民健康卡38万张，可在全省范围内"就医一卡通"，辽宁省实行"一站式"结算服务的县区达到了70%，沈阳、大连、本溪、辽阳、铁岭、葫芦岛（农村）实现了"一站式"结算服务[1]。

智慧城市方面，大连市入选全国首批"智慧城市"试点示范城市，立足智慧城市建设，持续推进建设"无线城市"，在全市范围促进主要旅游景点、商业区、医院、学校、现代产业园区等公共热点区域的免费覆盖，此外，大连还港全面启动智慧航运中心建设。本溪成为继沈阳之后的辽宁省第二个数字化城市管理城市。辽宁智慧旅游于2014年1月正式启动，着力打造旅游特色品牌。

4. 以农村信息化推进农村经济发展

辽宁省组织实施了全省信息进村入户工程和千万农民共享信息化工程，构建面向"三农"的乡村信息高速公路和公共服务平台，完善12316农业综合服务平台体系，推进农村电子商务发展，提升农产品质量安全监管信息化水平。[2]辽宁省农业银行加快推进"惠农通"工程，在县域农村地区，以惠农卡为载体，以服务站为依托，以电子渠道为平台，以流动服务为补充，全面推进农村基础金融服务能力建设，为惠农卡持卡农民提供足不出村、方便快捷的金融服务。辽宁e通网与一亩田合作向每个地级市政府赠送的信息服务手机上预装一亩田客户端（找货版和卖货版），为辽宁地区农户农产品提供买卖平台。大连"菜易家"集中了大连36家企业228种名优农产品，所有产品均为优质农产品生产企业（基地）直供，实现农产品产销有效对接。辽宁省通过各项举措解决困扰农村发展的信息和资金问题，促进农村农民更快更好发展，缩小城乡鸿沟。

5. 以统一集中信息化管理建高效政府

电子政务基础设施建设方面，辽宁省完善全省统一的电子政务外网综合网络

[1] 《辽宁发放38万张居民健康卡 明年将覆盖所有县区》，《沈阳日报》2014年1月3日。
[2] 《农业部首批认定河南众品等40家单位为"全国农业农村信息化示范基地"》，《中华网财经》2013年6月24日。

平台建设，纵向延伸至市、县（市、区）、乡镇（街道）、城乡社区（村），并推动电子认证服务。社会管理方面。辽宁省人口健康综合信息平台建立运行，已规划建设了全省健康档案、电子病历、全员人口三大数据库和公共卫生、医疗服务、医疗保障、药品管理、综合管理、计划生育六大业务应用系统，各市和90%以上的县区级卫生监督机构已通过手持式执法终端开展监督工作。辽宁全省常住人口个案信息入库率达到95%以上，人口个案信息增加58万条，重复数据减少14万条，问题数据减少404万笔，全省乡镇人口信息计算机配备合格率达83%。辽宁省财政厅信息中心采用BTIMIT综合管理软件实现了智能化的设备管理和可视化的业务管理，确保"金财工程"的顺利建设。公共服务方面。2013年底，"天地图·辽宁"政务版在省电子政务内网正式开通运行，为省内电子政务网络用户提供在线地理信息服务。[1]

二、信息化水平分析

（一）总体水平

辽宁省"十二五"以来，信息化实现了稳步发展，信息化发展总指数从2013年的61.47提升到2014年的68.4，指数值增长了6.93。网络基础设施实现较快发展，网络就绪度指数从2013年的51.72提升到了2014年的65.07，指数值增长了13.35。信息通信技术应用指数从2013年的61.8提升到2014年的64.4，指数值增长了2.6。信息化应用效益继续显现，应用效益指数从2013年的80.31提升到2014年的83.04，指数值提高了2.73。

表8-1　辽宁省2013—2014年信息化指标情况

指标名称	2013年指数值	2014年指数值	变化情况
网络就绪度指数	51.72	65.07	13.35
信息通信技术应用指数	61.8	64.4	2.6
应用效益指数	80.31	83.04	2.73
信息化发展总指数	61.47	68.4	6.93

数据来源：中国电子信息产业发展研究院，2014年12月。

---

[1] 《"天地图·辽宁"政务版开通运行》，辽宁省人民政府网，2014年1月3日。

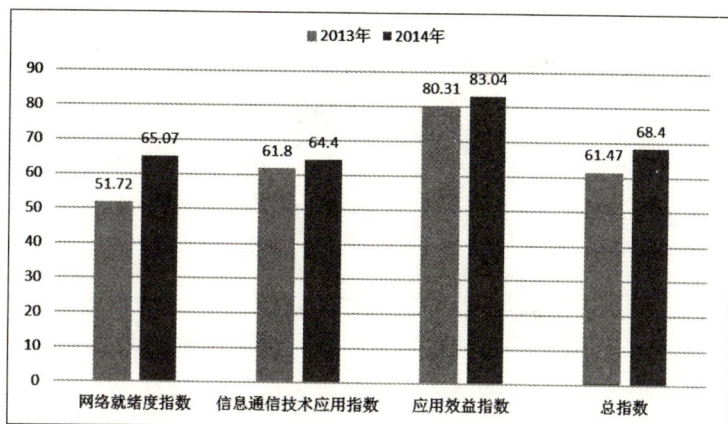

图8-1 辽宁省2013—2014年信息化指标情况

数据来源：中国电子信息产业发展研究院，2014年12月。

（二）分类指标

1. 网络就绪度指数

在网络就绪度方面，"十二五"以来，辽宁省大力推进网络基础设施建设，网络基础设施实现了跨越式发展。智能终端进一步普及应用，智能终端普及指数从2013年的70.68提升到2014年的74.52，数值增长了3.84。有线电视发展指数从2013年的62.14提升到2014年的66.93，指数值增加了4.79。光纤网络实现跨越式发展，发展指数从2013年的12.79提升到2014年的44.06，指数值增长了31.27。宽带普及继续推进，宽带普及指数从2013年的61.18提升到2014年的69.61，指数值增长了8.43。宽带速率进一步提升，宽带速率指数从2013年的49.69提升到2014年的68.31，指数值增长了18.62。

表8-2 辽宁省2013—2014年网络就绪度一级指标情况

指标名称	2013年指数值	2014年指数值	变化情况
智能终端普及指数	70.68	74.52	3.84
有线电视发展指数	62.14	66.93	4.79
光纤发展指数	12.79	44.06	31.27
宽带普及指数	61.18	69.61	8.43
宽带速率指数	49.69	68.31	18.62

数据来源：中国电子信息产业发展研究院，2014年12月。

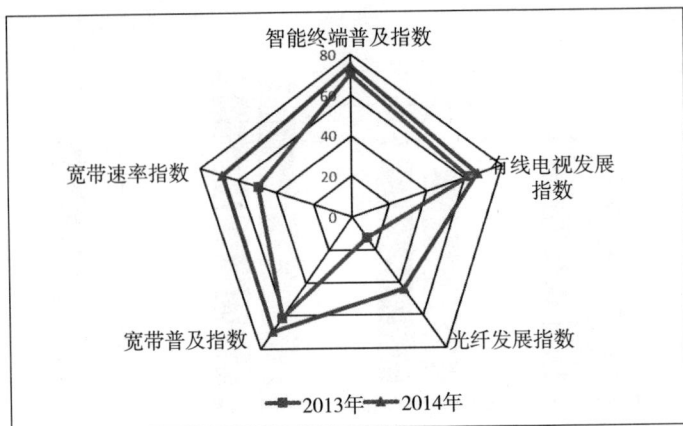

图8-2　辽宁省2013—2014年网络就绪度指数一级指标情况

数据来源：中国电子信息产业发展研究院，2014年12月。

就网络就绪度各项细分指标来讲，辽宁省"十二五"以来网络基础设施方面面都取得了很大发展。移动电话用户数保持稳步增长，移动电话普及率指数从2013年的66.74提升到2014年的69.58，指数值增加了2.84。电脑普及率进一步提高，普及率指数从2013年的74.62提升到2014年的79.46，指数值增长了4.84。有线电视用户数略有增长，有线电视入户率指数从2013年的62.14增加到2014年的66.93，指数值增加了4.79。光纤入户快速推进，入户率指数从2013年的12.79提升到2014年的44.06，指数值增长了31.27。互联网固定宽带用户数略有增长，固定宽带普及率指数从2013年的70.56增加到2014年的71.34，指数值降低了0.78。3G和4G用户数实现快速增长，移动宽带普及率指数从2013年的51.8增长到了2014年的67.89，指数值增长了16.09。宽带普及提速行动成效显著，固定宽带端口平均速率指数从2013年的49.69增长到了2014年的68.31，指数值增长了18.62。

表8-3　辽宁省2013—2014年网络就绪度指数二级指标情况

指标名称	2013年指数值	2014年指数值	变化情况
移动电话普及率	66.74	69.58	2.84
电脑普及率	74.62	79.46	4.84
有线电视入户率	62.14	66.93	4.79
光纤入户率	12.79	44.06	31.27
固定宽带普及率	70.56	71.34	0.78

（续表）

指标名称	2013年指数值	2014年指数值	变化情况
移动宽带普及率	51.8	67.89	16.09
固定宽带端口平均速率	49.69	68.31	18.62

数据来源：中国电子信息产业发展研究院，2014 年 12 月。

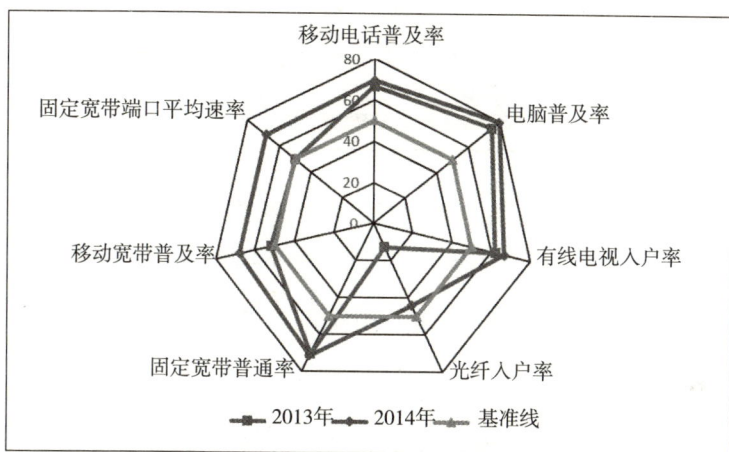

图8-3　辽宁省2013—2014年网络就绪度指数二级指标情况

数据来源：中国电子信息产业发展研究院，2014 年 12 月。

2. 信息通信技术应用指数

在信息通信技术应用方面，"十二五"以来，辽宁省企业、居民两方面信息化都取得了很大发展。企业应用指数从 2013 年的 27.38 提升到 2014 年的 34.83，指数值增长了 7.45。政务应用指数从 2013 年的 69.66 下降到 2014 年的 61.68，指数值下降了 7.98。居民应用指数从 2013 年的 75.07 提升到 2014 年的 80.54，指数值增长了 5.47。

表 8-4　辽宁省 2013—2014 年信息通信技术应用指数一级指标情况

指标名称	2013年指数值	2014年指数值	变化情况
企业应用指数	27.38	34.83	7.45
政务应用指数	69.66	61.68	−7.98
居民应用指数	75.07	80.54	5.47

数据来源：中国电子信息产业发展研究院，2014 年 12 月。

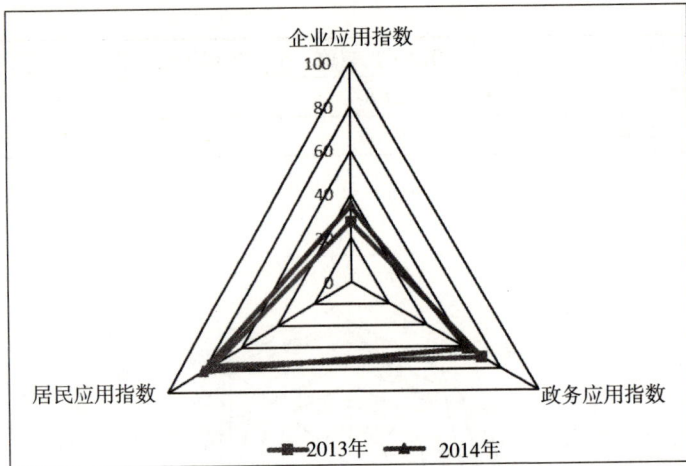

图8-4 辽宁省2013—2014年信息通信技术应用指数一级指标情况

数据来源：中国电子信息产业发展研究院，2014年12月。

在企业信息化应用方面，企业信息化发展环境略有改善。企业ERP普及率从2013年的51.87略下降到2014年的51.62，指数值减少了0.25，基本持平；企业电子商务交易额占比指数从2013年的2.89增加到了18.05，指数值增加了15.16。

在政务信息化应用方面，政务事项网上办事率指数从2013年74.09增加到了2014年79.25，指数值增加了5.16。政府信息公开上网率指数从2013年65.24下降到了2014年44.11，指数值下降了21.13。

在居民信息化方面，"十二五"以来，辽宁省居民信息化应用水平进一步提升。互联网用户数稳步增长，互联网普及率指数从2013年的66.31提升到2014年的71.08，指数值增长了4.77；居民电子商务快速发展，人均在线零售额占比指数从2013年的93.2提升到2014年的101.43，指数值增长了8.23。居民信息消费快速增长，人均信息类消费支出由2013年的56.35提升到2014年的57.7，指数值增长了1.35。

表8-5 辽宁省2013—2014年信息通信技术应用指数二级指标情况

指标名称	2013年指数值	2014年指数值	变化情况
企业ERP普及率	51.87	51.62	−0.25
企业电子商务交易额占比	2.89	18.05	15.16

（续表）

指标名称	2013年指数值	2014年指数值	变化情况
政务事项网上办事率	74.09	79.25	5.16
政府信息公开上网率	65.24	44.11	−21.13
互联网普及率	66.31	71.08	4.77
人均在线零售额占比	93.2	101.43	8.23
人均信息类消费支出	56.35	57.7	1.35

数据来源：中国电子信息产业发展研究院，2014 年 12 月。

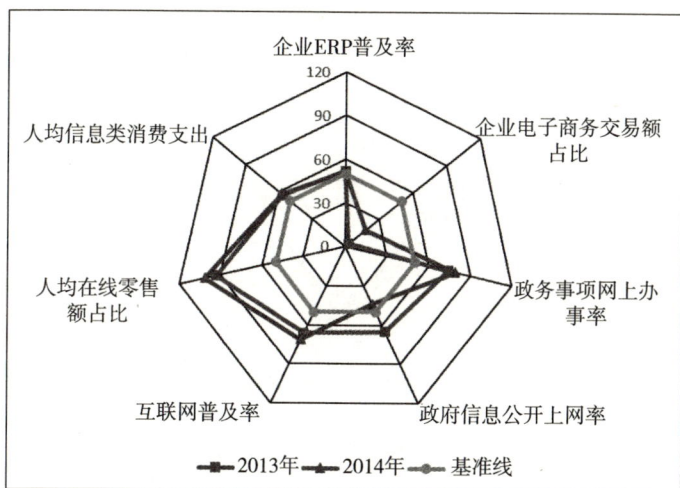

图8-5　辽宁省2013—2014年信息通信技术应用指数二级指标情况

数据来源：中国电子信息产业发展研究院，2014 年 12 月。

3. 信息化应用效益指数

在信息化应用效益方面，"十二五"以来，辽宁省信息化应用效益日渐凸显出来。劳动生产率指数从 2013 年的 88.63 增长到了 2014 年的 92.02，指数值增长了 3.39；技术创新指数从 2013 年的 60.06 增长到了 2014 年的 60.64，指数值增长了 0.58；节能降耗指数从 2013 年的 91.11 增长到了 2014 年的 93.86，指数值增长了 2.75；人均收益指数从 2013 年的 81.43 增长到了 2014 年的 85.65，指数值增长了 4.22。

表 8-6　辽宁省 2013—2014 年信息化应用效益指数一级指标情况

指标名称	2013年指数值	2014年指数值	变化情况
劳动生产率指数	88.63	92.02	3.39
技术创新指数	60.06	60.64	0.58
节能降耗指数	91.11	93.86	2.75
人均收益指数	81.43	85.65	4.22

数据来源：中国电子信息产业发展研究院，2014 年 12 月。

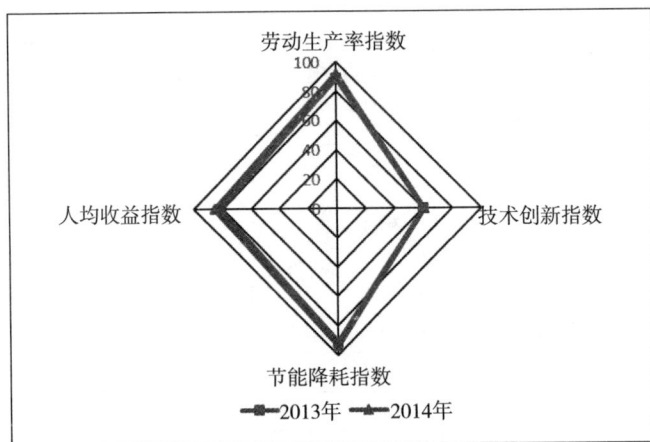

图8-6　辽宁省2013—2014年信息化应用效益指数一级指标情况

数据来源：中国电子信息产业发展研究院，2014 年 12 月。

　　就信息化各项细分指标来讲，"十二五"以来，辽宁省信息化应用效益基本上各方面都取得了积极进展。全员劳动生产率指数从 2013 年 88.63 增长到了 2014 年 92.02，指数值增长了 3.39。单位地区生产总值专利申请量指数值从 2013 年的 65.81 提升到 2014 年的 70.75，指数值增长了 4.94；单位地区生产总值专利授权量指数值从 2013 年的 56.23 下降到 2014 年的 53.9，指数值下降了 2.33。信息化促进节能降耗，单位地区生产总值能耗指数从 2013 年的 92.71 增加到 2014 年的 94.31，指数值增加了 1.6；单位地区生产总值用水量指数从 2013 年的 88.7 增加到 2014 年的 93.18，指数值增长了 4.48。信息化带动了经济快速发展，人均地区生产总值指数由 2013 年的 81.43 提升到 2014 年的 85.65，指数值增长了 4.22。

表 8-7　辽宁省 2013—2014 年信息化应用效益指数二级指标情况

指标名称	2013年指数值	2014年指数值	变化情况
全员劳动生产率	88.63	92.02	3.39
单位地区生产总值专利申请量	65.81	70.75	4.94
单位地区生产总值专利授权量	56.23	53.9	−2.33
单位地区生产总值能耗	92.71	94.31	1.6
单位地区生产总值用水量	88.7	93.18	4.48
人均地区生产总值	81.43	85.65	4.22

数据来源：中国电子信息产业发展研究院，2014 年 12 月。

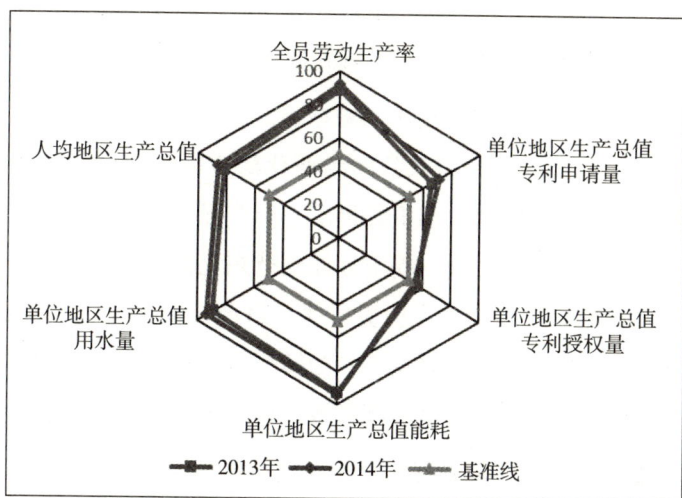

图8-7　辽宁省2013—2014年信息化应用效益指数二级指标情况

数据来源：中国电子信息产业发展研究院，2014 年 12 月。

三、优劣势评价

（一）优势

1. 电子信息产业成为全省国民经济的支柱产业之一，为信息化建设提供良好产业基础

目前，辽宁的电子信息产业已经成为率先发展的高端成长性产业。《辽宁蓝皮书：2015 年辽宁经济社会形势分析与预测》的数据显示，辽宁的电子信息产业

增加值已经越过千亿元台阶，产业规模居全国第 8 位。辽宁的特色电子产品产量位居全国前列，核心技术转化能力持续提升。而辽宁拥有一批技术领先的骨干企业，科研及人才储备比较健全，产业发展环境有利。数据显示，截至 2013 年年末，辽宁纳入国家统计范畴的电子信息企业超过 4000 家，实现主营业务收入 4552.9 亿元，同比增长 18.7%，实现工业增加值 1438 亿元，同比增长 17%。辽宁的电子信息产业发展有特色优势。全国主要的集成电路，数字视听产品，软件与服务外包，汽车电子等产业基地都在辽宁。同时凭借临海，以及离日本，韩国较近，辽宁的软件外包服务出口占全国总量的比重超过 1/3。2013 年，辽宁汽车音响设备居全国第 2 位。软件业务出口列广东，江苏之后，居全国第 3 位。软件出口以日本为主，出口至日本的产品占辽宁全省软件出口的比重接近 70%[1]。

2. 老工业基地振兴发展为两化深入融合奠定基础

国家新一轮东北地区全面振兴战略为两化深度融合提供了历史机遇。2014年，习近平总书记对东北振兴作出重要批示；李克强总理主持召开了国务院东北振兴工作会议；国务院出台文件，提出近期支持东北振兴的 35 项重大政策举措，辽宁迎来了新一轮振兴发展的重大历史机遇。目前，中央支持政策的拉动效应、资源聚集效应逐步显现，十年振兴发展，为转型升级提供了扎实的物质基础，辽宁将借助两化融合，推动产品向价值链高端跨越，实现产业结构升级。

3. 智慧城市发展迅速，借助信息化手段探索城市发展新形态

大连市入选了全国首批"智慧城市"试点示范城市，省会沈阳拥有四个智慧城市试点，是全国智慧城市试点最多的城市，并且申请成为国网公司智能电网支持智慧城市的试点。辽宁积极探索智慧城市信息化建设的新方法建立了辽宁供销 e 通网信息平台，探索智慧城市信息化建设的新方法。该平台实现省级联动、市级互动、个体农户开放交流，具有农业信息互动、农资推荐、专家指导、农户交流、农业视频、补贴查询、价格信息、金融服务、缴费交易、投诉等综合功能。智能电网建设推动辽宁智慧城市发展。比如国网大连供电公司作为国家级"两化"融合管理体系贯标试点单位，始终坚持创新驱动发展战略，使信息化与供电企业在战略部署、资源管理、技术创新及现代办公多层面实现全方位、跨领域、一体化深度融合，推动了当地智慧化建设的进程。

---

[1] 《辽宁电子信息产业规模全国第8位》，《时代商报》，2015年1月26日。

（二）劣势

1. 老工业基地产业结构问题凸显，信息化转型升级困难重重

2014 年辽宁省经济下行压力持续加大，主要经济指标与全国相比降幅较大，地区生产总值、固定资产投资、公共财政预算增幅均低于全国平均水平。这些问题既有"三期叠加"因素的影响，也有老工业基地自身原因，表面上看是外部需求不足、投资拉动减弱所致，实质是老工业基地尚未根本解决的一些体制性、机制性矛盾集中爆发，是长期积累的产业结构、经济结构问题集中显现，这也给辽宁借助信息化手段实现新一轮东北工业基地振兴提出了挑战。

2. 企业应用指数低，中小企业信息化应用水平有待进一步提高

2013 年辽宁省企业信息化应用指数为 27.38，全国排名第 30 位，2014 年辽宁省企业应用指数为 34.83，比上年略有提升，全国排名第 29 位。从数据可以看出，辽宁企业信息化应用水平较低，尤其是中小企业，信息化应用水平整体处于普及发展阶段，财务和办公信息化系统应用程度较高，小微型企业信息化管理水平较低，中小企业电子商务应用水平普遍偏低。

四、相关建议

（一）加快产业结构调整和升级改造

立足于自身产业基础，引导企业依靠科技创新，加快改造提升传统优势产业，提升原材料产业精深加工水平，依靠服务创建新型营销模式和"两化"融合，推动产品向价值链高端跨越，形成核心竞争力。依托辽宁科技人才优势和产业基础实力，大力发展高端装备制造、机器人、电子信息、生物医药、航空装备等战略性新兴产业，抢占产业发展制高点，培育新的竞争优势。深入实施加快服务业发展四年行动计划，围绕工业优化升级，大力发展生产性服务业，扩大现代服务业增值空间；围绕群众多层次多样化消费需求，推进传统服务业转型升级，积极创造新型服务产品，形成新的朝阳产业。

（二）做优做强电子信息产业，推动装备制造产业智能化

辽宁应将电子信息产业作为区域经济发展的重点，提高电子信息产业的规模

和在国民经济中的比重，做优增量。在智能装备制造方面，重点发展精密和智能仪器仪表与试验设备、智能控制系统、关键基础零部件、高档数控机床和智能专用装备，推进生产过程智能化、自动化、精密化。在机床电子、船舶电子、医疗电子、电力电子、能源电子、汽车电子等领域，进一步提高核心竞争力。

（三）加强中小企业信息化发展

中小企业的信息化发展，不仅关系着中小企业的转型升级，更关系着经济的转型战略能否成功，要从政策上、产业环境上、企业自身发展等几方面系统性考虑，真正推进辽宁中小企业信息化的良性健康发展。加大中小企业信息化投入资金，设立中小企业信息化基金，设置专门的信息化管理部门对中小企业信息化发展进行管理。设立中小企业信息化咨询部门，为中小企业提高信息化提供决策建议、培训，提高中小企业业主对信息化的认识。制订激励培育信息化人才的文件，通过政策引导，为企业培养更多信息化方面的人才。

第九章　吉林省信息化发展水平分析

一、总体情况

（一）经济社会发展情况

2013 年，面对错综复杂的国内外经济环，较为严重的自然灾害，以及经济下行压力加大的严峻形势，吉林省各族人民同心同德、克难进取，积极推进经济发展方式转变，全省经济持续健康发展，社会和谐稳定。2013 年，全省地区生产总值为 12981.46 亿元，按可比价格计算，同比增长 8.3%。其中，第一产业增加 1509.34 亿元，第二产业增加 6858.23 亿元，第三产业增加 4613.89 亿元，同比分别增长 4.0%，8.8% 和 8.7%。三次产业的结构比例为 11.6:52.8:35.6，对经济增长的贡献率分别为 5.0%、57.5% 和 37.5%。按常住人口计算，全省人均 GDP 达到 47191 元（按年平均汇率折合 7620.53 美元），同比增长 8.2%，其中，城镇居民人均可支配收入达到 22000 元以上，农民人均纯收入达到 9600 元左右，同比分别增长 10% 和 11.5%。全年完成地方级财政收入 1156.96 亿元，同比增长 11.1%。2013 年，吉林省经济持续稳定增长，农业生产再上新台阶，民营经济快速发展，改革开放有序推进，社会建设取得新成绩。[1]

（二）信息化发展特点

1. 着力加快"宽带吉林"施行

2013 年，吉林省有效落实"宽带吉林 2013 专项行动"，实施宽带普及提速工程，

---

[1]　吉林省统计局：《2013年吉林省国民经济和社会发展统计公报》，2014年4月。

制定城市宽带提速、农村宽带普及等实施方案，出台《吉林省促进信息消费推动信息化建设实施方案》，推进城镇光纤到户和行政村宽带普遍服务，着力推动建设覆盖全省城乡的光纤宽带网络、新一代移动通信网络和数字电视网络。实施"光网城市、提速降费"计划，加快信息网络在农村（林区）覆盖，加速扩大城市3G、4G和WLAN无线网络覆盖。[1]截至2013年年末，吉林省长途光缆线路长度23431公里。全省局用交换机容量903.8万门；固定电话用户579万户，固定电话普及率21.4部/百人，其中城市电话用户439.3万户，农村电话用户139.7万户。移动电话用户2372.1万户，移动电话普及率为87.9部/百人，同比增长5.1%。新增固定宽带接入互联网用户50万户，互联网络宽带接入用户379.6万户，同比增长3.9%。截至2013年年底，全省新增100万以上光纤覆盖家庭，60%城市地区装备20M接口，4M及以上固定宽带用户占比达75%；新增300个行政村通宽带，为300所贫困农村地区中小学宽带接入或改造提速。吉林省广播人口覆盖率达到98.59%；电视人口覆盖率达到98.71%。有线广播电视用户数为547.61万户，其中数字电视用户数达到469.98万户。吉林省加快推进三网融合、促进文化产业与信息产业融合发展进入新阶段。

2."两化"深度融合促工业格局改善

2013年，吉林省坚持政府引领，企业主导，推进"两化"深度融合，合理布局规划，加强产业间、地区间的相互配合，构建具有吉林特色的现代产业体系，增强综合实力和核心竞争力，突出发展民营经济，深化信息技术应用层次，加快形成新型产业链和现代产业集群。

一是政府大力扶持。吉林省开展"工业企业服务年"活动，出台支持一汽发展政策，进一步稳固重点产业支撑能力，启动建设装备制造产业集群，推进战略性新兴产业发展工程。深入落实服务业跨越发展计划，推进1个国家级和16个省级服务业综合改革试验区开展先行先试，首批17家省级现代服务业集聚区，并将建设吉林化工电子商务平台。

二是以项目推动创新。吉林省滚动实施了100个两化融合重点项目，长春、吉林、通化、延边四个省级"两化"融合试验区取得进展，建立工业流程与化工行业自动化控制系统、生产集中调度系统、环境监测和污染源监控信息系统，全

[1] 《吉林计划固定宽带家庭普及率达53%》，新华网吉林频道，2013年12月25日。

面提升园区内企业协同管理和数字化控制水平,试验区行业信息化水平逐步提高。吉林高新区的战略性新兴产业项目——软件与服务外包产业园的建设得以快速推进。吉林省现有科技企业孵化器 28 家,其中国家级科技企业孵化器 7 家。

三是逐步改善区域发展格局,均衡地区间发展。轻、重工业结构逐步改善,二者比重更趋协调;工业产业结构、投资结构逐步改善,以装备制造、医药为代表的优势产业发展较快,大项目带动作用增强,全省亿元以上在建项目 1591 个,同比增长 15%。

3. 发展特色智慧吉林,惠及民生各领域

教育信息化方面,吉林省大力推进"宽带网络校校通",着力建设教育云服务平台和教育基础数据库,升级改造全省教育 OA 系统和吉林省中小学学籍管理信息系统,同时加强教育信息网内容建设,全方位打造吉林省教育网络媒体平台。

社保和医疗信息化方面,吉林省"一卡多用"金融 IC 卡发卡量达 320 万张,已占全省银行卡总量的 5.1%。吉林省在医疗保险医疗服务网络监控系统运行一年以后,形成了"三横两纵一核心"的医疗服务监管体系。同时,吉林省 2013 年实现省内异地就医结算。吉林省在全国率先实现了覆盖全省社区的党建和服务民生综合平台,惠及全省城市居民的服务平台和社区党建规范化建设。此外,吉林省还加快建设人力资源信息供求平台。

智慧城市方面。吉林省有序推动"智慧吉林"建设,辽源、四平市被列为国家智慧城市试点。在智慧交通方面,吉林省完成建设"高速公路射频识别收费系统"地方标准,全国首次规范了基于无源 RFID 标签技术的电子收费系统;吉林松原作为第三批全国城市一卡通互联互通城市开始运行并加入互联互通大平台。在智慧物流方面,吉林省首推中银物流结算(系统)平台,将物流业务纳入结算系统,涵盖货单录入、查询、撤销,提货(刷卡)付货款(运费、保险),余额查询等内容。[1]

4. 多方面推进现代化农业农村建设,加强农业强省建设

吉林省以体系培育为基础、以平台建设为重点、以技术创新为引领、以手段完善为关键,推进农业农村信息化发展。一是推进农村信息化基础设施建设。大力推进"三网"进村入户和"三电"普及应用,全省乡镇通宽带比例达到 96.1%,行政村通宽带比例达到 70% 以上,农村户户通实现率达 97.6%。二是农

---

[1] 《吉林将在全省推广中银物流结算POS系统平台》,《城市晚报》2013年10月11日。

村信息服务建设。吉林省重点建设"五个一"标准的农村综合信息服务站2800多个，占全省村级信息服务站（点）的32%，其中星级站达到1000个，此外，共建成省市县三级农网76个、"农村吉林"乡镇网站507个。三是开展智慧农业试验示范。大力推进设施农业物联网、测土配方施肥智能专家服务系统、动植物远程视频诊疗系统等信息技术的试验示范。四是着力培养农村信息化人才。通过"万名骨干农村信息员培训计划"，结合"阳光工程"项目，通过采取县市申报任务认定基地、国家与省安排专项培训资金、推广"4+1"培训模式等形式，培训骨干农村信息员。三是大力发展农村电子商务。在全省16个县市建设终端网店960个，遴选1579家企业、四大类800多个农资产品和六大类1000多个农特产品上线交易。[1]

5. 大力发展电子政务，切实推动政民互动

2013年，吉林省大力推进公安信息化。在全国率先建成和运行省、市、县、公安派出所四级联动行政审批网上服务平台，171项服务项目全部纳入网上审批、网上办事。省厅官方政务微博"吉林公安"在新浪网开通运行[2]，省公安厅29个部门、全省10个市（州）级公安局、70个县（市、区）公安局、830个基层所（队）开通官方微博，初步形成了覆盖全省的吉林公安微博群。吉林市建造"天网安防"工程，有序推进视频监控系统全市覆盖，提升各类案件的破案率。此外，吉林省农委协同办公管理（OA）系统目前已投入试运行，启动了两个电子政务管理示范村建设；世界银行贷款项目——农产品质量安全监管系统建设即将招标启动；吉林省还加快建设智慧林业网络平台，有序建立资源共享的林业信息系统，发展智慧林业，为各类林业工作者提供网络化、智能化的信息服务。

二、信息化水平分析

（一）总体水平

"十二五"以来，吉林省信息化实现了稳步发展，信息化发展总指数从2013年的56.02提升到2014年的60.71，指数值增长了4.69。网络基础设施发展较快，网络就绪度指数从2013年的50.25提升到了2014年的59.03，指数值增长了8.78。

---

[1] 《吉林：多方参与信息惠农》，《农民日报》2013年7月9日。
[2] 《吉林省公安厅打响"七大民生战役"》，《中国产经新闻报》2013年4月25日。

信息通信技术应用指数从 2013 年的 54.96 提升到 2014 年的 56.36，指数值增长了 1.4。信息化应用效益继续显现，应用效益指数从 2013 年的 69.69 提升到 2014 年的 72.76，指数值提高了 3.07。

表 9-1　吉林省 2013—2014 年信息化指标情况

指标名称	2013年指数值	2014年指数值	变化情况
网络就绪度指数	50.25	59.03	8.78
信息通信技术应用指数	54.96	56.36	1.4
应用效益指数	69.69	72.76	3.07
信息化发展总指数	56.02	60.71	4.69

数据来源：中国电子信息产业发展研究院，2014 年 12 月。

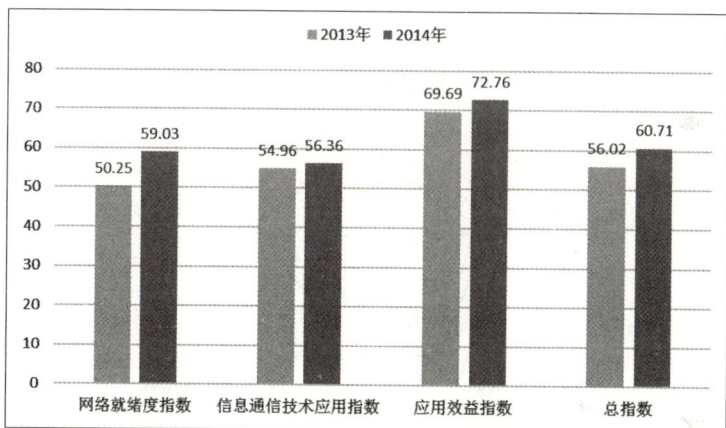

图9-1　吉林省2013—2014年信息化指标情况

数据来源：中国电子信息产业发展研究院，2014 年 12 月。

（二）分类指标

1. 网络就绪度指数

在网络就绪度方面，"十二五"以来，吉林省大力推进网络基础设施建设，网络基础设施实现了跨越式发展。智能终端进一步普及应用，智能终端普及指数从 2013 年的 63.53 提升到 2014 年的 66.79，数值增长了 3.26。有线电视发展指数从 2013 年的 59.87 提升到 2014 年的 60.27，指数值增加了 0.4。光纤网络快速发展，发展指数从 2013 年的 19.31 提升到 2014 年的 34.84，指数值增长了 15.53。宽带普及继续推进，普及指数从2013年的54.4提升到2014年的61.58，指数值增长了7.18。宽带速率进一步提升，宽带速率指数从2013年的53.23提升到2014年的70.02，指数值增长了16.79。

表9-2　吉林省2013—2014年网络就绪度一级指标情况

指标名称	2013年指数值	2014年指数值	变化情况
智能终端普及指数	63.53	66.79	3.26
有线电视发展指数	59.87	60.27	0.4
光纤发展指数	19.31	34.84	15.53
宽带普及指数	54.4	61.58	7.18
宽带速率指数	53.23	70.02	16.79

数据来源：中国电子信息产业发展研究院，2014年12月。

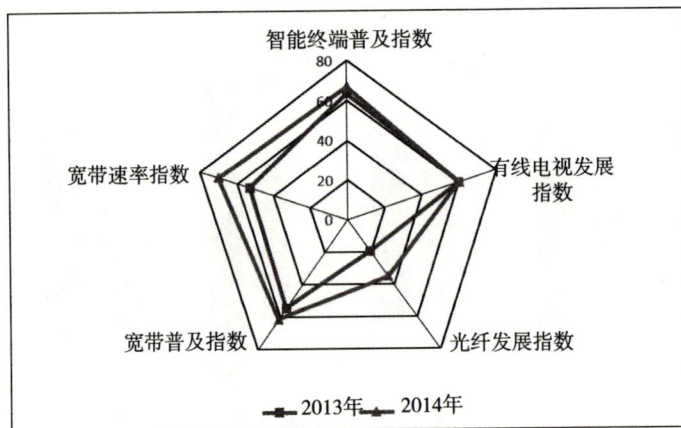

图9-2　吉林省2013—2014年网络就绪度指数一级指标情况

数据来源：中国电子信息产业发展研究院，2014年12月。

就网络就绪度各项细分指标来讲，吉林省"十二五"以来网络基础设施各方面基本上都取得了较大发展。移动电话用户数保持稳步增长，移动电话普及率指数从2013年的59.35提升到2014年的61.39，指数值增加了2.04。电脑普及率进一步提高，普及率指数从2013年的67.71提升到2014年的72.19，指数值增长了4.48。有线电视用户数略有增长，有线电视入户率指数从2013年的59.87增加到2014年的60.27，指数值增加了0.4。光纤入户快速推进，光纤入户率指数从2013年的19.31提升到2014年的34.84，指数值增长了15.53。互联网固定宽带用户数略有减少，互联网固定宽带普及率指数从 2013 年的 63.47 下降到 2014 年的 63.4，指数值降低了 0.07。3G 和 4G 用户数实现快速增长，移动宽带普及率指数从 2013 年的 45.32 增长到了 2014 年的 59.76，指数值增长了 14.44。宽带普及提速行动成效显著，固定宽带端口平均速率指数从 2013 年的 53.23 增长到了 2014 年的 70.02，指数值增长了 16.79。

表 9-3 吉林省 2013—2014 年网络就绪度指数二级指标情况

指标名称	2013年指数值	2014年指数值	变化情况
移动电话普及率	59.35	61.39	2.04
电脑普及率	67.71	72.19	4.48
有线电视入户率	59.87	60.27	0.4
光纤入户率	19.31	34.84	15.53
固定宽带普及率	63.47	63.4	−0.07
移动宽带普及率	45.32	59.76	14.44
固定宽带端口平均速率	53.23	70.02	16.79

数据来源：中国电子信息产业发展研究院，2014 年 12 月。

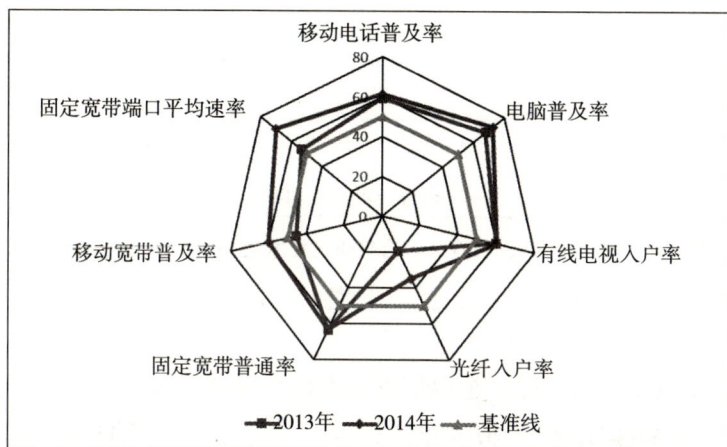

图9-3 吉林省2013—2014年网络就绪度指数二级指标情况

数据来源：中国电子信息产业发展研究院，2014 年 12 月。

2. 信息通信技术应用指数

在信息通信技术应用方面，"十二五"以来，吉林省企业、居民两方面信息化都取得了很大发展。企业应用指数从 2013 年的 31.15 提升到 2014 年的 47.49，指数值增长了 16.34。政务应用指数从 2013 年的 64.84 下降到 2014 年的 38.96，指数值下降了 25.88。居民应用指数从 2013 年的 61.92 提升到 2014 年的 69.49，指数值增长了 7.57。

表 9-4　吉林省 2013—2014 年信息通信技术应用指数一级指标情况

指标名称	2013年指数值	2014年指数值	变化情况
企业应用指数	31.15	47.49	16.34
政务应用指数	64.84	38.96	−25.88
居民应用指数	61.92	69.49	7.57

数据来源：中国电子信息产业发展研究院，2014 年 12 月。

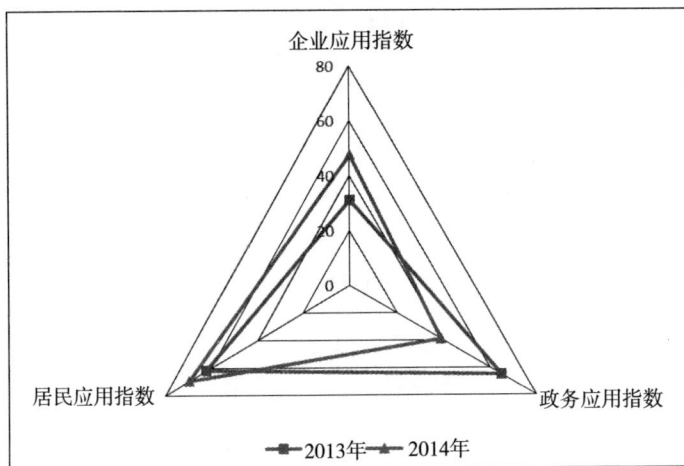

图9-4　吉林省2013—2014年信息通信技术应用指数一级指标情况

数据来源：中国电子信息产业发展研究院，2014 年 12 月。

在企业信息化应用方面，企业信息化发展环境有较大改善。企业 ERP 普及率从 2013 年的 54.57 增长到 2014 年的 69.93，指数值增加了 15.36；企业电子商务交易额占比指数从 2013 年的 7.74 增加到了 25.06，指数值增加了 17.32。

在政务信息化应用方面，政务事项网上办事率指数从 2013 年 65.6 下降到了 2014 年 30.07，指数值下降了 35.53。政府信息公开上网率指数从 2013 年的 64.09 下降到了 2014 年的 47.85，指数值下降了 16.24。

在居民信息化方面，"十二五"以来，吉林省居民信息化应用水平进一步提升。互联网用户数稳步增长，互联网普及率指数从 2013 年的 55.52 提升到 2014

年的 59.14，指数值增长了 3.62；居民电子商务快速发展，人均在线零售额占比指数从 2013 年的 78.28 提升到 2014 年的 92.4，指数值增长了 14.12。居民信息消费快速增长，人均信息类消费支出由 2013 年的 41.98 提升到 2014 年的 44.36，指数值增长了 2.38。

表 9-5　吉林省 2013—2014 年信息通信技术应用指数二级指标情况

指标名称	2013年指数值	2014年指数值	变化情况
企业ERP普及率	54.57	69.93	15.36
企业电子商务交易额占比	7.74	25.06	17.32
政务事项网上办事率	65.6	30.07	−35.53
政府信息公开上网率	64.09	47.85	−16.24
互联网普及率	55.52	59.14	3.62
人均在线零售额占比	78.28	92.4	14.12
人均信息类消费支出	41.98	44.36	2.38

数据来源：中国电子信息产业发展研究院，2014 年 12 月。

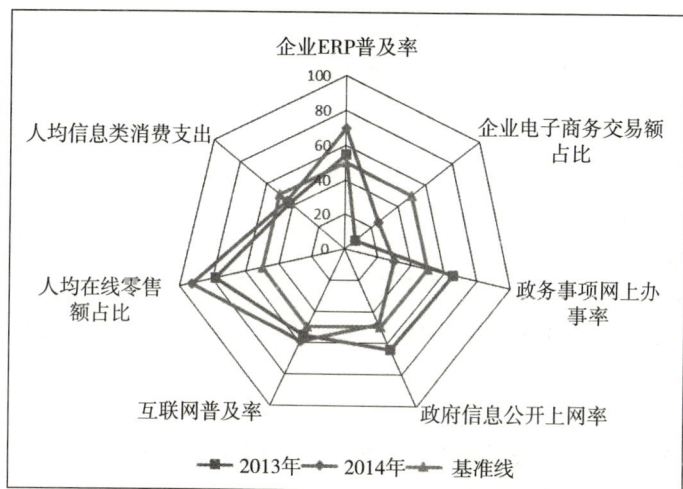

图9-5　吉林省2013—2014年信息通信技术应用指数二级指标情况

数据来源：中国电子信息产业发展研究院，2014 年 12 月。

3. 信息化应用效益指数

在信息化应用效益方面，"十二五"以来，吉林省信息化应用效益日渐凸显出来。劳动生产率指数从 2013 年的 80.88 增长到了 2014 年的 84.69，指数值增长了 3.81；技术创新指数从 2013 年的 37.73 增长到了 2014 年的 39.29，指数值增长了 1.56；节能降耗指数从 2013 年的 91.13 增长到了 2014 年的 94.27，指数值增长了 3.14；人均收益指数从 2013 年的 69.02 增长到了 2014 年的 72.79，指数值增长了 3.77。

表 9-6　吉林省 2013—2014 年信息化应用效益指数一级指标情况

指标名称	2013年指数值	2014年指数值	变化情况
劳动生产率指数	80.88	84.69	3.81
技术创新指数	37.73	39.29	1.56
节能降耗指数	91.13	94.27	3.14
人均收益指数	69.02	72.79	3.77

数据来源：中国电子信息产业发展研究院，2014 年 12 月。

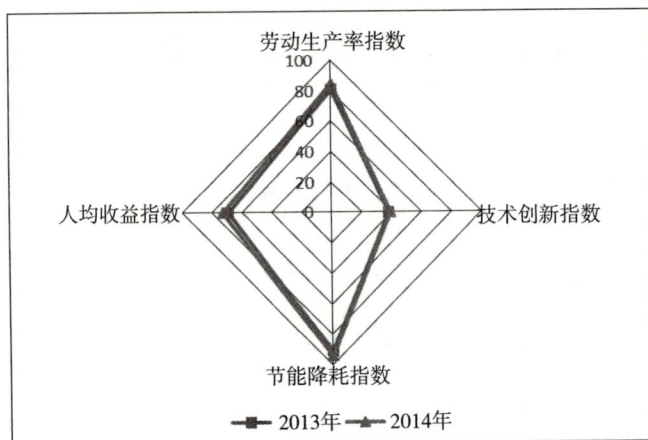

图9-6　吉林省2013—2014年信息化应用效益指数一级指标情况

数据来源：中国电子信息产业发展研究院，2014 年 12 月。

就信息化各项细分指标来讲，"十二五"以来，吉林省信息化应用效益基本各方面都取得了积极进展。全员劳动生产率指数从 2013 年的 80.88 增长到了 2014 年的 84.69，指数值增长了 3.81。单位地区生产总值专利申请量指数值从 2013 年的 37.27 提升到 2014 年的 42.95，指数值增长了 5.68；单位地区生产总值专利授权量指数值从 2013 年的 38.04 下降到 2014 年的 36.85,指数值下降了 1.19。信息化促进了节能降耗，单位地区生产总值能耗指数从 2013 年的 112.38 增加到 2014 年的 115.67，指数值增加了 3.29；单位地区生产总值用水量指数从 2013 年的 59.26 增加到 2014 年的 62.16,指数值增长了 2.9。信息化带动了经济快速发展，人均地区生产总值指数由 2013 年的 69.02 提升到 2014 年的 72.79，指数值增长了 3.77。

表 9-7　吉林省 2013—2014 年信息化应用效益指数二级指标情况

指标名称	2013年指数值	2014年指数值	变化情况
全员劳动生产率	80.88	84.69	3.81
单位地区生产总值专利申请量	37.27	42.95	5.68
单位地区生产总值专利授权量	38.04	36.85	−1.19
单位地区生产总值能耗	112.38	115.67	3.29
单位地区生产总值用水量	59.26	62.16	2.9
人均地区生产总值	69.02	72.79	3.77

数据来源：中国电子信息产业发展研究院，2014 年 12 月。

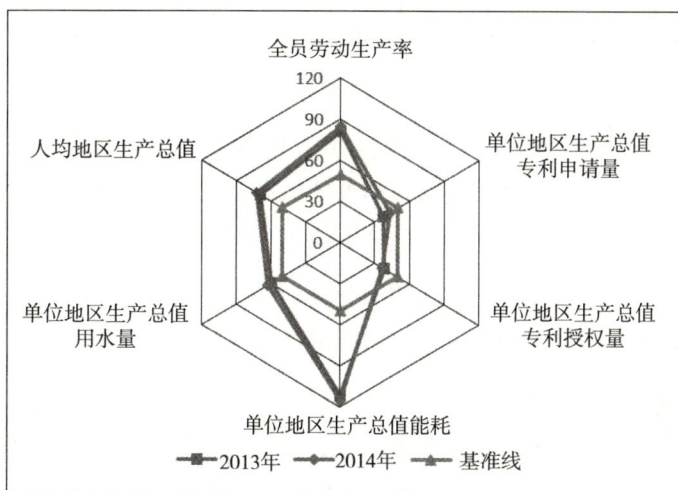

图9-7　吉林省2013—2014年信息化应用效益指数二级指标情况

数据来源：中国电子信息产业发展研究院，2014 年 12 月。

三、优劣势评价

（一）优势

1.地缘优势明显

东北第二条亚欧大陆桥东起珲春，经长春、乌兰浩特直抵阿尔山，是真正意义上通疆连海的国际陆上大通道，并将逐步形成东北各省乃至整个东北亚各国之间资源互补、互利共赢的地缘关系新格局。重大历史机遇带来有利条件，国家实施新一轮东北老工业基地振兴战略，出台了一系列重大政策举措。长吉图开发开放先导区规划和辽宁沿海经济带等规划被纳入国家总体战略后，东北地区的开放程度将进一步提高，国家"一带一路"战略，将为长吉图开发开放先导区战略深入实施开拓更大空间，进而带动吉林省在更大范围、更广领域、更高层次上参与国际产业分工与合作，为信息化发展带来难得的机遇。

2. 工业基础良好

吉林省是我国计划经济时期重要的老工业基地，曾被称作"共和国的装备部"，集中了一大批重点骨干企业及配套企业。装备制造业是吉林的传统优势产业，其成套装备产品研发、制造能力居国内领先水平。2014年，吉林省围绕经济转型升级，着力优化产业结构，巩固壮大现有三大支柱产业，培育发展四个新的支柱产业。一汽大众奥迪Q工厂等重大项目相继落地，汽车、石化、农产品加工等重点产业对工业增长贡献率达到85%左右。医药、高端装备制造等产业发展势头强劲。吉林省启动了全省产业创新示范区试点。扎实推进了城区老工业区搬迁改造，吉林哈达湾、长春铁北等四个老工业区列入国家支持范围。实施服务业发展三年行动计划，十大工程、100个重大项目全面推进。[1] "互联网+"时代到来，吉林的工业基础优势将有利于全省工业转型升级，培育高端制造业。

3. 农业信息化成效显著

吉林省积极构建农业信息化服务体系，整合信息资源，做大智慧农业综合服务平台、农业电子商务平台、12316"三农"信息服务平台等网络平台，通过农业产业物联网示范项目建设，建立起包括语音、短信、农网、广电、电商等应用系统，推动惠农信息进村入户，信息惠农的能力和水平加速提升，成为全国同行业的突出亮点。吉林省实施了农业信息化示范工程、绿色农产品电子商务交易系统工程、信息员队伍及新农民培训工程、多种媒体综合信息服务工程等，基本建立起一个快速高效、上下联动的省、市、县、乡、村五级农业电子商务网络体系，实现了农业系统内、省内、国内和国际四方面农业和涉农信息的整合与共享。

---

[1] 《2015年吉林省政府工作报告》，2015年2月。

（二）劣势

1. 科技创新和成果转化能力有待提高

吉林作为老工业基地，深层次体制机制和结构性矛盾凸显，现代物流、金融、信息等现代服务业以及民营经济发展滞后，支柱产业创新转型不快，新兴产业接续能力不强。中小企业信息化程度普遍偏低，缺乏投资能力和技术支撑成为制约信息化发展的瓶颈。多数传统产业在产品升级、控制污染和节能降耗等方面尚未取得突破。这些问题都需要通过信息技术创新来寻求破解之路，但吉林省科技创新和成果转化能力尚有不足，2014年吉林省单位地区生产总值专利申请量指数值为42.95，单位地区生产总值专利授权量指数值为36.85，远低于全国平均值的81.32和68.36。

2. 电子商务应用水平较低

2014年，吉林省企业电子商务交易额占比指数为25.06，虽然比2013年有较大提高，但仍远低于全国平均水平的69.59。主要原因有：一方面，企业对电子商务认识不足。大部分企业将电子商务平台作为传统营销的辅助手段，仅用来做企业形象宣传和产品推广。另一方面，复合型电子商务人才缺乏。电子商务是信息化与传统商务有机结合的产物，需要大量既掌握现代信息技术又精通现代商贸理论与实务的复合型人才。在吉林，许多高等院校已经开设了电子商务相关的课程，但目前同时具备电子商务、计算机、商贸、物流等知识的人才匮乏。

3. 电子信息产业较为薄弱

近年来，吉林省的光电子、汽车电子、动漫产业发展较快，在全国占有一定的市场地位，但电子信息产业整体实力有待加强。吉林省电子信息产业基础薄弱，行业资金投入和现有企业规模较小，对社会经济发展的支撑作用有限。电子信息产业缺少高附加值的终端产品，电力电子、汽车电子等特色产业的产业链还不完备。企业技术创新能力不强，信息技术成果产业化率较低，高附加值的产品较少。

四、相关建议

针对吉林省信息化的发展情况及优劣势，为进一步推进吉林省信息化发展，提出以下建议：

（一）促进新型电子商务发展

促进电子商务与先进制造业、现代服务业、现代农业的融合发展，推动长吉地区汽车及零部件产品、石化产品、玉米等大宗农产品交易、特色产业产品交易等电子商务应用，支持龙头企业和第三方电子商务平台建设，发展集交易、电子认证、在线支付、物流配送于一体的全程电子商务服务，完善政策、监管、服务运行环境，培育一批交易规模大、实力强、影响面广的电子商务龙头企业，推进电子商务服务企业集聚发展。充分利用与阿里巴巴集团等知名企业合作的契机，探索共建吉林省电子商务新模式，进一步拓展电子商务发展的广度和深度。

（二）建设重点行业信息技术公共平台

依托工业产业园区、特色园区、行业龙头企业，推动建设区域和行业计算机辅助设计、辅助制造、辅助工程、辅助工艺、产品数据管理和数字仿真等公共设计制造服务平台；引导大型企业建设面向行业和产业链的信息技术服务平台，推进行业专业化信息技术服务；大力发展汽车电子、光电子、轨道交通电子、医疗电子、电力电子等应用电子产品开发；推动电子商务、现代物流等生产性信息技术服务平台建设，培育面向工业制造的信息技术服务市场，促进制造业和服务业融合发展。

（三）推进云计算与数据中心产业发展

科学规划和推动云计算产业基地、数据灾备和金融后台中心建设。目前，吉林省被国家划为发展数据中心产业一类重点地区，地理位置、气候、能源及产业基础有得天独厚优势，具有发展云计算和数据中心产业的基础和潜力。抓住国际国内数据中心产业北移趋势，在现有基础上，以长春市、吉林市为重点，加快推进吉林省数据中心产业基地建设，支持辽源、白城市结合本地优势发展数据中心产业，吸引国家部门和国内外大型企业数据中心到吉林省落户，努力使吉林省成为国家北方数据中心产业基地。

（四）发挥互联网经济先导引领作用

加强基础设施建设，继续实施"宽带吉林"工程，推进光纤入户，加快4G移动通信发展，提升行政村宽带接入能力。加快互联网与传统产业、新兴产业融合发展，推进实施"两化"深度融合试验区，培育典型示范企业，提升产品研发设计、供应链管理水平。加快互联网与农业融合发展，应用"可追溯"技术，增强农产品信息透明度。加快互联网与服务业融合发展，开展物联网试点。推进"智慧吉林"建设，扩大在智慧政务、智慧民生等领域的应用服务。培育互联网企业，加大省级专项资金支持力度，加强与知名企业在电子政务、大数据、智能医疗等领域的合作，提升互联网企业发展层次。

（五）提升科技水平和成果转化能力

推动科技体制改革，以市场导向为主、政府引导为辅，实施产学研协同创新机制试点。设立新兴产业创业投资引导基金，促进技术与市场融合、创新与产业对接。支持科研院所深化内部机制改革，鼓励科技工作者开展产学研合作。力争使国家技术转移东北中心落户吉林省。继续搞好以"两所五校"为重点的科研院所科技成果转化，促进科技"三个转化"在创新驱动中的作用更加突出。

第十章　黑龙江省信息化发展水平分析

一、总体情况

（一）经济社会发展情况

2013 年，面对复杂多变的国内外经济形势和明显的经济增长压力，黑龙江省坚持"稳中求进"的工作总基调，密切结合省情实际和特定发展阶段，全力构建以"十大重点产业"为牵动的现代产业体系，着力稳增长、调结构、促改革、惠民生。2013 年黑龙江省全年实现地区生产总值 14382.9 亿元，按可比价格计算，同比增长 8.0%。其中，第一产业增加 2516.8 亿元，第二产业增加 5918.2 亿元，第三产业增加 5947.9 亿元，同比分别增长 5.1%，6.6% 和 10.4%，三次产业结构调整为为 17.5∶41.1∶41.4，第一、二、三产业对 GDP 增长的贡献率分别为 7.4%、40.8% 和 51.8%。年末全省常住总人口为 3835 万人，同比增加 1 万人，人均地区生产总值实现 37509.3 元，同比增长 7.9%。全年城镇居民人均可支配收入 19597 元，农村居民人均纯收入 9634.1 元，分别同比增长 10.3% 和 12.0%。全年实现公共财政收入 1277.4 亿元，比上年增长 9.8%。2013 年，黑龙江省经济与社会事业保持了总体平稳、稳中有进、稳中显优、民生改善的良好态势。[1]

（二）信息化发展特点

2013 年，黑龙江省委、省政府高度重视信息化建设工作，结合建设"八大经济区"、实施"十大工程"等重点工作，积极推进各领域信息化建设，经济社会信息化取得了一定的进展。

---

[1]　黑龙江省统计局：《黑龙江省2013年国民经济和社会发展统计公报》，2014年7月。

1. 全面落实推进黑龙江"宽带中国"专项行动

2013年黑龙江省实施47项信息化重点项目,包括建设无线城市和4G网络,在省政府机关、企事业单位办公地点和公共服务场所等地点布设1500个WLAN接入点,并逐步建设6000余个基于第四代移动通信技术的TD-LTE基站,与GSM、TD-SCDMA、WLAN形成"四网协同"。2014年4月,开展正式商用。[1] 至2013年末,黑龙江省长途光缆线路总长度45054公里,同比增长11.7%。固定互联网宽带接入用户达460万户,其中宽带接入用户459.6万户,同比增长10.1%,网民规模达到1514万人,网民普及率为39.5%,其中农村网民占比上升1.8个百分点,为23%,信息化逐步深入农村。黑龙江省移动互联网用户达到1868万户,移动短信和移动彩信业务量分别为137.3亿条和6.5亿条,手机电视用户60.1万户。黑龙江省持续推进广播电视"村村通"和"户户通"。黑龙江省所有地市均可使用IPTV业务,仅联通IPTV用户累积达13万户。此外,黑龙江省在全省13个地市设立了宽带建设推进办公室,负责光纤到户两项国家标准的落实及通信设施共建共享等工作,深入贯彻落实"宽带中国2013专项行动",加强全省驻地网通信设施建设管理。

2. "两化"融合助推企业创新、产业集聚

信息技术已经成为黑龙江省发展特色产业和改造提升传统产业的"助推器","两化"深度融合亦已成为促进黑龙江省经济发展方式转变、工业质量和发展方式不断改善的重要手段和支撑。黑龙江省企业信息化建设和电子商务取得了明显成效,物联网、云计算等战略性新兴产业亦得到了健康发展。

支持企业自主创新。黑龙江省积极开展省级重点领域首批首台(套)产品和省级企业技术中心认定工作。完达山乳业、九三粮油、齐齐哈尔华工机床被确定为全国品牌创建示范试点企业,有力加强了产品质量和品牌建设。此外,黑龙江省正在大力推进"两化"融合促进安全生产、节能减排和中小企业发展,如启动"双百"节能产业化项目,淘汰落后产能,西钢、建龙两家钢铁企业通过国家《钢铁行业规范条件》认定。

加快推进产业聚集步伐。黑龙江省已建成8个国家级、16个省级新型工业化示范基地、16个县域重点工业园区;黑龙江省积极推进国家林业信息化服务

---

[1] 东北网:《明年黑龙江市民乐享"4G生活"》,2013年4月28日。

产业园落户；黑龙江省成为国家"工业云"应用试点，哈尔滨"中国云谷"已集聚企业 300 余家；持续推进军民产业基地建设，有序开展燃气轮机、卫星应用等军民融合产业项目，顺利开展与航空三院等单位合作项目。

3. 信息化深入民生各领域，智慧城市试点逐步扩大

教育信息化方面，黑龙江省已完成"宽带网络校校通""优质资源班班通""网络学习空间人人通"年度建设目标。黑龙江省高校基本建成功能完备的宽带校园网；90% 的中职学校、72% 的中小学接入了互联网，44% 的中小学建成了网络条件下的基本教学环境，全省 342 个教学点已完成多媒体远程教学设备的安装。[1]黑龙江省 2013 年启动"龙江学习网"建设，开展省级教育资源公共服务平台和教育管理公共服务平台建设，大力推进联通全省各级教育行政部门、中小学校和中等职业学校的系统应用体系和运行维护体系建设，逐步缩小区域、城乡、校际差距。黑龙江省研究制定黑龙江省高校、中等职业学校信息化建设的指导意见和数字校园建设标准及评估指标体系，并开展中小学教师信息技术应用能力专项培训，教师培训比例达到 25%。

社保与医疗信息化方面，黑龙江省狠抓"金保工程"，建设居民基本医疗保险的技术支撑，规范了各地在开展居民基本医疗保险时的实施方案、工作计划。黑龙江省 2013 年全力提高新农合保障能力，实行省内异地就医即时结算，推动哈尔滨市、绥化市城乡居民大病保险试点。

智慧城市方面，齐齐哈尔等 6 个市县成为国家智慧城市试点，哈尔滨、大庆入围全国 20 个智慧城市试点示范城市。如哈尔滨已推出了群力数字城管平台，首次设置语音提示和智能报警系统，率先达到视频监控无盲点、城区监管全覆盖、监督评价无死角的要求。该平台包含三维可视化地理信息系统，可将新建的地下管线信息以及地上的城市部件和建筑物等相关技术信息录入到地理信息系统，大大缩短城市应急时间。此外，哈尔滨市将加快构建"大城管"格局，启动建设 10 县（市）数字城管系统。

4. 农村农业信息化促新型产业化发展模式

一是农村信息服务方面。以"富锦市气象保障现代农业发展示范区"为依托，打造了 6 个具黑龙江特色的气象为农服务工程，即水稻生态气象试验、卫星遥感

---

[1] 《黑龙江教育系统信息化建设冲破教与学"围墙"》，《中国教育报》2013 年 9 月 20 日。

监测、标准化人影作业、水稻育秧小气候监测、农业气象防灾减灾机构和生态气象实验。为促进土地经营权流转，黑龙江省加快农村土地承包经营权确权登记颁证工作，建立和完善区域性综合配套服务平台。推动农村金融服务创新，推进农村信用社转制为农村商业银行，并利用有关交易平台，开展农产品即期交易，探索开展中远期合约交易。

二是现代化农业建设方面。2013 年，黑龙江省双城、兰西、克山、富锦、嫩江 5 个高效现代化示范园区项目通过验收。五大高效现代化大农业示范园区项目累计展示新品种、新技术 510 余项，培训农民 3.8 万人次，纯效益 4051.1 万元，成功实现农民增收 20%、科技人员增收 20%。示范园区走出了一条科研单位、农业生产经营主体和企业共同推进的新型农业产业化发展模式，有助于推动黑龙江省两大平原现代农业综合配套改革试验。[1]

5. 大力发展黑龙江省特色电子政务

黑龙江省被国家确定为政务信息系统云迁移试点，为黑龙江加强电子政务公共平台建设提供了发展机遇和政策支持。2013 年，黑龙江省开通集网上审批系统、电子监察系统、法制监督系统等多种功能为一体的网上政务中心，可在网上办理和监管全省 36 个省直部门的 544 项非涉密行政审批事项。至 2014 年 1 月，省直各部门通过省政府网上政务服务中心受理 1261 件，网上审批率为 64.04%，审批项目提速 62.91%。[2] 黑龙江省公安厅官方微信"龙警"公众平台正式上线，该平台可通过现代传媒手段拓展警务资讯的发布渠道，增强公安机关服务社会的职能。黑龙江省着力建设健全畜牧业信息化系统和中央数据库，实现全省畜牧业数据共建共享。黑龙江省向全省生猪主产区扩展生猪电子交易可追溯系统建设，推进齐齐哈尔市奶站监测和信息化建设二期工程，扩大奶业数字监管覆盖面，确保全程管控生鲜乳质量安全。

二、信息化水平分析

（一）综合分析

"十二五"以来，黑龙江省信息化实现了快速发展，信息化发展总指数从

---

[1]　新华网：《黑龙江省建成五大高效现代农业示范园区引领农业改革》，2013年12月13日。
[2]　东北网：《黑龙江省加速网上行政审批工作 审批率达64%》，2014年2月20日。

2013 年的 54.95 提升到 2014 年的 57.68，指数值增长 2.73 点。网络基础设施快速发展，网络就绪度指数从 2013 年的 44.49 提升到了 2014 年的 52.36，指数值增长了 7.87 点。信息通信技术应用力度与上年基本持平，信息通信技术应用指数从 2013 年的 57.54 降低到 2014 年的 56.71，指数值下降了 0.83 点。信息化应用效益初步显现，信息化应用效益指数从 2013 年的 70.71 降低到 2014 年的 70.27，指数值下降了 0.44 点。

表 10-1　黑龙江省 2013—2014 年信息化指标情况

指标名称	2013年指数值	2014年指数值	变化情况
网络就绪度指数	44.49	52.36	7.87
信息通信技术应用指数	57.54	56.71	−0.83
信息化应用效益指数	70.71	70.27	−0.44
信息化发展总指数	54.95	57.68	2.73

数据来源：中国电子信息产业发展研究院，2014 年 12 月。

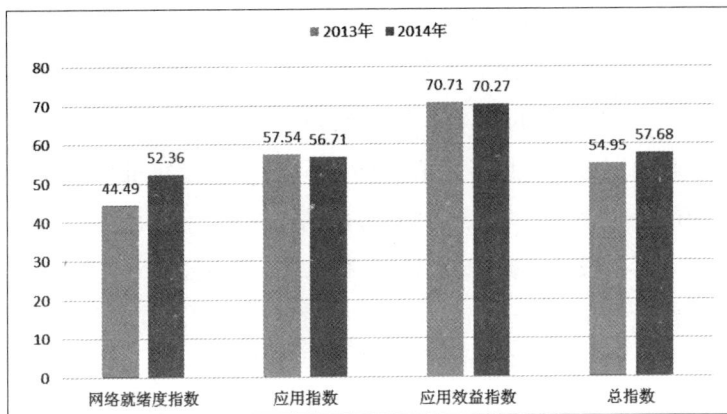

图10-1　黑龙江省2013—2014年信息化指标情况

数据来源：中国电子信息产业发展研究院，2014 年 12 月。

（二）分类指标

1. 网络就绪度指数

在网络就绪度方面，"十二五"以来，黑龙江省网络基础设施建设持续提速，网络基础设施实现了突破性发展。智能终端普及率稳步增长，智能终端普及指数从 2013 年的 57.06 提升到 2014 年的 61.86，指数值增长 4.8。"三网融合"推进提速，有线电视发展指数从 2013 年的 48.49 提升到 2014 年的 52.14，指数值增长 3.65。光纤网络发展迅猛，光纤发展指数从 2013 年的 3.45 提升到 2014 年的 15.63，指数值增长了 12.18。宽带普及率提升明显，宽带普及指数从 2013 年的 50.82 提升到 2014 年的 60.19，指数值增长了 9.37。宽带速率稍有提升，宽带速率指数从 2013 年的 60.5 提升到 2014 年的 69.55，指数值增长了 9.05。

表 10-2　黑龙江省 2013—2014 年网络就绪度一级指标情况

指标名称	2013年指数值	2014年指数值	变化情况
智能终端普及指数	57.06	61.86	4.8
有线电视发展指数	48.49	52.14	3.65
光纤发展指数	3.45	15.63	12.18
宽带普及指数	50.82	60.19	9.37
宽带速率指数	60.5	69.55	9.05

数据来源：中国电子信息产业发展研究院，2014 年 12 月。

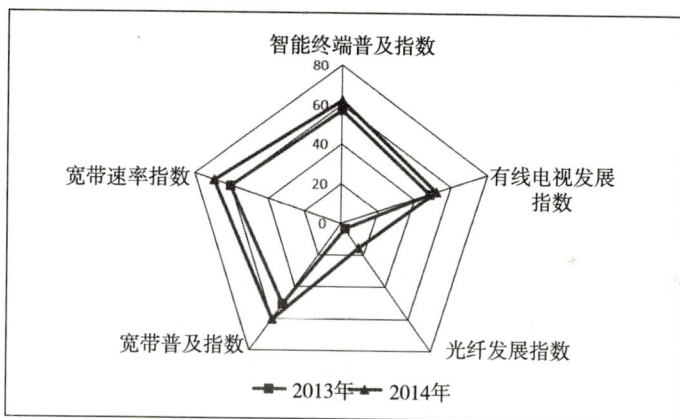

图10-2　黑龙江省2013—2014年网络就绪度指数一级指标情况

数据来源：中国电子信息产业发展研究院，2014 年 12 月。

就网络就绪度各项细分指标来讲，黑龙江省"十二五"以来网络基础设施方方面面都取得了很大发展。移动电话用户数保持稳步增长，移动电话普及率指数从 2013 年的 52.86 提升到 2014 年的 57.71，指数值增长了 4.85。电脑普及率进一步提高，电脑普及率指数从 2013 年的 61.25 提升到 2014 年的 66.02，指数值增长了 4.77。有线电视用户数进一步增长，有线电视入户率指数从 2013 年的 48.49 增长到 2014 年的 52.14，指数值增长了 3.65。光纤入户快速推进，光纤入户率指数从 2013 年的 3.45 提升到 2014 年的 15.63，指数值增长了 12.18。互联网固定宽带用户数稳步增长，固定宽带普及率指数从 2013 年的 55.56 提升到 2014 年的 57.24，指数值增长了 1.68。3G 和 4G 用户数实现快速增长，移动宽带普及率指数从 2013 年的 46.07 增长到了 2014 年的 63.13，指数值增长了 17.06。宽带普及提速行动初显成效，固定宽带端口平均速率指数从 2013 年的 60.5 增长到了 2014 年的 69.55，指数值增长了 9.05。

表 10-3 黑龙江省 2013—2014 年网络就绪度指数二级指标情况

指标名称	2013年指数值	2014年指数值	变化情况
移动电话普及率	52.86	57.71	4.85
电脑普及率	61.25	66.02	4.77
有线电视入户率	48.49	52.14	3.65
光纤入户率	3.45	15.63	12.18
固定宽带普及率	55.56	57.24	1.68
移动宽带普及率	46.07	63.13	17.06
固定宽带端口平均速率	60.5	69.55	9.05

数据来源：中国电子信息产业发展研究院，2014 年 12 月。

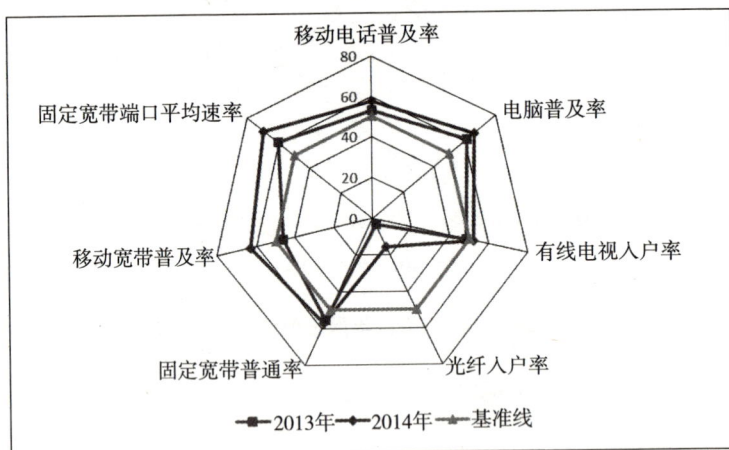

图10-3 黑龙江省2013—2014年网络就绪度指数二级指标情况

数据来源：中国电子信息产业发展研究院，2014 年 12 月。

2. 信息通信技术应用指数

在信息通信技术应用方面，"十二五"以来，黑龙江省企业、居民两方面信息化发展良好。企业应用指数从 2013 年的 47.62 提升到 2014 年的 54.38，指数值增长了 6.76。政务应用指数从 2013 年的 70.9 降低到 2014 年的 40.97，指数值下降了 29.93。居民应用指数从 2013 年的 55.81 提升到 2014 年的 65.75，指数值增长了 9.94。

表 10-4　黑龙江省 2013—2014 年信息通信技术应用指数一级指标情况

指标名称	2013年指数值	2014年指数值	变化情况
企业应用指数	47.62	54.38	6.76
政务应用指数	70.9	40.97	−29.93
居民应用指数	55.81	65.75	9.94

数据来源：中国电子信息产业发展研究院，2014 年 12 月。

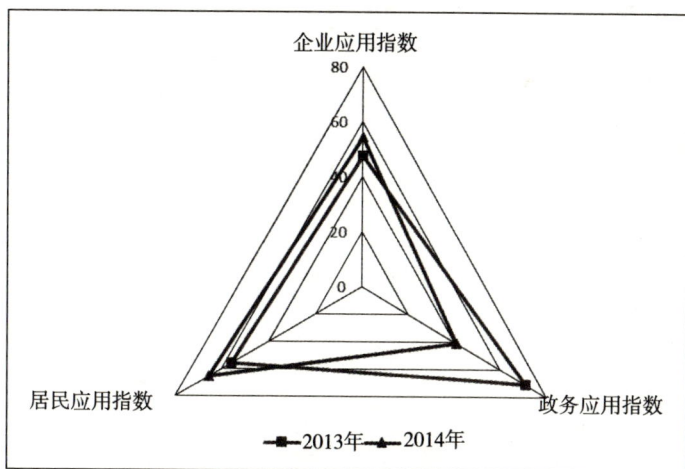

图10-4　黑龙江省2013—2014年信息通信技术应用指数一级指标情况

数据来源：中国电子信息产业发展研究院，2014 年 12 月。

在企业信息化应用方面，黑龙江省"十二五"以来大力推进企业"两化"融合工作，企业信息化发展环境进一步改善。企业 ERP 普及率从 2013 年的 68.37 降低到 2014 年的 63.58，指数值下降了 4.79；企业电子商务交易额占比指数从 2013 年的 26.86 提升到了 45.18，指数值增长了 18.32。

在政务信息化应用方面，政务事项网上办事率指数从 2013 年 73.2 下降到了 2014 年 34.83，指数值下降了 38.37。政府信息公开上网率指数从 2013 年 68.6 下降到了 2014 年 47.11，指数值下降了 21.49。

在居民信息化方面，"十二五"以来，黑龙江省居民信息化应用水平进一步提升。互联网用户数稳步增长，互联网普及率指数从 2013 年的 51.5 提升到 2014 年的 56.42，指数值增长了 4.92；居民电子商务快速发展，人均在线零售额占比指数从 2013 年的 66.67 提升到 2014 年的 85.68，指数值增长了 19.01。居民信息消费快速增长，人均信息类消费支出指数由 2013 年的 42.73 提升到 44.53，指数值增长了 1.8。

表 10-5　黑龙江省 2013—2014 年信息通信技术应用指数二级指标情况

指标名称	2013年指数值	2014年指数值	变化情况
企业ERP普及率	68.37	63.58	−4.79
企业电子商务交易额占比	26.86	45.18	18.32
政务事项网上办事率	73.2	34.83	−38.37
政府信息公开上网率	68.6	47.11	−21.49
互联网普及率	51.5	56.42	4.92
人均在线零售额占比	66.67	85.68	19.01
人均信息类消费支出	42.73	44.53	1.8

数据来源：中国电子信息产业发展研究院，2014 年 12 月。

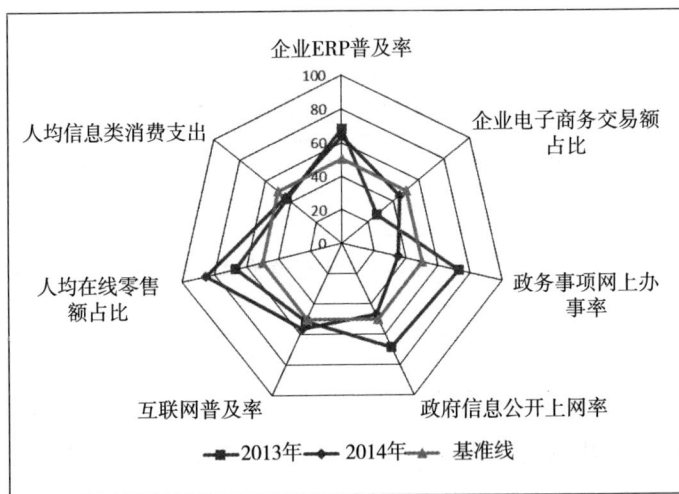

图10-5　黑龙江省2013—2014年信息通信技术应用指数二级指标情况

数据来源：中国电子信息产业发展研究院，2014 年 12 月。

3. 信息化应用效益指数

"十二五"以来，黑龙江省信息化应用效益日渐凸显出来。劳动生产率指数从 2013 年的 66.21 降低到了 2014 年的 61.7，指数值下降了 4.51；技术创新指数从 2013 年的 80.51 下降到了 2014 年的 79.86，指数值下降了 0.65；节能降耗指数从 2013 年的 75.44 增长到了 2014 年的 76.8，指数值增长了 1.36；人均收益指数从 2013 年的 60.67 增长到了 2014 年的 62.71，指数值增长了 2.04。

表 10-6 黑龙江省 2013—2014 年信息化应用效益指数一级指标情况

指标名称	2013年指数值	2014年指数值	变化情况
劳动生产率指数	66.21	61.7	−4.51
技术创新指数	80.51	79.86	−0.65
节能降耗指数	75.44	76.8	1.36
人均收益指数	60.67	62.71	2.04

数据来源：中国电子信息产业发展研究院，2014 年 12 月。

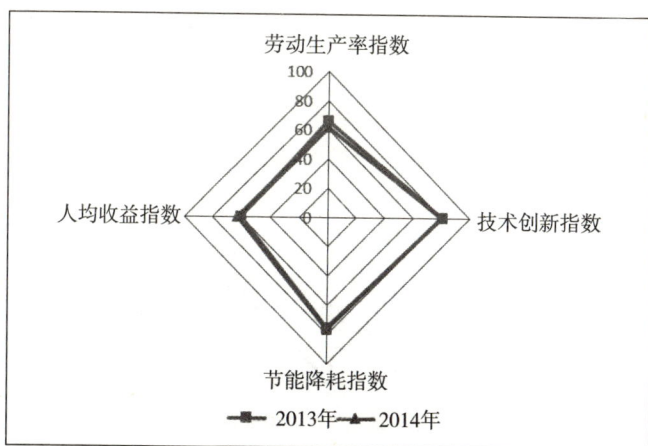

图10-6 黑龙江省2013—2014年信息化应用效益指数一级指标情况

数据来源：中国电子信息产业发展研究院，2014 年 12 月。

就信息化各项细分指标来讲，"十二五"以来，黑龙江省信息化应用效益各方面都基本上都取得了积极进展。全员劳动生产率指数从 2013 年的 66.21 降低到了 2014 年的 61.7，指数值下降了 4.51。单位地区生产总值专利申请量指数值从 2013 年的 80.42 提升到 2014 年的 83.82，指数值增长了 3.4；单位地区生产总值专利授权量指数值从 2013 年的 80.57 下降到 2014 年的 77.22，指数值下降了 3.35。信息化促进了节能减排，单位地区生产总值能耗指数从 2013 年的 105.34 提升 2014 年的 106.93，指数值增长了 1.59；单位地区生产总值用水量指数从

2013 年的 30.6 提升到 2014 年的 31.6，指数值增长了 1。信息化带动了经济快速发展，人均地区生产总值指数由 2013 年的 60.67 提升到 2014 年的 62.71，指数值增长了 2.04。

表 10-7　黑龙江省 2013—2014 年信息化应用效益指数二级指标情况

指标名称	2013年指数值	2014年指数值	变化情况
全员劳动生产率	66.21	61.7	−4.51
单位地区生产总值专利申请量	80.42	83.82	3.4
单位地区生产总值专利授权量	80.57	77.22	−3.35
单位地区生产总值能耗	105.34	106.93	1.59
单位地区生产总值用水量	30.6	31.6	1
人均地区生产总值	60.67	62.71	2.04

数据来源：中国电子信息产业发展研究院，2014 年 12 月。

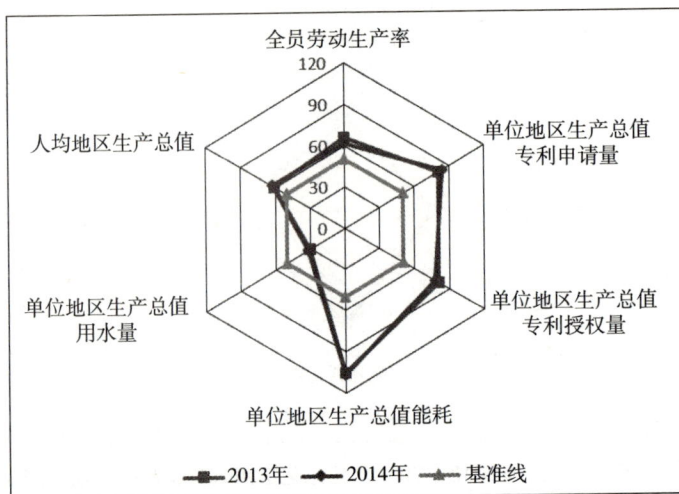

图10-7　黑龙江省2013—2014年信息化应用效益指数二级指标情况

数据来源：中国电子信息产业发展研究院，2014 年 12 月。

三、优劣势评价

（一）优势

1. 地理区位优势明显，有利于开展信息化交流合作

黑龙江省地处东北亚腹地，与俄罗斯有近 3000 公里的边境线，与西伯利亚

大铁路相接，有 25 个国家一类口岸，是连接欧亚国际的"大通道"，也是我国参与东北亚经济合作的重要枢纽。在世界经济结构调整和国际产业转移中，黑龙江省优越的区位优势有利于吸引发达国家尤其是日本、韩国的资金和技术，加强与俄、日、韩等国在电子信息领域开展技术交流、产业合作和经贸往来，构筑对外开放的新格局。当前，黑龙江省正积极推动中俄信息产业园建设，在俄罗斯的符拉迪沃斯托克建设了 1800 平方米的产品展示中心，打造产业合作平台。

2. 工业基础雄厚，典型企业两化融合应用成效凸显

黑龙江省工业产业门类齐全，具有较好的两化融合基础。随着工业化进程的逐步深入，黑龙江省逐渐形成了以装备、石化、能源、食品、医药、电子、冶金、建材、轻工等为主体的较为完整的产业体系，累计提供了约占全国 2/5 的原油、1/3 的电站成套设备、1/3 强的木材、1/10 的原煤。黑龙江大力推动工业企业信息化建设，加快推进信息技术在工业各领域的广泛应用以及生产各环节的综合集成，形成了全行业覆盖、全流程渗透、全方位推进的格局，大型企业信息化应用效益明显。

3. 人才储备充足，为信息化提供了有力的智力支持

黑龙江省高层次人才资源丰富，拥有哈尔滨工业大学、哈尔滨工程大学等高等院校 78 所，国家级大学科技园 4 个，科研机构 719 个，其中国家级重点实验室 5 个，国家两院院士 38 位，教育实力位居全国第 9 位，科技实力位居全国第 7 位，两院院士人数位居全国第 5 位。已有 26 名中青年科技创新领军人才、8 名科技创新创业人才、4 个优势领导创新团队和 2 家建设创新人才示范基地单位入选国家创新人才推进计划。另外，黑龙江省还拥有一大批石油开采、飞机制造、工业机器人研发、电站设备配套等科技领域的国家级顶尖人才，为黑龙江省信息化建设提供了良好的人力保障。

（二）劣势

1. 信息基础设施发展水平有待提升

从区域信息化发展水平评估指标看，黑龙江省 2014 年信息基础设施发展状况欠佳，移动电话普及率指数是 57.71，光纤入户率指数是 15.63，固定宽带普及率指数是 57.24，移动宽带普及率指数是 63.13，互联网普及率指数是 56.42，多

项指标都处于全国下游水平。信息基础设施建设的落后，严重制约全省信息化的快速发展。

2.电子商务应用水平不高

2012年，黑龙江省企业电子商务交易额占比指数为45.18，排名全国23位，说明企业电子商务应用不够广泛和深入。主要原因为：一方面，企业对电子商务认识不足。大部分企业将电子商务平台作为传统营销的辅助手段，仅用来做企业形象宣传和产品推广。另一方面，复合型电子商务人才缺乏。电子商务是信息化与传统商务有机结合的产物，需要大量既掌握现代信息技术又精通现代商贸理论与实务的复合型人才。在黑龙江，许多高等院校已经开设了电子商务相关的课程，但目前同时具备电子商务、计算机、商贸、物流等知识的人才匮乏。

3.电子信息产业处于国内落后水平，整体实力有待提高

近年来，黑龙江省积极推进电子新材料产业发展，大力支持高品质蓝宝石晶体材料、砷化镓半导体材料、高纯石英砂、球型硅微粉和高纯硅烷气等项目发展，重点发展专用通信、电力电子、机械电子、铁路电子和金融机具等行业应用电子产品，电子信息制造产业布局基本形成。以服务外包、动漫产业、地理信息和数据中心等为重点的软件服务业发展迅速。通过打造"两个新城、一个基地、七个园区"，初步形成了一批专业化的软件园区。但由于发展较晚，电子信息产业整体水平较低，企业数量和收入规模位列全国中下游，发展后劲不足。

四、相关建议

针对黑龙江省信息化的发展情况及优劣势，为进一步推进黑龙江省信息化发展，提出以下建议：

（一）加大政策引导和资金投入，提高全省信息通信网络服务能力

信息服务业要加快"宽带龙江"战略,实施和4G网络建设,扩大网络覆盖范围,优化网络结构，提升网络质量。进一步提高省内宽带覆盖水平，加大对农村及边远地区的宽带覆盖，深入推进行政村通宽带工程。扩大无线局域网覆盖范围，新增无线接入点规模，实现宽带无线局域网对公共场所、写字楼等热点区域连续覆

盖，不断提高网络接入质量。

（二）立足省情发挥优势，鼓励发展云计算数据中心产业集群

以哈经开区、哈高开区、大庆高新区、黑河新曙光云计算基地等重点园区为平台，培育壮大云计算服务业态，延伸和完善产业链条，力争打造全国规模最大的数据中心产业集群。通过资源拉动与政策引导，吸引更多企业建设部署包括云计算数据中心在内的新一代信息基础设施。加大宣传推介和招商引资力度，吸引国内知名互联网企业、信息技术企业及第三方数据中心企业设立数据中心。积极发展云计算服务，重点发展云计算数据中心运营服务、云集成服务、平台软件与应用软件服务、基础软件服务等，力争在数据存储、加工、处理方面的规模和能力达到国际先进水平。推动主要软件企业转型，开发一批有竞争力的云平台软件和云应用软件，鼓励主要系统集成企业转型成为一批具有一定规模的云集成服务企业，并建成一批云计算基础设施和服务平台。在现有"平台云""金融云""物流云""媒体云""行业云"和"医疗云"的基础上，吸引国内外企业入驻黑龙江建设云计算应用服务基地，将云计算产业链条从基础设施延伸到技术方案和应用服务。推动实施云计算应用示范工程，包括电子政务云、空间地理信息云、中小企业云、食品云、金融云等领域的云应用。

（三）全面深化信息服务应用，促进行业应用与企业信息化发展

以大庆软件园、省内各大专院校科技园为平台，针对支柱行业、大型企业、中小企业，加强应用与需求对接，重点发展行业应用软件和中间件、电子金融和智能物流等。面向广大中小企业，发展经济适用的企业信息化解决方案服务。引导黑龙江能源、机械、化工等传统工业企业，加快实现设计研发信息化、生产装备数字化、生产过程智能化和经营管理网络化，提高生产效率，降低生产能耗。利用信息技术强化食品管理，建立产品安全追溯系统，实现对生产、加工、运输、销售全流程的监督监控，确保食品安全。发展电子金融服务，鼓励银行等金融机构完善 IT 服务管理系统和风险管理系统，丰富电子银行服务的业务范围、扩大服务范围，并重点促进网上支付、小额批量支付、移动支付等新型支付手段。发展智能物流服务，以物联网技术提升服务水平，推动普及货物跟踪、车辆调度、远程支持、安全保障、智能仓储管理等现代物流应用。

（四）推进政务信息化，助力政府管理水平提升

整合各级部门的政府公共信息资源，建立包含省、市两级的政府信息资源数据库和统一接入门户，建立在线政务服务平台。与政府公共信息服务平台相结合，搭建网络咨政中心、网络行政中心、网络督政中心等应用模块，探索网络化的政府信息查询机制、公务办理机制和监督机制，实现信息与咨询、审批与收费、管理与协调、投诉与监督为一体的在线政务服务，推进企业和个人行政审批事项的网上申请、受理、办理及实时监察，促进政府收（发）文及会议组织管理等日常办公事务的网络化。

（五）发挥对俄边贸优势，加快发展电子商务

依托现有的中俄电子商务平台、农产品及绿色特色产品电子商务平台、旅游电子商务平台、物流配送电子商务平台，不断完善运营水平和商业模式。加强政府间沟通协调，完善两国银行结算、信用保险、通关等制度衔接，为电子商务平台在上述领域开设绿色通道，加快实现与电子口岸的数据对接。扶持本地电子商务平台做大做强，积极推进"销售宝"服务体系的发展。吸引全国大型电子商务企业入驻，推动电子商务运营水平提升与商业模式创新，实现电子商务市场的全面繁荣。大力发展电子支付与物流配送等电子商务相关产业环节，夯实电子商务产业基础，提升电子商务服务水平。

第十一章 上海市信息化发展水平分析

一、总体情况

（一）经济社会发展情况

2013 年，上海市面对错综复杂的外部经济形势，全面贯彻落实党的十八大精神，紧紧围绕创新驱动和转型升级，稳增长、调结构、促改革、惠民生。截至年末，全市常住人口 2415.15 万人，常住人口自然增长率 2.94‰。全年实现地区生产总值 21602.12 亿元，按可比价格计算，同比增长 7.7%。其中，第一产业增加值为 129.28 亿元，同比下降 2.9%；第二产业增加值为 8027.77 亿元，同比增长 6.1%；第三产业增加值为 13445.07 亿元，同比增长 8.8%。第三产业增加值占上海市生产总值的比重达到 62.2%，比上年提高 1.8 个百分点。三次产业结构由 2012 年的 0.6:39.4:60.0 变为 0.6:37.2:62.2。据抽样调查显示，全年城市居民家庭人均可支配收入 43851 元，同比增长 9.1%，扣除价格因素，实际增长 6.6%；农村居民家庭人均可支配收入 19208 元，同比增长 10.4%，扣除价格因素，实际增长 7.9%。全年地方财政收入达到 4109.51 亿元，同比增长 9.8%。上海市坚持市场导向，先行先试，以开放促改革，建立中国上海自由贸易试验区。启动以市场化、专业化、国际化为导向的新一轮国有企业改革，大力推动非公有制经济发展，完善总部经济发展政策。启动集成电路产业链保税监管模式试点，举办首届中国上海技术进出口交易会，推出国债期货、沥青期货、黄金交易基金，推行航空货邮中转集拼、跨境电子商务等试点，实施国务院批复的张江示范区发展规划纲要。致力于社保、教育、卫生、文化等领域的民生改善，加快建设智慧城市。

（二）信息化发展特点

1. 信息基础设施领跑全国并持续快速发展

上海市信息基础设施服务能级全面提升。通信网络方面，截至2013年年末，上海市完成TD-LTE试验网和扩大规模试验网建设，已建成700处宏基站和300处室内分布系统，覆盖中心城区190平方公里。光纤到户能力覆盖家庭数达803万户，比上年末增加123万户；实际光纤用户数达360万户，增加110万户。城市公共区域WLAN接入热点累计达2.2万处，增加5000处。国际、国内互联网出口带宽分别达650Gbps和3500Gbps；各类互联网数据中心（IDC）机架总量达3.4万个，同比增加4000个。广播电视方面，下一代广播电视网（NGB）覆盖家庭536万户，同比增加126万户，数字电视用户数达525万户，同比增加160万户，交互式网络电视（IPTV）用户数达195万户，同比增加17万户。

2. 智慧城市建设取得阶段性成果

2013年是上海市推进智慧城市建设三年行动计划的收官之年，城市运行管理和政府公共服务水平全面提升。卫生信息化工程实现市区及医联等多平台互联互通，动态采集维护3000多万份健康档案；建立了统一的食品安全投诉举报热线，办理时间从30天缩减到19天；在43个社区试点开展以生活服务、智能家居等为重点的智慧社区建设；网格化管理模式从城市建设向综合管理拓展，有效推动大联动、大联勤；公共交通综合信息服务渠道向移动网络拓展，ETC建设基本覆盖全市主要道口；推动政府数据资源向社会开放，正在建设国内首个"政府数据服务网"；网上行政审批平台在部分领域实现并联审批；"12345"市民服务热线、法人数字证书"一证通用"等渠道整合不断深化，发放法人数字证书"一证通"61.9万张；发放社会保障卡58.79万张，累计发卡1364.08万张；中国上海门户网站首页浏览量2261万次，总页面浏览量56000万次。

3. 信息化对促进"四个中心"建设发挥重要作用

信息化为上海建设国际经济中心、国际金融中心、国际航运中心、国际贸易中心，持续发挥重要支撑作用和带动效应。上海大力推动金融、航运、贸易等行业信息化深度应用，加快发展金融咨询、电子支付等金融信息服务业，推进电子商务和电子口岸建设，加快上海自贸区的信息化建设。2013年，上海全年完成电子商务交易额10560亿元，比上年增长35.1%。其中，B2B交易额8632亿元，同比增长 28.6%，占电子商务交易额的 81.7%；B2C 交易额 1928 亿元，同比增长 74.5%，占电子商务交易额的 18.3%。口岸税费电子支付系统入网企业累计 44884 家，全年电子单证传输量 18262.36 万张，实现电子支付金额 11450 亿元，同比增长 15%。全年推广电子账单 75 万份。上海自贸区积极推进投资管理和监管信息共享服务平台建设，实现一表式网上受理；推进口岸大通关信息化建设在通关流程、监管模式、数据交换、税费支付等领域的无纸化作业。

4."两化"深度融合对区域经济转型升级作用显著

上海市按照"点上抓企业典型、线上抓产业联动、块上抓区域集聚、面上抓环境优化"的思路，全面推进重点企业、关键产业、优势区域"两化"深度融合，显著提升了企业核心竞争力、产业综合效能和区域经济水平。一是推广应用先进生产模式，整合提升服务效率。上海保隆汽车通过自动化生产集成系统，实现不同种类、不同型号产品的柔性生产，自动化生产线工位快速切换时间控制在 15 分钟以内，生产效率提高 40% 以上。上港集团通过实施集装箱作业管理平台项目，每辆集卡互拖作业时间由原来的 100 分钟降至 20 分钟，每自然箱互拖作业行驶距离减少 50% 以上，集卡重进重出率达到 97%。二是以平台经济促进创新发展。建设上海浦东新区"国家电子商务综合创新实践区"，培育支持春宇供应链、我的钢铁网、物流汇、国兴农等一大批电子商务平台建设。组织实施"推动电子商务企业创新发展、推动中小企业应用电子商务""双推"工程，通过"政府补贴、平台让利、企业自负各一点"的政策支持方式，选择 35 家电子商务平台，直接补贴近 1.4 万家中小企业。推动专业技术服务信息化平台发展，鼓励研发设计、检验检测、标准认证、专业维修、节能环保等生产性服务业发展 O2O 服务模式。通过上海市信息化发展专项资金，累计支持嵌入式系统研发设计、物联网工业应用技术服务、时尚产业信息化综合服务、乳制品质量安全检测等专业技术服务信息化平台 17 个，提供各类服务 377 种，服务企业 3 万余家，累计访问量逾 600 万次。三是加快智慧园区建设。发布实施国内首个智慧园区地方标准《上海市智慧园区建设与管理通用规范》，推动智慧园区示范建设。四是围绕重点领域环节，推进新兴技术应用。包括上海宝信软件股份有限公司基于云服务的高端装备制造业公共服务平台项目、上海绿泽生物科技有限责任公司的农药安全流通平台等。

5.新一代信息技术产业竞争力不断增强

高端软件取得快速发展，在操作系统、数据库、中间件等方面形成完整产业链；实施"云海计划"，金融云、中小企业服务云等示范项目进展顺利；物联网在水质监测、智能消防、环境监测、公共安全和智能照明等方面试点应用。截至 2013 年年底，上海信息产业总规模达到 1.09 万亿元，其中软件和信息服务业收入达到 4317 亿元，信息服务业增加值占全市 GDP 比重达到 6.4%，产业结构进一步优化。累计有 248 家企业获得计算机信息系统资质认证，其中 1 级 12 家。新增认定软件企业 493 家，登记软件产品 4453 个。信息服务业上市企业 47 家。经营收入超亿元软件企业 381 家。

二、信息化水平分析

（一）总体水平

"十二五"以来，上海市信息化实现了快速发展，信息化发展总指数从 2013 年的 91.3 提升到 2014 年的 94.94，指数值增长了 3.64。网络基础设施继续快速发展，网络就绪度指数从 2013 年的 81.28 提升到了 2014 年的 88.45，指数值增长了 7.17。信息通信技术应用进一步普及和深化，信息通信技术应用指数从 2013 年的 94.88 提升到 2014 年的 96.77，指数值增长了 1.89。信息化应用效益初步显现，应用效益指数从 2013 年的 104.16 上升到 2014 年的 104.25，指数值增长了 0.09。

表 11-1　上海市 2013—2014 年信息化指标情况

指标名称	2013年指数值	2014年指数值	变化情况
网络就绪度指数	81.28	88.45	7.17
信息通信技术应用指数	94.88	96.77	1.89
应用效益指数	104.16	104.25	0.09
信息化发展总指数	91.3	94.94	3.64

数据来源：中国电子信息产业发展研究院，2014 年 12 月。

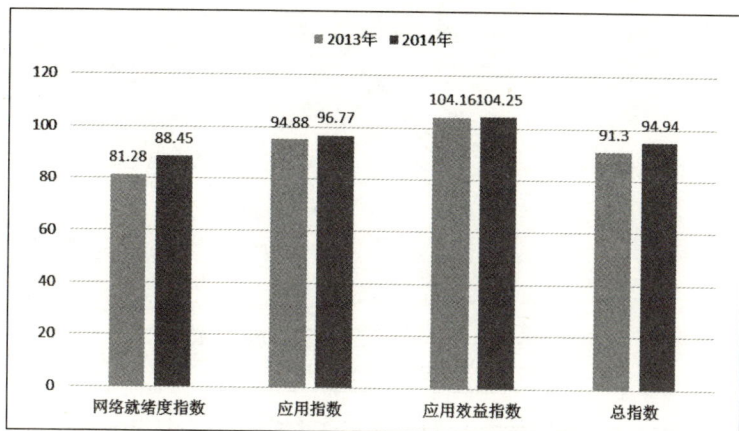

图11-1 上海市2013—2014年信息化指标情况

数据来源：中国电子信息产业发展研究院，2014年12月。

（二）分类指标

1. 网络就绪度指数

在网络就绪度方面，"十二五"以来，上海市大力推进网络基础设施建设，网络基础设施实现了跨越式发展。智能终端进一步普及应用，智能终端普及指数从2013年的99.03提升到2014年的102.13，指数值增长了3.1。有线电视发展指数从2013年的67.38提升到2014年的68.73，指数值增加了1.35。光纤网络快速发展，光纤发展指数从2013年的95.11提升到2014年的108.34，指数值增长了13.23。宽带普及继续推进，宽带普及指数从2013年的69.26提升到2014年的75.13，指数值增长了5.87。宽带速率进一步提升，宽带速率指数从2013年的67.71提升到2014年的79.56，指数值增长了11.85。

表 11-2 上海市 2013—2014 年网络就绪度一级指标情况

指标名称	2013年指数值	2014年指数值	变化情况
智能终端普及指数	99.03	102.13	3.1
有线电视发展指数	67.38	68.73	1.35
光纤发展指数	95.11	108.34	13.23
宽带普及指数	69.26	75.13	5.87
宽带速率指数	67.71	79.56	11.85

数据来源：中国电子信息产业发展研究院，2014年12月。

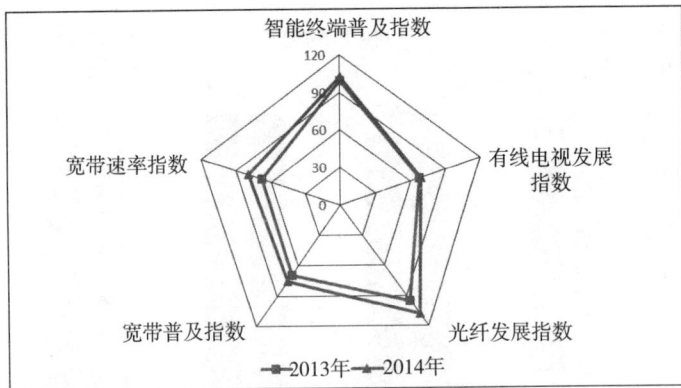

图11-2 上海市2013—2014年网络就绪度指数一级指标情况

数据来源：中国电子信息产业发展研究院，2014年12月。

就网络就绪度各项细分指标来讲，上海市"十二五"以来网络基础设施各方面基本上都取得了较大发展。移动电话用户数保持稳步增长，移动电话普及率指数从2013年的79.14提升到2014年的81.46，指数值增加了2.32。电脑普及率进一步提高，电脑普及率指数从2013年的118.92提升到2014年的122.81，指数值增长了3.89。有线电视用户数略有增长，有线电视入户率指数从2013年的67.38增加到2014年的68.73，指数值增加了1.35。光纤入户快速推进，光纤入户率指数从2013年的95.11提升到2014年的108.34，指数值增长了13.23。互联网固定宽带用户数略有减少，互联网固定宽带普及率指数从2013年的79.86下降到2014年的75.74，指数值减少了4.12。3G和4G用户数实现快速增长，移动宽带普及率指数从2013年的58.67增长到了2014年的74.52，指数值增长了15.85。宽带普及提速行动成效显著，固定宽带端口平均速率指数从2013年的67.71增长到了2014年的79.56，指数值增长了11.85。

表11-3 上海市2013—2014年网络就绪度指数二级指标情况

指标名称	2013年指数值	2014年指数值	变化情况
移动电话普及率	79.14	81.46	2.32
电脑普及率	118.92	122.81	3.89
有线电视入户率	67.38	68.73	1.35
光纤入户率	95.11	108.34	13.23
固定宽带普及率	79.86	75.74	−4.12
移动宽带普及率	58.67	74.52	15.85
固定宽带端口平均速率	67.71	79.56	11.85

数据来源：中国电子信息产业发展研究院，2014年12月。

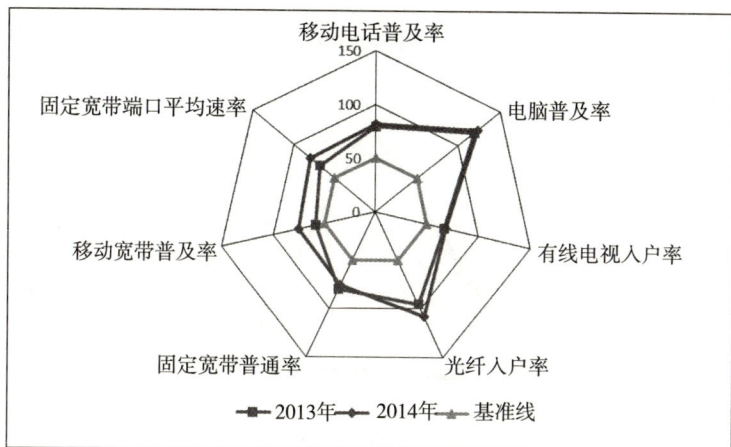

图11-3　上海市2013—2014年网络就绪度指数二级指标情况

数据来源：中国电子信息产业发展研究院，2014年12月。

2. 信息通信技术应用指数

在信息通信技术应用方面，"十二五"以来，上海市企业、居民两方面信息化都取得了很大发展。企业应用指数从2013年的85.23提升到2014年的87.07，指数值增长了1.84。政务应用指数从2013年的83.85下降到2014年的79.88，指数值下降了3.97。居民应用指数从2013年的105.22提升到2014年的110.07，指数值增长了4.85。

表11-4　上海市2013—2014年信息通信技术应用指数一级指标情况

指标名称	2013年指数值	2014年指数值	变化情况
企业应用指数	85.23	87.07	1.84
政务应用指数	83.85	79.88	-3.97
居民应用指数	105.22	110.07	4.85

数据来源：中国电子信息产业发展研究院，2014年12月。

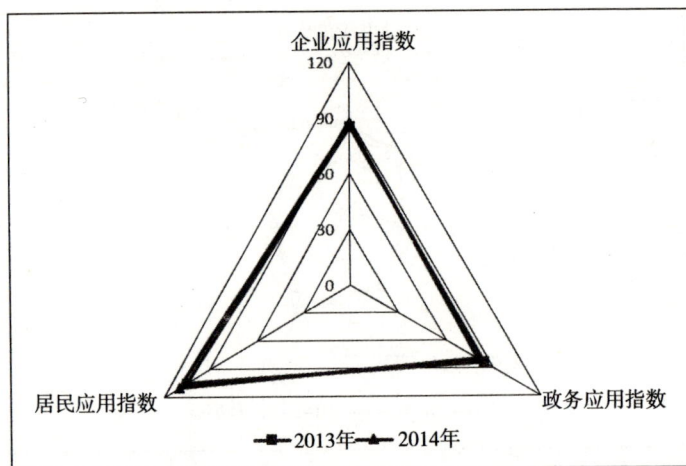

图11-4　上海市2013—2014年信息通信技术应用指数一级指标情况

数据来源：中国电子信息产业发展研究院，2014年12月。

在企业信息化应用方面，企业信息化发展环境有较大改善。企业ERP普及率从2013年的67.65增长到2014年的69.85，指数值增加了2.2；企业电子商务交易额占比指数从2013年的102.8增加到了104.29，指数值增加了1.49。

在政务信息化应用方面，政务事项网上办事率指数从2013年的97.47下降到了2014年的92.81，指数值减少了4.66。政府信息公开上网率指数从2013年的70.22下降到了2014年的66.94，指数值下降了3.28。

在居民信息化方面，"十二五"以来，上海市居民信息化应用水平进一步提升。互联网用户数稳步增长，互联网普及率指数从2013年的80.54提升到2014年的82.15，指数值增长了1.61；居民电子商务快速发展，人均在线零售额占比指数从2013年的135.24提升到2014年的144.38，指数值增长了9.14。居民信息消费快速增长，人均信息类消费支出由2013年的94.52提升到2014年的97.28，指数值增长了2.76。

表 11-5　上海市 2013—2014 年信息通信技术应用指数二级指标情况

指标名称	2013年指数值	2014年指数值	变化情况
企业ERP普及率	67.65	69.85	2.2
企业电子商务交易额占比	102.8	104.29	1.49
政务事项网上办事率	97.47	92.81	−4.66
政府信息公开上网率	70.22	66.94	−3.28

（续表）

指标名称	2013年指数值	2014年指数值	变化情况
互联网普及率	80.54	82.15	1.61
人均在线零售额占比	135.24	144.38	9.14
人均信息类消费支出	94.52	97.28	2.76

数据来源：中国电子信息产业发展研究院，2014年12月。

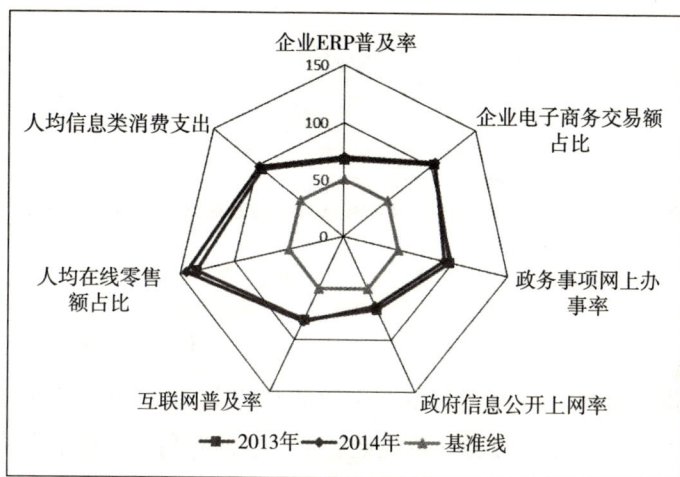

图11-5　上海市2013—2014年信息通信技术应用指数二级指标情况

数据来源：中国电子信息产业发展研究院，2014年12月。

3. 信息化应用效益指数

在信息化应用效益方面，"十二五"以来，上海市信息化应用效益日渐凸显出来。劳动生产率指数从2013年的108.02略下降到了2014年的107.8，指数值减少了0.22；技术创新指数从2013年的110.72下降到了2014年的107.32，指数值减少了3.4；节能降耗指数从2013年的95.2增长到了2014年的96.22，指数值增长了1.02；人均收益指数从2013年的102.71增长到了2014年的105.67，指数值增长了2.96。

表11-6　上海市2013—2014年信息化应用效益指数一级指标情况

指标名称	2013年指数值	2014年指数值	变化情况
劳动生产率指数	108.02	107.8	-0.22
技术创新指数	110.72	107.32	-3.4
节能降耗指数	95.2	96.22	1.02
人均收益指数	102.71	105.67	2.96

数据来源：中国电子信息产业发展研究院，2014年12月。

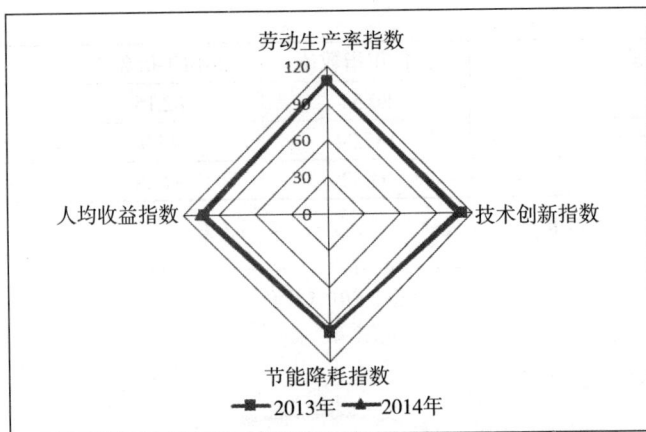

图11-6　上海市2013—2014年信息化应用效益指数一级指标情况

数据来源：中国电子信息产业发展研究院，2014年12月。

就信息化各项细分指标来讲，"十二五"以来，上海市信息化应用效益各方面都取得了积极进展。全员劳动生产率指数从2013年的108.02下降到了2014年的107.8，指数值减少了0.22。单位地区生产总值专利申请量指数值从2013年的113.06提升到2014年的114.96，指数值增长了1.9；单位地区生产总值专利授权量指数值从2013年的109.16下降到2014年的102.22，指数值减少了6.94。信息化促进了节能降耗，单位地区生产总值能耗指数从2013年的99.68增加到2014年的101.12，指数值增加了1.44；单位地区生产总值用水量指数从2013年的88.48增加到2014年的88.88，指数值增长了0.4。信息化带动了经济快速发展，人均地区生产总值指数由2013年的102.71提升到2014年的105.67，指数值增长了2.96。

表11-7　上海市2013—2014年信息化应用效益指数二级指标情况

指标名称	2013年指数值	2014年指数值	变化情况
全员劳动生产率	108.02	107.8	−0.22
单位地区生产总值专利申请量	113.06	114.96	1.9
单位地区生产总值专利授权量	109.16	102.22	−6.94
单位地区生产总值能耗	99.68	101.12	1.44
单位地区生产总值用水量	88.48	88.88	0.4
人均地区生产总值	102.71	105.67	2.96

数据来源：中国电子信息产业发展研究院，2014年12月。

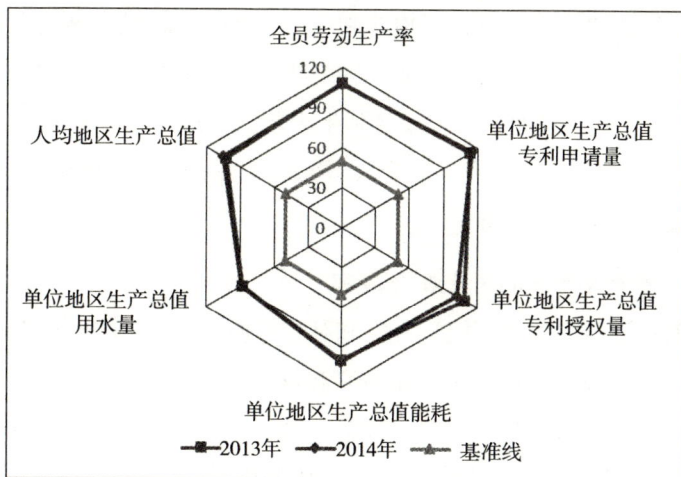

图11-7　上海市2013—2014年信息化应用效益指数二级指标情况

数据来源：中国电子信息产业发展研究院，2014年12月。

三、优劣势评价

（一）优势

1. 实力强大的制造业为较高的"两化"融合水平奠定了坚实基础

制造业一直是上海市的重点优势产业。2013年，上海市全年实现工业增加值7236.69亿元，比上年增长6.3%。其中，规模以上工业增加值6769.64亿元，同比增长6.6%。全年完成工业总产值33899.38亿元，同比增长4.3%，其中规模以上工业总产值32088.88亿元，同比增长4.4%。全年电子信息产品制造业、汽车制造业、石油化工及精细化工制造业、精品钢材制造业、成套设备制造业、生物医药制造业六个重点行业完成工业总产值21585.91亿元，比上年增长4.5%，占全市规模以上工业总产值的比重为67.3%。全年规模以上工业产品销售率达到99.1%，汽车产量226.89万辆，比上年增长15.5%；原油加工量2609.17万吨，同比增长18.2%；电力电缆154.8万千米，同比增长46.2%。全年规模以上工业企业实现利润总额2415.2亿元，比上年增长13.1%；实现税金总额1815.94亿元，同比增长11%。坚实的制造业基础为上海市打造"两化"深度融合高地提供了优势载体。目前，上海市钢铁、装备制造、汽车等重点传统企业，都已经开始利用信息化集成应用加快改造提升，以模式和业务创新带动转型发展。上海电气充分重视发展工业自动化，改造传统产业。围绕核电、风电装备等关键产品，部署产品生命周期管理系统，打通从研发设计到生产制造、销售管理等环节的信息通道。宝钢集团通过推进 EVI（供应商早期介入）模式，全面介入从研发到量产的各环节，实现利用互联网打造优势服务。

2. 公共信息资源开发利用走在全国前列

在公共信息资源的积累、共享、开发和利用方面，上海市率先采取了许多行动。2013 年 6 月，上海发布《推进大数据研究和发展三年行动计划》，计划未来三年，在医疗卫生、食品安全、终身教育、智慧交通、公共安全、科技服务等具有大数据基础的重点领域，探索交互共享、一体化服务模式，建设大数据公共服务平台，促进大数据技术成果惠及民众。2013 年 6 月，上海市公共信用信息服务平台面向政府部门试开通。根据平台数据，政府部门可以对不同信用水平的企业和个人，按不同要求进行日常监管、执法、审批、资质评定，分配公共资源；也可以在数据分析基础上，对重点领域、重点人群进行信用监测，发出信用预警。12 月 31 日，该平台面向全市的信用主体开通试运行，上海市法人和自然人可以免费查询自身公共信用状况。

3. 较高的全民信息化素质为信息化全面推进提供了良好环境

无论是信息化应用的民众规模，还是互联网应用环境，上海市都处于全国领先水平。2013 年，上海市智能终端普及指数、光纤发展指数、宽带速率指数均排名全国首位。截至 2013 年 12 月底，上海市网民数量达 1683 万人，同比增长 4.8%，互联网普及率为 70.7%，在全国排在第二位。[1] 网民收入水平大幅高于全国水平，网购率达到 65.7%，网上银行使用率 56.8%，均高于全国平均水平。截至 2013 年 10 月，固定宽带接入用户数达 617 万，4M 以上用户占比达 82.5%，其中 8M 以上用户占比达 66.6%，居全国第一。3G 移动电话用户数达 1074 万户，移动电话用户数达 3081.4 万户，这意味着在上海，3 部手机中有 1 部是 3G 智能手机。[2]

4. 活跃的市场氛围和强大的资本运作能力为信息化创新创造了优越条件

在农业农村、教育、健康、交通、养老、文化等领域信息化建设上，在互联网应用领域中，上海市都充分发挥了优越的市场优势和资本优势，大胆创新发展

---

[1] 第33次《中国互联网络发展状况统计报告》，CNNIC。
[2] 上海市通信管理局数据。

模式，大幅提升了信息化建设效果。上海浦东新区建设智慧城市，在逐步加大政府财政资金投入的同时，鼓励政府和社会合作共建的 PPP 模式，引导社会资本投入。据《推进智慧浦东建设 2011–2013 年行动计划》的完成情况，浦东新区以不到 20 亿元的政府引导性投入撬动了近 300 亿元的社会资本投入。同时，梳理智慧浦东建设的优秀案例，遴选政府、民生、社会应用优秀示范项目，鼓励和发动企事业单位、优秀领军人才积极投身智慧浦东建设，进一步形成多方参与、共同建设的智慧城市建设模式。

（二）劣势

1. 信息技术自主创新力还有进一步提高的空间

上海市虽然在信息技术创新方面拥有研发资源强、营商环境规范、国际化程度高等优势，但同时，在城市创新体系、创新机制、企业技术创新能力、科技与教育投入、高素质人才方面还面临诸多不足与挑战，具有较大的提升空间。核心高端电子信息产品自供给能力不足。2013 年，上海市电子信息产品进口额居全国第三位，进口额 721 亿美元。信息技术应用开发创新存在市场脱节，重大研究成果、重大技术产品难以转化为市场上的商品乃至产业化，多种科技孵化模式之间相互转化的机制不健全等多种情况。

2. 中小企业信息化应用与政务信息化应用水平有待提升

上海市在中小企业和政务领域信息化建设方面一直在加大投入力度，也取得了许多成绩，但是建设效益还需进一步提升。中小企业信息化应用能力还不够高，信息化服务资源还不够集中，新一代信息技术对支持中小企业转型升级和健康发展的作用还未充分发挥。政务信息化协同应用还未有实质性突破，社会管理与公共服务效能还有待进一步提升。

四、相关建议

（一）持续提升信息基础设施建设水平

围绕构建具有国际水平的信息基础设施，对标"宽带中国"战略第二阶段和上海"十二五"发展目标，坚持加快建设和提升服务并重，继续提升全市的信息基础设施接入能力和应用水平。重点加快在郊区特别是农村地区的光纤到户、NGB 等设施覆盖；大力推进以 TD-LTE 为主的 4G 网络建设；打造品牌，把 i-Shanghai 项目做实做好，不断提升用户体验；全力推进国际旅游度假区、虹桥商务区等重大工程和中国（上海）自由贸易试验区等重点区域的基础设施配套及优化建设；聚焦高速公路沿线、产业园区、大型居住社区等信号覆盖薄弱区域及用户投诉集中区域，加大信息基础设施改造力度；加强公共移动通信基站站址布局规划落地，完善基站设置管理。

（二）全方位推进"两化"深度融合

按照《信息化和工业化深度融合专项行动计划（2013—2018 年）》，加快出台并落实上海市《信息化和工业化融合 2014 专项行动实施方案》工作计划，推进信息技术在工业各领域、各环节的渗透，重点开展三方面工作。第一，贯彻推广工信部企业"两化"融合管理体系，全面激发企业"两化"融合自主创新活力。第二，培育"四新"经济，大力推动工业机器人、3D 打印等先进制造技术，车联网、互联网金融、大宗商品交易平台等制造服务相融合的新业态，以及智慧园区、智慧商圈等产业新载体的发展。第三，加快传统工业转型升级，深化推进传统产业系统集成、产业链协同和商业模式创新，积极推动企业通过信息化手段，实现从传统比较优势向综合竞争优势的转变。

（三）创新发展信息消费

加快出台上海市《贯彻落实〈国务院关于促进信息消费扩大内需的若干意见〉行动纲要（2014—2017 年）》。从上海重点细分领域出发，充分发挥国际金融中心的优势，推进互联网金融发展。建立与金融等监管部门的沟通会商机制，支持符合条件的互联网金融企业获得各类行业准入许可。加强征信服务，提升互联网金融企业风控能力和水平。指导开展网络信贷行业标准起草工作。加快出台针对促进上海互联网金融产业发展的政策文件。继续推进实施"云海计划"，大力推进云计算示范应用，组建上海市云计算促进中心，建设网上云计算展示体验中心，开展云计算系统和环境的适配验证，培育成熟的商业模式。形成数据中心的产业规划布局，重点推动自贸区内云海数据中心和宝山宝信数据中心的建设。推动金融、交通和医疗领域的大数据应用示范，推动大数据平台建设。加强对智能交通产业、网络视听和互联网教育等上海信息消费重点发展细分领域。

（四）推动新一轮智慧城市建设

制定实施下一个智慧城市建设三年行动方案，聚焦民生改善、产业创新、政务透明等深层次领域，采取五大行动。第一，营造普惠化的智慧生活。构建"政府、企业、社会组织"三位一体的公共服务体系。第二，发展高端化智慧经济。以信息化助推"四个中心"建设，加快培育发展新产业、新技术、新业态、新模式。第三，完善精细化的智慧城管。围绕城市管理精细化、可视化、智能化的发展需求，全面支撑上海城市功能提升和安全运行。第四，建设一体化的智慧政务。以政务信息资源开发利用为核心，以信息共享、系统集成、业务协同、渠道整合、资源集约为原则，充分利用云计算、大数据、移动互联网等新兴技术，实现政府资源整合、流程优化和业务协同，提升政府管理和公共服务水平和效率。第五，打造智慧城市新地标。围绕社区、村庄、商圈、园区、新城等5个空间区域，推进创新试点和应用示范。

第十二章　江苏省信息化发展水平分析

一、总体情况

（一）经济社会发展情况

2013 年，江苏省坚决贯彻落实党的十八大精神，全省上下深入落实"六大战略"，全面实施"八项工程"，着力抓好"十项举措"，积极应对国际经济下行造成的外需不振内需不旺的局面，全省经济运行呈现总体平稳、稳中有进的态势，在加快转型升级中保持了持续健康发展。2013 年年底全省常住人口 7939.49 万人，全省生产总值实现 59161.8 亿元，按可比价格计算，同比增长 9.6%；其中，第一产业增加值 3646.1 亿元，第二产业增加值 29094.0 亿元，第三产业增加值 26421.7 亿元，分别同比增加 3.1%、10.0%、9.8%。三次产业增加值比例由上年的 6.3：50：2：43.5 调整为 6.1：49.2：44.7，其中高新技术产业、新兴产业及现代服务也发展显著加快，产值同比分别增长 15%、18%、9.8%；全省人均 GDP 为 74607 元，同比增长 9.3%，居民消费价格涨幅同比回落 0.3%。2013 年，江苏省新型城镇化和城乡一体化扎实推进，区域经济协调发展，苏南转型升级步伐加快，顺利完成沿海开发五年推进计划第一阶段任务，稳增长、调结构、抓创新、促改革、惠民生各项工作稳步进行，在"两个率先"建设中又有新建树。[1]

（二）信息化发展特点

1. 全面实施江苏"宽带中国 2013 专项行动"，信息社会发展由转型期进入发展期

江苏省信息通信基础设施能力有效提升，信息化发展水平总指数提升到

---

[1]　江苏统计局：《2013年江苏省国民经济和社会发展统计公报》，2014年2月。

86.67，"宽带江苏、无线江苏"建设再上新台阶。一是通信网络方面，全年完成固定资产投资 247.8 亿元，同比增长 11.7%；固定局用交换机容量减少 1507.5 万门，降至 3346.3 万门；移动电话交换机容量增加 997.8 万户，增至 10356.5 万户；固定长途电话交换机容量减少 71.9 万路端，降至 37.6 万路端[1]；此外互联网基础设施日益完善，截止 2013 年年底，江苏省光缆线路增加 19.22 万公里，总长度达到了 175.75 万公里，排名全国第一；省际出口带宽达到了 2225G；固定互联网宽带接入用户综述为 1431.4 万户，其中 4M 以上用户占 78.3%；WLAN 公共运营接入点（AP）数达到 31.43 万个；3G 基站数达到了 7.42 万个，占移动电话基站总数的 46.3%[2]；自 2013 年 12 月，江苏移动正式推出 4G 服务，且已开通 7000 多个站点。二是"三网融合"方面，江苏省已形成以南京为首的沿江 8 市整体试点格局，成为全国最大"三网融合"试点区域之一，随着"三网融合"的持续实质性推动，IPTV 用户达到 527 万户，同比增长 26.6%，物联网终端和手机支付用户已分别达到 389.4 万户和 23 万户。[3] 三是关于广播电视方面，有线电视"户户通"工程进一步深入，前三季度，江苏省新发展有线电视用户 73.45 万户，全省 28 个县及苏州、无锡、扬州三个地级市率先实现了有线电视"户户通"。

2. 江苏区域"两化"融合发展水平领跑全国

江苏省 2013 年以来继续组织实施"两化"深度融合"百千万"（百企示范、千企试点、万企行动）工程，以促进产品和装备智能化、生产过程自动化、公共平台和企业电子商务加快发展为重点，全面推动信息化和工业化深度融合工作，创建省级"两化"融合示范区 10 家，重点突出，成效显著。一是大力促进企业信息化，加快传统产业转型升级。通过大力推进"百项信息化关键核心技术"示范项目，加强新一代信息技术的集成创新与协同应用，促进江苏工业由加工制造向智能制造转变；深入实施企业"两化"深度融合"百千万"工程，加快培育一批两化融合研发设计、供应链管理、产品或装备、生产过程智能化和电子商务示范企业；完善中小企业数字云服务平台，加快创建"数字企业"；积极推行企业建立 CIO 制度；加强对传统产业中主要耗能、耗材设备和工艺流程的智能化改造，促进节能增效和安全、清洁生产；发展工业设计、电子商务、现代物流、信息服

---

[1]　江苏省通信管理局：《江苏省通信业二〇一四年年度滚动发展计划（2014—2016）》。
[2]　江苏省通信管理局、江苏省互联网行业管理服务中心、江苏省互联网协会：《江苏省互联网发展状况报告》，2014年5月。
[3]　《江苏前三季度新增有线电视73万户》，中广互联，2013年11月23日。

务等生产性服务业，促进制造业和服务业融合发展。三是推进两化深度融合示范载体建设，以市、县（市）域和各级、各类高新技术产业开发区、经济技术开发区、工业园区、新区等为主体，创建培育"两化"融合示范区、试验区和服务产业园。四是积极开展信息技术产业研究。通过鼓励江苏高校科研院和产业技术国际研究院的合作，整合国际国内研究资源，加强产学研合作，打造一批产业联盟，开展共性技术、关键技术、前沿技术的联合攻关，协同创新，重点突破新一代信息技术、物联网、云计算等领域一批关键核心技术难题，抢占产业技术制高点；实施"曙光计划410工程"，构建一批企业联合技术研发中心，推动新型显示、物联网、未来网络、集成电路、核心元器件、电子装备、汽车船舶电子、北斗卫星导航等基于新一代信息技术的应用电子产品、安全保障产品的培育和发展，研发一批电子文件、基础软件、云计算、工业软件、信息安全、行业应用软件等重点软件新产品。四是建立"两化"融合评价体系。会同江苏省统计局推动信息化发展指数列入全省两个率先指标体系，调整制定《江苏省地区信息化发展水平监测综合统计报表制度》，发布"两化"融合发展水平指数，加强区域、园区、行业、企业"两化"融合绩效评估，依法开展地区信息化发展水平测评评价，通过测评推动和引导各地信息化的发展方向，促进信息技术在不同层面的深度推广应用。[1]2013年，江苏省共认定省级"两化"融合示范企业113家，省级"两化"融合试点企业540家；在工信部组织的钢铁、有色金属等27个行业（领域）国家级"两化"深度融合示范企业评定工作中，共有23家企业入选国家级信息化和工业化深度融合示范企业；另在工信部组织实施电子商务集成创新试点工程中，有25个项目被确定为2013年电子商务集成创新试点项目，入选项目数量在全国名列前茅。[2]

3. 社会管理信息化创新发展

一是教育科研方面，全省教育资源公共服务平台基本建成，江苏省教育云架构数据中心建设已启动，江苏"e学习"平台也已开通；无锡职业技术学院与物联网企业合作已凭借物联网技术应用专业独占鳌头。二是医疗卫生方面，以电子病历为核心的临床信息系统已在80%以上二级医院和全部三级医院得到应用，为诊疗对象建立电子病历数据库；2013年12月底，江苏广电局与江苏省广电公司、省经信委、省卫生厅签订《江苏省医疗卫生和智慧健康信息化系统合作

---

[1] 《江苏加快推进两化融合 为工业转型增添新动力》，中国工业新闻网，2013年8月20日。
[2] 《江苏省企业两化深度融合工作推进会召开》，中华人民共和国工业和信息化部，2013年12月5日。

框架协议书》，推进基于有线电视网络的全省医疗卫生和智慧健康信息化系统建设。三是社会保障方面，9个市、近30个县（市）全省社会保障"一卡通"体系建设进展迅速，截至2013年12月底，江苏省社会保障卡持卡人数达3240万；开办结婚登记网上预约；此外，江苏还开设了全省统一社区综合管理服务信息平台和"12349"民政公共服务热线。四是智慧城市方面，2013年江苏省组织完成了《"江苏智慧城市群"建设实施方案》，组织指导各地申报中欧智慧城市合作试点城市，扬州、淮安和南通等三市列入首批中欧智慧城市合作试点城市（全国共15家）；加快推动全省"智慧城市群"建设，全面建设农村、社区综合信息服务平台，构建完善的城乡综合信息服务体系，着力将信息化向城乡基层延伸与渗透；江苏省率先建成覆盖全省的"智慧江苏"门户平台，提出了全省智慧城市群建设的工作思路，开通运行多种便民服务，上线应用已超过460个；江苏智慧交通"232"畅通网工程启动，高速公路ETC联网范围新增浙江、苏通卡用户突破53万，船联网工程、内河船舶便捷过闸系统、铁水联运信息服务取得进展，统一"96520"全省出租车招车；全省1043个国（省）918个控重点污染源联网，179个已自建空气自动站联网124个，11个辐射监测站点全部联网，134家机动车尾气检测站联网81家。五是推动智慧旅游的发展，江苏旅游信息化全国先行试点已有较快发展和成绩，通过项目平台建设及跨行业、地区的配合协作，逐步建立政府旅游主管部门和各级旅游企业一体化的旅游市场推广平台、旅游产业管理和服务平台。

4. 农业信息化建设又上新台阶

农业农村信息化持续推进。江苏省农业部门积极稳妥推进农业物联网建设，加大力度构建农业物联网公共服务平台和决策智慧系统平台，探索政府与市场、产学研和多部门协同推进的农业物联网创新机制和可持续发展的商业模式，此外江苏省农业部门积极推进农业信息化基础设施建设，逐步实现全省农村"新三通"全面覆盖，推进升级农业数据中心建设，进一步发展智能农业、精准农业，加强远程视频系统、物联网和农产品质量追溯系统建设，发展农业电子商务和以信息流为核心的全新流通流程。2013年，江苏省承办了工信部全国农业农村信息化经验交流会，农业部、科技部等部委的有关领导和来自全国25个省份的农业农村信息化主管部门和相关企业参加了会议并进行了参观考察，组织制定了《江苏省农村综合信息服务平台建设规范》，并已列入江苏省地方标准（ DB32/T 2290-2013），有力地指导了各地开展农村综合信息服务平台建设。江苏推动各地开展农村信息化应用探索，开展 2013 年度农村信息化应用示范基地认定，认定农村信息化应用示范基地 30 家，编制了《全省农村信息化应用典型案例集》。目前，江苏省 29 个省级以上现代农业园区实施远程视频监控，实施农业三新工程智能农业项目，全省设施农业物联网技术推广应用面积占 10% 左右。[1]

5. 加深电子政务应用

江苏省在城乡社会管理与公共服务、城市建设与管理、新型城镇化、新农村建设等领域大力推广应用新一代信息技术，推动建设一批跨部门跨行业公共信息服务平台和共享交换平台，提高公共服务水平。一是进行电子政务人才培训。相关部门贯彻落实《江苏省信息化条例》，在省级部门全面推行政府部门信息主管（CIO）制度，研究确定各部门 CIO 人选，进一步理顺信息化工作体系，举办全省十大首席信息官"CIO"评选，初步建立了省级机关 CIO 工作体系；承办了中组部和工信部共同举办的"第十一届政府管理创新和公共服务能力建设电子政务专题研究班"，承办了工信部举办的"电子政务公共平台建设与应用培训班"。二是进一步推进基础信息资源和重点领域信息资源的业务应用和公共服务。江苏省研究确定了首批 13 家省级信息资源共建共享部门和六大类共享交换应用。公共信用信息资源基础支撑日益加强，实现 40 家省级部门和 13 个省辖市信用信息的归集，入库记录 1.19 亿条；参与推进教育、卫生、档案、地理信息等领域的信息化推进工作，树立信息化典型示范标杠，引导部门信息化向集约建设、资源共享等方向发展；加强网络信任体系建设和密码保障，推动数字证书在电子政务、电子商务以及城乡社会管理和公共服务领域中的应用；截至 2013 年年底，全省农村综合平台行政村覆盖率超过 65%，社区综合平台行政村覆盖率超过 50%，新农合升级平台被确定为国家级平台接入试点。

二、信息化水平分析

（一）总体水平

"十二五"以来，江苏省信息化实现了快速发展，信息化发展总指数从 2013 年的 77.48 提升到 2014 年的 82.49，指数值增长了 5.01。网络基础设施基本实现

---

[1]　江苏省信息产业厅信息化推进处：《信息化推进处2014年工作思路汇报》。

了较快发展，网络就绪度指数从 2013 年的 66.7 提升到了 2014 年的 76.43，指数值增长了 9.73。信息通信技术应用进一步普及和深化，信息通信技术应用指数从 2013 年的 75.7 提升到 2014 年的 78.53，指数值增长了 2.83。应用效益指数从 2013 年的 102.59 下降到 2014 年的 102.55，指数值基本持平，略下降了 0.04。

表 12-1　江苏省 2013—2014 年信息化指标情况

指标名称	2013年指数值	2014年指数值	变化情况
网络就绪度指数	66.7	76.43	9.73
信息通信技术应用指数	75.7	78.53	2.83
应用效益指数	102.59	102.55	−0.04
信息化发展总指数	77.48	82.49	5.01

数据来源：中国电子信息产业发展研究院，2014 年 12 月。

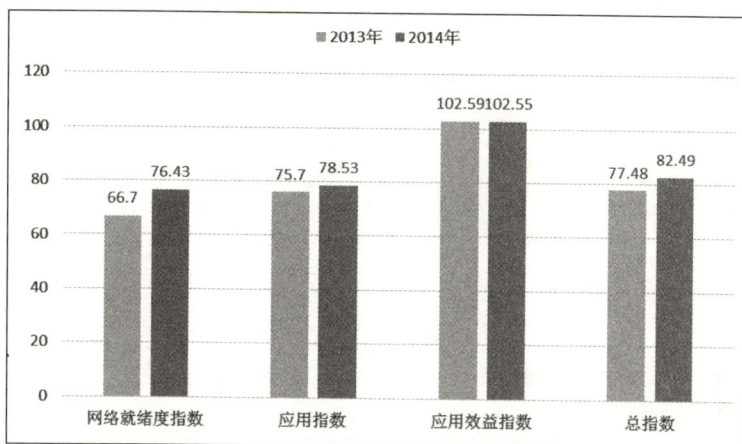

图12-1　江苏省2013—2014年信息化指标情况

数据来源：中国电子信息产业发展研究院，2014 年 12 月。

（二）分类指标

1. 网络就绪度指数

在网络就绪度方面，"十二五"以来，江苏省大力推进网络基础设施建设，网络基础设施实现了跨越式发展。智能终端进一步普及应用，智能终端普及指数从 2013 年的 77.8 提升到 2014 年的 81.03，指数值增长了 3.23。"三网融合"顺利推进，有线电视发展指数从 2013 年的 77.07 提升到 2014 年的 79.16，指数值增长了 2.09。光纤网络快速发展，光纤发展指数从 2013 年的 51.04 提升到 2014 年的 71.57，指数值增长了 20.53。宽带普及加速，宽带普及指数从 2013 年的 67.42 提升到 2014 年的 76.81，指数值增长了 9.39。宽带速率进一步提升，宽带速率指数从 2013 年的 59.97 提升到 2014 年的 73.1，指数值增长了 13.13。

表 12-2　江苏省 2013—2014 年网络就绪度一级指标情况

指标名称	2013年指数值	2014年指数值	变化情况
智能终端普及指数	77.8	81.03	3.23
有线电视发展指数	77.07	79.16	2.09
光纤发展指数	51.04	71.57	20.53
宽带普及指数	67.42	76.81	9.39
宽带速率指数	59.97	73.1	13.13

数据来源：中国电子信息产业发展研究院，2014 年 12 月。

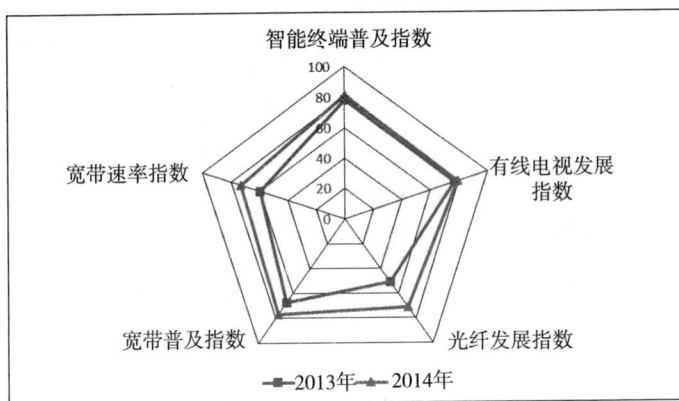

图12-2　江苏省2013—2014年网络就绪度指数一级指标情况

数据来源：中国电子信息产业发展研究院，2014 年 12 月。

就网络就绪度各项细分指标来讲，江苏省"十二五"以来网络基础设施方方面面都取得了很大发展。移动电话用户数保持稳步增长，移动电话普及率指数从 2013 年的 65.26 提升到 2014 年的 67.8，指数值增长了 2.54。电脑普及率进一步提高，电脑普及率指数从 2013 年的 90.34 提升到 2014 年的 94.26，指数值增长了 3.92。有线电视用户数进一步增长，入户率指数从 2013 年的 77.07 增长到 2014 年的 79.16，指数值增长了 2.09。光纤入户快速推进，光纤入户率指数从 2013 年的 51.04 提升到 2014 年的 71.57，指数值增长了 20.53。互联网固定宽带用户数稳步增长，固定宽带普及率指数从 2013 年的 77.28 提升到 2014 年的 78.77，指数值增长了 1.49。3G 和 4G 用户数实现快速增长，移动宽带普及率指数从 2013 年的 57.56 增长到了 2014 年的 74.86，指数值增长了 17.3。宽带普及提速行动初显成效，固定宽带端口平均速率指数从 2013 年的 59.97 增长到了 2014 年的 73.1，指数值增长了 13.13。

表 12-3　江苏省 2013—2014 年网络就绪度指数二级指标情况

指标名称	2013年指数值	2014年指数值	变化情况
移动电话普及率	65.26	67.8	2.54
电脑普及率	90.34	94.26	3.92
有线电视入户率	77.07	79.16	2.09
光纤入户率	51.04	71.57	20.53
固定宽带普及率	77.28	78.77	1.49
移动宽带普及率	57.56	74.86	17.3
固定宽带端口平均速率	59.97	73.1	13.13

数据来源：中国电子信息产业发展研究院，2014 年 12 月。

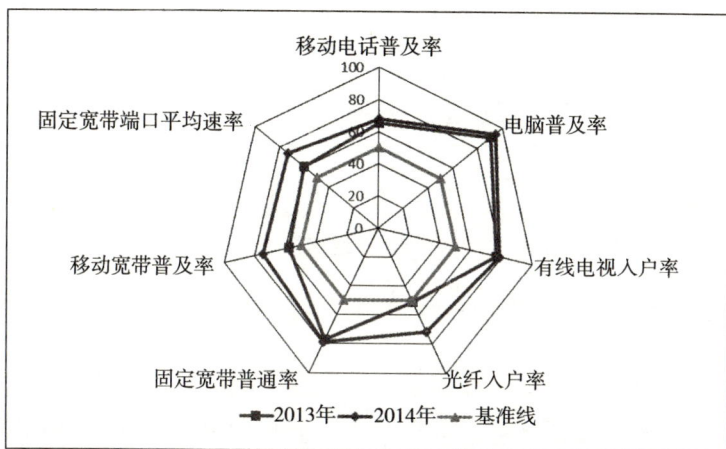

图12-3　江苏省2013—2014年网络就绪度指数二级指标情况

数据来源：中国电子信息产业发展研究院，2014 年 12 月。

2. 信息通信技术应用指数

在信息通信技术应用方面，"十二五"以来，江苏省企业、居民两方面信息化都取得了很大发展。企业应用指数从 2013 年的 88.65 提升到 2014 年的 92.58，指数值增长了 3.93。政务应用指数从 2013 年的 72.24 下降到 2014 年的 61.82，指数值下降了 10.42。居民应用指数从 2013 年的 70.95 提升到 2014 年的 79.86，指数值增长了 8.91。

表 12-4　江苏省 2013—2014 年信息通信技术应用指数一级指标情况

指标名称	2013年指数值	2014年指数值	变化情况
企业应用指数	88.65	92.58	3.93
政务应用指数	72.24	61.82	−10.42
居民应用指数	70.95	79.86	8.91

数据来源：中国电子信息产业发展研究院，2014 年 12 月。

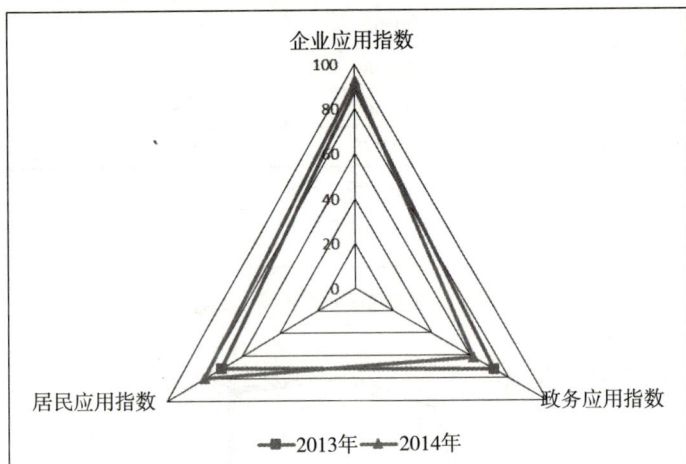

图12-4　江苏省2013—2014年信息通信技术应用指数一级指标情况

数据来源：中国电子信息产业发展研究院，2014 年 12 月。

在企业信息化应用方面，江苏省"十二五"以来大力推进企业"两化"融合工作，企业信息化发展环境进一步改善。企业 ERP 普及率从 2013 年的 69.65 提升到 2014 年的 75.06，指数值增长了 5.41；企业电子商务交易额占比指数从 2013 年的 107.64 增加到了 110.1，指数值增长了 2.46。

在政务信息化应用方面，政务事项网上办事率指数从 2013 年的 79.25 下降到了 2014 年的 62.53，指数值下降了 16.72。政府信息公开上网率指数从 2013 年的 65.24 下降到了 2014 年的 61.12，指数值下降了 4.12。

在居民信息化方面，"十二五"以来,江苏省居民信息化应用水平进一步提升。

互联网用户数稳步增长，互联网普及率指数从 2013 年的 66.14 提升到 2014 年的 67.6，指数值增长了 1.46；居民电子商务快速发展，人均在线零售额占比指数从 2013 年的 81.15 提升到 2014 年的 100.72，指数值增长了 19.57。居民信息消费实现较快增长，人均信息类消费支出指数由 2013 年的 60.19 提升到 62.67，指数值增长了 2.48..

表 12-5　江苏省 2013—2014 年信息通信技术应用指数二级指标情况

指标名称	2013年指数值	2014年指数值	变化情况
企业ERP普及率	69.65	75.06	5.41
企业电子商务交易额占比	107.64	110.1	2.46
政务事项网上办事率	79.25	62.53	−16.72
政府信息公开上网率	65.24	61.12	−4.12
互联网普及率	66.14	67.6	1.46
人均在线零售额占比	81.15	100.72	19.57
人均信息类消费支出	60.19	62.67	2.48

数据来源：中国电子信息产业发展研究院，2014 年 12 月。

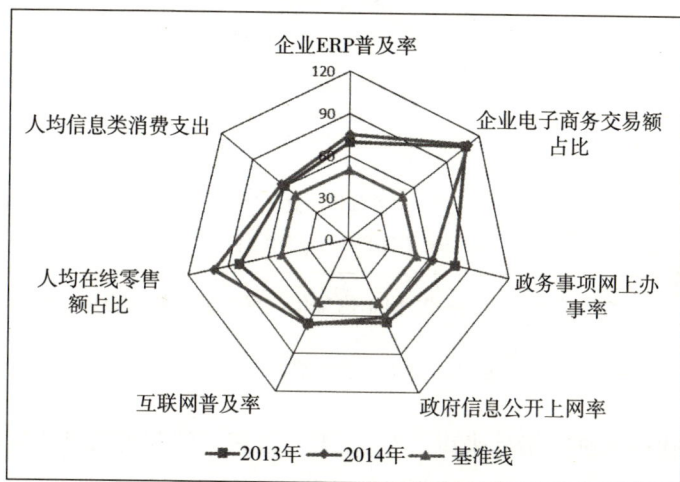

图12-5　江苏省2013—2014年信息通信技术应用指数二级指标情况

数据来源：中国电子信息产业发展研究院，2014 年 12 月。

3.信息化应用效益指数

在信息化应用效益方面，"十二五"以来，江苏省信息化应用效益日渐凸显出来。劳动生产率指数从 2013 年的 89.14 增长到了 2014 年的 90.07，指数值增长了 0.93；技术创新指数从 2013 年的 153.18 下降到了 2014 年的 146.38，指数值下降了 6.8；节能降耗指数从 2013 年的 77.18 增长到了 2014 年的 78.31，指数值增长了 1.13；人均收益指数从 2013 年的 90.87 增长到了 2014 年的 95.45，指数值增长了 4.58。

表 12-6　江苏省 2013—2014 年信息化应用效益指数一级指标情况

指标名称	2013年指数值	2014年指数值	变化情况
劳动生产率指数	89.14	90.07	0.93
技术创新指数	153.18	146.38	−6.8
节能降耗指数	77.18	78.31	1.13
人均收益指数	90.87	95.45	4.58

数据来源：中国电子信息产业发展研究院，2014 年 12 月。

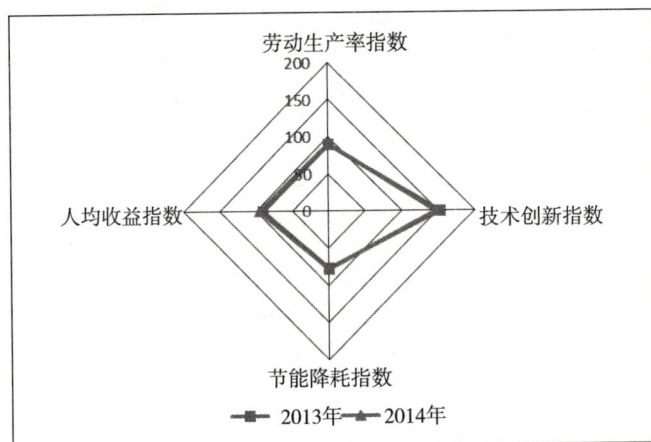

图12-6　江苏省2013—2014年信息化应用效益指数一级指标情况

数据来源：中国电子信息产业发展研究院，2014 年 12 月。

就信息化各项细分指标来讲，"十二五"以来，江苏省信息化应用效益各方面都取得了积极进展。全员劳动生产率指数从 2013 年的 89.14 增长到了 2014 年的 90.07，指数值增长了 0.93。单位地区生产总值专利申请量指数值从 2013 年的 158.89 提升到 2014 年的 161.35，指数值增长了 2.46；单位地区生产总值专利授权量指数值从 2013 年的 149.37 下降到 2014 年的 136.4，指数值下降了 12.97。信息化促进了节能减排工作，单位地区生产总值能耗指数从 2013 年的 87.43 提升 2014 年的 88，指数值增长了 0.57；单位地区生产总值用水量指数从 2013 年的 61.81 提升到 2014 年的 63.77,指数值增长了 1.96。信息化带动了经济快速发展，人均地区生产总值指数由 2013 年的 90.87 提升到 2014 年的 95.45，指数值增长了 4.58。

表 12-7 江苏省 2013—2014 年信息化应用效益指数二级指标情况

指标名称	2013年指数值	2014年指数值	变化情况
全员劳动生产率	89.14	90.07	0.93
单位地区生产总值专利申请量	158.89	161.35	2.46
单位地区生产总值专利授权量	149.37	136.4	−12.97
单位地区生产总值能耗	87.43	88	0.57
单位地区生产总值用水量	61.81	63.77	1.96
人均地区生产总值	90.87	95.45	4.58

数据来源：中国电子信息产业发展研究院，2014 年 12 月。

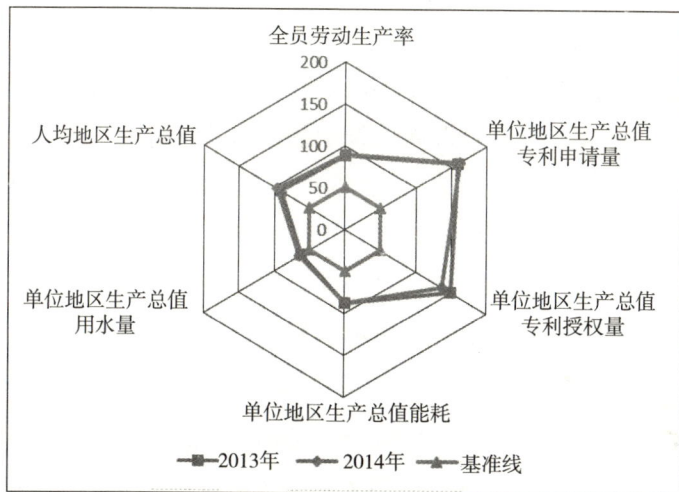

图12-7 江苏省2013—2014年信息化应用效益指数二级指标情况

数据来源：中国电子信息产业发展研究院，2014 年 12 月。

三、优劣势评价

（一）优势

1. 企业信息化应用水平较高

根据评估数据显示，2014 年江苏省两化融合发展指数达到了 92.17，位居全国第一名，这是国家"两化"融合发展水平评估开展以来，江苏省连续三年稳居全国第一名。江苏省"两化"融合取得如此好的成绩，主要得益于近年来江苏坚持把信息化作为推动工业转型升级的引领和支撑，加强示范应用，强化基础设施建设，信息化水平不断提升，建成国家级"两化"融合试验区1家，省级"两化"融合示范区、试验区56家，国家级"两化"融合示范企业23家，省级"两化"融合示范企业142家、试点企业1088家。

2. 宽带中国战略推进成效显著

根据评估数据显示，2014年江苏省光纤入户率指数、固定宽带普及率指数、移动宽带普及率指数、固定宽带端口平均速率指数分别达到71.57、78.77、74.86、73.1，分别位居全国第4、5、6、4位。近年来，江苏省大力推进宽带中国战略的实施，加快宽带网络升级改造，继续推进光纤入户，统筹提高城乡宽带网络普及水平和接入能力，同时以智慧城市为统领，不断丰富信息应用的内容和形式，促进宽带应用水平和信息消费层次提升，助力万千家庭畅享信息新生活。2013年4月，江苏电信又出台苏南引领示范计划、应用创新推广计划、宽带体验提升计划等五项计划，积极响应工信部等8部委在4月初联合部署的"宽带中国2013专项行动"，在全国率先启动以光纤化改造为主要内容的第三次宽带大提速。2013年7月24日，江苏电信举行100M家庭宽带发布仪式，宣布省内光纤入户覆盖的区域都能开通中国电信100M家庭宽带。

3. 地区创新水平居全国前列

根据评估数据显示，2014年江苏省技术创新指数达到146.38，位居全国第二位。其中2014年单位地区生产总值专利申请量指数、单位地区生产总值专利授权量指数分别达到161.35、136.4，分别位居全国第一、二名。地区创新水平居全国前列主要得益于近年来江苏省大力实施创新驱动战略。2011年以来，江苏省各地各有关部门和单位按照《中共江苏省委、江苏省人民政府关于实施创新驱动战略推进科技创新工程加快建设创新型省份的意见》（苏发〔2011〕10号）的要求，着力推进科技创新工程，建设创新型省份各项工作全面展开，取得了良好成效。2012年，江苏省委省政府又印发了《中共江苏省委江苏省人民政府关于加快企业为主体市场为导向产学研相结合技术创新体系建设的意见》，继续实施创新驱动战略，全面推进科技创新工程，加快构建以企业为主体、市场为导向、产学研相结合的技术创新体系，努力开创具有江苏特色的创新驱动发展新局面。

（二）劣势

1. 居民信息化应用有待进一步提升

根据评估数据显示，2014 年江苏省互联网普及率指数、人均在线零售额占比指数、人均信息类消费支出指数分别达到 67.6、100.72、62.67，分别位居全国第八、第十六、第八名。江苏省的居民信息化应用水平虽然位居全国中上游水平，但是与江苏省人均收益水平是不相匹配的。2014 年江苏省人均收益指数达到了 95.45，位居全国第四位，居民信息化应用水平明显落后于居民收益。

2. 政务网上服务水平有待提高

根据评估数据显示，2014 年江苏省政务事项网上办事率指数、政府信息公开上网率指数分别达到 62.53、61.12，分别位居全国第十六、第十一名，都比 2013 年全国排名下降了两位。

四、相关建议

（一）大力推进智能制造，促进工业转型升级和提质增效

以骨干制造型企业为重点，推进虚拟仿真、数字模型等关键研发技术应用，推广数字化、自动化、网络化生产控制系统和装备，支持企业在研产供销、经营管理与生产控制、业务与财务流程无缝衔接等领域建设跨平台、跨地域的信息化系统。加快重点行业研发设计与制造工艺系统的综合集成，完善产业链协同设计体系，加快普及产品全生命周期数字化设计模式。加快嵌入式系统芯片、电子标签、可编程控制器、工业计算机等信息技术在工业产品生产和使用中的应用，提升重要产品和重大成套装备的智能化程度。建立先进制造技术研发中心，开展先进制造创新试点，发展以人机智能交互、柔性敏捷生产等为特征的智能制造方式推进生产制造设备联网和智能管控。

（二）大力推进产业互联网发展，推动传统产业转型升级

大力推动互联网技术与新能源汽车、先进机器人、轨道交通、智能仪表和数控机床等行业的融合应用和商业模式创新。重点支持物流航运、会展旅游、金融服务等现代服务业信息化发展。鼓励和支持以服务业企业内部信息化以及行业性

电子商务平台、公共服务平台的建设，鼓励发展第三方电子商务交易与服务，建立和发展现代化物流系统，进一步优化通关流程，建设面向外经贸企业的服务系统。支持传统农产品加工企业电子商务应用，加快建立生鲜农产品生产流通、食品溯源服务体系。整合质量追溯、认证机构、质检机构等多方数据资源，通过多方协作建立透明可持续的农产品供应链体系。

（三）大力促进信息消费，实现信息惠民

开展智能家居、家庭商务、家庭金融等数字家庭业务，逐步实现电子政务、远程教育、远程医疗、社区服务等信息服务进入家庭。建立家庭购物电子商务平台，依托广播电视、互联网、杂志、移动终端，构建多媒体、多渠道、互动式大型家庭购物电子商城。建立覆盖各级医院和卫生服务机构的远程医疗服务和教育网络，结合远程心电、远程病理、区域影像等区域化信息系统，运用自主知识产权的4G（TD-LTE）通信技术，实现优质医疗资源共享，提高基层医疗服务质量。全面提升各级各类学校信息化基础设施建设水平，建设内容丰富的电子化学习平台，大力促进信息技术与课程教学的有效整合，全面建设电子图书项目、教育公共服务平台和个人学习终端等，实现学校管理方式、教师教学方式和学生学习方式的根本性变革。

（四）加快电子信息产业高端化发展，推动电子信息产业转型升级

加大在手机芯片、IC卡芯片、数字电视芯片、通信专用芯片、多媒体芯片、物联网传感芯片等的研发投入，在通用CPU、存储器、微控制器、数字信号处理器等量大面广的通用集成电路产品方面力争有新的突破。面向新一代信息技术和移动互联网的兴起，支持智能手机、智能电视等产品研发，推动平板产业发展，支持数字家庭智能终端研发及产业化，鼓励整机企业与江苏省芯片、器件、软件企业协作，研发各类新型消费电子产品。支持电信、广电运营单位和制造企业定制、集中采购江苏省生产的智能终端产品。鼓励民营资本投资北斗导航等信息消费产业，支持北斗导航技术研发和产业化，加快与移动通信、地理信息、移动互联网等融合发展。

第十三章　浙江省信息化发展水平分析

一、总体情况

（一）经济社会发展情况

2013年，浙江全省上下认真贯彻中央和省委、省政府的决策部署，深入实施"八大战略"，围绕干好"一三五"、实现"四翻番"，牢牢把握稳中求进工作总基调，开拓进取、扎实工作，克服国内外市场复杂多变和自然灾害等困难，完成了稳增长、调结构、促改革、惠民生等目标任务。全年国内生产总值（GDP）37568亿元，比上年增长8.2%。其中，第一产业增加值1785亿元，第二产业增加值18447亿元，第三产业增加值17337亿元，同比分别增长0.4%、8.4%和8.7%，三次产业增加值结构由上年的4.8:50.0:45.2调整为4.8:49.1:46.1。全年财政总收入同比增长7.8%；地方公共财政预算收入同比增长10.3%。截至2013年年底，浙江省常住人口达到5498万人，同比增长0.38%，人均GDP为68462元（按年平均汇率折算为11055美元），同比增长7.8%。全省城镇居民人均可支配收入37851元，农村居民人均纯收入16106元，分别同比增长9.6%和10.7%，扣除价格因素分别增长7.1%和8.1%。城镇居民人均消费支出23257元，农村居民人均生活消费支出11760元，分别同比增长7.9%和10.4%，扣除价格因素同比增长5.5%和7.8%。城镇居民家庭恩格尔系数为34.4%，农村居民家庭恩格尔系数为35.6%，分别下降0.7%和2.1%。全年居民消费价格（CPI）比上年上涨2.3%，固定资产投资价格与上年持平。[1]浙江经济运行平稳，转型升级扎实推进，发展

---

[1]　浙江统计局：《2013年浙江省国民经济和社会发展统计公报》，2014年2月。

质量效益向好，民生保障进一步改善。

（二）信息化发展特点

1. 继续推进"宽带浙江"工程，信息基础设施进一步完善

2013年，浙江省积极推进"宽带浙江"工程，实施了"宽带网络"升级、进一步推进了"三网融合"、宽带服务普惠、宽带网络资源共建共享深化、宽带网络安全保障能力提升等工程，如2013年中国电信浙江公司加快推进"城市光网"与"无线城市"专项工程，采用光纤、3G、WiFi以及卫星通信等多种无线接入技术，打造"天地一体化"的"光网·无线"城市，大力提升了宽带接入能级。一是在网络通信方面，截至2013年年底，光纤入户比例快速增长，浙江省光缆线路长度115.6万公里，新增14.7万公里，同比增长14.6%，仍位居全国第三；互联网有线宽带接入端口数量为2447万个，同比增长45.9%；互联网省际出口带宽达10450G，同比增长39.1%；浙江省3G基站总数为8.2万个，同比增长22.8%。截至2013年年底，浙江电信建设LTE基站数2400个，覆盖杭州和宁波，覆盖用户20万户；浙江移动在全省LTE基站数由2012年的5000个发展到1.4万个，试点城市由杭州扩展到宁波、温州，覆盖用户由2012年的500万户扩展到2000万户；浙江联通建设LTE基站数100个，覆盖城市为杭州和台州。截至2013年年底，浙江省网民规模达到3330万人，互联网普及率为60.8%，分别位居全国第五和第六；移动电话普及率和固定互联网宽带普及率分别为128.7%和22.6%，在全国分列第四和第二，互联网发展水平继续保持全国领先地位。4G基站数大规模发展，3G、4G无线网络覆盖面和覆盖质量进一步提高，且浙江率先在全国实现4G的正式商用[1]，如杭州、宁波、温州等地区在主要区域开展4G试点；杭州试点了WIFI的全城覆盖。二是三网融合工作有所突破。2013年浙江省首次大范围深入试水"三网融合"，推进了手机屏、电脑屏、平板电脑屏和电视屏"四屏合一"，即"3G+互动电视"的发展。浙江华数推出了目标覆盖全省有线电视用户的华数云平台，浙江自2013年3月开始进入"云电视时代"。目前，覆盖浙江全省的云业务平台和高带宽骨干网建设已完成。浙江全省广电网络的整合工作基本完成，全省1500多万户有线电视用户共享一张大网。

---

[1] 华信咨询设计研究院有限公司：《浙江省互联网发展报告（2013年度）》，2014年2月。

2."两化"深度融合，信息化程度持续增长

2013年，经工信部批复浙江省成为全国首个"两化"深度融合示范区，推进"两化深度融合国家示范区建设"的基础性工作。浙江省政府部署建设"信息化和工业化深度融合国家示范区"，提出了未来五年的"两化"融合十项专项行动，区域"两化"融合评估的范围进一步扩大，建设了"浙江省两化融合评估评价平台"作为样本企业上报数据、主管部门管理审核数据的网络平台，为进一步考核地方工业经济发展质量和区域"两化"融合发展水平奠定了良好基础。发展情况主要可从区域、行业和企业三个层面来看。

从区域层面来看，2013年浙江省区域"两化"融合发展水平进一步提高，大部分地区"两化"融合发展指数处于50—70之间。由于地方政府、企业对"两化"融合的认识不足，地区信息化有待改善，丽水、舟山等部分市部分县（市、区）的"两化"融合发展水平处于起步阶段，杭州、宁波的大部分地区"两化"融合指数超过60，处于单项业务覆盖向系统间集成应用阶段发展，部分地区已经从集成应用向创新应用阶段发展，信息技术已成为区域竞争力的核心部分。

从行业层面来看，装备制造业、电力电子行业的"两化"融合水平较高。装备制造业企业制定规划比率最高，达到60.53%；企业在信息化顶层设计方面已经有了长足进步，企业高层对信息化的统筹建设意识明显增强，其中盾安集团、杭汽轮股份等大型装备企业都制定了中长期信息化专项规划，其他行业的规划制定比率也基本超过半数。对产品设计和创新的要求较高的行业如电力电子、装备制造、家居建材行业，PLM应用比率相对较高，达到35%以上。电子商务方面，大企业传统销售渠道依旧占据主导地位，家居建材行业、电力电子行业网络销售的比率较高，达到22.67%和20.54%。石化行业生产过程基本全程采用自动化、数字化技术，因此数控化率也最高，达到96.94%；相比之下，轻工、家居建材、服装皮革等传统劳动密集型行业数控化率较低，均低于20%。

从企业层面来看，工业企业信息化应用水平显著提升，浙江大力推进"四换三名"工程，深入实施"机器换人""电商换市"等计划，企业纷纷加强智能装备、管理软件、设计工具、电商平台的应用，信息化应用水平显著提升，单项业务覆盖面进一步加大。作为企业信息化核心系统的ERP（企业资源管理计划）、MES（制造执行系统）和PLM（产品生命周期管理）三项应用的比率也有明显提高。企业信息化正从单项应用向系统间集成应用阶段发展。

然本地化的产品和服务还远远达不到支撑"两化"深度融合的要求，大部分省内企业采用省外甚至国外的信息化产品和服务。[1]

3."智慧浙江"取得重大成就

2013年，浙江省依托"数字浙江"基础建设"智慧浙江"，推进信息化与工业化、城市化深度融合，构建"智慧整合、创意无限"的智慧省。到目前为止，全省分三批共启动了20个智慧城市建设示范试点项目，覆盖了交通、就医、安居等民生领域，形成了一个地级市至少一个项目的试点布局。如杭州市智慧安监项目，实现了市区建筑工地、城市工程车、电梯联网可视化监管。其突出进步主要可体现在以下几个方面。

一是在智慧教育方面，2013年2月，浙江省教育厅公布了首批105所省数字校园示范建设校。同年10月，开通首批数字校园示范建设校和国家教育信息化试点单位网络空间，组织专家团队对网络空间进行定期检查并反馈检查意见，目前浙江省有26个国家教育信息化试点、105所省数字校园示范建设校。同时浙江省不断加强"优质资源班班通""网络学习空间人人通"建设，不断扩大优质教育的覆盖面，截至2013年年底，浙江全省普通中小学生机比为4.7:1，班级多媒体普及率达99.2%，校园网建有率达98.6%；69.3%的中小学校实现千兆到校，82.5%的中小学校实现校园网百兆到班或教师办公室；浙江全省义务教育阶段中小学校多媒体班套比提高到1.25∶1。

二是在智慧医疗方面，2013年，浙江省通过4G网络为医院搭建了远程医疗系统，实现了医生远程会诊；参照国外的先进经验，搭建了120院前急救信息化平台，极大地提高了急救效率，通过视频会诊，让医疗专家"第一时间"抵达现场，大大地提高了病人的救治率。杭州市级9家医院都开通了市民卡"智慧医疗"结算功能，实现边诊疗边付费。

三是在智慧交通方面，2013年浙江省投入运行智慧高速，车流量每年增加15%。但拥堵的时间同比下降了21个小时，事故率下降了10%以上。

四是在智慧能源方面，2013年8月，浙江智慧能源监测中心投入运营。从省级层面完成了"智慧浙江"能源信息化的顶层规划与设计，并且实现全省2441家以上企业的用电数据实时监测。

---

[1] 浙江省经济和信息化委员会：《2013年浙江省区域两化融合发展水平评估报告》，2014年4月。

五是在智慧物流方面，围绕"三位一体"港航物流服务体系建设，提高港口信息化水平和信息技术应用程度，完善港航智慧物流体系。大力发展第三方物流，推进第四方物流，提高物流企业和物流配送中心的智能化水平。

浙江省坚持项目应用与产业发展相结合，积极探索智慧城市建设的推进模式创新、投资和服务模式创新，努力以公司化和市场化机制促进智慧城市建设和运营。截至目前，纳入试点的 20 个智慧城市项目中已有智慧城管、智慧医疗等十余个项目实现成功应用；智慧城市建设示范试点工作始终重视发挥市场主体作用，目前已有 10 个项目组建了投资运营公司。2013 年智慧城市试点项目总投资预计为 28.68 亿元，80% 以上投资由企业来完成。浙江省注重智慧城市标准化建设，组织开展试点项目标准化建设实证研究，出台了试点项目的标准体系框架和标准应用指导目录，出台了《浙江省智慧城市标准化建设三年行动计划（2013—2015年）》，累计起草完成 72 项智慧城市领域相关标准。浙江省重视智慧城市核心技术的自主研发，同时注重对各级领导的培训，进一步筹备建设省级智慧城市规划研究院和智慧城市培训中心，启动实施了智慧城市大型专用软件产业技术创新综合试点，组建了 9 家智慧城市大型软件研究院，开展智慧城市大型专用软件研发，第一阶段已经形成了总共超过 1000 人的高层次软件研发队伍，吸引海内外和科研院所高端技术人才超过 20 人。[1]

4. 浙江省现代化农业农村发展渐趋完善

物联网、云计算、3G 通信等技术广泛运用于浙江省智慧农业建设，生产者可利用"智慧农业园信息化平台"等各种信息平台对农场进行信息化管理。2013年，浙江省研究制订了《浙江省农业现代化评价指标体系》，确定从农业产出水平、要素投入水平、可持续发展水平 3 大系统 11 子系统共 26 项指标对全省农业现代化发展水平进行评价，联合省级 14 个部门共同完成了首次农业现代化发展水平综合评价。2013 年已完成 2010 至 2015 年五年计划任务的 66.10%，超过了前三年完成 60% 的目标值。湖州、嘉兴、宁波、绍兴、台州、舟山等市的农业现代化发展水平高于全省平均水平，其中，湖州以 82.83 分位列全省第一。另外，全浙江省有农业的 82 个县（市、区）中有 35 个高于省均水平，慈溪以 85.25 分排名最前。通过评价结果，浙江省农业部门将以全省地区差异最大的农业产出系统

---

[1] 浙江省经济和信息化委员会：《2013年浙江省经信委工作总结》，2014年1月。

和地区差异最大的十大指标为重点，以地区差异最小的要素投入系统提升农业产出水平，以可持续发展系统保障农业产出水平，形成各系统整体快速健康有序发展。

在农村生活方面，村级便民服务和"三务"公开信息平台以村为单位公开，主栏目"三务公开"下设"村务公开"、"党务公开"、"财务公开"等二级栏目，及时、权威地公开发布公开信息，充分保障群众知情权、参与权。社区公告、通知等可通过网络平台在每家每户的 ITV 中显示。开通拨打平安联防（#9）就能紧急联系邻里，实现"一家求助、十家帮忙"的效果。同时，平台还嵌入了远程党教、农民之家、农村中国等有关涉农惠农的信息，在专栏中进行整合，通过视频对农产品的种植、栽培、加工等环节进行过程互动指导，特别是针对农产品销售提供即时有效的信息，从产到销打造一条龙服务，以提高老百姓的收入。

5. 电子政务便民惠民

在北京师范大学课题组推出的《2013 中国省级地方政府效率研究报告》中，浙江的政府效率排名位居前三甲。其突出成就主要依托以下几个方面的建设。

一是政府门户网站的建设。2013 年 11 月，浙江省政府决定启动建设"一张网"，即政务服务网。政务服务网已形成全省统一的互联网门户集群，基本建成了全省统一的行政权力事项管理系统、运行系统和监察系统，政务云基础设施、在线公共支付平台等已投入运行。该网是省市县统一架构、多级联动的网上政务服务。目前，浙江政务服务网设"2+3"功能板块。"2"即个人办事、法人办事两个主体板块，按主题、按部门对政务服务资源进行全口径汇聚；"3"即行政审批、便民服务、阳光政务三个专项板块，分别体现网上晒权、网上行权、网上惠民的功能。浙江省还建设了"阳光工程网"作为省政府门户网站的专题子网站。网站按照"部门全覆盖、事项全公开、过程全规范、结果全透明、监督全方位"的要求，主要设置"阳光工程"动态信息、行政权力目录、重点公开事项、审批结果信息公开、决策信息公开、公共企事业单位"阳光工程"、网络问政、"阳光工程"数据榜、省级部门和各地市"阳光工程"等板块。"阳光工程网"构建了覆盖省、市、县三级的"行政权力数据库"，设置行政权力目录平台，接受社会公众监督。目前，省级 47 个部门共确定上报 2645 项行政权力事项、11 个市的 49373 项行政权力事项编入"行政权力目录"数据库。每项行政权力都清晰地标明名称、法律法规依据、受理部门、办理地点、责任人、联系电话、监督电话、办理流程、申请材料等要素，省级政府部门有哪些权力，行使的程序怎样，打开网站一目了然。

二是政府办公方面。2013 年浙江省全面实施无纸化协同办公。提升无纸化和 ECP 办公效率。加强门户网站建设和管理，进一步推动政府信息公开。杭州市政协充分运用物联网、云计算等现代网络和信息技术，加强杭州市政协门户网站、议案提案管理系统、机关办公资源管理（OA）系统、政协委员履职管理系统、政协会议报到系统的"一网五系统"和政协机关档案资料数据管理库、政协信息化数据管理中心的"一库一中心"项目建设，着力构建地方政协的内外网相结合的信息化系统集群。2013 年年底，杭州正式上线运行杭州电子发票系统，为全国电子发票的首批 5 个试点城市之一。

三是审计和税务方面。浙江省审计交换中心和各市交换区已经建设完成，为审计机关对内对外信息共享与交换提供了安全"门户"。全省有 27 个数字化审计业务示范项目（审计数据分析系统）得以推进完成，覆盖了预算执行、地税、社保、金融、环资、住房公积金、经济责任、投资等 8 个行业。同时国家审计数据中心浙江分中心也已经初步建设完毕，实现与市、县数据存储区的数据共享与交换，初步形成了以省本级为核心，集市、县数据存储区为一体的浙江审计数据分中心框架，为审计管理、审计数据分析、审计成果共享提供了丰富的信息资源支持。浙江省成功创建了针对全省三级联动统一组织项目的数字化审计模式，其主要内容可以概括为"一套平台、两类资源、三大机制"。

四是市场和监管方面。浙江省中央投资项目稽查监管信息系统将于 2013 年开始正式运行，2013 年上半年，所有项目均纳入浙江省中央投资项目稽查监管体系管理，适时召开全国现场会，进行分析总结、升级完善和示范推广，并进入常态化管理。

二、信息化水平分析

（一）总体水平

"十二五"以来，浙江省信息化实现了快速发展，信息化发展总指数从 2013 年的 76.73 提升到 2014 年的 84.8，指数值增长了 8.07。网络基础设施实现了跨越式发展，网络就绪度指数从 2013 年的 66.76 提升到了 2014 年的 77.21，指数值增长了 10.45。信息通信技术应用进一步普及和深化，信息通信技术应用指数从 2013 年的 77.21 提升到 2014 年的 83.6，指数值增长了 6.39。信息化应用效益初步显现，应用效益指数从 2013 年的 95.69 提升到 2014 年的 102.35，指数值提高了 6.66。

表 13-1　浙江省 2013—2014 年信息化指标情况

指标名称	2013年指数值	2014年指数值	变化情况
网络就绪度指数	66.76	77.21	10.45
信息通信技术应用指数	77.21	83.6	6.39
应用效益指数	95.69	102.35	6.66
信息化发展总指数	76.73	84.8	8.07

数据来源：中国电子信息产业发展研究院，2014 年 12 月。

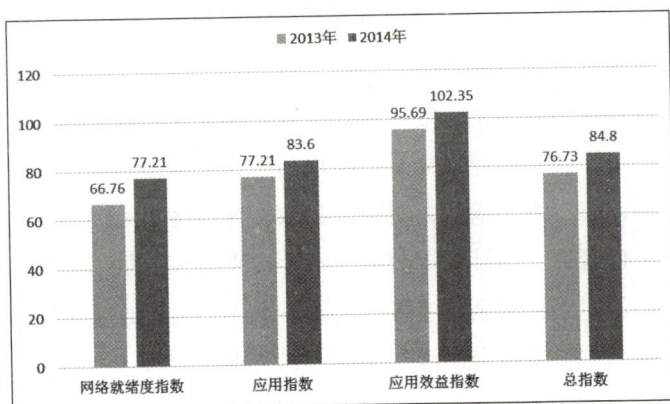

图13-1　浙江省2013—2014年信息化指标情况

数据来源：中国电子信息产业发展研究院，2014 年 12 月。

（二）分类指标

1. 网络就绪度指数

在网络就绪度方面，"十二五"以来，浙江省大力推进网络基础设施建设，网络基础设施实现了跨越式发展。智能终端进一步普及应用，智能终端普及指数从 2013 年的 84.33 提升到 2014 年的 88.67，指数值增长了 4.34。"三网融合"顺利推进，有线电视发展指数从 2013 年的 70.02 提升到 2014 年的 70.8，指数值增长了 0.78。光纤网络快速发展，发展指数从 2013 年的 54.17 提升到 2014 年的 72.13，指数值增长了 17.96。宽带普及加速，普及指数从 2013 年的 66.82 提升到

2014 年的 77.81，指数值增长了 10.99。宽带速率进一步提升，宽带速率指数从 2013 年的 54.9 提升到 2014 年的 72.2，指数值增长了 17.3。

表 13-2　浙江省 2013—2014 年网络就绪度一级指标情况

指标名称	2013年指数值	2014年指数值	变化情况
智能终端普及指数	84.33	88.67	4.34
有线电视发展指数	70.02	70.8	0.78
光纤发展指数	54.17	72.13	17.96
宽带普及指数	66.82	77.81	10.99
宽带速率指数	54.9	72.2	17.3

数据来源：中国电子信息产业发展研究院，2014 年 12 月。

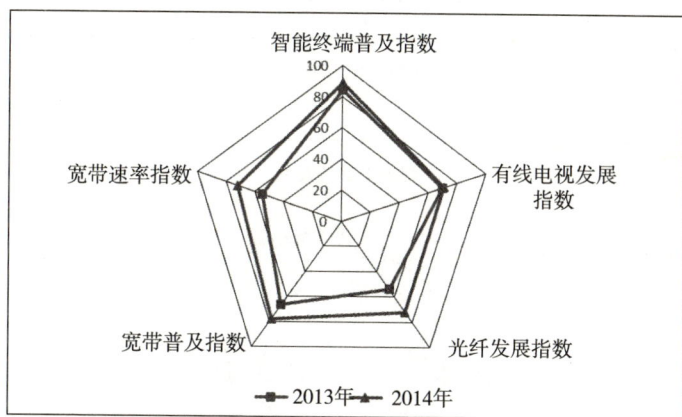

图13-2　浙江省2013—2014年网络就绪度指数一级指标情况

数据来源：中国电子信息产业发展研究院，2014 年 12 月。

就网络就绪度各项细分指标来讲，浙江省"十二五"以来网络基础设施方面面面都取得了很大发展。移动电话用户数保持稳步增长，移动电话普及率指数从 2013 年的 75.17 提升到 2014 年的 79.43，指数值增长了 4.26。电脑普及率进一步提高，普及率指数从 2013 年的 93.5 提升到 2014 年的 97.9，指数值增长了 4.4。有线电视用户数进一步增长，入户率指数从 2013 年的 70.02 增长到 2014 年的 70.8，指数值增长了 0.78。光纤入户快速推进，入户率指数从 2013 年的 54.17 提升到 2014 年的 72.13，指数值增长了 17.96。互联网固定宽带用户数稳步增长，固定宽带普及率指数从 2013 年的 82.15 提升到 2014 年的 84.38，指数值增长了 2.23。3G 和 4G 用户数实现快速增长，移动宽带普及率指数从 2013 年的 51.48 增长到了 2014 年的 71.23，指数值增长了 19.75。宽带普及提速行动初显成效，固定宽带端口平均速率指数从 2013 年的 54.9 增长到了 2014 年的 72.2，指数值增长了 17.3。

表 13-3　浙江省 2013—2014 年网络就绪度指数二级指标情况

指标名称	2013年指数值	2014年指数值	变化情况
移动电话普及率	75.17	79.43	4.26
电脑普及率	93.5	97.9	4.4
有线电视入户率	70.02	70.8	0.78
光纤入户率	54.17	72.13	17.96
固定宽带普及率	82.15	84.38	2.23
移动宽带普及率	51.48	71.23	19.75
固定宽带端口平均速率	54.9	72.2	17.3

数据来源：中国电子信息产业发展研究院，2014 年 12 月。

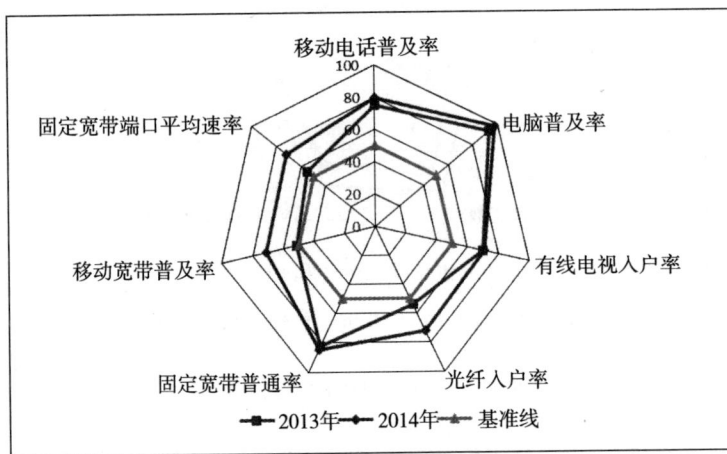

图13-3　浙江省2013—2014年网络就绪度指数二级指标情况

数据来源：中国电子信息产业发展研究院，2014 年 12 月。

2. 信息通信技术应用指数

在信息通信技术应用方面，“十二五”以来，浙江省企业、居民两方面信息化都取得了很大发展。企业应用指数从 2013 年的 61.57 提升到 2014 年的 90.01，指数值增长了 28.44。政务应用指数从 2013 年的 70.62 下降到 2014 年的 57.49，指数值下降了 13.13。居民应用指数从 2013 年的 88.32 提升到 2014 年的 93.45，指数值增长了 5.13。

表 13-4 浙江省 2013-2014 年信息通信技术应用指数一级指标情况

指标名称	2013年指数值	2014年指数值	变化情况
企业应用指数	61.57	90.01	28.44
政务应用指数	70.62	57.49	-13.13
居民应用指数	88.32	93.45	5.13

数据来源：中国电子信息产业发展研究院，2014 年 12 月。

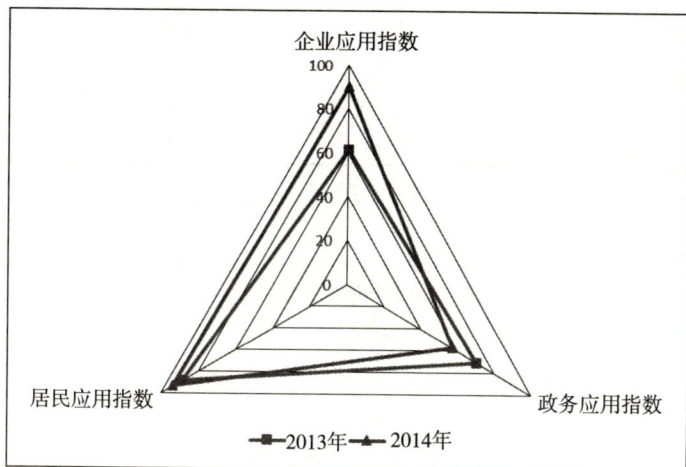

图13-4 浙江省2013—2014年信息通信技术应用指数一级指标情况

数据来源：中国电子信息产业发展研究院，2014 年 12 月。

在企业信息化应用方面，浙江省"十二五"以来大力推进企业"两化"融合工作，企业信息化发展环境部分改善。企业 ERP 普及率从 2013 年的 75.83 下降到 2014 年的 65.76，指数值下降了 10.07；企业电子商务交易额占比指数从 2013 年的 47.31 增加到了 114.27，指数值增加了 66.96。

在政务信息化应用方面，政务事项网上办事率指数从 2013 年 73.2 下降到了 2014 年 63.57，指数值下降了 9.63。政府信息公开上网率指数从 2013 年 68.05 下降到了 2014 年 51.4，指数值下降了 16.65。

在居民信息化方面，"十二五"以来，浙江省居民信息化应用水平进一步提升。互联网用户数稳步增长，互联网普及率指数从 2013 年的 73.54 提升到 2014 年的 74.93，指数值增长了 1.39；居民电子商务快速发展，人均在线零售额占比指数从 2013 年的 111.94 提升到 2014 年的 122.18，指数值增长了 10.24。居民信息消费快速增长，人均信息类消费支出由 2013 年的 70.64 提升到 73.04，指数值增长了 2.4.

表 13-5　浙江省 2013—2014 年信息通信技术应用指数二级指标情况

指标名称	2013年指数值	2014年指数值	变化情况
企业ERP普及率	75.83	65.76	−10.07
企业电子商务交易额占比	47.31	114.27	66.96
政务事项网上办事率	73.2	63.57	−9.63
政府信息公开上网率	68.05	51.4	−16.65
互联网普及率	73.54	74.93	1.39
人均在线零售额占比	111.94	122.18	10.24
人均信息类消费支出	70.64	73.04	2.4

数据来源：中国电子信息产业发展研究院，2014 年 12 月。

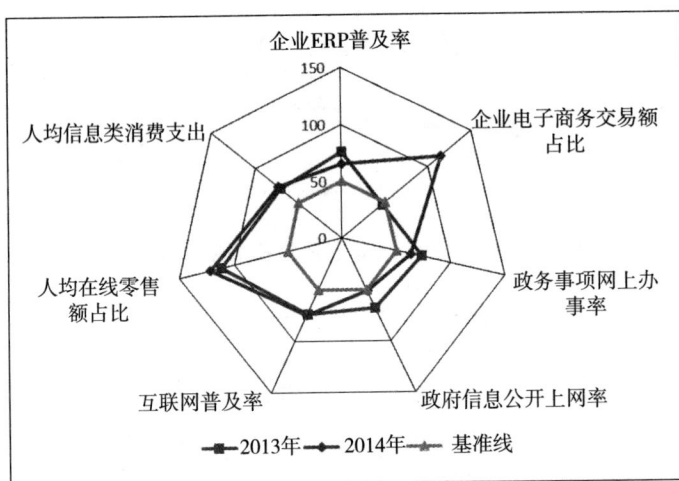

图13-5　浙江省2013—2014年信息通信技术应用指数二级指标情况

数据来源：中国电子信息产业发展研究院，2014 年 12 月。

3. 信息化应用效益指数

在信息化应用效益方面，"十二五"以来，浙江省信息化应用效益日渐凸显出来。劳动生产率指数从 2013 年的 58.69 增长到了 2014 年的 76.39，指数值增长了 17.7；技术创新指数从 2013 年的 151.75 增长到了 2014 年的 154.9，指数值增长了 3.15；节能降耗指数从 2013 年的 85.3 增长到了 2014 年的 87.17，指数值增长了 1.87；人均收益指数从 2013 年的 87.01 增长到了 2014 年的 90.95，指数值增长了 3.94。

表 13-6　浙江省 2013—2014 年信息化应用效益指数一级指标情况

指标名称	2013年指数值	2014年指数值	变化情况
劳动生产率指数	58.69	76.39	17.7
技术创新指数	151.75	154.9	3.15
节能降耗指数	85.3	87.17	1.87
人均收益指数	87.01	90.95	3.94

数据来源：中国电子信息产业发展研究院，2014 年 12 月。

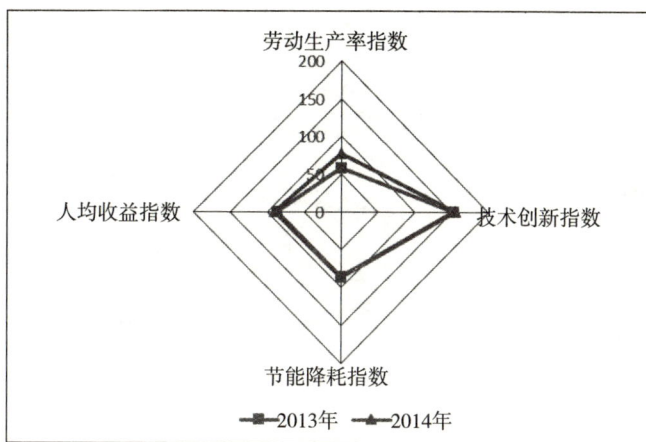

图13-6　浙江省2013—2014年信息化应用效益指数一级指标情况

数据来源：中国电子信息产业发展研究院，2014 年 12 月。

就信息化各项细分指标来讲，"十二五"以来，浙江省信息化应用效益各方面都取得了积极进展。全员劳动生产率指数从 2013 年的 58.69 增长到了 2014 年的 76.39，指数值增长了 17.7。单位地区生产总值专利申请量指数值从 2013 年的 147.11 提升到 2014 年的 155.86，指数值增长了 8.75；单位地区生产总值专利授权量指数值从 2013 年的 154.84 下降到 2014 年的 154.26，指数值略下降了 0.58。信息化促进了节能减排，单位地区生产总值能耗指数从 2013 年的 82.98 提升到 2014 年的 83.36，指数值略增长了 0.38；单位地区生产总值用水量指数从 2013 年的 88.77 提升到 2014 年的 92.88，指数值增长了 4.11。信息化带动了经济快速发展，人均地区生产总值指数由 2013 年的 87.01 提升到 2014 年的 90.95，指数值增长了 3.94。

表 13-7　浙江省 2013—2014 年信息化应用效益指数二级指标情况

指标名称	2013年指数值	2014年指数值	变化情况
全员劳动生产率	58.69	76.39	17.7
单位地区生产总值专利申请量	147.11	155.86	8.75
单位地区生产总值专利授权量	154.84	154.26	−0.58
单位地区生产总值能耗	82.98	83.36	0.38
单位地区生产总值用水量	88.77	92.88	4.11
人均地区生产总值	87.01	90.95	3.94

数据来源：中国电子信息产业发展研究院，2014 年 12 月。

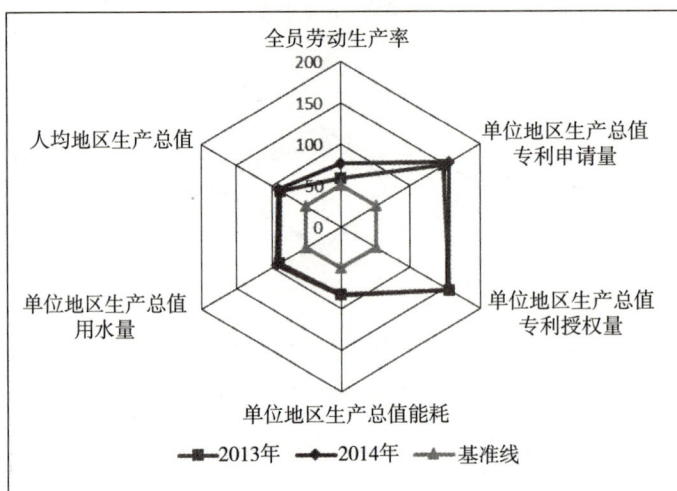

图13-7　浙江省2013—2014年信息化应用效益指数二级指标情况

数据来源：中国电子信息产业发展研究院，2014 年 12 月。

三、优劣势评价

（一）优势

1. 网络信息基础设施水平处在全国前茅

根据评估数据显示，2014 年浙江省网络就绪度指数达到了 83.6，位居全国第三位，其中 2014 年移动电话普及率指数、电脑普及率指数、有线电视入户率指数、光纤入户率指数、固定宽带普及率指数、固定宽带端口平均速率指数分别达到了 79.43、97.9、70.8、72.13、84.38、72.2，分别位居全国第四、第五、第二、第三、第四、第六名。

2. 企业电子商务和人均信息消费支出比较发达

根据评估数据显示，2014 年浙江省企业电子商务交易占比指数达到了 114.27，位居全国第二位；人均信息消费支出指数达到了 73.04，位居全国第四位。浙江省企业电子商务和人均信息消费比较发达，这一切得益于浙江省电子商务产业发展环境较好，电子商务巨头阿里巴巴在浙江省极大地促进了企业和居民电子商务应用，提振了居民信息消费。

3. 地区创新水平居全国前列

根据评估数据显示，2014 年单位地区生产总值专利授权量指数和浙江省单位地区生产总值专利申请量指数，指数分别达到了 154.26、155.86，分别位居全国第一、第二位，远远高于全国平均水平的 68.36 和 81.32。这也得益于创新创业环境较好，浙江省民营企业比较发达，企业创新活力较强。

（二）劣势

1. 移动宽带普及率有待提高

浙江省虽然是全国率先启动 4G 网络建设的省，杭州还是全国首批组织开展 ＴＤ－ＬＴＥ 规模技术试验的城市，但是移动宽带普及率并没有走在全国前列。根据评估数据显示，2014 年浙江省移动宽带普及率指数为 71.23，位居全国第十五名，处在全国平均水平，移动宽带普及率落后于陕西、西藏、安徽、宁夏、湖南、湖北、青海、江西等中西部省份。

2. 政务服务应用水平有待提升

根据评估数据显示，2014 年浙江省政务事项网上办事率指数和政府信息公开上网率指数为 63.57、51.4，位居全国第十五、第十六名。浙江省作为经济强省，一直处在改革和开放的前沿阵地，对国内其他地区具有引领作用，世界互联网大会的成功召开为浙江省发展信息经济提供了重要的机遇。目前浙江省政务服务应用水平与浙江省发展信息经济的这种要求不相适应，亟需提高政务应用水平。

3.单位地区生产总值能耗较高

根据评估数据显示，2014年浙江省单位地区生产总值能耗指数为83.36，位居全国第二十二名，在节能降耗领域处在全国中下游水平。浙江省作为传统产业大省，民营经济比较发达，产业集群比较密集，然而浙江省也是中小企业的大省，中小企业普遍信息化水平不高，信息化在促进企业节能减排方面还有待提高。

四、相关建议

（一）打造高速泛在的"宽带浙江"，推动网络信息基础设施升级改造

加快"宽带浙江"战略实施，统筹推进骨干网、城域网和接入网建设，加快推进宽带网络升级改造，提升网络容量和智能调度能力。推进光纤入户，实现城市住宅光纤全覆盖，商务楼宇光纤通达率、行政村宽带通达率均达100%。优化网络覆盖，推进LTE-TDD和LTE-FDD的融合组网和5G技术研发商用。加快推进WLAN网络精确选点和重点城市全覆盖。优化互联网网络架构和空间布局，提高互联互通质量，逐步向下一代互联网过渡。实施宽带扶贫试点工程，加快偏远农村、山区和海岛等地区宽带网络建设，灵活选择移动蜂窝、空中WIFI、卫星通信等多种接入技术，分类分阶段推进宽带网络向自然村延伸，逐步消除城乡之间、区域之间的数字鸿沟。

（二）大力发展产业互联网，推动传统产业转型升级

加大"机器换人"推进力度，对劳动强度大、安全风险高、环境污染重、劳动用工多的岗位实现机器替代。实施"机联网"示范工程，在生产过程控制、生产环境检测、能源和排放监测、制造供应链跟踪、远程诊断管理与服务等环节应用物联网技术，形成连续生产、联网协同、智能管控的制造模式。推动"厂联网"应用，鼓励企业提高制造执行系统（MES）、集散控制系统（DCS）和机器设备的互联互通集成能力，实现生产过程中人、机、料等要素的全面数字化、网络化和智能化的管理与控制。推进中小企业电子商务应用，建立面向中小企业的电子商务交易平台，综合挖掘不同渠道的商务服务区需求指数，完善各类物流快递配送点，支持中小企业通过第三方平台应用电子商务开拓国内外市场，提高电子商务应用覆盖面。推进物流信息化顶层设计，全面融入国家交通运输物流公共信息

平台，大力提升中小微物流企业信息化和智能化水平。

（三）继续深化电子政务应用，完善电子政务服务

加快信息技术在政务领域的应用。顺应行政审批制度改革和转变政府职能的总体要求，建立以管理社会和服务群众为中心的多层级电子政务体系。加快建设省市县三级互联互通的云计算统一电子政务公共服务平台，面向企业和公众提供全生命周期的远程公共服务，实现全省政府行政审批等服务事项"一站式"网上办理与"全流程"效能监督。构建互联互通、资源共享的网络化协同工作平台。

（四）大力发展云服务，抢占新一代信息基础设施发展主导权

加强云设施的规划建设，实行基础设施与安全保密设施同步规划、同步建设、同步使用；科学规划全省云数据中心选址布局，统筹省内云计算数据中心发展，积极探索跨区域共建共享机制和模式，布局建设一批公共服务、互联网应用服务、重点行业和大型企业云计算数据中心和远程灾备中心。以阿里云、华数媒体云等国家云计算创新试点为契机，以杭州、宁波、温州、金华为区域核心节点，增加互联网数据中心（IDC）与国家骨干网的互联带宽，扩大内容分发容量和覆盖范围，提高数据计算、存储、智能处理和安全管控能力。制订数据中心能耗标准，推动传统数据中心优化升级成弹性可扩展、高效节能、分布式的云数据中心。加快各类云计算和虚拟存储设施平台规划布局，着力推动应用发展。突破长期制约云计算产业发展的核心安全技术，提升浙江省云设施和云平台自主可控能力和信息安全保障能力。

第十四章　安徽省信息化发展水平分析

一、总体情况

（一）经济社会发展情况

2013 年，安徽省深入贯彻落实党的十八大和十八届三中全会精神，坚持稳中求进的工作总基调，统筹稳增长、调结构、促改革、惠民生，攻坚克难，开拓奋进，保持了经济社会稳定健康较快发展。2013 年生产总值（GDP）为19038.9 亿元，按可比价格计算，比上年增长 10.4%。分产业看，第一产业增加值 2348.1 亿元，第二产业增加值 10404 亿元，第三产业增加值 6286.8 亿元，分别同比增长 3.5%、12.4%、9.5%。三次产业结构由上年的 12.7:54.6:32.7 调整为12.3:54.6:33.1，其中第三产业比重提高 0.4 个百分点，工业增加值占 GDP 比重由上年的 46.6% 提高到 46.9%。民营经济增加值 10843 亿元，比上年增长 10.7%，占 GDP 比重由上年的 56% 提高到 57%。全省财政收入 3365.1 亿元，同比增长11.2%，其中地方财政收入 2075.1 亿元，同比增长 15.8%；社会消费品零售总额6481.4 亿元，同比增长 14%；进出口总额 456.3 亿美元，同比增长 16.2%；年末全省从业人员 4275.9 万人，比上年增加 69.1 万人，人均 GDP 为 31684 元（折合5116 美元),同比增加 2892 元,城镇居民人均可支配收入 23114 元,同比增长 9.9%，农民人均纯收入 8098 元，同比增长 13.1%；城镇新增就业 67.5 万人，城镇登记失业率 3.4%。全年居民消费价格上涨 2.4%，其中食品价格上涨 4.7%。商品零售价格上涨 1.3%。[1]

---

[1]　安徽省统计局：《安徽省2013年国民经济和社会发展统计公报》，2014年2月。

（二）信息化发展特点

1. 完善基础建设，推进协同创新

安徽省注重推进信息化基础设施建设，贯彻落实"宽带中国"战略，2013年继续加快无线网络、宽带网络、下一代互联网、下一代广播电视网及"三网融合"等的建设。一是通信网络方面，宽带网络覆盖能力持续增强，新增 FTTH 覆盖家庭超过 120 万户，新建 3G 基站 8000 个，新增 WLAN 接入点 3500 个；新增固定宽带接入互联网用户超过 100 万户，新增 3G 用户数 750 万户，使用 4M 及以上宽带接入产品的用户超过 70%。二是广播电视方面，安徽省推动广播电视村村通向"户户通"拓展，完成国家下达全省的 9500 个 20 户以下"村村通"建设任务。三是"三网融合"方面，推进合肥市"三网融合"试点工作落实，加快电信和广电业务双向进入。推进电信网和广播电视网基础设施共建共享。加快推动地面数字电视覆盖网建设和高清交互式电视网络设施建设，加快广播电视模数转换进程。鼓励发展交互式网络电视（IPTV）、手机电视、有线电视网宽带服务等融合性业务，带动产业链上下游企业协同发展，完善三网融合技术创新体系。

2. 注重"两化"融合示范应用，发挥新兴产业引领作用

随着《两化深度融合专项行动计划实施方案（2013—2017）》的发布并实施，安徽省示范应用进一步扩大，发挥企业的创新主体作用，推动科技创新，编制安徽省物联网技术路线图，促使新兴产业引领传统产业优化升级的局面。一是注重工业化和信息化融合示范应用。建成数字企业 10070 家，智慧企业 2231 家，新认定"两化"融合示范企业 105 家、示范园区 12 家；新增省级新型工业化产业示范基地 26 个，认定省级电子信息产业基地 6 个；滁州、蚌埠获批国家级新型工业化产业示范基地，合肥市国家级"两化"融合试验区通过工信部验收。二是发挥新兴产业引领作用。安徽省围绕战略性新兴产业培育，起草了十大高成长性产业发展规划，研究制定了《安徽云计算产业发展行动计划》，有序推进中国移动（安徽）数据中心、宿州智慧云计算产业园、浪潮（合肥）云计算中心等项目。安徽省建立语音产业并发展"部省市院"四方合作机制，推广语音技术及产品在教育、家电、汽车电子和广电等领域的应用，安徽省信息产业投资控股公司和中国（合肥）国际智能语音产业园挂牌运营，落实语音产业专项支持资金 2.5 亿元，科大讯飞用户达 3 亿户，主营收入快速增长，已成为全国语音行业翘楚；新型显示、

机器人产业进入国家战略性新兴产业区域集聚发展试点，准备建设芜湖市智能制造装备产业园，加快推进安徽埃夫特工业机器人项目，江淮汽车已建成国内首条工业机器人批量装配线；新型显示及计算机产业爆发式增长，全年液晶显示屏产量突破8000万片，同比增长近2.5倍；合肥、芜湖入选国家新能源推广应用试点城市，全年生产新能源汽车超2000辆，累计推广量达8100辆，居全国首位。[1]

3. "一城一策"建智慧城市，便民利民

安徽省通过"一城一策"创建智慧解决方案，制定科学合理的智慧城市建设目标和战略规划系统，并与本地区总体规划和专项规划相衔接，不断改善民生。一是不断推进智慧城市试点。2013年，安徽省共有10个市（区、县）纳入国家智慧城市试点，处于全国前列。其中安徽省阜阳市、黄山市、淮北市、合肥高新技术产业开发区、宁国港口生态工业园区、六安市霍山县等6个市（区、县）入围住建部2013年度国家智慧城市试点名单。安徽省及马鞍山市、池州市分别被列入国家首批基于云计算的电子政务公共平台顶层设计省级试点示范地区、芜湖马鞍山成全国社区公共服务综合信息建设优秀典范。合肥通过战略性新兴产业作为优势和发展突破口，率先打造独具特色的"智慧城市"样板。二是加强社会保障建设。安徽省加载金融功能社会保障卡已制卡过千万张、安徽省首家合肥国际金融后台服务基地工商银行电子银行中心（合肥）投入运营。三是推进智慧交通建设。合肥新桥国际机场率先采用异构信息智能集成平台，建立枢纽机场运营信息系统。四是推广智慧医疗。截至2013年年底，安徽省148家医院实现了信息化医院联网运行并逐步推行省内异地就医直接结算，推动跨省异地就医即时结算。普及宽带在食品溯源、安全生产、智慧旅游、智慧医疗、智慧园区等领域的应用；面向家庭利用光宽带、3G和wifi提供通信、信息、娱乐等解决方案。

4. 加快农村综合信息平台搭建，建设"智慧云村"

2013年，安徽省国家农村信息化示范省建设取得了明显成效。一是推进"智慧云村"建设。安徽省首创的中国"智慧云村"物联网项目在合肥、安庆、六安、滁州等地试点，由政府牵头、企业建设，一期试点3000个至5000个"云物联地名牌"，并将上线手机客户端。"名牌"通过在各行政村村委会安装信息采集终端、云物联地名牌和3G多媒体摄像头，建立一个物联网信息采集站，通过云

---

[1] 安徽省经济和信息化委员会：《改革创新 融合发展 推动安徽工业和信息化工作再上新台阶——在全省经济和信息化系统工作会议上的报告》，2014年1月。

计算进行信息的筛选和处理并打包反馈到对应的站点实现互联。客户端提供导航功能，能发布涉农政策、农业资讯、农产品供求和劳务输出等信息，并具备在线购物、在线支付等功能。二是推进农村信息服务综合平台建设 [1]。安徽省已建成一个"1+3"省级大平台，即一个省级综合信息服务平台和三个专业信息服务平台（农资与农产品电子商务平台、农机综合信息服务平台、三农呼叫中心），整合涉农信息，完善和建设了两万个行政村信息服务站，实施了农资与农产品电子商务、农村党员现代远程教育、农机社会化服务等五大示范工程。农民可在农资与农产品电子商务平台提供农资与农产品网上团购、直销，可从农机综合信息服务平台获得农机调度、维修，能在三农呼叫中心接受远程视频授课、咨询等服务。三是深化基层信息公开。各地在乡镇为民服务中心和村级代办点设立信息公开查阅点，通过信息公开网站、数字电视、公告牌、明白卡等形式，第一时间公开强农惠农富农政策措施、涉农专项财政资金管理使用、各种涉农补贴资金发放情况、农村养老医保低保等信息，实现公开信息让人民群众"看得到、能监督"。四是改善农民"靠天"吃饭的局面。安徽省率先运用大数据建设农业保险地理信息系统，在国内率先开发了农业保险电子档案系统等，实现了通过财政"一卡通"直接将赔款打卡到户，探索利用无人机、3G、GIS 等先进技术查勘定损，并加强与气象等部门的合作，建立了国内第一家农业气象灾害评估及风险转移联合实验室，开展了县乡村三级专业化植保服务体系建设试点和风险区划研究等项目。

5. 加快整合政府数据资源，服务百姓、企业

综合信息服务大平台和数据资源共享集成中心，体现了各部门信息资源的整合和融合。一是政府办公信息化。安徽省建设用地实现远程联网审批全省覆盖、司法行政系统信息化建设也取得新突破。二是加强政府信息公开平台和机制建设。安徽省依托安徽农网建立了省级综合信息服务大平台为政务、商务、企业、农民提供服务，实现了资源共享并避免了重复建设；各级政府和部门加强政府新闻发言人制度建设及重要政府信息和热点问题定期有序发布机制，积极探索利用政务微博、微信等新媒体建立政务信息发布和与公众互动交流新渠道，如安徽省环保厅通过门户网站公开全省空气质量实时信息、重点流域水质和集中饮用水水源地水质以及部分城市声环境质量状况月报等环境质量各类信息；完善舆情收集、研

---

[1]　《安徽省首创"智慧云村"让导航如虎添翼》，中安在线，2013年12月17日。

判和回应机制，加大网络舆情监测工作力度，并及时回应公众。三是着力打造企业公共服务平台。安徽省贯彻"政府搭建平台、平台服务企业"的理念，打造四大平台，促民营经济发展。加快以省中小企业公共服务中心为枢纽、以16个市和28个产业集群窗口为支撑的平台系统建设，发挥安徽民营经济网、企业易信群、手机掌上服务平台作用，及时免费提供资讯服务，提高惠企政策知晓率；组建企业发展服务处，提供"一站式""一条龙""一费制"服务，开通企业服务（96871）热线和安徽民营经济网，改进和加强"96871"服务热线受理、转办、督办工作体系，建立省、市、县三级联动服务企业长效机制，全力服务企业发展。

二、信息化水平分析

（一）总体水平

"十二五"以来，安徽省信息化实现了快速发展，信息化发展总指数从2013年的62.79提升到2014年的69.95，指数值增长了7.16。网络基础设施实现了跨越式发展，网络就绪度指数从2013年的44.72提升到了2014年的55.46，指数值增长了10.74。信息通信技术应用进一步普及和深化，信息通信技术应用指数从2013年的77.02提升到2014年的82.27，指数值增长了5.25。信息化应用效益初步显现，应用效益指数从2013年的70.5提升到2014年的74.27，指数值提高了3.77。

表14-1　安徽省2013—2014年信息化指标情况

指标名称	2013年指数值	2014年指数值	变化情况
网络就绪度指数	44.72	55.46	10.74
信息通信技术应用指数	77.02	82.27	5.25
应用效益指数	70.5	74.27	3.77
信息化发展总指数	62.79	69.95	7.16

数据来源：中国电子信息产业发展研究院，2014年12月。

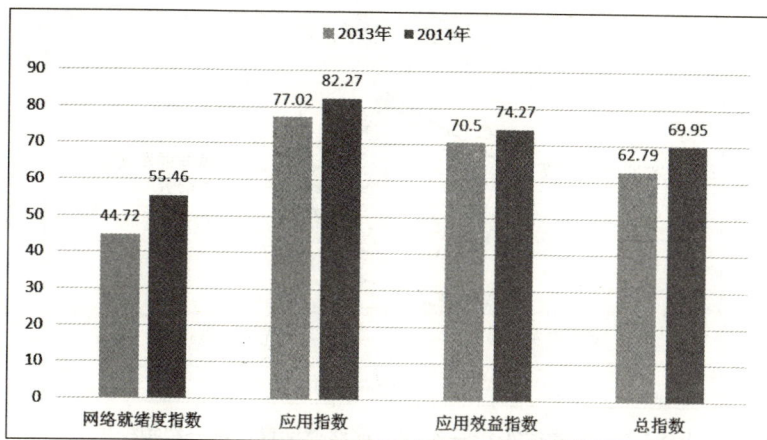

图14-1 安徽省2013—2014年信息化指标情况

数据来源：中国电子信息产业发展研究院，2014 年 12 月。

（二）分类指标

1. 网络就绪度指数

在网络就绪度方面，安徽省"十二五"以来，大力推进网络基础设施建设，网络基础设施实现了跨越式发展。智能终端进一步普及应用，普及指数从 2013 年的 55.35 提升到 2014 年的 59.01，数值增长了 3.66。"三网融合"顺利推进，有线电视发展指数从 2013 年的 35.17 提升到 2014 年的 44.69，指数值增长了 9.52。光纤网络快速发展，发展指数从 2013 年的 22.71 提升到 2014 年的 37.04，指数值增长了 14.33。宽带普及加速，普及指数从 2013 年的 52.51 提升到 2014 年的 62.39，指数值增长了 9.88。宽带速率进一步提升，宽带速率指数从 2013 年的 52.79 提升到 2014 年的 70.6，指数值增长了 17.81。

表 14-2 安徽省 2013—2014 年网络就绪度一级指标情况

指标名称	2013年指数值	2014年指数值	变化情况
智能终端普及指数	55.35	59.01	3.66
有线电视发展指数	35.17	44.69	9.52
光纤发展指数	22.71	37.04	14.33
宽带普及指数	52.51	62.39	9.88
宽带速率指数	52.79	70.6	17.81

数据来源：中国电子信息产业发展研究院，2014 年 12 月。

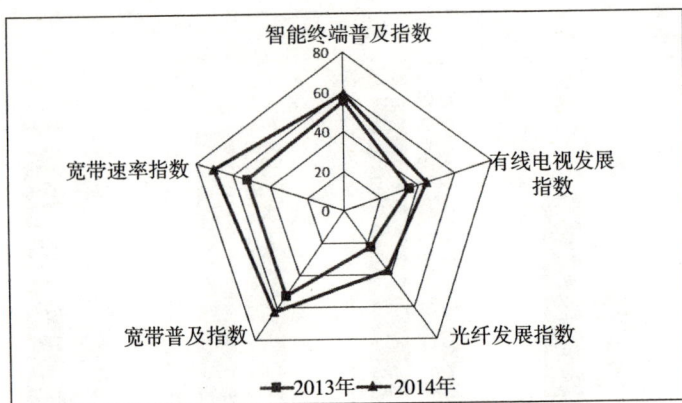

图14-2　安徽省2013—2014年网络就绪度指数一级指标情况

数据来源：中国电子信息产业发展研究院，2014年12月。

　　就网络就绪度各项细分指标来讲，安徽省"十二五"以来网络基础设施方面面都取得了很大发展。移动电话用户数保持稳步增长，普及率指数从2013年的47.84提升到2014年的51，指数值增长了3.16。电脑普及率进一步提高，普及率指数从2013年的62.86提升到2014年的67.01，指数值增长了4.15。有线电视用户数进一步增长，入户率指数从2013年的35.17增长到2014年的44.69，指数值增长了9.52。光纤入户快速推进，入户率指数从2013年的22.71提升到2014年的37.04，指数值增长了14.33。互联网固定宽带用户数稳步增长，普及率指数从2013年的48.37提升到2014年的51.09，指数值增长了2.72。3G和4G用户数实现快速增长，移动宽带普及率指数从2013年的56.66增长到了2014年的73.69，指数值增长了17.03。宽带普及提速行动初显成效，固定宽带端口平均速率指数从2013年的52.79增长到了2014年的70.6，指数值增长了17.81。

表14-3　安徽省2013—2014年网络就绪度指数二级指标情况

指标名称	2013年指数值	2014年指数值	变化情况
移动电话普及率	47.84	51	3.16
电脑普及率	62.86	67.01	4.15
有线电视入户率	35.17	44.69	9.52
光纤入户率	22.71	37.04	14.33
固定宽带普及率	48.37	51.09	2.72

（续表）

指标名称	2013年指数值	2014年指数值	变化情况
移动宽带普及率	56.66	73.69	17.03
固定宽带端口平均速率	52.79	70.6	17.81

数据来源：中国电子信息产业发展研究院，2014年12月。

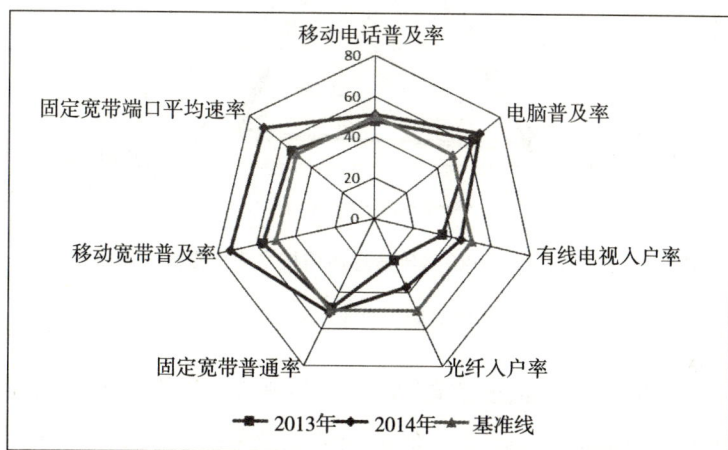

图14-3　安徽省2013—2014年网络就绪度指数二级指标情况

数据来源：中国电子信息产业发展研究院，2014年12月。

2. 信息通信技术应用指数

在信息通信技术应用方面，"十二五"以来，安徽省企业、居民两方面信息化都取得了很大发展。企业应用指数从2013年的72.5提升到2014年的82.35，指数值增长了9.85。政务应用指数从2013年的77.11下降到2014年的69.79，指数值下降了7.32。居民应用指数从2013年的79.23提升到2014年的88.48，指数值增长了9.25。

表14-4　安徽省2013-2014年信息通信技术应用指数一级指标情况

指标名称	2013年指数值	2014年指数值	变化情况
企业应用指数	72.5	82.35	9.85
政务应用指数	77.11	69.79	−7.32
居民应用指数	79.23	88.48	9.25

数据来源：中国电子信息产业发展研究院，2014年12月。

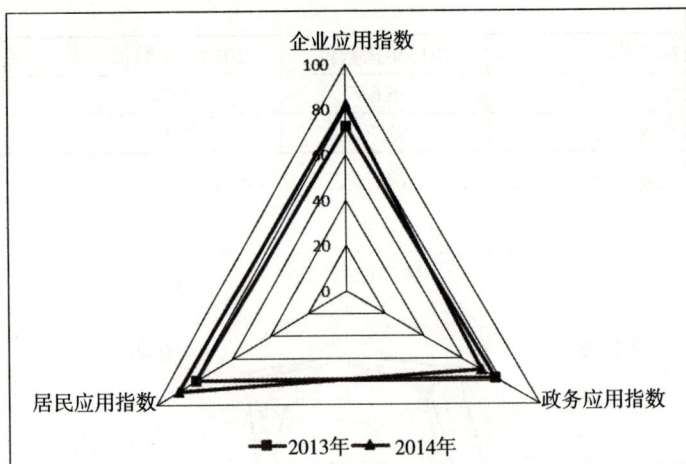

图14-4　安徽省2013—2014年信息通信技术应用指数一级指标情况

数据来源：中国电子信息产业发展研究院，2014年12月。

在企业信息化应用方面,安徽省"十二五"以来大力推进企业"两化"融合工作,企业信息化发展环境进一步改善。企业ERP普及率指数从2013年的62.26提升到2014年的76.86,指数值增加了14.6；企业电子商务交易额占比指数从2013年的82.74增加到了87.84,指数值增加了5.1。

在政务信息化应用方面,政务事项网上办事率指数从2013年的87.84下降到了2014年的73.2,指数值下降了14.64。政府信息公开上网率指数2014年与2013年持平,均为66.38。

在居民信息化方面,"十二五"以来,安徽省居民信息化应用水平进一步提升。互联网用户数稳步增长,互联网普及率指数从2013年的47.8提升到2014年的52.76,指数值增长了4.96；居民电子商务快速发展,人均在线零售额占比指数从2013年的131.15提升到2014年的147.8,指数值增长了16.65。居民信息消费快速增长,人均信息类消费支出指数由2013年的38.25提升到41.27,指数值增长了3.02。

表14-5　安徽省2013—2014年信息通信技术应用指数二级指标情况

指标名称	2013年指数值	2014年指数值	变化情况
企业ERP普及率	62.26	76.86	14.6
企业电子商务交易额占比	82.74	87.84	5.1
政务事项网上办事率	87.84	73.2	−14.64

（续表）

指标名称	2013年指数值	2014年指数值	变化情况
政府信息公开上网率	66.38	66.38	0
互联网普及率	47.8	52.76	4.96
人均在线零售额占比	131.15	147.8	16.65
人均信息类消费支出	38.25	41.27	3.02

数据来源：中国电子信息产业发展研究院，2014 年 12 月。

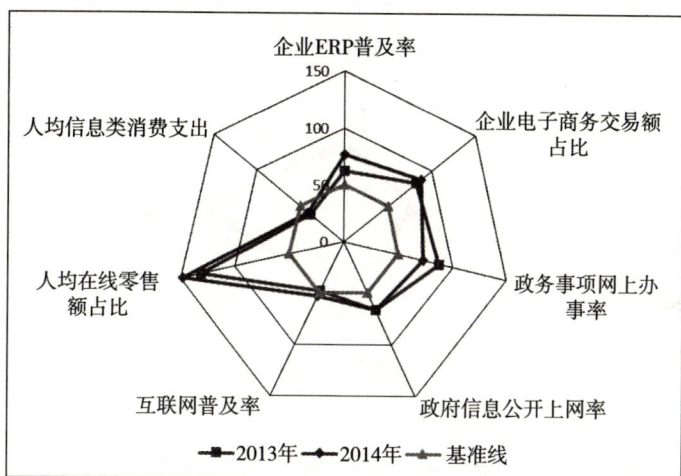

图14-5　安徽省2013—2014年信息通信技术应用指数二级指标情况

数据来源：中国电子信息产业发展研究院，2014 年 12 月。

3. 信息化应用效益指数

在信息化应用效益方面，"十二五"以来，安徽省信息化应用效益日渐凸显出来。劳动生产率指数从 2013 年的 46.48 增长到了 2014 年的 52.21，指数值增长了 5.73；技术创新指数从 2013 年的 111.48 增长到了 2014 年的 116.5，指数值增长了 5.02；节能降耗指数从 2013 年的 71.77 增长到了 2014 年的 72.5，指数值增长了 0.73；人均收益指数从 2013 年的 52.25 增长到了 2014 年的 55.89，指数值增长了 3.64。

表 14-6　安徽省 2013—2014 年信息化应用效益指数一级指标情况

指标名称	2013年指数值	2014年指数值	变化情况
劳动生产率指数	46.48	52.21	5.73
技术创新指数	111.48	116.5	5.02
节能降耗指数	71.77	72.5	0.73
人均收益指数	52.25	55.89	3.64

数据来源：中国电子信息产业发展研究院，2014 年 12 月。

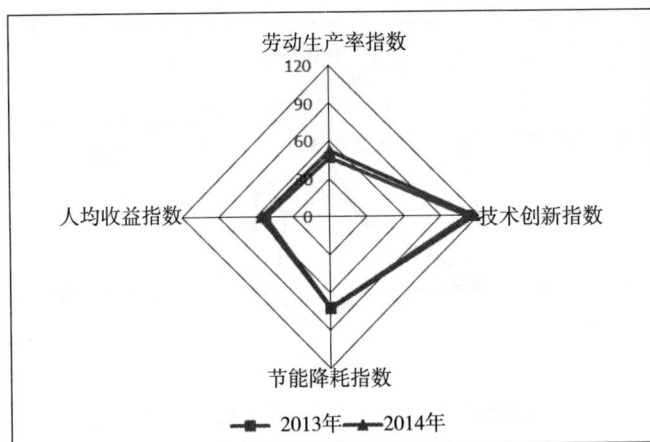

图14-6　安徽省2013—2014年信息化应用效益指数一级指标情况

数据来源：中国电子信息产业发展研究院，2014 年 12 月。

就信息化各项细分指标来讲，"十二五"以来，安徽省信息化应用效益方方面面都取得了积极进展。全员劳动生产率指数从 2013 年的 46.48 增长到了 2014 年的 52.21，指数值增长了 5.73。单位地区生产总值专利申请量指数值从 2013 年的 115.95 提升到 2014 年的 126.85，指数值增长了 10.9；单位地区生产总值专利授权量指数值从 2013 年的 108.5 增加到 2014 年的 109.6，指数值略上升了 1.1。节能减排有待加强，单位地区生产总值能耗指数从 2013 年的 90.97 下降到 2014 年的 90.2，指数值略下降了 0.77；单位地区生产总值用水量指数从 2013 年的 42.98 提升到 2014 年的 45.95，指数值增长了 2.97。信息化带动了经济快速发展，人均地区生产总值指数由 2013 年的 52.25 提升到 2014 年的 55.89，指数值增长了 3.64。

表 14-7　安徽省 2013—2014 年信息化应用效益指数二级指标情况

指标名称	2013年指数值	2014年指数值	变化情况
全员劳动生产率	46.48	52.21	5.73
单位地区生产总值专利申请量	115.95	126.85	10.9
单位地区生产总值专利授权量	108.5	109.6	1.1
单位地区生产总值能耗	90.97	90.2	−0.77
单位地区生产总值用水量	42.98	45.95	2.97
人均地区生产总值	52.25	55.89	3.64

数据来源：中国电子信息产业发展研究院，2014 年 12 月。

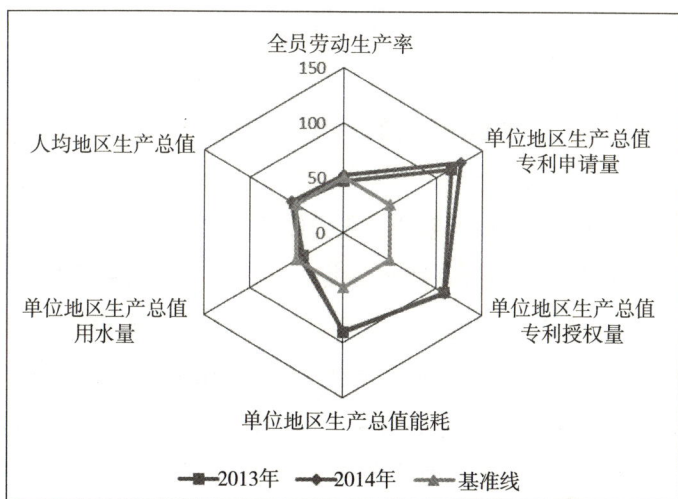

图14-7　安徽省2013—2014年信息化应用效益指数二级指标情况

数据来源：中国电子信息产业发展研究院，2014 年 12 月。

三、优劣势评价

（一）优势

1. 企业 ERP 普及率较高

根据评估数据显示，2014 年安徽省企业 ERP 普及率指数达到 76.86，位居全国第一位。这一切得益于安徽省大力推进"两化"深度融合。2013 年安徽省制定了安徽省促进信息消费和推进"两化"深度融合的具体贯彻意见，注重工业化和信息化融合示范应用，发布《两化深度融合专项行动计划实施方案（2013—2017）》，建成数字企业10070家，建成智慧企业2231家，新认定"两化"融合示范企业105家、示范园区12家。

2. 政务信息公开推进力度较大

根据评估数据显示，2014年安徽省政府信息公开上网率指数达到了66.38，位居全国第四位。2014年安徽省在政务公开和政务服务领域推出一系列改革举措，市、县政府及有关部门基本全面实施并完成行政审批权"两集中、两到位"改革，所有财政拨款的"三公"经费均详细公开。另外，安徽省还制定政府信息公开实施办法，规范各级行政机关公开行为

3. 地区创新水平居全国前列

根据评估数据显示，2014年安徽省单位地区生产总值专利申请量指数和单位地区生产总值专利授权量指数分别达到126.8、109.6，分别位居全国第四、第五位。近年来，安徽省不断加大创新投入力度，加快自主创新步伐，科技综合实力大幅提升，支撑转型发展能力显著增强。2013年，安徽省研发投入强度（研发经费相当于生产总值比重）达1.85%，超越湖北，居全国第九位，首次跃居中部第一位。科技部《全国区域创新能力评价报告2013》显示：安徽省区域创新能力居全国第九位、中部第一位；国家知识产权局《2013年全国专利实力状况报告》显示：安徽省专利综合实力首次进入全国前十强。

（二）劣势

1. 网络信息基础设施有待进一步提升

根据评估数据显示，2014年安徽省移动电话普及率指数、有线电视入户率指数、固定宽带普及率指数分别为51、44.69、51.09，分别位居全国第30、25、28名，网络基础设施水平处在全国下游水平。2014年安徽省分两期进行4G的建设。一期工程将于2014年4月底完成，建成4G基站1.1万个，覆盖县城以上及主要旅游景点。二期工程将于2014年底完成,届时全省4G基站将超过3万座，实现乡镇以上以及主要交通干线的全覆盖。安徽移动采用"有线＋无线"相结合来推进"宽带安徽"战略的贯彻落实，在城市，采用有线光纤的方式，到2014年年底光纤宽带将覆盖接近1000万个家庭以及所有的党政机关和大型企事业单

位;在农村采用无线方式,年底将实现乡镇宽带网络的覆盖。相比全国其他省(区、市),网络信息基础设施建设进度相对缓慢了一步。

2. 互联网普及率有待进一步提升

根据评估数据显示,2014 年安徽省互联网普及率指数达到 52.76,与全国平均水平 62.31 相差 9.55,位居全国第 25 位。安徽省互联网普及率低主要原因在于安徽省农村人口占比较高,广大农村地区对互联网接触机会较少。2014 年末安徽省常住人口 6082.9 万人,比上年增加 53.1 万人,城镇化率 49.15%,比全国 54.77% 低 5.62,其中安庆、黄山、滁州、阜阳、宿州、六安和亳州低于全省水平,其中亳州市最低,仅为 35.66%。

3. 人均信息消费有待进一步提升

根据评估数据显示,2014 年安徽省人均信息消费指数达到 41.27,与全国平均水平 54.39 相差 13.12,位居全国第 27 位。安徽省人均信息消费水平低主要原因在于安徽省移动电话普及率、互联网普及率都相对较低,制约了个人信息消费的发展。

四、对策建议

(一)大力推进网络基础设施建设,推进基础设施智能化转型

打造无缝链接的省域泛在网,建设多层次、立体化、高带宽、全覆盖的无线基础网络,实现固定宽带接入网络、有线电视网络从网络到业务的融合,构建 T 级骨干网、G 级接入网、业务 IP 化的下一代高速网络,推动实现网络高速融合。建设全覆盖感知网络,逐步建立覆盖全省的视频感知网络、身份识别网络、位置感知网络、环境感知网络、专业感知网络等专业感知网络,对现有基础设施进行感知和自动化控制等技术的应用和改造。

(二)大力推进"互联网+"行动计划,推动传统产业转型升级

鼓励传统企业通过网络化制造系统,实现产品设计、生产制造、采购销售、管理经营等各环节的企业间协同,形成网络化企业集群。推动传统行业 B2C 电子商务平台从产品销售和广告营销向研发设计、生产制造等领域渗透,发展基于

互联网的按需制造、众包设计等新型制造模式，促进生产和消费环节对接。鼓励互联网企业建设工业云服务平台，提供社会化制造资源服务，推进企业研发设计、数据管理、工程服务等制造需求向云服务平台迁移。鼓励互联网企业建设行业大数据平台，面向中小制造企业提供生产制造、供应链管理、产品营销及服务等环节的智能决策服务，提高企业决策和服务水平。

（三）大力促进信息消费，实现信息惠民

以保障和改善民生为重点，坚持"共享、协同、整合、创新"的发展理念，推动社保、医疗、就业、教育等社会领域信息化，促进基本公共服务均等化，加快形成广泛覆盖、便捷高效的政府民生服务体系。大力推动社保一卡通在农村应用，做到"人手一卡"，加快实现社保卡的异地就医和即时结算。加快电子病历的普及推广和数据共享，普及网上预约挂号等便民服务，提升医疗服务的效率和水平。发展面向农村基层和边远地区的远程医疗、远程辅导和救治服务，不断探索推动基本公共医疗服务均等化的新模式。围绕提升农村中小学教师信息技术应用技能，加大中小学、各类职业院校和培训机构教师的信息素养和信息技术应用能力培训，增强教师队伍信息化应用与服务能力。

（四）大力推进智慧城市建设，提供社会管理信息化应用水平

建设智慧市政，建立市政设施在线监测系统应用试点。建设智慧诚信，以政务信息资源交换平台为基础，逐步完善社会诚信平台数据库系统。建设智慧交通，建立交通综合监测、运输、应急仿真、调控以及公众出行信息服务等系统，提升交通运行效率。搭建食品生产和流通环节的食品安全追溯体系，推动建立对药品的研发、生产、流通、使用全过程的电子监管系统。建设智慧环境，建立、完善针对气象、城市旱涝火灾、水资源、水生态、空气质量、无线电电磁环境、海洋生态等方面的感知预警监测系统。建设智慧警务，逐步推广智能车证、智能管控、智能监管、智能采集、智能视频、智能侦查、智能内务等新型警务模式。

第十五章　福建省信息化发展水平分析

一、总体情况

（一）经济社会发展情况

福建省全面贯彻落实党的十八大及十八届二中、三中全会精神，全面实施"三规划两方案"，稳中求进，推进科学发展跨越发展。2013年，全省常住人口3774万人，常住人口自然增长率6.19‰。全年实现地区生产总值21759.64亿元，比上年增长11.0%。其中，第一产业增加值1936.31亿元，同比增长4.4%；第二产业增加值11315.30亿元，同比增长12.9%；第三产业增加值8508.03亿元，同比增长9.6%。三次产业结构由2012年的9.0:52.2:38.8变为8.9: 52.0: 39.1。全年城镇居民人均可支配收入30816元，同比增长9.8%；扣除价格因素，实际增长7.0%。农民人均纯收入11184元，比上年增长12.2%；扣除价格因素，实际增长9.7%。全年公共财政总收入3428.76亿元，比上年增加419.88亿元，同比增长14.0%。其中，地方公共财政收入2118.67亿元，同比增长19.3%。福建省在稳增长调结构、推进"三农"工作、加强改革开放创新、加快民生改善、开展生态省建设等方面取得了较为明显的工作成效。

（二）信息化发展特点

1. 信息基础设施建设步伐持续加快

福建省着力加快实施"数字福建·宽带工程"。将以实施六项行动计划为抓手，着重加快宽带和4G建设，深入实施信息提升工程，努力使福建省宽带建设发展继续走在全国前列。福建省加快"宽带中国"示范城市建设，参与信息消费试点城市、下一代互联网示范城市建设，有序推进智慧城市建设。

2. 信息产业持续快速发展

福建省全年信息产业销售收入超过7000亿元，同比增长20%左右。其中，信息产品制造业销售收入超过4500亿元，同比增长18%左右；软件业销售收入接近1500亿元，同比增长30%以上；通信运营及其它信息服务业销售收入超过1200亿元，同比增长10%左右。2013年，福建省一是通过项目带动，培育信息产品制造业发展新优势。重点推进厦门天马微电子面板生产线、厦门开发晶LED、福建兆元光电LED外延片和芯片生产线、科立视触控组件、宁德新能源锂离子电池、南平欧普登电子玻璃、连城鑫晶刚玉蓝宝石衬底、瀚天泰成碳化硅外延晶片、泉州数字对讲机等一批产业链重大项目建设。推动连城光电园、云霄光电园、南安光电产业园等光电产业园区开展项目对接；中国普天、大唐电信、中电科技、中国电子、中国航天等央企与省内企业开展战略对接；普天与国脉、普天与雷克、大唐与飞毛腿、中科电子厦门基地、北斗项目等对接。推进LED千亿产业集群加快实现。

3. 积极推进新产业新业态快速发展

福建省重视新兴产业发展，积极推进物联网等新业态发展。2013年，福建省出台了《福建省加快物联网发展行动方案（2013-2015年）》，开展了区域、行业物联网示范应用，强化产业支撑，促进了产业集聚发展。同时，福建省积极促进产业合作，举办海峡物联网产业博览会，成立了首家物联网协会，启动闽藏物联网项目对接合作，物联网在各领域应用逐步深入。中国移动福建公司的"农业物联网"系统已经逐步应用在大棚菌类、花卉栽培、茶叶种植等福建特色农业领域，物联网应用价值逐渐显现。

二、信息化水平分析

（一）总体水平

"十二五"以来，福建省信息化实现了快速发展，信息化发展总指数从2013年的74.12提升到2014年的79.4，指数值增长了5.28。网络基础设施继续快速发展，网络就绪度指数从2013年的64.72提升到了2014年的72.87,指数值增长了8.15。信息通信技术应用进一步普及和深化,信息通信技术应用指数从2013年的81.42提升到2014年的84.37,指数值增长了2.95。信息化应用效益初步显现,应用效益指数从2013年的78.31上升到2014年的82.56,指数值增长了4.25。

表15-1 福建省2013—2014年信息化指标情况

指标名称	2013年指数值	2014年数值	变化情况
网络就绪度指数	64.72	72.87	8.15
信息通信技术应用指数	81.42	84.37	2.95
应用效益指数	78.31	82.56	4.25
信息化发展总指数	74.12	79.4	5.28

数据来源:中国电子信息产业发展研究院,2014年12月。

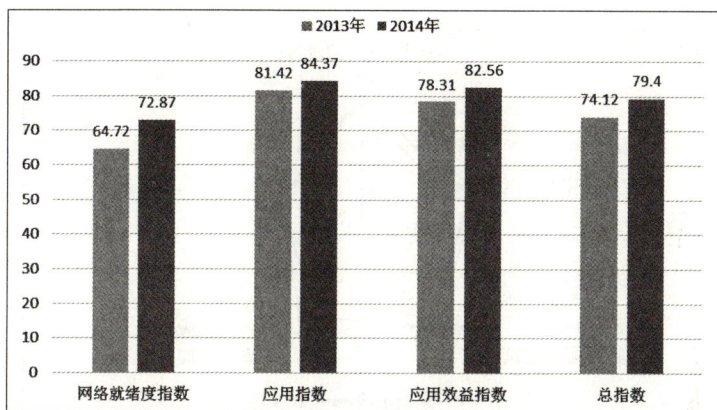

图15-1 福建省2013—2014年信息化指标情况

数据来源:中国电子信息产业发展研究院,2014年12月。

(二)分类指标

1. 网络就绪度指数

在网络就绪度方面,"十二五"以来,福建省大力推进网络基础设施建设,网络基础设施实现了跨越式发展。智能终端进一步普及应用,普及指数从2013年的80.85提升到2014年的84.03,数值增长了3.18。有线电视发展指数从2013年的56.69下降到2014年的56.44,指数值减少了0.25。光纤网络快速发展,光纤发展指数从 2013 年的 53.07 提升到 2014 年的 66.64，指数值增长了 13.57。宽带普及继续推进，宽带普及指数从 2013 年的 66.48 提升到 2014 年的 76.28，指数值增长了 9.8。宽带速率进一步提升，宽带速率指数从 2013 年的 60.5 提升到 2014 年的 74.04，指数值增长了 13.54。

表 15-2　福建省 2013—2014 年网络就绪度一级指标情况

指标名称	2013年指数值	2014年指数值	变化情况
智能终端普及指数	80.85	84.03	3.18
有线电视发展指数	56.69	56.44	−0.25
光纤发展指数	53.07	66.64	13.57
宽带普及指数	66.48	76.28	9.8
宽带速率指数	60.5	74.04	13.54

数据来源：中国电子信息产业发展研究院，2014 年 12 月。

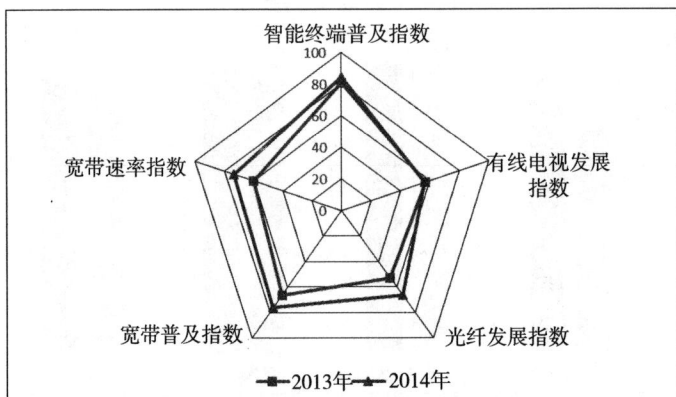

图15-2　福建省2013—2014年网络就绪度指数一级指标情况

数据来源：中国电子信息产业发展研究院，2014 年 12 月。

就网络就绪度各项细分指标来讲，福建省"十二五"以来网络基础设施各方面上都取得了较大发展。移动电话用户数保持稳步增长，普及率指数从 2013 年的 71.48 提升到 2014 年的 73.93，指数值增加了 2.45。电脑普及率进一步提高，普及率指数从 2013 年的 90.21 提升到 2014 年的 94.14，指数值增长了 3.93。有线电视用户数略有减少，入户率指数从 2013 年的 56.69 下降到 2014 年的 56.44，指数值下降了 0.25。光纤入户快速推进，入户率指数从 2013 年的 53.07 提升到 2014 年的 66.64，指数值增长了 13.57。互联网固定宽带用户数略有增加，互联网固定宽带普及率指数从 2013 年的 81.29 增加到 2014 年的 84.87，指数值增加了 3.58。3G 和 4G 用户数实现快速增长，移动宽带普及率指数从 2013 年的 51.66 增长到了 2014 年的 67.69，指数值增长了 16.03。宽带普及提速行动成效显著，固定宽带端口平均速率指数从 2013 年的 60.5 增长到了 2014 年的 74.04，指数值增长了 13.54。

表 15-3　福建省 2013—2014 年网络就绪度指数二级指标情况

指标名称	2013年指数值	2014年指数值	变化情况
移动电话普及率	71.48	73.93	2.45
电脑普及率	90.21	94.14	3.93
有线电视入户率	56.69	56.44	−0.25
光纤入户率	53.07	66.64	13.57
固定宽带普及率	81.29	84.87	3.58
移动宽带普及率	51.66	67.69	16.03
固定宽带端口平均速率	60.5	74.04	13.54

数据来源：中国电子信息产业发展研究院，2014 年 12 月。

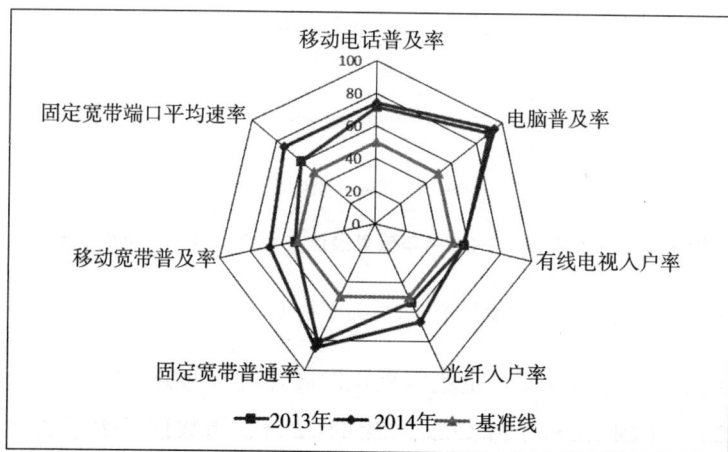

图15-3　福建省2013—2014年网络就绪度指数二级指标情况

数据来源：中国电子信息产业发展研究院，2014 年 12 月。

2.信息通信技术应用指数

在信息通信技术应用方面，"十二五"以来，福建省企业、政务、居民三方面信息化都取得了较大发展。企业应用指数从 2013 年的 70.3 提升到 2014 年的 70.56，指数值增长了 0.26。政务应用指数从 2013 年的 78.66 提升到 2014 年的 81.96，指数值下降了 3.3。居民应用指数从 2013 年的 88.36 提升到 2014 年的 92.47，指数值增长了 4.11。

表 15-4　福建省 2013—2014 年信息通信技术应用指数一级指标情况

指标名称	2013年指数值	2014年指数值	变化情况
企业应用指数	70.3	70.56	0.26
政务应用指数	78.66	81.96	3.3
居民应用指数	88.36	92.47	4.11

数据来源：中国电子信息产业发展研究院，2014 年 12 月。

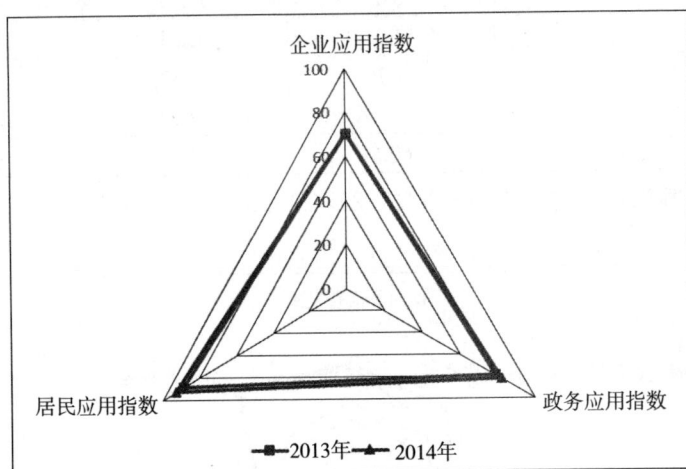

图15-4　福建省2013—2014年信息通信技术应用指数一级指标情况

数据来源：中国电子信息产业发展研究院，2014 年 12 月。

在企业信息化应用方面，企业信息化发展环境有部分改善。企业 ERP 普及率指数从 2013 年的 75.06 下降到 2014 年的 72.71，指数值减少了 2.35；企业电子商务交易额占比指数从 2013 年的 65.54 增加到了 68.4，指数值增加了 2.86。

在政务信息化应用方面，政务事项网上办事率指数从 2013 年的 87.1 上升到了 2014 年的 98.11，指数值上升了 11.01。政府信息公开上网率指数从 2013 年的 70.22 下降到了 2014 年的 65.81，指数值下降了 4.41。

在居民信息化方面，"十二五"以来，福建省居民信息化应用水平进一步提升。互联网用户数稳步增长，互联网普及率指数从 2013 年的 75.32 提升到 2014 年的

77.42，指数值增长了 2.1；居民电子商务快速发展，人均在线零售额占比指数从 2013 年的 113.75 提升到 2014 年的 120.57，指数值增长了 6.82。居民信息消费快速增长，人均信息类消费支出指数由 2013 年的 63.67 提升到 2014 年的 66.39，指数值增长了 2.72。

表 15–5　福建省 2013—2014 年信息通信技术应用指数二级指标情况

指标名称	2013年指数值	2014年指数值	变化情况
企业ERP普及率	75.06	72.71	−2.35
企业电子商务交易额占比	65.54	68.4	2.86
政务事项网上办事率	87.1	98.11	11.01
政府信息公开上网率	70.22	65.81	−4.41
互联网普及率	75.32	77.42	2.1
人均在线零售额占比	113.75	120.57	6.82
人均信息类消费支出	63.67	66.39	2.72

数据来源：中国电子信息产业发展研究院，2014 年 12 月。

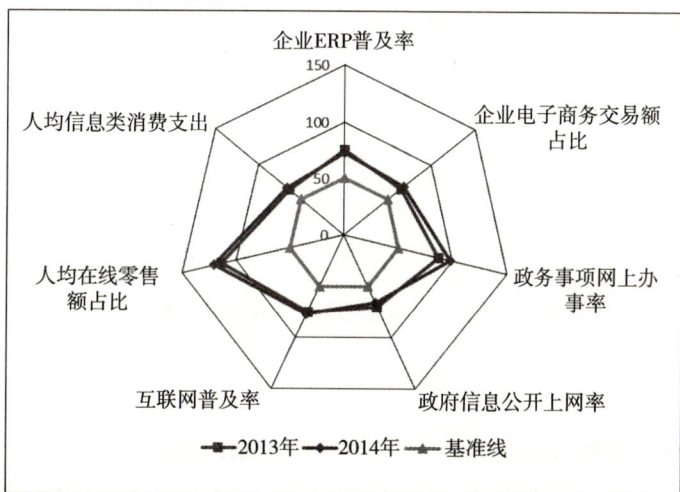

图15–5　福建省2013—2014年信息通信技术应用指数二级指标情况

数据来源：中国电子信息产业发展研究院，2014 年 12 月。

3. 信息化应用效益指数

在信息化应用效益方面，"十二五"以来，福建省信息化应用效益日渐凸显出。劳动生产率指数从 2013 年的 74.51 增长到了 2014 年的 78.41，指数值增长了 3.9；

技术创新指数从 2013 年的 81.77 增长到了 2014 年的 88.32，指数值增长了 6.55；节能降耗指数从 2013 年的 78.98 增长到了 2014 年的 81.05，指数值增长了 2.07；人均收益指数从 2013 年的 78 增长到了 2014 年的 82.46，指数值增长了 4.46。

表 15-6　福建省 2013—2014 年信息化应用效益指数一级指标情况

指标名称	2013年指数值	2014年指数值	变化情况
劳动生产率指数	74.51	78.41	3.9
技术创新指数	81.77	88.32	6.55
节能降耗指数	78.98	81.05	2.07
人均收益指数	78	82.46	4.46

数据来源：中国电子信息产业发展研究院，2014 年 12 月。

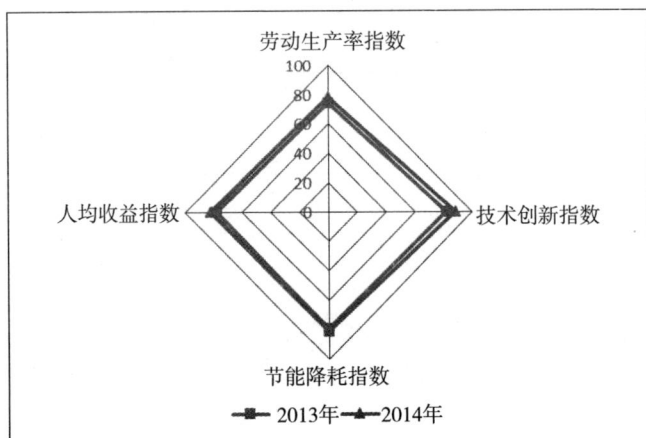

图15-6　福建省2013—2014年信息化应用效益指数一级指标情况

数据来源：中国电子信息产业发展研究院，2014 年 12 月。

就信息化各项细分指标来讲，"十二五"以来，福建省信息化应用效益各方面都取得了积极进展。全员劳动生产率指数从 2013 年的 74.51 增长到了 2014 年的 78.41，指数值增长了 3.9。单位地区生产总值专利申请量指数值从 2013 年的 80.18 提升到 2014 年的 88.73，指数值增长了 8.55；单位地区生产总值专利授权量指数值从 2013 年的 82.83 提升到 2014 年的 88.04，指数值增加了 5.21。信息化促进了节能降耗工作的开展，单位地区生产总值能耗指数从 2013 年的 90.26 增加到 2014 年的 91.57，指数值增加了 1.31；单位地区生产总值用水量指数从 2013 年的 62.05 增加到 2014 年的 65.27，指数值增长了 3.22。信息化带动了经济快速发展，人均地区生产总值指数由 2013 年的 78 提升到 2014 年的 82.46，指数值增长了 4.46。

表 15-7　福建省 2013—2014 年信息化应用效益指数二级指标情况

指标名称	2013年指数值	2014年指数值	变化情况
全员劳动生产率	74.51	78.41	3.9
单位地区生产总值专利申请量	80.18	88.73	8.55
单位地区生产总值专利授权量	82.83	88.04	5.21
单位地区生产总值能耗	90.26	91.57	1.31
单位地区生产总值用水量	62.05	65.27	3.22
人均地区生产总值	78	82.46	4.46

数据来源：中国电子信息产业发展研究院，2014 年 12 月。

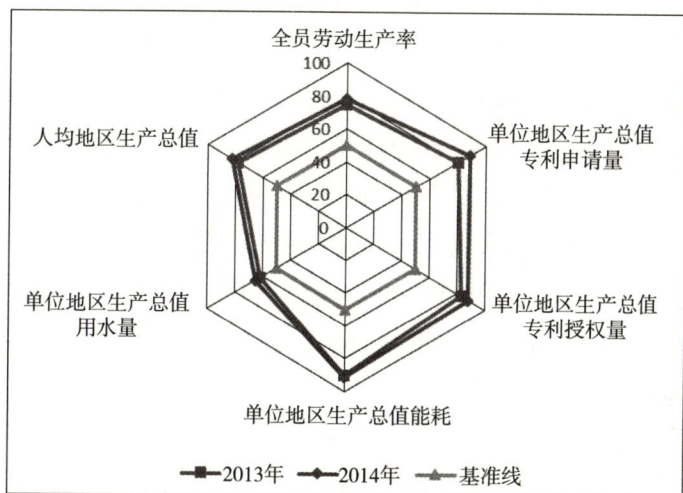

图15-7　福建省2013—2014年信息化应用效益指数二级指标情况

数据来源：中国电子信息产业发展研究院，2014 年 12 月。

三、优劣势评价

（一）优势

1.信息化基础设施建设全国领先

截至 2013 年年末，福建省移动电话基站达 9.8 万个，同比增长 15%，其中

3G 电话基站数达 4.5 万个，同比增长 35%；光缆线路长度达 70 万公里，同比增长 23%，光缆纤芯长度达 1346 万芯公里，同比增长 9.3%。WLAN 公共运营接入点（AP）数达 24.8 万个，新增 9.2 万个。用户接入速率不断提升，4M 及以上用户占比居全国前列。互联网用户达 3590.3 万户，新增 129.6 万户，普及率达 95.8%。全省电话用户总数达 5286.8 万户，新增 220.3 万户，普及率达 141%，其中 3G 电话用户达 1326.1 万户，新增 486.6 万户。3G 电话渗透率达 30.82%，比上年底提高 10.09 个百分点。3G 用户的迅猛增长以及移动互联网的快速发展推动了基础电信行业数据流量消费的快速提升，全省移动互联网接入流量达 4742 万 G，同比增长 115.7%，增幅分别比全国平均水平和东部地区高 44.4 和 54 个百分点，增幅在东部地区排名第二位，仅次于上海。

2. 广泛的居民网络应用带动信息消费

福建省通信业认真落实"宽带中国"战略、促进信息消费政策，积极培育电子商务、网络购物等新型的消费业态，扶持增值电信企业发展，互联网应用进一步深化，信息获取、交流沟通、网络娱乐、商务交易类应用的普及率均有不同程度的提升。到 2014 年年底，福建省即时通信、搜索引擎使用比例分别达 83.8%、77.5%，是两大互联网基础应用；网民应用网络视频比例为 73.6%，同比上升 4.9 个百分点，发展势头较好；网络购物用户规模持续快速增长，使用率同比增长 8.7 个百分点，达 53.5%，用户规模增加 265 万人，是 2013 年福建省各个互联网应用中用户规模增长最多的。

3. 政务应用水平大幅提升

2013 年，福建省加大电子政务建设力度，政务应用水平稳步提升。目前，福建省政府网站数量达 2008 个，事业单位网站数量达 3540 个，社会团体网站数量达 1596 个，政府网站公开数 293289 条。同时，福建省优化了信息公开渠道，丰富网络公开内容，充分为民众提供便利服务。福建省积极推进政务微博、微信等政府信息公开新渠道建设，截至 2013 年年底，福建省公安厅、旅游局，福州市等单位开通政务微博，主动发布政府信息回应社会关切，福州官方政务微博"福州发布"已发布微博 8590 条，微博粉丝数超 50 万。

（二）劣势

1.移动宽带普及应用水平相对较低

2013 年，福建省网络就绪度指数为 72.87，处于全国领先水平并与上年保持稳定。相对来看，移动宽带普及率指数值为 67.69，指数较上年大幅增加 17，但在全国下降 11 位，处于中下游水平。由此可见，尽管福建省在移动宽带建设上大步向前，但应用水平相对落后，移动互联网应用普及相对较慢，进而影响整体宽带普及水平的提升。

2.企业电子商务应用发展缓慢

福建省 2013 年企业电子商务交易额占比指数为 68.4，较上年提升 3 个点，但在全国下降 4 个位次，处于中下游水平。福建省是全国最早发展电子商务的省份之一，但与电子商务发展较好的先进地区相比仍然不少问题，如物流的发展速度跟不上电子商务急剧发展的步伐，电子商务整体上仍处于较为无序状态，存在非注册经营、非税销售、不正当竞争等现象，由于政策扶持力度不够，电子商务龙头企业和大量中小电子商务企业外迁的趋势日益明显等问题大量存在，影响了福建省电子商务的健康快速发展。

四、相关建议

（一）继续加快宽带基础设施建设和应用

进一步深入"数字福建·宽带工程"建设，加大信息基础设施建设投入，全面实现新建住宅和小区光纤接入，加快光纤到户改造，特别是农村光纤到村，加快实现全省行政村全部接入光纤和宽带。加快无线网络建设覆盖，优化高铁、高速公路及主要旅游交通干线的网络覆盖，加大热点地区的 WiFi 覆盖，加快 TD-LTE 推广应用，逐步推进 4G 网络建设商用。

（二）大力推广互联网应用普及

面向移动社交、智能交通、车联网、移动金融、电子商务等热点领域，鼓励相关企业开发互联网应用，促进互联网的应用普及。面向交通、环保、安全、旅游、市政等重点领域需求，积极推动云计算、物联网、大数据等新一代信息技术应用，支持大数据产业重点园区建设。大力推动设区市加大软件名城、产业园区项目载体建设，推进平潭离岸数据中心建设，强化信息产业支撑作用。

（三）以电子商务促进互联网经济发展壮大

大力发展电子商务，优化发展环境，做大增量优化结构，将电子商务与传统产业发展相结合，推动优势产业、重点行业的电子商务应用，提高贸易效率，壮大福建省互联网经济。鼓励第三方物流、电子支付等电子商务服务企业的发展，促进上下游企业和产品之间的衔接，实现信息和技术的交流与成果共享。鼓励跨境电子商务发展，加强国际和区域交流与合作，逐步形成与国际接轨的网上贸易渠道。

第十六章　江西省信息化发展水平分析

一、总体情况

（一）经济社会发展情况

2013 年，江西省紧紧围绕建设富裕和谐秀美江西的奋斗目标，认真贯彻落实"发展升级、小康提速、绿色崛起、实干兴赣"十六字方针，坚持稳中求进工作总基调，统筹做好稳增长、调结构、抓改革、优生态、惠民生等各项工作。全年实现地区生产总值 14338.5 亿元，同比增长 10.1%。其中，第一产业增加值 1636.5 亿元，第二产业增加值 7671.4 亿元，第三产业增加值 5030.6 亿元，同比分别增长 4.6%、11.7% 和 9.1%。三次产业结构调整为 11.4：53.5：35.1，第三产业占比同比提高 0.5 个百分点，三次产业对经济增长的贡献率分别为 5.1%、65.7% 和 29.2%。全年地区生产总值与全部就业人员的比率为 55389 元 / 人，比上年提高 4728 元 / 人。人均生产总值 31771 元，同比增长 9.7%，城镇居民人均可支配收入 21873 元，农民人均纯收入 8781 元，同比分别增长 10.1% 和 12.2%。全年财政总收入 2357.1 亿元，同比增长 15.2%。[1] 2013 年，江西省经济发展稳中有进、稳中向好，社会事业全面进步。

（二）信息化发展特点

1. 大力发展信息化基础建设

2013 年，江西省大力推进"宽带中国·光网城市"建设，开展宽带大提速工程，加快扩大宽带网络覆盖。江西省现有固定互联网宽带用户 410.1 万户，新

---

[1]　江西省统计局：《江西省2013年国民经济和社会发展统计公报》，2014年4月。

增 FTTH 改造小区 1000 余个，光纤覆盖百万家庭用户；4M 及以上宽带接入普及城乡，用户占比超 85%；行政村 100% 通宽带，光纤到达率为 92%；全省累计新增无线 AP 点 6871 个，率先实现了 3G 网络乡乡通目标，全省机场、高速公路、铁路以及 4A 级以上景区核心区域已实现 3G 信号全覆盖且基本实现 WIFI 覆盖；启动南昌、九江等地的 4G 网络建设，开展 4G 商用。[1] 此外，江西省大力推动"三网融合工程"。江西省南昌市作为我国第二批三网融合试点城市，首推"优家 168"业务，向用户提供高清互动电视收视、手机通话上网、宽带上网的功能，目前已完成全网约 22 万用户的网络改造。

2. 推进个性化"两化"深度融合

江西将围绕推进产业结构优化升级、转变经济发展方式、推动科技进步这一主线，以工业研发设计、工业生产过程、企业管理、产品流通和市场、工业经济管理及服务等信息化为切入点，从区域、行业、企业三层面推进"两化"深度融合。在企业层面，深入实施科技创新"六个一"工程，发挥企业创新主体作用，支持企业研发、承接和采用新技术，开展新产品产业化、工程化应用；扶持一批具有较强国际国内竞争力的大型企业集团，完善中小企业社会化服务体系，支持小微企业发展。在产业层面，推动传统产业转型升级，培育壮大战略性新兴产业，切实提高创新驱动发展能力；着力推进新能源、新材料、航空制造、电子信息、生物医药等优势产业发展；积极发展锂铜合金、高性能稀土材料等产业，以及新一代信息技术产业和生产性信息服务业，如地理信息产业。在区域层面，实施省级"两化"融合示范工业园区创建工程，创建 10 个省级"两化"融合示范工业园区，推动全省工业园区基础设施进一步完善，不断提升面向企业的信息技术公共服务平台，提高网络环境下的集群企业间协作配套能力和产业链专业化协作水平；大力发展特色园区，实施重点园区扩区升级工程，如重点打造鹰潭铜、赣州钨和稀土两大国家级产业基地[2]，加快建设南昌航空城、景德镇直升机产业示范基地；加快建设以南昌国家生物产业基地为重点的生物医药产业园等。

3. 打造环保安全智慧生活

教育信息化方面，江西省建成 188 个国家教育考试标准化考点，促进教育信息化水平的快速提升。社会保障方面，江西省着力推进全省区域卫生信息平台建

---

[1] 《"光网江西"：为赣鄱绿色崛起"提速"》，《江西日报》，2014年3月13日。
[2] 江西省工业和信息化委员会：《江西为工业强省打造有力"助推器"》，2013年7月22日。

设，建立电子病历和健康档案等数据库，推进全省统一的跨区域社会保障信息平台建设。医疗信息化方面，江西省建设基层医疗机构信息管理系统和数字医院，向全省 1.6 万个村卫生室提供医疗信息化服务，向超过 1000 万居民提供新农合居民健康档案信息服务。智慧城市方面，江西省推出的"无线城市"已成为省内功能最完善、用户数最多的本地生活门户网站，网站日均访问用户数突破 5 万，该网站涵盖水、电、气、交通违章查询，社保、医保、网上医疗应用等各方面。江西省建成全省环境质量自动检测站联网项目，对环鄱周边水域、重要河流和饮用水源等重点区域开展实时视频监控，同时对全省 214 家重点污染源企业进行在线监控；建设了全省重点车辆联网联控平台、应急指挥平台和 96122 呼叫中心，方便全省公众的出行。建成"重点营运车辆管理企业平台"，向全省数千辆"两客一危"车辆提供定位导航安全监控服务。逐步推进"数字景区"建设，已将视频监控、电子门票等应用于井冈山、庐山等景区。

4. 创建信息化和谐乡村

农村信息基础设施建设。江西省大力实施宽带提速工程。推进农村宽带乡镇建设，加强对农村行政村的光缆覆盖，完成 200 余个行政村的光缆通达工作，建成信息化示范村 800 个，同时全面启动乡镇及以下宽带网络提速和光纤化改造，农村区域 4M 宽带覆盖率达 98.7%，乡镇本埠 8M 覆盖率达 95.44%。大力推进中小学宽带网络接入，实现 8801 所农村区域中小学的宽带网络接入。

农村信息服务建设。江西省实施"信息化和谐乡村工程"，普及了平安乡村、党员远程教育等应用。江西省还建设了江西农村党员干部现代远程教育网（井冈先锋网）、江西农业信息网、江西省农村信息直通车网、江西农村网、江西农产品溯源网等多个涉农网站，其中三农信息网成为各级新村办、乡镇政府的网上办公和宣传阵地。

现代农业建设。实施"百县百园"建设工程，推动建立高标准现代农业示范园，鼓励创建一批省级农业产业化示范区。完善农村商贸流通体系，推进万村千乡市场工程、新农村现代流通服务网络工程建设。[1]

5. 打造高效便民电子政务

江西省以政务公开"透明、回应"，政务服务"便民、高效"为目标，依托

---

[1]　《农业部首批认定河南众品等40家单位为"全国农业农村信息化示范基地"》，中华网财经，2013年6月24日。

统一电子政务平台，整合部门现有业务应用系统，切实满足居民公共服务需求。

电子政务基础设施建设方面，全省形成了省、市、县、乡"四横一纵"的电子政务网络体系，建成并开通运行了江西省电子政务共享数据统一交换平台，实现了全省电子政务跨部门、跨地区、跨层级、多业务的数据交换与共享，重点推进人口、法人单位、空间地理、宏观经济和文化等信息资源库建设，促进社会大数据应用。

政务服务信息化方面，江西省建设的"天网"工程在震慑犯罪和协助案件侦破方面发挥了重要作用。江西公安"网上办事大厅"正式启动，199项公安业务实现24小时网上在线服务，涉及治安、户政（户籍管理）、交警、出入境、消防、网安、禁毒、监所管理和边防等公安业务。江苏省对2013年"省长手机"接听的有效来电已办结99.8%，"政府信箱"接收的有效来信已办结99.7%。信息公开方面，江西已开通政务微博3000多个，70多个省直厅局和11个设区市开通了政务微博，架起了一座与网友沟通的桥梁。

二、信息化水平分析

（一）总体水平

"十二五"以来，江西省信息化实现了稳步发展，信息化发展总指数从2013年的56.44提升到2014年的62.92，指数值增长了6.48。网络基础设施实现较快发展，网络就绪度指数从2013年的43.65提升到了2014年的53.41，指数值增长了9.76。信息通信技术应用指数从2013年的68.87提升到2014年的73.48，指数值增长了4.61。信息化应用效益继续显现，应用效益指数从2013年的57.16提升到2014年的60.83，指数值提高了3.67。

表 16-1　江西省 2013—2014 年信息化指标情况

指标名称	2013年指数值	2014年指数值	变化情况
网络就绪度指数	43.65	53.41	9.76
信息通信技术应用指数	68.87	73.48	4.61
应用效益指数	57.16	60.83	3.67
信息化发展总指数	56.44	62.92	6.48

数据来源：中国电子信息产业发展研究院，2014年12月。

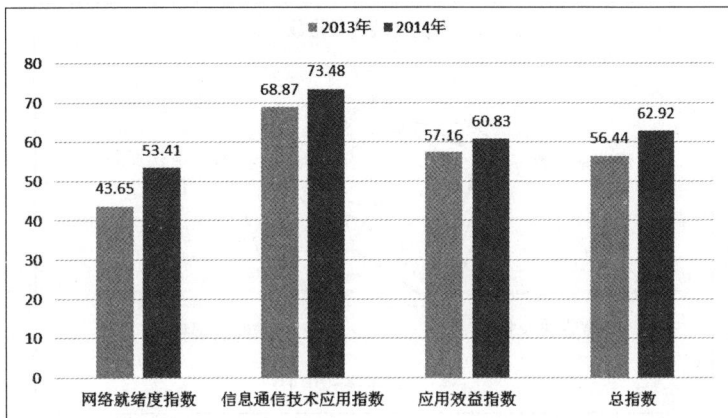

图16-1 江西省2013—2014年信息化指标情况

数据来源：中国电子信息产业发展研究院，2014年12月。

（二）分类指标

1. 网络就绪度指数

在网络就绪度方面，"十二五"以来，江西省大力推进网络基础设施建设，网络基础设施实现了较大发展。智能终端进一步普及应用，普及指数从2013年的54.3提升到2014年的58.02，数值增长了3.72。有线电视发展指数从2013年的49.41提升到2014年的52.95，指数值增加了3.54。光纤网络快速发展，光纤发展指数从2013年的8.5提升到2014年的22.23，指数值增长了13.73。宽带普及继续推进，宽带普及指数从2013年的50.87提升到2014年的63.49，指数值增长了12.62。宽带速率进一步提升，宽带速率指数从2013年的53.96提升到2014年的69.08，指数值增长了15.12。

表16-2 江西省2013—2014年网络就绪度一级指标情况

指标名称	2013年指数值	2014年指数值	变化情况
智能终端普及指数	54.3	58.02	3.72
有线电视发展指数	49.41	52.95	3.54
光纤发展指数	8.5	22.23	13.73
宽带普及指数	50.87	63.49	12.62
宽带速率指数	53.96	69.08	15.12

数据来源：中国电子信息产业发展研究院，2014年12月。

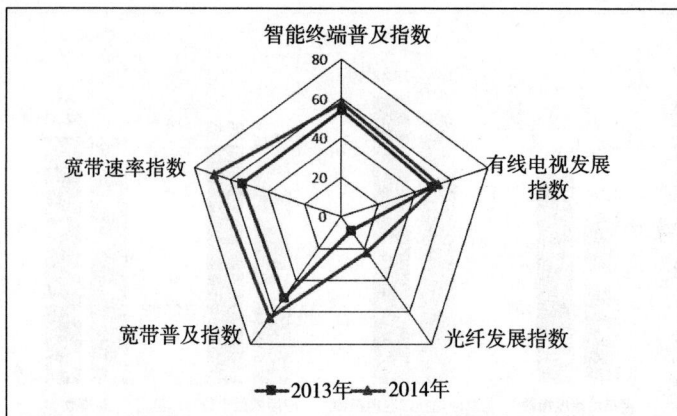

图16-2　江西省2013—2014年网络就绪度指数一级指标情况

数据来源：中国电子信息产业发展研究院，2014年12月。

　　就网络就绪度各项细分指标来讲，江西省"十二五"以来网络基础设施各方面都取得了较大发展。移动电话用户数保持稳步增长，移动电话普及率指数从2013年的46.02提升到2014年的48.87，指数值增加了2.85。电脑普及率进一步提高，普及率指数从2013年的62.58提升到2014年的67.18，指数值增长了4.6。有线电视用户数进一步增长，有线电视入户率指数从2013年的49.41增加到2014年的52.95，指数值增加了3.54。光纤入户快速推进，入户率指数从2013年的8.5提升到2014年的22.23，指数值增长了13.73。互联网固定宽带用户继续增加，普及率指数从2013年的51.94增加到2014年的55.68，指数值增加了3.74。3G和4G用户数实现快速增长，移动宽带普及率指数从2013年的49.8增长到了2014年的71.3，指数值增长了21.5。宽带普及提速行动成效显著，固定宽带端口平均速率指数从2013年的53.96增长到了2014年的69.08，指数值增长了15.12。

表16-3　江西省2013—2014年网络就绪度指数二级指标情况

指标名称	2013年指数值	2014年指数值	变化情况
移动电话普及率	46.02	48.87	2.85
电脑普及率	62.58	67.18	4.6
有线电视入户率	49.41	52.95	3.54
光纤入户率	8.5	22.23	13.73
固定宽带普及率	51.94	55.68	3.74

（续表）

指标名称	2013年指数值	2014年指数值	变化情况
移动宽带普及率	49.8	71.3	21.5
固定宽带端口平均速率	53.96	69.08	15.12

数据来源：中国电子信息产业发展研究院，2014 年 12 月。

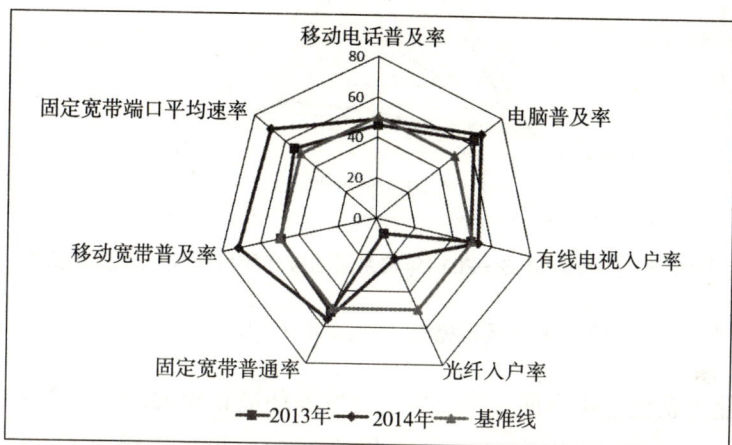

图16-3 江西省2013—2014年网络就绪度指数二级指标情况

数据来源：中国电子信息产业发展研究院，2014 年 12 月。

2. 信息通信技术应用指数

在信息通信技术应用方面，"十二五"以来，江西省企业、居民两方面信息化都取得了很大发展。企业应用指数从 2013 年的 62.51 提升到 2014 年的 76.04，指数值增长了 13.53。政务应用指数从 2013 年的 65.78 下降到 2014 年的 53.58，指数值下降了 12.2。居民应用指数从 2013 年的 73.6 提升到 2014 年的 82.15，指数值增长了 8.55。

表 16-4 江西省 2013-2014 年信息通信技术应用指数一级指标情况

指标名称	2013年指数值	2014年指数值	变化情况
企业应用指数	62.51	76.04	13.53
政务应用指数	65.78	53.58	−12.2
居民应用指数	73.6	82.15	8.55

数据来源：中国电子信息产业发展研究院，2014 年 12 月。

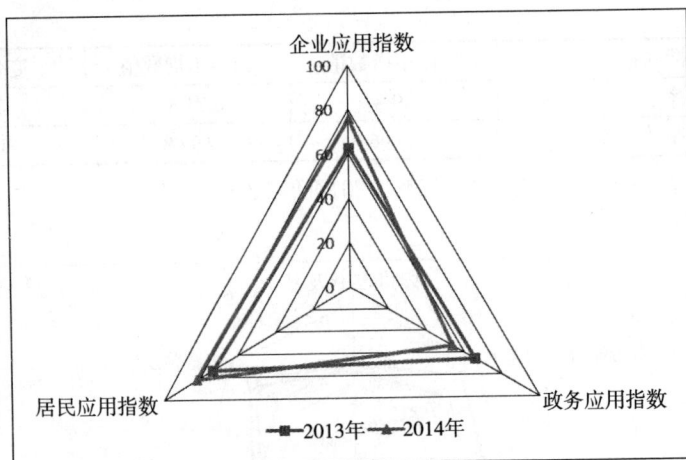

图16-4　江西省2013—2014年信息通信技术应用指数一级指标情况

数据来源：中国电子信息产业发展研究院，2014年12月。

在企业信息化应用方面，企业信息化发展环境有较大改善。企业ERP普及率指数从2013年的68.76增长到2014年的75.01，指数值增加了6.25；企业电子商务交易额占比指数从2013年的56.26增加到了77.07，指数值增加了20.81。

在政务信息化应用方面，政务事项网上办事率指数从2013年的70.44下降到了2014年的59.32，指数值下降了11.12。政府信息公开上网率指数从2013年的61.12下降到了2014年的47.85，指数值下降了13.27。

在居民信息化方面，"十二五"以来，江西省居民信息化应用水平进一步提升。互联网用户数稳步增长，互联网普及率指数从2013年的44.6提升到2014年的49.24，指数值增长了4.64；居民电子商务快速发展，人均在线零售额占比指数从2013年的121.65提升到2014年的136.99，指数值增长了15.34。居民信息消费快速增长，人均信息类消费支出由2013年的35.48提升到2014年的38.3，指数值增长了2.82。

表16-5　江西省2013—2014年信息通信技术应用指数二级指标情况

指标名称	2013年指数值	2014年指数值	变化情况
企业ERP普及率	68.76	75.01	6.25
企业电子商务交易额占比	56.26	77.07	20.81
政务事项网上办事率	70.44	59.32	−11.12

（续表）

指标名称	2013年指数值	2014年指数值	变化情况
政府信息公开上网率	61.12	47.85	−13.27
互联网普及率	44.6	49.24	4.64
人均在线零售额占比	121.65	136.99	15.34
人均信息类消费支出	35.48	38.3	2.82

数据来源：中国电子信息产业发展研究院，2014年12月。

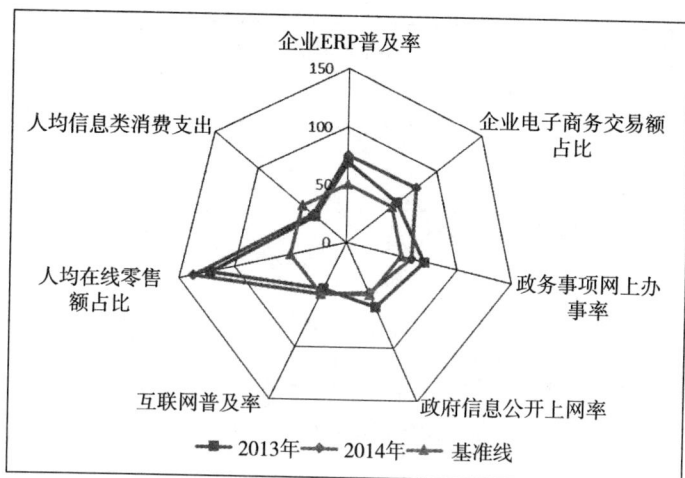

图16-5　江西省2013—2014年信息通信技术应用指数二级指标情况

数据来源：中国电子信息产业发展研究院，2014年12月。

3.信息化应用效益指数

在信息化应用效益方面，"十二五"以来，江西省信息化应用效益日渐凸显。劳动生产率指数从2013年的55.73增长到了2014年的59.31，指数值增长了3.58；技术创新指数从2013年的44.83增长到了2014年的51.57，指数值增长了6.74；节能降耗指数从2013年的75.8增长到了2014年的76.44，指数值增长了0.64；人均收益指数从2013年的52.26增长到了2014年的56，指数值增长了3.74。

表16-6　江西省2013—2014年信息化应用效益指数一级指标情况

指标名称	2013年指数值	2014年指数值	变化情况
劳动生产率指数	55.73	59.31	3.58
技术创新指数	44.83	51.57	6.74
节能降耗指数	75.8	76.44	0.64
人均收益指数	52.26	56	3.74

数据来源：中国电子信息产业发展研究院，2014年12月。

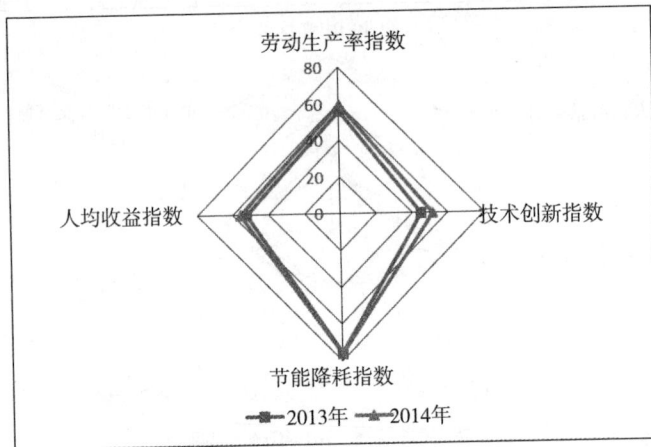

图16-6　江西省2013—2014年信息化应用效益指数一级指标情况

数据来源：中国电子信息产业发展研究院，2014年12月。

就信息化各项细分指标来讲，"十二五"以来，江西省信息化应用效益各方面都取得了积极进展。全员劳动生产率指数从2013年的55.73增长到了2014年的59.31，指数值增长了3.58。单位地区生产总值专利申请量指数值从2013年的44.87提升到2014年的55.45，指数值增长了10.58；单位地区生产总值专利授权量指数值从2013年的44.81增加到2014年的48.99，指数值下降了4.18。信息化促进了节能降耗工作的开展，单位地区生产总值能耗指数从2013年的99.72增加到2014年的100.5，指数值略增加了0.78；单位地区生产总值用水量指数从2013年的39.93增加到2014年的40.36，指数值略增长了0.43。信息化带动了经济快速发展，人均地区生产总值指数由2013年的52.26提升到2014年的56，指数值增长了3.74。

表16-7 江西省2013—2014年信息化应用效益指数二级指标情况

指标名称	2013年指数值	2014年指数值	变化情况
全员劳动生产率	55.73	59.31	3.58
单位地区生产总值专利申请量	44.87	55.45	10.58
单位地区生产总值专利授权量	44.81	48.99	4.18
单位地区生产总值能耗	99.72	100.5	0.78
单位地区生产总值用水量	39.93	40.36	0.43
人均地区生产总值	52.26	56	3.74

数据来源：中国电子信息产业发展研究院，2014年12月。

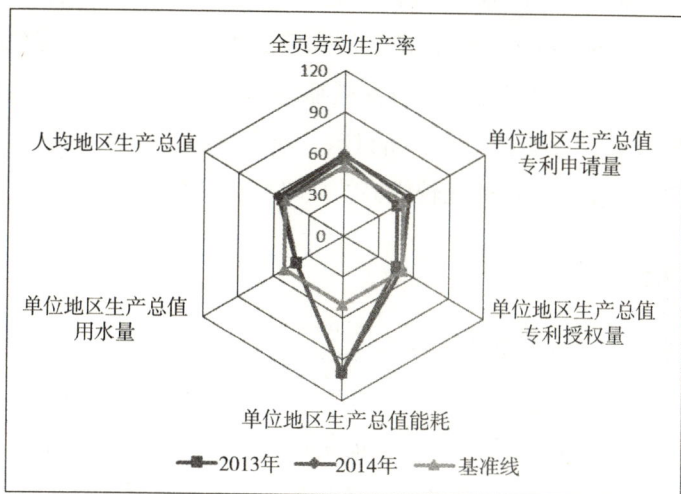

图16-7 江西省2013—2014年信息化应用效益指数二级指标情况

数据来源：中国电子信息产业发展研究院，2014年12月。

三、优劣势评价

（一）优势

1. 国家政策支持力度大

我国东中西部产业加速转移，产业承接、梯度发展趋势更加明显，形成新一轮产业重组、分工和协作的大调整，为江西省更好加入产业链分工大格局提供了新机遇。经济增长向依靠消费、投资、出口协调拉动转变，工业增长动力结构日趋平衡，为江西省实现工业可持续发展指明了新方向。鄱阳湖生态经济区建设进入全面实施阶段，各种要素资源更加集聚，国家政策支持更加倾斜，有效提升了江西省在区域乃至国家的战略地位，将江西省带入了动能加速释放、经济总量蓄势突破的重大机遇期，为加快推进江西省科学发展、进位赶超、绿色崛起，建设富裕和谐美好江西奠定了新起点。国家推进长江经济带、长江中游城市群和"一带一路"建设等政策，为江西发展注入新的活力。

2. 绿色发展水平较高

江西省坚持生态立省，抓住产业结构升级的重点，带动产业结构优化升级，把生态优势转化为经济优势。为此，江西省提出了构筑"龙头昂起、两翼齐飞、苏区振兴、绿色崛起"的区域发展格局，进一步明确了"绿色崛起"的发展目标。注重利用信息技术推动生态经济区的发展和节能减排工作，工业绿色发展水平较高。江西省围绕绿色发展目标，积极推进鄱阳湖生态经济区建设，高度重视战略性新兴产业的发展，推动新能源、新材料、航空制造、绿色照明、铜精深加工、钨和稀土精深加工等具有江西比较优势的战略性新兴产业加快发展。

（二）劣势

1. 信息基础设施水平亟待提高

江西省自实施"宽带普及提速工程"以来，宽带网络覆盖和接入能力逐步提高，但与国内发达省份相比还存在一定差距。2014年，江西省的移动电话普及率指数为48.87，低于全国平均水平的63.75；光纤入户率指数22.23，低于全国平均水平的43.04；固定宽带普及率指数的55.68，低于全国平均水平的64.58；互联网普及率指数49.24，低于全国平均水平的62.31；人均信息类消费支出指数38.3，也低于全国平均水平的54.39。信息基础设施水平不足，严重制约信息化发展，江西迫切需要加快宽带发展，大幅提高宽带接入能力。

2. 大多数企业信息化建设处于初级应用水平

江西省不少中小企业从事的仍是劳动密集型粗加工行业，从企业管理人员到普通员工对信息化认知程度都比较低，信息技术应用还普遍停留在信息化初级阶段，仅仅购买了几台设备和使用几套信息化软件。多数企业负责人在管理方面没有系统地受过现代化培训，既无理论概念，也无感性认识，对信息技术应用还停留在通信应用、图文处理等层次，对利用信息化手段提高企业生产、管理水平缺乏能力，导致企业实施信息化主观愿望不高。多数中小企业都处于企业发展期，信息化建设先期要有大量的资金投入，成效却要慢慢显现出来，致使企业在信息化建设投入方面有很大的风险顾虑。

四、相关建议

针对江西省信息化的发展情况及优劣势，为进一步推进江西省信息化发展，提出以下建议：

（一）大力推进信息化基础设施建设

加快"宽带中国·光网城市"、"宽带乡村"江西工程建设。在工业园区、厂区、办公区、员工住宅区等热点区域进行专项网络优化，以固定宽带为基础，以无线宽带（WLAN+4G）为补充，多种异构网络融合互通，充分共享业务资源。实现光纤到企业，示范园区千兆到楼宇，百兆到桌面；示范企业千兆到厂区，百兆到楼宇，20兆到桌面。对企业新建楼宇按光纤到户标准建设，对已建楼宇加快光纤到户改造。扩容、优化现有城域网络，提高用户接入和业务承载能力。同时为有需要的企业提供国际通信端口，为跨国、跨省企业提供专属链路租用或MPLS虚拟网配置服务，为软件外包、文化创意等企业提供带宽预留和灾备保护。

（二）积极布局发展互联网经济

制定"互联网+"行动计划，促进云计算、大数据、物联网等与现代服务业融合发展。大力发展电子商务，加快推进南昌、赣州国家电子商务示范城市建设，打造一批特色电商产业集聚区，搭建中小电商孵化器平台，力争电子商务交易额新增1000亿元以上。加快发展现代物流业，建设一批重点示范物流园区和物流港，鼓励制造业企业与第三方物流深度合作、联动发展，实施城市配送试点工程，支持有条件的市县建设区域物流信息平台，推动物流业标准化、专业化、集约化发展。

（三）重点打造一批电子信息制造特色产业基地

加快培育省级特色产业基地，积极支持有条件的产业基地申报国家新型工业化产业示范基地。重点建设吉安电子信息国家新型工业化产业示范基地和南昌国家半导体照明工程产业化基地等国家级产业基地。积极培育南昌经开区光电产业等省级电子信息产业基地，推动产业集聚发展；扶持一批优势的特色产业，帮助指导和编制产业规划，在项目扶持和产业链招商方面予以支持，进一步壮大产业规模，加快形成特色产业集群。

第十七章　山东省信息化发展水平分析

一、总体情况

（一）经济社会发展情况

2013 年，山东省积极应对复杂严峻的国内外环境，以提高经济增长质量效益为中心，积极作为、改革创新，经济社会取得全面进步。2013 年年末，山东省常住人口 9733.39 万人，自然增长率 5.01‰。初步核算，全省实现生产总值（GDP）54684.3 亿元，按可比价格计算，比上年增长 9.6%。其中，第一产业增加值 4742.6 亿元，同比增长 3.8%；第二产业增加值 27422.5 亿元，同比增长 10.7%；第三产业增加值 22519.2 亿元，同比增长 9.2%。产业结构调整稳步推进，三次产业比例由上年的 8.6:51.4:40.0 调整为 8.7:50.1:41.2。山东省牢牢把握主题主线和稳中求进工作总基调，通过转方式、调结构、稳增长、促融合，使经济呈现出稳中向好的积极态势。

（二）信息化发展特点

1. 着力推动企业信息化建设

2013 年，山东省着力推动企业信息化建设，以信息化推动工业企业转型升级。在"两化"融合方面，积极推进省级"两化"融合试验区建设，开展 2000 家工业企业"两化"融合水平评测，新培育"两化"深度融合示范工程 16 项，培育认定"四个一百"示范工程 228 个。首批开展了国家级"工业云"创新服务试点省工作。出台推进物联网有序健康发展的实施意见，累计培育物联网重点企

264

业75家、产业基地7家。在企业电子商务应用方面，山东省培育发展电子商务，建成开通"好品山东"网络营销平台，上线企业已达5200多家。规模以上工业企业中55%以上通过电子商务进行采购和营销，累计培育电子商务平台和应用示范企业100多家。

2. 积极引导企业提升创新能力

山东省积极加强企业创新平台建设，新培育6家国家级技术创新示范企业、5家国家级工业设计中心，新培育省级企业技术中心169家、总数突破1000家。深化创新能力提升工程，依托企业技术中心实施创新成果转化和能力建设项目99项。联合省财政厅，以公开招标方式培育4家处于国内领先水平的高端装备制造自主创新示范企业。新增企业领域"泰山学者"岗位10个，总数达到88个。实施省级以上技术创新项目4113项、计划研发投入239亿元。新培育省重点领域首台套技术装备56项，平均单台套价值达3500多万元。承担国家重大科技成果转化项目13项，实施数控机床、核高基、新材料、物联网等重大创新和产业化国家专项29项。预计全年规模以上工业企业研发经费投入突破1000亿元。推动产学研合作，初步建成产学研网上对接平台。举办第22届产学研展洽会，发布创新成果1620项，达成项目合作协议257项、总投资165亿元。强化质量品牌和标准建设，3家企业被认定为国家级"质量标杆"企业，培育国家级工业质量品牌示范企业6家、试点企业49家，主导和参与制修订国家标准140项。

3. 全面加快全省宽带网络基础设施建设

2013年，山东省认真贯彻十八大关于"建设下一代信息基础设施，发展现代信息技术产业体系，健全信息安全保障体系，推进信息网络技术广泛应用"的工作要求，按照工信部宽带中国2013专项行动部署，继续发扬行业"和局"优势，不断加大宽带建设投入，以服务促发展，以应用带发展，坚持量质并重，将宽带山东建设进一步推向深入。同时，山东省积极推进光纤到户建设工作，于2013年3月份出台了《光纤到户建设工程启动方案》，省通信行业协会驻各市办事处要配备专职得力人员，加强组织、协调，开展新建住宅小区调查摸底工作，为推进光纤入户建设打下坚实基础。

二、信息化水平分析

（一）总体水平

"十二五"以来，山东省信息化实现了快速发展，信息化发展总指数从2013年的61.43提升到2014年的66.31，指数值增长了4.88。网络基础设施继续快速发展，网络就绪度指数从2013年的48.72提升到了2014年的59.19，指数值增长了10.47。信息通信技术应用进一步普及和深化，信息通信技术应用指数从2013年的63.31提升到2014年的63.55，指数值增长了0.24。信息化应用效益初步显现，应用效益指数从2013年的83.11上升到2014年的86.07，指数值增长了2.96。

表17-1 山东省2013—2014年信息化指标情况

指标名称	2013年指数值	2014年指数值	变化情况
网络就绪度指数	48.72	59.19	10.47
信息通信技术应用指数	63.31	63.55	0.24
应用效益指数	83.11	86.07	2.96
信息化发展总指数	61.43	66.31	4.88

数据来源：中国电子信息产业发展研究院，2014年12月。

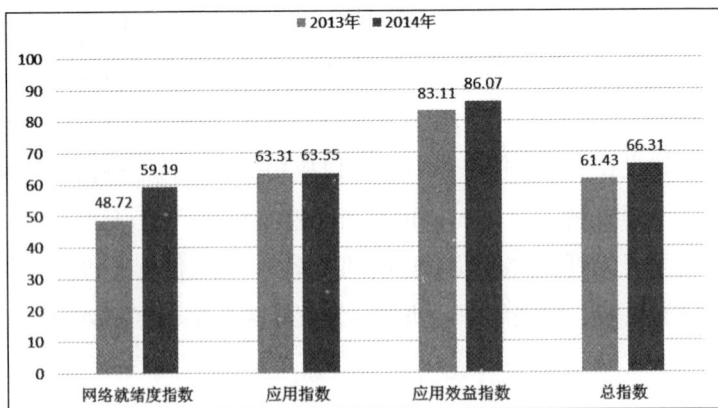

图17-1 山东省2013—2014年信息化指标情况

数据来源：中国电子信息产业发展研究院，2014年12月。

（二）分类指标

1. 网络就绪度指数

在网络就绪度方面，"十二五"以来，山东省大力推进网络基础设施建设，网络基础设施实现了跨越式发展。智能终端进一步普及应用，普及指数从 2013 年的 67.6 提升到 2014 年的 71.59，数值增长了 3.99。有线电视发展指数从 2013 年的 47.54 提升到 2014 年的 48.48，指数值增加了 0.94。光纤网络快速发展，发展指数从 2013 年的 8.62 提升到 2014 年的 31.71，指数值增长了 23.09。宽带普及继续推进，普及指数从 2013 年的 58.44 提升到 2014 年的 67.92，指数值增长了 9.48。宽带速率进一步提升，宽带速率指数从 2013 年的 56.4 提升到 2014 年的 70.48，指数值增长了 14.08。

表 17-2 山东省 2013—2014 年网络就绪度一级指标情况

指标名称	2013年指数值	2014年指数值	变化情况
智能终端普及指数	67.6	71.59	3.99
有线电视发展指数	47.54	48.48	0.94
光纤发展指数	8.62	31.71	23.09
宽带普及指数	58.44	67.92	9.48
宽带速率指数	56.4	70.48	14.08

数据来源：中国电子信息产业发展研究院，2014 年 12 月。

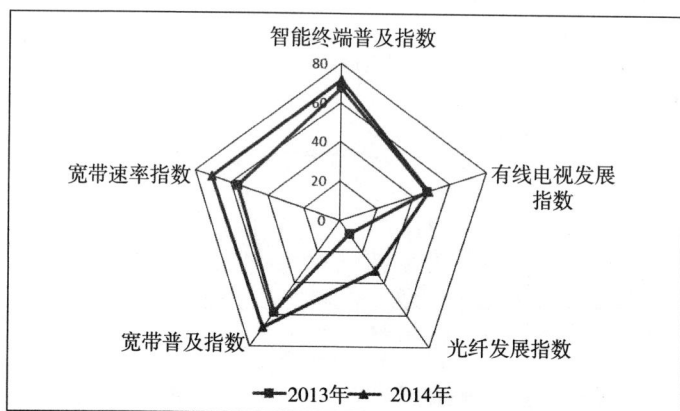

图17-2 山东省2013—2014年网络就绪度指数一级指标情况

数据来源：中国电子信息产业发展研究院，2014 年 12 月。

就网络就绪度各项细分指标来讲，山东省"十二五"以来网络基础设施各方面都取得了较大发展。移动电话用户数保持稳步增长，移动电话普及率指数从

2013年的57.71提升到2014年的61.3,指数值增加了3.59。电脑普及率进一步提高,普及率指数从2013年的77.5提升到2014年的81.88,指数值增长了4.38。有线电视用户数略有增长,入户率指数从2013年的47.54增加到2014年的48.48,指数值增加了0.94。光纤入户跨越性推进,入户率指数从2013年的8.62提升到2014年的31.71,指数值增长了23.09。用户数略有增加,互联网固定宽带普及率指数从2013年的66.54增加到2014年的67.73,指数值增加了1.19。3G和4G用户数实现快速增长,移动宽带普及率指数从2013年的50.33增长到了2014年的68.1,指数值增长了17.77。宽带普及提速行动成效显著,固定宽带端口平均速率指数从2013年的56.4增长到了2014年的70.48,指数值增长了14.08。

表 17-3　山东省2013—2014年网络就绪度指数二级指标情况

指标名称	2013年指数值	2014年指数值	变化情况
移动电话普及率	57.71	61.3	3.59
电脑普及率	77.5	81.88	4.38
有线电视入户率	47.54	48.48	0.94
光纤入户率	8.62	31.71	23.09
固定宽带普及率	66.54	67.73	1.19
移动宽带普及率	50.33	68.1	17.77
固定宽带端口平均速率	56.4	70.48	14.08

数据来源：中国电子信息产业发展研究院，2014年12月。

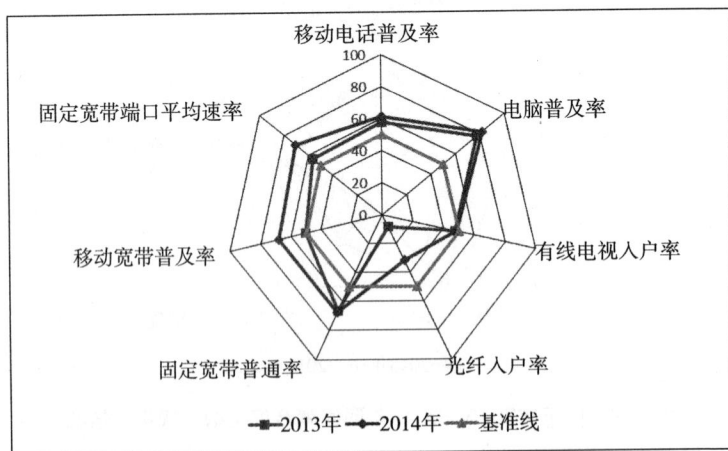

图17-3　山东省2013—2014年网络就绪度指数二级指标情况

数据来源：中国电子信息产业发展研究院，2014年12月。

2. 信息通信技术应用指数

在信息通信技术应用方面,"十二五"以来,山东省企业、居民两方面信息化都取得了很大发展。企业应用指数从 2013 年的 63.74 提升到 2014 年的 67.47,指数值增长了 3.73。政务应用指数从 2013 年的 71.78 下降到 2014 年的 56.39,指数值下降了 15.39。居民应用指数从 2013 年的 58.86 提升到 2014 年的 65.17,指数值增长了 6.31。

表 17-4　山东省 2013—2014 年信息通信技术应用指数一级指标情况

指标名称	2013年指数值	2014年指数值	变化情况
企业应用指数	63.74	67.47	3.73
政务应用指数	71.78	56.39	−15.39
居民应用指数	58.86	65.17	6.31

数据来源:中国电子信息产业发展研究院,2014 年 12 月。

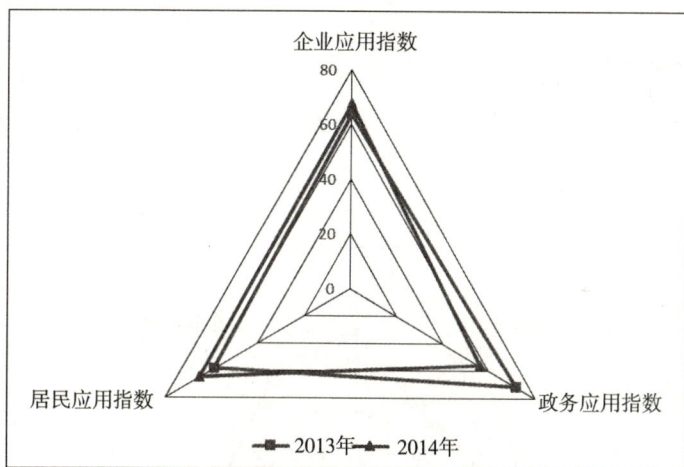

图17-4　山东省2013—2014年信息通信技术应用指数一级指标情况

数据来源:中国电子信息产业发展研究院,2014 年 12 月。

在企业信息化应用方面,企业信息化发展环境有较大改善。企业 ERP 普及率从 2013 年的 63.84 增长到 2014 年的 67.36,指数值增加了 3.52;企业电子商务交易额占比指数从 2013 年的 63.64 增加到了 2014 年的 67.59,指数值增加了 3.95。

在政务信息化应用方面,政务事项网上办事率指数从 2013 年 80.07 下降到了 2014 年 59.32,指数值减少了 20.75。政府信息公开上网率指数从 2013 年的

63.5 下降到了 2014 年的 53.45，指数值下降了 10.05。

在居民信息化方面，"十二五"以来，山东省居民信息化应用水平进一步提升。互联网用户数稳步增长，互联网普及率指数从 2013 年的 57.01 提升到 2014 年的 61.4，指数值增长了 4.39；居民电子商务快速发展，人均在线零售额占比指数从 2013 年的 68.93 提升到 2014 年的 79.25，指数值增长了 10.32。居民信息消费快速增长，人均信息类消费支出指数由 2013 年的 42.4 提升到 2014 年的 44.56，指数值增长了 2.16。

表 17-5　山东省 2013—2014 年信息通信技术应用指数二级指标情况

指标名称	2013年指数值	2014年指数值	变化情况
企业ERP普及率	63.84	67.36	3.52
企业电子商务交易额占比	63.64	67.59	3.95
政务事项网上办事率	80.07	59.32	−20.75
政府信息公开上网率	63.5	53.45	−10.05
互联网普及率	57.01	61.4	4.39
人均在线零售额占比	68.93	79.25	10.32
人均信息类消费支出	42.4	44.56	2.16

数据来源：中国电子信息产业发展研究院，2014 年 12 月。

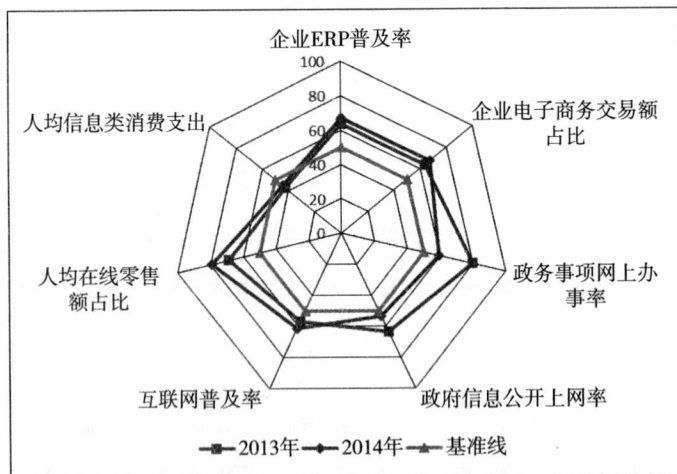

图17-5　山东省2013—2014年信息通信技术应用指数二级指标情况

数据来源：中国电子信息产业发展研究院，2014 年 12 月。

3. 信息化应用效益指数

在信息化应用效益方面，"十二五"以来，山东省信息化应用效益日渐凸显出来。劳动生产率指数从 2013 年的 75.51 增长到了 2014 年的 78.16，指数值增长了 2.65；技术创新指数从 2013 年的 83.07 增长到了 2014 年的 85.34，指数值增长了 2.27；节能降耗指数从 2013 年的 96.74 增长到了 2014 年的 99.62，指数值增长了 2.88；人均收益指数从 2013 年的 77.1 增长到了 2014 年的 81.15，指数值增长了 4.05。

表 17-6 山东省 2013—2014 年信息化应用效益指数一级指标情况

指标名称	2013年指数值	2014年指数值	变化情况
劳动生产率指数	75.51	78.16	2.65
技术创新指数	83.07	85.34	2.27
节能降耗指数	96.74	99.62	2.88
人均收益指数	77.1	81.15	4.05

数据来源：中国电子信息产业发展研究院，2014 年 12 月。

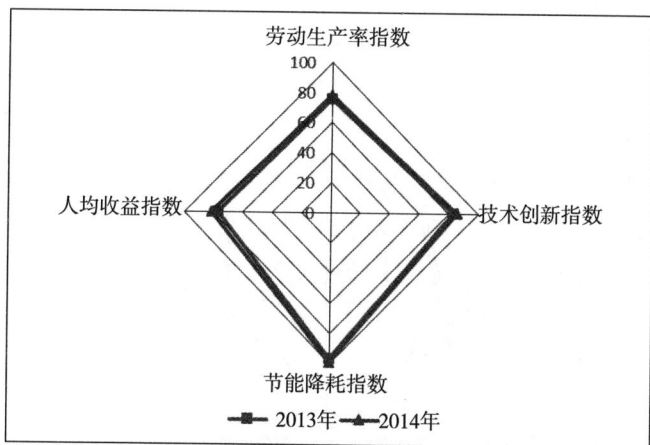

图17-6 山东省2013—2014年信息化应用效益指数一级指标情况

数据来源：中国电子信息产业发展研究院，2014 年 12 月。

就信息化各项细分指标来讲，"十二五"以来，山东省信息化应用效益各方面都取得了积极进展。全员劳动生产率指数从 2013 年的 75.51 增长到了 2014 年的 78.16，指数值增长了 2.65。单位地区生产总值专利申请量指数值从 2013 年的 85.35 提升到 2014 年的 96，指数值增长了 10.65；单位地区生产总值专利授权量指数值从 2013 年的 81.55 下降到 2014 年的 78.24，指数值减少了 3.31。信息化促进了节能降耗工作的开展，单位地区生产总值能耗指数从 2013 年的 93.12 增加到 2014 年的 93.96，指数值增加了 0.84；单位地区生产总值用水量指数从 2013 年的 102.18 增加到 2014 年的 108.1，指数值增长了 5.92。信息化带动了经济快速发展，人均地区生产总值指数由 2013 年的 77.1 提升到 2014 年的 81.15，指数值增长了 4.05。

表17-7　山东省2013—2014年信息化应用效益指数二级指标情况

指标名称	2013年指数值	2014年指数值	变化情况
全员劳动生产率	75.51	78.16	2.65
单位地区生产总值专利申请量	85.35	96	10.65
单位地区生产总值专利授权量	81.55	78.24	−3.31
单位地区生产总值能耗	93.12	93.96	0.84
单位地区生产总值用水量	102.18	108.1	5.92
人均地区生产总值	77.1	81.15	4.05

数据来源：中国电子信息产业发展研究院，2014 年 12 月。

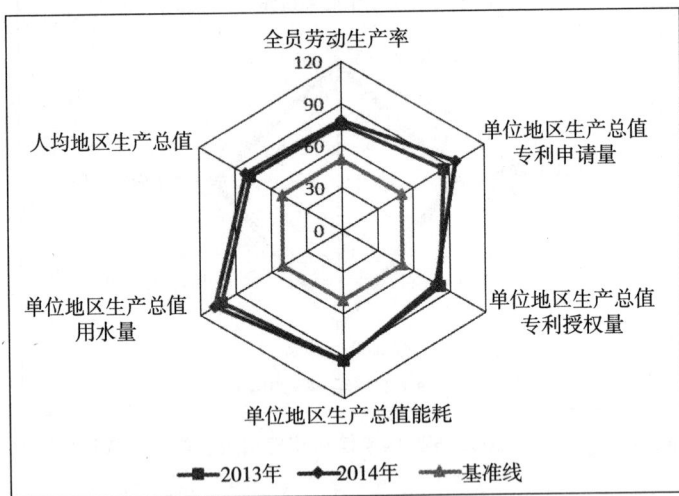

图17-7　山东省2013—2014年信息化应用效益指数二级指标情况

数据来源：中国电子信息产业发展研究院，2014 年 12 月。

三、优劣势评价

（一）优势

1. 电子信息产业稳步发展

2013 年，山东省电子信息产业发展态势良好，为全省信息化发展起到良好支撑作用。2013 年，全省信息技术制造业实现主营业务收入 8030.0 亿元，比上年增长 16.5%；利润 506.4 亿元，同比增长 19.5%；利税 708.2 亿元，同比增长 17.2%。软件业实现业务收入 2263.0 亿元，同比增长 30.2%；利润 86.3 亿元，同比增长 15.0%；利税 172.3 亿元，同比增长 15.2%。软件业务出口 7.4 亿美元，同比增长 3.3%。全国重点软件（百强）企业 6 家，软件产业园 14 个。地理信息产业加快发展，设区市全部建成数字城市地理空间框架，县级启动率达到 60%，建成率达到 40%。

2. 绿色节能发展成效显著

山东省着力强化结构节能，发展绿色节约产业。2013 年，山东省服务业增加值占生产总值比重提高 1 个百分点，高耗能行业占规模以上工业比重降低 0.5 个百分点。在技术节能方面，山东省节能技术研发和产业化示范成效显著，推广新技术新产品 46 项。山东省以工业锅炉改造、余热余压利用、能量系统优化等领域为重点，实施国家节能重点项目 76 个、省节能产业化和技改项目 141 个，年可节能 200 多万吨标准煤。山东省深入开展千家企业节能低碳行动，支持 448 家企业加快能源管理体系建设，实施工业绿动力计划示范项目 48 个、合同能源管理项目 90 个。山东省大力发展循环经济，22 家园区开展循环化改造，实施循环经济示范工程 12 个。山东省新培育 4 家国家级清洁生产示范企业，实施国家清洁生产示范项目 11 个，审核清洁生产单位 1100 家。预计全年工业固体废物综合利用率达到 83.6%。

3. 智慧山东建设助力民生服务

山东省加快社会信息化建设，以"智慧山东"服务幸福民生。以日照、青岛两市为例，日照市不断创新城市管理模式，提高城市全系统的运行效率，通过打造城市级的云计算服务平台和智能化公众服务平台，"智慧日照"框架逐步形成，"智慧日照"数据交换中心也已初步建成，逐步开展面向社会开展智慧城市服务和物联网各种应用服务。青岛市出台了《智慧青岛战略发展规划（2013—2020年）》，分为5项主要任务和26项重点工程，同时青岛市还出台了7个智慧专项规划，涵盖决策支持、城市管理、企业成长、市民服务、港口物流、交通、旅游，进一步促进智慧青岛的健康有序发展。

（二）劣势

1. 电子政务资源有待进一步整合

近年来，山东省一直着力加强电子政务建设，探索推动云计算技术在电子政务中的应用，但仍存在一些问题影响山东省电子政务水平的快速提升。信息共享程度较低，基础建设投资大，资源利用率低的问题普遍存在，各级各部门电子政务运行费用较高，信息安全隐患等问题逐渐凸显，电子政务资源有待进一步整合。

2. 居民信息化应用水平仍有较大提升空间

2013年，山东省居民应用指数为65.17，较上年小幅提升7个点，但仍处于全国下游水平，其中，人均在线零售额、人均信息类消费支出也都处于全国中下游水平。山东省是农业大省，农业信息化基础薄弱，信息化应用程度相对不高问题一直存在，由于地理条件限制，仍有许多乡镇、村与互联网无缘，缺乏现代化沟通手段，对现代通信信息技术的了解还很少，信息化意识和利用信息的能力还不强的问题普遍存在，影响了山东省在居民应用水平上的提升速度。相较于其他省份，山东省在现有基础上需投入更大力度解决"最后一公里"问题，提升居民信息化应用水平。

四、相关建议

（一）努力提升农村地区信息化应用水平

加快落实山东省"宽带中国"专项行动部署，加快城乡宽带基础设施建设，特别是农村地区宽带覆盖水平，加快有条件地区农村光纤到户建设，推进3G、4G无线网络在农村地区的部署延伸，提高网络覆盖和通信质量，缩小城乡数字差距。进一步完善针对农村信息服务的各项政策，加强农民信息素质培训，着力提升信息化在农村的普惠应用，积极引导企业开发面向农村地区的信息化应用，充分释放信息化发展红利。

（二）加强政务信息资源的共享开发

加快山东省电子政务集约化发展建设，加强政务信息资源共享管理，进一步完善省、市两级电子政务公共服务云平台，建立云平台运行维护和安全保障体系。稳步实施省、市国家机关新建的业务应用系统的部署和迁移，积极推进基于云平台的信息资源共享和大数据应用，建立健全云平台服务质量评价、云平台标准及政府购买服务价格体系。

（三）加快传统行业信息化深入应用

紧抓"互联网＋"转型机遇，加强信息技术在传统工业、农业等领域的推广应用，大力培育生产性信息服务业，加强对传统产业转型的支撑服务作用。依托济南、青岛、烟台、潍坊、淄博等地产业基础与环境优势，优先加快信息化在特色产业中的应用，提升研发设计、生产制造、营销服务等环节的自动化、智能化和信息化水平，提高产业在价值链中的地位，以信息化不断优化产业发展格局。

第十八章　河南省信息化发展水平分析

一、总体情况

（一）经济社会发展情况

2013 年，河南省全省上下认真贯彻落实党的十八大和十八届二中、三中全会精神，坚持"总要求"，转变"立足点"，突出"四着力"，狠抓"三重点"，长短结合、标本兼治、综合施策、攻坚克难，努力稳增长、调结构、促改革、惠民生，各项工作取得新的成绩。全省全年生产总值 32155.86 亿元，同比增长 9.0%。其中，第一产业增加值 4058.98 亿元，第二产业增加值 17806.39 亿元，第三产业增加值 10290.49 亿元，同比分别增长 4.3%、10.0% 和 8.8%，三次产业结构为12.6∶55.4∶32.0。全年地方财政总收入 3686.81 亿元，同比增长 12.3%。全年地方财政总收入 3686.81 亿元，地方公共财政预算支出 5578.23 亿元，分别同比增长 12.3% 和 11.4%。[1] 城镇居民人均可支配收入 22398 元，农民人均纯收入 8475元，分别增长 9.6% 和 12.6%。2013 年，河南省经济社会发展继续保持好的趋势、好的态势、好的气势。[2]

（二）信息化发展特点

1. 加快实施"宽带中原"，普及信息化建设

2013 年，河南省继续大力推进宽带普及提速，加快"宽带中原"建设，着

---

[1] 河南省统计局：《2013年河南省国民经济和社会发展统计公报》，2014年2月。
[2] 《2014年河南省政府工作报告》，《河南日报》2014年1月24日。

力推进光网入户，全省宽带网络基础设施能力显著提升。在通信基础设施建设方面，互联网宽带接入端口新增 385.2 万个，同比增长 28.3%，互联网省际出口带宽达到 2955G，全年新增光缆线路长度 11.7 万公里，同比增长 16.2%；新增通光纤行政村 3000 个，新增光纤覆盖家庭超过 290 万户，新增 WLAN 接入点 4 万个，新增通宽带自然村 6000 个，新增固定互联网宽带接入用户 170 万户，互联网用户数达到 5521 万户，全省 4M 以上宽带用户占比达到 87.9%，较上年底提高 27.3 个百分点；移动电话基站新增 3.1 万个，同比增长 32.9%，其中 3G 基站新增 1.6 万个，同比增长 41.6%，移动电话用户总数突破 7200 万户，3G 网络实现了乡镇以上全覆盖；[1] 洛阳、郑州正式开通 4G。在三网融合方面，河南省 IPTV 业务扎实推进，省级集成播控分平台建设基本完成，初步具备了数字电视、互联网、IPTV、手机电视等新媒体复合传输、集成播控能力。

2. 大力发展企业信息化，发展电子商务

2013 年，河南省坚持"特色主导、龙头带动、技改提升、集聚集群"的总思路，以转型升级为主线，以产业集聚区为载体，大力发展战略新兴产业培育工程，加快工业结构调整优化，化解产能过剩，不断开创新型工业化和信息化发展新局面。在企业方面，河南省 6 家企业被认定为国家级"两化"深度融合示范企业，新认定 31 家省级技术创新示范企业，中原内配、宇通客车、辅仁药业等 3 家企业成功入选第三批国家技术创新示范企业；规模以上工业企业 ERP（企业资源计划）、MES（制造执行）、PLM（产品生命周期管理）、SCM（供应链管理）普及率分别达到 70%、20%、30%、40%，建成数字企业超过 1.2 万家；此外河南省实施了"百千万"成长工程，加强中小企业公共服务体系建设，组建了河南省中小企业发展服务中心。在行业方面，河南省集中开展了河南五大产业链产销对接、工业企业与电商企业系列对接、河南名优产品扩消费等产销对接系列活动，着力帮助企业开拓市场；例如，郑州跨境贸易电子商务服务试点全面启动，与菜鸟科技等知名企业战略合作持续深化；启动开展"豫货网上行"，实施覆盖十家电子商务平台、百家网上商城、千家工业企业的"十百千"系列促销工程。河南省积极推进汽车及零部件、食品、家电、家具、纺织服装及制鞋、新型建材、金属制品等其他 7 个重点产业集群引进，确立了智能终端产业"一区、一线、一圈"发展格

---

[1]　河南省通信管理局：《2013年12月河南省通信业经济运行情况》，2014年1月。

局。在区域层面，郑州市国家级"两化"融合试验区建设通过工信部验收，此外，河南省还现建有25家省级"两化"融合试验区，河南省建设了17个省级小企业创业基地，扶持中小企业集聚发展。

3. 大力推进社会信息集中统一，建设智慧生活

一是教育信息化方面，2013年，郑州市公办中小学"校校通""班班通"实现了100%覆盖。河南省实施"教学点数字教育资源全覆盖项目"，已辐射河南省农村最偏远的地区，培训农村骨干教师5000多人；此外通过"优质资源班班通"，开通网络直播、录播课堂、网上教学交流，农村和城市可共享更多教学资源；[1]河南省投资1250万元建设"省级教育管理数据中心"，对教育管理数据进行集中、统一管理；与中国移动通信集团河南有限公司签署战略合作协议，共同推进全省教育信息化进程。二是社会保障信息化方面，河南省建成全省统一的社会保障卡管理系统，推进全省居民"健康卡"工程，截至2013年年底共发行社会保障卡1800万张、居民"健康卡"覆盖人群1000万。三是医疗信息化方面，河南省基层医疗卫生机构管理信息系统（云计算）项目正式进入详细规划设计和实施阶段，将建设基层医疗卫生信息综合管理系统，形成云中心及运维管理系统、全省统一的医疗云安全防护支撑环境和远程培训云服务平台。四是智慧城市方面，河南省大力推动"智慧中原"建设，推进信息技术在全省农业、物流、交通、家居等各个领域的技术应用。河南全国首发全新模式的旅游O2O"智游河南"，将景区票务资源、景区硬件设施、OTA平台无缝对接，为旅游产业信息化建设提供全新的发展样板。

4. 大力推进农业信息化示范基地建设，信息化深入农村

一是持续推进农村信息服务建设。2013年，河南省以国家农村信息化示范省建设为重点，建成农村农业信息网站162个、服务农业数据库20多个，初步形成了省、市、县三级农业信息网络。二是着力深入农村文化娱乐建设。公共文化服务网络基本形成，广播电视村村通、农家书屋、农村电影放映、文化信息资源共享等文化惠民工程深入实施。三是大力发展现代农业。河南省大力发展新型都市农业业态，规划建设一批兼具城市"菜篮子"、生态绿化、休闲观光等功能的现代农业园区，着力构建新型农业经营体系。河南省鹤壁市被确定为全国整体

---

[1] 《河南投13亿推动农村校信息化建设》，《中国教育报》2014年12月28日。

推进型农业农村信息化示范基地，以农业生产、经营、管理、服务领域信息化为重点，整合信息资源，搭建管理平台，初步形成资源共享、全面推进、管理与应用并重、建设与服务并行的发展格局。[1]河南众品食业股份有限公司（以下简称河南众品）被认定为全国农业农村信息化示范基地，在河南省先后复制了 5 个标准化农产品加工基地和冷链物流产业基地，搭建了"中部农产品网""中国冷链网"电子商务交易平台，促进了农产品产销对接和农产品流通。[2]

5. 大力推进电子政务网络普及，确保政府系统安全

河南省创新行政管理方式，大力推进信息化技术在政务里的应用，推行无纸化办公，着力建设服务型政府。一是电子政务平台建设方面，电子政务内网实现四级联网，党务内网横向连接至 158 个单位，政府内网横向连接 208 个单位；电子政务外网实现与国家电子政务外网对接，延伸至全部省辖市和部分县（市、区），横向接入 91 个政务部门，87 个省直部门，接入率达 78.4%，省级政务外网公共应用系统，已有 56 个省直厅局、2 个省辖市、74 个区县单位，共 6962 个注册用户；开展电子政务公共平台顶层设计试点建设与应用工作，推进信息基础资源共建共享，构建集约化、低成本、高效协同的电子政务发展新模式。[3]二是政府系统安全方面，河南省有效落实网络与信息安全检查、信息安全等级保护制度，累计检查党政机关单位和金融、交通、电力和税务等重要部门信息系统 3649 个，完成了 1660 个单位共计 4170 个信息系统的定级备案工作。三是社会管理方面，加快基础信息资源和业务信息资源开发利用，整合公共数据资源，重点推进人口、法人单位、空间地理、宏观经济和文化等信息资源库建设，促进社会大数据应用。

二、信息化水平分析

（一）总体水平

"十二五"以来，河南省信息化实现了稳步发展，信息化发展总指数从 2013 年的 54.59 提升到 2014 年的 58.48，指数值增长了 3.89。网络基础设施较快发展，网络就绪度指数从 2013 年的 43 提升到了 2014 年的 53.04，指数值增长了 10.04。

---

[1] 《农业信息化保障国家粮食安全》，《河南日报》2013年10月19日。
[2] 《农业部首批认定河南众品等40家单位为"全国农业农村信息化示范基地"》，中华网，2013年6月24日。
[3] 河南省人民政府：《2013河南省政府网站电子政务外网整合建设工作及技术培训会在郑州召开》，2013年12月10日。

信息通信技术应用指数从 2013 年的 62.24 略下降到 2014 年的 60.46，指数值略减少了 1.78。信息化应用效益继续显现，应用效益指数从 2013 年的 62.49 提升到 2014 年的 65.42，指数值提高了 2.93。

表 18-1　河南省 2013—2014 年信息化指标情况

指标名称	2013年指数值	2014年指数值	变化情况
网络就绪度指数	43	53.04	10.04
信息通信技术应用指数	62.24	60.46	−1.78
应用效益指数	62.49	65.42	2.93
信息化发展总指数	54.59	58.48	3.89

数据来源：中国电子信息产业发展研究院，2014 年 12 月。

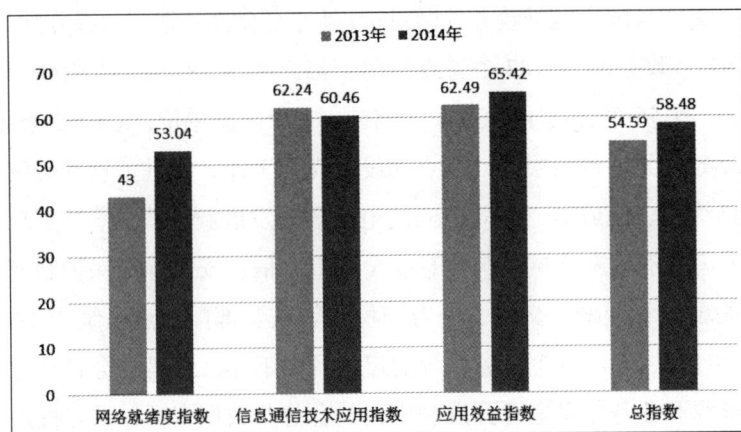

图18-1　河南省2013—2014年信息化指标情况

数据来源：中国电子信息产业发展研究院，2014 年 12 月。

（二）分类指标

1. 网络就绪度指数

在网络就绪度方面，"十二五"以来，河南省大力推进网络基础设施建设，网络基础设施实现了较大发展。智能终端进一步普及应用，普及指数从 2013 年的 55.09 提升到 2014 年的 61.14，数值增长了 6.05。有线电视发展指数从 2013 年的 38.74 提升到 2014 年的 39.77，指数值增加了 1.03。光纤网络快速发展，发展指数从 2013 年的 8.05 提升到 2014 年的 26，指数值增长了 17.95。宽带普及继续推进，普及指数从 2013 年的 54.01 提升到 2014 年的 64.62，指数值增长了 10.61。宽带速率进一步提升，速率指数从 2013 年的 55.05 提升到 2014 年的 68.31，指数值增长了 13.26。

表 18-2　河南省 2013—2014 年网络就绪度一级指标情况

指标名称	2013年指数值	2014年指数值	变化情况
智能终端普及指数	55.09	61.14	6.05
有线电视发展指数	38.74	39.77	1.03
光纤发展指数	8.05	26	17.95
宽带普及指数	54.01	64.62	10.61
宽带速率指数	55.05	68.31	13.26

数据来源：中国电子信息产业发展研究院，2014 年 12 月。

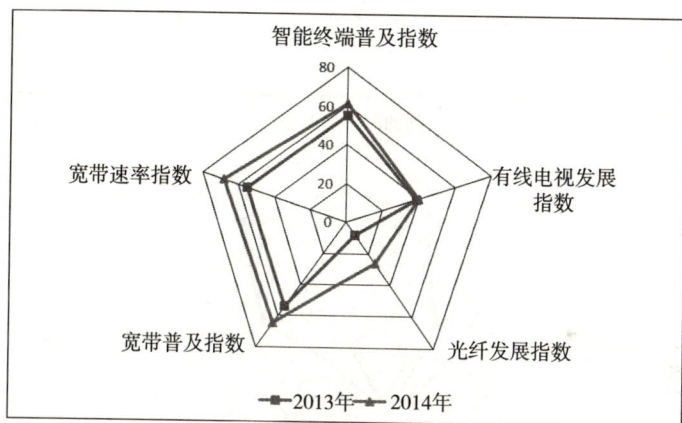

图18-2　河南省2013—2014年网络就绪度指数一级指标情况

数据来源：中国电子信息产业发展研究院，2014 年 12 月。

就网络就绪度各项细分指标来讲，河南省"十二五"以来网络基础设施各方面都取得了较大发展。移动电话用户数保持稳步增长，普及率指数从 2013 年的 48.47 提升到 2014 年的 56.59，指数值增加了 8.12。电脑普及率进一步提高，普及率指数从 2013 年的 61.71 提升到 2014 年的 65.68，指数值增长了 3.97。有线电视用户数进一步增长，入户率指数从 2013 年的 38.74 增加到 2014 年的 39.77，指数值增加了 1.03。光纤入户快速推进，入户率指数从 2013 年的 8.05 提升到 2014 年的 26，指数值增长了 17.95。互联网固定宽带用户继续增加，普及率指数从 2013 年的 58.06 增加到 2014 年的 59.71，指数值增加了 1.65。3G 和 4G 用户数实现快速增长，移动宽带普及率指数从 2013 年的 49.95 增长到了 2014 年的 69.54，指数值增长了 19.59。宽带普及提速行动成效显著，固定宽带端口平均速率指数从 2013 年的 55.05 增长到了 2014 年的 68.31，指数值增长了 13.26。

表 18-3　河南省 2013—2014 年网络就绪度指数二级指标情况

指标名称	2013年指数值	2014年指数值	变化情况
移动电话普及率	48.47	56.59	8.12
电脑普及率	61.71	65.68	3.97
有线电视入户率	38.74	39.77	1.03
光纤入户率	8.05	26	17.95
固定宽带普及率	58.06	59.71	1.65
移动宽带普及率	49.95	69.54	19.59
固定宽带端口平均速率	55.05	68.31	13.26

数据来源：中国电子信息产业发展研究院，2014 年 12 月。

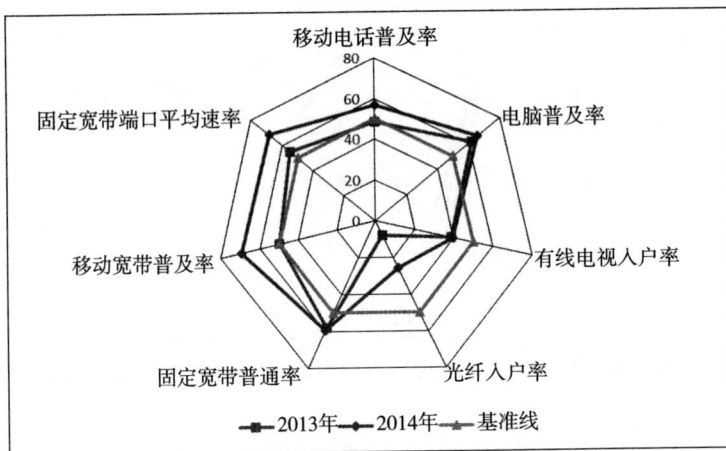

图18-3　河南省2013—2014年网络就绪度指数二级指标情况

数据来源：中国电子信息产业发展研究院，2014 年 12 月。

2. 信息通信技术应用指数

在信息通信技术应用方面，"十二五"以来，河南省企业、居民两方面信息化都取得了较大发展。企业应用指数从 2013 年的 80.54 提升到 2014 年的 84.63，指数值增长了 4.09。政务应用指数从 2013 年的 60.69 下降到 2014 年的 35.41，指数值下降了 25.28。居民应用指数从 2013 年的 53.87 提升到 2014 年的 60.89，指数值增长了 7.02。

表 18-4　河南省 2013–2014 年信息通信技术应用指数一级指标情况

指标名称	2013年指数值	2014年指数值	变化情况
企业应用指数	80.54	84.63	4.09
政务应用指数	60.69	35.41	−25.28
居民应用指数	53.87	60.89	7.02

数据来源：中国电子信息产业发展研究院，2014 年 12 月。

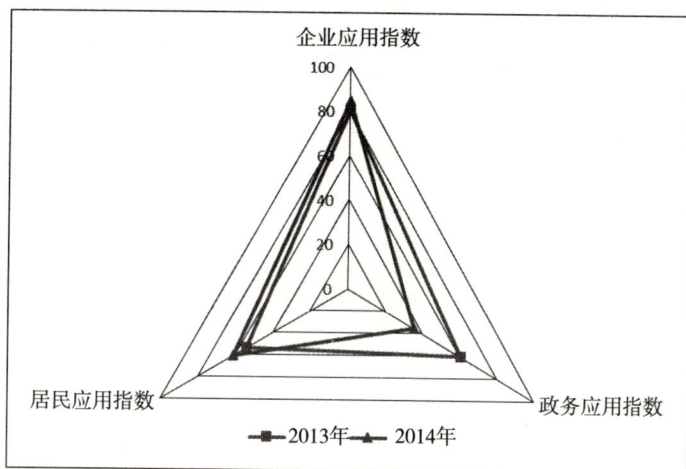

图18-4　河南省2013—2014年信息通信技术应用指数一级指标情况

数据来源：中国电子信息产业发展研究院，2014 年 12 月。

在企业信息化应用方面，企业信息化发展环境有较大改善。企业 ERP 普及率指数从 2013 年的 55.88 增长到 2014 年的 63.47，指数值增加了 7.59；企业电子商务交易额占比指数从 2013 年的 105.2 增加到了 2014 年的 105.79，指数值增加了 0.59。

在政务信息化应用方面，政务事项网上办事率指数从 2013 年的 71.37 下降到了 2014 年的 26.72，指数值下降了 44.65。政府信息公开上网率指数从 2013 年的 50 下降到了 2014 年的 44.11，指数值下降了 5.89。

在居民信息化方面，"十二五"以来，河南省居民信息化应用水平进一步提升。互联网用户数稳步增长，互联网普及率指数从 2013 年的 46.79 提升到 2014 年的 51.71，指数值增长了 4.92；居民电子商务快速发展，人均在线零售额占比指数从 2013 年的 70.03 提升到 2014 年的 81.15，指数值增长了 11.12。居民信息消费快速增长，人均信息类消费支出由 2013 年的 35.69 提升到 2014 年的 38.72，指数值增长了 3.03。

表 18-5　河南省 2013—2014 年信息通信技术应用指数二级指标情况

指标名称	2013年指数值	2014年指数值	变化情况
企业ERP普及率	55.88	63.47	7.59
企业电子商务交易额占比	105.2	105.79	0.59
政务事项网上办事率	71.37	26.72	−44.65
政府信息公开上网率	50	44.11	−5.89
互联网普及率	46.79	51.71	4.92
人均在线零售额占比	70.03	81.15	11.12
人均信息类消费支出	35.69	38.72	3.03

数据来源：中国电子信息产业发展研究院，2014 年 12 月。

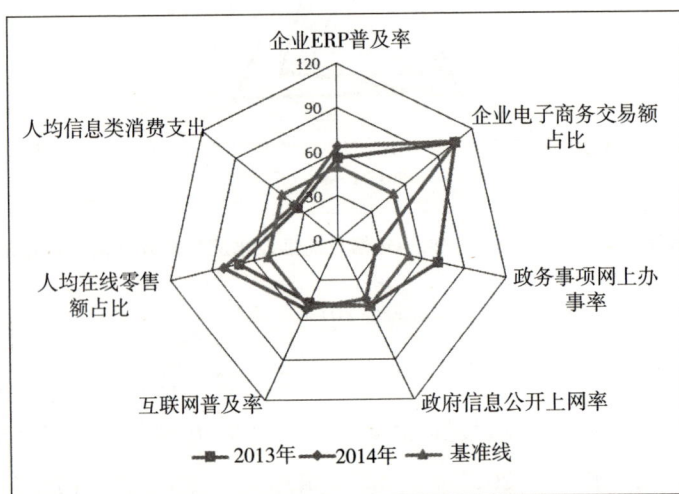

图18-5　河南省2013—2014年信息通信技术应用指数二级指标情况

数据来源：中国电子信息产业发展研究院，2014 年 12 月。

3. 信息化应用效益指数

在信息化应用效益方面，"十二五"以来，河南省信息化应用效益日渐凸显。劳动生产率指数从 2013 年的 56.14 增长到了 2014 年的 57.62，指数值增长了 1.48；技术创新指数从 2013 年的 59.57 增长到了 2014 年的 64.35，指数值增长了 4.78；

信息化促进节能减排工作的开展，节能降耗指数从 2013 年的 78.57 增长到了
2014 年的 80.81，指数值增长了 2.24；人均收益指数从 2013 年的 55.66 增长到了
2014 年的 58.88，指数值增长了 3.22。

表 18-6　河南省 2013—2014 年信息化应用效益指数一级指标情况

指标名称	2013年指数值	2014年指数值	变化情况
劳动生产率指数	56.14	57.62	1.48
技术创新指数	59.57	64.35	4.78
节能降耗指数	78.57	80.81	2.24
人均收益指数	55.66	58.88	3.22

数据来源：中国电子信息产业发展研究院，2014 年 12 月。

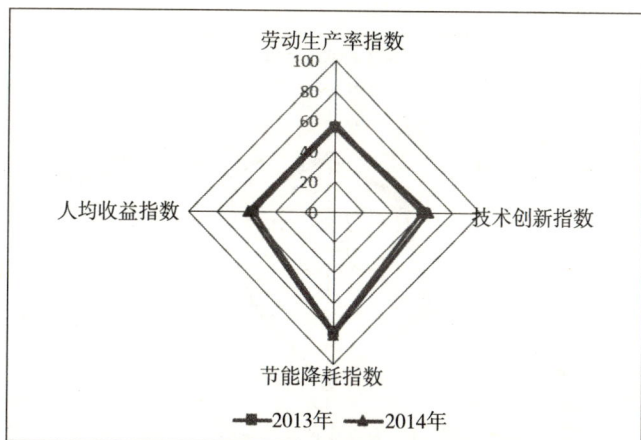

图18-6　河南省2013—2014年信息化应用效益指数一级指标情况

数据来源：中国电子信息产业发展研究院，2014 年 12 月。

就信息化各项细分指标来讲，"十二五"以来，河南省信息化应用效益各方
面都取得了积极进展。全员劳动生产率指数从 2013 年的 56.14 增长到了 2014 年
的 57.62，指数值增长了 1.48。单位地区生产总值专利申请量指数值从 2013 年的
60.51 提升到 2014 年的 71.8，指数值增长了 11.29；单位地区生产总值专利授权
量指数值从 2013 年的 58.94 增加到 2014 年的 59.38，指数值略增加了 0.44。信
息化促进节能降耗工作的开展，单位地区生产总值能耗指数从 2013 年的 82.87
增加到 2014 年的 84.31，指数值增加了 1.44；单位地区生产总值用水量指数从
2013 年的 72.13 增加到 2014 年的 75.57，指数值增长了 3.44。信息化带动了经

济快速发展，人均地区生产总值指数由 2013 年的 55.66 提升到 2014 年的 58.88，指数值增长了 3.22。

表 18-7　河南省 2013—2014 年信息化应用效益指数二级指标情况

指标名称	2013年指数值	2014年指数值	变化情况
全员劳动生产率	56.14	57.62	1.48
单位地区生产总值专利申请量	60.51	71.8	11.29
单位地区生产总值专利授权量	58.94	59.38	0.44
单位地区生产总值能耗	82.87	84.31	1.44
单位地区生产总值用水量	72.13	75.57	3.44
人均地区生产总值	55.66	58.88	3.22

数据来源：中国电子信息产业发展研究院，2014 年 12 月。

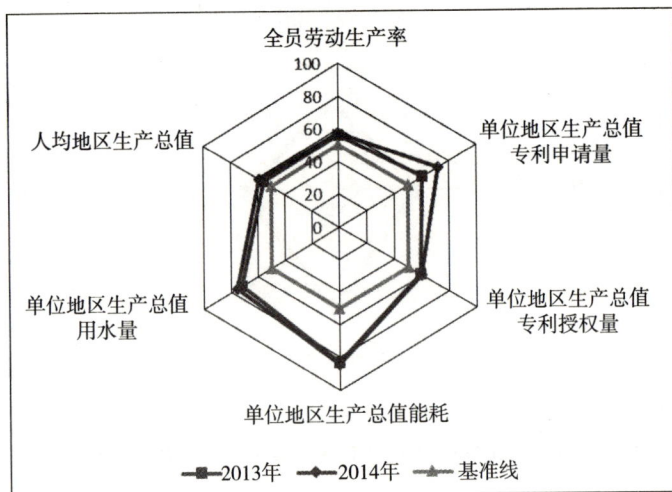

图18-7　河南省2013—2014年信息化应用效益指数二级指标情况

数据来源：中国电子信息产业发展研究院，2014 年 12 月。

三、优劣势评价

（一）优势

1. 依托国家农村信息化示范省，农村信息化建设大幅提速

河南作为全国农业大省和国家农村信息化示范省，高度重视农村信息化的

工作。为加强对河南省国家农村信息化示范省建设工作的组织领导，河南省委专门成立了河南省国家农村信息化示范省建设工作领导小组，以省委书记为组长，省委组织部、省发改委、省科技厅、省教育厅等 28 家有关单位主要领导为成员。省科技厅作为示范省建设主要牵头单位围绕示范省建设已启动省重大科技专项 6 项，面向全省征集"农村信息化科技专项"项目 11 项、农村信息化专家服务团专家 835 名，累计投入资金近 4000 万元；成功争取到国家科技部 2013 年和 2014 年支持农村信息化示范省建设"十二五"农村领域国家科技支撑计划课题项目 2 项，获资助资金 1200 多万元，从技术和资金等方面大力推进了河南省农村信息化示范省建设。建立省农业信息化综合服务平台通过整合涉农信息与网络资源，以粮食核心区建设为重点，形成统一的农业服务平台，实现涉农部门之间的信息交换和共享农村信息化综合服务，平台已确定了建筑面积 1200 平方米选址及各功能区布局；先期建设认定了 5 个分布在郑州、开封等地市的农村信息化基层信息服务站点，建立了专业农机调度等专业性服务平台 10 余个；依托重大科技专项从粮食生产等方面建立了信息服务示范区 14 个，专业信息服务站点 25 个，并构建和整合了大量涉农信息服务系统。

2. 区位优势明显，助力信息化实现跨越式发展

河南省位居中部，是全国重要的交通、通讯枢纽，已经形成多种运输方式相协调，与海、陆、空开放口岸相衔接的立体综合交通网络，区位优势更加明显。河南在丝绸之路经济带上具有重要意义，郑州处于新亚欧大陆桥的咽喉位置，是中国在新亚欧大陆桥上最主要的省份，河南联东接西、承南接北的位置，十分有利于"吸纳百川"，形成大规模的物流，容易成为丝绸之路经济带上的物贸集散地，发展现代物流业、电子商务潜力巨大。同时，河南利用区位优势积极抢占制高点，发展航空经济、电子商务、云计算、大数据等新业态新模式，培育后续竞争力，2014 年河南省人民政府与阿里巴巴集团在郑州签署云计算和大数据战略合作框架协议，体现出河南积极发展新业态经济、加速调整产业结构的发展思路。

3. 电子信息产业发展迅速，为信息化建设提供有力支撑

近年来，河南省电子信息产业取得了高速发展。河南省抢抓产业转移机遇，引进富士康等一批龙头项目，产业规模迅速扩大，层次不断提升。电子信息产业初步形成，其中以郑州新兴产业为主力（智能终端制造），以新乡、南阳等传统特色产业为基础，以鹤壁、信阳、漯河等集群为新锐的"一点"（郑州市及郑州

航空港经济综合实验区）、"一线"（鹤壁市、漯河市、信阳市）、"一圈"（商丘市、开封市、洛阳市、南阳市）的产业发展格局。据工信部数据，2013年河南电子信息产业规模在中部位居第一位。电子信息产业对国民经济和社会发展的带动作用强、发展前景好、市场需求大，已经成为河南省重点培育的六大高成长性产业之一，是河南省构建现代产业体系的战略先导产业。

（二）劣势

1. 信息化总体水平不高，宽带基础设施有待完善

"十二五"以来，河南省信息化实现了稳步发展，信息化发展总指数从2013年的54.59提升到2014年的58.48，指数值增长了3.89。但是信息化总体发展水平2013年和2014年在全国31个省份的信息化总体排名中都位居第24位，处于中等偏下的水平。河南人口众多，宽带基础还比较薄弱，宽带网络发展仍存在互联网城市出口带宽不足、在网络速率整体偏低、WLAN覆盖热点较少、宽带网络应用不够丰富、发展环境不完善、中高速率宽带用户增长缓慢、城乡宽带发展差距明显、宽带网络基础设施建设协调难等问题，亟需得到解决。

2. 电子政务落后

在2013年和2014年的两年间，河南省电子政务发展水平均落后于全国多数的省份。2013年全国政务应用指数60.69，全国排第25位，2014年全国政务应用指数35.41，排全国第29位。河南省电子政务总体上虽然已经具备了一定基础，但整体缺乏系统性，与国家的总体要求和先进省（区、市）相比还有较大差距，在体制机制管理、资源整合、重视程度、监督管理等方面有待进一步提高。

3. 居民应用的信息化水平有待提高

"十二五"以来，河南省居民信息化应用水平进一步提升，从细分指标来看，互联网用户数稳步增长，居民电子商务快速发展，人均在线零售额占比指数从2013年的70.03提升到2014年的81.15。居民信息消费快速增长，人均信息类消费支出由2013年的35.69提升到2014年的38.72。但是增长速度明显落后于全国其他省份，2013年全国居民应用指数为53.87，全国排名29位，2014年全国居民应用指数为60.89，排第30位,总体上的居民信息化应用水平有待进一步提升。

四、相关建议

（一）加快宽带基础设施建设

河南省应积极响应"宽带中国"的战略规划，按照省委、省政府关于完善信息网络系统、建设网络强省的决策部署，以"宽带中原"为抓手，推动河南省宽带基础设施建设更上一层楼。重点推进城市百兆光纤、通信村村通、LTE（长期演进）网络等工程建设，大幅度提高固定宽带网络、移动通信网络的普及水平和接入能力。加快郑州国家级互联网骨干直联点建设，积极争取全国性或区域性重大项目落地。建设智慧航空港区，打造全国重要的信息网络枢纽。加快推进光纤宽带普及提速，优化完善4G网络覆盖，促进"四化"同步发展。推进广电、电信业务双向进入，加快有线电视网络数字化、双向化、宽带化升级改造，构建与电信网络互联互通、开放架构、具备综合业务承载能力的下一代广播电视网。积极发展云计算、大数据产业，抢占信息化创新发展制高点。

（二）多措并举大力发展电子政务

要加强对电子政务工作的组织领导，加大协调力度，完善电子政务推进机制。建设省、市、县三级中枢，加快整合形成全省统一的电子政务网络平台，构建支撑体系，完善数据库，重点推进重要业务系统建设。加快云中心和云平台建设，满足现阶段省内党政机关新建和扩容业务应用需要，支撑全省范围内各类跨层级、跨部门的信息资源共享和交换，推进应用系统互联互通和业务协同。深化电子政务应用，加强信息安全保障工作。各地要加大对电子政务建设的资金支持力度，鼓励电子政务外网建设的服务外包和市场化运作，减少基础性投资。要加快电子政务专业队伍建设，努力培养一批懂技术、善管理、精业务的复合型电子政务建设和管理人才。

（三）加强信息惠民工程建设，让百姓享受到信息化的便利

按照"便民、利民、惠民"原则，重点推进就业、社会保障、养老服务、医疗卫生、教育、食品药品安全、旅游等领域信息化建设，建设应用便捷的公共服

务体系，提升居民生活质量。积极推进郑州、洛阳、济源等信息惠民示范城市创建，增强民生领域信息服务能力。加快养老服务机构信息化建设，扩大养老服务惠及面，推进养老、保健、医疗服务一体化发展。完善卫生信息网络，普及应用居民健康卡、电子健康档案和电子病历，促进优质资源共享和卫生服务普惠。建立教育资源公共服务体系，深化信息技术在教育教学中的应用，重点建设"豫教云"资源公共服务平台和省级教育管理公共服务平台。加快食品药品安全信息化建设，强化食品药品电子追溯，重点建设包括食品及食品添加剂生产流通、食品经营者信用、风险监测和评估在内的食品安全监管信息系统，建设支持药品真伪鉴别、来源追溯、过程追踪、快速召回和紧急调配的药品监管信息系统。加快旅游信息资源综合开发和利用，增强旅游信息产品与服务供给能力，试点推广"智慧景区""智慧酒店"。

第十九章　湖北省信息化发展水平分析

一、总体情况

（一）经济社会发展情况

2013 年是全面落实党的十八大和湖北省第十次党代会精神的第一年，是扎实推进"五个湖北"建设的起步之年，面对错综复杂的国内外环境和较大发展压力，湖北省坚持"竞进提质、效速兼取"的总要求，扎实推进各项工作，实现稳中求进、进中向好的可喜进展。2013 年末，全省常住人口 5799 万人，人口自然增长率为 4.93‰。2013 年，全省完成生产总值 24668.49 亿元，按可比价格计算，比上年增长 10.1%。其中第一产业完成增加值 3098.16 亿元，同比增长 4.7%；第二产业完成增加值 12171.56 亿元，同比增长 11.3%；第三产业完成增加值 9398.77 亿元，同比增长 10.0%。三次产业结构由 2012 年的 12.8：50.3：36.9 调整为 12.6：49.3：38.1。2013 年，湖北省加快结构调整、转变发展方式，发展活力动力进一步增强，经济社会保持健康持续良好发展。

（二）信息化发展特点

1.夯实信息基础设施建设

湖北省协调推进武汉国家级互联网骨干直联点和下一代互联网示范城市建设，实施"宽带湖北"行动，将宽带发展指标纳入全省县域经济考核，促进县域信息基础设施建设和提升信息消费水平。

2.深入推进"两化"融合

2013 年，湖北省出台了《湖北省加快推进信息化与工业化深度融合行动方案（2014-2017年）》，突出抓重点、抓应用、抓示范，大力实施"两化"融合示范工程，重点培育300家试点示范企业，培育一批"数字企业"，打造一批行业应用解决方案供应商。开展"两化"融合企业管理体系国家标准的贯标工作。提请省政府出台了《关于促进信息消费扩大内需的意见》，重点推动智能终端、集成电路、软件等信息产业加快发展，加大重点软件园区产业招商力度。大力推进湖北国家数字家庭产业示范基地建设。实施"信息惠民"工程，推进电子商务、北斗技术等新兴消费应用。在全省推广三网融合实施方案，加快新业务、新业态的普及应用。

3. 统筹谋划引导智能制造等新兴产业发展

加强新兴产业谋划和引导。突出智能制造、新能源汽车、航空、软件、北斗、新材料等有产业优势和发展潜力的重点领域，加强研究产业规划，先后出台了《湖北省省人民政府办公厅关于进一步推进软件和信息技术服务业发展的意见》《省人民政府关于印发湖北省集成电路产业发展行动方案的通知》《湖北省推动工业机器人产业发展的实施意见》等工作方案和政策措施。先后召开了、湖北省工业智能制造、工业机器人、软件及集成电路、新材料、新能源汽车等行业发展推进大会，逐个研究，重点推进。目前，湖北省工业机器人产业发展已经纳入工信部重点支持的4个区域；推动成立了省集成电路产业发展领导小组，谋划推进成立百亿级产业投资基金。加强武汉国家软件名城创建，全省软件产业主营收入突破千亿大关，增幅超过40%。

二、信息化水平分析

（一）总体水平

"十二五"以来，湖北省信息化实现了快速发展，信息化发展总指数从2013年的60.85提升到2014年的67.16，指数值增长了6.31。网络基础设施继续快速发展，网络就绪度指数从2013年的51.26提升到了2014年的60.52，指数值增长了9.26。信息通信技术应用进一步普及和深化，信息通信技术应用指数从2013年的59.94提升到2014年的70.88，指数值增长了4.94。信息化应用效益初步显现，应用效益指数从2013年的69.87上升到2014年的72.99，指数值增长了3.12。

表 19-1　湖北省 2013—2014 年信息化指标情况

指标名称	2013年指数值	2014年指数值	变化情况
网络就绪度指数	51.26	60.52	9.26
信息通信技术应用指数	59.94	70.88	4.94
应用效益指数	69.87	72.99	3.12
信息化发展总指数	60.85	67.16	6.31

数据来源：中国电子信息产业发展研究院，2014 年 12 月。

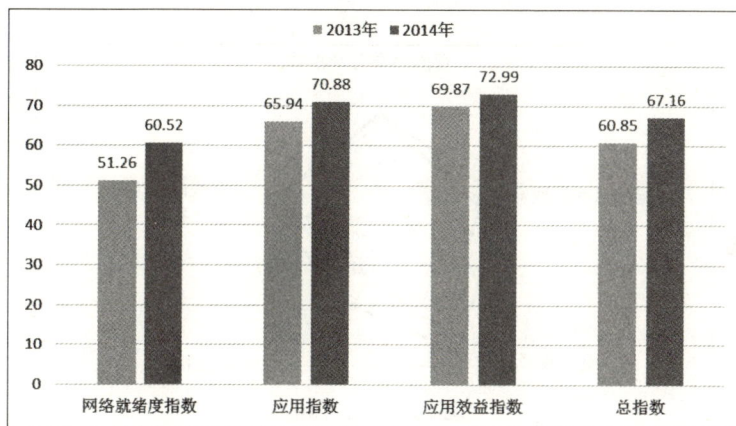

图19-1　湖北省2013—2014年信息化指标情况

数据来源：中国电子信息产业发展研究院，2014 年 12 月。

（二）分类指标

1. 网络就绪度指数

在网络就绪度方面，"十二五"以来，湖北省大力推进网络基础设施建设，网络基础设施实现了跨越式发展。智能终端进一步普及应用，普及指数从 2013 年的 64.2 提升到 2014 年的 65.6，数值增长了 1.4。有线电视发展指数从 2013 年的 61.77 下降到 2014 年的 59.44，指数值略减少了 2.33。光纤网络快速发展，光纤发展指数从 2013 年的 18.09 提升到 2014 年的 36.82，指数值增长了 18.73。宽带普及继续推进，宽带普及指数从 2013 年的 56.2 提升到 2014 年的 70.01，指数值增长了 13.81。宽带速率进一步提升，宽带速率指数从 2013 年的 55.41 提升到 2014 年的 69.2，指数值增长了 13.79。

表 19-2　湖北省 2013—2014 年网络就绪度一级指标情况

指标名称	2013年指数值	2014年指数值	变化情况
智能终端普及指数	64.2	65.6	1.4
有线电视发展指数	61.77	59.44	−2.33
光纤发展指数	18.09	36.82	18.73
宽带普及指数	56.2	70.01	13.81
宽带速率指数	55.41	69.2	13.79

数据来源：中国电子信息产业发展研究院，2014 年 12 月。

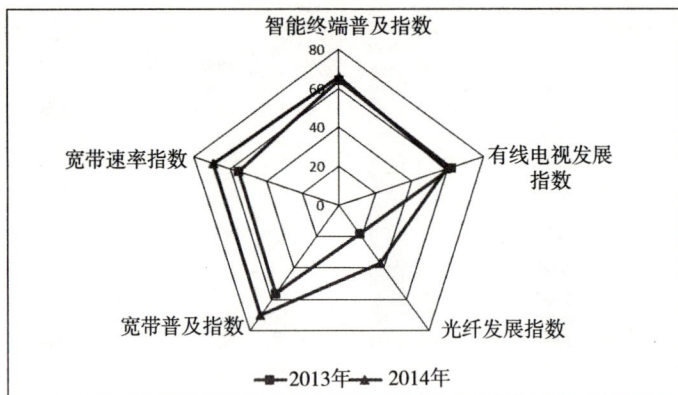

图19-2　湖北省2013—2014年网络就绪度指数一级指标情况

数据来源：中国电子信息产业发展研究院，2014 年 12 月。

就网络就绪度各项细分指标来讲，湖北省"十二五"以来网络基础设施各方面上都取得了较大发展。移动电话用户数保持稳步增长，普及率指数从 2013 年的 57.86 下降到 2014 年的 56.54，指数值减少了 1.32。电脑普及率进一步提高，普及率指数从 2013 年的 70.54 提升到 2014 年的 74.65，指数值增长了 4.11。有线电视用户数略有下降，入户率指数从 2013 年的 61.77 下降到 2014 年的 59.44，指数值减少了 2.33。光纤入户快速推进，入户率指数从 2013 年的 18.09 提升到 2014 年的 36.82，指数值增长了 18.73。互联网固定宽带用户数略有增加，普及率指数从 2013 年的 63.54 增加到 2014 年的 67.71，指数值增加了 4.17。3G 和 4G 用户数实现快速增长，移动宽带普及率指数从 2013 年的 48.86 增长到了 2014 年的 72.31，指数值增长了 23.45。宽带普及提速行动成效显著，固定宽带端口平均速率指数从 2013 年的 55.41 增长到了 2014 年的 69.2，指数值增长了 13.79。

表 19-3　湖北省 2013—2014 年网络就绪度指数二级指标情况

指标名称	2013年指数值	2014年指数值	变化情况
移动电话普及率	57.86	56.54	-1.32
电脑普及率	70.54	74.65	4.11
有线电视入户率	61.77	59.44	-2.33
光纤入户率	18.09	36.82	18.73
固定宽带普及率	63.54	67.71	4.17
移动宽带普及率	48.86	72.31	23.45
固定宽带端口平均速率	55.41	69.2	13.79

数据来源：中国电子信息产业发展研究院，2014 年 12 月。

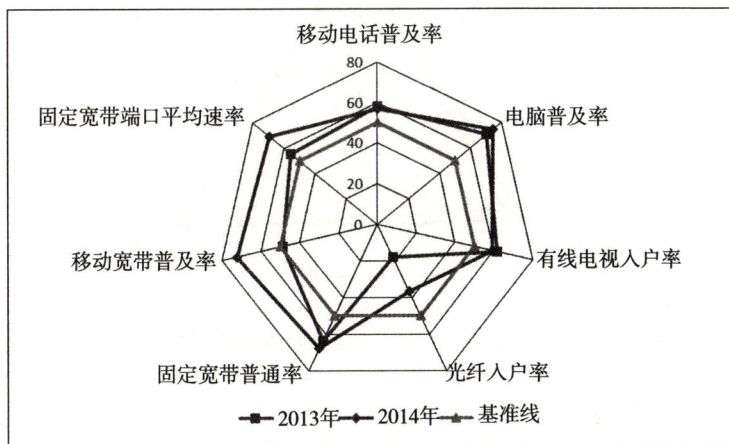

图19-3　湖北省2013—2014年网络就绪度指数二级指标情况

数据来源：中国电子信息产业发展研究院，2014 年 12 月。

2. 信息通信技术应用指数

在信息通信技术应用方面，"十二五"以来，湖北省企业、居民两方面信息化都取得了很大发展。企业应用指数从 2013 年的 63.49 提升到 2014 年的 67.09，指数值增长了 3.6。政务应用指数从 2013 年的 76.52 下降到 2014 年的 76.4，指数值下降了 0.12。居民应用指数从 2013 年的 61.88 提升到 2014 年的 70.01，指数值增长了 8.13。

表19-4　湖北省2013—2014年信息通信技术应用指数一级指标情况

指标名称	2013年指数值	2014年指数值	变化情况
企业应用指数	63.49	67.09	3.6
政务应用指数	76.52	76.4	−0.12
居民应用指数	61.88	70.01	8.13

数据来源：中国电子信息产业发展研究院，2014年12月。

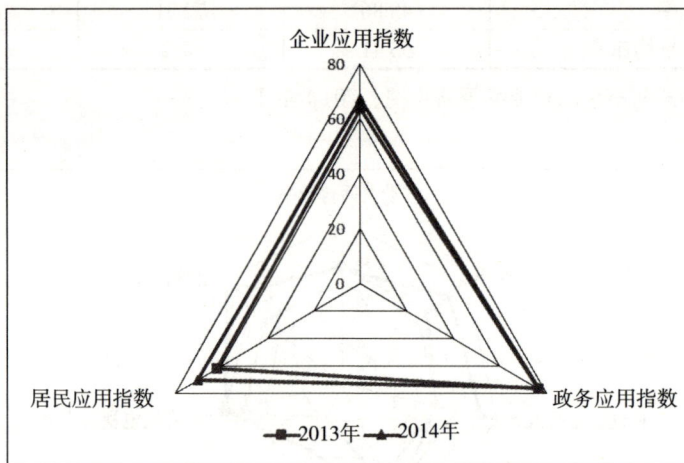

图19-4　湖北省2013—2014年信息通信技术应用指数一级指标情况

数据来源：中国电子信息产业发展研究院，2014年12月。

在企业信息化应用方面，企业信息化发展环境部分改善。企业 ERP 普及率指数从 2013 年的 66.49 下降到 2014 年的 55.52，指数值减少了 10.97；企业电子商务交易额占比指数从 2013 年的 60.49 增加到了 78.67，指数值增加了 18.18。

在政务信息化应用方面，政务事项网上办事率指数从 2013 年的 90.72 下降到了 2014 年的 89.29，指数值下降了 1.43。政府信息公开上网率指数从 2013 年的 62.32 增加到了 2014 年的 63.5，指数值上升了 1.18。

在居民信息化方面，"十二五"以来，湖北省居民信息化应用水平进一步提升。互联网用户数稳步增长，普及率指数从 2013 年的 57.01 提升到 2014 年的 59.9，指数值增长了 2.89；居民电子商务快速发展，人均在线零售额占比指数从 2013 年的 76.3 提升到 2014 年的 92.4，指数值增长了 16.1。居民信息消费快速增长，人均信息类消费支出由 2013 年的 42.76 提升到 2014 年的 45.44，指数值增长了 2.68。

表 19-5 湖北省 2013—2014 年信息通信技术应用指数二级指标情况

指标名称	2013年指数值	2014年指数值	变化情况
企业ERP普及率	66.49	55.52	−10.97
企业电子商务交易额占比	60.49	78.67	18.18
政务事项网上办事率	90.72	89.29	−1.43
政府信息公开上网率	62.32	63.5	1.18
互联网普及率	57.01	59.9	2.89
人均在线零售额占比	76.3	92.4	16.1
人均信息类消费支出	42.76	45.44	2.68

数据来源：中国电子信息产业发展研究院，2014 年 12 月。

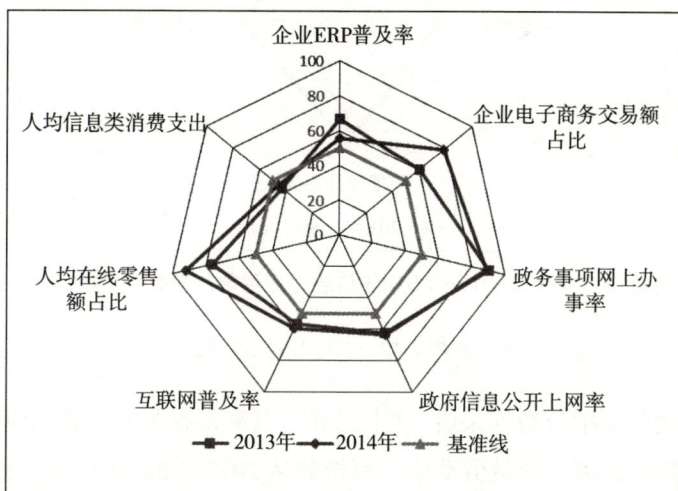

图19-5 湖北省2013—2014年信息通信技术应用指数二级指标情况

数据来源：中国电子信息产业发展研究院，2014 年 12 月。

3. 信息化应用效益指数

在信息化应用效益方面，"十二五"以来，湖北省信息化应用效益日渐凸显。劳动生产率指数从 2013 年的 63.38 增长到了 2014 年的 67.43，指数值增长了 4.05；技术创新指数从 2013 年的 72.3 增长到了 2014 年的 73.66，指数值增长了 1.36；节能降耗指数从 2013 年的 79.9 增长到了 2014 年的 82.66，指数值增长了 2.76；人均收益指数从 2013 年的 63.89 增长到了 2014 年的 68.2，指数值增长了 4.31。

表 19-6　湖北省2013—2014年信息化应用效益指数一级指标情况

指标名称	2013年指数值	2014年指数值	变化情况
劳动生产率指数	63.38	67.43	4.05
技术创新指数	72.3	73.66	1.36
节能降耗指数	79.9	82.66	2.76
人均收益指数	63.89	68.2	4.31

数据来源：中国电子信息产业发展研究院，2014 年 12 月。

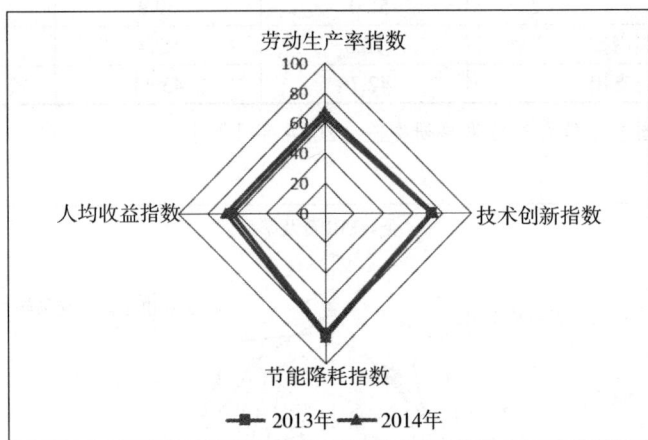

图19-6　湖北省2013—2014年信息化应用效益指数一级指标情况

数据来源：中国电子信息产业发展研究院，2014 年 12 月。

就信息化各项细分指标来讲，"十二五"以来，湖北省信息化应用效益各方面都取得了积极进展。全员劳动生产率指数从 2013 年的 63.38 增长到了 2014 年的 67.43，指数值增长了 4.05。单位地区生产总值专利申请量指数值从 2013 年的 80.42 略下降到 2014 年的 79.72，指数值减少了 0.7；单位地区生产总值专利授权量指数值从 2013 年的 66.89 提升到 2014 年的 69.62，指数值增加了 2.73。信息化促进节能降耗工作的开展，单位地区生产总值能耗指数从 2013 年的 99.12 增加到 2014 年的 100.49，指数值增加了 1.37；单位地区生产总值用水量指数从 2013 年的 51.06 增加到 2014 年的 55.91，指数值增长了 4.85。信息化带动了经济快速发展，人均地区生产总值指数由 2013 年的 63.89 提升到 2014 年的 68.2，指数值增长了 4.31。

表 19-7　湖北省 2013—2014 年信息化应用效益指数二级指标情况

指标名称	2013年指数值	2014年指数值	变化情况
全员劳动生产率	63.38	67.43	4.05
单位地区生产总值专利申请量	80.42	79.72	-0.7
单位地区生产总值专利授权量	66.89	69.62	2.73
单位地区生产总值能耗	99.12	100.49	1.37
单位地区生产总值用水量	51.06	55.91	4.85
人均地区生产总值	63.89	68.2	4.31

数据来源：中国电子信息产业发展研究院，2014 年 12 月。

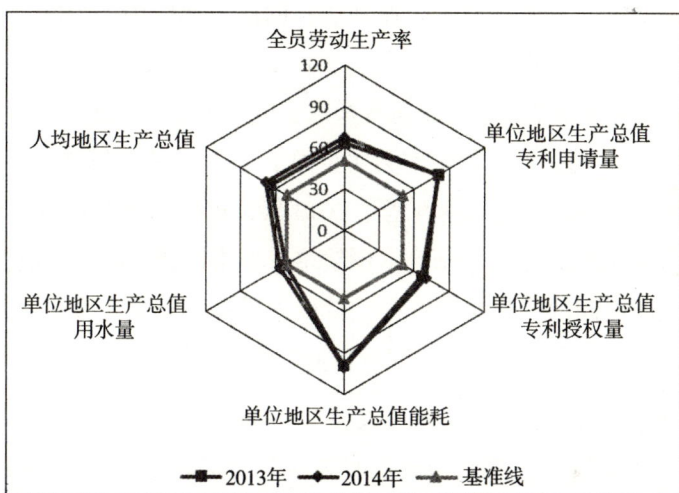

图19-7　湖北省2013—2014年信息化应用效益指数二级指标情况

数据来源：中国电子信息产业发展研究院，2014 年 12 月。

三、优劣势评价

（一）优势

1. 宽带应用水平大幅提升，为信息化发展打下坚实基础

2013 年，湖北省宽带普及指数大幅提升，尤其是移动宽带普及率指数跃升至全国中上游，普及率超过全省 2/3，为湖北省移动互联网发展奠定坚实基础。2013 年，湖北省紧紧围绕"宽带中国"战略，逐步实现向市县突破，为促进互

联网宽带普及做了大量工作。一方面,湖北省成立了由分管副省长担任组长的"宽带湖北"发展领导小组,把固定互联网宽带用户数和普及率发展指标纳入省政府县域经济考核指标,成功申报了国家级互联网骨干直联点。另一方面,湖北省通管局深入贯彻落实光纤到户通信设施国家标准的通知,细化了相关部门职责,明确了"对未通过光纤到户通信设施竣工验收专项备案的住宅建筑项目,不予竣工登记备案"的政策,为宽带普及入户提供了基本保障。

2. 信息产业发展稳定,支撑作用不断提升

信息产业发展对产业信息化建设起到关键的支撑服务作用,2013年湖北省信息产业发展活跃,有效支撑了企业和居民的信息化应用。2013年,湖北省电子信息产业实现主营业务收入2918亿元,比上年增长21.87%,全行业发展呈稳定增长态势,工业增加值增速比全国规模以上电子信息制造业和全省规模以上工业分别高10个百分点。产业综合实力居全国第13位、中部第2位。同时,产业结构进一步优化,创新能力显著增强。2013年,规模以上企业研发投入占销售收入的比重达到3.2%,创历史新高。围绕培育战略性新兴产业,积极推进企业、高校、科研院所之间的产学研合作,支持成立了数字家庭、移动互联、3D打印等产业创新联盟,促进了产业自主创新和企业核心竞争力的提升。

3. 电子政务应用持续深入,为民服务水平不断提升

2013年,湖北省政务应用指数依旧名列全国前茅,政务事项网上办事率和政府信息网上公开率有效提升,全省电子政务应用持续深入。湖北省经过近年来对电子政务工作的持续推进,电子政务建设取得较快进展。湖北省电子政务公共平台建设基本完成,实现了省、市、县三级电子政务网络全覆盖,省级部门以及地方政务管理和服务应用逐步推进;全省工程建设领域项目信息公开和诚信体系建设已全面推开,并取得一定成效,在全国位于前列。同时,湖北省政府配合省纪委监察厅完成了全国县级政府政务公开和政务服务试点工作,在深化基层政务公开、推进基层政务服务、促进基层依法行政、促进基层阳光施政方面取得一定成效。

（二）劣势

1. 宽带服务质量不高,影响信息化应用水平提升

从2014年数据可见,湖北省虽然宽带普及指数高,但是宽带速率指数和光纤发展指数偏低,且指数在全国排名较上年有所下滑。由于宽带服务质量不高,

光纤接入率低，直接影响居民和企业信息化应用体验，无法为信息化应用的快速发展做有效支撑，一定程度上影响了湖北省居民和企业的信息化应用水平。

2. 电子商务等信息消费潜力有待挖掘

2013 年，湖北省智能终端普及指数为 65.6，全国排名由第 11 位下滑至第 16 位，人均在线零售额占比和人均信息类消费支出分别为 92.4 和 45.44，均处于全国中下游水平。由此可见，湖北省促进信息消费潜力效果还未显现，一方面智能终端等信息消费渠道普及水平不高，另一方面电子商务等扩大信息消费的网上交易较为滞后，湖北省信息消费潜力有待挖掘。

四、相关建议

（一）进一步推进湖北信息基础设施演进升级

加快落实"宽带湖北"战略，努力提升全省宽带网络普及水平和接入能力，特别是农村等偏远地区宽带建设，普遍提升网络接入服务质量。加强武汉国家级互联网骨干直联点的运行维护管理，进一步增强湖北宽带网络基础设施的支撑能力，提高全网的通信质量和安全性能。加快移动通信网络建设，优化 3G 网络通信质量，扩大 4G 网络和无线局域网覆盖范围，推进无线网络在各领域的应用。

（二）提升信息服务产业创新供给水平

充分把握移动互联网、云计算、可穿戴设备等新一代信息技术发展契机，鼓励信息服务产业创新发展，面向企业和个人研发并提供各类智能终端产品，充分满足用户多样化、个性化需求。加快创建"武汉·中国软件名城"，提升信息服务产业支撑水平，优化完善信息服务产业链建设，促进产业集群化发展。

（三）大力推进电子商务发展

以建设"中部电子商务中心"为发展目标，鼓励中小企业开辟网上零售渠道，扩大电子商务在金融物流、旅游文化、教育医疗、智能家居等各领域的应用。鼓励农村电子商务发展，以"淘宝村"发展带动村民就业致富，完善农村电子商务网络服务、物流、致富建设，为农村发展电子商务提供相关支持。加快跨境电子商务发展，整合各类资源，为消费者提供便利的海外购物一体化服务。

第二十章　湖南省信息化发展水平分析

一、总体情况

（一）经济社会发展情况

2013年，湖南省面对严峻的经济下行压力坚持稳中求进，大力促进"三量齐升"、全面推进"四化两型"，统筹稳增长、调结构、促改革、惠民生等工作，全省经济社会发展稳中有进、稳中向好、稳中提质。截至2013年年末，全省常住人口6690.6万人，人口自然增长率6.54‰。初步核算，全省地区生产总值24501.7亿元，同比增长10.1%。其中，第一产业增加值3099.2亿元，同比增长2.8%；第二产业增加值11517.4亿元，同比增长10.9%；第三产业增加值9885.1亿元，同比增长11.4%。全省三次产业结构为12.7∶47.0∶40.3。工业增加值占地区生产总值的比重为40.8%，比上年下降0.4个百分点；高新技术产业增加值占地区生产总值的比重为16.3%，比上年提高1.3个百分点。湖南省始终坚持新型工业化第一推动力不动摇，深入实施"四千工程"，打造了稳固的多点支撑产业发展格局。

（二）信息化发展特点

1. 加速推进"数字湖南"建设

湖南省积极推进"数字湖南"建设，经济社会信息化获得长足发展。一是信息基础设施建设不断夯实。3G网络覆盖全省乡镇以上区域，全省城区基本实现4M以上接入能力，100%的乡镇和89%的行政村通宽带。国家超算长沙中心主体工程进入主机等核心设备安装阶段。14个市州和5个县城启动地理空间框架建设工作。人口、法人和地理空间数据库系统实现成功对接。二是城市信息化建设扎实推进。"数字农业""数字医院""数字校园"和"数字景区"试点示范建设深入推进，衡阳、株洲、郴州3市列入首批国家信息消费试点城市，株洲市、韶山市等12个区域或城市被列入全国智慧城市试点。

2. 以园区经济带动产业聚集

近年来，湖南省加强园区建设，产业园区获得快速发展。湖南省省级以上园区规模工业增加值已占到全省的47.5%，园区经济占据全省工业经济"半壁江山"。全省园区总数达到140个，其中国家级开发区达16个，全省所有县市都有了省级以上园区平台。截至2013年底，省级以上园区入园企业达到26111家，当年完成技工贸总收入24418亿元，实现固定资产投资4786亿元，上缴税收743亿元，有效壮大了全省产业规模。园区产业进一步集中，产业聚集效应逐渐显现。园区主导产业集中度达到64.9%，全省重点建设的50个产业集群有九成集中在园区内。其中，高新技术产业企业达2213家，占园区企业总数的近10%，这些企业2013年实现高新技术产业产值10705.6亿元，占全省高新技术产业产值的77.9%。

3. 以技术创新驱动转型发展

2013年，根据技术创新发展新形势，省经信委出台了以"311"为主体框架的技术创新政策体系，即在全省工业领域组织30项关键共性技术研发攻关，实施"百项重点新产品推进计划"和"百项专利转化推进计划"，遴选出战略性新兴产业领域亟需重点突破的关键共性技术30项，形成《湖南省战略性新兴产业重大关键共性技术发展导向目录（2014）》。30项目关键共性技术项目已全部启动研发攻关，承担企业已累计投入研发经费3.7亿元，突破后预计可新增产值530亿元。湖南省通过深入实施创新驱动发展专项行动，继续完善和推进以"311"为主体框架的全省技术创新政策体系建设，真正推动企业成为创新决策、研发投入、科研组织和成果应用的主体，为实现多点支撑多极发展、推动工业转型升级提供有力的技术和产品支撑。

二、信息化水平分析

（一）总体水平

"十二五"以来，湖南省信息化实现了快速发展，信息化发展总指数从2013

年的 55 提升到 2014 年的 63.34，指数值增长 8.34。网络基础设施实现了较快发展，网络就绪度指数从 2013 年的 43.33 提升到了 2014 年的 54.77，指数值增长了 11.44。信息通信技术应用进一步普及和深化，信息通信技术应用指数从 2013 年的 62.12 提升到 2014 年的 70.16，指数值增长了 8.04。信息化应用效益初步显现，信息化应用效益指数从 2013 年的 64.11 提升到 2014 年的 66.83，指数值增长了 2.72。

表 20-1　湖南省 2013—2014 年信息化指标情况

指标名称	2013年指数值	2014年指数值	变化情况
网络就绪度指数	43.33	54.77	11.44
信息通信技术应用指数	62.12	70.16	8.04
信息化应用效益指数	64.11	66.83	2.72
信息化发展总指数	55	63.34	8.34

数据来源：中国电子信息产业发展研究院，2014 年 12 月。

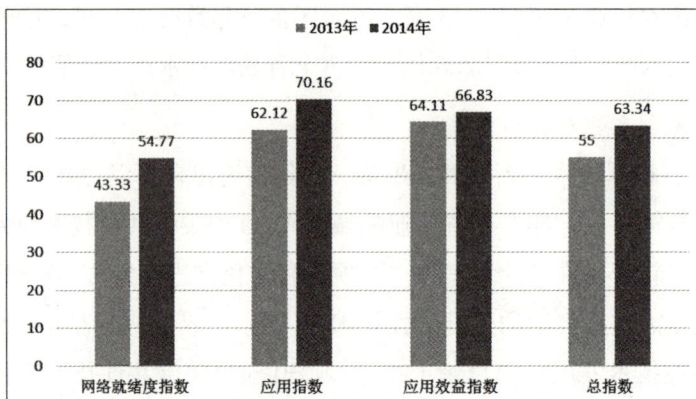

图20-1　湖南省2013—2014年信息化指标情况

数据来源：中国电子信息产业发展研究院，2014 年 12 月。

（二）分类指标

1. 网络就绪度指数

在网络就绪度方面，"十二五"以来，湖南省大力推进网络基础设施建设，网络基础设施实现了跨越式发展。智能终端进一步普及应用，智能终端普及指数从 2013 年的 54.98 提升到 2014 年的 58.19，指数值增长了 3.21。"三网融合"顺利推进，有线电视发展指数从 2013 年的 43.2 提升到 2014 年的 48.94，指数值增长了 5.74。光纤网络快速发展，光纤发展指数从 2013 年的 10.08 提升到 2014 年的 28.33，指数值增长了 18.25。宽带普及加速，宽带普及指数从 2013 年的 51.77 提升到 2014 年的 65.88，指数值增长了 14.11。宽带速率进一步提升，宽带速率指数从 2013 年的 53.67 提升到 2014 年的 70.19，指数值增长了 16.52。

表 20-2　湖南省 2013—2014 年网络就绪度一级指标情况

指标名称	2013年指数值	2014年指数值	变化情况
智能终端普及指数	54.98	58.19	3.21
有线电视发展指数	43.2	48.94	5.74
光纤发展指数	10.08	28.33	18.25
宽带普及指数	51.77	65.88	14.11
宽带速率指数	53.67	70.19	16.52

数据来源：中国电子信息产业发展研究院，2014 年 12 月。

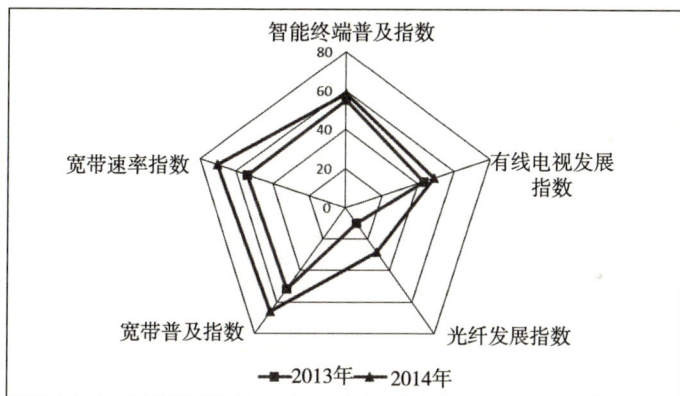

图20-2　湖南省2013—2014年网络就绪度指数一级指标情况

数据来源：中国电子信息产业发展研究院，2014 年 12 月。

　　就网络就绪度各项细分指标来讲，湖南省"十二五"以来网络基础设施方方面面都取得了很大发展。移动电话用户数保持稳步增长，移动电话普及率指数从 2013 年的 50.17 提升到 2014 年的 52.54，指数值增长了 2.37。电脑普及率进一步提高，电脑普及率指数从 2013 年的 59.8 提升到 2014 年的 63.85，指数值增长了 4.05。有线电视用户数进一步增长，有线电视入户率指数从 2013 年的 43.2 增长到 2014 年的 48.94，指数值增长了 5.74。光纤入户快速推进，光纤入户率指数从 2013 年的 10.08 提升到 2014 年的 28.33，指数值增长了 18.25。互联网固定宽带用户数稳步增长，固定宽带普及率指数从2013年的51.21提升到2014年的58.9，指数值增长了7.69。3G和4G用户数实现快速增长，移动宽带普及率指数从2013年的52.33增长到了2014年的72.86，指数值增长了20.53。宽带普及提速行动初显成效，固定宽带端口平均速率指数从2013年的53.67增长到了2014年的70.19，指数值增长了16.52。

表20-3　湖南省2013—2014年网络就绪度指数二级指标情况

指标名称	2013年指数值	2014年指数值	变化情况
移动电话普及率	50.17	52.54	2.37
电脑普及率	59.8	63.85	4.05
有线电视入户率	43.2	48.94	5.74
光纤入户率	10.08	28.33	18.25
固定宽带普及率	51.21	58.9	7.69
移动宽带普及率	52.33	72.86	20.53
固定宽带端口平均速率	53.67	70.19	16.52

数据来源：中国电子信息产业发展研究院，2014年12月。

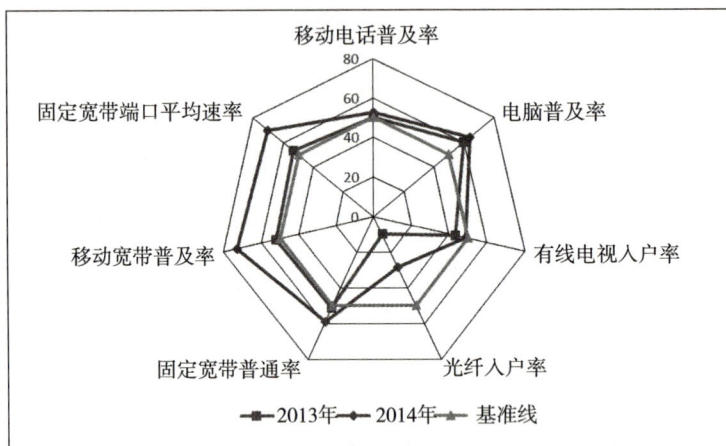

图20-3　湖南省2013—2014年网络就绪度指数二级指标情况

数据来源：中国电子信息产业发展研究院，2014年12月。

2. 信息通信技术应用指数

在信息通信技术应用方面，"十二五"以来，湖南省企业、政务、居民三方面信息化都取得了很大的发展。企业应用指数从2013年的41.96提升到2014年的 63.52，指数值增长了 21.56。政务应用指数从 2013 年的 82.53 提升到 2014 年的 83.56，指数值增长了 1.03。居民应用指数从 2013 年的 61.99 提升到 2014 年的 66.78，指数值增长了 4.79。

表 20-4　湖南省 2013—2014 年信息通信技术应用指数一级指标情况

指标名称	2013年指数值	2014年指数值	变化情况
企业应用指数	41.96	63.52	21.56
政务应用指数	82.53	83.56	1.03
居民应用指数	61.99	66.78	4.79

数据来源：中国电子信息产业发展研究院，2014 年 12 月。

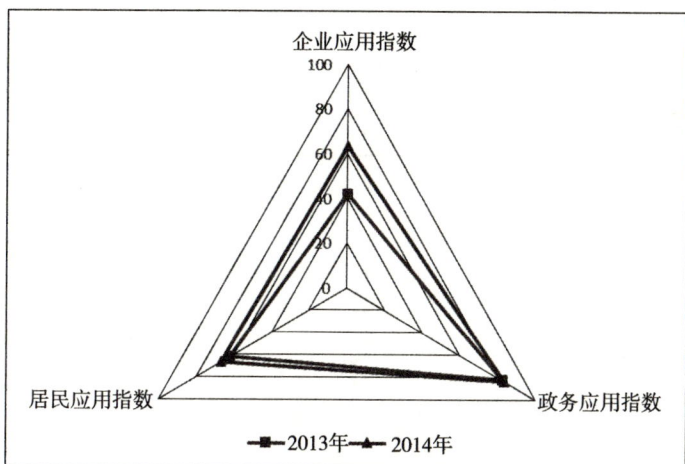

图20-4　湖南省2013—2014年信息通信技术应用指数一级指标情况

数据来源：中国电子信息产业发展研究院，2014 年 12 月。

在企业信息化应用方面，湖南省"十二五"以来大力推进企业"两化"融合工作，企业信息化发展环境进一步改善。企业 ERP 普及率从 2013 年的 70.21 提升到 2014 年的 72.67，指数值增长了 2.46；企业电子商务交易额占比指数从 2013 年的 13.71 提升到了 2014 年的 54.38，指数值上升了 40.67。

在政务信息化应用方面，政务事项网上办事率指数从 2013 年的 94.85 提升到了 2014 年的 103.04，指数值增长了 8.19。政府信息公开上网率指数从 2013 年的 70.22 下降到了 2014 年的 64.09，指数值下降了 6.13。

在居民信息化方面，"十二五"以来，湖南省居民信息化应用水平进一步提升。互联网用户数稳步增长，互联网普及率指数从2013年的50提升到2014年的53.18，指数值增长了3.18；居民电子商务快速发展，人均在线零售额占比指数从2013年的85.68提升到2014年的93.2，指数值增长了7.52。居民信息消费快速增长，人均信息类消费支出由2013年的38.59提升到2014年的41.12，指数值增长了2.53。

表20-5　湖南省2013—2014年信息通信技术应用指数二级指标情况

指标名称	2013年指数值	2014年指数值	变化情况
企业ERP普及率	70.21	72.67	2.46
企业电子商务交易额占比	13.71	54.38	40.67
政务事项网上办事率	94.85	103.04	8.19
政府信息公开上网率	70.22	64.09	−6.13
互联网普及率	50	53.18	3.18
人均在线零售额占比	85.68	93.2	7.52
人均信息类消费支出	38.59	41.12	2.53

数据来源：中国电子信息产业发展研究院，2014年12月。

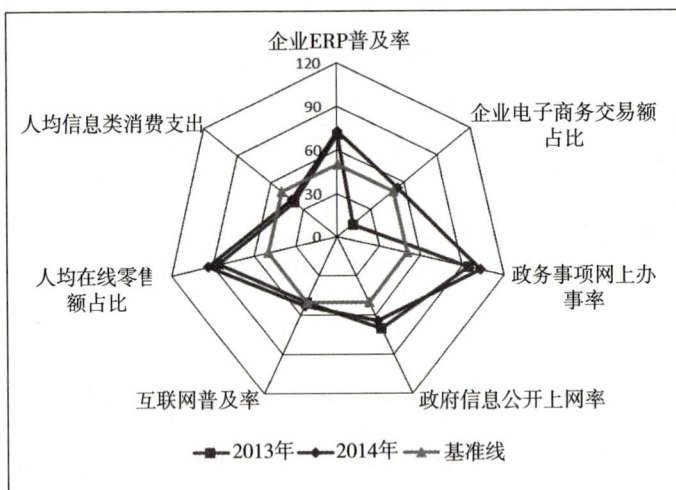

图20-5　湖南省2013—2014年信息通信技术应用指数二级指标情况

数据来源：中国电子信息产业发展研究院，2014年12月。

3. 信息化应用效益指数

在信息化应用效益方面，"十二五"以来，湖南省信息化应用效益日渐凸显出来。劳动生产率指数从2013年的51.63增长到了2014年的54.72，指数值增长了 3.09；技术创新指数从 2013 年的 64.68 提升到了 2014 年的 65.89，指数值增长了 1.21；节能降耗指数从 2013 年的 82.06 增长到了 2014 年的 84.84，指数值增长了 2.78；人均收益指数从 2013 年的 58.06 增长到了 2014 年的 61.87，指数值增长了 3.81。

表 20-6　湖南省 2013—2014 年信息化应用效益指数一级指标情况

指标名称	2013年指数值	2014年指数值	变化情况
劳动生产率指数	51.63	54.72	3.09
技术创新指数	64.68	65.89	1.21
节能降耗指数	82.06	84.84	2.78
人均收益指数	58.06	61.87	3.81

数据来源：中国电子信息产业发展研究院，2014 年 12 月。

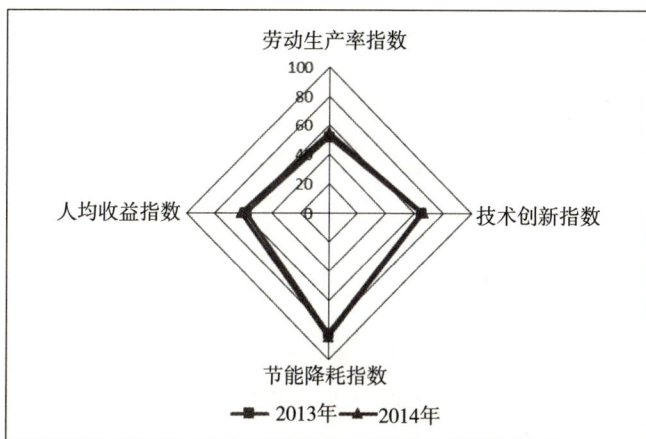

图20-6　湖南省2013—2014年信息化应用效益指数一级指标情况

数据来源：中国电子信息产业发展研究院，2014 年 12 月。

就信息化各项细分指标来讲，"十二五"以来，湖南省信息化应用效益方方面面都取得了积极进展。全员劳动生产率指数从 2013 年的 51.63 增长到了 2014 年的 54.72，指数值增长了 3.09。单位地区生产总值专利申请量指数值从 2013 年的 64.38 提升到 2014 年的 70.49，指数值增长了 6.11；单位地区生产总值专利授权量指数值从 2013 年的 64.88 下降到 2014 年的 62.82，指数值下降了 2.06。信息化促进了节能减排，单位地区生产总值能耗指数从 2013 年的 105.06 提升 2014 年的 107.58，指数值增长了 2.52；单位地区生产总值用水量指数从 2013 年的

47.55 提升到 2014 年的 50.74，指数值增长了 3.19。信息化带动了经济快速发展，人均地区生产总值指数由 2013 年的 58.06 提升到 2014 年的 61.87，指数值增长了 3.81。

表 20-7　湖南省 2013—2014 年信息化应用效益指数二级指标情况

指标名称	2013年指数值	2014年指数值	变化情况
全员劳动生产率	51.63	54.72	3.09
单位地区生产总值专利申请量	64.38	70.49	6.11
单位地区生产总值专利授权量	64.88	62.82	−2.06
单位地区生产总值能耗	105.06	107.58	2.52
单位地区生产总值用水量	47.55	50.74	3.19
人均地区生产总值	58.06	61.87	3.81

数据来源：中国电子信息产业发展研究院，2014 年 12 月。

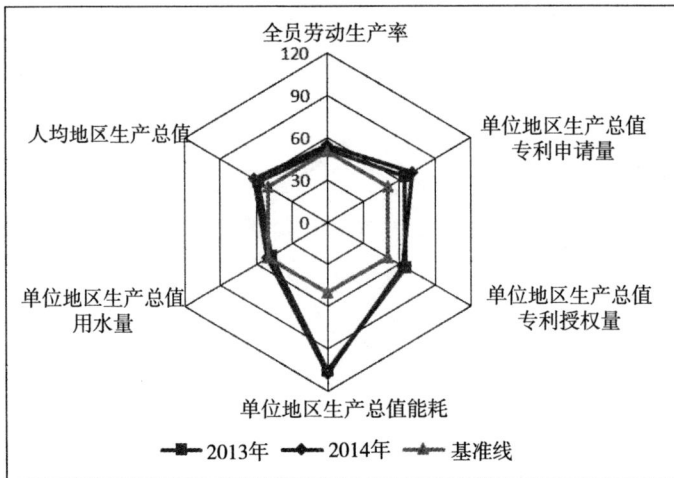

图20-7　湖南省2013—2014年信息化应用效益指数二级指标情况

数据来源：中国电子信息产业发展研究院，2014 年 12 月。

三、优劣势评价

（一）优势

1.政务应用水平全国领先

湖北省以推动政府职能转变和促进服务型政府建设为核心，电子政务建设一直走在全国前列，在提升公共服务能力、市场监管能力、政府办事效率等方面取得明显成效。2013 年，湖南省政务内、外网省、市、县三级覆盖率达到 100%，63% 的县市区已延伸到乡镇一级；网上政务服务和电子监察系统应用效果不断提升，全年完成办件数 560 多万次，远远超过 2013 年网上办事要达到 200 万件的目标，其中数据交换的事项 2762499 件，使用大集中系统的事项 1623104 件，公共服务水平显著提升，有效促进了服务型政府建设和政府职能的转变。

2. 信息产业成为经济增长的重要支撑点

2013 年，湖南省电子信息产业快速崛起。工信部公布的数据显示，2013 年 1—11 月，湖南省规模电子信息制造业产值同比增长 46.2%，比全国同行业平均高 35.3 个百分点，增速居全国第三位、中部第一位。科力远、介面光电、威胜集团等一批骨干电子信息企业正在崛起，部分企业已进入全国行业百强。同时物联网等新兴产业快速崛起，应用步伐不断加快。湖南省有 250 多家从事物联网研发、制造、运营和服务的企业，主营业务收入达 400 亿元左右，市场规模每年以 35% 的高速增长。在传感器、芯片设计、电子标签与读写机具、智能终端、应用软件、系统集成、运营服务等产业环节，湖南省都有企业涉足，基本形成初级产业链，在部分领域还有一定优势。物联网在智能家居、环境监测、智能农业等领域应用逐步展开，将成为新的应用增长点。

3. 企业节能降耗成绩显著

湖南省以"两化"融合为突破口，利用信息技术推动企业绿色化发展，节能降耗成绩显著，有力促进了产业转型升级。长沙市各工业园区、企业积极参与创建"两型园区""两型企业"，降低了资源消耗，减少了废物排放。2012 年，在万元工业增加值用水量 64 立方米的基础上，各工业园区和企业努力开展热电、食品饮料、新材料等高耗水行业的节水工作。天宁热电、百威英博、蓝思科技等重点企业已完成节水技术改造项目，形成年节水能力 700 万立方米。株洲市以"两化"融合促进节能减排为突破口，加强相关信息技术研发和应用，推动株冶集团、中盐株化等污染大户企业进行信息化改造，逐步向循环经济、绿色经济过渡。湘潭市在冶金、建材、化工等传统行业，将"两化"融合工作的重心放在促进节能减排方面。华菱湘钢、韶峰水泥和湘潭发电有限公司等企业在"两化"融合促进节能减排方面取得了显著成效。

4.信息化应用水平明显提升

湖南省努力推广信息技术应用，提升企业生产经营管理水平。如三一重工实现了研发制造数字化、商务服务自动化、财务业务一体化，中联重科打造了"数字化研发制造协同创新平台"，福田汽车长沙汽车厂通过协同办公网络化、设计研发数字化，实现了汽车制造零库存，新增综合经济效益5000多万元。608所信息化水平达到中央企业信息化B级水平，其信息化建设已进入全面发展、深化应用阶段，计算机、网络等信息基础设施不断更新升级，全三维数字化设计软件、各种专业设计仿真软件等关键信息化系统相继投入使用，有效推动了608所快速发展。

（二）劣势

1.网络基础设施水平仍为短板

2013年，湖南省网络就绪度指数为54.77，较上年提升约11个点，位于全国中下游水平。虽然2014年湖南省在网络基础设施方面保持较大的投资幅度，网络基础设施建设稳步提升，但相较于企业和政务信息化发展，网络基础设施水平仍为短板，固定宽带接入低、智能终端普及差、光纤入户水平低等问题仍然存在，直接影响了互联网应用的发展速度。

2.电子商务整体发展水平偏低

数据显示，2013年湖南省人均咱在线先零售额占比指数为93.2，企业电子商务交易额占比为54.38，均处于全国中下游水平，湖南省电子商务整体发展水平偏低。近些年，湖南省电子商务发展初具规模，电子商务发展平台发展壮大，但是整体来看，网络零售呈逆差明显、电子商务集聚度不高、传统企业发展电子商务乏力等问题较突出，电子商务核心技术、战略布局、新商业文明等方面与发达城市具有明显差距，湖南电子商务发展速度仍需加快。

四、相关建议

（一）进一步增强信息基础设施支撑能力

加快推进"宽带中国"战略，优化升级宽带网络，全面推进城市光纤宽带网络建设，扩大农村宽带网络覆盖，扩大第三代移动通信（3G）网络覆盖范围，加快第四代移动通信（4G）网络建设，加强网络设施的共建共享。以长株潭地区试点为基础，在全省范围全面推进三网融合。

（二）推动电子商务创新发展与应用

大力培育电子商务，鼓励传统商贸开拓网上市场，加强对小微企业应用电子商务的培训和资助，鼓励电子商务企业走出去开拓国际市场，以电子商务促进商品流通与扩大消费，壮大网络经济。支持农村和农产品电子商务、社区电子商务发展，以电子商务服务"三农"、为社区居民提供便利。深化装备制造、消费品工业等重点行业电子商务应用，加快电子商务驱动的制造业生态变革，发展网络制造新型生产方式。

（三）大力提升信息产品供给和应用水平

大力推进信息技术创新，加快移动互联网、物联网、智能终端等核心关键技术的研发和产业化，加强信息产品供给能力。紧抓智能制造发展机遇，大力发展智能控制系统、智能服务平台等关键共性技术，促进智能装备的产业化。深化信息技术在工业、交通、物流、电力、节能环保、医疗卫生、公共安全等重点领域的应用，以信息技术和产品的集成应用促进行业转型发展。

第二十一章 广东省信息化发展水平分析

一、总体情况

（一）经济社会发展情况

2013 年，广东省紧紧围绕主题主线和"三个定位、两个率先"总目标，坚持稳中求进的总基调，着力稳增长、调结构、促改革、惠民生，经济发展稳中有进、稳中向好，社会保持和谐稳定。2013 年末，广东省常住人口 10644 万人，自然增长人口 63.93 万人，自然增长率 6.02‰。初步核算，2013 年全省实现地区生产总值（GDP）62163.97 亿元，同比上年增长 8.5%。其中，第一产业增加值 3047.51 亿元，同比 增长 2.5%，对 GDP 增长的贡献率为 1.3%；第二产业增加值 29427.49 亿元，同比增长 7.7%，对 GDP 增长的贡献率为 45.4%；第三产业增加值 29688.97 亿元，同比增长 9.9%，对 GDP 增长的贡献率为 53.3%。三次产业结构为 4.9:47.3:47.8。

（二）信息化发展特点

1. 信息基础设施建设扎实推进

近年来，广东省大力推进宽带网络基础设施建设，成效显著。截至 2013 年年底，全省固定宽带接入用户、光纤到户用户、第三代移动通信（3G）用户分别达到 2081.7 万户、301.3 万户、4469.1 万户，其中 3G 用户规模位居全国第一。全省光缆线路长度、纤芯长度分别达到 120 万公里、3890.8 万芯公里，固定宽带接入网络延伸至全省所有城市、乡镇和行政村。宽带网络应用加速向经济社会各领域拓展渗透，在推动产业转型升级、促进信息消费、优化公共管理和民生服务等方面发挥了重要作用。

2. 积极部署推进公共信息服务建设

广东省积极推进部署相关工作，推进公共信息服务建设，助力行业和社会信息化发展。2013年，由广东省经信委牵头开发的中国首个跨区域、跨行业、综合性、国际化物流信息平台——南方现代物流公共信息平台正式上线。平台集中了省相关6个部门的27类近4500万条电子政务数据，三大基础数据库提供服务的物品编码库已整合全省4万余家生产厂商的300万条产品数据，组织机构代码库覆盖全省的200万家机构数据，能够全程实时供应链监控管理服务，电子政务管理服务，物流与信息化行业指数发布服务，物流信息国际互联互通服务等5项基础服务功能，以及食品溯源、通关便利化、原产地认证等十大增值服务，为广东省物流业的快速发展提供有力支撑，推动了物流水平快速提高。

3. 大力发展电子商务助力新经济发展

广东省高度重视并大力推动电子商务发展，着力强化电子商务基础资源和基础设施建设，突出提升研发创新能力，不断加强推广应用，组织实施了"广货网上行"活动，大力培育电子商务平台，推动传统企业上网触电，取得了显著成效。2013年，全省电子商务交易额、网络购物额等稳居全国首位，并涌现出一大批知名电商企业。广东省电子商务蓬勃发展，已经成为国民经济和社会信息化的重要组成部分，在加快全省产业转型升级、促进经济发展方式转变、提高人民生活质量等方面，发挥着越来越重要的作用。

二、信息化水平分析

（一）总体水平

"十二五"以来，广东省信息化实现了快速发展，信息化发展总指数从2013年的76.89提升到2014年的80.81，指数值增长3.92。网络基础设施继续较快发展，网络就绪度指数从2013年的61.78提升到了2014年的71.22，指数值增长了9.44。信息通信技术应用进一步普及和深化，信息通信技术应用指数从2013年的86.05降低到2014年的84.87，指数值下降了1.18。信息化应用效益初步显现，信息化应用效益指数从2013年的88.78提升到2014年的91.89，指数值增长了3.11。

表 21-1　广东省 2013—2014 年信息化指标情况

指标名称	2013年指数值	2014年指数值	变化情况
网络就绪度指数	61.78	71.22	9.44
信息通信技术应用指数	86.05	84.87	−1.18
信息化应用效益指数	88.78	91.89	3.11
信息化发展总指数	76.89	80.81	3.92

数据来源：中国电子信息产业发展研究院，2014 年 12 月。

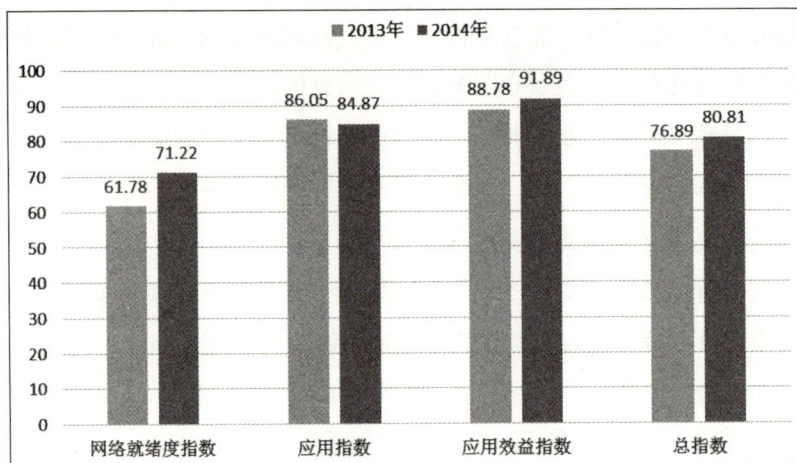

图21-1　广东省2013—2014年信息化指标情

数据来源：中国电子信息产业发展研究院，2014 年 12 月。

（二）分类指标

1. 网络就绪度指数

在网络就绪度方面，"十二五"以来，广东省大力推进网络基础设施建设，网络基础设施实现了跨越式发展。智能终端进一步普及应用，智能终端普及指数从 2013 年的 85.16 提升到 2014 年的 90.68，指数值增长了 5.52。"三网融合"继续推进，有线电视发展指数从 2013 年的 63.39 降低到 2014 年的 63.24，指数值略下降了 0.15。光纤网络快速发展，光纤发展指数从 2013 年的 26.85 提升到 2014 年的 46.9，指数值增长了 20.05。宽带普及加速，普及指数从 2013 年的 69.37 提升到 2014 年的 77.06，指数值增长了 7.69。宽带速率进一步提升，宽带速率指数从 2013 年的 58.68 提升到 2014 年的 71.35，指数值增长了 12.67。

表 21-2　广东省 2013—2014 年网络就绪度一级指标情况

指标名称	2013年指数值	2014年指数值	变化情况
智能终端普及指数	85.16	90.68	5.52
有线电视发展指数	63.39	63.24	−0.15
光纤发展指数	26.85	46.9	20.05
宽带普及指数	69.37	77.06	7.69
宽带速率指数	58.68	71.35	12.67

数据来源：中国电子信息产业发展研究院，2014 年 12 月。

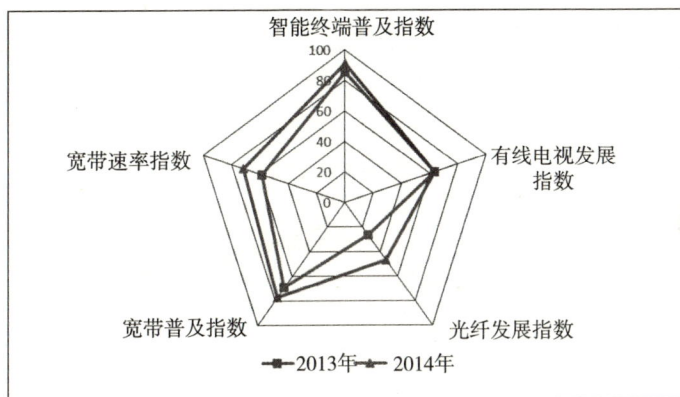

图21-2　广东省2013—2014年网络就绪度指数一级指标情况

数据来源：中国电子信息产业发展研究院，2014 年 12 月。

就网络就绪度各项细分指标来讲，广东省"十二五"以来网络基础设施各方面基本上都取得了很大发展。移动电话用户数保持稳步增长，移动电话普及率指数从 2013 年的 75.45 提升到 2014 年的 83，指数值增长了 7.55。电脑普及率进一步提高，普及率指数从 2013 年的 94.88 提升到 2014 年的 98.36，指数值增长了 3.48。有线电视用户数略有减少，入户率指数从 2013 年的 63.39 降低到 2014 年的 63.24，指数值下降了 0.15。光纤入户快速推进，入户率指数从 2013 年的 26.85 提升到 2014 年的 46.9，指数值增长了 20.05。互联网固定宽带用户数稳步增长，固定宽带普及率指数从 2013 年的 84.29 提升到 2014 年的 87.06，指数值增长了 2.77。3G 和 4G 用户数实现快速增长，移动宽带普及率指数从 2013 年的 54.45 增长到了 2014 年的 67.07，指数值增长了 12.62。宽带普及提速行动初显成效，固定宽带端口平均速率指数从 2013 年的 58.68 增长到了 2014 年的 71.35，指数值增长了 12.67。

表 21-3　广东省 2013—2014 年网络就绪度指数二级指标情况

指标名称	2013年指数值	2014年指数值	变化情况
移动电话普及率	75.45	83	7.55
电脑普及率	94.88	98.36	3.48
有线电视入户率	63.39	63.24	−0.15
光纤入户率	26.85	46.9	20.05
固定宽带普及率	84.29	87.06	2.77
移动宽带普及率	54.45	67.07	12.62
固定宽带端口平均速率	58.68	71.35	12.67

数据来源：中国电子信息产业发展研究院，2014 年 12 月。

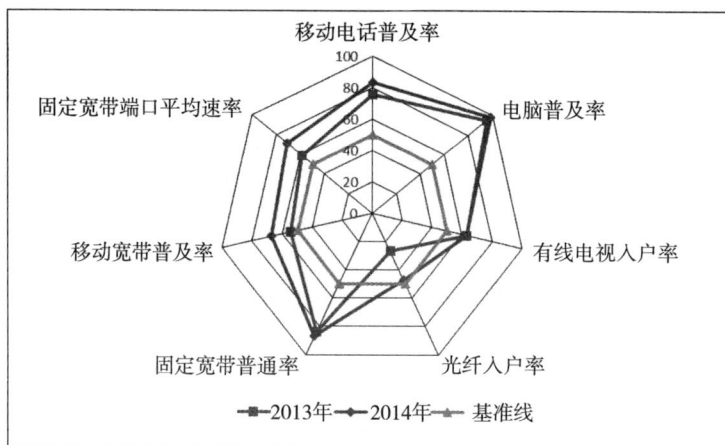

图21-3　广东省2013—2014年网络就绪度指数二级指标情况

数据来源：中国电子信息产业发展研究院，2014 年 12 月。

2. 信息通信技术应用指数

在信息通信技术应用方面，"十二五"以来，广东省在居民应用信息化建设上取得了一定成就。企业应用指数从 2013 年的 99.4 降低到 2014 年的 86.99，指数值下降了 12.41。政务应用指数从 2013 年的 81.17 降低到 2014 年的 75.5，指数值下降了 5.67。居民应用指数从 2013 年的 81.82 提升到 2014 年的 88.49，指数值增长了 6.67。

表21-4 广东省2013—2014年信息通信技术应用指数一级指标情况

指标名称	2013年指数值	2014年指数值	变化情况
企业应用指数	99.4	86.99	−12.41
政务应用指数	81.17	75.5	−5.67
居民应用指数	81.82	88.49	6.67

数据来源：中国电子信息产业发展研究院，2014年12月。

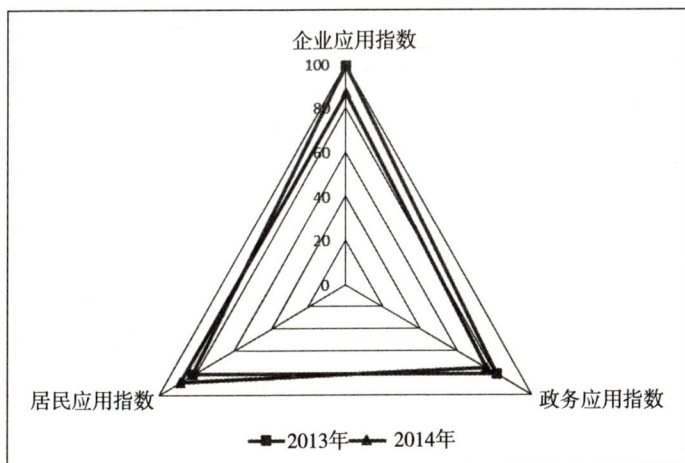

图21-4 广东省2013—2014年信息通信技术应用指数一级指标情况

数据来源：中国电子信息产业发展研究院，2014年12月。

在企业信息化应用方面，2013年广东省企业信息化发展环境改善不大。企业ERP普及率从2013年的73.17降低到2014年的62.29，指数值下降了10.88；企业电子商务交易额占比指数从2013年的125.63降低到了2014年的111.7，指数值下降了13.93。

在政务信息化应用方面，政务事项网上办事率指数从2013年的92.12下降到了2014年的84.06，指数值下降了8.06。政府信息公开上网率指数从2013年的70.22下降到了2014年的66.94，指数值下降了3.28。

在居民信息化方面，"十二五"以来，广东省居民信息化应用水平进一步提升。互联网用户数稳步增长，互联网普及率指数从2013年的76.68提升到2014年的78.81，指数值增长了2.13；居民电子商务快速发展，人均在线零售额占比指数从2013年的91.59提升到2014年的104.88，指数值增长了13.29。居民信息消费快速增长，人均信息类消费支出由2013年的72.57提升到2014年的75.09，指数值增长了 2.52。

表 21-5　广东省 2013—2014 年信息通信技术应用指数二级指标情况

指标名称	2013年指数值	2014年指数值	变化情况
企业ERP普及率	73.17	62.29	-10.88
企业电子商务交易额占比	125.63	111.7	-13.93
政务事项网上办事率	92.12	84.06	-8.06
政府信息公开上网率	70.22	66.94	-3.28
互联网普及率	76.68	78.81	2.13
人均在线零售额占比	91.59	104.88	13.29
人均信息类消费支出	72.57	75.09	2.52

数据来源：中国电子信息产业发展研究院，2014 年 12 月。

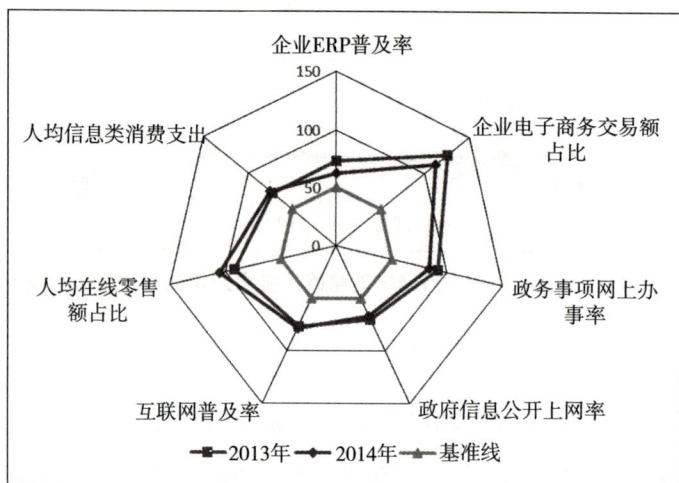

图21-5　广东省2013—2014年信息通信技术应用指数二级指标情况

数据来源：中国电子信息产业发展研究院，2014 年 12 月。

3. 信息化应用效益指数

在信息化应用效益方面，"十二五"以来，广东省信息化应用效益日渐凸显出来。劳动生产率指数从 2013 年的 80.44 增长到了 2014 年的 82.94，指数值增长了 2.5；技术创新指数从 2013 年的 112.42 提升到了 2014 年的 115.33，指数值增长了 2.91；节能降耗指数从 2013 年的 83.07 增长到了 2014 年的 86.27，指数值增长了 3.2；人均收益指数从 2013 年的 79.2 增长到了 2014 年的 83.04，指数值增长了 3.84。

表 21-6 广东省 2013—2014 年信息化应用效益指数一级指标情况

指标名称	2013年指数值	2014年指数值	变化情况
劳动生产率指数	80.44	82.94	2.5
技术创新指数	112.42	115.33	2.91
节能降耗指数	83.07	86.27	3.2
人均收益指数	79.2	83.04	3.84

数据来源：中国电子信息产业发展研究院，2014 年 12 月。

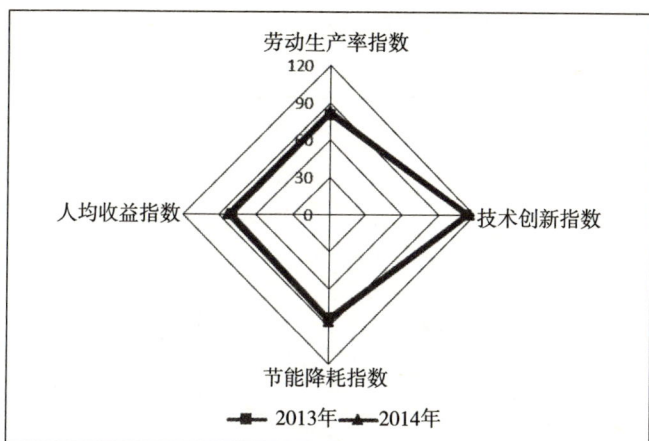

图21-6 广东省2013—2014年信息化应用效益指数一级指标情况

数据来源：中国电子信息产业发展研究院，2014 年 12 月。

就信息化各项细分指标来讲，"十二五"以来，广东省信息化应用效益方方面面都取得了积极进展。全员劳动生产率指数从 2013 年的 80.44 增长到了 2014 年的 82.94，指数值增长了 2.5。单位地区生产总值专利申请量指数值从 2013 年的 112.77 提升到 2014 年的 118.46，指数值增长了 5.69；单位地区生产总值专利授权量指数值从 2013 年的 112.19 提升到 2014 年的 113.24，指数值增长了 1.05。信息化促进了节能减排，单位地区生产总值能耗指数从 2013 年的 89.76 提升 2014 年的 91.88，指数值增长了 2.12；单位地区生产总值用水量指数从 2013 年的 73.03 提升到 2014 年的 77.85，指数值增长了 4.82。信息化带动了经济快速发展，人均地区生产总值指数由 2013 年的 79.2 提升到 2014 年的 83.04，指数值增长了 3.84。

表 21-7　广东省 2013—2014 年信息化应用效益指数二级指标情况

指标名称	2013年指数值	2014年指数值	变化情况
全员劳动生产率	80.44	82.94	2.5
单位地区生产总值专利申请量	112.77	118.46	5.69
单位地区生产总值专利授权量	112.19	113.24	1.05
单位地区生产总值能耗	89.76	91.88	2.12
单位地区生产总值用水量	73.03	77.85	4.82
人均地区生产总值	79.2	83.04	3.84

数据来源：中国电子信息产业发展研究院，2014 年 12 月。

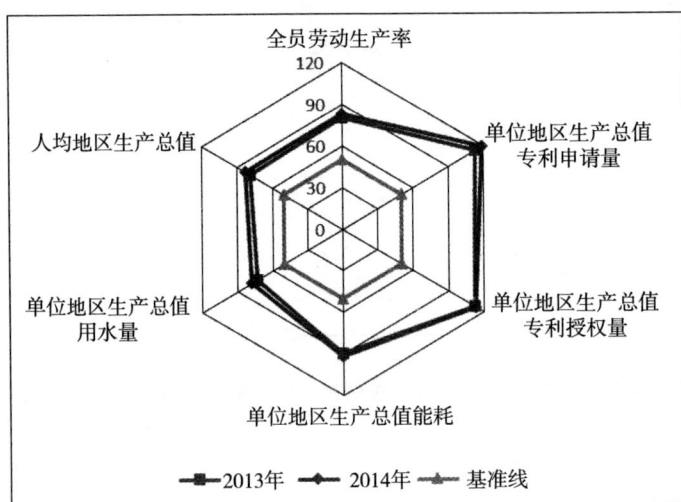

图21-7　广东省2013—2014年信息化应用效益指数二级指标情况

数据来源：中国电子信息产业发展研究院，2014 年 12 月。

三、优劣势评价

（一）优势

1. 电子政务集约发展成效显著

广东省在统一思路指导下整体构建了网上办事大厅，突破了"互联互通、业务协同、资源共享"三大难关，电子政务集约发展成效显著。截至 2013 年年底，广东省网上办事大厅完成进驻部门和应进驻事项目录的界定工作，确定了应进驻网上办事大厅的省级部门 52 个，事项 1619 项，其中行政审批事项 1215 项，社会事务服务事项 404 项，其中 52 个省级部门已全部进驻，进驻率达 99%。同时实现了主厅与全省 21 个地市、顺德区分厅及珠三角区县级分厅事项目录的数据同步。省直部门窗口约 70% 的行政审批事项达到二级办理深度，30% 的行政审批事项达到三级办理深度。

2."两化"深度融合示范效应显著

广东省大力推进智能制造、云计算、大数据等新兴产业发展，已经涌现出一批具有全国示范效应的优秀企业，如佛山维尚家具制造公司应用云计算、大数据实现"线下实体店＋线上体验销售平台化"的制造业创新发展模式，通过"新居网"在线设计服务平台、大规模个性定制柔性生产系统提供智能化空间整体解决方案，在"两化"深度融合下迅速将企业打造成为全国领先的现代家居服务企业。

3.信息产业成为国民经济重要支柱

广东省信息化持续快速发展，信息产业成为国民经济的重要支柱产业。物联网、云计算、大数据等新兴信息技术发展迅速，扩大信息消费尤其是在推动智能终端产业快速发展，在加快新一代信息技术应用，推动信息消费新发展等方面取得了显著成效。2012 年广东省智能手机产量约为 1 亿部，占全国的 60% 以上。中兴、华为、TCL 位列 2012 年全球十大手机制造商，在高端新型电子方面，平板电脑、云电视等产品产量均为全国第一。

（二）劣势

1.网络基础设施建设速度相对减缓

2013 年，广东省光纤发展指数、宽带普及和宽带速率指数有所提升，但在全国所处位置都呈现不同程度下降，说明与国内其他先进省市相比，由于广东省宽带网络还存在基础设施不完善、城乡区域发展不平衡问题，广东省网络基础设施建设速度相对减缓，推进建设力度有待进一步加强。

2.地区节能减排仍需大力攻坚

近年来，广东省以提高经济增长质量效益为中心，大力推进节能降耗，单位地区生产总值能耗与单位地区生产总值用水量指数逐年提升，但由于节能降耗与保持经济增速的平衡、传统产业发展模式尚未完全转型，广东产业结构重型化特征等问题的存在，地区节能减排在全国所处位置居中，仍然具有较大压力。

四、相关建议

（一）加快推进宽带网络基础设施集约化建设

统筹宽带网络建设，优化珠三角地区宽带网络基础设施布局，加强网络基础设施的共建共享，促进光纤网络和新一代移动通信网络融合发展，全面提升宽带网络接入速度和质量。加快农村宽带网络建设，扩大农村宽带网络覆盖面，缩小城乡网络基础差距。提高全省无线网络覆盖面，提升数据传输速率和质量，重点加快珠三角无线宽带城市群建设，实现重要区域和公共场所的全覆盖。

（二）大力挖掘电子商务发展潜力

进一步推动传统企业应用电子商务，扩大广货市场，积极支持和服务电商企业发展，推动产业链的聚集与延伸。加强对互联网新技术应用，推动电子商务与物联网、云计算、无线宽带技术等融合发展。发展电商联盟和行业协会。营造良好的营商环境，建立电子商务发展智库，吸引和留住电子商务人才。扩大产业市场覆盖，推进跨境电子商务发展，为跨境电子商务企业提供便利与优惠政策。

（三）协调推进产业绿色低碳转型发展

加快淘汰落后和过剩产能，加大优化调整能源结构消费力度，扩大产业升级发展空间。加快发展节能环保产业，大力发展节能环保技术，强化创新技术支撑，推广工业节能技术装备、高效节能电器和新能源汽车等节能环保产品。加快推进传统重点产业节能绿色化改造，提升传统产业节能降碳水平，加强对节能减排和低碳发展的政策支持，促进产业体质增效与转型升级。

第二十二章　广西壮族自治区信息化发展水平分析

一、总体情况

（一）经济社会发展情况

2013 年，广西壮族自治区坚持稳中求进工作总基调，把稳增长、调结构、强后劲、促改革、惠民生作为重中之重。[1]全年全区生产总值（GDP）14378.00亿元，同比增长 10.2%。按常住人口计算，人均地区生产总值 30588 元。其中，第一产业增加 2343.57 亿元，第二产业增加 6863.04 亿元，第三产业增加 5171.39亿元，分别同比增长 4.3%，11.9 % 和 10.2%，分别对经济增长贡献 6.6%、59.0%和 34.4%。城镇居民人均可支配收入 23300 元，农民人均纯收入 6790 元，同比分别增长 9.7% 和 13%。全年财政收入 2000.51 亿元，同比增长 10.5 %。其中，税收收入 875.00 亿元，同比增长 14.8%。公共财政预算支出 3192.26 亿元，同比增长 6.9%。2013 年，广西经济保持了平稳较快发展，向"两个建成"目标迈出了坚实的一步。[2]

（二）信息化发展特点

1. 大力推进信息基础设施全区覆盖

广西壮族自治区全力推进"宽带中国"战略 2013 年行动计划，大力推进北部湾经济区通信同城化，网络覆盖能力持续增强。通信基础建设方面，到 2013年年底，全区电话用户总数达到 3832 万户，同比净增 348 万户，其中移动电话

---

[1]　《2014年广西壮族自治区人民政府工作报告》，《广西日报》2014年3月。
[2]　广西壮族自治区统计局：《2013年广西壮族自治区国民经济和社会发展统计公报》，2014年4月。

用户所占比重达到85.7%，电话普及率达到82.5部/百人；网民数量达到2770万人，基础电信企业互联网宽带接入用户总数达到560万户，同比净增58万户，固定宽带家庭普及率为44.1%，3G/4G用户普及率为23.5%。[1] 全年增加光纤到户覆盖家庭100万户，增加3G基站5000个，增加通宽带行政村600个以上，增加4M及以上宽带用户100万户，4M及以上宽带用户占比接近全国平均水平。三网融合方面取得重大突破，IPTV业务正式启动，IPTV业务建成两级集成播控平台和宽带专线网络传输的业务运营结构，中央播控平台、广西IPTV业务集成播控分平台，分别由爱上电视传媒公司和广西广电新媒体负责运营管理，提供多达90套以上的高标清直播节目和大量的新闻时事专题，总计时长3万多小时，每月更新2000小时以上的海量高标清互动点播内容，以及教育、游戏、娱乐和智慧家庭应用等。

2. 围绕"生态文明建设"开展多层面"两化"深度融合

广西壮族自治区"两化"深度融合工作，围绕"生态文明建设"，处理好"产业发展与环境保护"，以龙头企业带动生产性服务业配套发展，促进产业集群和区域合作。一是企业层面，中国—东盟技术转移中心落户广西壮族自治区，新增国家级技术创新示范企业、企业技术中心各1家，自治区级研发中心68家、企业技术中心37家，全区创新平台总数达329家。大力扶持千亿元企业作为区内工业加快发展的领头羊，区内南宁糖业股份有限公司（南宁市、轻工行业）、广西柳工机械股份有限公司（柳州市，机械行业）、广西糖网食糖批发市场有限责任公司（柳州市,工业电子商务）、燕京啤酒（桂林漓泉）股份有限公司（桂林市、轻工行业）四家企业获评为国家级信息化和工业化深度融合示范企业。二是产业层面,柳州市柳南区获批为国家新型工业化装备制造（工程机械）产业示范基地。广西政府制定了六大工程，即"两化"深度融合标杆企业示范带动工程、全产业链"两化"深度融合示范工程、工业园区"两化"融合推进工程、中小企业电子商务应用工程、规模以上企业应用信息技术提升工程和新一代信息技术的普及应用推广工程，旨在机械、汽车、食品、有色金属等主要行业，培育一批千亿元产业龙头企业成为"两化"融合集成应用的标杆企业。三是区域层面，柳州、桂林国家级"两化"融合试验区通过国家验收，以龙头企业带动生产性服务业配套发

---

[1] 广西壮族自治区通信管理局：《自治区通信管理局召开2014年工作会议》，2014年2月。

展的柳州经验、围绕"生态文明建设"处理好"产业发展与环境保护"的桂林经验在全国范围内树立了标杆；广西壮族自治区与云南省洽谈，两省（区）工信委共同签署了《云南省工信委－广西壮族自治区工信委战略合作框架协议》，共同推动区域合作；南宁电子商务示范城市建设步伐加快。

3. 智慧广西促民生改善

教育信息化方面，广西壮族自治区政府与教育部门联合推动 2013 年"学校宽带通"计划，为 300 所贫困农村地区中小学进行宽带接入或改造提速。社会保障信息化方面，新农合参保率达 98.9%，城乡居民社会养老保险和基本医疗保险制度实现全覆盖。金保工程"五险合一"数据大集中信息系统正式上线，北部湾经济区（南宁、北海、防城港、钦州）人力资源社会保障同城化金融社会保障卡"一卡通"已投入使用，目前可在北部湾区各市人社部门信息互联互通、办理异地业务。[1] 医疗信息化方面，柳州率先通过移动信息网络将医疗救援体系与城乡居民健康档案系统、新农合网络及远程医疗等有机结合，构建了由市、县、乡三级指挥调度平台和三级医院终端组成的一体化信息平台，提供了急救远程指导信息化解决方案，惠及 200 多万的城乡居民。智慧城市方面，住房和城乡建设部日前公布了 2013 年度国家智慧城市试点名单，广西壮族自治区的南宁市、柳州市、桂林市、贵港市和柳州市鱼峰区成功入选。广西在八个城市开通掌上门户"爱城市·智慧城市"，为政府、企业和公众提供本地化、一站式的公共信息服务，已开发涉及政务、产业、民生三大领域共 78 个栏目的应用服务。[2]

4. 信息化大力推动农村电子商务

一是信息化基础设施建设。广西壮族自治区大力实施农村宽带普及计划，结合村村通工程，综合运用有线、无线等多种技术手段，持续推进农村地区宽带网络建设，扩大宽带网络覆盖范围，新建 100 座乡镇无线发射台站，新增通宽带行政村 349 个。二是信息服务建设。广西壮族自治区新建 1500 个村级公共服务中心、在全国率先推出数字农家书屋，基本建成覆盖全区的数字图书馆虚拟网。全区农产品电子商务平台正式建立，柳城蜜橘在京东商城等电商平台出售 1000 吨蜜橘，开创广西本土大宗农产品与国内电商巨头成功合作的先河，广西鲜活农

---

[1]　《广西北部湾经济区今年将实现金融社保"一卡通"》，中国新闻网，2013年8月9日。
[2]　《广西八城市开通"智慧城市"掌上门户》，《人民邮电报》2013年12月13日。

产品电子商务迈上新台阶。[1]

5. 电子政务实现标准化，渗透领域覆盖广

2013 年，广西壮族自治区政府加快机关无纸化办公进程的有效推进，促进全区政务信息系统信息共享、业务协同、拓展电子政务，不断推进法治政府和人民满意政府建设。一是电子政务标准化建设。广西壮族自治区全国首发《政府系统电子公文传输与交换》地方标准，加快电子公文应用和政务信息共享、提高行政效率。二是电子政务基础设施建设。广西壮族自治区已建成以自治区数据中心为核心向外辐射的三级和四级网络结构的广域网、局域网体系；此外，广西壮族自治区获批建设国家电子政务外网华南灾备中心。三是大力发展电子政务应用。广西壮族自治区以省级网络规划的标准建成人力资源和社会保障系统业务专网，实现"部－省－市"三级网络贯通，与人社部双线路连接，与全区 14 个市节点实现联网，覆盖区本级相关业务 100 个终端点；而覆盖"区－市－县－乡镇"的四级业务专网，共连接全区各市（区、县）1450 个业务经办机构、990 家定点零售药店、500 个医疗服务机构，区内各地数据都与自治区数据中心实现 24 小时实时传输和交换；广西壮族自治区食品工业企业诚信信息公共服务平台顺利建成开通，成为国家食品工业企业诚信信息公共服务平台的地方节点，该平台可发布守信奖励及失信惩戒（包括"黑名单"）信息，促进建设食品工业企业诚信管理和社会监督的长效运行机制。

二、信息化水平分析

（一）总体水平

"十二五"以来，广西壮族自治区信息化实现了稳步发展，信息化发展总指数从 2013 年的 59.95 提升到 2014 年的 64.72，指数值增长了 4.77。网络基础设施较快发展，网络就绪度指数从 2013 年的 48.52 提升到了 2014 年的 59.29，指数值增长了 10.77。信息通信技术应用指数从 2013 年的 76.4 下降到 2014 年的 75.18，指数值下降了 1.22。信息化应用效益继续显现，应用效益指数从 2013 年的 49.93 提升到 2014 年的 54.64，指数值提高了 4.71。

---

[1] 《广西农产品牵手电商—"网"情深》，《广西日报》2014年1月10日。

表 22-1　广西壮族自治区 2013—2014 年信息化指标情况

指标名称	2013年指数值	2014年指数值	变化情况
网络就绪度指数	48.52	59.29	10.77
信息通信技术应用指数	76.4	75.18	−1.22
应用效益指数	49.93	54.64	4.71
信息化发展总指数	59.95	64.72	4.77

数据来源：中国电子信息产业发展研究院，2014 年 12 月。

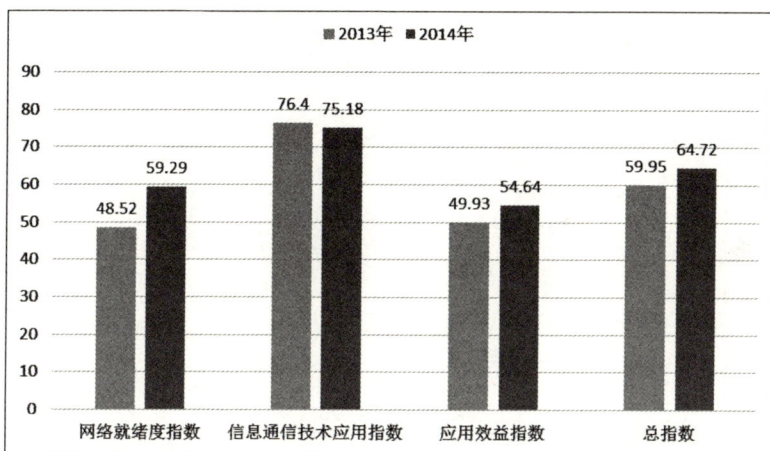

图22-1　广西壮族自治区2013—2014年信息化指标情况

数据来源：中国电子信息产业发展研究院，2014 年 12 月。

（二）分类指标

1. 网络就绪度指数

在网络就绪度方面，"十二五"以来，广西壮族自治区大力推进网络基础设施建设，网络基础设施实现了较大发展。智能终端进一步普及应用，普及指数从2013 年的 58.12 提升到 2014 年的 62.2，数值增长了 4.08。有线电视发展指数从2013 年的 51.76 下降到 2014 年的 51.19，指数值略下降了 0.57。光纤网络快速发展，发展指数从 2013 年的 24.99 提升到 2014 年的 43.47，指数值增长了 18.48。普及继续推进，普及指数从 2013 年的 55.15 提升到 2014 年的 67.22，指数值增长了 12.07。宽带速率进一步提升，速率指数从 2013 年的 50.99 提升到 2014 年的 69.61，指数值增长了 18.62。

表22-2　广西壮族自治区2013—2014年网络就绪度一级指标情况

指标名称	2013年指数值	2014年指数值	变化情况
智能终端普及指数	58.12	62.2	4.08
有线电视发展指数	51.76	51.19	−0.57
光纤发展指数	24.99	43.47	18.48
宽带普及指数	55.15	67.22	12.07
宽带速率指数	50.99	69.61	18.62

数据来源：中国电子信息产业发展研究院，2014年12月。

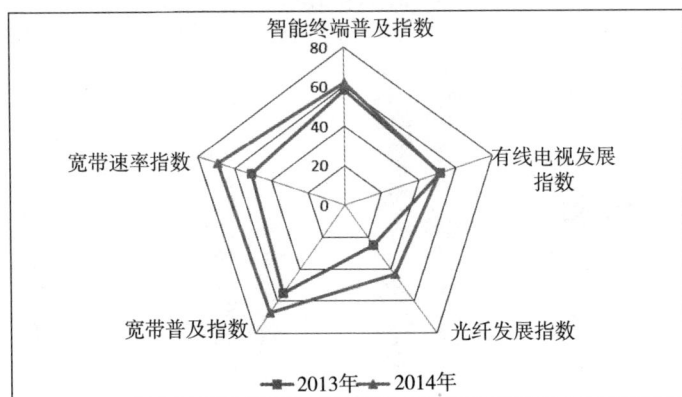

图22-2　广西壮族自治区2013—2014年网络就绪度指数一级指标情况

数据来源：中国电子信息产业发展研究院，2014年12月。

　　就网络就绪度各项细分指标来讲，广西壮族自治区"十二五"以来网络基础设施各方面基本上都取得了较大发展。移动电话用户数保持稳步增长，普及率指数从2013年的48.76提升到2014年的53.24，指数值增加了4.48。电脑普及率进一步提高，普及率指数从2013年的67.49提升到2014年的71.15，指数值增长了3.66。有线电视用户数略有下降，入户率指数从2013年的51.76增加到2014年的51.19，指数值减少了0.57。光纤入户快速推进，入户率指数从2013年的24.99提升到2014年的43.47，指数值增长了18.48。互联网固定宽带用户继续增加，宽带普及率指数从2013年的60.98增加到2014年的64.42，指数值增加了3.44。3G和4G用户数实现高速增长，移动宽带普及率指数从2013年的49.32增长到了2014年的70.03，指数值增长了20.71。宽带普及提速行动成效显著，固定宽带端口平均速率指数从2013年的50.99增长到了2014年的69.61，指数值增长了 18.62。

表22-3　广西壮族自治区2013—2014年网络就绪度指数二级指标情况

指标名称	2013年指数值	2014年指数值	变化情况
移动电话普及率	48.76	53.24	4.48
电脑普及率	67.49	71.15	3.66
有线电视入户率	51.76	51.19	-0.57
光纤入户率	24.99	43.47	18.48
固定宽带普及率	60.98	64.42	3.44
移动宽带普及率	49.32	70.03	20.71
固定宽带端口平均速率	50.99	69.61	18.62

数据来源：中国电子信息产业发展研究院，2014年12月。

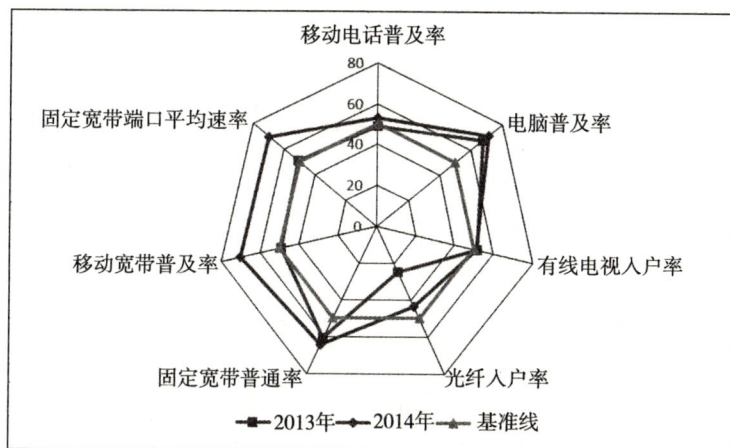

图22-3　广西壮族自治区2013—2014年网络就绪度指数二级指标情况

数据来源：中国电子信息产业发展研究院，2014年12月。

2. 信息通信技术应用指数

在信息通信技术应用方面，广西壮族自治区在居民信息化应用上取得了较大发展。居民应用指数从2013年的72.12提升到2014年的80.35，指数值增长了8.23，而企业和政务信息化应用指数下降明显，企业应用指数从2013年的93.91下降到2014年的82.81，指数值下降了11.1，政务应用指数从2013年的67.44下降到2014年的57.22，指数值下降了10.22。

表 22-4　广西壮族自治区 2013-2014 年信息通信技术应用指数一级指标情况

指标名称	2013年指数值	2014年指数值	变化情况
企业应用指数	93.91	82.81	−11.1
政务应用指数	67.44	57.22	−10.22
居民应用指数	72.12	80.35	8.23

数据来源：中国电子信息产业发展研究院，2014 年 12 月。

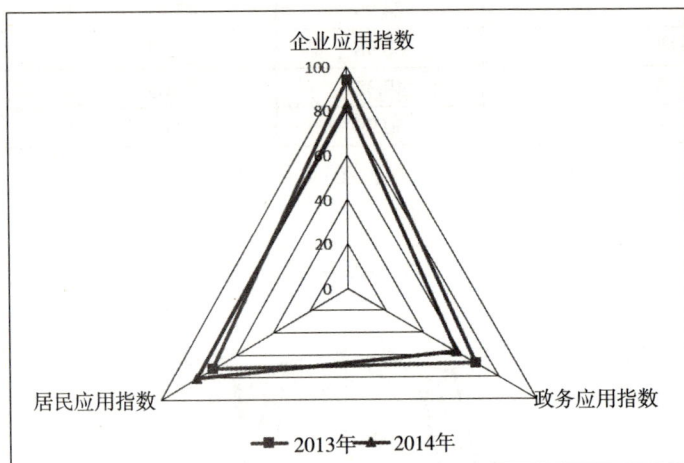

图22-4　广西壮族自治区2013—2014年信息通信技术应用指数一级指标情况

数据来源：中国电子信息产业发展研究院，2014 年 12 月。

在企业信息化应用方面，尽管企业 ERP 普及率从 2013 年的 66.13 增长到 2014 年的 68.18，指数值增加了 2.05，但是企业电子商务交易额占比指数从 2013 年的 121.7 下降到了 97.45，指数值下降了 24.25。

在政务信息化应用方面，政务事项网上办事率指数从 2013 年的 74.98 下降到了 2014 年的 66.59，指数值下降了 8.39。政府信息公开上网率指数从 2013 年的 59.9 下降到了 2014 年的 47.85，指数值下降了 12.05。

在居民信息化方面，"十二五"以来，广西壮族自治区居民信息化应用水平进一步提升。互联网用户数稳步增长，互联网普及率指数从 2013 年的 50.97 提升到 2014 年的 54.82，指数值增长了 3.85；居民电子商务快速发展，人均在线零售额占比指数从 2013 年的 110.08 提升到 2014 年的 125.8，指数值增长了 15.72。居民信息消费较快增长，人均信息类消费支出指数由 2013 年的 38.52 提升到

2014 年的 40.51，指数值增长了 1.99。

表 22-5　广西壮族自治区 2013—2014 年信息通信技术应用指数二级指标情况

指标名称	2013年指数值	2014年指数值	变化情况
企业ERP普及率	66.13	68.18	2.05
企业电子商务交易额占比	121.7	97.45	−24.25
政务事项网上办事率	74.98	66.59	−8.39
政府信息公开上网率	59.9	47.85	−12.05
互联网普及率	50.97	54.82	3.85
人均在线零售额占比	110.08	125.8	15.72
人均信息类消费支出	38.52	40.51	1.99

数据来源：中国电子信息产业发展研究院，2014 年 12 月。

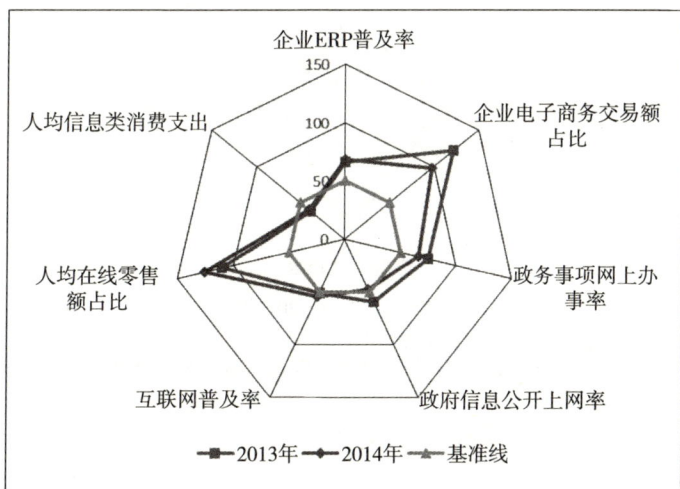

图22-5　91广西壮族自治区2013—2014年信息通信技术应用指数二级指标情况

数据来源：中国电子信息产业发展研究院，2014 年 12 月。

3. 信息化应用效益指数

在信息化应用效益方面，"十二五"以来，广西壮族自治区信息化应用效益日渐凸显。劳动生产率指数从 2013 年的 43.63 增长到了 2014 年的 45.67，指数值增长了 2.04；技术创新指数从 2013 年的 40.3 增长到了 2014 年的 52，指数值增长了 11.7；节能降耗指数从 2013 年的 64.62 增长到了 2014 年的 66.36，指数值增长了 1.74；人均收益指数从 2013 年的 51.16 增长到了 2014 年的 54.53，指数值增长了 3.37。

表 22-6　广西壮族自治区 2013—2014 年信息化应用效益指数一级指标情况

指标名称	2013年指数值	2014年指数值	变化情况
劳动生产率指数	43.63	45.67	2.04
技术创新指数	40.3	52	11.7
节能降耗指数	64.62	66.36	1.74
人均收益指数	51.16	54.53	3.37

数据来源：中国电子信息产业发展研究院，2014 年 12 月。

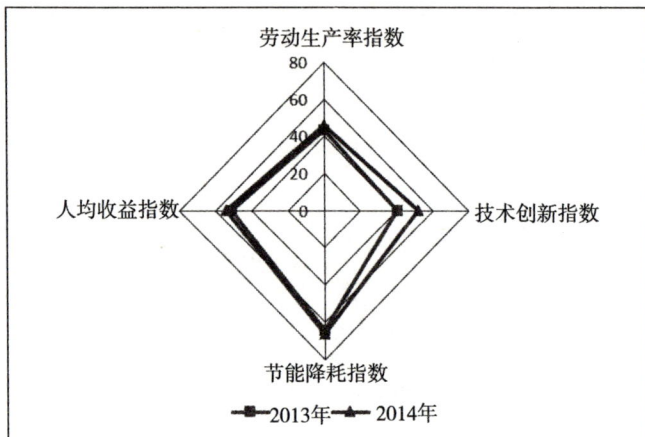

图22-6　广西壮族自治区2013—2014年信息化应用效益指数一级指标情况

数据来源：中国电子信息产业发展研究院，2014 年 12 月。

就信息化各项细分指标来讲，"十二五"以来，广西壮族自治区信息化应用效益各方面都取得了积极进展。全员劳动生产率指数从 2013 年的 43.63 增长到了 2014 年的 45.67，指数值增长了 2.04。单位地区生产总值专利申请量指数值从 2013 年的 48.21 提升到 2014 年的 68.6，指数值增长了 20.39；单位地区生产总值专利授权量指数值从 2013 年的 35.02 增加到 2014 年的 40.94，指数值增加了 5.92。信息化促进了节能减排工作的开展，单位地区生产总值能耗指数从 2013 年的 85.23 增加到 2014 年的 86.63，指数值增加了 1.4；单位地区生产总值用水量指数从 2013 年的 33.71 增加到 2014 年的 35.95，指数值增长了 2.24。信息化带动了经济快速发展，人均地区生产总值指数由 2013 年的 51.16 提升到 2014 年的 54.53，指数值增长了 3.37。

表22-7 广西壮族自治区2013—2014年信息化应用效益指数二级指标情况

指标名称	2013年指数值	2014年指数值	变化情况
全员劳动生产率	43.63	45.67	2.04
单位地区生产总值专利申请量	48.21	68.6	20.39
单位地区生产总值专利授权量	35.02	40.94	5.92
单位地区生产总值能耗	85.23	86.63	1.4
单位地区生产总值用水量	33.71	35.95	2.24
人均地区生产总值	51.16	54.53	3.37

数据来源：中国电子信息产业发展研究院，2014年12月。

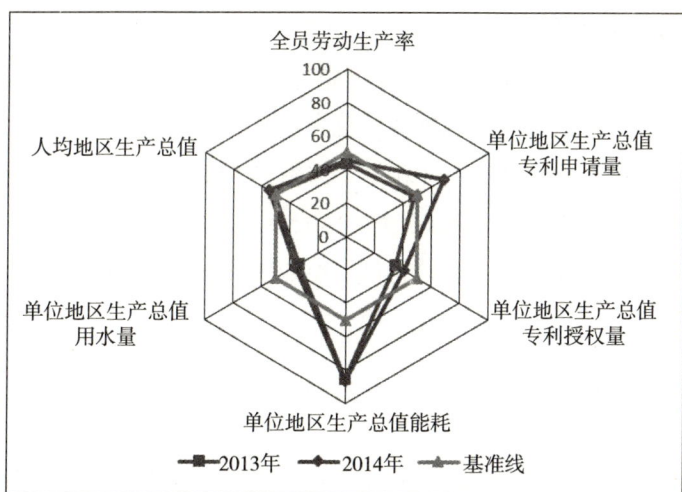

图22-7 广西壮族自治区2013—2014年信息化应用效益指数二级指标情况

数据来源：中国电子信息产业发展研究院，2014年12月。

三、优劣势评价

（一）优势

1. 独特的地域优势和政策优势

广西壮族自治区具有沿海、沿边、沿江的区位优势，同时处在我国大陆东、中、西三个地带的交汇点，是我国唯一与东盟既有陆地接壤又有海上通道的省区，是华南经济圈、西南经济圈与东盟经济圈的结合部，是中国通往东盟最便捷的国际大通道，是西南地区最便捷的出海口，也是联结粤港澳与西部地区的重要通道。特别是随着中国—东盟自由贸易区的建立，以及"一带一路"战略的实施，广西作为连接中国西南、华南、中南以及东盟大市场的枢纽，在拥有5.3亿人口的东盟和5.4亿人口的泛珠三角经济圈两个大市场中，将发挥结合部的重要战略作用。北部湾经济区是中国唯一同时享有国家西部大开发政策、沿海开放政策、少数民族政策、边境地区开放政策的地区，是国家主体功能区划确定的重点开发地区，是国内优惠政策最为富集的地区之一。这些优势，都将为广西的信息化发展带来难得的机遇。

2. 技术创新获得新成绩

2014年，广西壮族自治区在科技创新方面取得新突破。新增国家级技术创新示范企业2家，自治区级技术创新示范企业9家。国家新型工业化产业示范基地增至5个。新增企业创新平台191家，总数达511家。大中型工业企业新产品产值增长15%，工业企业专利授权增长140.5%。新增广西名牌产品37个，总数达265个。培育工信部工业品牌培育试点企业36家，总数达45家。广西国际区域性信息交流中心建设取得阶段性成果，基本实现广西多个领域面向东盟的信息交流与合作。

3. 两化融合呈现新水平

近年来来，广西壮族自治区创建了一批"两化"融合项目和企业，发挥示范带动作用，在"两化"融合工作中取得显著成效，获得国家认可。2014年，企业ERP普及率指数位列全国第9，企业电子商务交易额占比指数位列全国第8，信息技术在重点行业典型企业的应用推广成果明显，信息技术在企业生产的研发设计、过程控制、管理的融合能力不断增强。自治区两化融合指数排全国第15位，比上一年提升4位，位列西部第2位。

（二）劣势

1. 网络普及率偏低

2014年，广西移动电话普及率指数是53.24，互联网普及率指数是54.82，这两项指标都低于全国平均水平，排名分别为28和22位，处于全国下游水平。人均信息消费支出指数是40.51，排名全国29位。可见，网络普及率偏低，直接影响信息消费发展。广西的网络普及率偏低，对于其信息化、信息经济发展是一个重要的阻碍因素，亟需改善。

2. 服务业发展明显滞后

广西壮族自治区服务业结构中，以交通运输业、批发零售业、住宿餐饮业等传统服务业为主，而适应现代化社会的生产性服务业发展不足。生产性服务业中，又以科技知识、资金含量较低的交通运输仓储及邮政业等劳动密集型产业为主，而高科技含量和附加值的信息传输计算机服务和软件业、现代金融、现代物流、科学研究和技术服务等现代服务业发展明显滞后。电子信息产业总体规模小，在技术产品结构上还处于低端，无法与产业链的高端靠拢和对接；缺乏外向型、跨地区、多功能、实力雄厚的电子信息产业龙头企业，电子信息企业多数不掌握核心技术，市场竞争优势不显著。虽然北海、南宁的电子信息产业已形成一定规模，但距离规模效应还有一定差距，产业链不完整，不利于外来投资和产业转移。

3. "两化"融合深度有待挖掘

广西壮族自治区"两化"融合深度不够，尚未完全转化为区域整体竞争力。信息技术在提高节能减排能力、创新能力、带动软件产业发展等方面尚未充分发挥作用。一是资源型传统产业仍占重要地位，生产方式粗放，增长质量不高等问题长期存在，信息技术对传统产业的改造提升尚需时日，应用效益难以在短时间内快速显现。二是"两化"融合仍处于初期阶段，部分重点行业、企业和地区的典型示范效应尚未完全扩散，还需进一步总结经验，进一步理清发展思路，"两化"融合发展的途径模式仍待努力探索。三是工业企业总体规模小，在技术产品结构上还处于低端，无法与产业链的高端靠拢和对接，缺乏外向型、跨地区、多功能、实力雄厚的龙头企业，企业多数不掌握核心技术，市场竞争优势不显著。

四、相关建议

针对广西壮族自治区信息化的发展情况及优劣势，为进一步推进信息化发展，特提出以下建议：

（一）持续完善信息网络基础设施

深入实施宽带广西战略行动计划，加快信息基础设施建设，建设和完善宽带通信网、数字电视网和下一代互联网，加快 4G 通信网络的发展和应用部署，构建宽带移动、融合泛在、安全可靠的信息通信网络，提高区域网和国际互联网出口带宽，提高网络覆盖率和传输能力。加快传统通信服务向融合化、多媒体化、集成化信息服务转型，加快推动三网融合，整合传输网络资源，提高信息设施使用效率，实现互联互通和信息共享，降低信息应用成本，普及信息化应用。实施"信息基础设施建设提升工程"，完善和提升通信基础设施建设，加快数字广播电视网络建设，加强无线电监管基础设施建设，推进物联网公共服务平台建设，扩大网络接入能力和宽带网络覆盖范围。

（二）大力推进经济社会信息化

推进信息化与工业化融合发展。促进设计研发信息化、生产装备数字化、生产过程智能化和经营管理网络化，重点推动信息技术在汽车、石化、钢铁等领域的应用，提升关键装备、仪器、产品的智能化水平，带动电子信息产品及行业应用软件的发展；完善支撑传统产业改造升级的公共服务体系，建立相关行业技术标准、软件构件库和工具软件库，建设面向重点行业、中小企业的信息技术应用服务平台及服务机构。推进农业信息化，加强农业信息集成、精准农业等农业信息关键技术研究和产品开发；整合涉农信息资源，降低信息服务成本，加快信息技术在农业生产经营中的应用。推进服务业信息化，改造提升传统服务业，鼓励网络创新和网络创业，培植发展网络增值服务、内容增值服务、网上商城等新型服务业，发展壮大电子金融、物流信息化、专业信息服务、咨询中介等生产性服务业。

（三）积极建设广西国际区域性信息交流中心

抓住中国—东盟自由贸易区建设和"一带一路"战略实施的机遇，充分发挥信息化对推动经济社会发展和改革的重要作用以及信息服务业的先导性和基础性作用，建设国际通信枢纽、数据处理中心、国际呼叫中心、信息交流综合服务平台和信息服务产业集群，打造成为信息基础设施先进完备、信息资源丰富、信息交流广泛、信息服务产业规模化发展、开放度高、辐射力强的重要国际区域信息交流与服务中心，促进国际资源共享与交流，加速区域经济合作与发展。

第二十三章 海南省信息化发展水平分析

一、总体情况

（一）经济社会发展情况

2014年海南省地区生产总值（GDP）3500.7亿元，比上年增长8.5%。其中，第一产业增加值809.6亿元，同比增长4.8%；第二产业增加值874.4亿元，同比增长11.0%；第三产业增加值1816.7亿元，同比增长8.7%。三次产业增加值占地区生产总值的比重分别为23.1:25.0:51.9。全省人均地区生产总值38924元，按现行平均汇率计算为6337美元，比上年增长7.5%。全年全省固定资产投资（不含农户）3039.5亿元，比上年增长13.2%。第一产业投资42.7亿元，同比增长43.2%；第二产业投资448.8亿元，同比增长5.7%；第三产业投资2548.0亿元，同比增长14.2%。东部地区投资2047.8亿元，同比增长14.5%；中部地区投资195.3亿元，同比增长6.5%；西部地区投资796.3亿元，同比增长11.7%。全年新型农村合作医疗参合率达到99.57%，同比提高0.38个百分点[1]。

（二）信息化发展特点

1.信息化基础设施建设渐趋完善

海南省贯彻实施"宽带中国·光网城市"战略，信息基础设施建设取得重大突破，普通家庭快步迈入"百兆新时代"，2013年，累计新建接入光缆50万纤芯公里，共部署光接入节点近1000个，覆盖小区4276个，楼宇59515栋，家庭

---

[1] 海南省统计局：《2013年海南省国民经济和社会发展统计公报》，2014年3月。

数 73 万户，全网宽带端口达到 150 万，其中 FTTX 光端口 100 万。城市地区基本实现 8M 接入带宽全覆盖，20M 覆盖率提升至 90%，农村地区行政村通光率提升至 83%，4M 覆盖率提升至 77%。[1] 全省行政村 100% 通宽带。其次，2014 年初，海南省 4G 开展商用。二是广播电视方面，全省有线电视用户达 110 万户，同比增长 15.7%。广播综合人口覆盖率和电视综合人口覆盖率分别达 96.5% 和 95.5%。三是三网融合方面，中国网络电视台、中国电信海南分公司和海南广播电视总台三方签订了《海南省三网融合 IPTV 业务合作协议》，IPTV 业务将在海口市正式进入合作运营阶段，海南广播电视总台 IPTV 集成播控平台建设、海南电信对 IPTV 传输分发平台进行升级等各项工作稳步推进。

2. 以新型产业带动"两化"融合逐步深入

2013 年，海南省加快推进信息化建设，持续加强对现代服务业、热带特色农业、海洋经济、产业园区和重点企业的政策支持，引导金融机构加大对重点项目、中小微企业和农民的信贷投放，着力打造 1000 家"数字企业"，推动海南省中小企业信息化建设。

积极发展电子商务。在北京等四个城市设立海南品牌农产品直销中心，与阿里巴巴联合打造电子交易平台，在淘宝网开设"特色中国 – 海南馆"。

扶持新型产业发展。海南省为重点工业企业建设服务"直通车"，2013 年新增亿元以上工业企业 16 家，并安排中小企业专项资金 4500 万元，撬动担保贷款 30 亿元。加快建设 200 万吨精细化工、300 万吨液化天然气站线、洋浦石化新材料产业基地等项目，100 万吨乙烯及炼油扩能获国家核准。推动微软、惠普等项目正式落户，战略新兴产业产值增长 17.9%，新增省级高新技术企业 28 家。[2]

加快园区建设步伐。投入 10 亿元资金支持重点园区改善基础设施，加快洋浦开发区搬迁安置和项目建设步伐，儋州市三都镇整建制划入洋浦开发区。在推进海南生态软件园发展的同时，不断完善海口美安科技新城基础设施、加快建设三亚创意产业园、陵水清水湾国际信息产业园。

3. 大力推进智能岛建设惠及民生各领域

教育信息化方面。海南省 60.7% 的义务教育学校共计 1726 所已接入互联网。海南省"教学点数字教育资源全覆盖"项目于 2013 年建设完成，现有的 647 个

---

[1] 《100M光网大提速 海南家庭宽带进入"百兆时代"》，海南在线，2013年8月21日。
[2] 海南省人民政府：《2014年海南省政府工作报告》，2014年2月。

教学点实现数字资源实现全覆盖。海南省教育厅已建成海南基础教育教学资源中心、"好研平台"，全省约有 6 万多名教师、20 多万名学生注册并免费使用。[1]

社会保障与医疗信息化方面，海南"居民健康卡"已首批在儋州、乐东、东方等 10 个市县中启动发行，2013 年在全省推广发行居民健康卡 300 万张。海南省积极改善居民健康卡的应用环境，完善居民健康卡应用功能，着力提供规范化医疗卫生服务。海南省自建设"健康海南"农村卫生信息化项目以来，全省 2476 个村都布置了熙康健康服务终端，并纳入到"健康海南"的健康管理云平台之中，构建了县、乡、村一体化的三级医疗卫生服务网络。海南省"一卡通"改革自开始试点至 2013 年，累计共采集 195 万位补贴对象基础信息，发放"一卡通"存折（卡）182.4 万张。此外，金融 IC 卡正式在海南澄迈县应用于公共交通领域。

智慧城市方面，海南省智慧城市以建设"智慧岛"为目标取得较为显著成效，数字海南框架已建设完成，全省已形成了"三纵两横"覆盖各市县的骨干网络，完成海口、三亚、琼海、三沙等 10 个市县的城市照明智能监控系统建设，为每个市县 40% 的乡镇和行政村建设完成数字海南信息亭，抓紧实施智能交通、平安城市等重点项目。2013 年，海南万宁市入选首批国家智慧城市试点名单，海南大学与浪潮集团有限公司签订战略合作协议并成立海南省智慧城市研究院，2013 年底海南省正式实施《海南省信息化条例》。

4. 加快农业农村信息化建设，拓宽贸易渠道

一是农村信息化基础设施建设方面。2013 年海南省持续推进"通信村村通"工程，为 173 个未通宽带的行政村接入宽带，行政村通宽带率达 100%；实施农村中小学校"校通宽带"工程，为 300 所学校提供宽带接入。二是农村信息服务方面，海南省着力开展第二期广播电视户户通工程，共建设 14 万户，全省 50 万农村群众可接收丰富的广播电视节目和综合信息。海南省积极推进"信息下乡"活动，在海南省乡镇基本实现"四个一"，即一乡一个信息服务站、一村一个信息服务点、一乡一个网站、一村一个农副产品专栏。此外，农业科技 110 也开通运行。三是现代农业建设，海南省积极发展农村电子商务，建立鲜活农产品直供直销配送体系，推进农产品现代流通综合试点，持续加大"万村千乡市场工程"和"新网工程"推进力度。

---

[1]　《海南数字资源年底覆盖教学点》，中国教育和科研计算机网，2013年12月13日。

5.建设互联互通平台打造海南智慧政务

海南省大力加强电子政务建设，着力构建全省行政审批"一张网"，依托互联网，打造全省统一的政务服务网络，集成融合全省政务服务应用，集中共享全省审批数据，实现省、市县的网上联合审批，增强审批透明度，全面提升全省政务服务水平和工作效率。结合"一张网"建设，海南大力实施《海南省深化行政审批制度改革实施方案》，开通了620项互联网申报项目，首批15项全流程互联网审批项目已启动试运行。海南省政务服务平台正式开始试运行，政务服务微博大厅也正式上线。海南省开通"无线社保"，基于现有的社保信息化平台，结合海南移动"无线城市"门户网站，向社保参保人员发送个人缴纳的医保、养老保险信息。参保人员可通过个人信息，查询相关信息，申报社保业务。移动警务通已实现在海南全省范围内的联网，实现海南公安移动办公和现场信息查询、采集和现场执法，该系统可提供交通违法移动处理、社区警务和治安管理、GPS定位、手机对讲、消防灭火救援和执法监督等信息化服务。

二、信息化水平分析

（一）总体水平

"十二五"以来，海南省信息化实现了快速发展，信息化发展总指数从2013年的55.4提升到2014年的61.38，指数值增长5.98。网络基础设施实现了快速发展，网络就绪度指数从2013年的49.23提升到了2014年的59.43，指数值增长了10.2。信息通信技术应用进一步普及和深化，信息通信技术应用指数从2013年的65.05提升到2014年的68.43，指数值增长了3.38。信息化应用效益初步显现，信息化应用效益指数从2013年的48.45提升到2014年的51.2，指数值增长了2.75。

表23-1 海南省2013—2014年信息化指标情况

指标名称	2013年指数值	2014年指数值	变化情况
网络就绪度指数	49.23	59.43	10.2
信息通信技术应用指数	65.05	68.43	3.38
信息化应用效益指数	48.45	51.2	2.75
信息化发展总指数	55.4	61.38	5.98

数据来源：中国电子信息产业发展研究院，2014年12月。

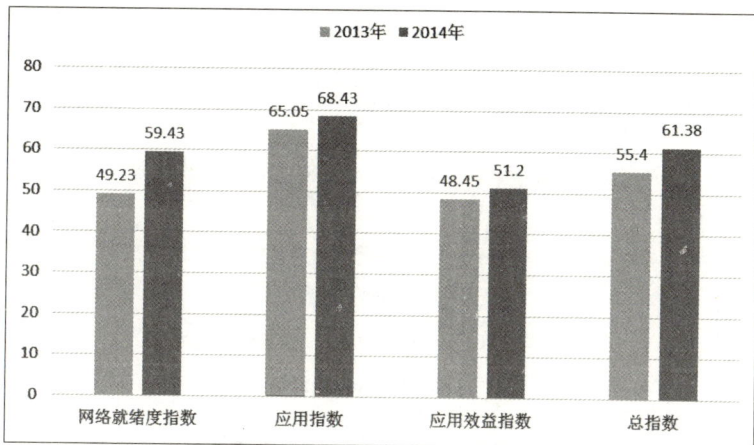

图23-1　海南省2013—2014年信息化指标情况

数据来源：中国电子信息产业发展研究院，2014 年 12 月。

（二）分类指标

1. 网络就绪度指数

在网络就绪度方面，"十二五"以来，海南省大力推进网络基础设施建设，网络基础设施实现了跨越式发展。智能终端进一步普及应用，普及指数从 2013 年的 59.43 提升到 2014 年的 63.26，指数值增长了 3.83。"三网融合"顺利推进，有线电视发展指数从 2013 年的 47.77 提升到 2014 年的 51.61，指数值增长了 3.84。光纤网络快速发展，光纤发展指数从 2013 年的 21.75 提升到 2014 年的 41.02，指数值增长了 19.27。宽带普及加速，宽带普及指数从 2013 年的 62.52 提升到 2014 年的 72.79，指数值增长了 10.27。宽带速率进一步提升，宽带速率指数从 2013 年的 51.75 提升到 2014 年的 65.57，指数值增长了 13.82。

表 23-2　海南省 2013—2014 年网络就绪度一级指标情况

指标名称	2013年指数值	2014年指数值	变化情况
智能终端普及指数	59.43	63.26	3.83
有线电视发展指数	47.77	51.61	3.84
光纤发展指数	21.75	41.02	19.27
宽带普及指数	62.52	72.79	10.27
宽带速率指数	51.75	65.57	13.82

数据来源：中国电子信息产业发展研究院，2014 年 12 月。

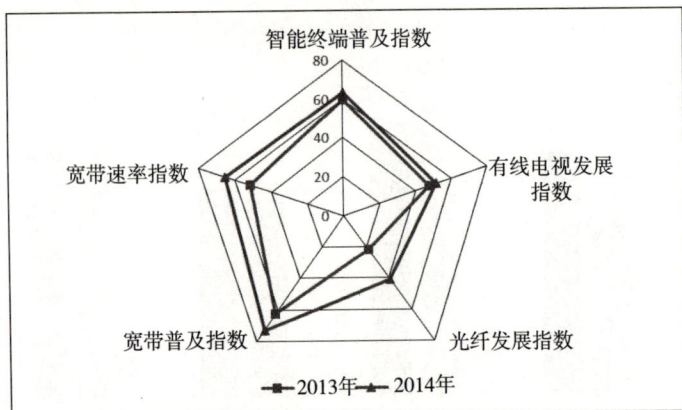

图23-2　海南省2013—2014年网络就绪度指数一级指标情况

数据来源：中国电子信息产业发展研究院，2014 年 12 月。

　　就网络就绪度各项细分指标来讲，海南省"十二五"以来网络基础设施方方面面都取得了很大发展。移动电话用户数保持稳步增长，移动电话普及率指数从2013年的62.44提升到2014年的66.3，指数值增长了3.86。电脑普及率进一步提高，普及率指数从 2013 年的 56.42 提升到 2014 年的 60.22，指数值增长了 3.8。有线电视用户数进一步增长，有线电视入户率指数从 2013 年的 47.77 增长到 2014年的 51.61，指数值增长了 3.84。光纤入户快速推进，入户率指数从 2013 年的 21.75 提升到 2014 年的 41.02，指数值增长了 19.27。互联网固定宽带用户数稳步增长，普及率指数从 2013 年的 65.15 提升到 2014 年的 70，指数值增长了 4.85。3G 和 4G 用户数实现快速增长，移动宽带普及率指数从 2013 年的 59.89 增长到了 2014 年的 75.58，指数值增长了 15.69。宽带普及提速行动初显成效，固定宽带端口平均速率指数从 2013 年的 51.75 增长到了 2014 年的 65.57，指数值增长了 13.82。

表 23-3　海南省 2013—2014 年网络就绪度指数二级指标情况

指标名称	2013年指数值	2014年指数值	变化情况
移动电话普及率	62.44	66.3	3.86
电脑普及率	56.42	60.22	3.8
有线电视入户率	47.77	51.61	3.84
光纤入户率	21.75	41.02	19.27
固定宽带普及率	65.15	70	4.85

（续表）

指标名称	2013年指数值	2014年指数值	变化情况
移动宽带普及率	59.89	75.58	15.69
固定宽带端口平均速率	51.75	65.57	13.82

数据来源：中国电子信息产业发展研究院，2014年12月。

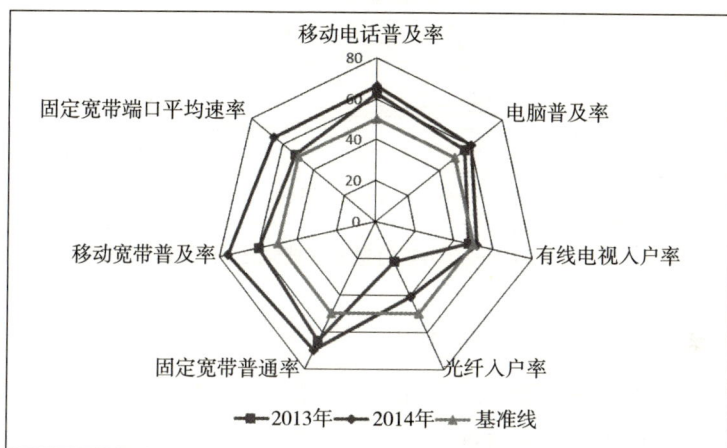

图23-3　海南省2013—2014年网络就绪度指数二级指标情况

数据来源：中国电子信息产业发展研究院，2014年12月。

2. 信息通信技术应用指数

在信息通信技术应用方面，"十二五"以来，海南省企业、居民两方面信息化都取得了较大的发展。企业应用指数从2013年的66.21提升到2014年的67.53，指数值增长了1.32。政务应用指数从2013年的83.62下降到2014年的78.62，指数值下降了5个点。居民应用指数从2013年的55.18提升到2014年的63.78，指数值增长了8.6。

表 23-4　海南省 2013—2014 年信息通信技术应用指数一级指标情况

指标名称	2013年指数值	2014年指数值	变化情况
企业应用指数	66.21	67.53	1.32
政务应用指数	83.62	78.62	−5
居民应用指数	55.18	63.78	8.6

数据来源：中国电子信息产业发展研究院，2014年12月。

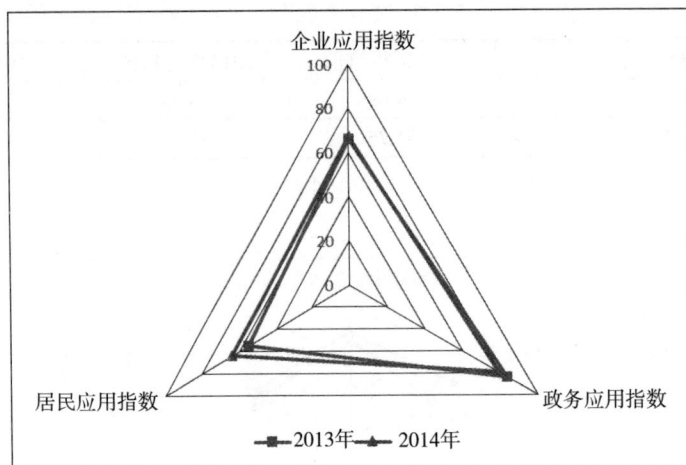

图23-4　海南省2013—2014年信息通信技术应用指数一级指标情况

数据来源：中国电子信息产业发展研究院，2014年12月。

在企业信息化应用方面，海南省"十二五"以来大力推进企业"两化"融合工作，企业信息化发展环境进一步改善。企业 ERP 普及率从 2013 年的 41.68 提升到 2014 年的 43.12，指数值增长了 1.44；企业电子商务交易额占比指数从 2013 年的 90.73 提升到了 2014 年的 91.94，指数值上升了 1.21。

在政务信息化应用方面，政务事项网上办事率指数从 2013 年的 98.11 下降到了 2014 年的 91.43，指数值下降了 6.68。政府信息公开上网率指数从 2013 年的 69.14 下降到了 2014 年的 65.81，指数值下降了 3.33。

在居民信息化方面，"十二五"以来，海南省居民信息化应用水平进一步提升。互联网用户数稳步增长，普及率指数从 2013 年的 60.47 提升到 2014 年的 62.95，指数值增长了 2.48；居民电子商务快速发展，人均在线零售额占比指数从 2013 年的 48.54 提升到 2014 年的 66.67，指数值增长了 18.13。居民信息消费快速增长，人均信息类消费支出由 2013 年的 57.89 提升到 59.67，指数值增长了 1.78。

表 23-5　海南省 2013—2014 年信息通信技术应用指数二级指标情况

指标名称	2013年指数值	2014年指数值	变化情况
企业ERP普及率	41.68	43.12	1.44
企业电子商务交易额占比	90.73	91.94	1.21
政务事项网上办事率	98.11	91.43	-6.68
政府信息公开上网率	69.14	65.81	-3.33
互联网普及率	60.47	62.95	2.48
人均在线零售额占比	48.54	66.67	18.13
人均信息类消费支出	57.89	59.67	1.78

数据来源：中国电子信息产业发展研究院，2014 年 12 月。

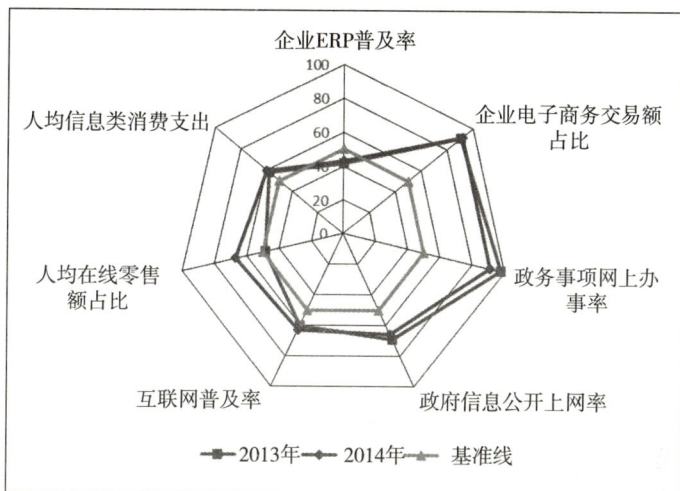

图23-5　海南省2013—2014年信息通信技术应用指数二级指标情况

数据来源：中国电子信息产业发展研究院，2014 年 12 月。

3. 信息化应用效益指数

在信息化应用效益方面，"十二五"以来，海南省信息化应用效益日渐凸显。劳动生产率指数从 2013 年的 30.7 增长到了 2014 年的 31.88，指数值增长了 1.18；技术创新指数从 2013 年的 31.51 提升到了 2014 年的 35.79，指数值增长了 4.28；节能降耗指数从 2013 年的 74.83 增长到了 2014 年的 76.89，指数值增长了 2.06；人均收益指数从 2013 年的 56.74 增长到了 2014 年的 60.22，指数值增长了 3.48。

表23-6　海南省2013—2014年信息化应用效益指数一级指标情况

指标名称	2013年指数值	2014年指数值	变化情况
劳动生产率指数	30.7	31.88	1.18
技术创新指数	31.51	35.79	4.28
节能降耗指数	74.83	76.89	2.06
人均收益指数	56.74	60.22	3.48

数据来源：中国电子信息产业发展研究院，2014年12月。

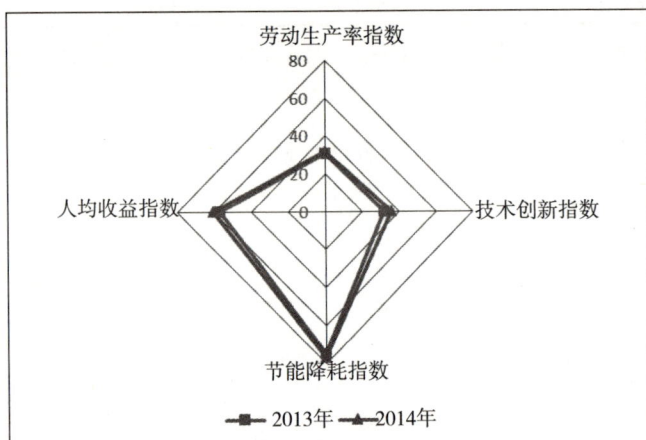

图23-6　海南省2013—2014年信息化应用效益指数一级指标情况

数据来源：中国电子信息产业发展研究院，2014年12月。

就信息化各项细分指标来讲，"十二五"以来，海南省信息化应用效益方面面都取得了积极进展。全员劳动生产率指数从2013年的30.7增长到了2014年的31.88，指数值增长了1.18。单位地区生产总值专利申请量指数值从2013年的32.92提升到2014年的39.76，指数值增长了6.84；单位地区生产总值专利授权量指数值从2013年的30.57提升到2014年的33.15，指数值增长了2.58。信息化促进了节能减排工作的开展，单位地区生产总值能耗指数从2013年的94.54提升2014年的94.61，指数值增长了0.07；单位地区生产总值用水量指数从2013年的45.27提升到2014年的50.31，指数值增长了5.04。信息化带动了经济快速发展，人均地区生产总值指数由2013年的56.74提升到2014年的60.22，指数值增长了3.48。

表 23-7　海南省 2013—2014 年信息化应用效益指数二级指标情况

指标名称	2013年指数值	2014年指数值	变化情况
全员劳动生产率	30.7	31.88	1.18
单位地区生产总值专利申请量	32.92	39.76	6.84
单位地区生产总值专利授权量	30.57	33.15	2.58
单位地区生产总值能耗	94.54	94.61	0.07
单位地区生产总值用水量	45.27	50.31	5.04
人均地区生产总值	56.74	60.22	3.48

数据来源：中国电子信息产业发展研究院，2014 年 12 月。

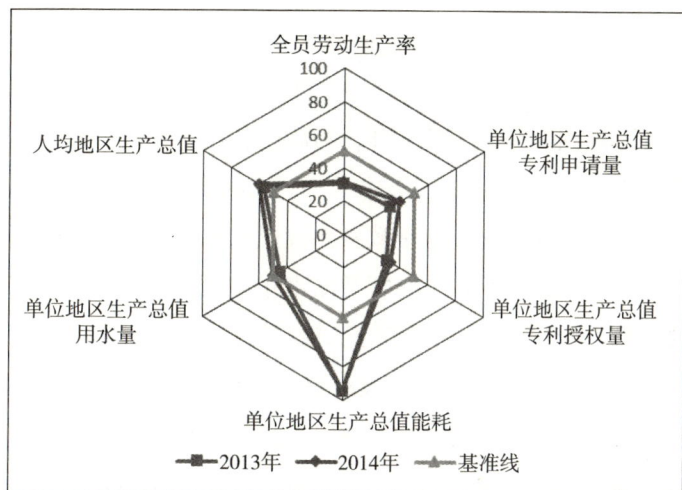

图23-7　海南省2013—2014年信息化应用效益指数二级指标情况

数据来源：中国电子信息产业发展研究院，2014 年 12 月。

三、优劣势评价

（一）优势

1. 独特的区位优势和政策优势

海南省位于中国最南端，背靠大陆架，面向东南亚诸国，地处南海国际海运要道；3 小时航程范围内包括港澳台、珠三角、长三角、东南亚等地区，既有经济腹地的依托，又受到经济发达区的辐射和带动，便于内引外联。海南享受到一系列的政策红利，作为我国最大的经济特区，已设有国家级洋浦经济开发区、洋浦保税港区和海口综合保税区三大经济开发区。在《国务院关于推进海南国际旅游岛建设发展的若干意见》中，国家特别赋予海南购物退免税、26国免签入境、西部大开发政策等一批重大优惠政策。"一带一路"战略规划中明确提出：支持海南建设南海资源开发服务保障基地和海上救援基地，加大海南国际旅游岛开发开放力度，把海口、三亚列为海上合作战略支点，强化三亚国际门户机场功能。博鳌亚洲论坛落户海南，成为立足亚洲、面向世界的高端对话平台，在推进区域合作、"一带一路"战略和海南对外开放方面发挥着非常重要的作用。这些独特的优势，对于信息化的发展都有良好的促进作用。

2. 具备良好的信息化基础

自2010年以来，海南省结合信息技术应用发展趋势和海南经济社会发展的需求，相继印发了《海南省信息智能岛建设规划》《海南省国民经济和社会发展信息化"十二五"规划》等纲领性文件，为海南省信息化建设和信息产业发展指明了发展路径和实施框架。目前已形成了"三纵两横"覆盖各市县的骨干网络，信息技术应用持续普及和深化，电子政务建设成效显著。在政务服务信息化和社会信息化领域，重点规划了一系列与智慧城市相关的项目，如建设数字海南信息亭、城市公共信息平台建设工程、城市公共信息云计算服务中心、城市公共基础数据库建设工程、智慧城市网络基础设施建设工程、公共免费WIFI等，为下一步推进项目互联，资源整合，落实规划奠定了良好的基础。

3. 信息技术应用持续普及和深化，提升传统产业效果明显

海南省各行业的骨干企业基本实现了资源配置、生产调控、营销服务的自动化和信息化控制；中国最大的天然橡胶现货电子商务平台推动了海南农垦与云南农垦橡胶销售体制改革；海航集团运用信息技术构筑企业运营管理模式；海汽集团的虚拟制造重点试验室项目有效地降低了生产成本；启动了"中小企业信息百强工程项目"推进活动；企业信息化促进了电子商务的快速发展，农业电子商务和信息化智能服务一站式平台得到广泛推广。

（二）劣势

1. 电子政务为民服务水平有待进一步提高

虽然海南省各类服务机构基本建设了服务厅（站）、服务热线、服务网站、自助设备等多种渠道，但是这些众多的服务渠道没有统一规划和部署，其承载的服务功能和服务方式各有不同、参差不齐。公共服务应用系统基本由政府各部门

主导，从各部门自身角度考虑和设计，服务功能单一，缺乏全局的整体设计和统一的服务入口。导致服务渠道众多，参差不齐；服务内容分散，缺乏特色；服务应用由部门主导，条块建设；服务方式单一、服务被动；服务机制不够灵活，持续发展后劲不足。

2. 电子信息产业规模偏小，发展动力不足

近些年，海南省信息产业虽然得到大力发展，但由于经济总量偏小，科技创新力量薄弱，尚未形成良好的信息产业集群，产业实力不强，加上软件开发业基础薄弱，技术研发和应用推广明显不足，可利用和共享的信息资源匮乏，多数产品位于价值链的低端，缺少承接产业转移的竞争力，无法形成完整的产业链和规模集聚效应，难以支撑信息产业实现跨越式发展。

3. 信息化技术应用总体水平偏低

海南省信息化技术整体应用水平落后于实际需求，多数行业和企业的信息技术应用水平明显不高，特别是生产过程中的集成应用程度较低，高端技术较少，装备和系统的二次开发能力明显不足，信息化在全省各行业中的应用度和影响度远远不够。电子政务和电子商务应用方面，由于技术的渗透性差，深度开发、应用少，无法多级带动全省各行各业产生倍增效应，对经济社会发展贡献率相对偏小。

四、相关建议

（一）大力发展信息产业

启动"光网智能岛"工程建设，推动三网融合，普及 4G 网络，实现光纤宽带全岛覆盖。深化与阿里巴巴、腾讯等互联网企业的战略合作，支持本土互联网企业发展壮大，争取互联网网间直联试点，努力形成互联网产业规模化发展格局。建设中印 IT 合作产业园区，支持发展云计算、物联网、大数据等新一代信息技术，制定电子商务和信息服务业发展规划。大力扶持中小微企业发展，加大对小微企业贷款贴息力度，实施小微企业"提升工程"。加强对各地的高新科技区、经济开发区、工业开发区和软件园等的规划和引导，开展集群整合，形成特色明显、资源优势互补的信息产业集群格局。构建和完善以大企业为主导，大中小企业专业分工、产业协作的产业链。加快发展通信、数字视听和汽车电子等科技含量高、经济效益好、资源消耗低、环境污染少、人力资源优势得到充分发挥的新型产业集群。

（二）加大政府投入力度，创新多元化的信息化建设和管理模式

加大财政部门对信息化建设的支持力度，合理确定信息化引导资金的规模和投向，积极探索"政府投入、政策补贴、税收优惠、资源补偿"的多方位政府支持渠道，建立"政府引导、市场运作、企业管理"的信息化建设运营模式；设立信息化服务体系专项基金，支持中小企业信息化重点服务平台工程建设，加强对服务体系关键环节的支持。建立和完善适应信息发展的多渠道投融资体制，建立风险投资机制，鼓励国内外风险投资基金来海南设立机构发展业务。鼓励社会资金对信息化建设的投入，对适合社会投资的项目，通过规范的市场运作，吸引社会资金投资信息化建设，降低建设和运行成本，提高信息化建设和运行效率。

（三）打造一体化公共服务体系

以打造城市级市民融合服务体系为目标，形成可经营、可持续发展的服务。充分利用现有公共服务资源和信息化建设成果，构建全方位、深层次、个性化、主动型、一站式的城市级市民融合服务平台。以促进公共服务均等化为根本，构建普惠化公共服务体系。既要面向大众的通用服务，如社保服务、就医服务、公积金服务等，同时也要强调对老年人、低收入人群、残疾人、妇女、儿童等弱势群体的服务，为他们开通针对性服务内容。以提升市民体验为抓手，实现政府资源、社会化资源和企业信息资源与服务的有机融合。发挥基层社区、各类社会组织和企事业单位的协同作用，实现政府、社会及企业公共服务资源有机结合，通过虚实结合的服务渠道，提供便捷和经济的政务服务、公共服务。

（四）拓宽信息化应用领域，促进信息化纵深发展

充分整合现有资源，注重运用信息技术对旅游、工业、农业和渔业等特色产业进行改造和提升，助力海南国际旅游岛建设。坚持低成本、集约化、见实效的原则，全力打造网络环境下的"一站式"公共服务平台和"一体化"政务服务体系，全面深化电子政务应用，整合提升政府公共服务能力。大力推进信息技术在卫生、社保、教育、科技、文化、交通、社区、住房、电网等领域的应用，促进跨行业、跨领域的信息共享，体现信息化建设为全民带来的实惠。大力发展电子商务，全面提升信息技术在商贸服务、现代金融、信息服务、现代物流等领域的应用，重视移动信息化，带动服务业的全面发展，使现代服务业成为全省经济新的增长点。

第二十四章　重庆市信息化发展水平分析

一、总体情况

（一）经济社会发展情况

2013 年重庆实现地区生产总值 12656.69 亿元，比上年增长 12.3%。从各季度累计情况看，全市经济增长位于 12.3%—12.5% 之间窄幅波动，总体处于稳定状态。与全国相比，重庆增速高出全国 4.6 个百分点，发展势头处于全国前列。产业结构调整政策不断推进，其中，第一产业增加值为 1002.68 亿元，同比增长 4.7%；第二产业增加 6397.92 亿元，同比增长 13.4%；第三产业增加 5256.09 亿元，同比增长 12.0%。三次产业结构比为 7.9:50.5:41.6。城乡居民收入得到提高，让民众充分分享经济发展的成果。按常住人口计算，全年人均地区生产总值达到 42795 元，同比增长 11.3%。2013 年重庆城镇居民人均可支配收入为 25216 元，同比增加 2248 元，增长率为 9.8%。农民人均纯收入达到 8332 元，同比增加 949 元，增长率为 12.8%。全年完成公共财政预算收入 1692.92 亿元，同比增长 15.5%。2013 年，重庆市积极转变经济发展方式，着力改善和保障民生，强化经济运行调度，全市经济保持了稳步发展态势。[1]

（二）信息化发展特点

1. 信息基础设施进一步优化升级

重庆市的宽带化进程领先于全国平均水平。2013 年重庆市通信能力显著提

---

[1]　重庆市统计局：《2013年重庆市国民经济和社会发展统计公报》，2014年3月。

高，在基础设施方面。3G/4G 基站新增 4026 个，总数达到 2.4 万个，光纤到户覆盖家庭新增 90 万户已达 250 万户，新增互联网出口宽带 720G，总量达到 1.92T，行政村光纤通达率达到 69.4%；全市电话用户数新增 315 万户，达到 2960 万户，电话普及率达到 100.4 户/百人。无线局域网建设已初具规模，已累计实现 4372 个热点区域，共 10.1 万个无线接入点（AP），加快了对商圈、机场、高端商务区等公共场所以及重点办公楼等热点区域进行无线网络覆盖。在三网融合方面。2013 年底重庆市建立了网络广播电视台，定位为以宽带互联网、移动通信网为载体的新形态广播电视播出机构。重庆网络广播电视台主要运行旗下媒体一台、一网、两个手机电视平台以及 IPTV 等互联网电视。重庆市加强 IPTV 维护优化工作。在网络架构和传输资源的保障上优化了平台架构，增加保护电路，避免业务中断，增强了平台安全性。

2. "两化"深度融合推动老工业区转型

重庆市作为全国首批八个"两化"融合试验区之一，采取一系列措施，加快推进"两化"融合作为工业转型升级的"引擎"。

加强政策指导。重庆市编制了《重庆市"十二五"信息化和工业化融合发展规划》《重庆市"十二五"物联网产业发展规划》《重庆市"十二五"物流信息化发展规划》等，明确以智能工业、物联网等六大路径为突破口，全力推进工业企业运行的智能化程度。

加快产业结构调整。深入实施"6+1"支柱产业规划，推进垂直整合和集群招商，深入实施工业研发千亿投入计划，启动 45 项科技支撑示范工程，推动机器人、石墨烯、页岩气、智能终端、通用航空等重大科技专项取得新进展，企业专利授权增长 35%。

传统产业优化升级。通过开展上汽通用五菱项目，推进长安福特整车及变速箱等生产线，引进鞍钢冷轧镀锌板等关键配套项目，持续完善汽车产业链，汽车产销量力争突破 200 万辆，进一步扩大品牌影响力；此外，着力帮助船舶、化工、材料等行业脱困，并针对数控机床、生物医药等产业加大招商和培育力度。

大力推动新型产业发展，通过引进电子信息产业关键零部件配套项目，促进笔记本电脑、打印机和手机呈现集群化发展；软件和信息服务主营业务收入突破千亿元；重庆市建成大数据应用基地，并被确立为国家互联网骨干直联点和国家首批互联网与工业融合创新试点省市。

繁荣发展服务业。2013 年，京东集团、阿里巴巴、易迅网、齐家网等知名电商落户重庆，电子商务交易额超过 3000 亿元。通过顺利建设西部现代物流园、江北国际机场航空物流园、南彭公路物流基地等项目，不断完善物流体系，有效支持重庆电子商务发展。此外，重庆市还将建成国家数字出版基地。[1]

3. 市民共享"云上"重庆

一是教育方面。重庆市全力打造"信息化"校园，主要推进四大板块，中小学校宽带网络接入项目，区县教育城域网升级改造建设、教育云平台建设和信息化应用以及教师和专业队伍培训，紧抓教育城域网、"三通两平台"网络建设。重庆针对全市仍有 2000 余所农村小学基础网络未覆盖的情况，继续推进"点亮村小"工程，为 50% 尚未实现网络接入的中小学校教学点宽带网络接入，共享优质教育资源。重庆电信着力推广"翼校通"业务，教师和家长之间可在该平台实现教学信息的传递与互动。[2]

二是社会保障及医疗信息化方面。2013 年底，首批重庆市科技惠民计划示范工程之一的"医疗信息化技术综合集成与应用示范"正式启动，通过打造区域医疗信息化综合管理服务平台，未来可通过多级医疗协同服务模式，推动大医院优质医疗资源更多地流向基层医院，同时重庆市已与海南、贵州、四川三省签订异地就医合作协议，可实现实时联网结算。重庆市已发放 2800 余万张具有金融功能的新社保卡，且已在 9500 多家村卫生室实现实时联网报账，占所有村卫生室数量的 90%。

三是智慧城市方面。2013 年，重庆有南岸、江北、永川、两江新区四个区入选国家智慧城市试点。重庆移动主打"无线城市重庆城"，全方位整合新闻政务、无线生活、吃喝玩乐、交通出行、教育医疗、移动专区等六大核心资源，成功地打造了一个便捷的"一键式"掌上生活圈。而位于重庆市两江新区水土高新技术产业园的中国联通集团西南生产基地已投入使用，为重庆打造"物流云""医疗云"和"会议云"等云应用。此外，重庆市 11 家主城区图书馆实现了"一卡通"。

4. 持续推进农业农村信息化

重庆市印发《重庆市农村信息化体系建设完善和提升方案（2013—2015 年）》，采取"政府主导，企业参与，市场运作，服务'三农'"的推进模式，从夯实农

---

[1]　《重庆产业转型升级走向纵深 如何擦亮"重庆造"？》，《重庆商报》2014年1月19日。
[2]　《打造"智慧校园"提升教育信息化水平》，《重庆日报》2013年11月29日。

村基础设施、优化平台功能、拓展平台运用以及实施农村信息化示范工程等五个方面，助推城镇化和农业现代化建设。[1] 在农村信息基础设施方面，大力发展互联网、移动通信等通讯基础设施，建成覆盖全市的农村信息网络并提升农村信息网络速度；对农民购置手机等信息终端给予优惠，保证农民能够负担终端和应用农村信息化平台。在农村贸易及信息服务方面，大力发展农村电子商务，探索推广网上销售、农产品直供直销的有效模式，强化电子商务支付方式。围绕百事易平台，推进涉农信息公益服务，利用"12582农信通平台"向农民提供农技专家、法律援助、求职务工、农情气象等惠农利民服务。在农村文化信息资源共享方面，重庆市提前完成广播电视村村通、农村电影惠民放映、农家书屋建设等重大惠民工程。全市图书馆、乡镇综合文化站均设置电子阅览室，平均每11个村配备一台数字电影放映设备。在现代农业方面。重庆新设立了三个市级农业科技园区，包括长寿现代农业科技园区、荣昌现代畜牧科技园区和大巴山（城口）山地农业科技园区，整合产学研用资源，示范带动农业现代化发展。

5. 大力推广深化电子政务应用

一是电子政务基础设施建设方面，重庆市120多个市级部门和区县铺设网站光纤专线，计算机在乡镇以上政府机关已基本普及，主要办事人员基本上人手一台电脑，大力推进电子政务外网大平台建设，全市已有20多个部门接入。

二是在政务应用方面，重庆市利用监控系统加大对45个具有行政审批职能的市级部门和38个区县办理流程和办理时间的监管，限时办结，监察范围逐步向政府采购、工程建设招投标、土地交易和产权交易等公共资源交易领域拓展，在推进公共资源合理配置与遏制公权腐败方面发挥了积极作用。重庆将在现有移动税务、移动药监、移动城管、司法矫正、智慧海事、环保监测、工地监控等成熟项目的基础上，通过目前的应用带动政府行业固网和移动业务的规模发展，同时积极整合各方资源，在工商执法、国土执法、人口信息、水文监控等领域加快电子政务建设。

三是政务信息公开及互动方面，重庆市开办"阳光重庆"，其广播电台《阳光重庆》节目、阳光重庆网、114阳光政务热线等三大平台年均受理解决群众各类投诉举报、咨询查询、评议建议20余万件。重庆还是在全国四个直辖市中最

---

[1] 北方网：《重庆完善农村信息化体系》，2013年6月9日。

早开设市政府新闻办官方微博的，至今已发布信息 9153 条，拥有粉丝 126 万人。

二、信息化水平分析

（一）总体水平

重庆市"十二五"以来，信息化实现了快速发展，信息化发展总指数从 2013 年的 55.94 提升到 2014 年的 64.95，指数值增长 9.01。网络基础设施实现快速发展，网络就绪度指数从 2013 年的 46.91 提升到了 2014 年的 57.53，指数值增长了 10.62。信息通信技术应用进一步普及和深化，信息通信技术应用指数从 2013 年的 54.33 提升到 2014 年的 64.55，指数值增长了 10.22。信息化应用效益逐渐显现，信息化应用效益指数从 2013 年的 77.24 提升到 2014 年的 80.57，指数值增长了 3.33。

表 24-1　重庆市 2013—2014 年信息化指标情况

指标名称	2013年指数值	2014年指数值	变化情况
网络就绪度指数	46.91	57.53	10.62
信息通信技术应用指数	54.33	64.55	10.22
信息化应用效益指数	77.24	80.57	3.33
信息化发展总指数	55.94	64.95	9.01

数据来源：中国电子信息产业发展研究院，2014 年 12 月。

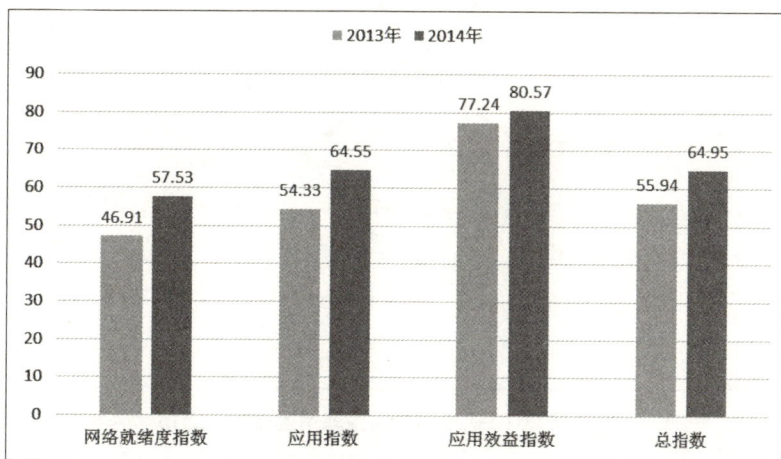

图24-1　重庆市2013—2014年信息化指标情况

数据来源：中国电子信息产业发展研究院，2014 年 12 月。

（二）分类指标

1. 网络就绪度指数

在网络就绪度方面，"十二五"以来，重庆市大力推进网络基础设施建设，网络基础设施实现了跨越式发展。智能终端进一步普及应用，智能终端普及指数从 2013 年的 61.34 提升到 2014 年的 66.03，指数值增长了 4.69。"三网融合"顺利推进，有线电视发展指数从 2013 年的 53.85 提升到 2014 年的 54.24，指数值增长了 0.39。光纤网络快速发展，光纤发展指数从 2013 年的 11.39 提升到 2014 年的 26.6，指数值增长了 15.21。宽带普及加速，宽带普及指数从 2013 年的 56.66 提升到 2014 年的 69.93，指数值增长了 13.27。宽带速率进一步提升，宽带速率指数从 2013 年的 49.46 提升到 2014 年的 67.89，指数值增长了 18.43。

表 24-2　重庆市 2013—2014 年网络就绪度一级指标情况

指标名称	2013年指数值	2014年指数值	变化情况
智能终端普及指数	61.34	66.03	4.69
有线电视发展指数	53.85	54.24	0.39
光纤发展指数	11.39	26.6	15.21
宽带普及指数	56.66	69.93	13.27
宽带速率指数	49.46	67.89	18.43

数据来源：中国电子信息产业发展研究院，2014 年 12 月。

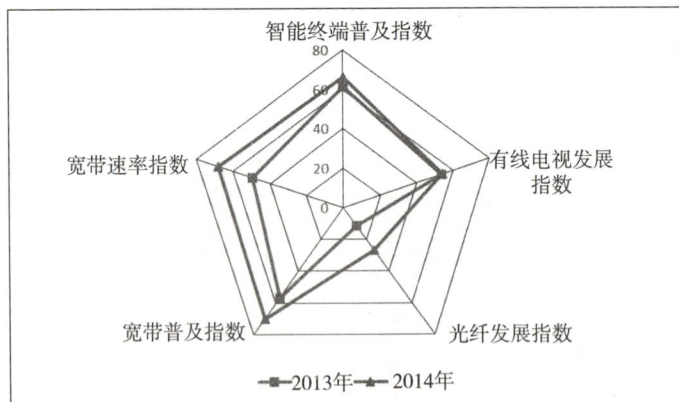

图24-2　重庆市2013—2014年网络就绪度指数一级指标情况

数据来源：中国电子信息产业发展研究院，2014 年 12 月。

就网络就绪度各项细分指标来讲，重庆市"十二五"以来网络基础设施方方面面都取得了很大发展。移动电话用户数保持稳步增长，移动电话普及率指数从2013年的53.66提升到2014年的58.76，指数值增长了5.1。电脑普及率进一步提高，普及率指数从2013年的69.02提升到2014年的73.31，指数值增长了4.29。有线电视用户数进一步增长，入户率指数从2013年的53.85增长到2014年的54.24，指数值增长了0.39。光纤入户快速推进，入户率指数从2013年的11.39提升到2014年的26.6，指数值增长了15.21。互联网固定宽带用户数稳步增长，宽带普及率指数从2013年的60.56提升到2014年的65.3，指数值增长了4.74。3G和4G用户数实现快速增长，移动宽带普及率指数从2013年的52.75增长到了2014年的74.55，指数值增长了21.8。宽带普及提速行动初显成效，固定宽带端口平均速率指数从2013年的49.46增长到了2014年的67.89，指数值增长了18.43。

表 24-3　重庆市 2013—2014 年网络就绪度指数二级指标情况

指标名称	2013年指数值	2014年指数值	变化情况
移动电话普及率	53.66	58.76	5.1
电脑普及率	69.02	73.31	4.29
有线电视入户率	53.85	54.24	0.39
光纤入户率	11.39	26.6	15.21
固定宽带普及率	60.56	65.3	4.74
移动宽带普及率	52.75	74.55	21.8
固定宽带端口平均速率	49.46	67.89	18.43

数据来源：中国电子信息产业发展研究院，2014 年 12 月。

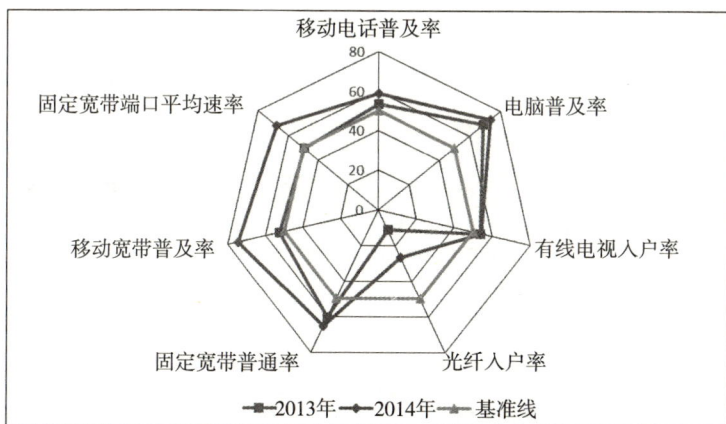

图24-3　重庆市2013—2014年网络就绪度指数二级指标情况

数据来源：中国电子信息产业发展研究院，2014 年 12 月。

2. 信息通信技术应用指数

在信息通信技术应用方面，"十二五"以来，重庆市企业、居民两方面信息化都取得了很大发展。企业应用指数从2013年的38.3提升到2014年的61.4，指数值增长了23.1。政务应用指数从2013年的60.69降低到2014年的48.81，指数值下降了11.88。居民应用指数从2013年的59.16提升到2014年的74，指数值增长了14.84。

表24-4　重庆市2013—2014年信息通信技术应用指数一级指标情况

指标名称	2013年指数值	2014年指数值	变化情况
企业应用指数	38.3	61.4	23.1
政务应用指数	60.69	48.81	−11.88
居民应用指数	59.16	74	14.84

数据来源：中国电子信息产业发展研究院，2014年12月。

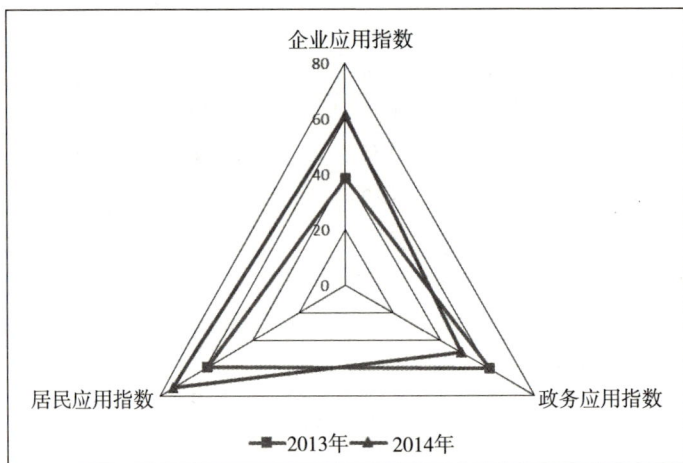

图24-4　重庆市2013—2014年信息通信技术应用指数一级指标情况

数据来源：中国电子信息产业发展研究院，2014年12月。

在企业信息化应用方面，重庆市"十二五"以来大力推进企业"两化"融合工作，企业信息化发展环境进一步改善。企业ERP普及率从2013年的68.92提升到2014年的76.12，指数值增长了7.2；企业电子商务交易额占比指数从2013年的7.68提升到了46.67，指数值上升了38.99。

在政务信息化应用方面，政务事项网上办事率指数从2013年的61.47下降到了 2014 年的 44.85，指数值下降了 16.62。政府信息公开上网率指数从 2013 年的 59.9 下降到了 2014 年的 52.77，指数值下降了 7.13。

在居民信息化方面，"十二五"以来，重庆市居民信息化应用水平进一步提升。互联网用户数稳步增长，互联网普及率指数从 2013 年的 57.79 提升到 2014 年的 60.65，指数值增长了 2.86；居民电子商务快速发展，人均在线零售额占比指数从 2013 年的 67.81 提升到 2014 年的 100.72，指数值增长了 32.91。居民信息消费快速增长，人均信息类消费支出指数由 2013 年的 44.62 提升到 47.27，指数值增长了 2.65。

表 24-5　重庆市 2013—2014 年信息通信技术应用指数二级指标情况

指标名称	2013年指数值	2014年指数值	变化情况
企业ERP普及率	68.92	76.12	7.2
企业电子商务交易额占比	7.68	46.67	38.99
政务事项网上办事率	61.47	44.85	−16.62
政府信息公开上网率	59.9	52.77	−7.13
互联网普及率	57.79	60.65	2.86
人均在线零售额占比	67.81	100.72	32.91
人均信息类消费支出	44.62	47.27	2.65

数据来源：中国电子信息产业发展研究院，2014 年 12 月。

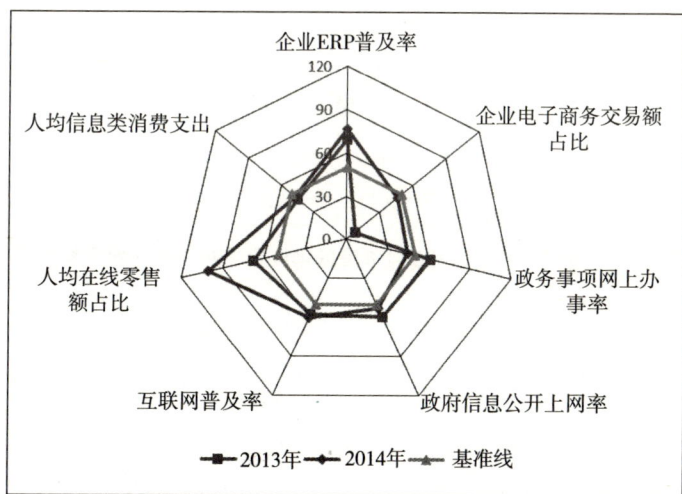

图24-5　重庆市2013—2014年信息通信技术应用指数二级指标情况

数据来源：中国电子信息产业发展研究院，2014 年 12 月。

3. 信息化应用效益指数

在信息化应用效益方面，"十二五"以来，重庆市信息化应用效益日渐凸显。劳动生产率指数从2013年的57.84增长到了2014年的58.03，指数值增长了0.19；技术创新指数从2013年的94.43提升到了2014年的102.11，指数值增长了7.68；节能降耗指数从2013年的92.41增长到了2014年的93.74，指数值增长了1.33；人均收益指数从2013年的64.26增长到了2014年的68.38，指数值增长了4.12。

表24-6　重庆市2013—2014年信息化应用效益指数一级指标情况

指标名称	2013年指数值	2014年指数值	变化情况
劳动生产率指数	57.84	58.03	0.19
技术创新指数	94.43	102.11	7.68
节能降耗指数	92.41	93.74	1.33
人均收益指数	64.26	68.38	4.12

数据来源：中国电子信息产业发展研究院，2014年12月。

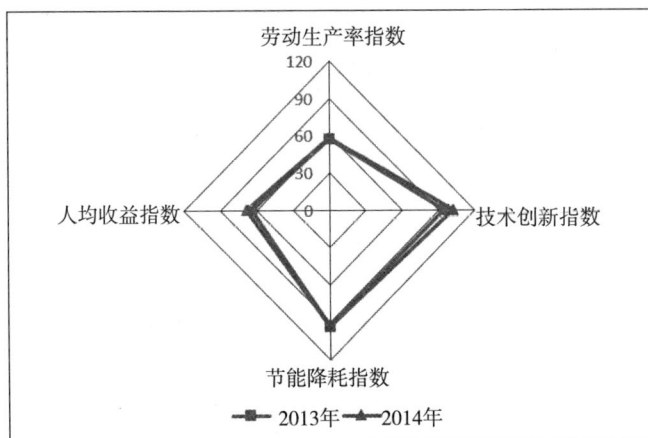

图24-6　重庆市2013—2014年信息化应用效益指数一级指标情况

数据来源：中国电子信息产业发展研究院，2014年12月。

就信息化各项细分指标来讲，"十二五"以来，重庆市信息化应用效益各方面都取得了积极进展。全员劳动生产率指数从2013年的57.84增长到了2014年的58.03，指数值增长了0.19。单位地区生产总值专利申请量指数值从2013年的101.4提升到2014年的113.06，指数值增长了11.66；单位地区生产总值专利授权量指数值从2013年的89.79提升到2014年的94.81，指数值增加了5.02。节能减排效果不明显，单位地区生产总值能耗指数从 2013 年的 102.71 降低到 2014 年的 102，指数值下降了 0.71；单位地区生产总值用水量指数从 2013 年的 76.95 提升到 2014 年的 81.36，指数值增长了 4.41。信息化带动了经济快速发展，人均地区生产总值指数由 2013 年的 64.26 提升到 2014 年的 68.38，指数值增长了 4.12。

表 24-7 重庆市 2013—2014 年信息化应用效益指数二级指标情况

指标名称	2013年指数值	2014年指数值	变化情况
全员劳动生产率	57.84	58.03	0.19
单位地区生产总值专利申请量	101.4	113.06	11.66
单位地区生产总值专利授权量	89.79	94.81	5.02
单位地区生产总值能耗	102.71	102	−0.71
单位地区生产总值用水量	76.95	81.36	4.41
人均地区生产总值	64.26	68.38	4.12

数据来源：中国电子信息产业发展研究院，2014 年 12 月。

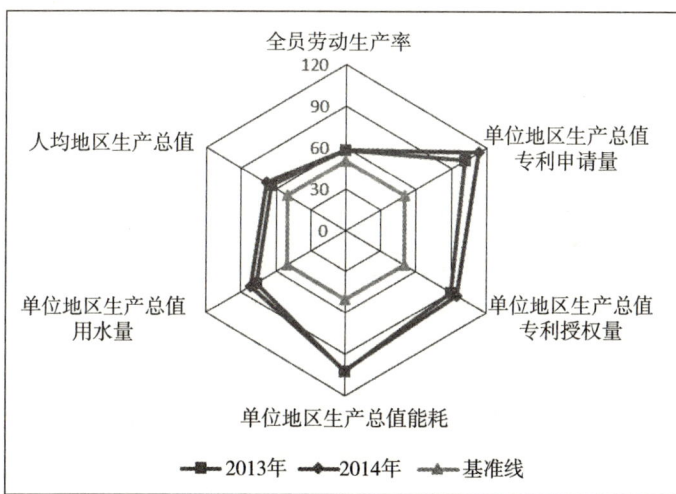

图24-7 重庆市2013—2014年信息化应用效益指数二级指标情况

数据来源：中国电子信息产业发展研究院，2014 年 12 月。

三、优劣势评价

（一）优势

1. 位居"两带一路"交汇点，后发优势明显

在新一轮国际经济格局调整中，重庆正位于"丝绸之路经济带""长江黄金水道经济带"和"21世纪海上丝绸之路"的"两带一路"的战略节点上，这使重庆成为联通东西、打通南北的中心枢纽，联系东亚与南亚、亚洲与欧洲以及市场辐射的中心。围绕"两带一路"战略，重庆不仅可以有效承接沿海地区的产业转移，还将开启与欧盟、东欧、俄罗斯、中亚与西亚各国市场的对接和多变交流。伴随着这一战略的深入，重庆的"两化"融合将迅速发展，电子信息产业、跨境电子商务、大数据、云计算等信息服务业后发优势明显。

2. 电子信息产业成为第一大支柱产业

重庆市电子信息产业快速发展，已成为第一大支柱产业。近年来，重庆市大力实施"云端"计划，"垂直整合"，形成了"5+6+800"的电脑产业集群，吸引了包括惠普、宏碁、华硕、东芝、富士康等一大批全球著名的IT品牌商、代工商和相关的零部件企业。2013年，重庆市电子信息产业实现产值突破4300亿元，占比达24%，成为第一大支柱产业，彻底扭转了传统摩托汽车"一业独大"的局面。各类智能终端销量突破1.3亿台，其中，笔记本电脑销量近6000万台、台式机和平板电脑等达4000多万台。同时，通过依托云计算产业基地，大力发展大数据、软件服务业等相关产业，带动了上下游产业链的发展。

3. 电子商务等信息服务业发展势头迅猛

重庆市电子商务、软件和信息服务等发展势头迅猛。在电子商务方面，2013年重庆市电子商务获得突破性发展，交易额突破3000亿元；电商规模不断扩大，电子商务主体累计达到11万户；电子商务园区建设持续发展，国际电子商务产业园、京东电商产业园、菜鸟科技、阿里巴巴跨境电子商务项目稳步推进，跨境贸易电子商务示范园区挂牌成立等，将进一步带动电子商务产业的发展。在软件和信息服务业方面，软件和信息服务业对重庆市国民经济的渗透和带动力进一步

增强，2013 年已发展成为千亿级产业。据统计，1—11 月，全行业实现主营业务收入达 1008.9 亿元，同比增长 37.32%，增速连续 13 年保持在 30% 以上。

（二）劣势

1.“两化”融合工作推进缓慢

重庆市"两化"融合工作目前主要是由市场机制发挥作用，企业自发推进状态，政府的引导力度不够。除一部分外企、国有企业和民营企业外，大部分企业特别是中小微企业对"两化"融合认识和投入不够，缺乏紧迫感，一些企业盲目推进，反而导致信息化的效果大打折扣，大部分中小微企业面临资金、技术、人才等方面的制约。

2.电子政务建设存在问题，为民服务能力不足

尽管在主要核心业务中，重庆市有信息系统支持的核心占 77.73%，但是电子政务在建设还存在不少的问题，具体表现在：电子政务建设缺少顶层设计，内容建设备自为政，没有实现部门之间的互联互通和资源共享，导致各部门之间存在"数字鸿沟"和"信息壁垒"，部门信息公开透明度差异比较大，规范性、全面性和及时性不够，信息惠民的能力不强。另外，电子政务在建设中还存在技术标准不统一，运营维护管理成本高，网站安全隐患多等问题。

四、相关建议

（一）建立和完善协调与推进机制

建立和完善跨部门、地区和行业的协调共同推进机制，充分发挥部门合力，研究重大问题，协调制定政策措施和行动计划，主动对接、积极参与国家部委牵头编制的相关战略规划，增强战略眼光，加强信息化推进工作和"两带一路"战略的衔接，加强重大项目规划和储备工作，推动智能设备、可穿戴设备、智慧医疗等战略新兴产业的发展。

（二）统筹推进"两化"深度融合

继续发挥政府的引导作用，实施具有可操作性的"两化"融合政策，加大政

府对"两化"融合共性技术开发、公共服务平台建设、试点示范项目规划的支持。充分发挥国家科技重大专项、技术改造专项、工业转型升级、节能减排、电子商务等专项资金和中小企业发展资金的政策效应，重点支持"两化"深度融合实验区建设、公共服务平台建设和重点项目的研发应用。创新投融资体系，拓宽"两化"融合的资金来源和渠道，鼓励金融资本、风险资本投向"两化"深度融合项目，对技术先进、优势产业、战略新兴产业、特色产业和民生领域的信息化工程项目以及带动性较强的区域（园区）给予信贷支持。积极进行交流合作，抓住"两带一路"的战略机遇，引导中兴、华为、曙光、用友、金算盘、IBM、甲骨文等国内外企业参与投资，改造传统产业，培育新兴产业，引导重庆工业发展模式向数字化、网络化、智能化和服务化迈进。

（三）进一步完善电子政务建设

充分利用新一代信息技术，简化办事程序，创新工作流程，提升网上办公和服务功能，提高工作效率。建立电子政务外网大平台，整合人大、政府、政协、法院、检察院等有关单位的资源，减少重复建设，实现政务部门完整覆盖、互联互通。建设政务云平台，实现部门资源、信息交换和共享，消除信息孤岛。加大政务信息公开力度，依托门户网站平台整合资源，丰富公开内容，实现网上办事便捷高效，政民互动有效，提高信息惠民的力度。进一步加强电子政务的安全管理，保障信息安全。

（四）继续推进大数据、云计算、物联网等新一代信息技术产业的发展

推动大数据、云计算、物联网、移动互联网等新一代信息技术的发展应用，提升对智慧城市的支撑作用。建设和完善国家物联网产业示范基地展示区，推动物联网在智能工业、智能交通、智能物流等领域的全覆盖和示范应用，并依靠政府的强势推动，拓宽应用市场，形成完善的商业模式和完整的产业生态。依靠"两带一路"的战略枢纽地位，发展大数据和云计算产业，以规划建立两江云计算数据中心为契机，大力推进通信枢纽建设，连接和整合各地数据资源，加快推进亚太地区数据存储中心、异地灾备中心的集聚各类数据的云体系建设，推动建立具有超级计算能力的数据开发、处理和应用中心。

第二十五章 四川省信息化发展水平分析

一、总体情况

（一）经济社会发展情况

2013年，四川省深入实施"三大发展战略"，沉着应对"4.20"芦山强烈地震和特大洪灾等极端自然灾害等多重困难挑战，及时出台实施强工业、抓投资、促消费、推进新型城镇化等四个"八条措施"和扩大外贸"十条措施"，有效防止经济增速过快下滑，全年经济稳中向好发展。全年实现地区生产总值（GDP）26260.8亿元，按可比价格计算，同比增长10.0%。其中，第一产业增加值3425.6亿元，；第二产业增加值13579.0亿元，第三产业增加值9256.1亿元，分别同比增长3.6%，11.5%和9.9%。三次产业结构由2012年的13.8∶51.7∶34.5调整为13.0∶51.7∶35.3。地方公共财政收入2781.1亿元，同比增长14.5%。[1]人均地区生产总值32454元，同比增长9.6%，其中，城镇居民人均可支配收入22368元，同比增长10.1%；农民人均纯收入7895元，同比增长12.8%，增速连续4年高于城镇居民人均可支配收入。2013年，四川省筹稳增长、调结构、促改革、惠民生，奋力推进"两个跨越"，主要经济指标增速保持在全国前八位，在经济大省中也位于前列。[2]

（二）信息化发展特点

1. 推动实施"宽带四川""光网四川"，信息基础建设更上一层楼

2013年，四川省大力发展"宽带四川""光网四川"，不断推动信息基础

---

[1] 四川省统计局：《2013年四川省国民经济和社会发展统计公报》，2014年3月。
[2] 《2014年四川省人民政府工作报告》，《四川日报》，2014年1月27日。

设施覆盖升级。一是通信基础设施方面，2013年，四川省加快"宽带四川"建设，大力推进农村宽带普及，共完成2006个行政村通宽带、50个自然村通电话、200个农村中小学通宽带；同时加快"光网四川"建设，对具备光网接入的区域全面启动宽带第三次大提速，50M/100M宽带进入广大百姓家庭，四川省进入"百兆新时代"，四川光纤宽带用户数已位居全国第二，呈现县城、农村比重较高，城乡同步发展的良好趋势，截至2013年年底，光纤用户数已达300万户，[1]建成1个全光城市、22个全光县、205个全光乡镇、1015个全光小区。二是三网融合方面，随着四川光纤发展和三网融合试点，四川省电信高清影视用户已达180万，仅2013年一年就新增120万，新增数量居全国第一，极大拉动了信息消费。

2. "两化"深度融合注入创新动力

2013年，四川省通过完善制造业信息化政策环境，加强宏观指导和资金扶持，健全信息化应用推广服务体系，建立扶持制造业信息化科技工程和中小企业信息化推进工程，搭建制造业信息化公共服务平台，从企业、行业和区域三个层面进一步加快推进"两化"融合的步伐。在企业层面，四川省国家认定企业技术中心数量升至51家，位列全国第七，稳居西部第一。四川德阳首家启动"翔计划"，帮助中小企业构建网络营销新模式，其优惠政策覆盖德阳、达州、宜宾、南充、泸州、广元、自贡等地，同时由百度主导推进"企业网络营销工程"，帮助企业开展搜索营销服务。四川省成立了成都市"两化"融合企业联盟，由新筑路桥、四川汽车等企业发起，旨在通过整合第三方资源，建立"两化"融合公共服务平台，为信息化企业和工业化企业特别是中小微企业搭建沟通平台，并在工业企业应用云、无线互联应用、技术培训、人力资源服务等方面提供多种公共服务。在行业层面。全国第一个工业云制造示范基地落户四川德阳，并着力打造基于全球的"工业云平台"，促使产业集聚，无缝连接全球上下游企业。在区域层面，大力发展产业园区建设，四川省政府提出"51025"重点产业园区发展计划，全省已有64个产业园区进入了"51025"重点产业园区发展计划；着力深化园区知识产权工作，优化调整园区布局和发展质量，拓展升级产业结构，集聚升级资源配置，以转型升级引领"二次创业"，从"园区制造"向"园区创造"提升，发展新型工业化园区、低碳试点工业园区、循环经济工业园区等。[2]

---

[1]　《四川实现百兆光纤宽带入户》，《科技日报》2013年10月1日。
[2]　《四川64个产业园区进入"51025"重点发展计划 转型升级引领"二次创业"》，四川新闻网，2013年11月5日。

3. 信息化促进城乡一体化建设

教育信息化方面，截至 2013 年年底，四川省建成了万兆骨干路由的教育城域光纤网，中小学校园网覆盖率达到百分之百，其中 86.5% 的中小学接入宽带网络，卫星资源接收设备等终端设施覆盖农村中小学，高校校园网全面普及；已建成教育资源类网站 108 个，资源存储量超过 50T，有 1.2 万所学校运用卫星远程教育资源进行学校教育和课堂教学，覆盖了甘、阿、凉民族地区 174 所学校，3.9 万多名学生，可与成都学子共享资源；四川已建立省级教学教研及教育教学资源网站，注册教师达 18 万人。[1] 社会保障方面，截至 2013 年年底，四川省绝大部分市（州）已实现区域内医保"一卡通"，同时开展异地就医省级数据交换平台建设的立项，部分市（州）可实现异地城市直接刷卡结算；[2] 四川省已将新农保和城居保两项制度合并实施并在全省建立统一的城乡居民基本养老保险制度，全省城乡居保信息系统已逐步进入规范应用。医疗信息化方面，四川省作为全国第二批居民健康卡建设试点省份，试点地区居民健康卡应用系统已基本搭建完成，将进一步健全和完善拉通全省业务的医保系统、防疫监控与应急处置系统、远程医疗系统等方面的信息系统，逐步缩小区域卫生服务体系差距。智慧城市建设方面，四川已拥有包括成都（温江区）、雅安、绵阳等在内的六座智慧城市试点城市。成都、攀枝花、德阳、绵阳等 11 个市州亦已出台智慧城市专项规划或启动智慧城市建设，形成了较为完善的智慧城市产业链。[3] 如四川省在所有区（市）县建设肉类蔬菜流通追溯体系，郊区政府所在镇 29 家农贸市场、264 家大型餐饮连锁企业和学校食堂建立蔬菜溯源管理，在彭州市试点建设蔬菜种植溯源体系和农药残留快速检测体系。

4. 信息化建设深入农村少数民族地区

2013 年，四川省全力推进村村通工程，进一步缩小城乡数字鸿沟。通信基础设施方面，2013 年，四川省深入推进"自然村通电话"和"行政村通宽带"工程建设，解决 2050 个 20 户以上自然村通电话和 3300 个行政村通宽带问题，20 户以上自然村通电话比例达到 92.6%，行政村通宽带比例达到 74%。信息服务方面，四川省 2013 年新增 30 个农村商务信息服务试点县（市、区），逐步实现农村商务信息服务平台与四川"三农"综合信息管理平台、"新农通"手机综合

---

[1]　《2015年四川全省将基本实现宽带网络校校通》，四川新闻网，2013年12月19日。
[2]　《四川省到2015年全面实现医保"一卡通"》，《成都日报》2013年8月25日。
[3]　《四川智慧城市啥样？建筑长眼睛 水管有鼻子》，《华西都市报》2014年6月18日。

信息服务平台、基层党建手机信息系统、四川农村信息网等多种涉农信息平台互联互通，避免了重复建设。医疗信息化方面，四川省为700多个少数民族地区乡镇卫生院（中心医院）采购巡回医疗车辆、必须的医疗设备和配置信息化应用终端，并相继实施了"村卫生室信息化建设""县医院能力建设""远程会诊系统建设""基层医疗卫生机构管理信息系统建设"等信息化建设项目，建立健全少数民族地区州、县、乡、村四级医疗卫生服务网络，通过合理设置社区卫生服务机构、乡镇卫生院、村卫生室，实现基层医疗卫生机构全覆盖。[1]

5. 互联互通创透明高效政府

2013年，四川省继续全面推进电子政务城乡一体化进程，鼓励群众更广泛地参与公共事务管理，提升基层政府的管理和服务信息化水平。在信息服务方面，四川省上线运行省电子政务大厅行政权力依法规范公开运行平台，整合政务大厅及省政府网站资源，向社会公布各部门的职权及法规等，并为市民提供在线咨询服务，系统设置了部门客服，可进行政民互动，如省发改委、省交通厅、省气象局等省级部门都有专人负责在线服务。[2] 在行政管理方面，四川省新建全国首个行政事业单位房地产综合管理信息化平台，对党政机关办公用房的建设、使用、维修等情况进行"全天候"监管。

二、信息化水平分析

（一）总体水平

"十二五"以来，四川省信息化实现了稳步发展，信息化发展总指数从2013年的61.18提升到2014年的67.88，指数值增长了6.7。网络基础设施较快发展，网络就绪度指数从2013年的48.05提升到了2014年的59.18，指数值增长了11.13。信息通信技术应用指数从2013年的70.7提升到2014年的74.74，指数值增长了4.04。信息化应用效益继续显现，应用效益指数从2013年的68.4提升到2014年的71.56，指数值提高了3.16。

---

[1] 《四川为少数民族地区群众筑起健康大坝》，《四川日报》2014年1月22日。
[2] 《政府部门设客服省电子政务大厅升级改版》，《成都商报》2014年1月5日。

表 25-1　四川省 2013—2014 年信息化指标情况

指标名称	2013年指数值	2014年指数值	变化情况
网络就绪度指数	48.05	59.18	11.13
信息通信技术应用指数	70.7	74.74	4.04
应用效益指数	68.4	71.56	3.16
信息化发展总指数	61.18	67.88	6.7

数据来源：中国电子信息产业发展研究院，2014 年 12 月。

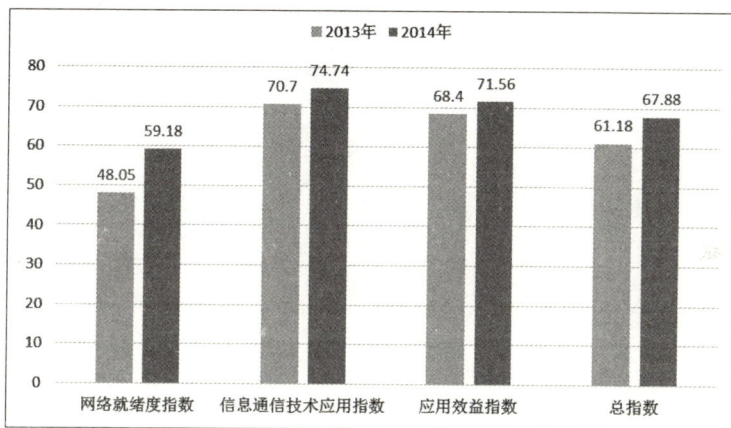

图25-1　四川省2013—2014年信息化指标情况

数据来源：中国电子信息产业发展研究院，2014 年 12 月。

（二）分类指标

1. 网络就绪度指数

在网络就绪度方面，"十二五"以来，四川省大力推进网络基础设施建设，网络基础设施基本实现了跨越式发展。智能终端进一步普及应用，普及率指数从 2013 年的 54.33 提升到 2014 年的 59.07，数值增长了 4.74。有线电视发展指数从 2013 年的 57.05 下降到 2014 年的 55.26，指数值减少了 1.79。光纤网络跨越式发展，发展指数从 2013 年的 21.65 提升到 2014 年的 48.43，指数值增长了 26.78。宽带普及继续推进，普及率指数从 2013 年的 51.4 提升到 2014 年的 59.78，指数值增长了 8.38。宽带速率进一步提升，宽带速率指数从 2013 年的 56.47 提升到 2014 年的 72.42，指数值增长了 15.95。

表25-2 四川省2013—2014年网络就绪度一级指标情况

指标名称	2013年指数值	2014年指数值	变化情况
智能终端普及指数	54.33	59.07	4.74
有线电视发展指数	57.05	55.26	−1.79
光纤发展指数	21.65	48.43	26.78
宽带普及指数	51.4	59.78	8.38
宽带速率指数	56.47	72.42	15.95

数据来源：中国电子信息产业发展研究院，2014年12月。

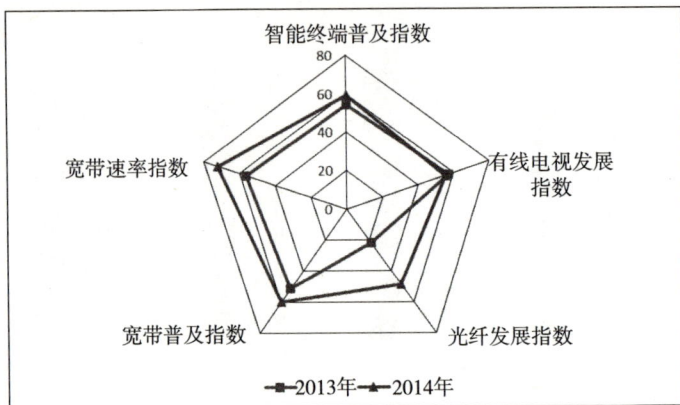

图25-2 四川省2013—2014年网络就绪度指数一级指标情况

数据来源：中国电子信息产业发展研究院，2014年12月。

就网络就绪度各项细分指标来分析，四川省"十二五"以来网络基础设施各方面基本上都取得了较大发展。移动电话用户数保持稳步增长，普及率指数从2013年的52.21提升到2014年的57.2,指数值增加了4.99。电脑普及率进一步提高，普及率指数从2013年的56.46提升到2014年的60.93，指数值增长了4.47。有线电视用户数略有减少，入户率指数从2013年的57.05下降到2014年的55.26，指数值下降了1.79。光纤入户快速推进，入户率指数从2013年的21.65提升到2014年的48.43，指数值增长了26.78。互联网固定宽带用户数略有减少，普及率指数从2013年的53.68减少到2014年的51.9，指数值降低了1.78。3G和4G用户数实现快速增长，移动宽带普及率指数从2013年的49.12增长到了2014年的67.67，指数值增长了18.55。宽带普及提速行动成效显著，固定宽带端口平均速率指数从2013年的56.47增长到了2014年的72.42，指数值增长了15.95。

表 25-3　四川省 2013—2014 年网络就绪度指数二级指标情况

指标名称	2013年指数值	2014年指数值	变化情况
移动电话普及率	52.21	57.2	4.99
电脑普及率	56.46	60.93	4.47
有线电视入户率	57.05	55.26	-1.79
光纤入户率	21.65	48.43	26.78
固定宽带普及率	53.68	51.9	-1.78
移动宽带普及率	49.12	67.67	18.55
固定宽带端口平均速率	56.47	72.42	15.95

数据来源：中国电子信息产业发展研究院，2014 年 12 月。

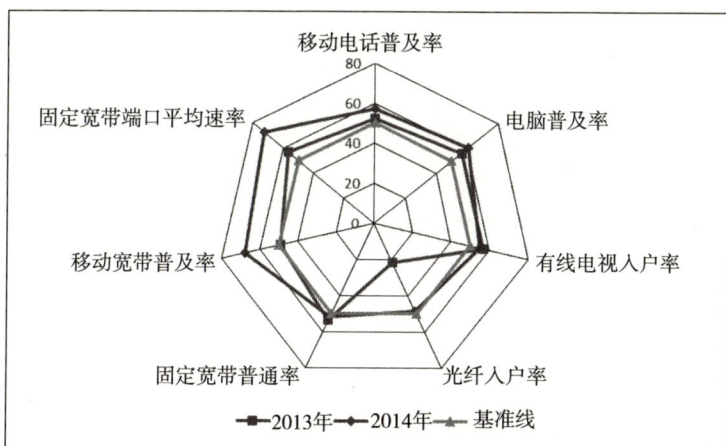

图25-3　四川省2013—2014年网络就绪度指数二级指标情况

数据来源：中国电子信息产业发展研究院，2014 年 12 月。

2. 信息通信技术应用指数

在信息通信技术应用方面，"十二五"以来，四川省企业、居民两方面信息化都取得了很大发展。企业应用指数从 2013 年的 49.15 提升到 2014 年的 61.09，指数值增长了 11.94。政务应用指数从 2013 年的 80.38 下降到 2014 年的 78.03，指数值下降了 2.35。居民应用指数从 2013 年的 76.63 提升到 2014 年的 79.91，指数值增长了 3.28。

表 25-4　四川省 2013—2014 年信息通信技术应用指数一级指标情况

指标名称	2013年指数值	2014年指数值	变化情况
企业应用指数	49.15	61.09	11.94
政务应用指数	80.38	78.03	−2.35
居民应用指数	76.63	79.91	3.28

数据来源：中国电子信息产业发展研究院，2014 年 12 月。

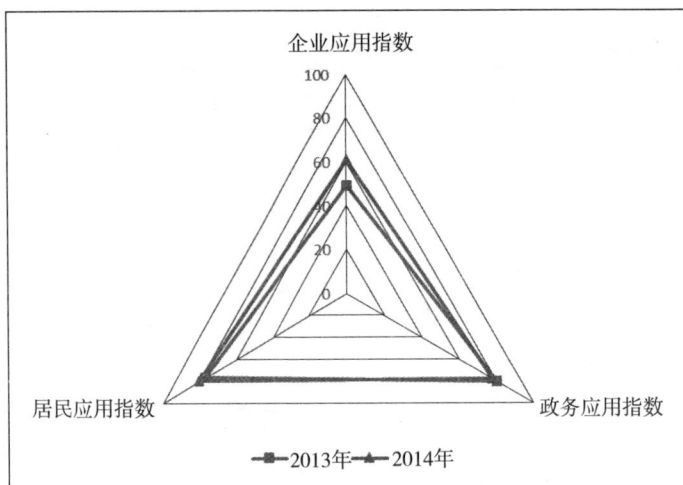

图25-4　四川省2013—2014年信息通信技术应用指数一级指标情况

数据来源：中国电子信息产业发展研究院，2014 年 12 月。

在企业信息化应用方面，企业信息化发展环境有较大改善。企业 ERP 普及率指数从 2013 年的 53.05 增长到 2014 年的 64.86，指数值增加了 11.81；企业电子商务交易额占比指数从 2013 年的 45.24 增加到了 57.32，指数值增加了 12.08。

在政务信息化应用方面，政务事项网上办事率指数从 2013 年的 90.01 下降到了 2014 年的 88.57，指数值下降了 1.44。政府信息公开上网率指数从 2013 年的 70.75 下降到了 2014 年的 67.5，指数值下降了 3.25。

在居民信息化方面，"十二五"以来，四川省居民信息化应用水平进一步提升。互联网用户数稳步增长，互联网普及率指数从 2013 年的 48.36 提升到 2014 年的 51.92，指数值增长了 3.56；居民电子商务快速发展，人均在线零售额占比指数从 2013 年的 122.71 提升到 2014 年的 125.8，指数值增长了 3.09。居民信息消费快速增长，人均信息类消费支出由 2013 年的 41.01 提升到 2014 年的 44.1，指数值增长了 3.09。

表 25-5　四川省 2013—2014 年信息通信技术应用指数二级指标情况

指标名称	2013年指数值	2014年指数值	变化情况
企业ERP普及率	53.05	64.86	11.81
企业电子商务交易额占比	45.24	57.32	12.08
政务事项网上办事率	90.01	88.57	-1.44
政府信息公开上网率	70.75	67.5	-3.25
互联网普及率	48.36	51.92	3.56
人均在线零售额占比	122.71	125.8	3.09
人均信息类消费支出	41.01	44.1	3.09

数据来源：中国电子信息产业发展研究院，2014 年 12 月。

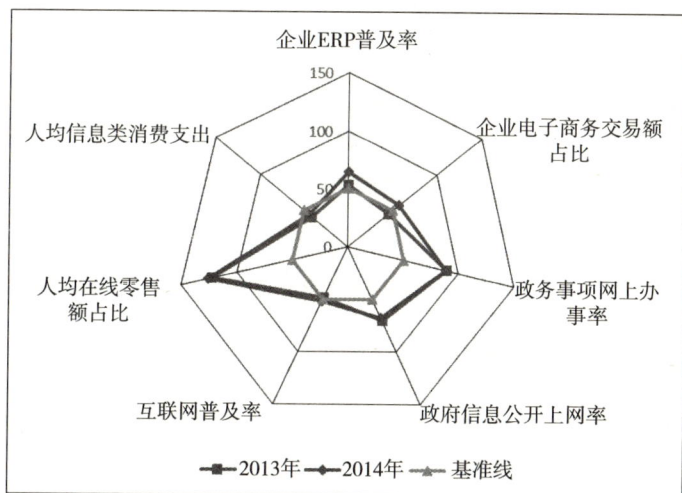

图25-5　四川省2013—2014年信息通信技术应用指数二级指标情况

数据来源：中国电子信息产业发展研究院，2014 年 12 月。

3. 信息化应用效益指数

在信息化应用效益方面，"十二五"以来，四川省信息化应用效益日渐凸显。劳动生产率指数从 2013 年的 49.91 增长到了 2014 年的 52.31，指数值增长了 2.4；技术创新指数从 2013 年的 90.25 增长到了 2014 年的 94.09，指数值增长了 3.84；节能降耗指数从 2013 年的 80.12 增长到了 2014 年的 83，指数值增长了 2.88；人均收益指数从 2013 年的 53.3 增长到了 2014 年的 56.83，指数值增长了 3.53。

表25-6　四川省2013—2014年信息化应用效益指数一级指标情况

指标名称	2013年指数值	2014年指数值	变化情况
劳动生产率指数	49.91	52.31	2.4
技术创新指数	90.25	94.09	3.84
节能降耗指数	80.12	83	2.88
人均收益指数	53.3	56.83	3.53

数据来源：中国电子信息产业发展研究院，2014年12月。

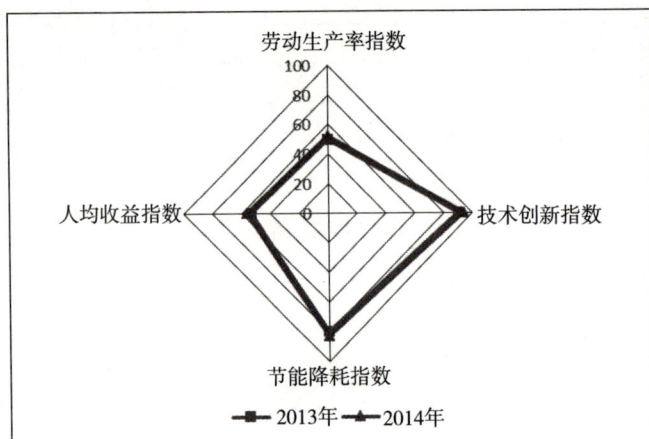

图25-6　四川省2013—2014年信息化应用效益指数一级指标情况

数据来源：中国电子信息产业发展研究院，2014年12月。

　　就信息化各项细分指标来分析，"十二五"以来，四川省信息化应用效益各方面基本上都取得了积极进展。全员劳动生产率指数从2013年的49.91增长到了2014年的52.31，指数值增长了2.4。单位地区生产总值专利申请量指数从2013年的91.37提升到2014年的101.4，指数值增长了10.03；单位地区生产总值专利授权量指数值从2013年的89.5下降到2014年的89.21，指数值下降了0.29。信息化促进节能降耗工作的开展，单位地区生产总值能耗指数从2013年的92.56增加到2014年的94.28，指数值增加了1.72；单位地区生产总值用水量指数从2013年的61.47增加到2014年的66.09，指数值增长了4.62。信息化带动了经济快速发展，人均地区生产总值指数由2013年的53.3提升到2014年的56.83，指数值增长了3.53。

表 25-7 四川省 2013—2014 年信息化应用效益指数二级指标情况

指标名称	2013年指数值	2014年指数值	变化情况
全员劳动生产率	49.91	52.31	2.4
单位地区生产总值专利申请量	91.37	101.4	10.03
单位地区生产总值专利授权量	89.5	89.21	−0.29
单位地区生产总值能耗	92.56	94.28	1.72
单位地区生产总值用水量	61.47	66.09	4.62
人均地区生产总值	53.3	56.83	3.53

数据来源：中国电子信息产业发展研究院，2014 年 12 月。

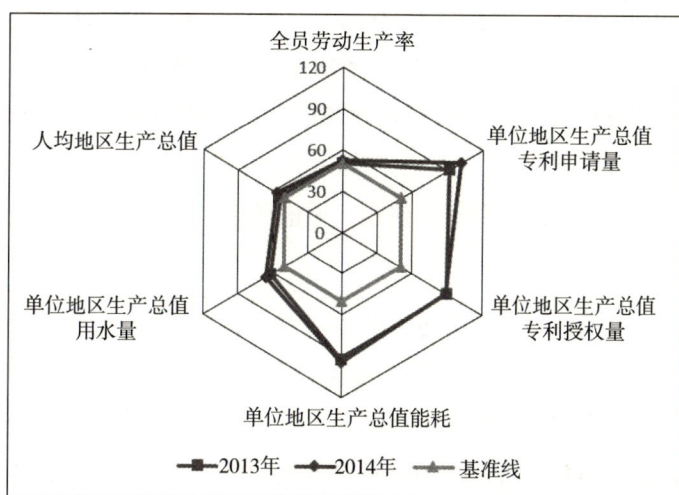

图25-7 四川省2013—2014年信息化应用效益指数二级指标情况

数据来源：中国电子信息产业发展研究院，2014 年 12 月。

三、优劣势评价

（一）优势

1. 电子信息产业发展态势良好，为信息化发展提供了有力支撑

电子信息产业是四川省的支柱产业和重点发展的"一号工程"，是四川经济增长的"倍增器"，发展方式的"转换器"和产业升级的"助推器"。近 10 年来，四川省电子信息产业保持了年均 20% 以上的较快增长，知名企业不断入川，

全球500强企业中超过40家电子类企业、全球软件20强中有13家企业、服务外包20强中有5家企业入川，四川已成为全国四大区域性电子信息产业基地之一，产业规模位居中西部首位。2013年，全省电子信息产业主营业务收入已超过5700亿元。在国内产业结构转型升级的趋势下，四川省也加快推进电子信息产业结构调整和优化升级，从2011年开始每年投入巨额专项资金，支持以新一代信息技术为首的战略性新兴产业发展，相关建设不断推进，为信息化的全面渗透提供了有力支持。

2. 电子政务水平稳步提升，有效提高了政府效率和治理水平

2013年四川省政务应用指数为80.38，全国排名第7位，2014年四川省电子政务水平进一步提升，政务应用指数为78.03，全国排名第6。这得益于多年来省政府在电子政务建设的重视和投入，2015年四川省将建立统一的公共资源交易电子化信息平台，推行省、市、县三级一体运行，全面推进"进场范围、电子化信息平台建设、综合评审专家库建设、诚信体系建设和政府采购改革"等五项重点工作。

3. 高校人才储备充分，为信息化提供了智力支持

四川省拥有四川大学、电子科技大学、西南交通大学、成都信息工程学院等普通高校107所，为四川信息化发展培养了大量的人才。据教育部统计表明，四川高校总体科技实力和综合竞争力位列全国前十位。四川省积极探索产学研合作新机制，促进产业创新发展。作为西部第一个国家技术创新工程试点省，四川省采取"高校+行业+企业"共建模式，新建工程中心、重点实验室、新型智库等多类型"省级科研平台"106个，建立国家和省级协同创新中心36个、大学科技园9个，全省性产业技术创新联盟80个，凝聚协同了全省80个行业的388家大中型核心骨干企业。2013年，四川省高校实现技术转让合同金额2.18亿元，列全国第五，实际收入列全国第五、西部第一。[1]

（二）劣势

1. 宽带普及率有待进一步提高

从网络就绪度各项细分指标来看，四川省在网络基础设施方面基本上取得了

---

[1] 《四川高校总体科技实力和综合竞争力位列全国前十》，四川新闻网，2014年10月22日。

较大发展，移动电话用户数、移动电话普及率、电脑普及率进一步提高，尤其是宽带光网建设的巨额投入，使四川进入了"新光网时代"，光纤入户率 2014 年较 2013 年有较大幅度的增长，但是在宽带普及率这一项指标上，落后于全国平均水平，2013 年宽带普及率指数为 51.4，列全国第 22 位，而 2014 年宽带普及率指数为 59.78，排名下滑至第 28 位，宽带建设提速扩容的同时，还需要注意让更多的人受益。

2. 信息产业大而不强，产品自主创新能力有待加强

近年来，四川省电子信息产业飞速发展，省政府连续多年建立专项资金支持新一代信息技术为首的战略性新兴产业发展。未来一段时间，电子信息及新一代信息技术产业平稳较快发展的势头还将继续保持。但是值得注意的是，信息行业发展大而不强，与发达地区相比还有一定差距，特别是自主创新能力不足、核心技术稀缺的现状已经严重制约了行业的发展，很多企业由于缺乏核心技术，主要依靠规模来换取利润，产品附加值低，处于产业链低端。因此，四川企业应结合新一代信息技术的变革，加强核心技术的研发，提高创新能力，实现企业的转型升级。

3. 企业信息化应用不足，限制了产业转型升级步伐

2013 年四川省企业应用指数 61.09，全国排名第 21 位，而全员劳动生产率指数为 52.31，人均地区总产值指数为 56.83，人均收益指数为 56.83，三项指数都排在全国第 24 位，均处于国内相对落后的水平，这表明四川省企业的信息化程度不高，信息化在提升省内企业劳动生产率、提高利润、增强竞争力方面没有发挥更大的作用。这和政府和企业对信息化的重视程度不够、缺乏整体规划、复合型信息化人才缺失等有很大关系。在"三期叠加"的关键时期，只有充分重视并利用新一代信息技术，才能完成产业的转型升级，否则将面临被时代淘汰的风险。

四、相关建议

（一）扩大宽带基础设施建设覆盖范围，提高宽带普及率

实施"宽带四川"战略，深入推进具有四川模式的宽带建设，以全光纤、高起点、一步到位、城乡统筹等多种创新举措推动四川光网建设的跨越式发展，开创宽带建设的全新时代——"新光网时代"，实现四川通信基础网络革命性变化。

继续推进"宽带乡村"工程,推进农村地区宽带发展。推进互联网数据中心（IDC）等云计算基础设施建设,打造西部数据中心。启动实施"城市宽带提速计划""农村宽带普及计划""视听乡村""农村校通宽带计划""应用创新推广计划""宽带体验提升计划"和"宽带产品研发计划"7大专项计划。加快通信和广电业务双向进入,组织实施一批三网融合示范工程。各级人民政府对信息基础设施建设要给予必要的土地和政策资金支持。

（二）鼓励电子终端产品和基础产业创新，促进信息产业做大做强

鼓励智能终端产品创新发展。努力增强以创新发展和能力建设为重点的信息产品供给能力,加大"四川国家数字家庭产业基地"建设,支持数字家庭智能终端研发及产业化,推进示范应用和产业基地建设。增强电子基础产业创新和应用能力。加速显示器件、集成电路等核心产品的研发并实现产业化。加快推动高世代平板显示器件项目建设。支持成都、绵阳、乐山等地大力发展智能传感器及系统核心技术的研发和产业化。支持遂宁、内江等地电子产业配套基地建设。推进"四川省北斗卫星导航综合应用示范工程项目"建设,在自然灾害预警与救助、公共安全综合应用、城乡建设、智慧景区管理、林火预警应急与野生动物监护等领域开展应用。[1]

（三）提高企业信息化水平，促进产业转型升级

继续以传统产业改造升级为主要方向,配合并选择仪器仪表和纺织行业开展重点行业整体提升试点,启动试点项目,给予专项资金支持。开展信息技术产用合作专项,根据四川省经信委发布的《关于加快电子信息产业培育发展实施意见（2013年）》,坚持创新发展和引进提高相结合,完善产业体系,壮大产业规模,推动产业结构向高端新型转变。继续深入推进帮助中小企业成长的"翔计划",利用百度搜索营销服务平台优势,为全省中小企业提供成本低、见效快、效益好的百度网络营销服务,并逐步构建和完善能为中小企业开拓市场、开展电子商务和提供技术指导的信息网络服务体系,进一步促进全省中小企业又好又快发展。建立健全中小企业信息化服务平台,提供中小企业信息化素质提升培训,鼓励企业利用宽带网络开展业务和商业模式创新,提升企业信息化水平。

---

[1] 关于促进信息消费扩大内需的实施方案。

第二十六章　贵州省信息化发展水平分析

一、总体情况

（一）经济社会发展情况

2013年，贵州省坚持"加速发展、加快转型、推动跨越"主基调，实施工业强省和城镇化带动主战略，贯彻落实发展为要、民生为本、企业为基、环境为重的工作理念，扎实推动各项工作，经济社会发展呈现出稳中有进、稳中有为、稳中向好的良好局面。2013年贵州省地区生产总值8006.79亿元，同比增长12.5%；财政总收入1919亿元，同比增长16.7%，公共财政预算收入1206亿元，同比增长18.9%，公共财政预算支出3098亿元，同比增长12.4%；人均地区生产总值为22922元，按年平均汇率折算为3701美元；城镇居民人均可支配收入20667元，农民人均纯收入5434元，分别同比增长10.5%和14.3%。三次产业比例由13：39.1：47.9调整为12.9：40.4：46.7；民营经济占地区生产总值43%，同比增长2.7%，县域经济占地区生产总值的比重为67%，比上年提高0.6个百分点。社会消费品零售总额同比提高14%。全面小康实现程度提高4%，达到73.2%，贫困人口减少166万人，6个县、172个乡镇脱离了贫困的称号。[1]贵州省全年经济增速继续保持在全国前列，在多项指标上取得重大突破，全面小康实现程度大幅提升。[2]

（二）信息化发展特点

1. 扎实推进信息化基础建设，打好发展基础

近年来，贵州省信息化建设呈现出良好的发展态势，信息化基础设施建设

---

[1]　贵州省统计局：《贵州省2013年国民经济和社会发展统计公报》，2014年4月。
[2]　贵州省人民政府：《2014年贵州省政府工作报告》，2014年4月。

日趋完善。一是通信设施方面，2013年贵州省通信光缆线路总长度达43万公里，通信基站数达6万个，分别同比增长59.38%和17.42%；宽带接入端口数同比增长18.86%，达到518万个；互联网出省带宽能力扩至1000Gbps，同比增长29.03%；县级城市有线电视网络双向化率增长至96%，电话普及率达到93部/百人，互联网宽带接入用户292万户，已有共计1.47万个行政村通了宽带，比例达到73%，共计9.57万个自然村通了电话，比例达到98%。二是三网融合方面，"三网融合"试点应用初步推进，商业应用正式启动，三网融合公共服务平台一期工程基本完成，已初步具备三网融合的基础和条件，将进入推进三网融合的关键时期。贵州省400万户有线电视用户中有364.8万户完成了数字化整转，广电网络数字化率达91.2%，同比增长1.02%；260余万户完成了网络双向化改造，占比达65%，较去上年底增长37.5%；"1258"工程是贵州省进行商业化运营的深入试点工程，现已完成1个集成播控平台、2个安全监管中心（一期）的建设和运行，并已完成贵阳市50个小区商业化运作、8个市（州）各有2个小区的试点。三是移动通信方面，已实现贵阳市、遵义市、安顺市通信资费同城化。贵州移动公司开展700兆频段移动4G小范围试点，将在2014年迎来大流量移动增值业务爆发式增长。[1]

2. 推进"两化"深度融合建设

贵州省积极响应工信部就"两化"融合的工作指导，积极加快推动"两化"深度融合，走工业转型升级之路，据工信部近期发布的全国"两化"融合发展指数的情况通报，2013年贵州省"两化"融合发展指数在全国排位从第30位提升至26位，上升了四位。一是政策环境方面，贵州省出台了《贵州省两化深度融合专项行动计划实施方案（2014-2017）》，指出要继续加强信息化基础环境建设，进一步推动工业信息化，并注重工业发展的质量和效益，提升企业创新能力和竞争力，促进经济发展方式转变和工业转型升级。二是企业信息化方面，2013年贵州省积极开展企业"两化"融合试点示范活动，共建制造业信息化示范企业50多家、应用推广企业150多家，实施信息化项目达2000多项，带动企业通过技术创新开发新产品200多项；信息产业相关专利申请197件，相关专利授权230件，同比增长27.92%和70.37%。以贵州"工业云"为抓手，先行在信息化

[1] 贵州省信息化推进处：《2013年贵州省信息化建设发展报告》，2014年3月。

基础较好的国防工业、装备制造和白酒行业开展云创新试点，提升智能化和柔性敏捷生产水平；中国振华（集团）新云电子元器件有限责任公司和贵州茅台酒股份有限公司被认定为"国家级信息化与工业化深度融合示范企业"；"贵州航空工业云"被认可为全国十个"工业云"试点项目之一。贵州省同时推动基于云计算平台的企业管理信息化应用，开展"电子商务集成创新试点"，加强企业及产业链上下游企业管理信息系统的综合集成能力，提升信息共享和业务协作能力，推动企业向网上交易、物流配送、信用支付集成方向升级。三是建成了一批信息技术公共服务平台、制造资源服务平台以及信息化培训基地，积极帮助企业开展电子商务应用，推动电子商务与现代物流的一体化发展，提高企业运转效率。[1]

3. 全面开展智慧城市建设，推进惠民业务

贵州省坚持"和谐贵州"的战略方向，以教育、劳动、社会保障和医疗卫生等信息化基础建设为重点的工作取得了长足进步，交通运输信息化建设已初见成效，社区信息化示范工程进展顺利，科技、环境保护、旅游、和服务业等领域的信息化建设也得到较快发展。一是推进智慧城市试点。贵州省乌当区、铜仁市、六盘水市在首批 90 个国家智慧城市试点之中，贵阳市、遵义市（含仁怀市、湄潭县）、毕节市、凯里市、六盘水市盘县 5 个城市入选国家第二批智慧城市试点名单，贵州省的国家智慧城市试点已达到 8 个。其中，贵阳市、遵义市、六盘水市、安顺市等加大了"智慧城市"应用的投入和建设，重点推进了智能交通、城市应急指挥、政府 WAP 门户网站、智慧校园、智慧农业、智慧医疗、天网工程等应用项目。二是无线便民城市业务不断发展。贵州省已有无线热点和无线接入点（WLAN 和无线 AP）4 万余个，贵州省范围内城市办事指南、公交信息查询、交通违章信息查询等 36 类无线城市业务已投入应用，部分市（州）还投入运营了客运信息、公积金信息查询等 13 类无线城市业务。三是北斗示范项目取得初步成效。以贵州北斗卫星导航终端产品检测认证中心和北斗卫星导航公共位置服务中心建设为重点完成基础环境施工和建设，两个中心的主要硬件设备已采购完毕、网络连接和系统集成已完成，主要软件系统开发完成并已上线调试，并可进行部分功能演示，已启动旅游、交通运输和国土资源三个领域的应用，同时开启地质灾害预防预测北斗群测群防，并使用专业手持终端，共安装了 20 套北斗旅

---

[1] 贵州省信息化推进处：《2013年贵州省信息化建设发展报告》，2014年3月。

游巡防、600台公共车辆、20套导游终端和50台旅游车辆。

4. 加强农村信息化基础建设，开展科技兴农

贵州省不断推进"宽带贵州"行动计划向乡村延伸，开展"基础设施乡村行，美丽乡村小康路"工作，持续加强农村信息化建设，加大对农村地区通信网络的覆盖，充分发挥通信网络建设对新农村建设的支撑引导作用。一是加快农村信息化基础设施建设。2013年贵州省进一步推进"自然村通电话"（20户以上）和"行政村通宽带"工程。为1750个未通电话自然村开通电话，为2700个未通宽带行政村开通宽带，其中"电话村村通"项目，自然村覆盖率已超过95%，行政村宽带率达到72%，并结合农村"校通宽带"完成村级信息点的建设。二是推广农村信息服务建设。贵州省成为2013年批复的五个"国家农村信息化示范省"之一。2013年贵州省为50个乡镇、100个行政村开展农村信息化建设点建设和"信息下乡"活动。以活动"四个一"为标准：一乡一个信息服务站，一村一个信息服务点，一乡一个信息库，一村一个网上农副产品信息栏，并着力将这些乡镇下辖所有行政村纳入"农经网""农信通""信息田园"或"金农通"的其中一种基础性农村综合信息服务平台服务范畴。农经网牵头开展国家农村信息化示范省的筹备工作和搭建科技特派员信息化平台建设，做好"三农"公益性信息服务，与农村信用社合作开展农业科技金融服务，串联农业产业链各环节，引进高端电子商务人才和网络营运策划团队，优化农业信息平台的顶层设计，加快完善省级农村信息化服务平台等信息服务平台和电子商务平台。三是走科技农业之路。目前已形成了生态农业技术创新、应用研究、示范推广的人才团队，共有各级各类科技特派员11474人，其完善的科技服务体系向全省三分之二的县市区提供科技服务。贵州省建立了茶叶、辣椒、蓝莓、草业等省级产业技术创新战略联盟4个，并不断加大对农产品加工技术的研究投入，鼓励创新应用，支持贵州特色食品产业快速发展，提升生态农业产品附加值。[1]

5. 着力政务云发展，电子政务建设跻身全国前列

贵州省作为2013年被工信部批准的国家"基于云计算的电子政务公共平台顶层设计"实施试点省份之一，积极提升行政效能，打造"四大网络平台"，建设服务型政府。一是加强政府部门通信基础建设。贵州省已基本建设完成统一的

[1] 贵州省科技厅：《贵州科技支撑生态农业发展十大亮点》，2014年7月。

电子政务外网及骨干传输网，初步形成一个横向覆盖省直各部门，纵向连接 9 个市（州）政府、88 个县（区、市）政府及 90% 以上的乡（镇）政府，与国家外网相连并按国家安全标准与外部互联网实现逻辑隔离的省电子政务外网体系，部分省直部门利用该网实现了与国家上级部门的电子政务业务系统对接，省行政审批电子监察系统建设不断加强和完善，省、市、县三级人民政府建成了政务网站，并积极创造条件将所辖乡镇、街道办事处、国有企业接入系统。二是推进政府办公信息化建设。贵州省电子政务应用系统和办公自动化系统建设已有一定规模，公安、税务、工商、国土、应急指挥、档案等部门的信息化建设已得到较快发展，统一"电子政务云"平台已初具规模，数据分享和政务协同进一步发展，一批社会公共信息服务综合应用项目已完成。贵州省 80% 以上的省直单位和 9 个市（州）级政府已建成机关内部局域网，省政府系统办公业务资源网公文无纸化传输系统已建成，桌面视频会议系统和视频点播系统等应用系统也可使用，现有系统与三级协同系统的跨地区、跨部门、跨层级运用已初步发展；贵州省政府办公厅协同办公系统运行顺畅，网上办文、查询、超期预警以及移动终端办公等已实现，处于全国省级政府办公厅前列。三是强化网络信息安全建设。深入推进网络信息安全监测、预警、通报和整改提高工作，加快建设完善密钥中心、电子认证服务，安全保障能力不断提升。[1]

二、信息化水平分析

（一）总体水平

"十二五"以来，贵州省信息化实现了快速发展，信息化发展总指数从 2013 年的 48.03 提升到 2014 年的 58.76，指数值增长了 10.73。网络基础设施继续快速发展，网络就绪度指数从 2013 年的 38.11 提升到了 2014 年的 47.51，指数值增长了 9.4。信息通信技术应用进一步普及和深化，应用指数从 2013 年的 59.41 提升到 2014 年的 73.69，指数值增长了 14.28。信息化应用效益初步显现，应用效益指数从 2013 年的 45.08 上升到 2014 年的 51.41，指数值下降了 6.33。

---

[1] 《贵州加快电子政务云建设步伐 省级网上办事大厅即将上线》，《人民网–贵州频道》，http://gz.people.com.cn/GB/n/2014/0314/c222152-20777188.html，2014年3月14日。

表 26-1　贵州省 2013—2014 年信息化指标情况

指标名称	2013年指数值	2014年指数值	变化情况
网络就绪度指数	38.11	47.51	9.4
信息通信技术应用指数	59.41	73.69	14.28
应用效益指数	45.08	51.41	6.33
信息化发展总指数	48.03	58.76	10.73

数据来源：中国电子信息产业发展研究院，2014 年 12 月。

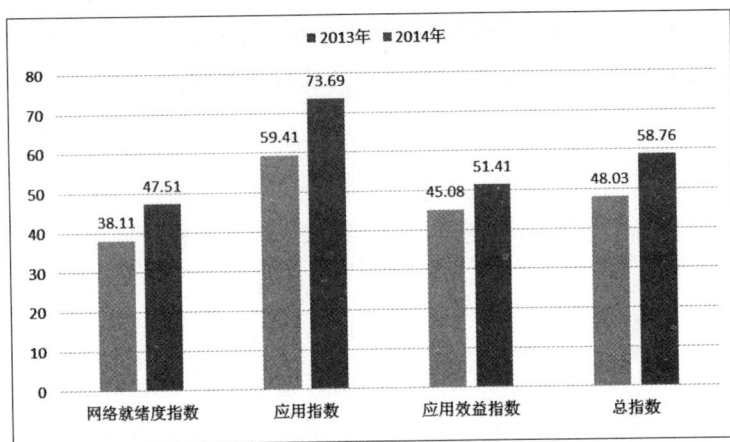

图26-1　贵州省2013—2014年信息化指标情况

数据来源：中国电子信息产业发展研 究院，2014 年 12 月。

（二）分类指标

1. 网络就绪度指数

在网络就绪度方面，"十二五"以来，贵州省大力推进网络基础设施建设，网络基础设施实现了跨越式发展。智能终端进一步普及应用，普及指数从 2013 年的 49.03 提升到 2014 年的 55.13，指数值增长了 6.1。"三网融合"顺利推进，有线电视发展指数从 2013 年的 44.17 下降到 2014 年的 43.22，指数值下降了 0.95，基本持平。光纤网络快速发展，发展指数从 2013 年的 6.08 提升到 2014 年的 14.64，指数值增长了 8.56。宽带普及加速，普及指数从 2013 年的 43.36 提升到 2014 年的 56.45，指数值增长了 13.09。宽带速率进一步提升，宽带速率指数从 2013 年的 46.7 提升到 2014 年的 65.14，指数值增长了 18.44。

表26-2　贵州省2013—2014年网络就绪度一级指标情况

指标名称	2013年指数值	2014年指数值	变化情况
智能终端普及指数	49.03	55.13	6.1
有线电视发展指数	44.17	43.22	−0.95
光纤发展指数	6.08	14.64	8.56
宽带普及指数	43.36	56.45	13.09
宽带速率指数	46.7	65.14	18.44

数据来源：中国电子信息产业发展研究院，2014年12月。

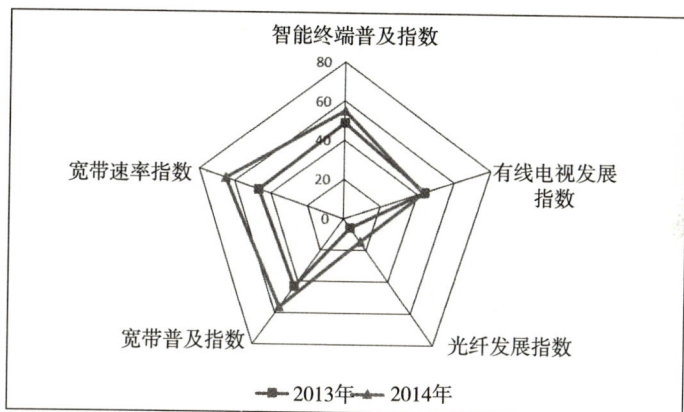

图26-2　贵州省2013—2014年网络就绪度指数一级指标情况

数据来源：中国电子信息产业发展研究院，2014年12月。

就网络就绪度各项细分指标来讲，贵州省"十二五"以来网络基础设施方方面面都取得了很大发展。移动电话用户数保持稳步增长，普及率指数从2013年的51.44提升到2014年的56.49，指数值增长了5.05。电脑普及率进一步提高，普及率指数从2013年的46.63提升到2014年的53.77，指数值增长了7.14。有线电视用户数基本与上年持平，入户率指数从2013年的44.17增长到2014年的43.22，指数值略下降了0.95。光纤入户快速推进，入户率指数从2013年的6.08提升到2014年的14.64，指数值增长了8.56。互联网固定宽带用户数稳步增长，普及率指数从2013年的42.73提升到2014年的48.46，指数值增长了5.73。3G和4G用户数实现快速增长，移动宽带普及率指数从2013年的44增长到了2014年的64.44，指数值增长了20.44。宽带普及提速行动初显成效，固定宽带端口平均速率指数从2013年的46.7增长到了2014年的65.14，指数值增长了18.44。

表 26-3　贵州省 2013—2014 年网络就绪度指数二级指标情况

指标名称	2013年指数值	2014年指数值	变化情况
移动电话普及率	51.44	56.49	5.05
电脑普及率	46.63	53.77	7.14
有线电视入户率	44.17	43.22	−0.95
光纤入户率	6.08	14.64	8.56
固定宽带普及率	42.73	48.46	5.73
移动宽带普及率	44	64.44	20.44
固定宽带端口平均速率	46.7	65.14	18.44

数据来源：中国电子信息产业发展研究院，2014 年 12 月。

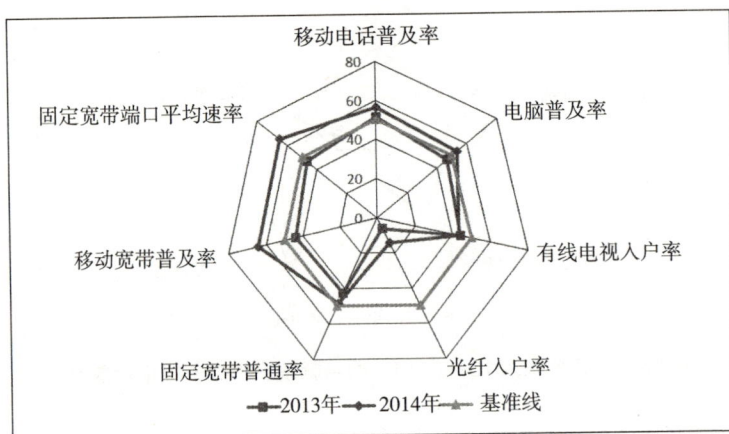

图26-3　贵州省2013—2014年网络就绪度指数二级指标情况

数据来源：中国电子信息产业发展研究院，2014 年 12 月。

2. 信息通信技术应用指数

在信息通信技术应用方面，"十二五"以来，贵州省企业、居民两方面信息化都取得了很大发展。企业应用指数从 2013 年的 35.5 提升到 2014 年的 67.37，指数值增长了 31.87。政务应用指数从 2013 年的 58.58 下降到 2014 年的 55.91，指数值略下降了 2.67。居民应用指数从 2013 年的 71.78 提升到 2014 年的 85.75，指数值增长了 13.97。

表 26-4　贵州省 2013-2014 年信息通信技术应用指数一级指标情况

指标名称	2013年指数值	2014年指数值	变化情况
企业应用指数	35.5	67.37	31.87
政务应用指数	58.58	55.91	-2.67
居民应用指数	71.78	85.75	13.97

数据来源：中国电子信息产业发展研究院，2014 年 12 月。

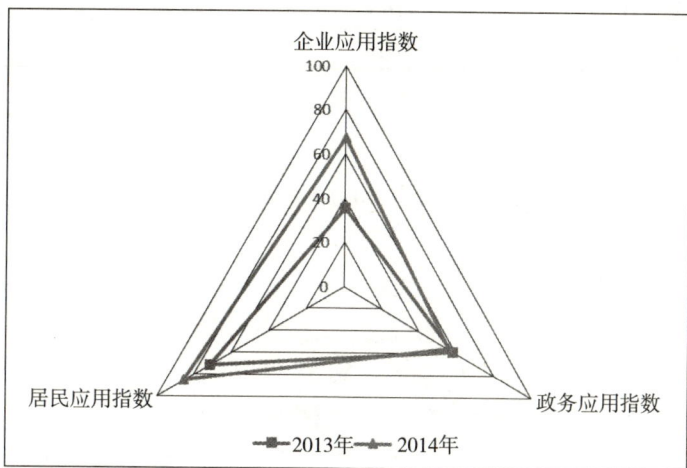

图26-4　贵州省2013—2014年信息通信技术应用指数一级指标情况

数据来源：中国电子信息产业发展研究院，2014 年 12 月。

在企业信息化应用方面，贵州省"十二五"以来大力推进企业"两化"融合工作，企业信息化发展环境进一步改善。企业 ERP 普及率从 2013 年的 44.4 提升到 2014 年的 60.84，指数值增长了 16.44；企业电子商务交易额占比指数从 2013 年的 26.6 增加到了 73.9，指数值上升了 47.3。

在政务信息化应用方面，政务事项网上办事率指数从 2013 年的 60.41 增加到了 2014 年的 62.53，指数值增长了 2.12。政府信息公开上网率指数从 2013 年的 56.75 下降到了 2014 年的 49.29，指数值下降了 7.46。

在居民信息化方面，"十二五"以来，贵州省居民信息化应用水平进一步提升。互联网用户数稳步增长，普及率指数从 2013 年的 44.72 提升到 2014 年的 49.57，指数值增长了 4.85；居民电子商务快速发展，人均在线零售额占比指数从 2013 年的 116.1 提升到 2014 年的 143.99，指数值增长了 27.89。居民信息消费快速增长，人均信息类消费支出由 2013 年的 37.26 提升到 41.62，指数值增长了 4.36。

表26-5　贵州省2013—2014年信息通信技术应用指数二级指标情况

指标名称	2013年指数值	2014年指数值	变化情况
企业ERP普及率	44.4	60.84	16.44
企业电子商务交易额占比	26.6	73.9	47.3
政务事项网上办事率	60.41	62.53	2.12
政府信息公开上网率	56.75	49.29	−7.46
互联网普及率	44.72	49.57	4.85
人均在线零售额占比	116.1	143.99	27.89
人均信息类消费支出	37.26	41.62	4.36

数据来源：中国电子信息产业发展研究院，2014年12月。

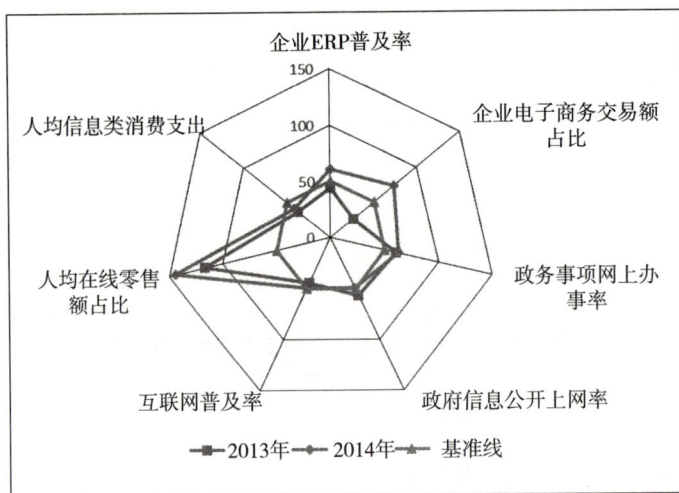

图26-5　贵州省2013—2014年信息通信技术应用指数二级指标情况

数据来源：中国电子信息产业发展研究院，2014年12月。

3. 信息化应用效益指数

在信息化应用效益方面，"十二五"以来，贵州省信息化应用效益日渐凸显。劳动生产率指数从2013年的24.06增长到了2014年的29.95，指数值增长了5.89；技术创新指数从2013年的61.45上升到了2014年的70.34，指数值增加了8.89；节能降耗指数从2013年的55.37增长到了2014年的61.1，指数值增长了5.73；人均收益指数从2013年的39.45增长到了2014年的44.24，指数值增长了4.79。

表 26-6　贵州省 2013—2014 年信息化应用效益指数一级指标情况

指标名称	2013年指数值	2014年指数值	变化情况
劳动生产率指数	24.06	29.95	5.89
技术创新指数	61.45	70.34	8.89
节能降耗指数	55.37	61.1	5.73
人均收益指数	39.45	44.24	4.79

数据来源：中国电子信息产业发展研究院，2014 年 12 月。

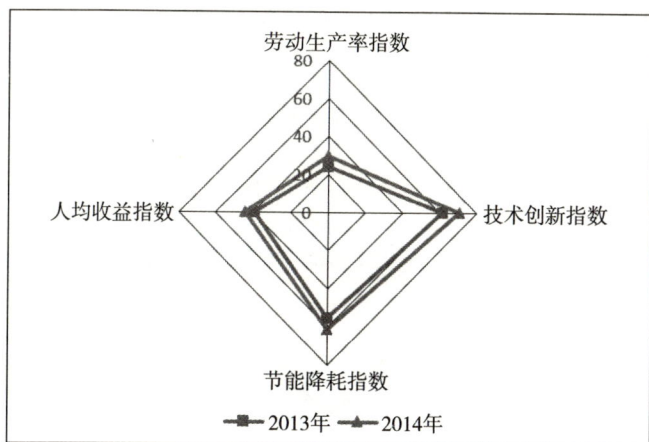

图26-6　贵州省2013—2014年信息化应用效益指数一级指标情况

数据来源：中国电子信息产业发展研究院，2014 年 12 月。

　　就信息化各项细分指标来讲，"十二五"以来，贵州省信息化应用效益方方面面都取得了积极进展。全员劳动生产率指数从 2013 年的 24.06 增长到了2014 年的 29.95，指数值增长了 5.89。单位地区生产总值专利申请量指数值从2013 年的 67.22 提升到 2014 年的 82.25，指数值增长了 15.03；单位地区生产总值专利授权量指数值从 2013 年的 57.6 上升到 2014 年的 62.4，指数值增加了 4.8。信息化促进了节能减排工作，单位地区生产总值能耗指数从 2013 年的60.37 提升 2014 年的 63.8，指数值增长了 3.43；单位地区生产总值用水量指数从 2013 年的 47.86 提升到 2014 年的 57.05，指数值增长了 9.19。信息化带动了经济快速发展，人均地区生产总值指数由 2013 年的 39.45 提升到 2014 年的44.24，指数值增长了 4.79。

表26-7　贵州省2013—2014年信息化应用效益指数二级指标情况

指标名称	2013年指数值	2014年指数值	变化情况
全员劳动生产率	24.06	29.95	5.89
单位地区生产总值专利申请量	67.22	82.25	15.03
单位地区生产总值专利授权量	57.6	62.4	4.8
单位地区生产总值能耗	60.37	63.8	3.43
单位地区生产总值用水量	47.86	57.05	9.19
人均地区生产总值	39.45	44.24	4.79

数据来源：中国电子信息产业发展研究院，2014年12月。

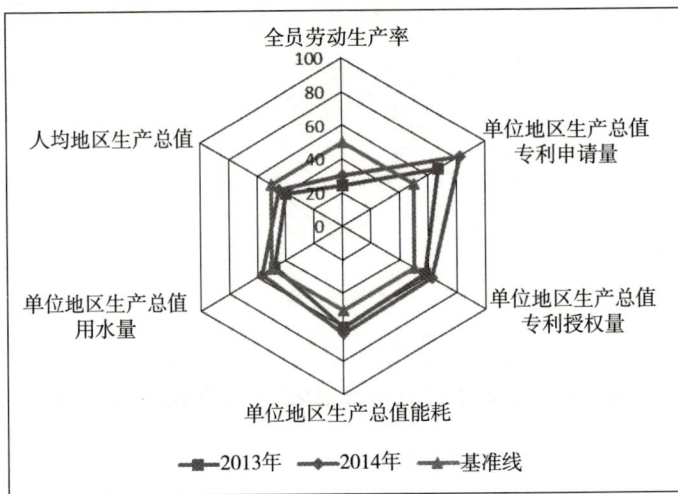

图26-7　贵州省2013—2014年信息化应用效益指数二级指标情况

数据来源：中国电子信息产业发展研究院，2014年12月。

三、优劣势评价

（一）优势

1. 信息化发展迅速，信息化发展总指数增幅全国最快

2014年贵州省信息化发展总指数达到58.76，全国排名为第23名，比全国平均水平66.56低7.8，发展水平居西部12个省（市、自治区）中游，位列西部12个省份第6名。2014年贵州省信息化发展总指数增幅全国最快，与2013年

48.03 相比,增幅达到 10.73。全国增幅超过 7 的省市共有 6 个,分别为贵州、重庆、湖南、浙江、北京和安徽,增幅分别为 10.73、9.01、8.34、8.07、7.93、7.16。其中,2014 年贵州省信息化发展信息通信技术应用指数增幅达到 14.28,位居全国首位。2014 年贵州省信息化发展应用效益指数比 2013 年增长了 6.33,增长幅度位居全国第二,仅比浙江省略低,增长幅度比全国平均增长幅度 3.11 高出 3.22。

2. "两化" 融合推进工作成效显著,指数进步明显

2014 年贵州省 "两化" 融合发展总指数达到 57.08,比 2013 年的 45.86 增长了 11.22,增长幅度位居全国第 3 位,增长率达到 24%。其中,基础环境指数增长率达到 23%;工业应用指数增长率达到 35%。尤其是工业企业信息化应用,增长最为明显。2014 年贵州省 "两化" 融合发展工业应用分指数中,重点行业典型企业销售环节电子商务应用指数、重点行业典型企业采购环节电子商务应用指数、重点行业典型企业 MES 普及率指数、重点行业典型企业 ERP 普及率指数、国家新型工业化产业示范基地 "两化" 融合发展水平指数、重点行业典型企业 SCM 普及率指数,增长率分别达到 96%、77%、66%、37%、33%、23%。

(二)劣势

1. 网络信息基础设施处在较为落后的水平,增长较为缓慢

从信息化发展指数中可以看出,贵州省网络就绪度指数中的 7 个二级指数几乎都处在全国末尾水平,移动电话普及率、电脑普及率、有线电视入户率、光纤入户率、固定宽带普及率、移动宽带普及率、固定宽带端口平均速率等 7 个指数 2014 年全国排名分别为第 26、29、27、31、29、28、30 名,2013 年全国排名分别为第 25、30、23、28、30、31、29 名。网络就绪度指数 2013 年和 2014 年全国排名均为第 30 名,仅位列西藏之前。网络就绪度指数增幅位列全国第 23 名,落后于全国平均水平。

2. 多数指数均保持快速增长,但指数水平仍落后于全国平均水平,甚至出现排名倒退现象

贵州省信息化发展指数中的 2014 年光纤发展指数增长达到了 141%,光纤发展指数达到了 14.64,但指数排名从 2013 年的全国第 28 位下降到了 2014 年的全国第 31 位。2014 年固定宽带端口速率指数增长达到了 39%,固定宽带端口速率

指数达到了 65.14，但指数排名从 2013 年的全国第 29 位下降到了 2014 年的全国第 30 位。2014 年移动宽带普及率指数增长达到了 46%，移动宽带普及率指数达到了 64.44%，但是全国排名提升效果不明显，仅从 2013 年的全国第 31 名提升到了第 28 名。

3. 有些领域信息化应用或应用效率出现了倒退现象

贵州省政府信息公开推进有所弱化，政府信息公开上网指数从 2013 年的 56.75 下降到了 2014 年的 49.29。工业成本费用还在持续上升，工业成本费用利润率指数从 2013 年的 63.51 下降到了 2014 年的 47.16，下降 13%。工业创新的趋势在减弱，单位工业增加值工业专利量指数从 2013 年的 89.8 下降到 2014 年的 86.72。

4. 居民信息化应用水平有待提升

从评估数据中可以看出，居民信息应用水平严重落后，2013 年和 2014 年互联网普及率指数始终保持在全国第 29 名，仅排在云南和江西两省之前，而且和云南和江西差距甚微。2014 年贵州、云南和江西三省互联网普及率指数分别为 49.57、49.46、49.24，贵州与云南、江苏的差距分别仅有 0.11 和 0.33，但是与排在第 28 名的甘肃省却有 1.93 的差距。

5. 省内不同地市工业企业两化融合水平存在较大差距

就工业应用指数来讲，2014 年最高的地区毕节工业应用指数达到 54.56，而最低的地区黔西南指数仅为 15，相差差距近达 40。在 MES 普及率指数方面，2014 最高的地区毕节 MES 普及率指数达到 71.87，而最低的地区黔西南 MES 普及率指数仅为 17.12，相差差距近 55。在电子商务应用方面，在调研的企业中，黔西南地区目前还没有企业电子商务应用。

四、相关建议

（一）大力推进网络信息基础设施建设，推动基础设施智能化转型

一是推进光纤到户，提升城市宽带能力，在加大光纤覆盖的同时，重视利用 VDSL 等多种技术解决城市老旧小区宽带改造问题，不断提升城市宽带接入能力和城域网传输交换能力。二是鼓励各地市充分利用现有有线电视网络基础，加大

有线电视网络数字化和双向化升级改造力度，加快推进下一代广播电视网建设，不断优化网络性能。三是加大对 LTE 建设和发展的支持力度，推动基础电信企业加快 LTE 网络建设进度，为广大用户提供高速、便捷、实惠的 4G 无线宽带服务。四是持续实施"通信村村通"工程，并加快"村村通"工程向"户户通"升级。五是统筹布局，规划和建设好区域云计算中心和大数据中心工程，力争将贵州打造成为国家西南地区的区域信息汇集中心、重要通信枢纽。六是要建加快交通、水、电、气等重要基础设施的智能化改造，大力发展智能交通和智能管网，提高基础设施对经济发展的支撑能力。

（二）大力推进"互联网+"行动计划，打造贵州经济的升级版

一是加快企业基于互联网的流程再造与业务创新，利用互联网改造提升传统产业，促进产业优化升级。二是完善行业基于互联网的个性化设计体系，建立和普及用户广泛参与的协同设计模式，推动行业 B2C 电子商务平台从产品销售和广告营销向研发设计、生产制造等领域渗透，发展基于互联网的按需制造、众包设计等新型制造模式，促进生产和消费环节对接。三是鼓励建设工业云服务平台，提供社会化制造资源服务，推进企业研发设计、数据管理、工程服务等制造需求向云服务平台迁移。四是鼓励发展行业大数据，面向中小制造企业提供生产制造、供应链管理、产品营销及服务等环节的数据决策服务。五是拓展互联网在农业各领域的应用，大力推进信息进村入户和农业物联网发展。六是深化互联网在教育、医疗、就业、交通等民生领域的应用，积极发展在线教育和远程医疗，鼓励大众基于互联网的创新创业，大力发展车联网，培育交通信息服务新模式新业态。

（三）大力推进公共信息资源开放行动计划，推动贵州大数据产业跨越发展

一是围绕地市和县级政府深化社会管理和公共服务应用需要，汇聚在国家、省级集中管理的各类基础信息资源和重要业务信息，要采取多种方式和手段，为地市和县级政府深化电子政务应用提供跨层级、跨部门信息共享服务，促进地方政府社会管理和服务水平持续提高。二是加大农业、科技、教育、文化、卫生、人口和计划生育、就业和社会保障、法制、国土资源等重点领域信息资源的公益性开发利用，建立公益性信息资源开发与信息获取均等化服务的长效机制。三是

培育信息资源交易市场，建立信息资源资产登记制度和交易规则，建立信息资源元数据标准，规范信息资源资产说明，推动形成信息资源资产交易市场。四是建立信息资源资产知识产权管理制度，加强对信息资源资产的知识产权管理。建设信息资源交换交易平台，为信息资源开发利用提供技术支撑。

（四）大力刺激"信息消费"，实现"信息惠民"

一是完善智能物流基础设施，出台仓储建设用地、配送车辆管理等方面的鼓励政策，鼓励和支持农村、社区、学校的物流快递配送点建设。二是鼓励利用电子商务创新创业，支持网络零售平台做大做强，引导金融机构为中小网商提供小额贷款服务，推动中小企业普及应用电子商务。三是拓展移动电子商务应用，积极培育城市社区、农产品电子商务。四是大力发展跨境电子商务，鼓励传统电商向跨境电商拓展，申报保税区，推动网上自贸区建设。四是以信息化改造和保障民生，重点解决社保、医疗、教育、养老、就业、公共安全、食品药品安全、社区服务、家庭服务等九大领域信息共享和协同服务问题，实现信息普惠。

第二十七章　云南省信息化发展水平分析

一、总体情况

（一）经济社会发展情况

2013 年，云南省面对国际经济环境复杂多变、国内经济下行压力加大、省内自然灾害频发等严峻形势，采取一系列既利当前、更谋长远的举措，全省经济社会发展呈现稳中有进、稳中有好、稳中有快的良好态势。截至 2013 年年末，全省常住人口为 4686.60 万人，同比增加 27.6 万人。自然增长率为 6.17‰，比上年下降 0.05 个千分点。初步核算，2013 年全省生产总值（GDP）达 11720.91 亿元，比上年增长 12.1%，高于全国 4.4 个百分点。其中，第一产业完成增加值 1895.34 亿元，同比增长 6.8%；第二产业完成增加值 4927.82 亿元，同比增长 13.3%，第三产业完成增加值 4897.75 亿元，同比增长 12.4%。三次产业结构由上年的 16.0:42.9:41.1 调整为 16.2:42.0:41.8。全年全部工业实现增加值 3767.58 亿元，比上年增长 12.0%；其中，规模以上工业增加值 3470.66 亿元，同比增长 12.3%。在规模以上工业中，轻工业增加值 1528.14 亿元，同比增长 7.4%；重工业实现工业增加值 1942.53 亿元，同比增长 16.3%。

（二）信息化发展特点

1. 企业技术创新主体地位不断强化

云南省积极推动企业加快技术改造，企业技术创新主体地位不断强化。围绕产业链延伸、精深加工、工艺技术装备提升、资源综合利用、环保节能、两化融合等重点领域，云南省共组织实施了"3个100"重点技术改造项目计划和150项重点技术创新项目计划，云南解化褐煤洁净化利用试验示范等一批重点技术改造项目建成投产，实现23项关键及共性技术、22个新产品产业化及一批知识产权成果产业化应用。同时，云南省积极推进企业创新平台能力建设，建成省级认定企业技术中心38家、工业产品质量控制与技术评价实验室10家，工业产品质量品牌标准化建设工作进展顺利。

2. "数字企业"助力企业信息化快速发展

2012年，云南省丽江市实施了"数字企业"建设活动，以"云服务"的方式为企业提供了一系列信息化建设服务，如丽江市烟草公司建设的烟草E通和烟叶预检系统，为全市3200户卷烟零售户搭建了电子化商务订烟平台，卷烟零售户可随时随地通过手机向烟草公司订购卷烟；为120户商铺提供了集供、销、存、客户关系管理为一体的系统信息化软件——旺铺助手；为21家企业提供了外勤人员管理系统——外勤助，为9860户宽带用户进行了宽带光纤提速；为470户企业提供了不同的信息化产品及部分解决方案。并采取"请进来、走出去"的方式在公司或企业开展了95场信息化现场演示巡展推介活动，为众多企业提供了信息化咨询诊断、规划培训、个性需求定制等优质服务。"数字企业"大力提升了丽江市企业信息化水平，提高了企业生产管理效率，增强了企业市场竞争力。

3. 信息化成为服务民生的重要途径

云南省积极推进社会信息化建设，为提升民生服务质量提供了有力抓手。在医疗卫生方面，为进一步整合医疗卫生资源，方便基层群众就医，云南省卫生厅积极建设基层医疗卫生机构管理信息系统，为"保基本、强基层、建机制"提供重要技术支撑。在药品监管方面，云南省不断加大食品药品监管信息化建设力度，形成了一套较为完善的信息化系统，建设了初具规模的信息化网络基础设施，开发了一批食药相关信息系统软件，规范建立了相应的数据库，目前已完成入网生产企业100家，入网批发企业492家，基药生产、批发企业实现了100%入网，共计4323家零售药店纳入了药品电子监管试点。在食品安全监管方面，食品安全监管信息化系统建设初见成效，目前已建成"云南省食品生产追溯系统""云南省生产加工食品抽检监测信息系统""食品生产许可网上审批系统"等三个业务系统，通过信息化监管确保人民群众舌尖上的安全。

二、信息化水平分析

（一）总体水平

"十二五"以来，云南省信息化实现了快速发展，信息化发展总指数从 2013 年的 50.12 提升到 2014 年的 54.92,指数值增长了 4.8。网络基础设施继续快速发展，网络就绪度指数从 2013 年的 42.53 提升到了 2014 年的 50.55,指数值增长了 8.02。信息通信技术应用进一步普及和深化，信息通信技术应用指数从 2013 年的 60.53 提升到 2014 年的 63.1,指数值增长了 2.57。信息化应用效益初步显现，应用效益指数从 2013 年的 44.49 上升到 2014 年的 47.31，指数值增长了 2.82。

表 27-1　云南省 2013—2014 年信息化指标情况

指标名称	2013年指数值	2014年指数值	变化情况
网络就绪度指数	42.53	50.55	8.02
信息通信技术应用指数	60.53	63.1	2.57
应用效益指数	44.49	47.31	2.82
信息化发展总指数	50.12	54.92	4.8

数据来源：中国电子信息产业发展研究院，2014 年 12 月。

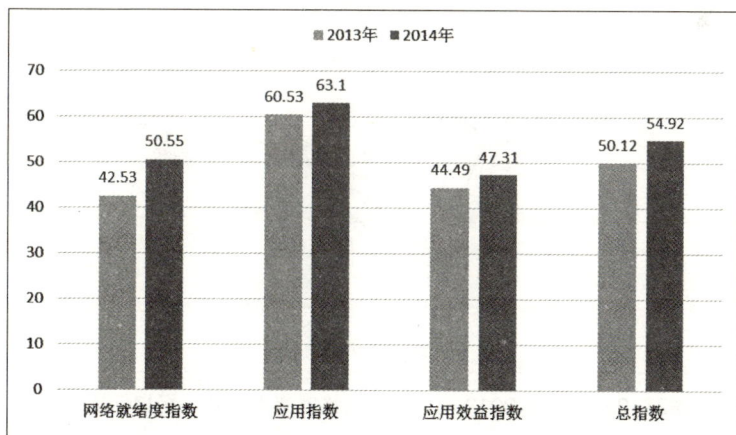

图27-1　云南省2013—2014年信息化指标情况

数据来源：中国电子信息产业发展研究院，2014 年 12 月。

（二）分类指标

1.网络就绪度指数

在网络就绪度方面，"十二五"以来，云南省大力推进网络基础设施建设，网络基础设施实现了跨越式发展。智能终端进一步普及应用，普及率指数从2013年的49.1提升到2014年的54.49，数值增长了5.39。有线电视发展指数从2013年的47.42下降到2014年的45.03，指数值减少了2.39。光纤网络快速发展，发展指数从2013年的10.14提升到2014年的22.34，指数值增长了12.2。宽带普及继续推进，普及率指数从2013年的49.65提升到2014年的60.52，指数值增长了10.87。宽带速率进一步提升，宽带速率指数从2013年的55.9提升到2014年的68.01，指数值增长了12.11。

表27-2　云南省2013—2014年网络就绪度一级指标情况

指标名称	2013年指数值	2014年指数值	变化情况
智能终端普及指数	49.1	54.49	5.39
有线电视发展指数	47.42	45.03	−2.39
光纤发展指数	10.14	22.34	12.2
宽带普及指数	49.65	60.52	10.87
宽带速率指数	55.9	68.01	12.11

数据来源：中国电子信息产业发展研究院，2014年12月。

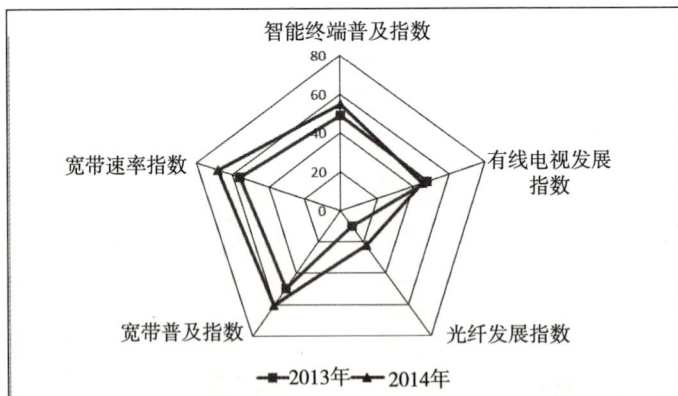

图27-2　云南省2013—2014年网络就绪度指数一级指标情况

数据来源：中国电子信息产业发展研究院，2014年12月。

就网络就绪度各项细分指标来讲，云南省"十二五"以来网络基础设施各方面基本上都取得了较大发展。移动电话用户数保持稳步增长，普及率指数从

2013 年的 49.04 提升到 2014 年的 54.67，指数值增加了 5.63。电脑普及率进一步提高，普及率指数从 2013 年的 49.15 提升到 2014 年的 54.31，指数值增长了 5.16。有线电视用户数略有减少，有线电视入户率指数从 2013 年的 47.42 下降到 2014 年的 45.03，指数值减少了 2.39。光纤入户快速推进，入户率指数从 2013 年的 10.14 提升到 2014 年的 22.34，指数值增长了 12.2。互联网固定宽带用户数略有增加，普及率指数从 2013 年的 49.42 增加到 2014 年的 51.77，指数值增加了 2.35。3G 和 4G 用户数实现快速增长，移动宽带普及率指数从 2013 年的 49.89 增长到了 2014 年的 69.27，指数值增长了 19.38。宽带普及提速行动成效显著，固定宽带端口平均速率指数从 2013 年的 55.9 增长到了 2014 年的 68.01，指数值增长了 12.11。

表 27-3　云南省 2013—2014 年网络就绪度指数二级指标情况

指标名称	2013年指数值	2014年指数值	变化情况
移动电话普及率	49.04	54.67	5.63
电脑普及率	49.15	54.31	5.16
有线电视入户率	47.42	45.03	−2.39
光纤入户率	10.14	22.34	12.2
固定宽带普及率	49.42	51.77	2.35
移动宽带普及率	49.89	69.27	19.38
固定宽带端口平均速率	55.9	68.01	12.11

数据来源：中国电子信息产业发展研究院，2014 年 12 月。

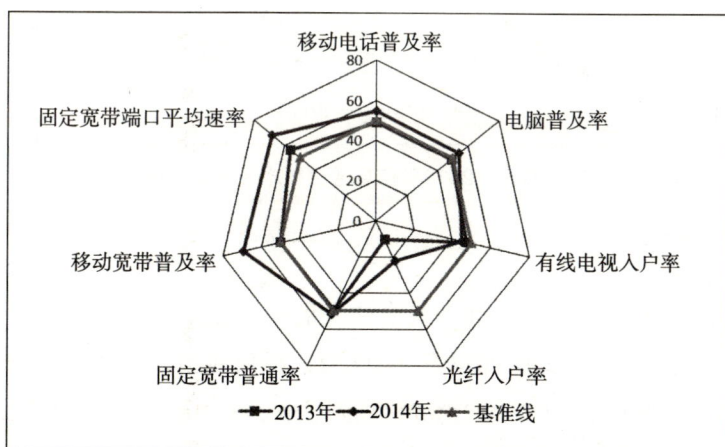

图27-3　云南省2013—2014年网络就绪度指数二级指标情况

数据来源：中国电子信息产业发展研究院，2014 年 12 月。

2. 信息通信技术应用指数

在信息通信技术应用方面，"十二五"以来，云南省在企业、居民两方面信息化都取得了很大发展。企业应用指数从 2013 年的 32.96 提升到 2014 年的 40.44，指数值增长了 7.48。政务应用指数从 2013 年的 73.58 下降到 2014 年的 57.8，指数值下降了 15.78。居民应用指数从 2013 年的 67.79 提升到 2014 年的 77.09，指数值增长了 9.3。

表 27-4　云南省 2013-2014 年信息通信技术应用指数一级指标情况

指标名称	2013年指数值	2014年指数值	变化情况
企业应用指数	32.96	40.44	7.48
政务应用指数	73.58	57.8	−15.78
居民应用指数	67.79	77.09	9.3

数据来源：中国电子信息产业发展研究院，2014 年 12 月。

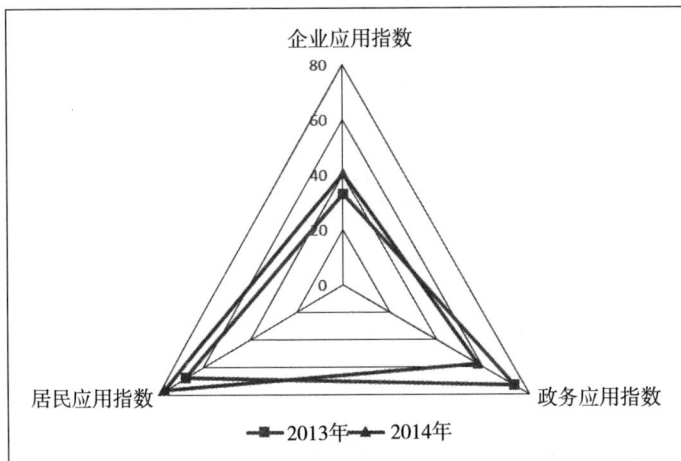

图27-4　云南省2013—2014年信息通信技术应用指数一级指标情况

数据来源：中国电子信息产业发展研究院，2014 年 12 月。

在企业信息化应用方面，企业信息化发展环境有较大改善。企业 ERP 普及率从 2013 年的 44.97 增长到 2014 年的 47.31，指数值增加了 2.34；企业电子商务交易额占比指数从 2013 年的 20.95 增加到了 2014 年的 33.56，指数值增加了 12.61。

在政务信息化应用方面，政务事项网上办事率指数从 2013 年的 82.49 下降到了 2014 年的 65.6，指数值减少了 16.89。政府信息公开上网率指数从 2013 年的 64.67 下降到了 2014 年的 50，指数值下降了 14.67。

在居民信息化方面，"十二五"以来，云南省居民信息化应用水平进一步提升。互联网用户数稳步增长，普及率指数从 2013 年的 44.6 提升到 2014 年的 49.46，指数值增长了 4.86；居民电子商务快速发展，人均在线零售额占比指数从 2013 年的 104.88 提升到 2014 年的 121.65，指数值增长了 16.77。居民信息消费快速增长，人均信息类消费支出指数由 2013 年的 39.97 提升到 2014 年的 43.23，指数值增长了 3.26。

表 27-5　云南省 2013—2014 年信息通信技术应用指数二级指标情况

指标名称	2013年指数值	2014年指数值	变化情况
企业ERP普及率	44.97	47.31	2.34
企业电子商务交易额占比	20.95	33.56	12.61
政务事项网上办事率	82.49	65.6	−16.89
政府信息公开上网率	64.67	50	−14.67
互联网普及率	44.6	49.46	4.86
人均在线零售额占比	104.88	121.65	16.77
人均信息类消费支出	39.97	43.23	3.26

数据来源：中国电子信息产业发展研究院，2014 年 12 月。

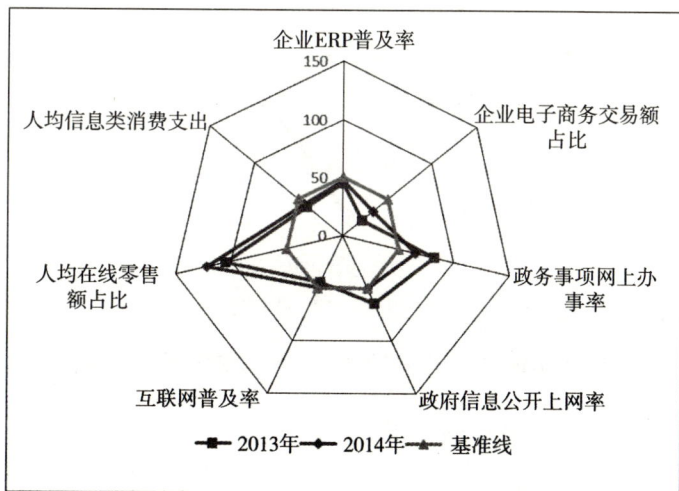

图27-5　云南省2013—2014年信息通信技术应用指数二级指标情况

数据来源：中国电子信息产业发展研究院，2014 年 12 月。

3. 信息化应用效益指数

在信息化应用效益方面，"十二五"以来，云南省信息化应用效益日渐凸显。劳动生产率指数从 2013 年的 32.13 增长到了 2014 年的 34.31，指数值增长了 2.18；技术创新指数从 2013 年的 42.73 增长到了 2014 年的 45，指数值增长了 2.27；节能降耗指数从 2013 年的 59.93 增长到了 2014 年的 62.65，指数值增长了 2.72；人均收益指数从 2013 年的 43.19 增长到了 2014 年的 47.3，指数值增长了 4.11。

表 27-6　　云南省 2013—2014 年信息化应用效益指数一级指标情况

指标名称	2013年指数值	2014年指数值	变化情况
劳动生产率指数	32.13	34.31	2.18
技术创新指数	42.73	45	2.27
节能降耗指数	59.93	62.65	2.72
人均收益指数	43.19	47.3	4.11

数据来源：中国电子信息产业发展研究院，2014 年 12 月。

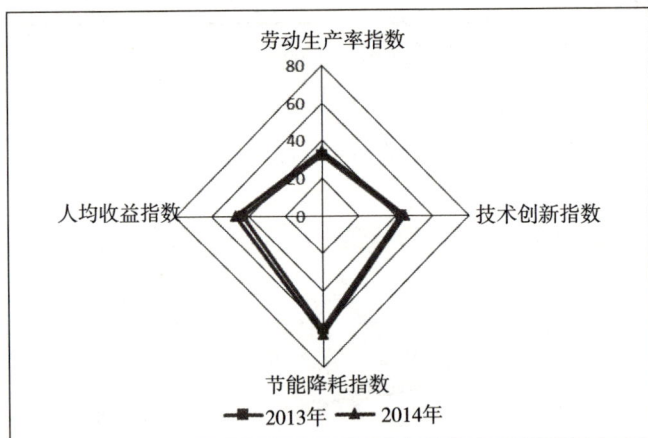

图27-6　云南省2013—2014年信息化应用效益指数一级指标情况

数据来源：中国电子信息产业发展研究院，2014 年 12 月。

就信息化各项细分指标来讲，"十二五"以来，云南省信息化应用效益各方面都取得了积极进展。全员劳动生产率指数从 2013 年的 32.13 增长到了 2014 年的 34.31，指数值增长了 2.18。单位地区生产总值专利申请量指数值从 2013 年的 43.72 提升到 2014 年的 48.57，指数值增长了 4.85；单位地区生产总值专利授权量指数值从 2013 年的 42.07 提升到 2014 年的 42.62，指数值增加了 0.55。信息化促进节能降耗工作的开展，单位地区生产总值能耗指数从 2013 年的 68 增加到 2014 年的 69.09，指数值增加了 1.09；单位地区生产总值用水量指数从 2013 年的 47.82 增加到 2014 年的 52.98，指数值增长了 5.16。信息化带动了经济快速发展，人均地区生产总值指数由 2013 年的 43.19 提升到 2014 年的 47.3，指数值增长了 4.11。

表 27-7 云南省 2013—2014 年信息化应用效益指数二级指标情况

指标名称	2013年指数值	2014年指数值	变化情况
全员劳动生产率	32.13	34.31	2.18
单位地区生产总值专利申请量	43.72	48.57	4.85
单位地区生产总值专利授权量	42.07	42.62	0.55
单位地区生产总值能耗	68	69.09	1.09
单位地区生产总值用水量	47.82	52.98	5.16
人均地区生产总值	43.19	47.3	4.11

数据来源：中国电子信息产业发展研究院，2014 年 12 月。

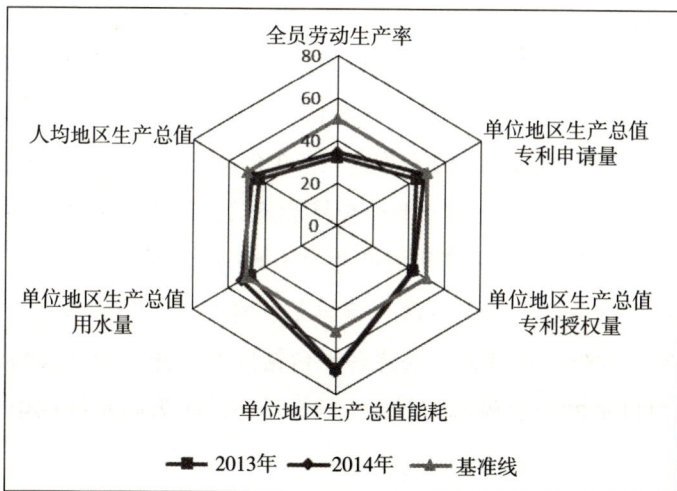

图27-7 云南省2013—2014年信息化应用效益指数二级指标情况

数据来源：中国电子信息产业发展研究院，2014 年 12 月。

三、优劣势评价

（一）优势

1. 电子政务集成化水平大幅提升

云南省经过电子政务集约化建设，实现了省政务外网和国家政务外网对接，实现了从中央到省、市、县四级外网网络互联互通，并且在省级构建3G和4G用户接入平台，以及因特网上VPN接入统一平台，手机用户、智能终端实现了外网平台直连，实现了统一管理和安全防护。外网目前承载全省52个部门业务专网，专线接入单位用户达到8000多个，4G用户达到3000多个。在全省省级部门建成200多项业务系统，16个州市分别构建200多项业务系统，在门户网站集成500多项公共服务项目，电子政务建设成效显著。

2. 电子商务特色明显潜力巨大

2013年，云南省加大政府扶持和引导力度，为电子商务营造了良好发展环境，进一步夯实了电子商务发展基础。2013年5月，云南省启动了"云南电商谷"项目，推动高新区初步形成电商聚集效应。据统计，目前"云南电商谷"单品网注册用户累计达5000余家，活跃用户累计超过1500余家，网上购买咨询量累计10000余次，成交量累计达2500余笔，平台交易额累计达600余万元，各项运营指标均保持月度增长，各平台已初步形成产业聚集效应。其中，首批上线的5个单品网采购咨询量日均总计已超过百次，普洱茶、鲜切花、螺旋藻等平台已产生线上交易，并通过咖啡、普洱茶、松茸等平台帮助客户开展大宗采购。2013年云南电商谷公司自身的企业税额累计超过35万元，成为高新区内电商类成长标杆企业。

3. 信息化应用显现惠民实效

云南省以社会信息化建设服务民生，在智慧民生领域推进多项重点工程，极大地方便了居民的生产生活。以丽江为例，丽江市移动分公司启动了"数字丽江"示范建设，努力建设集食、住、行、购、游、娱六要素于一体的综合信息应用系统。大力推进数字走进社区，数字走进产业，数字走进生活，截至2013年12月底，全市投入无线宽带建设 9078 万元，共引入 72 项无线城市重点应用，其中涵盖生活应用 35 项，交通应用 24 项，公共事业应用 11 项，政务应用 8 项，教育应用 7 项，医疗应用 5 项；累计发展注册用户数 71064 人，平台访问量达 43381 人次，点击量达 1082243 人次。

（二）劣势

1. 信息化基础仍较为薄弱

尽管云南省在网络基础设施建设方面取得了一定的成就。但是，由于网络基础设施建设方面起步晚，资金投入不足，技术落后和人才缺乏等因素的影响，使得网络基础设施仍然落后，加之自身地区特点和经济落后等原因，一些地区尚未解决上网问题，网络服务质量也有待进一步提升。

2. 企业信息化应用不够广泛和深入

云南省信息技术应用仍处于单项应用阶段，应用创新不活跃，信息技术的潜能尚未得到充分挖掘。在部分领域和地区应用效果不够明显，企业信息化停留在简单和局部应用，关键装备和技术主要依赖国外和省外提供，对企业管理创新和竞争力提升贡献率低，中小企业信息平台没有发挥出预期的作用。

四、相关建议

（一）加快桥头堡信息基础设施建设

进一步加快云南省作为桥头堡的信息基础设施建设，构建泛在融合、安全畅通的一体化智能信息基础设施，着力提高互联网运行可靠性和运行速度，提升网络服务质量。面向聚集东南亚和南亚等区域信息汇集中心建设，着力提升国际出口带宽和通信质量，强化桥头堡的信息汇集和处理能力。发挥政府主导作用，加大相关运营商在农村地区的投资力度，降低农民网络使用成本，推动缩小"数字鸿沟"。

（二）构建特色差异化电子商务发展路径

发展和壮大基于云南地方特色产品的电子商务平台，加大政府的扶持力度，引导地方企业进入电商领域，开展面向供应商和消费者的电子商务服务。依托区位特色优势，面向南亚和东南亚发展跨境电子商务，统筹跨境电子商务海关、支付、物流等流通协同服务，提升"两亚"贸易出口能力。完善电子商务流通服务体系，发展流通各环节的集成化服务，为云南特色产品供需对接提供有效接口，促进资源的优化配置

（三）大力推动新兴产业规模化发展

着力推进技术进步和创新，突出产品开发，拓展市场需求，精心培育产业组织和配套产业，推动石化、新材料、新能源、高端装备、汽车、电子信息制造等新兴产业规模化、聚集化发展，加快形成新的经济增长点。坚持以重大项目建设为抓手，以点带面、以龙头企业带动产业链延伸，精心培育产业组织，推动新兴产业向集群化发展迈进。

第二十八章 西藏自治区信息化发展水平分析

一、总体情况

（一）经济社会发展情况

2013年，西藏自治区科学把握发展的阶段性特征，坚持稳中求进的工作总基调，统筹推进，稳增长、调结构、促改革、惠民生，全区经济呈现了整体平稳、稳中加快、快中提质的良好发展势头。截至2013年年末，全区常住人口总数为312.04万人，自然增长率为10.38‰。初步核算，2013年实现全区生产总值（GDP）807.67亿元，按可比价格计算，比上年增长12.1%。其中，第一产业增加值为86.82亿元，同比增长3.8%；第二产业增加值，292.92亿元，同比增长20.0%；第三产业增加值为427.93亿元，同比增长8.7%。人均地区生产总值26068元，同比增长10.5%。在全区生产总值中，第一、二、三产业增加值所占比重分别为10.7%、36.3%、53.0%，与上年相比，第一产业比重下降0.8个百分点，第二产业比重提高1.9个百分点，第三产业比重下降0.9个百分点。

（二）信息化发展特点

1.农牧区信息化建设初见成效

西藏自治区积极推进农村综合信息服务站等建设，农牧区信息化发展初见成效。为解决农牧区宽带发展相对滞后，高带宽应用缺乏等问题，工信厅开展了"西藏自治区农村综合信息服务站及文化信息网建设项目"。截至目前，西藏农村综合信息服务站（四期）建设工程1700个行政村站点，已完成1613个，接入率达

94.9%，其中中国移动西藏分公司完成率95.3%，预计项目建成后，示范区域内农村宽带用户将全部具备4Mbps及以上宽带接入能力，农村家庭宽带渗透率比实施前（数据以2014年6月为准）提高15个百分点以上，同时提供的农业科技服务等宽带服务应用将覆盖大多数的农村人口。

2. 智慧政务助推服务型政府建设

西藏自治区通过不断完善信息基础设施，加大基础网络投入建设，逐步推进政务信息化，为提高民生服务质量、建设服务型政府提供有力保障。以西藏电信助力政务信息化建设为例，西藏电信建成覆盖西藏全区682个乡（镇）的乡乡通视频会议系统，覆盖全区73个县（市、区）的县级办公自动化系统，实现了跨部门、跨单位、跨地区、多人员、多任务的高效协同办公。藏区法院也通过信息化方式加快政务公开，2013年法院微博进入快速发展期，11月21日，最高人民法院官方微博在新浪开通，同时31个省级、150余个地方中院全部开通官方微博。

3. 社会信息化建设快速推进

近年来，西藏克服地理条件的不便利，积极推进社会信息化建设。在教育信息化方面，西藏电信承建的多媒体教室项目，将现代信息化教育手段引入全区400所城、镇、乡学校，在实际教学过程中取得了良好效果；在医疗卫生领域，西藏应急综合卫生信息平台应急指挥系统利用"单兵和卫星"、"视频及软件"形成一个覆盖全区的应急指挥与决策系统网络；在文化方面，信息化助力西藏文化传承，西藏电信研发了藏汉双语智能手机，西藏电信与西藏大学联合研发了雪翼语音藏历软件，除此之外还专门开发了藏文版键盘、office藏文办公软件、娱乐藏文字幕等具有民族特色的软硬件设施，为藏民的工作与生活提供了极大便利。

二、信息化水平分析

（一）总体水平

"十二五"以来，西藏自治区信息化实现了快速发展，信息化发展总指数从2013年的39.73提升到2014年的43.93，指数值增长了4.2。网络基础设施继续快速发展，网络就绪度指数从2013年的29.59提升到了2014年的41.47，指数值增长了11.88。信息通信技术应用普及和深化减速，信息通信技术应用指数从

2013 年的 50.27 下降到 2014 年的 48.08，指数值减少了 2.19。信息化应用效益初步显现，应用效益指数从 2013 年的 38.92 上升到 2014 年的 40.53，指数值增长了 1.61。

表 28-1　西藏自治区 2013—2014 年信息化指标情况

指标名称	2013年指数值	2014年指数值	变化情况
网络就绪度指数	29.59	41.47	11.88
信息通信技术应用指数	50.27	48.08	-2.19
应用效益指数	38.92	40.53	1.61
信息化发展总指数	39.73	43.93	4.2

数据来源：中国电子信息产业发展研究院，2014 年 12 月。

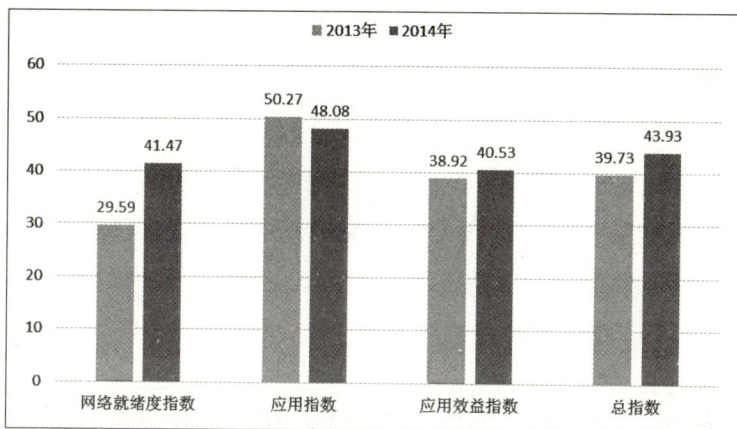

图28-1　西藏自治区2013—2014年信息化指标情况

数据来源：中国电子信息产业发展研究院，2014 年 12 月。

（二）分类指标

1. 网络就绪度指数

在网络就绪度方面，"十二五"以来，西藏自治区大力推进网络基础设施建设，网络基础设施实现了跨越式发展。智能终端进一步普及应用，普及指数从 2013 年的 42.29 提升到 2014 年的 46.23，数值增长了 3.94。光纤网络快速发展，发展指数从 2013 年的 4.61 提升到 2014 年的 22.97，指数值增长了 18.36。宽带普及继续推进，普及指数从 2013 年的 44.94 提升到 2014 年的 60.97，指数值增长了

16.03。宽带速率实现跨越式提升，速率指数从 2013 年的 45.56 提升到 2014 年的 65.63，指数值增长了 20.07。

表 28-2　西藏自治区 2013—2014 年网络就绪度一级指标情况

指标名称	2013年指数值	2014年指数值	变化情况
智能终端普及指数	42.29	46.23	3.94
有线电视发展指数	0	0	0
光纤发展指数	4.61	22.97	18.36
宽带普及指数	44.94	60.97	16.03
宽带速率指数	45.56	65.63	20.07

数据来源：中国电子信息产业发展研究院，2014 年 12 月。

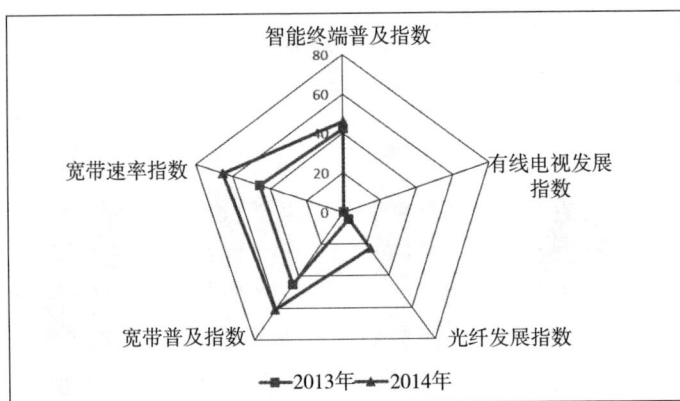

图28-2　西藏自治区2013—2014年网络就绪度指数一级指标情况

数据来源：中国电子信息产业发展研究院，2014 年 12 月。

就网络就绪度各项细分指标来讲，西藏自治区"十二五"以来网络基础设施各方面基本上都取得了较大发展。移动电话用户数保持稳步增长，移动电话普及率指数从 2013 年的 57.15 提升到 2014 年的 61.49，指数值增加了 4.34。电脑普及率进一步提高，电脑普及率指数从 2013 年的 27.43 提升到 2014 年的 30.97，指数值增长了 3.54。光纤入户快速推进，入户率指数从 2013 年的 4.61 提升到 2014 年的 22.97，指数值增长了 18.36。互联网固定宽带用户数略有增加，固定宽带普及率指数从 2013 年的 43.81 增加到 2014 年的 46.85，指数值增加了 3.04。3G 和 4G 用户数实现快速增长，移动宽带普及率指数从 2013 年的 46.07 增长到了 2014 年的 75.1，指数值增长了 29.03。宽带普及提速行动成效显著，固定宽带端口平均速率指数从 2013 年的 45.56 增长到了 2014 年的 65.63，指数值增长了 20.07。

表 28-3　西藏自治区 2013—2014 年网络就绪度指数二级指标情况

指标名称	2013年指数值	2014年指数值	变化情况
移动电话普及率	57.15	61.49	4.34
电脑普及率	27.43	30.97	3.54
有线电视入户率	0	0	0
光纤入户率	4.61	22.97	18.36
固定宽带普及率	43.81	46.85	3.04
移动宽带普及率	46.07	75.1	29.03
固定宽带端口平均速率	45.56	65.63	20.07

数据来源：中国电子信息产业发展研究院，2014 年 12 月。

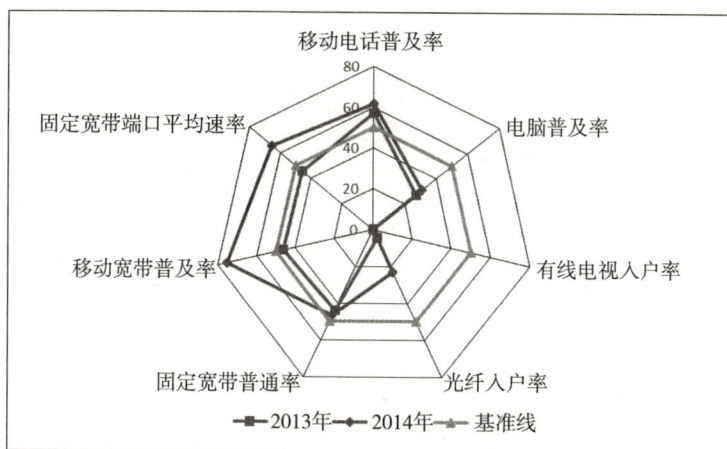

图28-3　西藏自治区2013—2014年网络就绪度指数二级指标情况

数据来源：中国电子信息产业发展研究院，2014 年 12 月。

2. 信息通信技术应用指数

在信息通信技术应用方面，"十二五"以来，西藏自治区在居民应用信息化方面取得了很大发展。企业应用指数从 2013 年的 34.73 下降到 2014 年的 30.93，指数值减少了 3.8。政务应用指数从 2013 年的 49.48 下降到 2014 年的 28.25，指数值下降了 21.23。居民应用指数从 2013 年的 58.44 提升到 2014 年的 66.56，指数值增长了 8.12。

表28-4   西藏自治区2013-2014年信息通信技术应用指数一级指标情况

指标名称	2013年指数值	2014年指数值	变化情况
企业应用指数	34.73	30.93	−3.8
政务应用指数	49.48	28.25	−21.23
居民应用指数	58.44	66.56	8.12

数据来源：中国电子信息产业发展研究院，2014年12月。

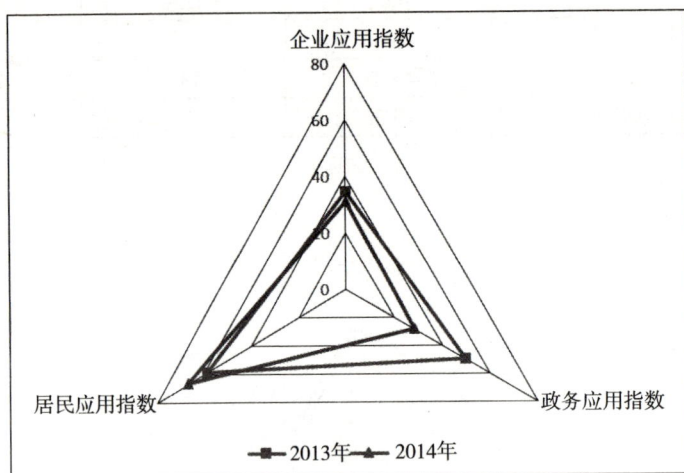

图28-4   西藏自治区2013—2014年信息通信技术应用指数一级指标情况

数据来源：中国电子信息产业发展研究院，2014年12月。

在企业信息化应用方面，企业信息化发展环境有部分改善。企业ERP普及率指数从2013年的47.42下降到2014年的33.62，指数值减少了13.8；企业电子商务交易额占比指数从2013年的22.04增加到2014年的28.24，指数值增加了6.2。

在政务信息化应用方面，政务事项网上办事率指数从2013年的44.85下降到了2014年的21.37，指数值减少了23.48。政府信息公开上网率指数从2013年的54.12下降到了2014年的35.13，指数值下降了18.99。

在居民信息化方面，"十二五"以来，西藏自治区居民信息化应用水平进一步提升。互联网用户数稳步增长，互联网普及率指数从2013年的50提升到2014年的54.31，指数值增长了4.31；居民电子商务快速发展，人均在线零售额占比指数从2013年的67.81提升到2014年的80.2，指数值增长了12.39。居民信息消费快速增长，人均信息类消费支出指数由2013年的56.59提升到2014年的 63.8，指数值增长了 7.21。

表 28-5 西藏自治区 2013—2014 年信息通信技术应用指数二级指标情况

指标名称	2013年指数值	2014年指数值	变化情况
企业ERP普及率	47.42	33.62	-13.8
企业电子商务交易额占比	22.04	28.24	6.2
政务事项网上办事率	44.85	21.37	-23.48
政府信息公开上网率	54.12	35.13	-18.99
互联网普及率	50	54.31	4.31
人均在线零售额占比	67.81	80.2	12.39
人均信息类消费支出	56.59	63.8	7.21

数据来源：中国电子信息产业发展研究院，2014 年 12 月。

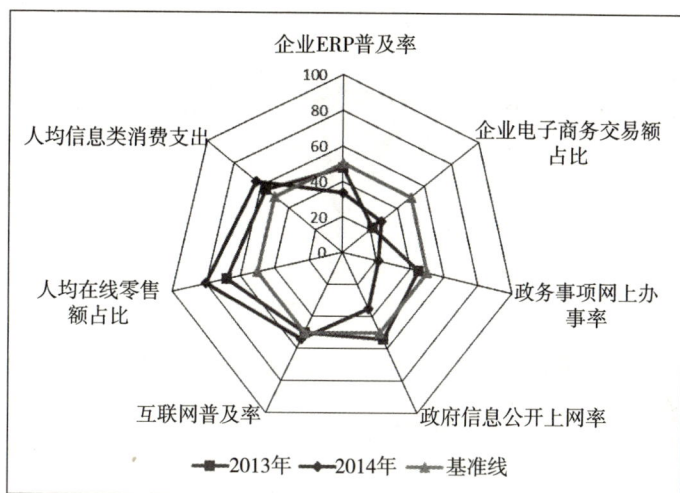

图28-5 西藏自治区2013—2014年信息通信技术应用指数二级指标情况

数据来源：中国电子信息产业发展研究院，2014 年 12 月。

3. 信息化应用效益指数

在信息化应用效益方面，"十二五"以来，西藏自治区信息化应用效益日渐凸显。劳动生产率指数从 2013 年的 9.61 增长到了 2014 年的 10.46，指数值增加了 0.85；技术创新指数从 2013 年的 15.77 下降到了 2014 年的 14.51，指数值减少了 1.26；节能降耗指数从 2013 年的 86.05 增长到了 2014 年的 88.52，指数值增长了 2.47；人均收益指数从 2013 年的 44.26 增长到了 2014 年的 48.64，指数值增长了4.38。

表28-6　西藏自治区2013—2014年信息化应用效益指数一级指标情况

指标名称	2013年指数值	2014年指数值	变化情况
劳动生产率指数	9.61	10.46	0.85
技术创新指数	15.77	14.51	−1.26
节能降耗指数	86.05	88.52	2.47
人均收益指数	44.26	48.64	4.38

数据来源：中国电子信息产业发展研究院，2014年12月。

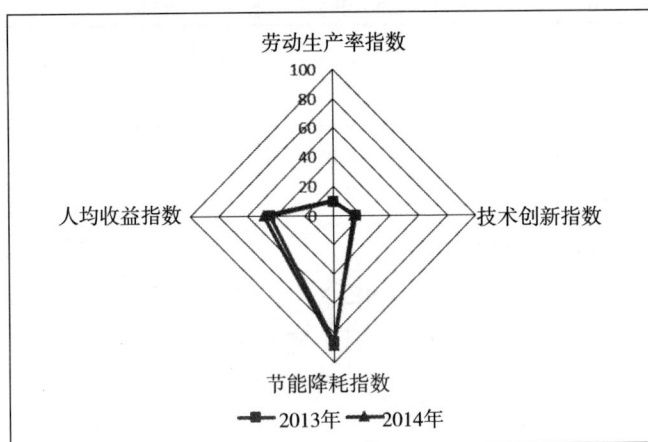

图28-6　西藏自治区2013—2014年信息化应用效益指数一级指标情况

数据来源：中国电子信息产业发展研究院，2014年12月。

就信息化各项细分指标来讲，"十二五"以来，西藏自治区信息化应用效益各方面都取得了积极进展。全员劳动生产率指数从2013年的9.61增长到了2014年的10.46，指数值增长了0.85。单位地区生产总值专利申请量指数值从2013年的14.09提升到2014年的15.81，指数值增长了1.72；单位地区生产总值专利授权量指数值从2013年的16.89下降到2014年的13.65，指数值减少了3.24。信息化促进了节能降耗工作的开展，单位地区生产总值能耗指数从2013年的129.85增加到2014年的132.43，指数值增加了2.58；单位地区生产总值用水量指数从2013年的20.34增加到2014年的22.66，指数值增长了2.32。信息化带动了经济快速发展，人均地区生产总值指数由2013年的44.26提升到了2014年的48.64，指数值增长了4.38。

表 28-7　西藏自治区 2013—2014 年信息化应用效益指数二级指标情况

指标名称	2013年指数值	2014年指数值	变化情况
全员劳动生产率	9.61	10.46	0.85
单位地区生产总值专利申请量	14.09	15.81	1.72
单位地区生产总值专利授权量	16.89	13.65	-3.24
单位地区生产总值能耗	129.85	132.43	2.58
单位地区生产总值用水量	20.34	22.66	2.32
人均地区生产总值	44.26	48.64	4.38

数据来源：中国电子信息产业发展研究院，2014 年 12 月。

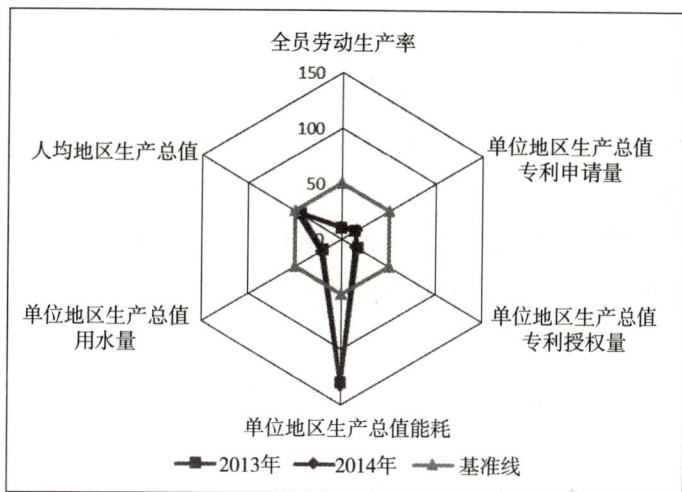

图28-7　西藏自治区2013—2014年信息化应用效益指数二级指标情况

数据来源：中国电子信息产业发展研究院，2014 年 12 月。

三、优劣势评价

（一）优势

1. 积极推进"宽带西藏·光网城市"建设，普及率水平快速提升

2013 年西藏电信顺应西藏经济社会发展的要求，开展了包括城市宽带提速、农村宽带普及、农牧区校通宽带等在内的"宽带西藏 2013"专项行动，大力推进宽带建设。从 2002 年到 2014 年，西藏电信累计在藏通信投资达到 70 多亿元，有效缩小了西藏与中东部地区在信息化发展方面的差距。数据显示，截至 2013 年

年底，西藏完成了 665 个乡镇通光缆，乡镇通光缆率达到 97.5%；累计实现 3231 个行政村通宽带，行政村通宽带率达到 61.41%。据新华社公布的数据，截至 2013 年年底，西藏互联网用户数达到 202.7 万户，普及率为 67.5%。《西藏日报》公布的数据称，截至 2013 年 5 月，西藏移动互联网用户数达到 158.4 万户，移动电话普及率为每百人 75.3 部，用户人口普及率为 54.3%。

2. 网上购物消费热点正在形成，电子商务发展潜力巨大

随着互联网和智能终端的不断普及，西藏自治区电子商务快速发展，极大促进了居民的网上购物消费。西藏凭借自身特色优势，搭建了以销售虫草、雪莲花、藏医药、旅游工艺品、民族手工艺品等西藏特色产品为主的网上购物平台，通过加强与西藏特色领域企业的合作，由生产企业直接为网站供货，向全国推广西藏特色产品。根据支付宝在 2013 年 1 月 15 日发布的 2012 年全民年度对账单来看，2012 年，西藏支付金额同比增长 69.43%，支付笔数增长 88.80%。2013 年"双十一"网购狂潮中，西藏网友通过自己的疯狂血拼创下了一天 4711 万元的网购消费记录，同时一举拿下国内最爱手机购物区域榜首席——西藏订单中有 29.1% 是通过网民手机支付完成。

3. 节能环保产业发展迅速，助力"美丽西藏"建设

西藏自治区大力推进节能减排，发展循环经济，推进资源节约型、环境友好型社会建设，为节能环保产业发展创造了发展空间，节能环保产业有所发展。在节能领域，纯低温余热发电技术得到应用，高效节能装备产品得到推广应用，节能服务业逐步发展。在清洁生产领域，通过原材料筛选、分拣等前处理生产工序，实现清洁生产，采用低温连续分离工艺技术，建立质量安全控制体系。在环保领域，城市污水处理厂、烟气脱硫脱硝设施建设进程加快，环保服务市场化程度不断提高。在可再生能源利用方面，太阳能、风能、沼气、地热能等得以推广和应用。

（二）劣势

1. 经济基础薄弱影响发展速度

西藏自治区经济已连续 21 年保持两位数增长，但其经济总量仍然很小，GDP 总值仅占全国的 1.45‰，自然条件差、发展起步晚成为制约西藏发展的主要因素。据统计，目前西藏全区尚有 32.7 万农牧民未摆脱贫困，仍是中国最大的集中连片贫困区域。数据显示，2014 年，西藏城镇居民人均收入达 22026 元，

仅为全国平均水平的76%，贫困人口占农牧区总人口的18.73%。西藏经济基础薄弱严重制约了各项事业投入，信息化发展也因此较为落后。

2. 产业自我发展能力不强

近年来，西藏各产业不断发展壮大，对交通、电力和能源等的支撑能力不断增强，发展势头良好。但也要看到，中央和各省、区、市的援藏支持对西藏产业和GDP高速增长奠定了坚实基础，西藏"依赖型经济"模式还未扭转，自我"造血能力"不足，产业自我发展能力不强，在一定程度上抑制了企业对信息化建设重要性的认识，导致西藏地区企业信息化应用水平普遍较低，成为西藏自治区信息化发展的劣势。

四、相关建议

（一）进一步推进信息基础设施建设

加大信息基础设施建设投入力度，推进基站建设标准化、集约化，打造基站建设新模式，努力消除移动通信盲区，实现移动通信全覆盖和服务质量的快速提升。增加进出藏光缆通道，建设完善区地县三级应急通信体系，提高区域网和国际互联网的出口带宽，构建泛在、安全、畅通的信息通信网络。

（二）深入挖掘电子商务发展潜力

大力支持和协同推进电子商务发展，形成发展合力，提出促进西藏自治区发展电子商务的指导意见。大力优化发展藏区电子商务平台，加大电子商务平台宣传力度，为供需方提供有效接口，优化市场资源配置。壮大藏区支付、物流等电子商务流通服务体系，发展涵盖产品流通各环节的集成服务，提升藏区电子商务发展支撑能力。

（三）大力推进农牧区信息化建设

建立完善农牧区综合信息服务体系，全力推进农牧区综合信息服务站和网络平台建设，以信息化发展推动农牧区建设。推动物联网等新一代信息技术在农牧区生产中的应用，以信息技术促进农牧业生产、农牧民增收。针对涉农信息资源条块分割、不能互联互通等问题，加强涉农信息资源整合，加快实现信息共享、网络互联互通。

第二十九章　陕西省信息化发展水平分析

一、总体情况

（一）经济社会发展情况

2013 年，面对复杂严峻的发展形势和经济下行的压力，陕西省坚持实施"稳中有为、提质增效"的发展战略，统筹推进稳增长、调结构、促改革、惠民生，全力加快经济转型升级。全年生产总值 16045.21 亿元，同比增长 11%。其中，第一产业增加值 1526.05 亿元，同比增长 4.7%；第二产业增加值 8911.64 亿元，同比增长 12.6%；第三产业增加值 5607.52 亿元，同比增长 9.9%。第一产业、第二产业和第三产业分别占生产总值的比重为 9.5%，55.5% 和 35%。[1] 人均生产总值 42692 元，同比增长 10.6%；城乡居民收入分别达到 22800 元和 6500 元，分别增长 10% 和 13%；财政总收入 3003.1 亿元，其中地方财政收入 1747.2 亿元，同口径分别增长 11.4% 和 16.8%。[2] 全省经济呈现总体平稳、稳中趋好的发展态势。

（二）信息化发展特点

1. 信息基础设施深入普及

一是通信网络方面，截止 2013 年年末，陕西省光缆总长超过 50 万公里，实现 4M 及以上宽带用户比例超过 65%，行政村通宽带比例达到 78%，西安成为国家级互联网骨干直联点。此外，陕西省固定电话普及率达 20.6%，移动电话普及

---

[1] 陕西统计局：《2013年陕西省国民经济和社会发展统计公报》，2014年3月12日。
[2] 《陕西省2014年政府工作报告》，陕西省人民政府门户网站，2014年3月5日。

率达 94.04%，其中 100% 的行政村都通了固定电话。2013 年，全省所有乡镇及发达行政村已实现 3G 网络覆盖，且启动了 TD-LTE 网络试商用工程并新建 4G 基站 0.38 万个。二是三网融合方面，陕西电信 IPTV 平台基本覆盖全省，陕西广电省级 IPTV 播控平台已完成与中央 IPTV 播控平台的对接。

2. 产业集群式发展，聚焦信息服务

2013 年，陕西省坚持改造提升传统产业，继续实施"两化"融合六大重点工程，持续推进"两化"融合试验区及相关产业园区"两化"融合建设，发展大数据产业园区，并围绕企业、区域"两化"融合发展水平展开评估，因地制宜推进企业、行业和区域层面的"两化"深度融合。陕西省在能源产业高速发展时期大力发展产业集群，初见成效，基本形成了"大集团引领、大项目支撑、集群化推进、园区化承载"的产业发展格局，使得工业经济在能源价格低迷时期仍然保持了平稳较快增长。在企业层面，陕西省开展项目推动集团型企业制定及完善信息化规划及顶层设计，支持集团企业在产品、商业模式、管理等方面的创新发展，助推集团企业转型升级及管理变革创新，树立了陕煤化集团等一批"两化"融合示范企业；陕西省加大对小微企业扶持力度，促进中小企业发展数量、规模、结构和效益取得新提升。在行业层面，先进装备制造业、石化工业、煤炭行业、电子信息行业"两化"融合成效显著。陕西省进一步构建和完善细分行业、专业化的信息化公共服务平台，专业化的行业核心技术创新平台和公共技术服务支撑平台，推进面向产业集群现代集成制造系统平台应用，并向产业链全程延伸、向产业集群全面渗透。在区域层面，2013 年，陕西省继续推进建设国家级、省级"两化"融合试验区和新型工业化产业示范基地及相关产业园区，如西安—咸阳国家级"两化"融合试验区顺利通过工业和信息化部验收。陕西省承接国家有关部委和央企数据中心或灾备中心建设，形成和带动数据中心运行维护与配套服务产业以及支持围绕国家基础数据的上下游产业流入，带动产业聚集，建设完成"西安呼叫中心产业联盟"，逐步形成以西咸信息产业园为核心，以西安高新区、经开区为两翼的大数据处理与服务产业集群；中国原点地理信息产业园正式落户西咸新区泾河新城，是国内第二个以现代测绘技术和信息技术为基础、以地理信息资源开发利用为核心的国家级地理信息产业园；全国首个省级云计算示范平台"国家软件与集成电路公共服务平台云计算服务示范平台（陕西）"也落户在泾河新城。

3. 智慧民生创古地新生活

教育信息化方面，陕西省进一步推进"三通两平台"和教育信息化试点工作，提出了"两库一馆三平台"的省级建设框架，出台了"完善环境、拓展应用、深度融合"的三段式推进策略，并着力推动全省市县教育局和高等学校的教育信息化行政管理体制机制建设。[1]

社会保障方面，全面启动社会保障卡应用，完成了社保卡银行网点应用部署，截至 2013 年年底全省已有 80% 的市县启动了社会保障卡应用。陕西省榆林市正式成为全省首家加入全国一卡通互联互通网的城市，可在 35 城市使用交通工具时享受当地市民同等优惠待遇。

智慧城市建设方面，西安、延安、杨凌示范区确定为开展智慧城市试点示范的地区，至此，全省国家智慧城市试点市达到 6 个，完成了 15 个重点镇数字城镇示范工程。"天地图·陕西"2013 版暨西安街景地图上线发布，西安街景地图作为全国省级第一个发布的街景地图同时在该平台上线，可为旅游和出行提供帮助。此外，西安的"智能交通"应用在物联网、云计算等多个领域为西安市公共交通行业多家单位提供智能公交、停车场车辆监管、长途卧铺客车视频监控和校车监控等多方面的信息化服务。

4. 信息化建设打造智慧新农村

陕西省大力推进"数字化城镇"建设，率先在咸阳市礼泉县、安康市白河县建设"农业农村信息化示范县"，完成 15 个重点示范镇"数字化城镇"建设，新建成 150 万户广播电视户户通工程，为 1831 个乡镇、街道、社区建设了公共电子阅览室。陕西省启动农业农村基础信息库、农业农村信息化综合服务平台和省农村信息综合服务门户网站建设，大力推进"信息入村"；梳理各有关涉农厅局业务资源，启动一批业务系统建设并建立信息交换与共享规范，如，完成西安地区 3140 个行政村的"综合信息服务站"，即"天翼智慧新农村"平台建设工作，开展了"党员远程网络教育平台"，农技 110、田园信息网等惠农项目，解决了山区农民党建学习、种植养殖等信息的获取与发布。[2]

5. 政务信息统一共享，效率先行

陕西省成为全国电子政务试点示范省份，建成了省、市、县三级电子公共平

---

[1] 陕西省信息与学校保障工作处：《教育部督查组到陕西专项督查教育信息化工作》，2013年6月21日。
[2] 《西安电信打造"天翼智慧新农村"平台》，《中国信息产业网–人民邮电报》，2013年4月15日。

台并全部投入运行，人口库、法人单位、地理信息、宏观经济数据库等一批重大项目取得突破。陕西省公安厅已完成了陕西省人口信息身份核验平台的各项建设工作，包括设备安装、系统试运行等，并通过初验，已开展数据比对工作；陕西省司法厅通过"司法通"社区矫正业务可实现对矫正人员的电子档案管理、活动范围监督、表现考核、日常的活动行为记录。陕西省商务厅利用生猪屠宰监管技术系统对关中地区 54 家规模化屠宰企业的生猪进场、待宰停食静养、刺杀放血提升、同步检验检疫等 8 个重要环节实施远程视频监控；此外陕西省还建设了移动应急平台中心。

二、信息化水平分析

（一）总体水平

"十二五"以来，陕西省信息化实现了稳步发展，信息化发展总指数从 2013 年的 62.14 提升到 2014 年的 66.78，指数值增长了 4.64。网络基础设施发展较快，网络就绪度指数从 2013 年的 49.21 提升到了 2014 年的 56.94，指数值增长了 7.73。信息通信技术应用指数从 2013 年的 68.44 提升到 2014 年的 69.59，指数值增长了 1.15。信息化应用效益继续显现，应用效益指数从 2013 年的 75.37 提升到 2014 年的 80.87，指数值提高了 5.5。

表 29-1　陕西省 2013—2014 年信息化指标情况

指标名称	2013年指数值	2014年指数值	变化情况
网络就绪度指数	49.21	56.94	7.73
信息通信技术应用指数	68.44	69.59	1.15
应用效益指数	75.37	80.87	5.5
信息化发展总指数	62.14	66.78	4.64

数据来源：中国电子信息产业发展研究院，2014 年 12 月。

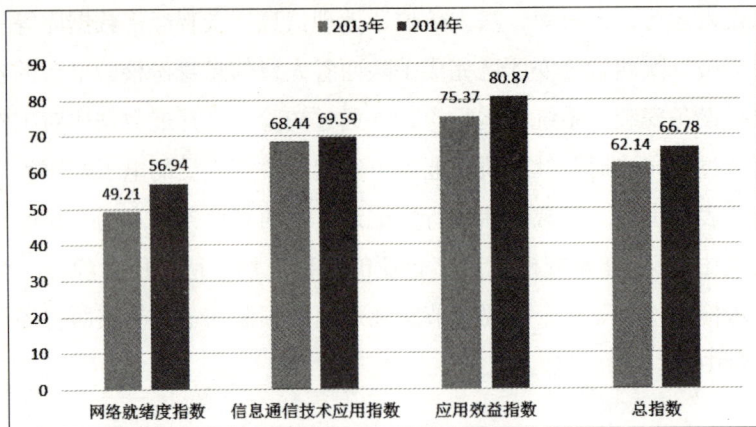

图29-1　陕西省2013—2014年信息化指标情况

数据来源：中国电子信息产业发展研究院，2014年12月。

（二）分类指标

1. 网络就绪度指数

在网络就绪度方面，"十二五"以来，陕西省大力推进网络基础设施建设，网络基础设施基本实现了跨越式发展。智能终端进一步普及应用，智能终端普及指数从2013年的65.49提升到2014年的68.54，数值增长了3.05。有线电视入户率进一步提升，发展指数从2013年的50.85增加到2014年的53.85，指数值增加了3。光纤网络较快发展，发展指数从2013年的9.51提升到2014年的19.2，指数值增长了9.69。宽带普及继续推进，普及率指数从2013年的59.82提升到2014年的71.67，指数值增长了11.85。宽带速率进一步提升，宽带速率指数从2013年的56.75提升到2014年的67.77，指数值增长了11.02。

表29-2　陕西省2013—2014年网络就绪度一级指标情况

指标名称	2013年指数值	2014年指数值	变化情况
智能终端普及指数	65.49	68.54	3.05
有线电视发展指数	50.85	53.85	3
光纤发展指数	9.51	19.2	9.69
宽带普及指数	59.82	71.67	11.85
宽带速率指数	56.75	67.77	11.02

数据来源：中国电子信息产业发展研究院，2014年12月。

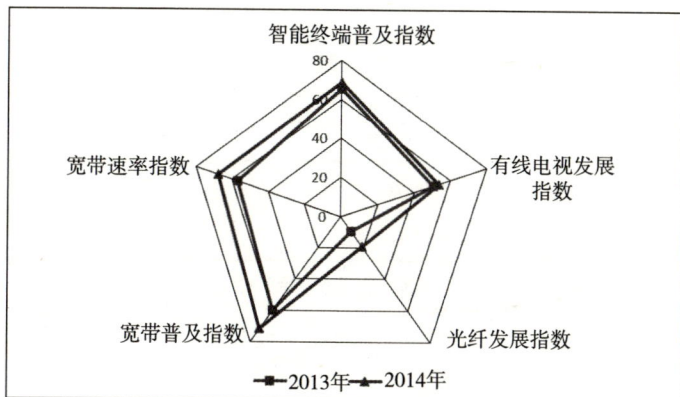

图29-2 陕西省2013—2014年网络就绪度指数一级指标情况

数据来源：中国电子信息产业发展研究院，2014年12月。

就网络就绪度各项细分指标来讲，陕西省"十二五"以来网络基础设施各个方面都取得了较大发展。移动电话用户数保持稳步增长，普及率指数从2013年的61.82提升到2014年的64.81，指数值增加了2.99。电脑普及率进一步提高，普及率指数从2013年的69.15提升到2014年的72.27，指数值增长了3.12。有线电视用户数进一步增加，入户率指数从2013年的50.85提升到2014年的53.85，指数值增加了3。光纤入户快速推进，入户率指数从2013年的9.51提升到2014年的19.2，指数值增长了9.69。互联网固定宽带用户数继续增加，普及率指数从2013年的61.28增加到2014年的66.4，指数值增加了5.12。3G和4G用户数实现快速增长，移动宽带普及率指数从2013年的58.36增长到了2014年的76.94，指数值增长了18.58。宽带普及提速行动成效显著，固定宽带端口平均速率指数从2013年的56.75增长到了2014年的67.77，指数值增长了11.02。

表29-3 陕西省2013—2014年网络就绪度指数二级指标情况

指标名称	2013年指数值	2014年指数值	变化情况
移动电话普及率	61.82	64.81	2.99
电脑普及率	69.15	72.27	3.12
有线电视入户率	50.85	53.85	3
光纤入户率	9.51	19.2	9.69
固定宽带普及率	61.28	66.4	5.12

（续表）

指标名称	2013年指数值	2014年指数值	变化情况
移动宽带普及率	58.36	76.94	18.58
固定宽带端口平均速率	56.75	67.77	11.02

数据来源：中国电子信息产业发展研究院，2014年12月。

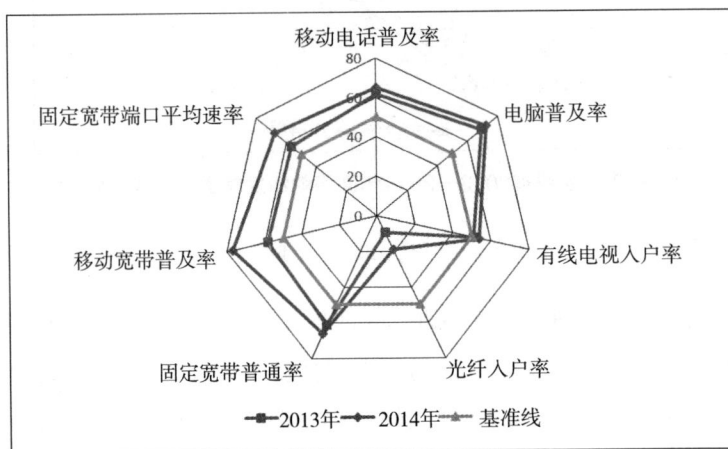

图29-3　陕西省2013—2014年网络就绪度指数二级指标情况

数据来源：中国电子信息产业发展研究院，2014年12月。

2. 信息通信技术应用指数

在信息通信技术应用方面，"十二五"以来，陕西省企业、居民两方面信息化都取得了很大发展。企业应用指数从2013年的35.84提升到2014年的40.64，指数值增长了4.8。政务应用指数从2013年的80.97下降到2014年的70.53，指数值下降了10.44。居民应用指数从2013年的78.47提升到2014年的83.58，指数值增长了5.11。

表29-4　陕西省2013—2014年信息通信技术应用指数一级指标情况

指标名称	2013年指数值	2014年指数值	变化情况
企业应用指数	35.84	40.64	4.8
政务应用指数	80.97	70.53	−10.44
居民应用指数	78.47	83.58	5.11

数据来源：中国电子信息产业发展研究院，2014年12月。

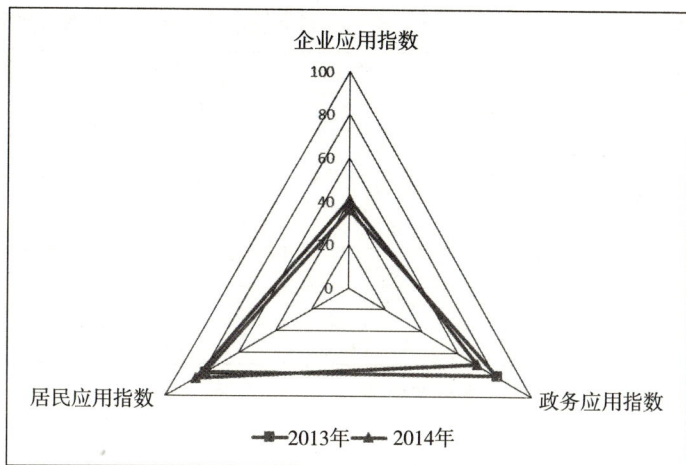

图29-4 陕西省2013—2014年信息通信技术应用指数一级指标情况

数据来源：中国电子信息产业发展研究院，2014年12月。

在企业信息化应用方面，企业ERP普及率指数从2013年的52.07下降到2014年的47.45，指数值减少了4.62；企业电子商务交易额占比指数从2013年的19.61增加到2014年的33.83，指数值增加了14.22。

在政务信息化应用方面，政务事项网上办事率指数从2013年的92.81下降到了2014年的77.57，指数值下降了15.24。政府信息公开上网率指数从2013年的69.14下降到了2014年的63.5，指数值减少了5.64。

在居民信息化方面，"十二五"以来，陕西省居民信息化应用水平进一步提升。互联网用户数稳步增长，普及率指数从2013年的58.38提升到2014年的61.67，指数值增长了3.29；居民电子商务快速发展，人均在线零售额占比指数从2013年的113.15提升到2014年的120.57，指数值增长了7.42。居民信息消费快速增长，人均信息类消费支出指数由2013年的49.31提升到2014年的53.44，指数值增长了4.13。

表29-5　陕西省2013—2014年信息通信技术应用指数二级指标情况

指标名称	2013年指数值	2014年指数值	变化情况
企业ERP普及率	52.07	47.45	−4.62
企业电子商务交易额占比	19.61	33.83	14.22
政务事项网上办事率	92.81	77.57	−15.24
政府信息公开上网率	69.14	63.5	−5.64
互联网普及率	58.38	61.67	3.29
人均在线零售额占比	113.15	120.57	7.42
人均信息类消费支出	49.31	53.44	4.13

数据来源：中国电子信息产业发展研究院，2014年12月。

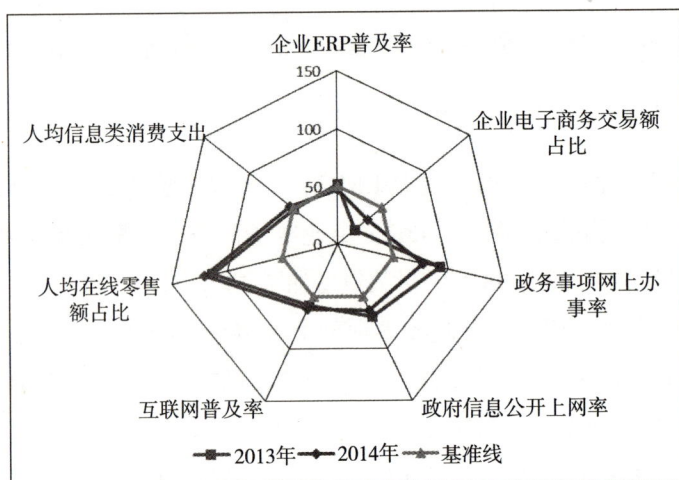

图29-5　陕西省2013—2014年信息通信技术应用指数二级指标情况

数据来源：中国电子信息产业发展研究院，2014年12月。

3. 信息化应用效益指数

在信息化应用效益方面，"十二五"以来，陕西省信息化应用效益日渐凸显。劳动生产率指数从2013年的69.41增长到了2014年的73.45，指数值增长了4.04；技术创新指数从2013年的77.21增长到了2014年的88.05，指数值增长了10.84；节能降耗指数从2013年的90.97增长到了2014年的93.69，指数值增长了2.72；人均收益指数从2013年的63.88增长到了2014年的68.28，指数值增长了4.4。

表 29-6　陕西省 2013—2014 年信息化应用效益指数一级指标情况

指标名称	2013年指数值	2014年指数值	变化情况
劳动生产率指数	69.41	73.45	4.04
技术创新指数	77.21	88.05	10.84
节能降耗指数	90.97	93.69	2.72
人均收益指数	63.88	68.28	4.4

数据来源：中国电子信息产业发展研究院，2014 年 12 月。

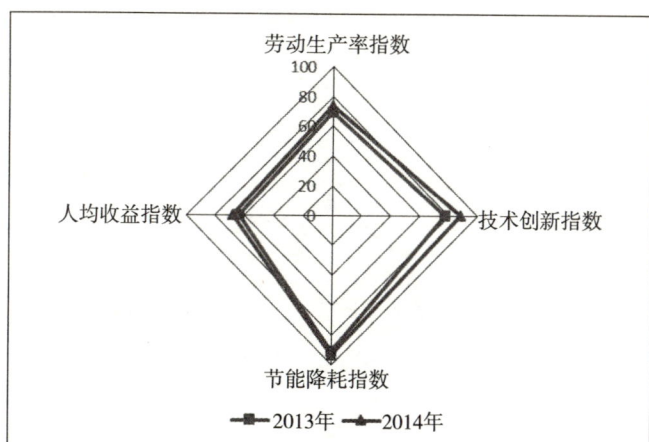

图29-6　陕西省2013—2014年信息化应用效益指数一级指标情况

数据来源：中国电子信息产业发展研究院，2014 年 12 月。

就信息化各项细分指标来讲，"十二五"以来，陕西省信息化应用效益各方各面都取得了积极进展。全员劳动生产率指数从 2013 年的 69.41 增长到了 2014 年的 73.45，指数值增长了 4.04。单位地区生产总值专利申请量指数值从 2013 年的 96.93 提升到 2014 年的 108.5，指数值增长了 11.57；单位地区生产总值专利授权量指数值从 2013 年的 64.06 提升到 2014 年的 74.41，指数值增长了 10.35。信息化促进了节能降耗，单位地区生产总值能耗指数从 2013 年的 94.57 增加到 2014 年的 96.02，指数值增加了 1.45；单位地区生产总值用水量指数从 2013 年的 85.57 增加到 2014 年的 90.19，指数值增长了 4.62。信息化带动了经济快速发展，人均地区生产总值指数由 2013 年的 63.88 提升到 2014 年的 68.28，指数值增长了 4.4。

表29-7　陕西省2013—2014年信息化应用效益指数二级指标情况

指标名称	2013年指数值	2014年指数值	变化情况
全员劳动生产率	69.41	73.45	4.04
单位地区生产总值专利申请量	96.93	108.5	11.57
单位地区生产总值专利授权量	64.06	74.41	10.35
单位地区生产总值能耗	94.57	96.02	1.45
单位地区生产总值用水量	85.57	90.19	4.62
人均地区生产总值	63.88	68.28	4.4

数据来源：中国电子信息产业发展研究院，2014年12月。

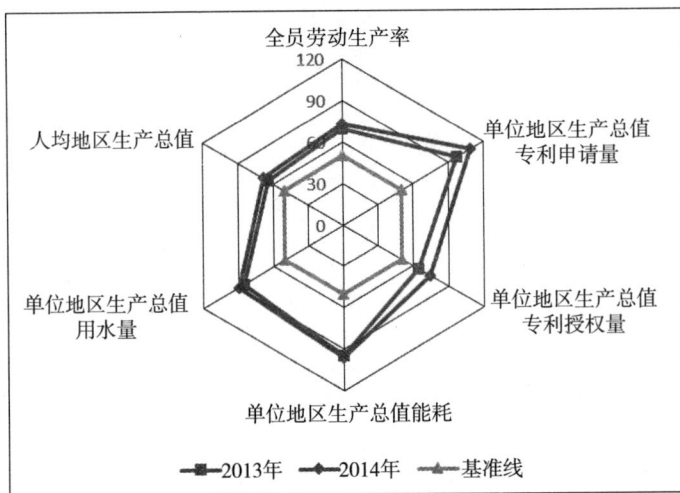

图29-7　陕西省2013—2014年信息化应用效益指数二级指标情况

数据来源：中国电子信息产业发展研究院，2014年12月。

三、优劣势评价

（一）优势

1.云计算、大数据发展具备一定先发优势

陕西省对于信息产业向来重视，信息化发展速度迅猛。陕西是云计算、大数据在全国范围内落地最早的省份之一。陕西省在西部地区率先出台了云计算规划，越来越多的信息化应用在政府、制造业、航空业、物流等领域得到普及，也涌现

出了延长石油、陕鼓、西飞等"两化"融合试点企业。当全国其他省份对云计算、大数据的发展还停留在概念层面上的时候，陕西已经做出了产业园区的规划，组建了研究机构，建设了大数据平台，形成了一批大数据的产业链，具有起步早、动作快、取得初步成效早等优势。自然环境优势、有利的地域位置为信息化技术产业建立后向全国辐射提供了便利的条件。

2. 电子政务集约化建设效果显著

陕西省信息化建设在公共平台顶层设计框架下，以统一规划、统一开发为原则，以信息共享、便民服务为目标，加强省、市、县三级联动，统筹规划应用体系，全省一盘棋集约化建设，形成了"网络覆盖到村、基础资源共享、业务与承载分离、三级平台五级服务"的电子政务公共平台体系，形成了高度集中统一、深度协同共享、一站式服务外包的"陕西模式"。目前省级信息化综合服务中心面向全省各级各部门提供机房资源、网络资源、存储灾备、安全保障、运维支撑、信息资源共享等方面的服务。各市大力推进市级信息化中心建设，并基于中心开展业务应用。

3. 科技和信息化人才资源丰富

陕西省以建设国家创新型省份为契机，深入推进统筹科技资源改革，启动建设 20 个省级科技成果中试基地，世界最大的自由锻造油压机、3D 打印、智能输变电设备等项目的研制实现突破，26 项成果获国家科学技术奖，技术合同成交额和专利授权量分别增长 20% 和 9.5%，科技对经济增长的贡献率达到 55.8%。[1] 陕西省高校林立，研究院所众多，拥有极丰富的教育资源，一大批科研学者及技术性人才为陕西建立信息化技术产业提供了人员和技术支持。陕西全省共有高等学校 96 所，其中普通高校达到 80 所，全年招收普通本专科学生 31.35 万人，在校学生 108.3 万人；研究生招生 3.23 万人，在学研究生 9.7 万人；成人高等教育招生 5.7 万人，在校学生 18.1 万人。在高校陆续实施"985 工程"、"211 工程"、优势学科创新平台、"高等教育质量工程"、重点学科建设工程等，一批重点学科达到了国内一流水平。西安电子科技大学等一批信息通信优势明显的高等院校坐落在陕西，为陕西本地信息化人才培养提供了强有力的支撑。

---

[1]　《陕西省2015年政府工作报告》，2015年1月。

（二）劣势

1. 信息产业发展不足，本地信息服务业尚未能满足信息化发展的需求

陕西电子信息产业总体规模相对偏小，产业的规模效应明显不足。产业总量仍然偏小且增长不大，产业规模优势尚未形成。陕西省承接产业转移的能力不高，在与西部、中部其他省份承接产业转移的竞争中，主动出击进行目标明确的招商活动较少，由此吸引到的制造业重大引进项目十分有限。与发达地区相比，缺乏具有带动作用的大企业和优势企业，缺少辐射全国的知名品牌。

2. "两化"融合发展滞后，企业信息化应用水平不高

在2014年区域信息化发展水平评估中，陕西省企业ERP普及率指数是47.45，位居全国第27位，企业电子商务交易额占比指数是33.83，位居全国第26位。陕西省大中型企业特别是央企信息化水平较高，但是大多数小型企业，特别是微型企业信息化水平较低。尽管陕西省已经出台各项政策加大对中小企业的扶持力度，但政策实施效果仍未有效显现，中小企业尚未通过信息技术融合实现生产经营模式的转变，更多的还处于网站建设以及财务仓储管理等孤岛式初级阶段。

3. 区域信息化发展水平不均衡，陕北地区信息化发展严重滞后

陕西省省内信息化发展呈现出较严重的不平衡，地区之间差距和城乡之间差距十分明显。就地区而言，关中的西安、宝鸡、咸阳、铜川、渭南等地区信息化发展水平相对较高，陕南的汉中、安康、商洛等地区信息化发展水平一般，陕北的榆林和延安等地区信息化发展水平相对滞后。就信息化城乡差距而言，在陕南和陕北地区农村人口居住分散，推进信息基础设施的网络化和数字化步伐相对较慢，各类社会信息化应用基本处在起步阶段。

四、相关建议

（一）加大信息产业发展力度，提升信息产业对信息化发展的支撑服务能力

依托陕西省材料领域技术研发优势，根据电子信息制造业发展需求，大力发展电子信息基础材料产业。紧跟节能环保、新一代信息技术、高端装备制造、新能源、新材料等战略性新兴产业的发展，加快新型元器件的研发与产业化，加快产品更新换代速度，提升产品档次，努力占领国内高端产品市场，向国际市场拓

展。整合集成电路产业链条，围绕集成电路产业链，提高集成电路设计水平，引导集成电路设计技术与嵌入式软件技术、系统应用解决方案紧密结合。把握软件服务化、网络化、融合化、平台化发展趋势，推动软件服务业创新化、高端化、服务化和国际化发展。依托西安高新区，创建"中国软件名城"，在芯片研发设计、嵌入式软件、移动互联网应用、物联网软件、信息安全产品等领域确立竞争优势。

（二）加快中小企业信息技术的推广应用

进一步加大力度扶植中小企业信息化发展，通过外包、服务购买、政府补贴等方式，鼓励信息技术服务企业为中小企业提供信息化服务。以提高信息化应用水平为重点，依托通信运营商，建设完善面向中小企业的集约化公共服务信息平台，引导广大中小企业建立信息门户，开展商务服务，加强企业管理，降低企业信息化建设成本，提升企业效益。

（三）提升传统行业与新兴产业的信息化发展水平

按照十二大产业振兴规划，改造提升传统产业，加快重点行业生产装备数字化和生产过程智能化进程，普及企业资源计划、供应链、客户关系等管理信息系统；围绕研发设计、过程控制、企业管理、技术改造等环节，带动企业信息技术应用向综合集成和产业链协同创新转变，实现资源深度转化和综合循环利用。培育壮大战略性新兴产业，围绕航空航天、新一代信息技术、新能源开展技术创新和科技成果转化。

（四）加大对陕北、陕南地区信息化发展投入，缩小省内数字鸿沟

以光纤宽带和宽带无线移动通信为重点，加快陕北和陕南信息网络宽带化升级，组织实施"宽带下乡"工程，鼓励宽带运营企业优先采用光纤宽带方式，加快农村信息基础设施建设，推进光纤到村。在医疗资源相对匮乏的陕北、陕南农村地区，优先探索建立面向乡镇卫生院、村卫生站的远程医学教育和远程会诊系统，建立和完善农村中小学现代远程教育系统，促进优质教育资源城乡共享。鼓励电子政务向乡村延伸，丰富乡村电子政务应用，推动电子政务与基层行政服务中心、政务公开的紧密结合。在干旱缺水的农村地区，深化物联网应用，普及推广滴灌技术，促进信息技术与生物节水技术、节水管理相结合，发展节水型现代农业。

第三十章　甘肃省信息化发展水平分析

一、总体情况

（一）经济社会发展情况

2013 年，甘肃省各族人民坚持以科学发展为主题，以加快转变经济发展方式为主线，牢牢把握稳中求进、好中求快工作总基调，扎实推进"3341"项目工程和"1236"扶贫攻坚行动，统筹抓好稳增长、调结构、促改革、惠民生等各项工作。全年实现生产总值 6268.0 亿元，同比增长 10.8%。其中，第一产业增加879.4 亿元，第二产业增加 2821.0 亿元，第三产业增加 2567.6 亿元，同比分别增长 5.6%，11.5% 和 11.5%。三次产业结构由上年的 13.8 ∶ 46.0 ∶ 40.2 调整为14.0 ∶ 45.0 ∶ 41.0，同比第二产业所占比重下降 1.0 个百分点，第一、三产业所占比重分别上升 0.2 和 0.8 个百分点。按常住人口计算，人均生产总值 24297 元，同比增长 10.4%。城镇居民人均可支配收入 19044 元，农民人均纯收入 5093 元，同比分别增长 11% 和 13%。公共财政预算收入 606.5 亿元，同比增长 18.2%。全省经济平稳较快发展、质量效益稳步提升，单位生产总值能耗和主要污染物排放完成国家下达的控制指标，人民生活不断改善、各项社会事业全面进步，为全面建成小康社会奠定了良好基础。[1]

（二）信息化发展特点

1. 信息基础设施建设持续推进

一是通信基础设施建设方面，全省固定电话用户总数为 312.36 万户，同比

---

[1]　甘肃省统计局：《2013年甘肃省国民经济和社会发展统计公报》，2014年3月。

下降6.42%。移动电话用户数持续增长，全省移动电话用户数累计达到2058.66万户，同比增长4.17%。互联网宽带接入用户数保持较快增长，全省互联网宽带用户数累计达到213.26万户，同比增长11.71%。全省光纤宽带互联网覆盖全部县以上城市、99%的乡镇和50%的行政村，网络接入能力达到300万线。移动互联网用户数保持稳定增长，全省移动互联网用户数累计达到1668.84万户，同比增长14.21%。3G和4G业务快速发展，3G基站数达到26494个，3G用户数累计达到835.82万户，4G移动用户已突破一百万。

二是广播电视方面，甘肃省基本实现广播电视服务全覆盖，户户通。甘肃专营服务网点覆盖率超过50%，为直播卫星公共服务长期通、优质通奠定了基础。

三是三网融合方面，甘肃省已完成全省总用户60%的有线网络数字化、双向化改造和整体转换，并在全省推广高清互动平台，推进完成省内剩余20个县（市）移动多媒体广播电视覆盖网络建设；此外甘肃省广电网络OTN100G建设项目进入实施阶段。

2. 多方面推动"两化"深度融合

甘肃省坚持以企业主体、市场导向、应用互动、协调发展为原则推动"两化"深度融合，认真落实"八项"行动，推进企业"两化"融合管理体系，同时改造提升传统产业和培育发展新兴产业，加强重点领域智能监测监管、增强信息产业竞争力。

加大政策引导和扶持力度。甘肃省结合实施"3341"项目工程，重点推动企业信息化服务平台建设、千家数字企业建设、制造业信息技术集成应用、先进工艺流程信息化、产品质量追溯信息化、诚信体系信息化以及管理能力提升等，电子商务、物流信息化等新兴信息服务业不断发展壮大，企业"两化"深度融合，企业市场竞争力增强。

优化企业信息服务。甘肃省成立西北中小企业云服务创新产业联盟，已有成员单位30多家。甘肃省推出西北政企云平台，通过不断完善平台架构，优化合作模式和业务流程，面向工业、金融、服务、物流、农业等多种行业提供服务，进一步培育SaaS生态系统，2013年底上线应用80个，接入企业2000家，使用用户超过2万户，有效助推甘肃省传统产业转型升级和模式创新，催生信息消费新热点、新模式。

强化科技创新驱动。甘肃省推动产、学、研一体化，建设兰州理工大学技术工程学院"物联网联合实验室"。软件和信息技术服务行业现有国家级企业（工程）技术中心2户，省级企业技术中心和重点实验室6户，通过CMMI3级认定3户，新增登记软件产品年均增长49.96%。2013年甘肃省新建1个国家重点实验室、1个国家技术工程中心、3个国家级企业技术中心，38家高新技术企业通过国家认定，获发明专利授权2752件，技术合同交易额突破百亿元。

企业、区域信息化加快。甘肃省兰州庄园牧场股份有限公司等21家企业获"全省数字企业建设示范单位"荣誉称号。甘肃省内分布近千户软件和信息技术服务企业，有资质企业近百户，新增资质企业同比增加18.97%。兰州市国家级"两化"融合试验区通过工信部验收，国四联高新技术西北产业基地项目在兰州新区正式开工建设。

3. 集成架构建一体化智慧民生

教育信息化。甘肃省深化"智慧校园"建设，开展"教学点数字教育资源全覆盖"的项目，为全省3142个教学点提供"电脑主机+大屏幕显示器"，让所有偏远教学点能够利用数字教育资源开齐开好国家规定课程，并针对不具备上网条件的教学点配备了两种简单易操作的教学软件。甘肃移动集中搭建了全省教育云平台，宽带接入学校近5000家，全省家校互动、平安校园覆盖学校超过7000所，建成一卡通学校61所，并在平凉、陇南、兰州依托教育云开展数字校园建设，教育云服务覆盖近100所重点中小学。

社会保障与医疗信息化。2013年，甘肃省新农合"一卡通"覆盖全部农村，着力建成"省级集中、分级应用、五险合一、覆盖城乡"的社会保险信息系统，持续加快省级新农合信息平台与定点医疗机构院内信息系统的对接，实现全省范围内的新农合即时结报，健康档案资源共享；同时加强村卫生室信息化系统的培训工作，实现村卫生室信息化系统的全面运行。建立了医疗保险定点医疗机构信息库，通过省人社厅网站向社会发布全省1031家定点医疗机构信息。

建设智慧城市。甘肃省加快国家智慧城市试点建设工作，兰州、陇南、金昌、白银、敦煌5大试点城市编制完成本地区试点工作实施意见、重点项目推进方案和投融资方案，重点推动城乡建设管理、城市功能提升项目。甘肃省与中国电信在兰州签署《深化战略合作 建设"智慧甘肃"协议》，全面开展智慧城市建设。甘肃移动建设连成片、可漫游的"无线城市群"，推动无线城市从孤岛式向集群式的跨越，目前已形成了政务、民生、医疗、交通、教育、就业等十大类栏目，共 160 项重点应用。甘肃省突出打造"三维数字社会管理系统"，推进全省 17289 个农村村级信息点和 1186 个社区数字化平台建设，系统已在北京、山东等 12 个省、市、自治区试点推广应用。"爱城市·智慧公交"智能公交手机应用软件，向市民提供全市 90% 以上公交车实时到站，换乘情况等多类信息，方便百姓出行。[1]

甘肃省开展"智慧旅游"建设，兰州市、敦煌市率先开展全省智慧旅游城市创建试点工作，将平凉崆峒山、敦煌鸣沙山月牙泉景区作为全省智慧旅游景区试点。推出数字化移动旅游电子商务平台——丝路大遗址移动旅游服务平台，基于甘肃省大遗址资源库基础架构，包括"复现大遗址"和"博物馆文物数字增强现实互动讲解服务平台"。此外，甘肃省开展中药材质量追溯系统的示范应用项目，通过采用物联网技术，实现对中药材所有环节的全面数据收集、传输与处理，可实现对药品的全过程质量监管、跟踪与溯源。[2]

4. 农村农业信息化转变农业经营模式

甘肃省编制印发了《甘肃省"365"现代农业发展总体规划》，引领产业发展，促进产业结构调整，优化区域布局的作用，加快推进了全省现代农业跨越式发展。甘肃省打造三个国家级示范区，壮大六大特色优势产业，强化五大支撑，促进农业稳定发展，农民持续增收。

现代农业示范区建设。农业基础条件不断改善、农业设施装备水平进一步提高、现代农业示范区创建有序推进，建设一个农业科技园。全省耕种收综合机械化水平达到 42%，现代农业机械装备水平的提高使现代农业的竞争力明显提高。甘州区、肃州区和安定区全力推进国家级现代农业示范区建设，各示范区特色优势产业规模不断壮大，农业科技支撑水平逐步提升。城市郊区、河西地区及沿黄灌区、中部川道河谷地区、农垦和陇东塬区已具备较好的发展现代农业的基础，其中城市郊区、河西地区和沿黄灌区以及农垦大多数地方已具备农业现代化的雏形；奶牛、生猪、蛋鸡等产业，以及设施蔬菜、优质林果、现代制种等产业已经向现代农业迈进。

农业经营模式转变。甘肃省着力构建"龙头企业 + 合作社 + 基地农民"的紧密型利益联结机制，让农民更多地分享生产、流通、加工等环节的利润，大力

[1]　甘肃省信息化推进处：《甘肃首款"智慧公交"应用正式上线运行》，2013年11月28日。
[2]　甘肃省信息化推进处：《我省2个项目入选国家电子商务集成创新试点工程》，2013年11月6日。

提高农业生产经营的组织化程度。全省已认定龙头企业数量2424家，已注册各类农民专业合作组织超过3.7万余个。种养大户逐渐发展壮大，家庭农场逐步发展，全省各种经营类型的家庭农场已达2670个，专业种养大户正在向家庭农场演变。

5. 电子政务建设使服务型政府透明化

电子政务基础设施建设方面，甘肃省被工信部确立为首批基于云计算的电子政务公共平台建设和应用试点示范地区，将在现有基础上建设集中统一的区域性电子政务云平台，促进互联互通和信息共享，推动电子政务朝集约、高效、安全和服务方向发展。同时，甘肃省电子政务外网通过信息系统安全三级等保测评。

公共服务方面，甘肃省推进公共资源配置市场化改革，省市公共资源交易平台建设全面完成。甘肃省出台《关于加快推进全省综合电子监察系统建设的指导意见》，深化指导甘肃省综合电子监察系统建设。省政府政务服务中心和酒泉、嘉峪关、金昌、武威、兰州等市已建成网上审批和电子监察平台。[1] 全面建成甘肃全员人口信息数据库，打造"阳光计生"综合服务系统，育龄群众可持免费"阳光计生服务卡"，刷卡享受服务和异地办理打印各种计划生育证件。兰州建设了三维数字社会服务管理中心，进一步整合社会管理和民生服务两大平台，人口、经济法人、空间地理三大数据库，建成的集信息资源共享、应急联动指挥、社会综合服务于一体的社会公共服务管理平台。兰州市民可通过拨打"12345"一部民情热线，享受兰州市47个部门、行业的政务服务和公共服务。

信息公开方面，甘肃省举办了"甘肃微博民生服务活动"首次在线微访谈，省卫生厅、省教育厅、省检察院、省公安厅、省工商局等12家政务单位参与，近万名网友参与了互动。省国税局、省教育厅等政务单位通过政务微博第一时间在线回答了近百条网友的提问。此外，甘肃省《当前政府信息公开重点工作安排》明确2013年要进一步细化公开省级部门"三公"经费。

二、信息化水平分析

（一）总体水平

甘肃省"十二五"以来，信息化实现了快速发展，信息化发展总指数从

---

[1] 《甘肃政务大厅实现14市州全覆盖 千余乡镇建立服务点》，《兰州晚报》2013年7月26日。

2013 年的 50.23 提升到 2014 年的 55.75，指数值增长 5.52 点。网络基础设施实现了跨越式发展，网络就绪度指数从 2013 年的 39.24 提升到了 2014 年的 47.58，指数值增长了 8.34 点。信息通信技术应用进一步普及和深化，信息通信技术应用指数从 2013 年的 63.97 提升到 2014 年的 67.53，指数值增长了 3.56 点。信息化应用效益初步显现，信息化应用效益指数从 2013 年的 44.73 提升到 2014 年的 48.52，指数值增长了 3.79 点。

表 30-1　甘肃省 2013—2014 年信息化指标情况

指标名称	2013年指数值	2014年指数值	变化情况
网络就绪度指数	39.24	47.58	8.34
信息通信技术应用指数	63.97	67.53	3.56
信息化应用效益指数	44.73	48.52	3.79
信息化发展总指数	50.23	55.75	5.52

数据来源：中国电子信息产业发展研究院，2014 年 12 月。

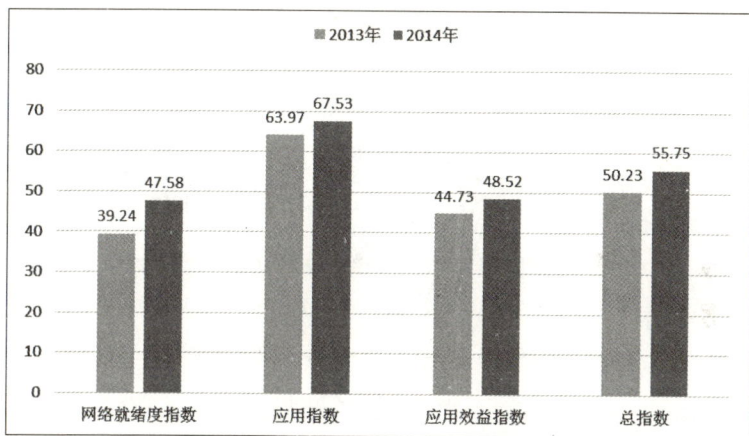

图30-1　甘肃省2013—2014年信息化指标情况

数据来源：中国电子信息产业发展研究院，2014 年 12 月。

（二）分类指标

1. 网络就绪度指数

在网络就绪度方面，"十二五"以来，甘肃省积极推进网络基础设施建设，网络基础设施实现了跨越式发展。智能终端进一步普及应用，普及率指数从 2013 年的 50.96 提升到 2014 年的 55.42，指数值增长 4.46。"三网融合"顺利推进，有线电视发展指数从 2013 年的 34.08 提升到的 35.96，指数值增长 1.88。光纤网络快速发展,光纤发展指数从 2013 年的 7.72 提升到 2014 年的 15.4,指数值增长 7.68。宽带网络快速普及，普及指数从 2013 年的 43.27 提升到 2014 年的 57.58，指数值增长了 14.31。宽带速率进一步提升，宽带速率指数从 2013 年的 55.97 提升到 2014 年的 68.66，增长了 12.69。

表 30-2　甘肃省 2013—2014 年网络就绪度一级指标情况

指标名称	2013年指数值	2014年指数值	变化情况
智能终端普及指数	50.96	55.42	4.46
有线电视发展指数	34.08	35.96	1.88
光纤发展指数	7.72	15.4	7.68
宽带普及指数	43.27	57.58	14.31
宽带速率指数	55.97	68.66	12.69

数据来源：中国电子信息产业发展研究院，2014 年 12 月。

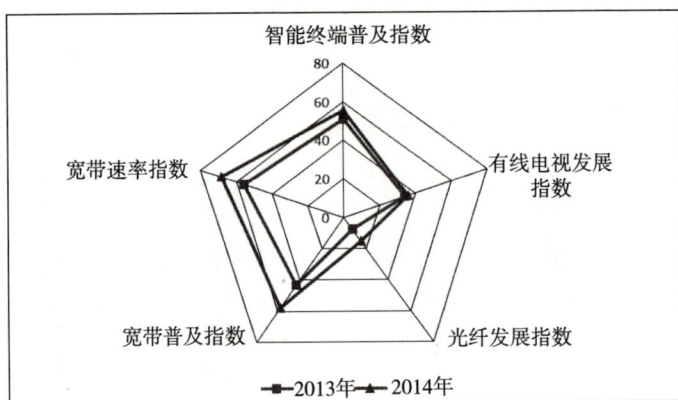

图30-2　甘肃省2013-2014年网络就绪度指数一级指标情况

数据来源：中国电子信息产业发展研究院，2014 年 12 月。

就网络就绪度各项细分指标来讲，甘肃省"十二五"以来网络基础设施方方面面都取得了很大发展。移动电话用户数保持稳步增长，普及率指数从 2013 年的 52.48 提升到 2014 年的 56.64，指数值增长了 4.16。电脑普及率进一步提高，普及率指数从 2013 年的 49.44 提升到 2014 年的 54.2，指数值增长了 4.76。有线电视用户数进一步增长，入户率指数从 2013 年的 34.08 增长到 2014 年的 35.96，指数值增长了 1.88。光纤入户快速推进，光纤入户率指数从 2013 年的 7.72 提升到 2014 年的 15.4，指数值增长了 7.68。互联网固定宽带用户数稳步增长，普及率指数从 2013 年的 40.87 提升到 2014 年的 47.5，指数值增长了 6.63。3G 和 4G 用户数实现快速增长，移动宽带普及率指数从 2013 年的 45.67 增长到了 2014 年的 67.67，指数值增长了 22。宽带普及提速行动初显成效，固定宽带端口平均速率指数从 2013 年的 55.97 增长到了 2014 年的 68.66，指数值增长了 12.69。

表 30-3　甘肃省 2013—2014 年网络就绪度指数二级指标情况

指标名称	2013年指数值	2014年指数值	变化情况
移动电话普及率	52.48	56.64	4.16
电脑普及率	49.44	54.2	4.76
有线电视入户率	34.08	35.96	1.88
光纤入户率	7.72	15.4	7.68
固定宽带普及率	40.87	47.5	6.63
移动宽带普及率	45.67	67.67	22
固定宽带端口平均速率	55.97	68.66	12.69

数据来源：中国电子信息产业发展研究院，2014 年 12 月。

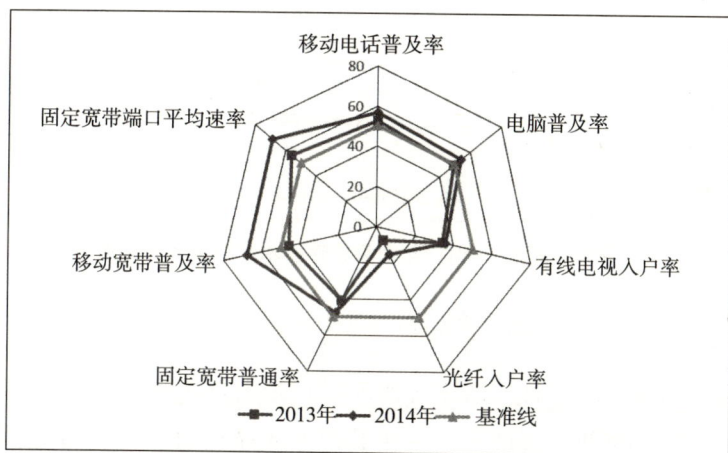

图30-3　甘肃省2013—2014年网络就绪度指数二级指标情况

数据来源：中国电子信息产业发展研究院，2014 年 12 月。

2. 信息通信技术应用指数

在信息通信技术应用方面，"十二五"以来，甘肃省企业、居民两方面信息化都取得了很大的发展。企业应用指数从 2013 年的 64.05 提升到 2014 年的

66.43，指数值增长了2.38。政务应用指数从2013年的61.33降低到2014年的54.22，指数值下降了7.11。居民应用指数从2013年的65.25提升到2014年的74.73，指数值增长了9.48。

表30-4　甘肃省2013—2014年信息通信技术应用指数一级指标情况

指标名称	2013年指数值	2014年指数值	变化情况
企业应用指数	64.05	66.43	2.38
政务应用指数	61.33	54.22	−7.11
居民应用指数	65.25	74.73	9.48

数据来源：中国电子信息产业发展研究院，2014年12月。

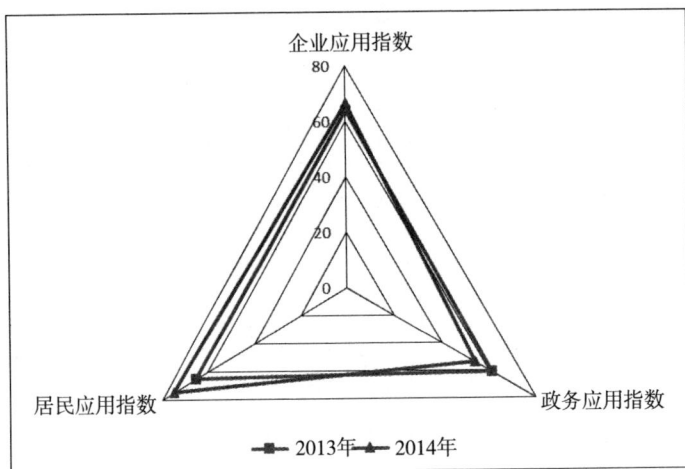

图30-4　甘肃省2013—2014年信息通信技术应用指数一级指标情况

数据来源：中国电子信息产业发展研究院，2014年12月。

在企业信息化应用方面，甘肃省"十二五"以来大力推进企业"两化"融合工作，企业信息化发展环境进一步改善。企业ERP普及率指数从2013年的48.28提升到2014年的49.1，指数值增长了0.82；企业电子商务交易额占比指数从2013年的79.82提升到了2014年的83.77，指数值上升了3.95。

在政务信息化应用方面，政务事项网上办事率指数从2013年的68.54下降到了2014年的63.57，指数值下降了4.97。政府信息公开上网率指数从2013年的54.12下降到了2014年的44.87，指数值下降了9.25。

在居民信息化方面，"十二五"以来，甘肃省居民信息化应用水平进一步提升。

互联网用户数稳步增长，普及率指数从 2013 年的 47.46 提升到 2014 年的 51.5，指数值增长了 4.04；居民电子商务快速发展，人均在线零售额占比指数从 2013 年的 96.3 提升到 2014 年的 114.34，指数值增长了 18.04。居民信息消费快速增长，人均信息类消费支出由 2013 年的 38.75 提升到 2014 年的 41.97，指数值增长了 3.22。

表 30-5　甘肃省 2013—2014 年信息通信技术应用指数二级指标情况

指标名称	2013年指数值	2014年指数值	变化情况
企业ERP普及率	48.28	49.1	0.82
企业电子商务交易额占比	79.82	83.77	3.95
政务事项网上办事率	68.54	63.57	−4.97
政府信息公开上网率	54.12	44.87	−9.25
互联网普及率	47.46	51.5	4.04
人均在线零售额占比	96.3	114.34	18.04
人均信息类消费支出	38.75	41.97	3.22

数据来源：中国电子信息产业发展研究院，2014 年 12 月。

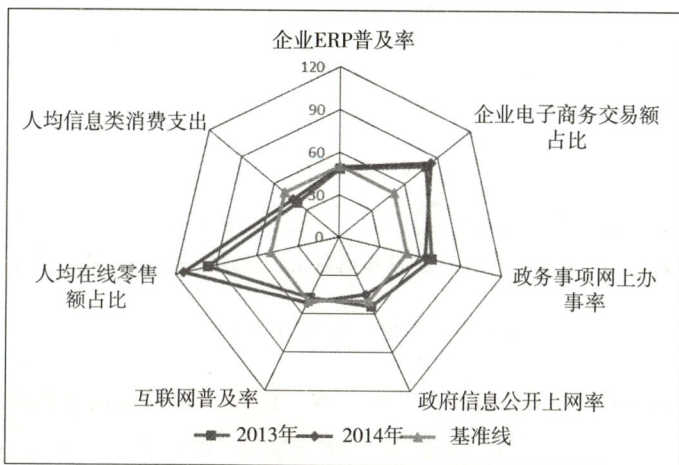

图30-5　甘肃省2013—2014年信息通信技术应用指数二级指标情况

数据来源：中国电子信息产业发展研究院，2014 年 12 月。

3. 信息化应用效益指数

在信息化应用效益方面，"十二五"以来，甘肃省信息化应用效益日渐凸显。劳动生产率指数从 2013 年的 36.84 增长到了 2014 年的 38.86，指数值增长了 2.02；技术创新指数从 2013 年的 52.17 提升到了 2014 年的 60.02，指数值增长了 7.85；

节能降耗指数从 2013 年的 47.05 增长到了 2014 年的 49，指数值增长了 1.95；人均收益指数从 2013 年的 42.87 增长到了 2014 年的 46.2，指数值增长了 3.33。

表 30-6　甘肃省 2013—2014 年信息化应用效益指数一级指标情况

指标名称	2013年指数值	2014年指数值	变化情况
劳动生产率指数	36.84	38.86	2.02
技术创新指数	52.17	60.02	7.85
节能降耗指数	47.05	49	1.95
人均收益指数	42.87	46.2	3.33

数据来源：中国电子信息产业发展研究院，2014 年 12 月。

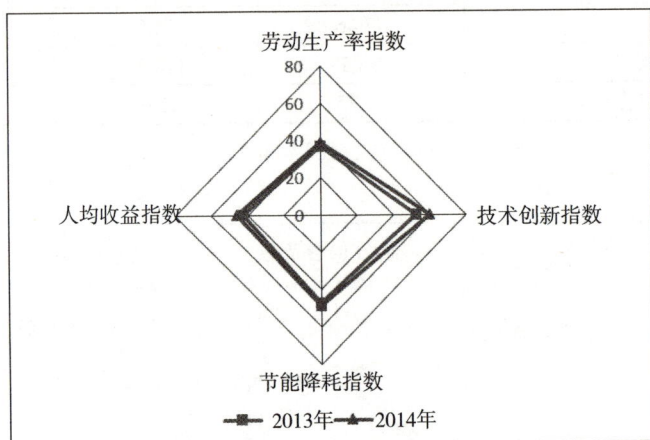

图30-6　甘肃省2013—2014年信息化应用效益指数一级指标情况

数据来源：中国电子信息产业发展研究院，2014 年 12 月。

　　就信息化各项细分指标来讲，"十二五"以来，甘肃省信息化应用效益方面面都取得了积极进展。全员劳动生产率指数从 2013 年的 36.84 增长到了 2014 年的 38.86，指数值增长了 2.02。单位地区生产总值专利申请量指数值从 2013 年的 60.82 提升到 2014 年的 72.07，指数值增长了 11.25；单位地区生产总值专利授权量指数值从 2013 年的 46.41 提升到 2014 年的 51.98，指数值增长了 5.57。信息化促进了节能减排工作的开展，单位地区生产总值能耗指数从 2013 年的 54.75 提升 2014 年的 55.82，指数值增长了 1.07；单位地区生产总值用水量指数从 2013 年的 35.49 提升到 2014 年的 38.76，指数值增长了 3.27。信息化带动了经济快速发展，人均地区生产总值指数由 2013 年的 42.87 提升到 2014 年的 46.2，指数值增长了 3.33。

表 30-7　甘肃省 2013—2014 年信息化应用效益指数二级指标情况

指标名称	2013年指数值	2014年指数值	变化情况
全员劳动生产率	36.84	38.86	2.02
单位地区生产总值专利申请量	60.82	72.07	11.25
单位地区生产总值专利授权量	46.41	51.98	5.57
单位地区生产总值能耗	54.75	55.82	1.07
单位地区生产总值用水量	35.49	38.76	3.27
人均地区生产总值	42.87	46.2	3.33

数据来源：中国电子信息产业发展研究院，2014 年 12 月。

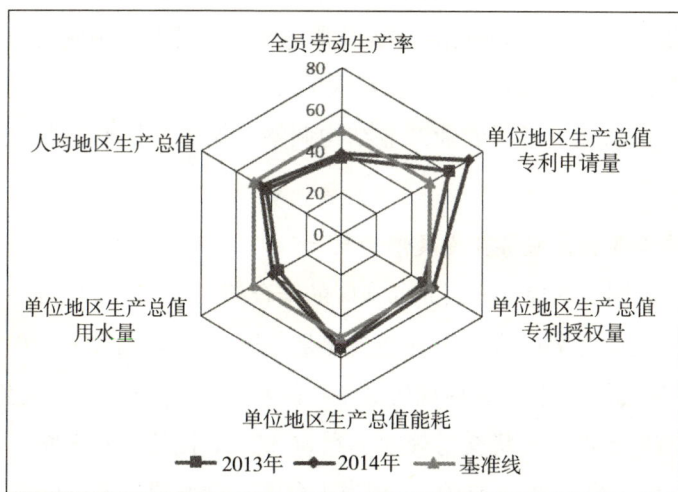

图30-7　甘肃省2013—2014年信息化应用效益指数二级指标情况

数据来源：中国电子信息产业发展研究院，2014 年 12 月。

三、优劣势评价

（一）优势

1. 信息化基础设施水平显著提升，实现了跨越式发展

近年来，甘肃信息化基础设施建设发展快速，水平显著提升。2013 年，全省电信业务总收入达到 162.2 亿元，网络接入能力有明显提升，光纤、宽带覆盖

445

到全部县以上城市、99%的乡镇和50%的行政村。全省互联网宽带用户数突破213.6万户，同比增长了11.71%，移动电话用户总数2058.66万户。3G、4G等无线网络设施快速发展，3G基站数达到26494个，3G用户数累计达到835.82万户，4G移动用户已突破一百万。基本实现了全省广播电视服务全覆盖、户户通。

2. 农村农业信息化发展成效明显，推动农业持续稳定发展

甘肃省农村农业信息化建设成效明显，农业信息化体系逐步完善。通过实施"金农工程"、农业部"三电合一"和"农村信息公共服务网络工程"等重点项目，全省已建立了省级农业数据中心、省级粮食流通数据中心，12个市级、80多个县级农业信息互联网站和5000多个村级信息服务点，初步形成了覆盖省、县、镇、基层农村的信息服务网络和农业信息服务体系。为解决农业信息"最后一公里"问题，利用多种农业信息资源创新多元化服务模式，开办了由农牧、广电、通信等部门参与合办的"12316三农"服务热线，以及50多个县级信息服务平台等。甘肃农村农业信息化促进了农业产业结构调整，加速了甘肃全省农业的跨越式发展。

3. 电子商务等信息服务业发展潜力巨大

甘肃处于我国中部地区与西北部地区的结合部，是西部地区唯一具有承东启西、南拓北展区位优势的省份，省会兰州是全国9大物流区域、10大物流通道和21个物流节点城市之一，辐射周边8个省区和3亿多人口，区位优势非常明显。2013年，全省电子商务市场交易规模达到86亿元，同比增长39%。其中，网络零售达151亿元，同比增长45.1%，相当于全省社会消费品零售总额的7.1%。全省从事各类电子商务的企业近万家，在线注册的个人网店达到两万多家。阿里巴巴和甘肃商务厅合作，成立了淘宝网"特色中国·甘肃馆"，入住的企业店铺超过500家，商品种类超过140多类5000多种。依托"丝绸之路经济带"的发展契机，甘肃省发展电子商务未来潜力巨大。

（二）劣势

1. 电子信息产业发展明显滞后，信息化支撑能力亟待提高

2013年甘肃全省电子信息产业实现主营业务收入79.08亿元，其中，电子信息制造业实现主营业务收入46.3亿元，软件和信息技术服务实现主营业务收

入 32.78 亿元。不仅和东部发达地区差距明显，就是和西部一些省份相比也有明显差距。主要的原因是甘肃省电子信息产业整体规模较小，信息产业发展水平低于工业平均水平，自主创新能力弱，产学研结合不紧密，产业分布不均衡，缺乏比较成熟的产业链，缺乏实力雄厚的龙头骨干企业，高端人才少，人力资源利用程度不高，支持技术创新和产业发展的政策机制尚不完善，没有形成整体优势。

2. 政务应用能力不高，信息化水平有待进一步提高

2013 年，甘肃省信息通信技术应用能力有了进一步提高，企业应用指数和居民应用指数分别为 66.43 和 74.73，均比上年有显著提高。相比而言，政务应用指数为 54.22，同比上年下降了 7.11。从具体指标来看，政府事项网上办事率和政府信息公开上网率指数分别为 63.57 和 44.87，和 2012 年相比，都有不同程度的下降，均处于全国落后水平。

四、相关建议

（一）加快"宽带中国"实施战略，提高信息化基础设施支撑服务能力

加快构建宽带、融合、无线、泛在的新一代信息基础实施，夯实新一代信息基础设施对"智慧城市"建设的基石。实施"百兆光纤工程"和"百县宽带乡村工程"，推进"光进铜退"，光纤入户，提高城乡宽带网络普及水平和介入能力。加快新一代移动通信网络建设，扩大 3G 网络覆盖范围，积极部署 4G 宽带网络，加快无线局域网重要公共区域热点覆盖，提高无线网络的覆盖范围和质量。推进电信基础设施共建共享，统筹云计算、大数据、物联网等基础设施建设，提高能效和集约化水平。积极推进三网融合，加快电信网和广播电视网基础设施共建共享。加大信息基础设施投资力度，营造基础设施建设的良好环境。

（二）培育信息产业新业态，推进电子信息产业做大做强

以需求为导向，以应用为牵引，大力推进电子信息制造业、软件和信息技术服务业的发展，加快兰州新区大数据产业园、兰州软件产业园、天水华天电子科技产业园、敦煌动漫软件产业园和兰州国防电子民用化示范园等园区的建设，培育一批具有较强竞争力的骨干企业，扩大集成电路、新型元器件、软件等电子信息核心产业规模。加快资源整合，推动西北中小企业云服务平台、三位数字社会

服务管理平台、北斗卫星导航综合服务平台、云计算软件研发应用平台、现代物流与信息技术服务平台的建设，培育云计算产业链，提升云计算产业发展水平。推动云计算、物联网、移动互联网与传统产业融合，强化新一代通信技术在教育、文化、医疗、社会保障等领域的应用，培育一批信息化带动示范工程，培育产业发展新业态。鼓励行业协会、大型企业做好信息资源的开发利用、信息共享和业务协同，提高整个信息产业的协作效率。

（三）加快政务信息资源开放共享，提高政务公开和服务水平

围绕"信息惠民"，重点建设涵盖农林水利、财政金融、资源环境、社会保障、安全生产、交通旅游、文教卫生以及公检司法等部门的政府公共信息资源库和数据交换平台，积极推进跨部门、跨地区、跨层级的信息共享和业务协同。加快电子政务应用系统和综合电子监察系统建设，推进工程项目、招标采购、政务信息、研发设计、信息咨询、融资担保、检验检测、节能环保、土地拍卖和资源转让等领域的信息公开。建立和完善省、市、县三级覆盖的电子政务平台，推动资源整合，减少重复建设，结合省、市、县三级政府服务大厅、乡镇（街道）、行政村（社区）便民服务中心或服务点等多种政务服务手段和平台，逐步实现政务信息互联互通、共建共享，提高政务服务能力。

（四）加强信息化人才培养，提供智力支撑

完善人才培养机制，加强与国内重点高校、科研院所的合作，建立信息化专业人才培训基地，加强高校教育和信息产业发展的有效衔接，支持企业和学校教育相结合，培养一批信息化领军人才和技术带头人。借鉴中东部发达地区的先进经验，完善柔性人才引进机制，改善城市综合配套环境和创业环境，创新人才引进机制，鼓励海外高层次人才、省外信息化高级人才来甘肃创业。完善激励机制和政策支持，使高层次人才能够引进来，留得住。

第三十一章　青海省信息化发展水平分析

一、总体情况

（一）经济社会发展情况

2013 年，青海省坚持科学发展，牢牢把握稳中求进、好中求快的总基调，统筹稳增长、调结构、促改革、惠民生，积极应对各种困难挑战，采取有效措施，带领全省各族人民攻坚克难、砥砺奋进，全年全省经济总体平稳、稳中有进、稳中向好。全年全省地区生产总值 2101.05 亿元，按可比价格计算，同比增长 10.8%，增速在全国各省（市、区）中列第 9 位。其中，第一产业增加 207.59 亿元，第二产业增加 1204.31 亿元，第三产业增加 689.15 亿元，同比分别增长 5.3%、12.3% 和 9.8%。第一产业对地区生产总值的贡献率为 4.2%；第二产业对地区生产总值的贡献率为 65.8%；第三产业对地区生产总值的贡献率为 30.0%。年末全省就业人员 314.21 万人，同比增加 3.32 万人，其中城镇就业人员 141.47 万人，同比增加 6.0 万人。全年城镇居民人均可支配收入 19498.54 元，同比增长 11.0%，增幅列全国各省（市、区）第二位。全年农牧民人均纯收入 6196.39 元，同比增长 15.5%，增幅列全国各省（市、区）第一位。全年全省公共财政预算收入 368.56 亿元，同比增长 15.3%[1]。

（二）信息化发展特点

1. 大力加强信息基础设施建设

2013 年，青海省持续完善信息基础设施建设，加快光纤入户工程建设，不

---

[1]　青海统计局：《2013年青海省国民经济和社会发展统计公报》，2014年3月。

断加快"宽带青海·数字青海"建设,推进智慧城市建设。一是通信基础设施方面,2013 年青海省移动电话用户达 542.4 万户,占电话用户总数的 84.2%,其中全年新增 93.5 万 3G 用户,3G 用户渗透率为 34%;固定互联网接入用户新增 5 万户,累计达 55.5 万,青海省速率在 4M 以上的宽带用户达到 43.6 万户,占固定宽带用户的 79.4%,同比增长 45.4%。[1]2013 年 12 月底,正式启动青海移动 4G 首发及西宁 4G 网络开通,青海省与全国同步进入 4G 时代。青海移动 4G 网络一期工程已在全省共建设 4G 基站近 1600 个,同时,青海省出台文件政策加快建设光纤到户工程。二是广播电视方面,2013 年,青海省基本完成 10 个广播电视高山台站基础设施的改造建设,加强取缔非法卫星,共置换地面卫星接收设施 35.4 万套,提前两年完成广播电视"十二五""村村通"工程目标。青海省广电网络公司实现全省"一张网",建立完善覆盖全省的 BOSS 运营支撑系统和"96333"全省统一服务平台。"户户通"工程惠及 50 万户农牧民,且深入宗教寺庙。三是三网融合方面,青海省三网融合 IPTV 项目自启动以来,已可通过高清 e 家宽带提供 11 路高清频道、76 路电视频道直播及生活服务等。

2. 推进"两化"融合,加快工业企业调结构转方式

青海省正处在由工业化中期、转向新型工业化的关键时期,以互联网为代表的信息技术、制造技术相融合为特征的新一轮科技革命和产业变革,将为青海跨越发展提供有效路径。为了加强"两化"融合支撑体系建设,青海省从区域、行业、企业三个层面做好顶层设计,明确"两化"融合目标、重点和推进措施。

企业层面。2014 上半年,青海省推荐五户"两化"融合成效显著的企业为"全省两化融合示范企业"。此外,另有两户企业已入选全国首批"两化"融合管理体系贯标试点企业并获得专项资金支持。青海省大力开展为中小企业担保融资,支持了融资担保机构对中小微企业的融资担保服务能力和水平,推动了千家中小微企业培育工程顺利实施。

产业层面,工业转型升级持续推进。青海省坚持实施"双百"行动和 15 个重大产业基地建设,实施 50 项重大技术进步项目,大力淘汰落后产能,一批新能源、新材料等项目建成投产,一批共性技术和关键技术研发填补空白。装备工业、轻工业同比分别增长 35.7% 和 19.5%,高技术产业增长 22.9%,光伏电站并

---

[1] 青海省通信管理局:《2013年12月青海省通信行业经济运行分析》,2014年1月。

网装机超过 300 万千瓦。科技创新力度加大。推动科技与资本结合，科技专项取得进展，部分科技成果开始向高技术产业转移。青海省电子信息制造业和软件服务业累计实现销售收入 17 亿元。

区域层面，青海三大工业园区加快向集群化、规模化和循环型发展，西宁经济技术开发区技工贸收入超过千亿元。现代物流业发展步入快车道，文化体育和信息服务业投资大幅增长。青海相继与五个国家的相关省州市缔结了友好关系，是青海省建立国际关系最多的一年。

政府层面，青海省首次设立信息和节能环保产业展区，落实招商引资项目 6 项，同时建立了省经信委与省有关部门和单位的信息产业园招商引资工作进展月报、信息基础设施投资进展月报等协调报送工作机制。

3. 全面开展民生和公共服务信息化

教育信息化方面，青海省持续贯彻落实"三通两平台"政策已建成集成移动教务、校园监控、校车监控和电子学生证的教育管理云平台以及集成云平台、精品资源库和教育资源集市的教育资源云平台。截至 2013 年年底，青海省着力建设新一代校园信息网络，校校通项目已完成全省 800 余所中小学宽带的接入。针对"班班通"打造了"网络教学系统"等应用，可通过互联网观看授课视频和课件，有力解决了青海省教育资源分布不均的问题。针对人人通打造"翼校通"，全面实现身份认证电子化、学生学习数字化、数据管理信息化、个人成长记录反馈智能化。此外，青海省打造留守儿童亲情关爱阳光工程，解决农村留守儿童教育问题，建设了 112 个爱心智慧校园。

医疗信息化方面，青海省正初步建设智慧医疗，全省 44 家县级医院已接入远程会诊网络和 120 急救网络；全省 435 家乡镇卫生院、16 家二级数据中心、4000 多家村卫生室的基层医疗覆盖信息化网络，已经实施了全省 120 急救车管理、省会西宁地区各大医院内部的流程信息化等工程。青海省正式启用统一的医疗救助即时结算信息化服务网络，实现了省、州、县、乡四级全覆盖，医疗救助对象可在定点医疗机构"随来随治，随走随结"。

智慧城市方面，青海省大力发展智慧交通，全省运政管理系统、营运车辆GPS 联网联控系统、汽车客运站站务管理系统建设等得到快速有序推进，集成道路运输管理所需要的基本功能，覆盖全省"两客一危"重点营运车辆的 GPS 联网联控系统。全省共建成联网联控省、地、市运管机构监管平台和运输企业监控平台 91 个，99.5% 重点营运车辆已安装 GPS 车载终端 3700 余辆。此外，青海省 415 条高速公路实现联网刷卡交费（MTC），首批 4 条朝阳东站至曹家堡 ETC 车道已跟进使用。青海省西宁市城东区已让企业承接建设一个中心，即城东区数字化城市管理和社会管理监督指挥中心；两级平台，其中区为一级，职能单位、社区为二级；三大系统，分为城市管理、社会管理、公共服务支撑的数字化城市管理和社会管理服务创新监督指挥体系。青海电信打造"爱城市"手机客户端，提供查询公积金、景点实况信息、城市空气质量对比数据、实时视频路况、车辆违章等信息以及购票。

4. 大力发展高原现代农牧业，创造"青海模式"

2013 年，青海省被列为"国家农村信息化示范省"建设试点，围绕打造农牧业十大特色产业链，集成二十个技术水平高、产业化前景好的农牧业科技专项，进行示范推广，高原现代农牧业快速发展。

农村信息基础设施方面，青海省推动新一轮"村村通电话工程"和"村村通广播电视工程"，加快建设覆盖全省的"12316""三农"热线和"12396"科技服务热线。农村信息服务方面，青海省通过省级农村信息化服务平台建立了基于地理信息系统，后台专家、特派员、农户三位一体的主动信息化服务模式，即"青海模式"，主动为平台已覆盖的 20 个县 18 万农户，推送相关的种养殖技术解决方案和农资、农产品营销、就业、气象等信息。科技特派员在信息化示范村实现全覆盖，为拓宽农产品销售渠道和发展农村特色产业铺路。

农业科技创新方面，青海省已转化 10 个具有高原特色的优势动植物新品种的核心技术及配套技术，推广和应用 50 余个新技术、新成果，申请、获得专利 18 项，制订规程 29 项，引进、培育新品种（系）39 个，辐射示范面积达 130 万亩，对加快农业产业化发展，发挥了具有巨大的促进作用。

农业产业方面，青海省已建立了浆果、油菜、有机肥等产业技术创新联盟，由产业联盟开展技术研究，解决产业发展中存在的共性技术，从育种、扩繁、推广、加工整个产业链整体推进，解决了生产技术不配套、产业链延伸不够的突出问题。建成 50.83 万亩优质饲草料生产基地，建立 3 个有机养殖示范村（基地）和以过马营为中心的牛羊育肥基地，并建立有机畜产品可追溯体系。

农业生产模式方面，青海省组织生态畜牧业生产模式的技术集成与开发示范，建立了种草养畜型、有机养殖型等生态畜牧业高效生产模式，突破了 TMR 饲料配送、舍饲育肥、农牧交错地区优质高产饲草料基地建植技术、疾病防控技术、畜产品可追溯体系等关键技术。[1]

5. 深入发展电子政务，建设阳光政府

青海省本着"以需求为导向，以应用促发展，统一规划，整合资源，系统安全、可靠和可扩展"为指导思想，合理利用现有网络资源，发展电子政务。

办公自动化方面，青海省建成了覆盖省、州（地、市）和县的全省政务视频会议系统和电子公文传输平台。2013 年主要启用公文办理子系统，计划在两年内按照"循序渐进、讲求实效、先易后难、稳步推进"的原则，逐步实现办公厅各类文件的网上流转处理和办理状态的快捷查询。青海省有针对性地建设和开发了包括交通 OA 办公系统、公文传输系统、财政支付入口以及交通综合管理系统等应用服务，初步实现了"政务资源数字化、内部办公协同化、信息交流网络化"的目标。

政务应用方面，电子政务推进政府职能转变和机构改革，省行政服务和公共资源交易中心启动运行，加大简政放权力度，取消和调整行政审批事项 178 项。青海省省行政服务和公共资源交易市场网络监控系统一期工程完成并投入使用。

信息公开方面，青海省推进县级政府依托电子平台加强政务公开，全国试点城市（区）格尔木市及西宁城东区综合评估为优秀。如西宁市提出建设阳光型网络政府的理念后，全力整改多个无效政府职能部门网站。此外，青海省继续推进"网络问政"的发展。

二、信息化水平分析

（一）总体水平

"十二五"以来，青海省信息化实现了快速发展，信息化发展总指数从 2013 年的 45.67 提升到 2014 年的 52.13，指数值增长 6.46。网络基础设施实现了跨越式发展，网络就绪度指数从 2013 年的 42.89 提升到了 2014 年的 56.02，指数值增长了 13.13。信息通信技术应用进一步普及和深化，应用指数从 2013 年的 48.13 提升到 2014 年的 50.16，指数值增长了 2.03。信息化应用效益初步显现，信息化

---

[1]　青海省通信管理局：《2013年12月青海省通信行业经济运行分析》，2014年1月。

应用效益指数从 2013 年的 46.3 提升到 2014 年的 48.28，指数值增长了 1.98。

表 31-1　青海省 2013—2014 年信息化指标情况

指标名称	2013年指数值	2014年指数值	变化情况
网络就绪度指数	42.89	56.02	13.13
信息通信技术应用指数	48.13	50.16	2.03
信息化应用效益指数	46.3	48.28	1.98
信息化发展总指数	45.67	52.13	6.46

数据来源：中国电子信息产业发展研究院，2014 年 12 月。

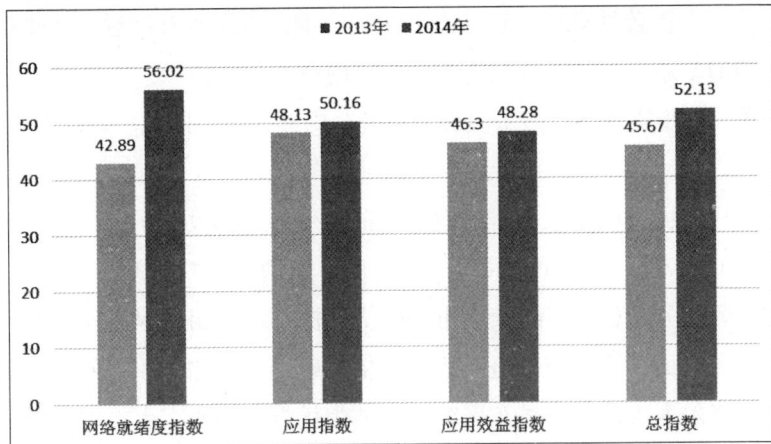

图31-1　青海省2013—2014年信息化指标情况

数据来源：中国电子信息产业发展研究院，2014 年 12 月。

（二）分类指标

1. 网络就绪度指数

在网络就绪度方面，"十二五"以来，青海省大力推进网络基础设施建设，网络基础设施实现了跨越式发展。智能终端进一步普及应用，普及指数从 2013 年的 57.11 提升到 2014 年的 59.29，指数值增长了 2.18。"三网融合"顺利推进，有线电视发展指数从 2013 年的 43 提升到 2014 年的 44.69，指数值增长了 1.69。光纤网络快速发展，发展指数从 2013 年的 17.98 提升到 2014 年的 43.63，指数值增长了 25.65。宽带普及加速，宽带普及指数从 2013 年的 48.83 提升到 2014 年的 64.15，指数值增长了 15.32。宽带速率进一步提升，宽带速率指数从 2013

年的 43.99 提升到 2014 年的 64.7，指数值增长了 20.71。

表 31-2　青海省 2013—2014 年网络就绪度一级指标情况

指标名称	2013年指数值	2014年指数值	变化情况
智能终端普及指数	57.11	59.29	2.18
有线电视发展指数	43	44.69	1.69
光纤发展指数	17.98	43.63	25.65
宽带普及指数	48.83	64.15	15.32
宽带速率指数	43.99	64.7	20.71

数据来源：中国电子信息产业发展研究院，2014 年 12 月。

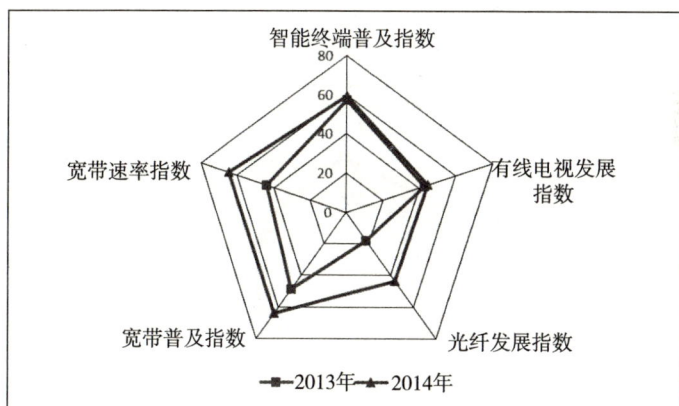

图31-2　青海省2013—2014年网络就绪度指数一级指标情况

数据来源：中国电子信息产业发展研究院，2014 年 12 月。

就网络就绪度各项细分指标来讲，青海省"十二五"以来网络基础设施方方面面都取得了很大发展。移动电话用户数保持稳步增长，普及率指数从 2013 年的 65.26 提升到 2014 年的 65.31，指数值增长了 0.05。电脑普及率进一步提高，普及率指数从 2013 年的 48.95 增加到 2014 年的 53.27，指数值上升了 4.32。有线电视用户数进一步增长，入户率指数从 2013 年的 43 增加到 2014 年的 44.69，指数值上升了 1.69。光纤入户快速推进，光纤入户率指数从 2013 年的 17.98 增加到 2014 年的 43.63，指数值上升了 25.65。互联网固定宽带用户数稳步增长，普及率指数从 2013 年的 53.2 提升到 2014 年的 56.28，指数值增长了 3.08。3G 和 4G 用户数实现快速增长，移动宽带普及率指数从 2013 年的 44.46 增长到了 2014 年的 72.03，指数值增长了 27.57。宽带普及提速行动初显成效，固定宽带端口平均速率指数从 2013 年的 43.99 增长到了 2014 年的 64.7，指数值增长了 20.71。

表 31-3 青海省 2013—2014 年网络就绪度指数二级指标情况

指标名称	2013年指数值	2014年指数值	变化情况
移动电话普及率	65.26	65.31	0.05
电脑普及率	48.95	53.27	4.32
有线电视入户率	43	44.69	1.69
光纤入户率	17.98	43.63	25.65
固定宽带普及率	53.2	56.28	3.08
移动宽带普及率	44.46	72.03	27.57
固定宽带端口平均速率	43.99	64.7	20.71

数据来源：中国电子信息产业发展研究院，2014 年 12 月。

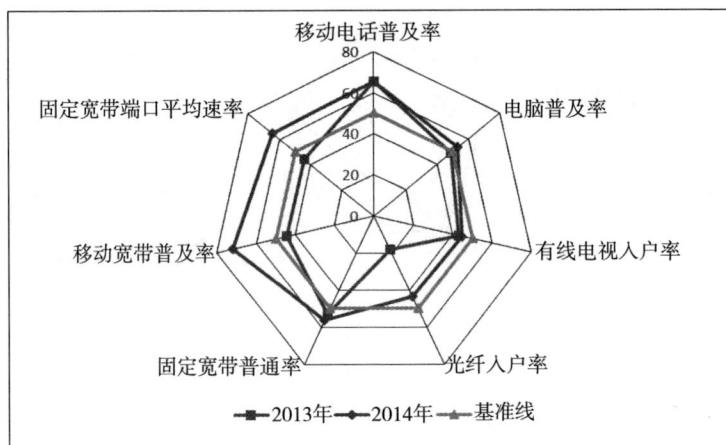

图31-3 青海省2013—2014年网络就绪度指数二级指标情况

数据来源：中国电子信息产业发展研究院，2014 年 12 月。

2. 信息通信技术应用指数

在信息通信技术应用方面，"十二五"以来，青海省企业、居民两方面信息化都取得了很大的发展。企业应用指数从 2013 年的 33.1 提升到 2014 年的 43.6，指数值增长了 10.5。政务应用指数从 2013 年的 64.45 降低到 2014 年的 51.62，指数值下降了 12.83。居民应用指数从 2013 年的 47.47 提升到 2014 年的 52.7，指数值增长了 5.23。

表 31-4　青海省 2013—2014 年信息通信技术应用指数一级指标情况

指标名称	2013年指数值	2014年指数值	变化情况
企业应用指数	33.1	43.6	10.5
政务应用指数	64.45	51.62	−12.83
居民应用指数	47.47	52.7	5.23

数据来源：中国电子信息产业发展研究院，2014 年 12 月。

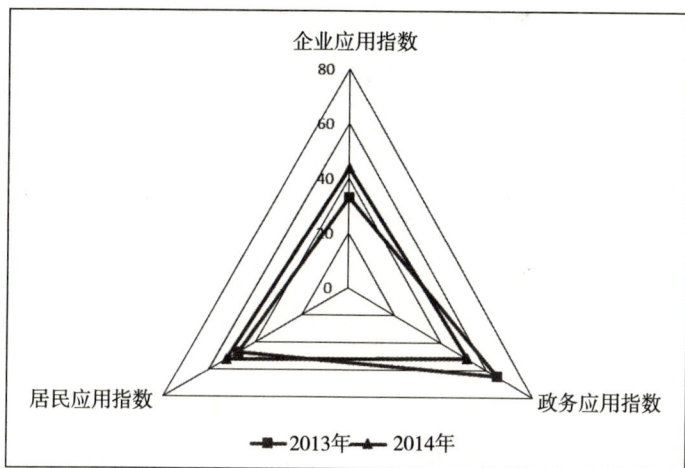

图31-4　青海省2013—2014年信息通信技术应用指数一级指标情况

数据来源：中国电子信息产业发展研究院，2014 年 12 月。

在企业信息化应用方面，青海省"十二五"以来大力推进企业"两化"融合工作，企业信息化发展环境进一步改善。企业 ERP 普及率指数从 2013 年的 36.37 提升到 2014 年的 42.95，指数值增长了 6.58；企业电子商务交易额占比指数从 2013 年的 29.84 提升到了 44.25，指数值上升了 14.41。

在政务信息化应用方面，政务事项网上办事率指数从 2013 年的 66.59 下降到了 2014 年的 61.47，指数值下降了 5.12。政府信息公开上网率指数从 2013 年的 62.32 下降到了 2014 年的 41.77，指数值下降了 20.55。

在居民信息化方面，"十二五"以来，青海省居民信息化应用水平进一步提升。互联网用户数稳步增长，互联网普及率指数从 2013 年的 58.76 提升到 2014 年的 64.21，指数值增长了 5.45；居民电子商务快速发展，人均在线零售额占比指数从 2013 年的 35.68 提升到 2014 年的 40.78，指数值增长了 5.1。居民信息消费快速增长，人均信息类消费支出由 2013 年的 48.48 提升到 2014 年的 53.53，指数值增长了 5.05。

表 31-5　青海省 2013—2014 年信息通信技术应用指数二级指标情况

指标名称	2013年指数值	2014年指数值	变化情况
企业ERP普及率	36.37	42.95	6.58
企业电子商务交易额占比	29.84	44.25	14.41
政务事项网上办事率	66.59	61.47	−5.12
政府信息公开上网率	62.32	41.77	−20.55
互联网普及率	58.76	64.21	5.45
人均在线零售额占比	35.68	40.78	5.1
人均信息类消费支出	48.48	53.53	5.05

数据来源：中国电子信息产业发展研究院，2014 年 12 月。

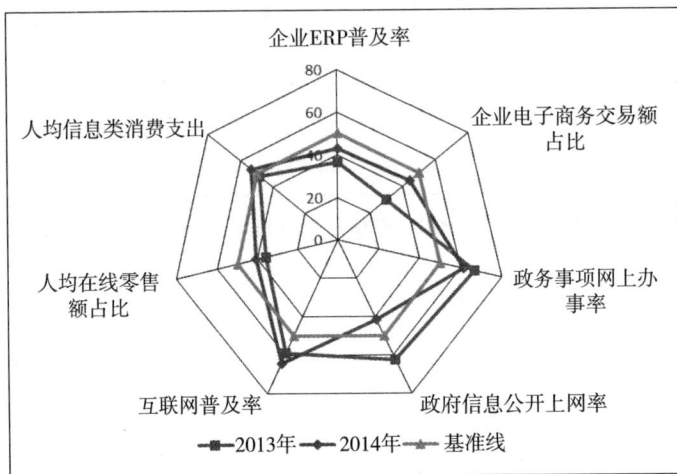

图31-5　青海省2013—2014年信息通信技术应用指数二级指标情况

数据来源：中国电子信息产业发展研究院，2014 年 12 月。

3. 信息化应用效益指数

在信息化应用效益方面，"十二五"以来，青海省信息化应用效益日渐凸显。劳动生产率指数从 2013 年的 62.85 增长到了 2014 年的 65.84，指数值增长了 2.99；技术创新指数从 2013 年的 24.17 提升到了 2014 年的 24.34，指数值增长了 0.17；节能降耗指数从 2013 年的 40.49 增长到了 2014 年的 41.37，指数值增长了 0.88；人均收益指数从 2013 年的 57.71 增长到了 2014 年的 61.58，指数值增长了 3.87。

表 31-6　青海省 2013—2014 年信息化应用效益指数一级指标情况

指标名称	2013年指数值	2014年指数值	变化情况
劳动生产率指数	62.85	65.84	2.99
技术创新指数	24.17	24.34	0.17
节能降耗指数	40.49	41.37	0.88
人均收益指数	57.71	61.58	3.87

数据来源：中国电子信息产业发展研究院，2014 年 12 月。

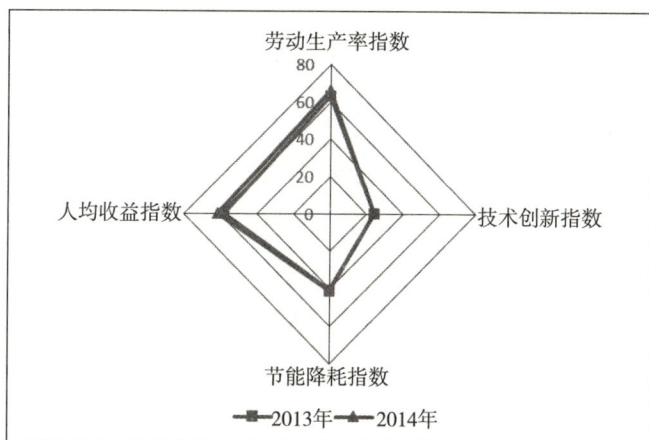

图31-6　青海省2013—2014年信息化应用效益指数一级指标情况

数据来源：中国电子信息产业发展研究院，2014 年 12 月。

就信息化各项细分指标来讲，"十二五"以来，青海省信息化应用效益方方面面都取得了积极进展。全员劳动生产率指数从 2013 年的 62.85 增长到了 2014 年的 65.84，指数值增长了 2.99。单位地区生产总值专利申请量指数值从 2013 年的 24.87 提升到 2014 年的 29.72，指数值增长了 4.85；单位地区生产总值专利授权量指数值从 2013 年的 23.7 下降到 2014 年的 20.75，指数值下降了 2.95。信息化促进了节能减排，单位地区生产总值能耗指数从 2013 年的 35.19 降低 2014 年的 34.86，指数值下降了 0.33；单位地区生产总值用水量指数从 2013 年的 48.44 提升到 2014 年的 51.14，指数值增长了 2.7。信息化带动了经济快速发展，人均地区生产总值指数由 2013 年的 57.71 提升到 2014 年的 61.58,指数值增长了 3.87。

表31-7 青海省2013—2014年信息化应用效益指数二级指标情况

指标名称	2013年指数值	2014年指数值	变化情况
全员劳动生产率	62.85	65.84	2.99
单位地区生产总值专利申请量	24.87	29.72	4.85
单位地区生产总值专利授权量	23.7	20.75	−2.95
单位地区生产总值能耗	35.19	34.86	−0.33
单位地区生产总值用水量	48.44	51.14	2.7
人均地区生产总值	57.71	61.58	3.87

数据来源：中国电子信息产业发展研究院，2014年12月。

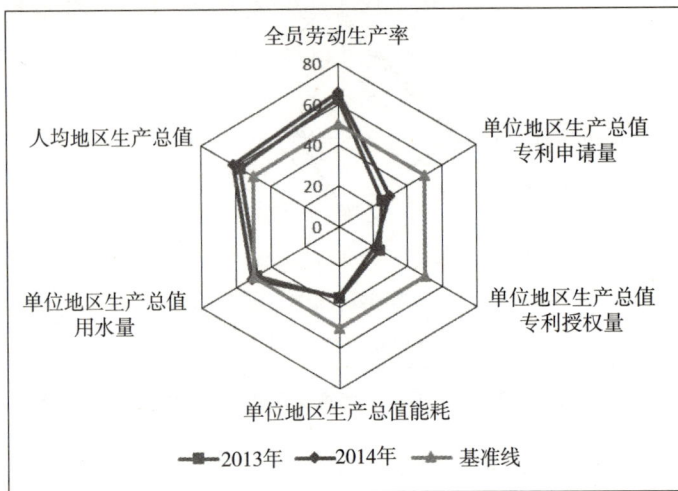

图31-7 青海省2013—2014年信息化应用效益指数二级指标情况

数据来源：中国电子信息产业发展研究院，2014年12月。

三、优劣势评价

（一）优势

1. 产业政策积极引导，两化融合深入推进

2012年，青海省政府国资委印发了《关于加快推进信息化与工业化深度融合的意见》，2014年，青海省制定出台《关于信息化推进工业经济转型升级和提质增效的实施方案（2014—2018年）》《关于加快推进物联网发展的实施意见》

等政策措施，信息化主攻方向不断明确，"两化"融合向纵深推进。青海省紧紧围绕产品研发、生产制造、市场销售、流通追溯、经营管理等关键环节和节能减排、安全生产、信息化公共服务平台等重点领域，实施了一批"两化"融合项目，培育了一批示范企业，示范企业新产品开发周期平均缩短35%，生产周期平均缩短38%，一批新的商业模式、新的技术模式正在萌发。2014年11月底，青海省企业生产装备数控化率达到32.6%，企业信息化应用水平列全国第18位、西部第3位。德令哈市入选全国第二批信息消费试点城市，2户企业入选全国首批两化融合管理体系贯标试点，9人被评为全国首批优秀信息官。截至11月底，全省电信业务总量同比增长21.4%，信息消费规模146.7亿元，电子信息制造和软件产业收入35亿元。信息消费、信息产业逐步成为青海省新的增长点。[1]

2. 智慧城市建设全面展开，促进信息消费快速增长

2014年1月，中国电信集团公司与青海省人民政府在西宁签订战略合作框架协议，双方将在建设"宽带青海·智慧城市"、促进青海信息消费领域展开战略性深度合作。双方将加快"宽带青海"建设，实施"数字青海"工程，以打造"智慧政府、智慧民生、智慧产业"为目标，构建宽带、融合、安全、泛在的下一代信息基础设施，丰富信息消费内容，建设"透彻感知、全方位互联、高度智能化"的青海智慧城市群，推动信息消费快速健康增长。"十二五"期间，中国电信将在青海投入60亿元，全力推进光网城市、宽带无线城市、宽带农牧区数字农牧区、畅通网络、高原信息中心、数字产业、数字园区、数字民生、电子政务提升、大美青海生态保护信息化十项重点工程。[2]协议签订后，青海电信高度重视，快速响应，积极按青海省政府及青海省建设宽带青海促进信息消费领导小组办公室的工作部署，全面加快"建设宽带青海、促进信息消费"的实施。

（二）劣势

1. 网络基础薄弱，信息化进程缓慢

虽然青海省近年来在信息基础设施建设方面进步明显，但是从全国范围来看仍然没有摆脱落后的状态。从数据中可以看出，在网络就绪度的五个指标中，除了光纤发展指数排在中等偏上的位置，智能终端普及率、有线电视发展指数、宽

---

[1]　《稳增长　调结构　促改革：攻坚克难　青海工业的2014》《青海日报》，2015年1月22日。
[2]　《中国电信与青海签智慧城市协议》，中国电信集团公司，2014年1月17日。

带普及指数、宽带速率指数都排在全国比较靠后的位置，尤其是宽带速率居全国末位，网络基础设施建设有待进一步加强。

2. 信息化应用水平偏低

从信息通信技术的指标来看，青海省在企业应用指数、政务应用指数和居民应用指数方面在全国的排名均比较靠后，尤其是居民应用方面，2013 年和 2014年均排名末位，反映了青海省在企业和居民信息化建设方面，总体上还处于探索起步阶段，主要是由于信息化发展不平衡、信息资源缺乏有效整合、专业技术和管理人才缺乏等因素。电子政务方面，正处于基础建设中，总体上的效益还没有显现出来，电子政务与传统政务并存，政府信息资源开放度低，不同部门之间协调与合作困难等问题还比较突出。

3. 技术创新能力有待进一步加强

2014 年青海省技术创新指数，2013 年技术创新指数、单位地区生产总值专利申请量和单位地区生产总值专利授权量均排全国第 29 位，排名均比较靠后。青海科研院所数量有限，信息化人才匮乏，尤其是高端人才与技能人才的匮乏限制了企业的发展。此外创新机制的不完善，导致了技术受制于人的局面。

四、相关建议

（一）加快"宽带青海"建设，夯实信息化发展基础

加快信息基础设施建设和网络升级改造。持续推进信息基础设施共建共享，加快行政村、自然村信息通信基础设施建设，加快现网升级改造。加快以互联网协议第 6 版为核心的下一代互联网升级改造，推进规模化商用。推进光纤入户，重点实施西宁和海东光网示范工程。优化无线网络覆盖，构建综合型无线网络，加快第四代移动通信技术（4G）商用发展。深入开展三网融合，鼓励发展三网融合相关业务，完善三网融合技术创新体系，打造综合信息服务平台，逐步在全省范围内推广三网融合。积极推动东部城市群"信息通信一体化"建设，构建信息高速公路和信息资源共享平台，加快信息通信同城化进程。统筹军民宽带网络融合发展，完善公众网络和军用网络资源共享共用、应急组织调度的领导机制和联动工作机制。充分利用公众网络资源，满足宽带化发展需求，逐步减少行业专

用通信网数量。

（二）加强信息化在企业、政务、居民的应用水平

开展重点骨干企业"两化"深度融合示范工程，创建"两化"融合重点骨干示范企业，指导企业科学制定信息化发展规划，鼓励企业加大资金投入，引导企业参与制定行业信息化评估标准。支持中小微企业信息化公共服务平台建设，搭建信息技术服务企业与中小微企业间的供需合作平台，鼓励中小微企业应用先进适用信息技术和自动化设备进行升级改造。着力支持一批"两化"深度融合重点项目，着力突破一批制约青海省"两化"深度融合的关键技术和共性技术，着力推进一批先进适用信息技术和智能装备在青海企业的推广应用。加大资金和技术投入，对现有政府门户网站、行政审批和电子监察综合服务管理平台等进行调整、升级和改造，建设全省统一电子政务平台，强化服务功能，提高服务质量。努力将政务服务平台逐步向基层延伸，实现省、市、县、乡行政服务中心电子平台的互联互通。加快智慧城市、信息惠民等重点战略的部署实施，继续推进政府在"金字"工程建设中发挥重要作用，加快推进教育、医疗、养老、社区、农村等方面的信息化，为各项应用服务提供基础平台。

（三）大力实施人才强省战略

继续深入实施《青海省中长期人才发展规划纲要（2010—2020年）》。继续加强对高层次稀缺人才的引进。有限安排科技领军人才的科研课题、经费等，加强博士后科研工作站建设。加强专业技术人才选拔和培养，重点提升在优先发展领域从事应用技术研发工作的专业技术人才的集成创新和引进消化吸收再创新的能力，加强基层专业技术人才队伍建设。加大技能人才培养力度。充分发挥企业培养高技能人才的主体作用，采取自办培训学校和机构，与职业院校和培训机构联合办学、委托培养等方式，加快培养高技能人才。同时，完善技能人才评价和使用机制，健全技能人才分配激励机制。

第三十二章　宁夏回族自治区信息化发展水平分析

一、总体情况

（一）经济社会发展情况

2013年，宁夏回族自治区在国内外复杂严峻的发展环境下，认真贯彻党的十八大和十八届二中、三中全会精神，以提高发展质量和效益为中心，着力推进经济结构调整和产业转型升级，扎实推进稳增长、调结构、促改革、惠民生的各项工作，较好地完成了自治区十一届人大一次会议确定的各项目标任务。全区2013年实现生产总值2565.06亿元，按可比价格计算，同比增长9.8%。其中，第一产业增加222.98亿元，第二产业增加1264.96亿元，第三产业增加1077.12亿元，同比分别增长4.5%、12.5%和7.5%。三次产业增加值构成由2012年的8.5：49.5：42.0调整为2013年的8.7：49.3：42.0。截至2013年年底，全区常住人口654.19万人，按常住人口计算，全区人均生产总值39420元，同比增长8.6%；城镇居民人均可支配收入22013元，同比增长11%；农民人均纯收入6922元，同比增长12%。全年完成公共财政预算总收入528.22亿元，比上年增长14.8%；完成地方公共财政预算收入308.14亿元，同比增长16.7%。全年公共财政预算支出931.48亿元，比上年增长7.8%。全区经济呈现"稳中有进、稳中向好"的运行态势，各项社会事业全面进步。[1]

---

[1]　宁夏回族自治区统计局：《2013年宁夏回族自治区国民经济和社会发展统计公报》，2014年5月6日。

（二）信息化发展特点

1. 信息基础设施建设继续深化

2013 年，宁夏回族自治区七厅委贯彻《关于"宽带宁夏"2013 专项行动的实施意见》，通信基础设施建设持续加快，期间，宁夏从多方面积极解决实际建设过程中光纤改造及基站建设遇阻问题，大力推动社区信息化建设。2013 年新增光纤宽带接入覆盖用户 30 万户，发展光纤用户 25 万户，光纤接入率达到 30%；统筹 3G、WLAN、LTE 协调发展，深化无线宽带网络覆盖，全年新建 3G 基站 710 个，新增 3G 用户 90 万户，3G 渗透率达到 30%；WLAN 公共运营热点覆盖达到 1250 个，AP 无线接入点部署超过 30000 个；截至 2013 年 4 月底，宁夏所有 3G 基站全部升级为 21.6Mbps 网络。2014 年初，宁夏回族自治区政府发布了《"宽带中国"战略宁夏实施方案》，截至 2014 年 6 月，"宽带宁夏"建设已累计投入 35.7 亿元，全区光纤宽带覆盖用户达到 118 万户，3G 网络普及率达到 34%，此外宁夏还是全国唯一一个全域覆盖的 4G 移动试点省（区）。[1]2014 年 1 月底，4G（TD-LTE）在宁夏正式开始商用。银川市在 2014 年初已启动"宽带中国"示范城市申报工作。同时宁夏切实推进三网融合业务应用，加大与广电部门的协作配合，建立完善网络融合平台建设，全面推广三网融合业务。

2. 政策支撑企业信息化加速

宁夏回族自治区研究设计了一套符合地方实际的企业"两化"融合评估体系，2013 年首次开展了全区企业"两化"融合评估工作，确定 707 家规模以上工业企业和自治区"百家成长，千家培育"中小企业作为此次评估参评样本企业，评估样本基本实现了全行业和规模以上企业的全覆盖，形成了《宁夏工业企业两化融合评估分析报告》。结合评估结果，宁夏制定了《关于推进全区信息化和工业化深度融合五年行动计划实施的意见》和《全区两化深度融合三年行动计划》，对宁夏"两化"融合未来五年发展目标、行动计划和保障措施等方面提出了明确的计划。宁夏以中小企业服务体系为依托，建设了宁夏中小企业信息网等第三方公共信息服务平台，开通了中小微企业服务超市专栏，为中小微企业提供信息化、融资担保、财税代理、管理咨询、技术创新、专利申请、招聘等服务；鼓励"两化"融合示范企业和信息化服务机构利用物联网、云计算等新一代信息通信技术，

---

[1]　《宁夏光纤宽带覆盖用户达到118万户》，《宁夏日报》2014年7月2日。

为中小微企业开展云服务。2013年,宁夏工业中小微企业应用信息技术开展研发、管理和生产控制的比例从2011年的18%提高到25%。同时,宁夏政府扶持建设了一批科技产业园,2013年中国（吴忠）清真产业园、宁夏（中卫）中关村科技产业园挂牌启运,借助宁夏软件园为银川软件业构筑发展的"暖巢",银川经济技术开发区已成为宁夏乃至西北地区重要的软件动漫企业聚集地。

3.信息化渗透改善民生各方面

教育信息化方面,2013年宁夏继续大力推进"宽带网络校校通"工程和"农村校通"计划,完成500所以上未接入互联网的农村中小学宽带互联网光纤（不低于4M）接入,全区义务教育阶段60%的学校实现了宽带网络校校通。

社会保障信息化方面,截至2013年年底,全区累计发放社会保障卡561万张,常住人口覆盖率达87.5%以上。其中参保人覆盖率达99%以上,基本覆盖了医保、养老、失业、工伤、生育等五个险种的参保人群,提前实现了人手一卡目标,且可在99%以上的区、市、县、乡,71%的村卫生就医购药。宁夏2013年建成自治区指挥中心外和兴庆区等9个市县级养老服务平台,为困难老人免费安装宁居通专用呼叫器10400户,加盟家政服务企业和商业企业3000余家,开通了社区便民服务热线96890和养老服务热线12349,为居家老人提供了方便、快捷、优质的服务。

医疗卫生信息化方面,自治区统筹统建,搭建起全区统一的药品、诊疗项目、医用耗材"标准库",发挥其统一管控功能,搭建全区统一标识的医疗机构、医院科室、医保医师"三医"信息库,拓展了医保监控范围,有利于发现更深层次违规行为。

智慧旅游方面,2013年,宁夏回族自治区旅游局编制完成了《宁夏旅游信息化2013年—2015年发展规划》,宁夏旅游目的地数字系统、宁夏旅游信息电子认证系统、宁夏旅游电子门票分销系统、宁夏旅游网上商城系统等需求分析、系统设计等前期准备工作基本完成。

智慧城市方面,银川市城市管理向精细化、科技化、常态化迈进。2013年西北首个基于三维地理信息开展生活分类信息服务的互联网智能化平台——"在宁夏"正式上线,标志宁夏新闻网多媒体电子商务平台正式启动。该平台集成生活资讯、电子政务、电子商务、虚拟社区等一系列数字化服务,为人们的日常生活、网上办事和网络娱乐等活动提供多种多样的功能。银川市"12319"城市综合管理投诉热线面向社会提供城市供水、公交、燃气、供热、环境卫生、交通设施、园林绿化、城建监察、综合执法等领域的政策咨询、问题投诉、抢险抢修、接警调度等服务。此外，银川智慧城市研究院暨中兴（银川）智慧产业有限公司揭牌仪式、银川中兴大数据中心建设启动仪式在宁夏银川市举行。

4. 信息化建设打造农村新面貌

宁夏持续大力改善农村文化民生状况，截至 2013 年 10 月底，宁夏"户户通"登记录入用户已达 766646 户。黄河银行在全区布设了 394 台 ATM 机、5373 个电话转账自动终端和 2798 个社会保障卡（银行卡）金融便民服务点，拓展了农村金融服务渠道，为农村群众参保缴费和领取各项社保待遇提供便利。宁夏全力开展金融支农工作，搭建农村信息服务体系和电子商务平台，帮助农民捕捉商机；开展"万村千乡市场工程"，为实体农家店接入无线通信网络，加载银行和移动通讯相关业务，配置 POS 机软硬件设施，实现"一网多用"，助推农家店多项业务发展。截至 2014 年初，已累计新建和改造提升农家店 5097 家，配送中心 122 个，乡镇商贸中心 65 个，移民新村超市 136 个，占宁夏区县以下农村社会消费品零售总额的 40%。[1]

宁夏农村科技发展中心牵头开展《宁夏吴忠市生态移民新村社会管理信息化服务工程示范》项目，确定 8 个移民新村为项目示范点，为移民新村科技工作站配置信息化设备，开发出一套移民新村社区服务管理系统，构建包含 9 个村务管理模块的移民新村社区服务管理平台，帮助移民村实现社会管理工作的信息化和高效无纸化，为移民提供方便快捷的技术和信息查询，同时可向移民及时推送政策信息、人口健康、科普、生产技能等，丰富新移民文化生活，帮助移民开展生产生活和经营。[2]

5. 政务信息化创建透明化管理

2013 年宁夏完成电子监察系统和电子监察中心等基础设施建设。全区已建成电子警察系统 1531 套，银川市"数字化城管"信息平台已覆盖兴庆区、金凤区、西夏区约 120 平方公里；建成行政审批和资源配置 2 个电子监控系统及政府采购、医药采购、产权交易、土地交易等 6 个专项监察子系统，并与行政审批平台和公共资源交易平台对接，实现对行政审批和公共资源交易领域流程监察、内容监察、

---

[1]　《宁夏"万村千乡市场工程"信息化建设启动》，《中国产经新闻报》2014年3月20日。
[2]　《宁夏科技惠民计划支撑生态移民村信息化建设》，宁夏新闻网，2014年3月5日。

时效监察和视频监察的全方位电子监察。2014年1月，宁夏还开通了自治区政府政务微博。

二、信息化水平分析

（一）总体水平

"十二五"以来，宁夏回族自治区信息化实现了稳步发展，信息化发展总指数从2013年的51.74提升到2014年的58.47，指数值增长了6.73。网络基础设施较快发展，网络就绪度指数从2013年的47.36提升到了2014年的58.59，指数值增长了11.23。信息通信技术应用指数从2013年的46.34提升到2014年的50.65，指数值增长了4.31。信息化应用效益继续显现，应用效益指数从2013年的46.34提升到2014年的50.65，指数值提高了4.31。

表 32-1　宁夏回族自治区2013—2014年信息化指标情况

指标名称	2013年指数值	2014年指数值	变化情况
网络就绪度指数	47.36	58.59	11.23
信息通信技术应用指数	58.83	62.27	3.44
应用效益指数	46.34	50.65	4.31
信息化发展总指数	51.74	58.47	6.73

数据来源：中国电子信息产业发展研究院，2014年12月。

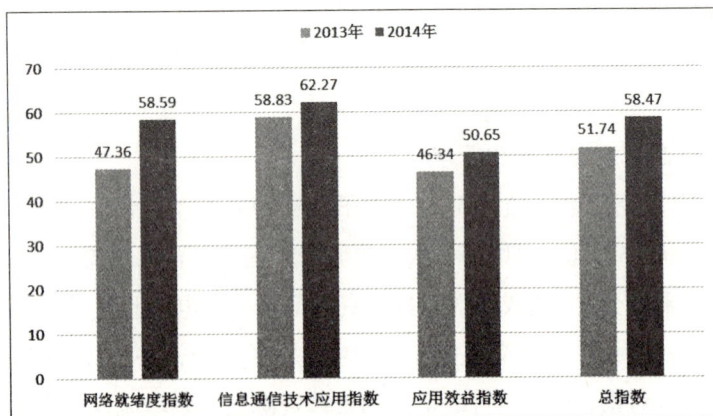

图32-1　宁夏回族自治区2013—2014年信息化指标情况

数据来源：中国电子信息产业发展研究院，2014年12月。

（二）分类指标

1. 网络就绪度指数

在网络就绪度方面，"十二五"以来，宁夏回族自治区大力推进网络基础设施建设，网络基础设施实现了跨越式发展。智能终端进一步普及应用，普及指数从2013年的61.42提升到2014年的64.54，指数值增长了3.12。有线电视入户率进一步提升，发展指数从2013年的51.04增加到2014年的51.55，指数值增加了0.51。光纤网络快速发展，发展指数从2013年的16.84提升到2014年的40.45，指数值增长了23.61。宽带普及继续推进，普及指数从2013年的51.01提升到2014年的66.35，指数值增长了15.34。宽带速率进一步提升，速率指数从2013年的53.89提升到2014年的66.8，指数值增长了12.91。

表32-2　宁夏回族自治区2013—2014年网络就绪度一级指标情况

指标名称	2013年指数值	2014年指数值	变化情况
智能终端普及指数	61.42	64.54	3.12
有线电视发展指数	51.04	51.55	0.51
光纤发展指数	16.84	40.45	23.61
宽带普及指数	51.01	66.35	15.34
宽带速率指数	53.89	66.8	12.91

数据来源：中国电子信息产业发展研究院，2014年12月。

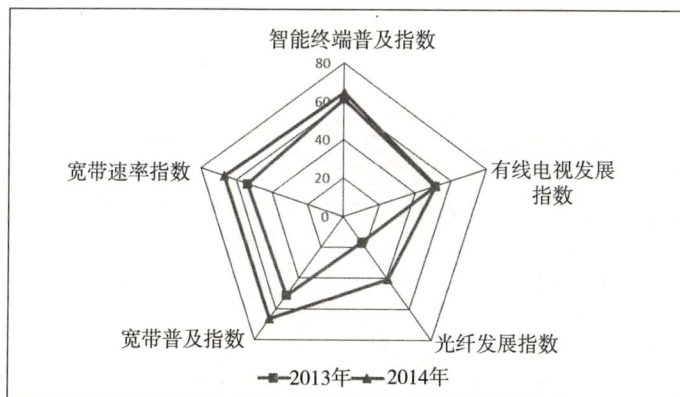

图32-2　宁夏回族自治区2013—2014年网络就绪度指数一级指标情况

数据来源：中国电子信息产业发展研究院，2014年12月。

就网络就绪度各项细分指标来讲，宁夏回族自治区"十二五"以来网络基础设施各个方面都取得了较大发展。移动电话用户数保持稳步增长，普及率指数从2013年的64.3提升到2014年的66.3，指数值增加了2。电脑普及率进一步提高，普及率指数从2013年的58.54提升到2014年的62.78，指数值增长了4.24。有线电视用户数进一步增加，入户率指数从2013年的51.04提升到2014年的51.55，指数值增加了0.51。光纤入户快速推进，入户率指数从2013年的16.84提升到2014年的40.45，指数值增长了23.61。互联网固定宽带用户数继续增加，普及率指数从2013年的55.93增加到2014年的59.62，指数值增加了3.69。3G和4G用户数实现快速增长，移动宽带普及率指数从2013年的46.09增长到了2014年的73.09，指数值增长了27。宽带普及提速行动成效显著，固定宽带端口平均速率指数从2013年的53.89增长到了2014年的66.8，指数值增长了12.91。

表32-3　宁夏回族自治区2013—2014年网络就绪度指数二级指标情况

指标名称	2013年指数值	2014年指数值	变化情况
移动电话普及率	64.3	66.3	2
电脑普及率	58.54	62.78	4.24
有线电视入户率	51.04	51.55	0.51
光纤入户率	16.84	40.45	23.61
固定宽带普及率	55.93	59.62	3.69
移动宽带普及率	46.09	73.09	27
固定宽带端口平均速率	53.89	66.8	12.91

数据来源：中国电子信息产业发展研究院，2014年12月。

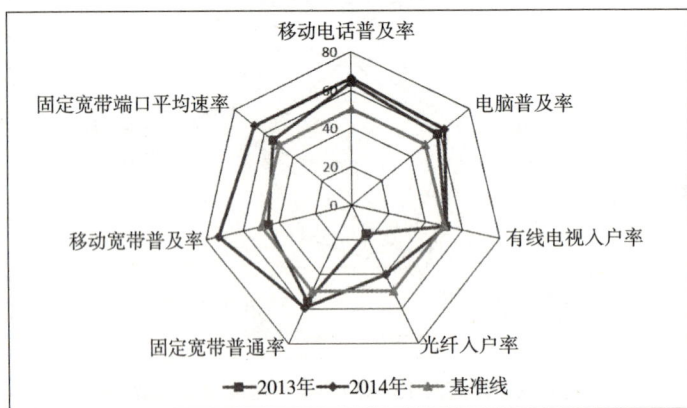

图32-3　宁夏回族自治区2013—2014年网络就绪度指数二级指标情况

数据来源：中国电子信息产业发展研究院，2014年12月。

2. 信息通信技术应用指数

在信息通信技术应用方面,"十二五"以来,宁夏回族自治区企业、居民两方面信息化都取得了较大发展。企业应用指数从 2013 年的 49.28 提升到 2014 年的 56.46,指数值增长了 7.18。政务应用指数从 2013 年的 42.37 下降到 2014 年的 33.41,指数值下降了 8.96。居民应用指数从 2013 年的 71.84 提升到 2014 年的 79.6,指数值增长了 7.76。

表 32-4　宁夏回族自治区 2013—2014 年信息通信技术应用指数一级指标情况

指标名称	2013年指数值	2014年指数值	变化情况
企业应用指数	49.28	56.46	7.18
政务应用指数	42.37	33.41	−8.96
居民应用指数	71.84	79.6	7.76

数据来源:中国电子信息产业发展研究院,2014 年 12 月。

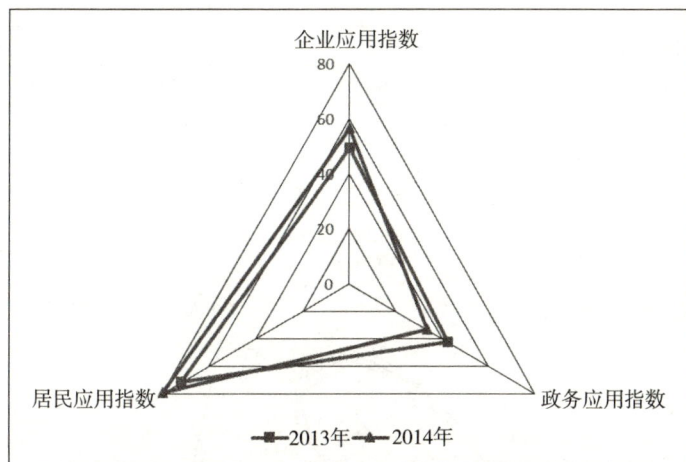

图32-4　宁夏回族自治区2013—2014年信息通信技术应用指数一级指标情况

数据来源:中国电子信息产业发展研究院,2014 年 12 月。

在企业信息化应用方面,企业信息化发展环境进一步改善。企业 ERP 普及率指数从 2013 年的 49.7 增加到 2014 年的 54.76,指数值增加了 5.06;企业电子商务交易额占比指数从 2013 年的 48.86 增加到了 2014 年的 58.17,指数值增加了 9.31。

在政务信息化应用方面,政务事项网上办事率指数从 2013 年的 48.75 下降到了 2014 年的 31.69,指数值下降了 17.06。政府信息公开上网率指数从 2013 年的 35.99 下降到了 2014 年的 35.13，指数值下降了 0.86。

在居民信息化方面，"十二五"以来，宁夏回族自治区居民信息化应用水平进一步提升。互联网用户数稳步增长，普及率指数从 2013 年的 57.21 提升到 2014 年的 60.47，指数值增长了 3.26；居民电子商务快速发展，人均在线零售额占比指数从 2013 年的 97.06 提升到 2014 年的 111.33，指数值增长了 14.27。居民信息消费快速增长，人均信息类消费支出由 2013 年的 50.64 提升到 2014 年的 54.39，指数值增长了 3.75。

表 32-5　宁夏回族自治区 2013—2014 年信息通信技术应用指数二级指标情况

指标名称	2013年指数值	2014年指数值	变化情况
企业ERP普及率	49.7	54.76	5.06
企业电子商务交易额占比	48.86	58.17	9.31
政务事项网上办事率	48.75	31.69	−17.06
政府信息公开上网率	35.99	35.13	−0.86
互联网普及率	57.21	60.47	3.26
人均在线零售额占比	97.06	111.33	14.27
人均信息类消费支出	50.64	54.39	3.75

数据来源：中国电子信息产业发展研究院，2014 年 12 月。

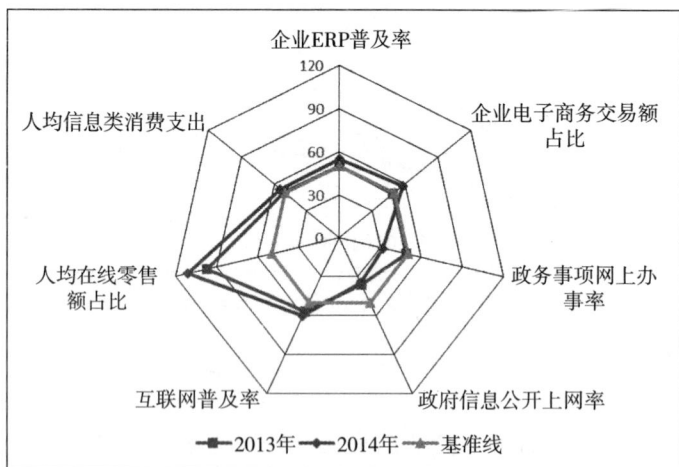

图32-5　宁夏回族自治区2013—2014年信息通信技术应用指数二级指标情况

数据来源：中国电子信息产业发展研究院，2014 年 12 月。

3. 信息化应用效益指数

在信息化应用效益方面，"十二五"以来，宁夏回族自治区信息化应用效益日渐凸显。劳动生产率指数从 2013 年的 57.58 增长到了 2014 年的 60.05，指数值增长了 2.47；技术创新指数从 2013 年的 34.1 增长到了 2014 年的 44.95，指数值增长了 10.85；节能降耗指数从 2013 年的 32.24 增长到了 2014 年的 32.77，指数值增长了 0.53；人均收益指数从 2013 年的 61.45 增长到了 2014 年的 64.81，指数值增长了 3.36。

表 32-6 宁夏回族自治区 2013—2014 年信息化应用效益指数一级指标情况

指标名称	2013年指数值	2014年指数值	变化情况
劳动生产率指数	57.58	60.05	2.47
技术创新指数	34.1	44.95	10.85
节能降耗指数	32.24	32.77	0.53
人均收益指数	61.45	64.81	3.36

数据来源：中国电子信息产业发展研究院，2014 年 12 月。

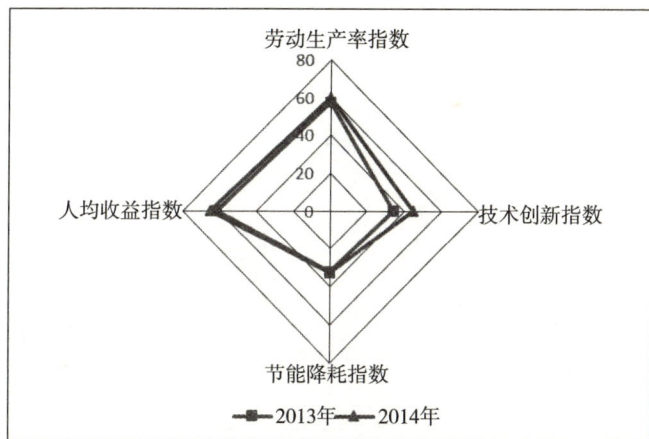

图32-6 宁夏回族自治区2013—2014年信息化应用效益指数一级指标情况

数据来源：中国电子信息产业发展研究院，2014 年 12 月。

就信息化各项细分指标来讲，"十二五"以来，宁夏回族自治区信息化应用效益各方各面都取得了积极进展。全员劳动生产率指数从 2013 年的 57.58 增长到了 2014 年的 60.05，指数值增长了 2.47。单位地区生产总值专利申请量指数值从 2013 年的 41.37 提升到 2014 年的 58.02，指数值增长了 16.65；单位地区生产总值专利授权量指数值从 2013 年的 29.25 提升到 2014 年的 36.24，指数值增长了 6.99。信息化促进节能降耗工作的开展，单位地区生产总值能耗指数从 2013 年的 35.3 增加到 2014 年的 35.35，指数值增加了 0.05；单位地区生产总值用水量指数从 2013 年的 27.65 增加到 2014 年的 28.9，指数值增长了 1.25。信息化带动了经济快速发展，人均地区生产总值指数由 2013 年的 61.45 提升到 2014 年的 64.81，指数值增长了 3.36。

表 32-7　宁夏回族自治区 2013—2014 年信息化应用效益指数二级指标情况

指标名称	2013年指数值	2014年指数值	变化情况
全员劳动生产率	57.58	60.05	2.47
单位地区生产总值专利申请量	41.37	58.02	16.65
单位地区生产总值专利授权量	29.25	36.24	6.99
单位地区生产总值能耗	35.3	35.35	0.05
单位地区生产总值用水量	27.65	28.9	1.25
人均地区生产总值	61.45	64.81	3.36

数据来源：中国电子信息产业发展研究院，2014 年 12 月。

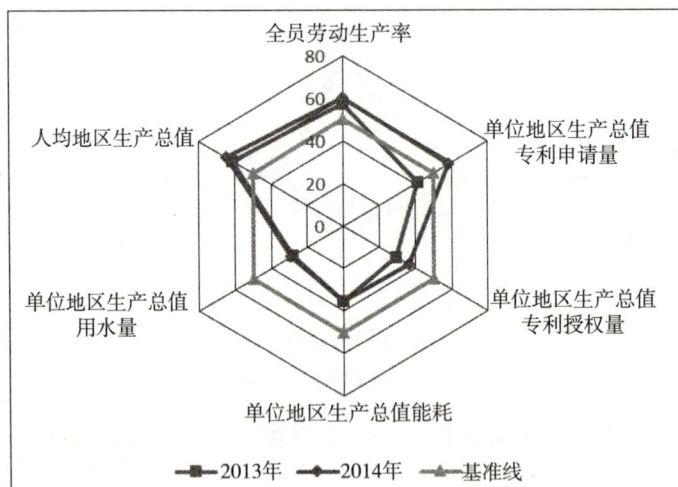

图32-7　宁夏回族自治区2013—2014年信息化应用效益指数二级指标情况

数据来源：中国电子信息产业发展研究院，2014 年 12 月。

三、优劣势评价

（一）优势

1. "两化"融合深入推进，信息化助力传统产业转型升级

宁夏回族自治区坐拥丰富的资源优势，近年来依靠"三线建设"奠定了较为坚实的基础，逐步形成了以煤炭、电力为基础，石化、冶金、机械、轻纺、建材、医药为支柱的工业体系。近年来，宁夏回族自治区不断加大政策扶持和工作推进力度，通过"两化"深度融合工作有效推进工业结构调整和产业转型升级。2013年7月，宁夏和北京、河北、福建、山东、湖南六地同时成为工业和信息化部选择的推进"两化"融合先进省份，开展企业"两化"融合整体性评估试点工作。从2012年10月开始，宁夏对全区展开广泛调研，研究设计了一套符合宁夏实际的企业"两化"融合评估体系。为全区企业"两化"融合整体评估工作的可操作性和以后推进工作的针对性提供了有力的支撑。宁夏依托评估体系，从基础建设、单项应用、综合集成、协同与创新、竞争力、经济和社会效益等6个方面，对现状、关键点、突破点进行了全面、系统的分析和评估，并形成《宁夏工业企业两化融合评估分析报告》。宁夏目前达到集成提升阶段以上企业占规模以上企业总数的不到15%，绝大多数企业处于单项覆盖和起步建设阶段。结合评估结果，宁夏制定了《关于推进全区信息化和工业化深度融合五年行动计划实施的意见》和《全区两化深度融合三年行动计划》。对宁夏"两化"融合未来五年发展目标、行动计划和保障措施等方面提出了明确的计划：目前宁夏目前已具有一批在"两化"融合方面技术领先、经济效益好、具有示范带头作用的企业。例如神华宁煤集团、吴忠仪表等，通过对这些行业龙头企业在信息化方面好的经验和做法的总结提炼，帮助行业其他企业对标赶超。[1]

2. 智慧宁夏初见成效，信息化惠及民生

2012年5月，"智慧宁夏"建设正式启动，宁夏电信分期投入14.67亿元加快网络建设。目前，骨干网络出口带宽达300G，城市区域宽带20M能力达85%

---

[1]　《两化融合：宁夏在转型》，中国工业新闻网，2013年10月30日。

以上，农村 4M 能力达 81% 以上，宁夏绝大部分地区进入"光网"时代。宁夏电信依托宽带网络实施了智慧政务、智慧产业、智慧民生建设，嵌入 33 项智能应用，包括社区、旅游、校园、园区、农业，以及水、电、气、通信费和各种社会保险金、住房公积金、车辆违法信息的查询与缴费等，改变了宁夏人的生产生活方式。宁夏电信总计投入 50 亿元，建成覆盖全区城乡 3G 移动网络 + 有线光纤宽带网络 + 无线宽带的天地一体化宽带网络和光网城市目标，大力推进物联网、云计算等新技术应用，计划 2015 年末初步实现"智慧宁夏"目标。在"智慧宁夏"云应用建设方面，首批政务云、社保云、民政云、卫生云、旅游云、教育云和家居云"七朵云"全面启动。永宁成为"智慧宁夏"项目首个试点县，2013 年，永宁县已初步建成智慧基础设施和智慧应用，在永宁县项目区，智能管理无处不在。[1]

（二）劣势

1. 电子政务发展迟缓，政府网上服务能力有待提高

2013 年宁夏政务应用指数 42.37，全国排名第 31 位，其中政务事项网上办事率指数 31.69，排名全国第 27 位，政府信息网上公开率指数为 35.13，排名第 30 位。2014 年政务应用指数为 33.41，排名全国第 30 位。从数据可以看出，宁夏在电子政务方面落后于全国其他省份，信息公开的内容有待进一步完善，信息更新还不够及时，主要原因在于宁夏的信息基础条件比较薄弱，政府将更多的资源投入到基础设施的建设中，对电子政务的建设不够重视，资金支持不到位，此外管理机制不健全、信息化人才的缺乏等因素也导致了宁夏电子政务发展的缓慢。

2. 技术创新指数低位徘徊，创新能力有待提高

宁夏技术创新水平低于全国平均水平，2013 年宁夏技术创新指数为 31.4，全国排名第 27 位，单位地区生产总值专利授权量排第 27。2014 年技术创新指数为 44.95，比 2013 年略有进步，排全国第 26 位，但和全国多数省份相比还有很大差距。宁夏教育资源的缺乏导致各类专业人才的匮乏，别是信息化方面人才的培养不能满足政府、企业信息化发展的需求，严重制约到了企业的创新发展，进而制约"两化"融合的深入推广。

3. 节能降耗形势严峻

宁夏 2013 年节能降耗指数 32.77，排名全国 31 位，连续两年排名全国末位。

---

[1] 《"智慧宁夏"建设驶上高速路》，宁夏新闻网，2014年9月11日。

由于宁夏依煤而生、依电而兴的工业结构在"十二五"时期有愈发偏重的趋势，宁夏节能工作面临着更加严峻的形势。一是倚重倚能的经济结构在一定时期内难以改变。随着宁东能源化工基地建设项目逐年投产，工业在三次产业结构中的比重还将持续增加，培育战略新兴产业还需较长时间，传统产业通过淘汰落后和技术改造实现节能的空间十分有限，产业结构重型化的格局仍将在较长时期存在。二是粗放型的企业管理模式制约节能工作深入开展。一些企业虽然建立了现代企业管理制度，但是能源管理相对滞后，能源管理制度不健全，能源统计资料不完整，能源计量仪表器具配备不全的现象在非公有制企业中较为普遍。多数企业没有进行能源平衡测试，没有配备专职能源管理师，缺乏节能专业人才。一些企业因为实力不强，缺乏节能技术改造资金，仍在使用淘汰落后设备。三是建筑、交通、商贸、农业等领域节能工作需进一步加强。建筑、交通、公共机构、农业等领域节能工作虽然取得一定成绩，但也存在着节能意识不强、投入不足、监管不到位等问题。特别是宾馆、商场等人员密集场所、公共照明等社会基础设施的能源浪费现象较为严重，没有引起足够重视；大量高耗油的交通运输工具依然投入使用；农村居民使用沼气等新能源还没有得到普及等问题需要在"十二五"期间逐步解决。四是全社会节能意识有待进一步提高。随着生活水平的提高和居住环境的改善，广大民众追求高标准、高质量生活方式的愿望日益强烈，对能源的需求逐渐增加，需要进一步加强节能宣传，强化节能意识，实现自我节能[1]。

四、相关建议

（一）统筹规划电子政务建设，实现政府信息资源共享

全面统筹推进各项工作，好做全区电子政务外网、公共云平台等基础平台搭建和资源整合工作。对于跨地区、跨部门的信息化建设项目，各牵头部门要做好统一规划设计，按照试点先行、分步推进的原则，全区一盘棋推进建设，避免重复投资，实现资源共享。采取政府投资的方式建立统一的电子政务公共云平台，选择专业运营企业为云平台建设提供支持和技术服务，各部门新建信息系统都要纳入这个平台，实现统一平台、统一网络、统一数据、统一管理。全区统一的电

---

[1]　宁夏回族自治区经济和信息化委员会：《宁夏回族自治区节能减排"十二五"规划》，2013年4月。

子政务外网要采取政府购买服务、企业出资的方式进行建设和运营，选择技术领先、网络成熟、服务可靠、有信誉的电信运营企业，制订好电子政务外网的建设方案，达到平均资费降低、运营水平提升的目标。

（二）加快建立"两化"融合，创新网络体系。

创建一批"两化"融合创新机构，加强工业实施创新驱动发展战略，加快构建各主体、各环节、各方面协同高效的工业创新体系。整合现有高校、科研院所、重点实验室资源和国家科研投入渠道，引导企业研发力量，建设一批网络化的新型运作模式和运行机制的工业创新中心，成为各行业各领域关键共性技术研发和服务支撑的平台，创新核心关键前沿技术，加快创新成果转化和高端产业化人才培养。建立以企业为主体的产学研用协同创新体系。重点支持优势企业建立高水平研究院，支持大中型企业建立高水平的技术中心、国家工程（技术）中心、国家工程实验室。培养一批具有引领产业变革和核心技术攻关能力的创新型企业，壮大科技型中小微企业群体，促进大中小企业的创新协同。鼓励行业骨干企业与高等院校、科研院所、上下游企业、行业协会等建立产业创新联盟，实现重点领域核心技术突破、产业化，构建产业链。增强"两化"融合创新的支撑服务能力。倡导创新思维和企业家精神，鼓励新技术、新商业模式的探索和应用，在全社会形成"勇于创新、宽容失败"的社会共识和文化氛围。

（三）加快推进重点行业节能减排

结合宁夏电石、铁合金、水泥等重点用能行业，实施数字能源重点工程，大力推动企业建设能源管控中心，推广流程工业能源在线仿真系统等节能减排信息技术。在重点用能企业建立能耗在线监测平台，开展企业数字能源应用等级评价，提高能源资源利用效率，推动行业绿色发展。大力发展循环经济，积极探索农业、建筑、全社会循环经济发展模式。贯彻实施目标考核体系，强化节能目标责任。深入开展节能法制建设，出台相关法律法规，使依法节能成为重要保障，加强节能减排宣传力度，充分利用广播、报纸、电视、网络等多种宣传方式广泛、深入、持久地开展节能宣传，在工业企业加大节能培训力度，组织经常性的节能技术交流，不断提高企业和全民资源忧患意识和节约意识。

第三十三章　新疆维吾尔自治区信息化发展水平分析

一、总体情况

（一）经济社会发展情况

2013年，新疆维吾尔自治区在全球经济复杂多变、国内经济下行压力增大的情况下，坚持科学发展、稳中求进，着力稳增长、调结构、促改革、惠民生、控物价，转变政府职能，改进工作作风，沉着应对各种风险挑战。全年实现地区生产总值（GDP）8510亿元，同比增长11.1%。其中，第一产业增加值1480亿元，第二产业增加值3950亿元，第三产业增加值3080亿元，同比分别增长5.7%、13.1%和10.3%。按常住人口计算，人均地区生产总值37847元，同比增长9.7%，其中，城镇居民人均可支配收入19982元，农民人均纯收入7394元，同比分别增长11.5%和15.6%。公共财政预算收入1128亿元，同比增长24.1%。[1] 2013年，新疆维吾尔自治区全面完成年初预定的目标，取得经济、文化、社会、生态文明建设新成就，主要经济指标增速居全国前列。

（二）信息化发展特点

1.信息基础建设日新月异，惠及全疆

2013年，新疆维吾尔自治区深入实施"宽带新疆"战略，为新疆经济进一步发展打下坚实基础。一是通信基础设施建设方面，2013年末，新疆维吾尔自治区固定电话用户544.80万户，同比增长0.9%。新增移动电话用户125.40万户，年末达到2133.90万户，其中，3G移动电话用户709.70万户，同比增长78.8%。

---

[1]　新疆维吾尔自治区统计局：《2013年新疆国民经济和社会发展统计公报》，2014年3月。

移动电话普及率每百人 95.6 部。互联网宽带用户 293 万户，同比增长 15.0%。光纤接入用户增加 33.2 万户，同比增长 80%，已实现"村村通"光纤宽带，"乡乡能上网"；2013 年底，新疆 4G 正式开通。二是广播电视方面，新疆维吾尔自治区已建设完成"村村通"广播电视工程，完成了 4203 个盲点村和 4679 户国有林场的建设，已解决新疆边远农牧区 50 多万户、200 多万群众观看高清数字广播电视节目的问题。[1] 此外，新疆"户户通"工程持续推进，已完成 170 万户建设任务。三网融合方面，"天山云"计划示范基地新疆广电网络天山媒体云电视，是三网融合的典型应用，向新疆人民提供全媒体、全交互、全服务和全体验的服务。克拉玛依大力发展全国首创三网融合建设模式，所有运营商共享入户光纤，真正让利于民。

2. 着力智慧绿色企业，创新型产业结构

2013 年新疆以信息化和工业化深度融合发展为重点，推动信息技术深度应用，不断提高"两化"融合的层次和水平。在政策环境层面，新疆组织开展两化深度融合五年行动计划专题研究，制定了有针对性和可操作性的《新疆两化深度融合五年行动计划研究报告》；工业经济运行监测预警加强，增强了宏观调控的及时性、科学性。在企业层面，企业信息化建设加快，传统工业技术水平，分工协作和服务体系均得到提升，原材料和能源的利用率不断提高，实现清洁生产和绿色制造。截至 2013 年年底，自治区 86% 的企业拥有内网，78% 的企业使用生产经营管理、行政管理信息系统，42% 的企业搭建了企业外部网站，机械制造行业 63.2% 的企业普遍运用了计算机辅助设计（CAD）工具。此外，新疆重点培育石油石化、煤电煤化工、有色、高端装备制造业等 8 个超千亿元产业和 50 个百亿元大企业集团，中小微工业企业活力显著增强。2013 年自治区新增 68 家获得"2013 年度自治区两化融合示范企业"，全疆"两化"融合示范企业总数达到 248 家。[2] 在产业层面，新疆做大做强优势产业，加快工业转型升级，扩大战略性新兴产业规模，构建多点支撑的现代产业体系。2013 年，新疆继续组织实施新疆企业信息化"十二五"规划，同时开展中期评估，积极承接煤化工、汽车等 12 个重点产业转移，推进石油化工、煤电煤化工、特色矿产加工、机电、轻工、建材、纺织、医药、电子信息、物流等 113 项信息化重点项目。依托中石化新疆大庆计

---

[1] 中国通信网：《新疆提前实现广播电视"村村通"》，2014年3月12日。
[2] 亚心网：《新疆推动信息化与工业化深度融合两化融合示范企业达到248家》，2013年12月17日。

划，推动上下游石油产品精深加工、非常规油气资源开发利用，加快建设煤制天然气等清洁、节能和循环经济示范项目，同时发展以新能源、新材料、先进制造、节能环保、生物医药、电子信息为主的战略性新兴产业，其中，装备制造业、有色工业增长 45% 以上，新兴产业已然成为自治区新的经济增长引擎。在区域层面，新疆重点园区升级扩区，着力培育 5 个千亿元产业园区，增强项目吸纳和承载能力，规模以上园区工业增加值增长 22.5%，占比达 34.1%，园区聚集效应增强。"两化"融合试验区、新疆软件园、乌鲁木齐和克拉玛依云计算基地建设加快。

3. 信息化促进新疆城乡平衡发展，惠及各民生领域

教育信息化方面，自治区初步建成省级数据中心，完成全国学生教师学校基本信息入库，确实做好数据的集成与服务。教学点数字教育资源实现全覆盖，新疆义务教育阶段中小学的宽带接入率要达到 65% 以上，20% 以上学校实现 10M 带宽接入，依托"宽带网络校校通"，持续推动"优质资源班班通"和"网络学习空间人人通"，继续建设完善教育资源公共服务平台、教育管理公共服务平台，同时加强了教师教育信息技术能力培训。

社会保障及医疗信息化方面，自治区继续加强"业务－财务－档案一体化"建设，全面落实业务财务双向衔接机制和"社银直连"模式，实现全区退休人员信息网上查询、监控、数据统计。社保卡的异地就医已在所有地州市完善，共覆盖了 5000 多家药店和医院，截至 2013 年年底，全区共有 18.2 万人次实现自治区内异地就医即时结算。克拉玛依市中心医院建成全疆首个数字医院，享受到远程医疗技术所提供的专家诊疗或者咨询服务，此外自治区着力向边远地区推行"数字医院"和"数字药监"建设。

智慧旅游方面，自治区积极推动和强化旅游全行业信息化服务和管理，多渠道塑造新疆旅游形象。旅游局官网国际版正式上线，新疆旅游卡推出，自治区推动建设"智慧旅游"体系已初具规模，其以旅游"云支付"为核心电子商务平台，可提供在线咨询、浏览、预定、支付等产业功能。新疆大力推广 12301 旅游公益服务热线，完善"一诚通"旅游行管平台建设，全区 323 家旅行社 33975 个团队利用平台执行团队运行。

智慧城市方面，依托"无线城市"平台，自治区推出智能公交应用，向民众提供实时公交到站信息、公交运营时刻，公交站点、公交线路和公交换乘信息，以及公交站点周边相对应的美食娱乐信息。搭建铁路电话订票平台，客户可拨

打专用接入号码（95105105）获得双语票务服务。新疆 15 个地州市千余家单位，万余辆公交车、出租车等营运车辆已安装了移动"车务通"，可对车辆实时监控、远程调度、告警等。此外，自治区助力铁路货运信息化，开展了搭建专网、IMS、车辆定位、PoC、呼叫中心等多项业务。[1]

4. 物联网、电子商务催生新疆农业新面貌

2013 年，新疆维吾尔自治区农牧业现代化稳步推进，粮食连续增产丰收，以走出去为重点的农产品外销平台建设深入推进，农产品市场体系不断完善，农民不断增收。现代农业建设方面，全疆已有 23 个农牧团场、5 个地州市实现无线自动化滴灌总控制面积 20 万亩，实现了田地的智能化、精准化节水灌溉。农业经营方面，自治区涌现出以新疆林果网为代表的一批电子商务平台，有近两万家网上商户在淘宝上开店；此外，新疆乌拉泊国际物流基地作为西北第一家完整的、专业的农副产品整合平台，配套建设大型低温保鲜冷库、食品安全检测中心、电子结算中心等服务设施，为农贸批发市场持续经营提供保障[2]。

5. 深入推广电子政务，方便民众互动问政

新疆维吾尔自治区将信息化纳入了推进新疆跨越式发展和长治久安的重大决策部署，政务信息化基础设施建设明显加快。自治区的电子政务外网建设竣工验收，全面完成自治区、地州、县（市）三级主备双链路骨干网建设及地州和三县一市机房环境建设。

自治区积极推进电子政务系统优化升级，录入电子坐标形成的用地范围、面积、权属等信息与实际情况完全符合，研发出电子信息自动计算、自动传输、自动接受功能，审批效率进一步提速。自治区加强网上技战法和多警种合成作战研究，结合实战加大技战法研发和各类技战工具的应用力度，大力拓展信息化前端应用体系。

自治区宣传系统是新疆政务机构微博的重点，团委、医疗、卫生、团体协会、交通等民生领域纷纷开通微博，覆盖了省级到市县乃至基层，2013 年，自治区政务微博总数增长了 48%。此外，阿克苏地区、哈密地区、于田县及自治区教育厅、地震局等作为自治区政务微信应用试点首批单位已开展试点应用示范工作，自治区政府电子政务办公室、阿克苏地区、哈密地区，分别开通"新疆政府网""阿

---

[1] 中国信息产业网：《"物联新疆 精彩移动"智慧交通添彩"丝绸之路"》，2013年10月29日。
[2] 《乌市乌拉泊农副产品配送中心开市》，《新疆日报》2014年1月13日。

克苏政府网""哈密政府网"微信并试运行。乌鲁木齐推出"微红山"手机客户端，将群众问政的渠道从网络延伸到手机。

二、信息化水平分析

（一）总体水平

"十二五"以来，信息化实现了稳步发展，新疆维吾尔自治区信息化发展总指数从 2013 年的 58.05 提升到 2014 年的 63.63，指数值增长了 5.58。网络基础设施较快发展，网络就绪度指数从 2013 年的 48.27 提升到了 2014 年的 58.93，指数值增长了 10.66。信息通信技术应用指数从 2013 年的 71.24 提升到 2014 年的 73.46，指数值增长了 2.22。信息化应用效益继续显现，效益指数从 2013 年的 51.23 提升到 2014 年的 53.39，指数值提高了 2.16。

表 33-1　新疆维吾尔自治区 2013—2014 年信息化指标情况

指标名称	2013年指数值	2014年指数值	变化情况
网络就绪度指数	48.27	58.93	10.66
信息通信技术应用指数	71.24	73.46	2.22
应用效益指数	51.23	53.39	2.16
信息化发展总指数	58.05	63.63	5.58

数据来源：中国电子信息产业发展研究院，2014 年 12 月。

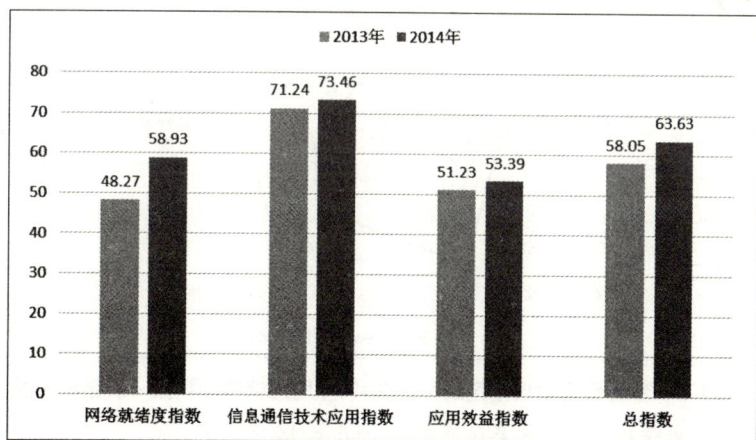

图33-1　新疆维吾尔自治区2013—2014年信息化指标情况

数据来源：中国电子信息产业发展研究院，2014 年 12 月。

（二）分类指标

1. 网络就绪度指数

在网络就绪度方面，"十二五"以来，新疆维吾尔自治区大力推进网络基础设施建设，网络基础设施实现了稳步发展。智能终端进一步普及应用，普及指数从 2013 年的 58.99 提升到 2014 年的 62.08，数值增长了 3.09。有线电视发展指数从 2013 年的 37.06 提升到 2014 年的 37.98，指数值略增加了 0.92。光纤网络突破性发展，光纤发展指数从 2013 年的 32.35 提升到 2014 年的 53.21，指数值增长了 20.86。宽带普及继续推进，普及指数从 2013 年的 55.55 提升到 2014 年的 69.77，指数值增长了 14.22。宽带速率进一步提升，速率指数从 2013 年的 51.9 提升到 2014 年的 65.57，指数值增长了 13.67。

表 33-2　新疆维吾尔自治区 2013—2014 年网络就绪度一级指标情况

指标名称	2013年指数值	2014年指数值	变化情况
智能终端普及指数	58.99	62.08	3.09
有线电视发展指数	37.06	37.98	0.92
光纤发展指数	32.35	53.21	20.86
宽带普及指数	55.55	69.77	14.22
宽带速率指数	51.9	65.57	13.67

数据来源：中国电子信息产业发展研究院，2014 年 12 月。

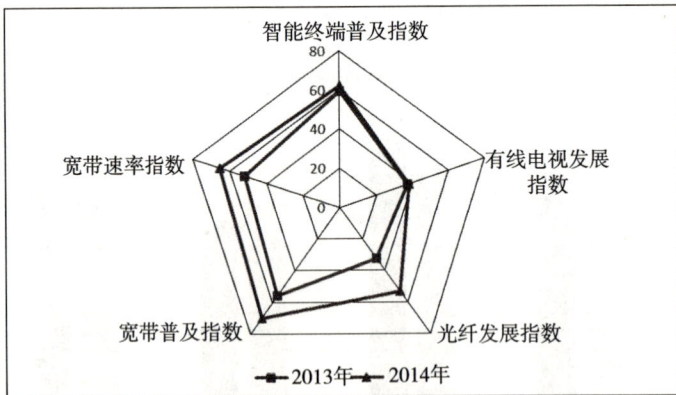

图33-2　新疆维吾尔自治区2013—2014年网络就绪度指数一级指标情况

数据来源：中国电子信息产业发展研究院，2014 年 12 月。

就网络就绪度各项细分指标来讲，新疆维吾尔自治区"十二五"以来网络基础设施各方面基本上都取得了较大发展。移动电话用户数保持稳步增长，移动电话普及率指数从 2013 年的 63.65 提升到 2014 年的 65.71，指数值增加了 2.06。电脑普及率进一步提高，普及率指数从 2013 年的 54.32 提升到 2014 年的 58.46，指数值增长了 4.14。有线电视用户数略有增加，入户率指数从 2013 年的 37.06 提升到 2014 年的 37.98，指数值上升了 0.92。光纤入户跨越性发展，入户率指数从 2013 年的 32.35 提升到 2014 年的 53.21，指数值增长了 20.86。互联网固定宽带用户数继续增长，普及率指数从 2013 年的 61.03 提升到 2014 年的 68.46，指数值降低了 7.43。3G 和 4G 用户数实现快速增长，移动宽带普及率指数从 2013 年的 50.07 增长到了 2014 年的 71.08，指数值增长了 21.01。宽带普及提速行动成效显著，固定宽带端口平均速率指数从 2013 年的 51.9 增长到了 2014 年的 65.57，指数值增长了 13.67。

表 33-3　新疆维吾尔自治区 2013—2014 年网络就绪度指数二级指标情况

指标名称	2013年指数值	2014年指数值	变化情况
移动电话普及率	63.65	65.71	2.06
电脑普及率	54.32	58.46	4.14
有线电视入户率	37.06	37.98	0.92
光纤入户率	32.35	53.21	20.86
固定宽带普及率	61.03	68.46	7.43
移动宽带普及率	50.07	71.08	21.01
固定宽带端口平均速率	51.9	65.57	13.67

数据来源：中国电子信息产业发展研究院，2014 年 12 月。

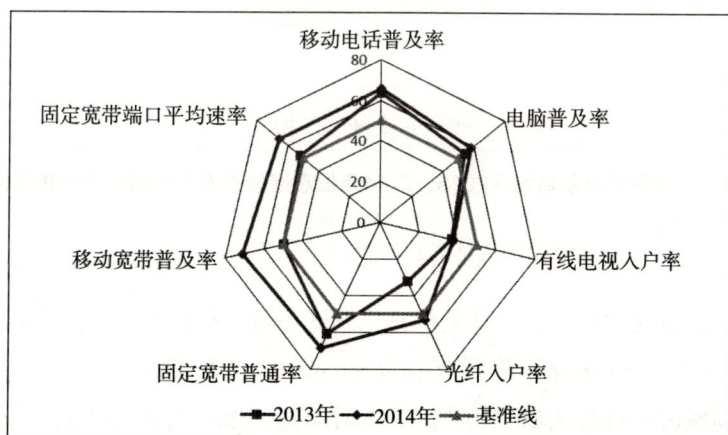

图33-3　新疆维吾尔自治区2013—2014年网络就绪度指数二级指标情况

数据来源：中国电子信息产业发展研究院，2014 年 12 月。

2. 信息通信技术应用指数

在信息通信技术应用方面，"十二五"以来，新疆维吾尔自治区企业、居民两方面信息化都取得了较大发展。企业应用指数从 2013 年的 78.15 提升到 2014 年的 78.2，指数值增长了 0.05。政务应用指数从 2013 年的 56.39 下降到 2014 年的 51.62，指数值下降了 4.77。居民应用指数从 2013 年的 75.22 提升到 2014 年的 82.01，指数值增长了 6.79。

表 33-4　新疆维吾尔自治区 2013—2014 年信息通信技术应用指数一级指标情况

指标名称	2013年指数值	2014年指数值	变化情况
企业应用指数	78.15	78.2	0.05
政务应用指数	56.39	51.62	−4.77
居民应用指数	75.22	82.01	6.79

数据来源：中国电子信息产业发展研究院，2014 年 12 月。

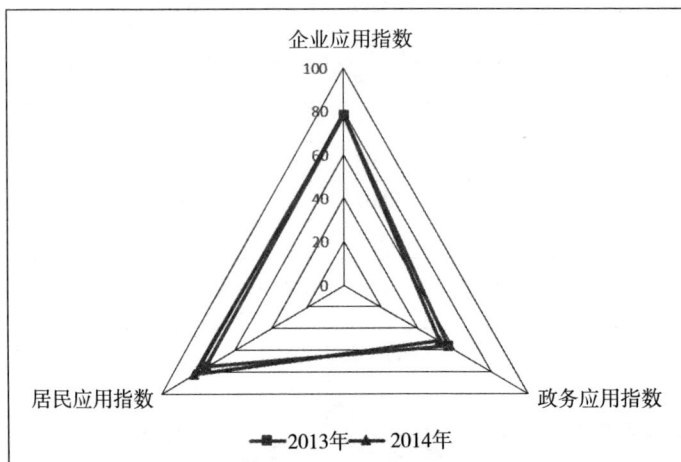

图33-4　新疆维吾尔自治区2013—2014年信息通信技术应用指数一级指标情况

数据来源：中国电子信息产业发展研究院，2014 年 12 月。

在企业信息化应用方面，企业信息化发展环境有略有改善。企业 ERP 普及率指数从 2013 年的 56.38 略下降到 2014 年的 55.06，指数值略下降了 1.32；企业电子商务交易额占比指数从 2013 年的 99.92 增加到了 2014 年的 101.34，指数值增加了 1.42。

在政务信息化应用方面，政务事项网上办事率指数从 2013 年的 59.32 增加到了 2014 年的 61.47，指数值增加了 2.15。政府信息公开上网率指数从 2013 年的 53.45 大幅下滑到了 2014 年的 41.77，指数值下降了 11.68。

在居民信息化方面，"十二五"以来，新疆维吾尔自治区居民信息化应用水平进一步提升。互联网用户数稳步增长普及率指数从 2013 年的 60.37 提升到 2014 年的 65.27，指数值增长了 4.9；居民电子商务快速发展，人均在线零售额占比指数从 2013 年的 101.43 提升到 2014 年的 111.33，指数值增长了 9.9。居民信息消费快速增长，人均信息类消费支出由 2013 年的 52.51 提升到 2014 年的 56.85，指数值增长了 4.34。

表 33-5　新疆维吾尔自治区 2013—2014 年信息通信技术应用指数二级指标情况

指标名称	2013年指数值	2014年指数值	变化情况
企业ERP普及率	56.38	55.06	-1.32
企业电子商务交易额占比	99.92	101.34	1.42
政务事项网上办事率	59.32	61.47	2.15
政府信息公开上网率	53.45	41.77	-11.68
互联网普及率	60.37	65.27	4.9
人均在线零售额占比	101.43	111.33	9.9
人均信息类消费支出	52.51	56.85	4.34

数据来源：中国电子信息产业发展研究院，2014 年 12 月。

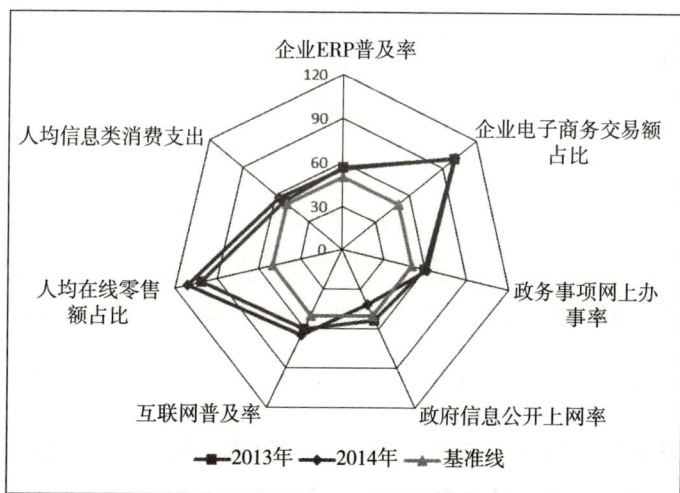

图33-5　新疆维吾尔自治区2013—2014年信息通信技术应用指数二级指标情况

数据来源：中国电子信息产业发展研究院，2014 年 12 月。

3. 信息化应用效益指数

在信息化应用效益方面，"十二五"以来，新疆维吾尔自治区信息化应用效益日渐凸显出来。劳动生产率指数从 2013 年的 67.75 增长到了 2014 年的 68.54，指数值增长了 0.79；技术创新指数从 2013 年的 37.93 增长到了 2014 年的 45.66，指数值增长了 7.73；节能降耗指数从 2013 年的 40.79 下降到了 2014 年的 37.01，指数值下降了 3.78；人均收益指数从 2013 年的 58.44 增长到了 2014 年的 62.34，指数值增长了 3.9。

表 33-6　新疆维吾尔自治区 2013—2014 年信息化应用效益指数一级指标情况

指标名称	2013年指数值	2014年指数值	变化情况
劳动生产率指数	67.75	68.54	0.79
技术创新指数	37.93	45.66	7.73
节能降耗指数	40.79	37.01	−3.78
人均收益指数	58.44	62.34	3.9

数据来源：中国电子信息产业发展研究院，2014 年 12 月。

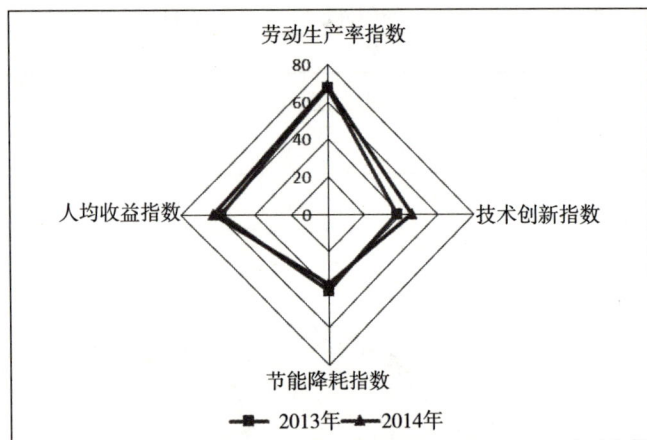

图33-6　新疆维吾尔自治区2013—2014年信息化应用效益指数一级指标情况

数据来源：中国电子信息产业发展研究院，2014 年 12 月。

就信息化各项细分指标来讲，"十二五"以来，新疆维吾尔自治区信息化应用效益各方面基本上都取得了积极进展。全员劳动生产率指数从 2013 年的 67.75 增长到了 2014 年的 68.54，指数值增长了 0.79。单位地区生产总值专利申请量指数值从 2013 年的 41.37 提升到 2014 年的 48.57，指数值增长了 7.2；单位地区生产总值专利授权量指数值从 2013 年的 35.64 增加到 2014 年的 43.72，指数值增加了 8.08。节能降耗成果不明显，单位地区生产总值能耗指数从 2013 年的 60.19 下降到 2014 年的 53.03，指数值下降了 7.16；单位地区生产总值用水量指数从 2013 年的 11.7 增加到 2014 年的 12.97，指数值增长了 1.27。信息化带动了经济较快发展，人均地区生产总值指数由 2013 年的 58.44 提升到 2014 年的 62.34，指数值增长了 3.9。

表 33-7　新疆维吾尔自治区 2013—2014 年信息化应用效益指数二级指标情况

指标名称	2013年指数值	2014年指数值	变化情况
全员劳动生产率	67.75	68.54	0.79
单位地区生产总值专利申请量	41.37	48.57	7.2
单位地区生产总值专利授权量	35.64	43.72	8.08
单位地区生产总值能耗	60.19	53.03	−7.16
单位地区生产总值用水量	11.7	12.97	1.27
人均地区生产总值	58.44	62.34	3.9

数据来源：中国电子信息产业发展研究院，2014 年 12 月。

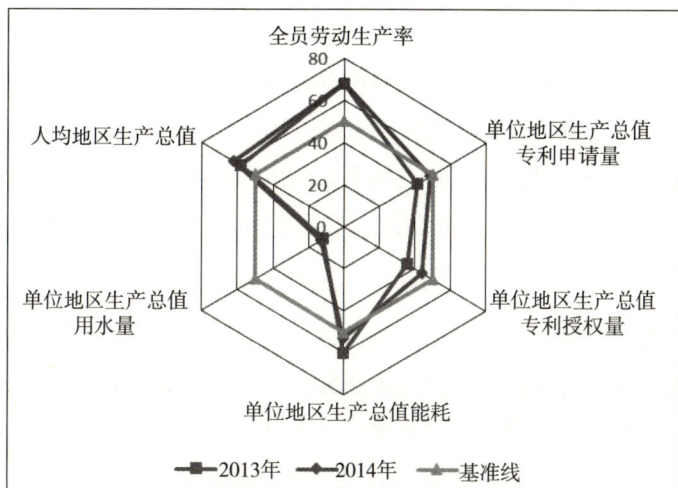

图33-7　新疆维吾尔自治区2013—2014年信息化应用效益指数二级指标情况

数据来源：中国电子信息产业发展研究院，2014 年 12 月。

三、优劣势评价

（一）优势

1. 地处丝绸之路经济带核心区，有利于西向开放和互联互通

新疆地处亚欧大陆腹地，是我国丝绸之路经济带北、中、南三带全部穿过并交汇的唯一省区，也是内地与南亚、西亚、欧洲各国开展贸易、金融、交通、文化、社会交流与合作的战略枢纽，是我国西向开放、互联互通的桥头堡。我国政府非常重视新疆丝绸之路经济带的建设和规划，在第二次中央新疆工作座谈会上提出要把新疆建设成为"丝绸之路经济带"核心区，这就让具备特殊区位优势、资源、政策优势和后发优势的新疆站在了建设"丝绸经济带"的前沿，成为撬动亚欧经济发展的新支点。新疆应主动抓住这一机遇，向西开放，丰富与周边国家的国际跨境陆地通信基础设施建设，加深与周边国家的互联互通，建设亚欧信息高速公路建设的新通道。

2. 信息化基础设施日趋完善

近年来，新疆的信息基础建设发展快速，日趋完善。统计数据显示，新疆电信光网建设和改造已覆盖近 342 万座城市和县城住宅，绝大部分的城乡已经实现了光网覆盖。其中，80% 的城市家庭和 20 万户中小企业已实现光网覆盖，行政村通宽带率超过 70%，3G 基站已实现对城市、乡镇和团场的全覆盖。光缆建设提速，建设了通往塔吉克斯坦、吉尔吉斯斯坦、哈萨克斯坦的 9 条通信光缆和涵盖中亚 5 国以及俄罗斯等 11 个国家的 100 多条数据专线，实现了"五环双出疆八出境"。

3. 农产品电子商务发展快速

当前，新疆电子商务发展已经进入新阶段。新疆果业集团、新疆合源果业开发有限责任公司成为首批国家电子商务示范企业，阿里巴巴、京东等大型电子商务平台纷纷进入新疆，扩大了"农超对接"和"疆果东送"。2013 年，涉农电子商务发展快速，46.54% 的涉农企业开展了电子商务应用，23.6% 的涉农企业进入网上采购或销售等交易环节，接近了全国平均水平。传统的干果、精油、棉被、玉石、药材等新疆特色产品成为网上销售的主流产品，特别是玉石产品的网上交易额在 2013 年攀升至红枣和核桃之后的全国第三位。虽然发展滞后于内地发达省区市，但依托于特殊的地理位置和优势资源，新疆电子商务在农牧产品、跨境

电商、多语种电商等方面发展潜力巨大。

（二）劣势

1. 信息化发展水平低，对工业化带动作用依然较弱

新疆信息化发展水平较低，仅相当于全国平均水平的 87%，在全国各省份中排名第 23，在西部地区排名第 6，西北地区排名第 3，仍处于全国信息化发展比较落后的地区。信息化对工业化的带动作用依然较弱，信息化在产业链中的作用尚未得到充分发挥，对整个经济的渗透扩散能力低，多数行业和企业的信息技术应用水平不高且参差不齐，信息资源的开发利用层次低。

2. 信息服务业发展滞后

尽管 2013 年新疆全区拥有软件企业达到 74 家，信息技术集成企业 200 多家，电子信息制造和软件服务业创造的价值超过 100 亿元，但是和国内中东部省份、甚至和西部一些省份相比，在软件企业的数量、质量甚至规模上，还存在不小的差距，具体表现在新疆电子信息产业园区建设滞后，企业分布比较分散，企业的联合、合作程度比较低，集聚效应差，缺乏龙头企业，带动效应差，电子信息企业的创新能力不强，缺乏核心技术竞争力等。

3. 信息化人才结构性矛盾突出

在经济快速发展和信息化加速时期，新疆信息化人才结构还不能适应客观要求，结构性矛盾突出，特别是从事软件开发、系统集成等既懂信息技术又懂专业技能的高端复合型人才缺乏。

四、相关建议

针对新疆维吾尔自治区信息化发展的情况以及优劣势，为进一步推进新疆维吾尔自治区信息化发展，提出以下建议：

（一）加强资源共享，推进信息化发展

根据经济和社会信息化的需要，进一步整合信息资源，实现信息资源的共享和交换。按照"政府引导、市场运作"的模式，依托"天山云"，构建全区统一的信息交换和公共服务共享平台，完善企业信息化服务支撑体系建设和信息化服务平台建设，向管理部门、企业等单位提供系统的信息资源，实现资源共享、优

势互补，解决产业链上下游企业之间存在的"信息孤岛"问题，加强产业链配套和区域分工合作，推动信息化的发展。

（二）全面启动并深入推进信息化和工业化深度融合

围绕"千百亿"工程，进一步推进自治区"两化"融合示范工程、制造业信息化科技示范工程和"数字企业"等试点示范工程建设。积极开展行业和区域企业对标，加强示范带动，引导企业逐级提升。开展行业示范推广，依托"两化"融合咨询服务平台，在石油化工、纺织、电力、有色、机械装备制造等行业开展企业"两化"融合等级评定，通过示范推动全行业的"两化"融合跃升。开展区域和园区分级分类推进，在自治区级以上工业园区，开展区域企业"两化"融合整体性评估和等级评定，促进区域"两化"融合水平整体提升。围绕"天山云"计划，扎实推进乌鲁木齐、克拉玛依、昌吉云计算产业园建设。组织实施好中兴、华为、广电网络等超大型云计算数据中心建设，积极推进天上政务云、媒体云、健康运的整体深入应用。

（三）加快信息服务业的发展步伐

建设"丝绸之路"经济带核心区为契机，充分利用新疆在能源电力、文化地域、气候环境、语言环境和通讯网络等方面的优势，大力发展软件服务业，提升信息服务业的质量，培育信息技术骨干企业，增强信息化发展支撑能力。围绕"云计算"、物联网、移动互联网等高精尖领域，建设"新疆电子信息产业技术创新服务平台"，依托"新疆云计算中心平台"，为企业提供检验检测、科技信息、专利代理、科技金融、技术转移、研发设计、创业孵化等服务。同时，开展面向周边国家的国际多语言云计算服务业。大力开发RFID产品、传感器等产品制造，在农产品加工、物流业等领域建立完善的物联网应用体系。面向"两化融合""三网融合"等信息化需求，继续发展信息集成业务，完善相关标准，提高系统集成的服务效率和质量。

（四）加强信息化人才队伍的培养

围绕建设"丝绸之路"经济带核心区，依托"千百亿"工程和重大专项工程，建立多层次多类型的信息化人才培养体系和支撑服务体系。一方面，要支持高校和科研院所加强与企业合作，培养既懂理论又懂实践的信息化专门人才；另一方面，要完善相关的政策支持和配套服务，加强对内地和周边国家的高层次人才及领军人才的引进，促进高层次人才来到新疆就业、创业。

第三十四章　信息化发展趋势和转变

一、我国信息化发展现状

当前，信息技术创新快速发展，各种信息网络已达到无处不在的状态，智能终端基本实现全民普及，信息平台用户规模急剧膨胀，各类信息系统互联互通、综合协同，全民应用与普遍服务的格局业已形成。

（一）信息化成为国民经济发展的重要驱动力量

"十二五"期间，我国利用信息技术在推动工业转型升级、农业现代化、服务业和战略新兴产业方面进行了积极探索和广泛实践，并取得显著成效。"两化"深度融合步伐加快，智能工业开始起步。《2014年中国两化融合发展水平评估报告》显示，2011—2014年我国"两化"融合发展总指数分别为52.73、59.07、61.95和66.14，年复合增长率为7.85%。[1]航空航天、飞机制造、汽车制造、电子制造等行业纷纷涉足智能制造。3D打印技术已成功应用于多个国产航空项目的原型机制造。中石油、中石化和中海油等大型国有企业的数字化工厂项目相继启动。农业信息化基础条件不断完善。2014年全年新增1.4万余个行政村开通宽带，行政村通宽带比例从年初的91%提高到93.5%；新增4500余个自然村开通电话，20户以上自然村通电话比例从年初的95.6%提高到95.8%。物联网、移动互联网、3S等信息技术及智能农业装备在设施园艺、畜禽水产养殖、农产品流通及农产品质量安全追溯等领域的应用加快推进，有效促进了农业生产节本增效、农产品品质的提升。信息化支撑服务业快速发展。信息技术在金融、保险、物流、

---

[1]　中国电子信息产业发展研究院：《2014年中国两化融合发展水平评估报告》，2015年1月。

旅游、娱乐等服务领域最为活跃。如，余额宝、理财通等互联网理财产品如雨后春笋迅速崛起，许多银行、券商也开始以互联网为依托，对业务模式进行重组改造，加速建设线上创新型平台。移动设备及移动互联网惊人的发展和普及速度催生了O2O、M2C、C2B等新型商业模式。信息消费规模不断扩大。2014年，我国信息消费市场规模达到2.8万亿元，同比增长18%，其中电子商务交易额达到12万亿元，同比增长20%；网络零售交易额已经达到2.6万亿元，同比增长41%；我国移动网购市场交易规模达8616.6亿元，增速达229.3%。我国已经超过美国成为全球第一大网络零售市场。信息消费的拉动带动了相关产业1.2万亿元的发展，对GDP贡献约0.8个百分点。

（二）社会事业信息化取得新进展

各地各部门依托云计算、大数据、移动互联网等新一代信息技术积极推动教育、医疗、社保、就业、文化等领域信息化建设。2014年，我国网络教育市场规模达千亿元，"大规模开放网络课程（MOOC）"模式成为在线高等教育热点。北京大学、清华大学、复旦大学、上海交通大学均宣布加入MOOC，上海市成立"高校课程共享中心"，来自市内30多所高校的学生都可选修平台上所提供的通识类课程并计入学分。全国数字教育资源深入开发，公共优质教学资源得到进一步优化配置和共享。医疗卫生信息化稳步推进，全国二级以上医疗机构均开展了电子病历建设，三级医院基本实现医院内部电子病历共享，不同程度实现网络预约挂号、医院间检验检查结果调阅共享。全国800余家医院开展远程医疗，促进优质医疗资源纵向延伸。涌现出了一批"春雨医生""春雨育儿""用药指南""家庭医生"等2000多款移动医疗服务App应用。社会保障和就业服务信息化应用深入发展。社会保障卡覆盖范围不断拓展，2014年全国社会保障卡持卡人数达到7.12亿；就业管理服务、社会保险经办已基本实现全程信息化，业务覆盖率达到100%；就业信息监测平台已实现对全国1.8亿人的就失业情况动态监测。公共文化服务信息化进程加快，全国文化信息资源共享工程初具规模，已基本建成覆盖城乡的6级服务网络。国家文化产业项目资源、国家文物等基础数据累积增长，基于网站、卫星、手机等资源服务平台已向2000多个县级支中心传送1000多小时精品数字资源。

（三）社会管理信息化水平明显提升

近年来，各地、各部门通过信息化手段加强和创新社会管理，探索出了多种有效途径和模式，在城市管理、公共安全、应急救灾、交通运输、住房保障、环境保护、食药监管、社区管理等领域取得显著成效，为推进和谐社会建设奠定了坚实基础。江苏省、福建省、云南省等地建成了环境保护、住房建设管理等系统，取得了明显成效。山东省青岛市、山西省太原市、河南省郑州市等地市建成了食品药品协同监管平台、数字城管等系统，有效提升了食品药品安全保障水平和精细化城市管理水平。北京市东城区、河南省文峰区、陕西省礼泉县、江西省南昌县等地区将信息技术应用和社会管理创新有机结合，创建了网格化"社会综合治理"新模式，整合优化基础信息资源，提升政府社会治理能力。目前，网络化管理已被广泛应用于社区管理、公共安全、交通管理、市容环卫、工商管理、市政设施等领域。各地依托智慧城市建设积，不断创新社会管理方式，拓展管理覆盖面，加强资源整合和信息共享，提高社会管理的高效化、透明化和精准化水平。南昌在智慧城市建设过程中，通过实施数字南昌综合指挥调度平台、智能交通系统、市政府应急系统、"数字城运"、"数字城管"等重大工程，提升政府的社会管理能力。中央国家机关在金融、财政、税收、质检、社保、国土、海关、审计等领域电子政务应用逐步深入，以"金"字工程为代表的一大批重点业务应用系统开始发挥重要作用，大幅提升了中央各部门社会管理覆盖面。

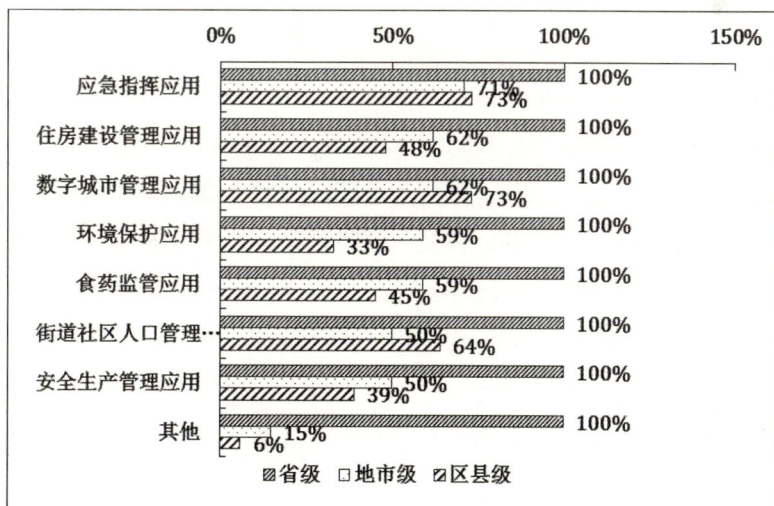

图34-1　各级政府创新社会管理应用建设情况

（四）公共服务信息化取得积极进展

政务网上服务渠道呈现多元化发展,公共服务水平明显提高。政府门户网站、微博、微信等多渠道网上服务在我国各级政务部门得到认可,并广泛应用。政府网站拥有率进一步上升,绝大多数地方政府网站建设普及阶段已基本完成。据统计, 截至 2014 年 10 月, 我国以 gov.cn 为结尾的域名数为 56270 个。我国各级政府网站信息公开、网上办事和政民互动三大服务功能基本覆盖,网站服务事项逐渐增多,不少地方以用户为导向,设置了便民服务专栏。我国政务微博发展已经步入务实运营的阶段,政务微博需要坚持以服务民众为宗旨,充分利用微博打造移动服务窗口,形成覆盖全面、功能完备的政务公众信息服务体系,实现透明务实、高效便民的政务服务。2014 年经过新浪平台认证的政务微博达到 130103 个, 较 2013 年年底增加近 3 万个。[1] 其中政务机构官方微博 94164 个, 公务人员微博 35939 个。我国政务微信进入进入迅猛发展阶段, 截至 2014 年 10 月 31 日,我国政务微信总量已突破 1.3 万个, 发展为 39 职能细类。政府公共信息资源开放取得积极进展。上海、北京等地纷纷出台了关于公共信息资源开放共享的相关文件,并积极开展公共信息资源应用,如国家统计局上线新版国家数据库（data.stats.gov.cn）, 北京市开通了北京市政府数据资源网（bjdata.gov.cn）, 上海市建设了上海市政府数据服务门户（datashanghai.gov.cn）, 青岛市设计了青岛市政府数据开放服务平台等。

（五）新一代信息技术促进产业跨越式发展

以大数据、云计算、物联网等为代表的新一代信息技术迅猛发展,成为国民经济增速最快、最具活力的产业。当前国家和地方政策大力支持大数据产业发展,上海、北京、天津、广东、贵州、重庆等地陆续出台了推动大数据产业发展的相关政策。智能搜索、广告、电商、社交、互联网金融、O2O 等应用借助大数据技术持续进化,我国大数据产业链正在加速形成。自 2010 年以来, 在国家、地方和企业共同推动下,我国云计算应用取得了初步成效,云计算产业进入规模增长新阶段。以百度、阿里巴巴、腾讯、金蝶等为代表的企业提供公有云服务种类不断丰富,用户数量不断增加。同时云计算在电子政务、医疗、教育、工业等领域

---

[1]　《2014年度政务指数报告》,《人民日报社》, 2015年1月29日。

应用加速普及，陕西省基于云计算电子政务公共服务平台上省级平台已承载 33 个省级共 206 个业务系统，山东众阳医疗云系统已在临沂市蒙阴县县级医院、11 个乡镇卫生院与 400 多家村卫生室全面应用，北京数码大方公司成功开发"中国工业软件云服务平台"，为中小企业提供软件工具和数控编程、仿真分析、3D 打印等云服务。据统计，2014 年中国云计算市场规模由 2010 年的 167.3 亿元快速增长到 1174.1 亿元，60% 的中小企业已使用了云服务。物联网产业进入快速发展期，已初步形成覆盖物联网感知制造业、通信业和服务业的完整产业链。目前，我国物联网产业规模已突破 5000 亿元。传感器、射频识别、通讯协议、网络管理等领域的技术实力不断提升，部分科研成果达到世界领先水平。由我国主导制定的"物联网概述"标准草案成为全球第一个物联网总体性标准。物联网应用领域拓展到农业、钢铁冶金、石油石化、机械装备制造、物流以及社会生活的多个领域。

（六）信息基础设施建设成效显著

"十二五"期间，国家和地方政策强力支持宽带建设，光纤入户和 4G 应用加快普及，7 个新增国家级互联网骨干直联点建成开通，宽带普及与提升取得明显成效。根据工业和信息化部公布的数据，截至 2014 年年底，固定宽带接入用户数突破 2 亿户。光纤接入（FTTH/0）用户数达 6831.6 万户，占宽带用户总数的比重为 34.1%，8M 以上、20M 以上宽带用户总数占宽带用户总数的比重分别达 40.9%、10.4%（见图 34-2）。通信"村村通"工程实施十年成效明显，全国通宽带乡镇和行政村比例分别达 100% 和 93.5%。无线宽带网络突飞猛进，截至 2014 年底，移动通信基站数 339.7 万个，其中 3G 基站总数 128.4 万个，移动网络服务质量和覆盖范围继续提升（见图 34-3）。WLAN 网络热点覆盖继续推进，WLAN 公共运营接入点（AP）总数 604.5 万个，WLAN 用户数 1641.6 万户。4G 用户发展速度超过 3G 用户，4G 和 3G 总数分别为 9728.4 和 48525.5 万户，在移动电话用户中的渗透率达到 7.6% 和 37.7%。（见图 34-4）。同时，我国加快布局 5G 研发，成立了 IMT-2020（5G）推进组，布局 5G 重大项目，全面开展 5G 策略、需求、技术、频谱、标准研究及对外合作。

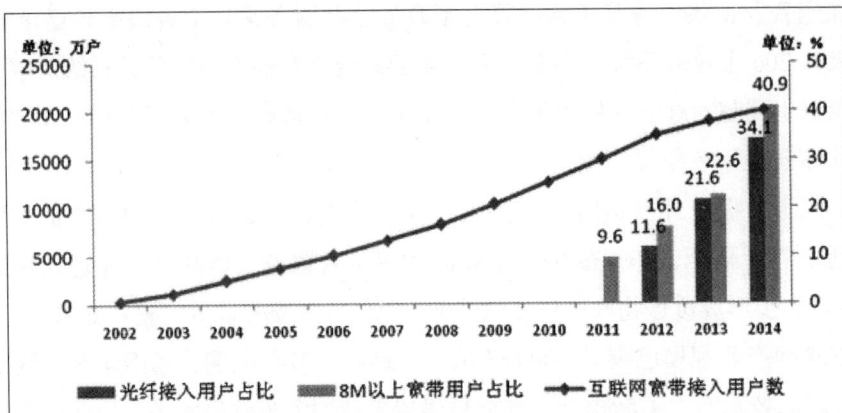

图34-2　2002年—2014年互联网宽带接入用户发展和高速率用户占比情况

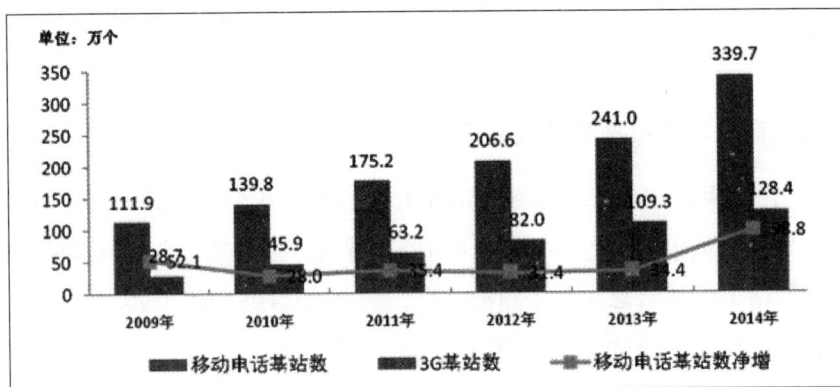

图34-3　2009-2014年移动电话基站发展情况

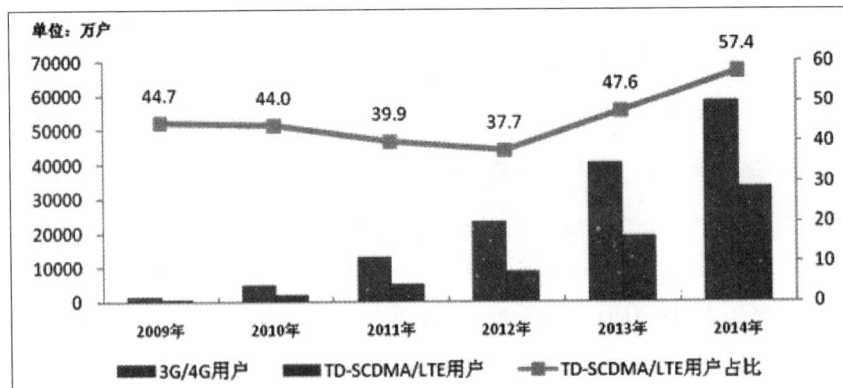

图34-4　2009-2014年3G/4G用户和TD用户发展情况

（七）国民信息素质稳步提高

随着国民教育投入力度的加大和受教育程度的普遍提高，信息化人才队伍不断壮大，国民信息能力稳步提高，为我国信息化发展提供了坚实的智力支撑。根据《中国统计年鉴2014》数据显示，每万人中从事信息传输、计算机服务和软件业的人数由2010年底的185.8人增长到2013年底的327.3人。信息化人才培养体系不断完善，初步构建了以学校教育为基础，基础教育、高等教育、职业教育与继续教育相结合，政府引导与市场培训互为补充的信息化人才培养体系。政府公务人员信息技能培训形成常态机制。许多政府部门与大专院校、科研院所、培训机构、行业协会等单位长期合作开展各类政府信息化相关培训。如，国家信息中心、北京大学等单位连续多年开设"政府CIO培训班"，为全国各级政府部门的信息化工作人员提供信息化规划、建设、管理等方面的系统性培训。信息技能培训不断惠及弱势群体。工业和信息化部依托"村村通电话"工程和"信息下乡"活动、党员干部远程教育工程、跨世纪青年农民科技培训工程以及农村信息工作站等，开展面向农村干部、信息员和广大农民的信息技术应用培训，将计算机知识、农村信息化技术知识带给农民。农业部在全国开展了农村信息员培训，促进了农村居民信息技能的提升。部分地区的老年大学为老年人提供了远程教育服务平台，如中国老年大学网搭建了全国老年大学远程教育服务平台，针对老年人的需求特点开设了学习超市、远程课题、在线问答等栏目。

（八）网络和信息安全成为国家安全的重要内容

近年来，我国高度重视网络安全的重要性，将其作为国家安全体系中的重要组成部分。2014年4月中央国家安全委员会第一次会议召开，习近平总书记在会上指出，要准确把握国家安全形势变化新特点新趋势，构建集政治安全、国土安全、军事安全、经济安全、文化安全、社会安全、科技安全、信息安全、生态安全、资源安全、核安全等于一体的国家安全体系。2013年11月，习近平总书记在《关于〈中共中央关于全面深化改革若干重大问题的决定〉的说明》中指出，网络和信息安全牵涉国家安全和社会稳定，在2014年2月中央网络安全和信息化领导小组第一次会议上进一步强调："没有网络安全，就没有国家安全"。这为新时期如何加强网络和信息安全、维护国家利益、建设网络强国指明了方向。

二、当前我国信息化面临五大转变

信息化的深入发展在事实上已经形成了一个高效率、跨时空、多功能的网络空间，人类在网络空间的活动大量展开，经济社会正进入基于信息网络的大创新、大变革时代。

（一）信息基础设施由广覆盖，向泛在先进和普遍服务并重转变

目前，我国已经建成了全球用户规模最大的信息网络，但规模增量出现拐点，并呈现农村地区信息基础设施发展水平提升不显著、东西部发展不平衡等问题，未来将向兼顾量质、普遍服务的方向转变。自 2009 年开始，我国年均净增固定宽带用户数在 2000 万户左右，截至 2014 年年底，固定宽带用户累计突破 2 亿户，但近两年的年净增用户数开始下滑，2014 年进一步下降到 1157.5 万户。城乡宽带用户发展差距依然较大，截至 2014 年年底，城市宽带用户净增 1021 万户，是农村宽带用户净增数的 7.5 倍。[1] 针对上述问题，国家制定了《"宽带中国"战略及实施方案》（国发〔2013〕31 号）。"宽带中国"战略指出，到 2020 年，宽带网络全面覆盖城乡，固定宽带家庭普及率达到 70%，3G/LTE 用户普及率达到 85%，行政村通宽带比例超过 98%，城市和农村家庭宽带接入能力分别达到 50Mbps 和 12Mbps。未来五年，我国将持续实施"宽带中国"战略，加快宽带网络优化升级，强化下一代互联网大规模部署和商用，协调推进区域和城乡信息基础设施发展，同时注重完善普遍服务机制，形成泛在先进与普遍服务并重的综合性信息网络基础设施。

（二）信息化推动经济发展模式从主要依靠传统生产要素向主要依靠以信息资源为主的全新生产要素转变

信息资源已经成为与物质资源、能源同等重要的经济资源，其驱动土地、劳动力、能源、资本、技术等要素配置更富效率，成为引领经济社会发展最关键的生产要素。信息资源对土地资源的优化配置主要体现在减少生产、管理办公、库

---

[1] 《2014年通信运营业统计公报》，工信部，2015年1月20日。

存等工业用地。例如，近年来兴起零库存管理在减少库存的同时也减少了对土地的需求。信息对资本要素的优化主要体现在降低生产、管理成本，加快资金流转。信息资源对劳动力要素的优化主要体现在提高劳动生产率，减少劳动力投入。例如，近期广东、山东、浙江、江苏等地出台了"机器换人"计划，旨在消除劳动力成本上升等不利因素。信息资源对物质资源要素的优化主要体现在减少原材料消耗。例如，以前对汽车性能及安全的测试，通常要用真车碰撞实验，损毁了大量价格昂贵的新车。现在用仿真办法，一样可以测试到相关数据。信息对能源要素的优化主要体现在提高节能工艺，进行能源管理。未来五年，信息资源对经济提质增效的作用将更加突出，将加速推动我国从以物质生产、物质服务为主的经济发展模式向以信息生产、信息服务为主的经济发展模式转变。

（三）信息技术与产业正从跟随、并行，向跨越、引领转变

当前我国信息技术与产业部分领域已跻身世界前列，正处于从跟随、并行到跨越、引领发展的关键时期。一方面，我国电子信息产品制造规模居全球第一，移动通信领域跻身世界前列，一批通信设备制造和互联网企业进入国际第一阵营，在创新最活跃、发展最快的互联网领域，我国成为仅次于美国的互联网大国，是少数具有相对完整产业体系的国家之一。这为我国信息技术与产业引领全球发展奠定了坚实基础。另一方面，过去十多年来，我国核心信息技术和产业发展迟缓，甚至有些领域出现退步，总体上处于跟随先进国家发展的阶段。特别是高端芯片、核心软件、关键元器件以及专用设备、仪器仪表等领域，技术对外依存度高，自主知识产权产品竞争力不足，难以满足金融、电力、钢铁等重点行业的重大应用需求。未来五年，随着新型工业化、城镇化、农业现代化、国家治理现代化的同步推进，经济社会转型发展步伐加快，将激发我国信息技术和信息产业发展活力和创造力，促进信息产业实现由大到强的根本性转变。

（四）信息资源由采集和积累阶段，向建设和利用阶段转变

经过长期发展，我国在人口、企业法人、空间地理和宏观经济等国家基础信息资源和金融、税收、质检、社保、教育等政府核心关键领域积累了丰富的信息资源。近年来零售、制造、电信、物流、医疗、交通等领域数据爆发式增长，创造了巨大社会财富。但是，我国信息资源开发利用水平较低，尚未形成有效应用

模式，对经济社会发展的促进作用未充分发挥。当前，信息资源已成为战略性经济资源，其开发利用程度意味着发展机遇和战略制高点。特别是大数据商业价值不断被挖掘。百度大数据设计服务于中国一汽新车型设计和中国平安新险种设计，阿里巴巴公司根据淘宝网上的交易数据分析，提供无担保贷款服务，腾讯正在打通社交矩阵之间的数据，以实现精准营销。各级、各地政府正积极推动公共信息资源应用。国家统计局上线新版国家数据库，北京市开通了北京市政府数据资源网，上海市建设了上海市政府数据服务门户，青岛市设计了青岛市政府数据开放服务平台。《促进信息消费扩大内需若干意见》指出，要促进公共信息资源共享和开发利用。未来五年，我国公共信息资源开发应用程度将进一步加大，越来越多的企业开始挖掘大数据的商业价值，信息资源开发利用进入实质阶段。

（五）网络空间治理由松散无序，向制度化规范化方向转变

当前，人们在网络空间的活动大量展开，越来越多的网络空间活动正替代现实空间的活动。我国目前还没有清楚地界定网络空间行为主体的责权利，对网络空间的行为管理缺乏法律基础，出现了很多难以处理的问题。例如，网络空间里哪些行为应该实名、哪些行为可以匿名？网络空间的各种行为是否有效以及应该承担怎样的责任？远程服务、电子银行、网上办公、网上投票等网络空间中发生的替代现实空间的行动是否有效？总体上看，我国网络治理的法制化进程落后于网络空间的发展，一些法律法规已不适应互联网快速发展的实际情况，网络空间管理的灰色地带较多，出现了不少法律无规定、法律规定模糊、法律规定冲突等问题。《中共中央关于全面推进依法治国若干重大问题的决定》指出，要加强互联网领域立法，完善网络信息服务、网络安全保护、网络社会管理等方面的法律法规，依法规范网络行为。习近平总书记在2014年2月中央网络安全和信息化领导小组第一次会议上进一步强调，"要抓紧制定立法规划，完善互联网信息内容管理、关键信息基础设施保护等法律法规，依法治理网络空间，维护公民合法权益。"这为有效解决上述问题、建章立制、依法治理网络空间指明了方向。

三、未来五年信息化十大趋势

"十三五"期间，新一轮科技革命和产业变革正在兴起，信息技术加速与其

他技术交叉融合发展，物联网、云计算、大数据、工业互联网等信息化应用基础设施演进升级步伐加快，信息化引领经济社会转型发展的主导作用日益明显。

（一）信息化应用基础设施演进升级步伐加快

基于通信网、广电网、互联网以及云计算、大数据、物联网的信息化应用基础设施快速发展，已成为承载无所不在的计算、无所不在的信息服务的重要基础设施，是经济社会发展必不可少的基础设施。云计算为信息化应用提供高效、绿色、灵活、强大的信息基础设施和综合平台，孕育各种丰富多彩的智慧应用。物联网通过全面感知、可靠传送和智能处理技术实现人与人、物与物、人与物之间的互联互通，承载各行业各领域的创新应用。互联网、移动互联网通过构建开放型应用平台为所有业务提供通用的基础设施服务。大数据经过开放共享和整合利用，不断创新商业模式和服务模式，催生多种创新应用。未来五年，随着《"宽带中国"战略及实施方案》《国务院关于促进云计算创新发展培育信息产业新业态的意见》《物联网发展专项行动计划》的实施，信息化应用基础设施的"云＋网＋端"架构将更加明晰，泛在化、集成性、可拓展性、智能化特征日益突出。

（二）信息技术产业生态体系加速形成

围绕技术、标准、市场、规则等方面，打造信息技术和产业新的价值链、产业链和生态系统的发展态势日趋明显。2014年华为提出了SoftCOM战略，其核心内容是结合NFV、SDN（软件定义网络）、云计算等技术和理念，构建面向未来的开放式电信网络架构，旨在帮助运营商实现全面网络演进和商业转型，在ICT融合中创造新的价值机会，打造开放的生态环境和鼓励开放的行业文化，最终形成一个开放、互联、创新、共赢的产业链生态体系。在互联网领域，阿里巴巴依托淘宝、天猫、速卖通等电商平台，构建出一个集信用体系、金融体系、物流体系、技术服务体系与数据体系为一体的产业生态系统；腾讯依托QQ和微信等社交平台，正建立一个覆盖网络运营、社交、游戏、交易、金融各领域的完整开放生态圈；百度利用搜索平台和接口优势，通过技术、营销、数据等手段，欲建立起涵盖移动服务、新兴业务和搜索业务的生态系统。无论是硬件、软件企业还是互联网企业，都在加快依靠自身传统优势，培育以之为核心的生态系统，产业生态化发展已经成为大多数信息技术企业的战略选择方向。

（三）产业互联网与智能制造将成为变革生产方式的重要驱动力

新一轮科技革命和产业变革热度高企，基于网络的价值链重塑和产业链协同将催生颠覆式变革，以工业互联网为基础的智能制造成为未来制造业发展的必然趋势，智能机器人将获得高速发展。目前，互联网与生产制造领域渗透融合步伐加快，涌现出个性化定制、按需制造、众包众设、异地协同设计等一批"互联网+"应用新模式。海尔通过众包平台聚集中科院、高通、腾讯等资源研发设计空调产品。北江纺织基于O2O开展定制化业务，创维发布了O2O移动商业平台"云GO"。三一重工建立了智能工程机械物联网。我国航空航天、飞机制造、汽车制造、电子制造等行业纷纷涉足智能制造。中航科工二院将3D打印应用于复杂零部件研发生产过程中。中石化启动金陵石化智能工厂建设，九江石化即将完成智能工厂的基本框架构建。华纺股份、鲁泰、红豆、上海纺织集团等纺织企业开始部署智能制造。钢铁、有色、石化、汽车、轨道交通、电子、纺织等行业普遍加大对集成化、精密化、绿色化、高端化、无人化智能制造装备的需求，为智能制造技术和智能制造装备产业提供了巨大发展空间。继汽车、航空、电子制造等行业广泛采用机器人后，金属加工、卫浴五金、食品饮料等传统行业也开始应用机器人。我国已经是全球第一大工业机器人市场。受产业转移、经济结构调整、人口红利消失等因素的影响，广东、山东、浙江、江苏等地纷纷部署"机器换人"计划。国际机器人联合会（IFR）预测，中国工业机器人2015—2017年间年均增长率预计将达25%，2017年销量将达10万台，到2017年末，中国机器人保有量将超过40万台。

（四）智慧城市推进我国新型城镇化建设的成效集中显现

云计算、物联网、移动互联网、大数据等信息化技术的加速创新与应用普及，将把智慧城市崭新理念引入城镇化建设，为城市基础设施的智慧装备与普及服务，为城镇布局的优化完善乃至城镇经济的可持续发展，提供强有力的带动支撑。目前，我国智慧城市正处于规划、建设和实施阶段。住建部两批智慧城市试点涵193地区、171城市。工信部启动了中欧智慧城市试点，开展常州、扬州等中小城市智慧城市试点示范。科技部863项目支持开展了20个试点城市。各地积极推进智慧城市建设，100%副省级以上城市、89%的地级城市和47%的县级城市开展了智慧城市建设。然而，随着智慧城市建设步伐的加快，不注重智慧城市顶层设计、脱离城市发展基础和群众需求、盲目上马项目等问题逐渐暴露。国家对智慧城市进行了全面政策部署，《国家型城镇化规划2014—2020》《关于加快实施信息惠民工程有关工作的通知》《关于促进智慧城市健康发展的指导意见》等文件，指出了智慧城市建设的重点内容，为有效解决上述问题指明了方向。此外，《智慧城市SOA标准应用指南》《智慧城市技术参考模型》《智慧城市评价模型及基础评价指标体系》等智慧城市国家标准及评估体系正在加快建立之中。预计未来五年，智慧城市建设将在促进新型城镇化管理信息化、基础设施智能化、公共服务便捷化、产业发展现代化、社会治理精细化方面取得成效。

（五）电子政务服务正成为国家治理现代化的重要驱动力

电子政务将在服务党的执政能力建设、提高社会治理能力、推动政府职能转变、健全市场监管和服务体系、促进民主法治建设等方面发挥重要作用。全国各级政府加快普及网上政务服务，浙江省基于云平台构建了浙江政务服务网，推行基于网络空间的政务工作模式，将政务服务向网络平台迁移，实现9000多个事项的在线办理。新疆伊犁州基于电子政务公共云平台，面向州、县、村提供电子政务网上服务，减少网下办事比例。中国政府网利用微博、微信平台，增强政民互动和网上服务能力。北京、天津、安徽、山东、陕西、江西、辽宁等地纷纷建设统一的网上行政审批平台。网络正在成为纪检监察机关受理群众信访举报的主要渠道，中纪委监察部网站2015年上线新版和客户端，强化话题性和互动性，查询、分享和搜索等功能进一步优化。北京市开始探索网络议政形式，政协十二届三次会议对政协委员首次开通"政协北京市委员会移动议政平台"，委员们可通过手机APP查看政协会议动态、资料和活动通知。山东省计划探索网络议政、网络协商、远程协商等多种实现形式，扩大政治协商活动的社会影响。预计未来五年，中央和地方政府越来越多地基于网络空间实施政务主动服务，全社会资金流、信息流、服务流大幅向网上迁移。

（六）数字生活将大幅提升社会民生领域普惠化水平

社会事业信息化领域将不断涌现创新亮点，公共服务供给方式不断取得创新成果，教育、医疗、就业、医保、养老、社区等基本公共服务向均等化快速演进，民众生活将更加便捷和高效。中国各地知名高校纷纷进军慕课。清华和北大加盟

edX；上海交大、复旦加盟 Coursera。上海高校课程中心集纳了 30 所高校的 30 多门慕课课程，上海交大"好大学在线"提供 30 多门优质课程，清华"学堂在线"已提供 60 多门课程，超过 70 万学生受益，深圳大学 UOOC 联盟、东西部联盟高校等也陆续推进慕课研发。互联网医疗、移动医疗、健康管理等新的业务模式在经历了多年孕育之后开始初具轮廓，并且开始冲击传统的医疗服务模式。[1] 提供互联网医疗服务的医院将会增加，服务的业务范围将会扩大，大规模远程医疗将会成为现实。传统医疗格局和架构将在互联网的影响下加速改变。未来大数据将在临床决策支持、诊断和治疗、医疗和健康管理应用等方面发挥更大作用。利用新一代信息技术集成应用，为居民提供安全、舒适、便利的智慧化生活环境，形成基于智能化社会管理与服务的智慧社区将全面快速发展。如社区 O2O 服务，通过第三方社区服务资源，开创集商品展示、预购试用、便民服务、即时配送为一体的社区网购生活模式将开展普及，居民将能切身感受到智慧化发展带来的益处。

（七）中国特色网络文化正在快速崛起

未来五年，优秀网络文化产品的供给和传播能力将大幅提高，网络文化阵地建设将不断加强，规范有序的网络文化传播秩序将加速形成，代表社会主义先进文化的中国特色网络文化将彰显实力和价值。网络文学、影视、游戏、广告、娱乐等网络文化产品种类越来越丰富。网络技术、3D 技术、移动技术、虚拟技术等已经全面进入文创领域，推动文创产业由传统的电视、广播、新闻出版等渠道，快速向全媒体方向发展。华谊兄弟与腾讯、阿里紧密结合，积极推进互联网娱乐业务和品牌授权业务发展。光线传媒密集收购网络小说电影电视版权。奥飞动漫以动漫衍生品为基础，加快布局移动互联网、新媒体、网络游戏等项目。互联网文化创意产业正成长为中国文创产业的高端产业、核心产业、领军产业、先导产业。预计到 2015 年底，互联网文化产业将占文化产业整体市场价值的 70%，其中移动互联网将占互联网文化产业市场价值的 70%。[2]

（八）信息化对生态文明建设的作用将越来越明显

在开展自然资源权责管理、淘汰落后产能、推广新型生产和全过程节能管理、

---

[1] 《中国医疗服务和健康管理行业IT市场2015年10大预测》，IDC。
[2] 北京大学文化产业研究院报告数据。

创新能源利用模式等工作过程中，信息化对节能降耗和资源集约利用的支撑作用将越来越突显。

云计算、物联网、移动互联、虚拟现实等新一代信息技术在土地、林木、矿产、海域等自然资源确权登记中，以及在国有土地、矿产等自然资源资产运营管理和专业化市场交易平台建设中将发挥巨大技术支撑作用。2014 年，国家发改委等六部委遴选 57 个生态文明建设先行示范区，成都、湖州、贵州等多个示范区都将信息技术和产业发展、生态信息系统建设等列为重要内容。在工业、能源、交通、农业、建筑等节能减排和优化升级具有重大科技需求的领域，信息技术将对能源梯级利用、源头减量化、资源循环利用、资源优化配置管理等产生一大批创新应用亮点。国家电网、南方电网、内蒙古电力，华能集团、大唐集团、华电集团、国电集团、神华集团等重点能源企业纷纷积极推进分布式能源系统建设，这些能够起到优化能源结构、保障能源安全、改善生态环境、转变城乡用能方式的创新应用将得到广泛应用和推广。

（九）信息资源正成为国家提高软实力和竞争力的关键要素

人口、法人、金融、税收、统计和空间地理等基础信息资源将持续完善，各地积极探索信息资源建设利用、开放共享新模式。2013 年，国务院出台《关于促进信息消费扩大内需的若干意见》，提出要"建立完善国家基础信息资源和政府信息资源，建立政府公共服务信息平台，整合多部门资源，提高共享能力，促进互联互通"。2014 年，国家发改委等部门下发《关于加快实施信息惠民工程有关工作的通知》，提出"通过政府公共服务信息平台，整合教育、卫生计生、人力资源社会保障、民政、工商、税务等多部门信息资源，引入优质社会服务资源，提供多渠道、多形式的信息服务。促进政府数据对社会公众的开放共享和创新应用"等内容。目前，北京开通了政府数据资源网，上海发布了《政府数据资源向社会开放工作计划》，确定开放 190 项数据内容，涉及 28 个市级政府部门，209 个数据包以及 20 多个应用，涵盖公共安全等 11 个领域。武汉初步建成政府公开数据服务平台，首批 33 个部门 520 个数据集向公众开放，涉及政务、警务、环保等 30 多个领域。青岛、广州、厦门等地正在建设公共数据服务开放平台。预计未来五年，公共数据服务开放平台将在大部分地区建成，教育、交通、旅游、食品安全、环保等与民生密切相关领域的公共数据资源率先开放，全民共享公共数据的时代将全面到来。

（十）网络空间环境将向法治化、可信化、安全化方向加速优化

一系列国家网络空间治理法律法规正加快出台步伐，网络空间可信任体系将加速构建。强化网络基础设施保护的《网络安全法》《电信法》，规范网络服务提供者行为的《电子商务法》；加强网络用户权利保护的《个人信息保护法》《未成年人网络保护条例》，规范网络信息服务与管理的《互联网信息服务法》，围绕促进信息化发展和信息资源开发利用的《信息化推进基本法》《政府数据开放条例》，加强全过程安全管理的《密码法》《电子政务条例》都正在加快研究制定中。现有法律中的《消费者权益保护法》《合同法》《著作权法》等也在整个社会的积极参与下进行修订，加快向网络空间延伸适用。未来五年，我国信息安全产业将飞速发展，为网络空间环境提供更强有力的安全保障。信息安全企业将加快并购整合，针对网络安全威胁加强技术研发，推出更加智能的信息安全设备和服务。面对愈演愈烈的网络攻击和网络犯罪，政府、金融、能源等重要行业的信息安全需求大幅增长，信息安全产业将快速发展，预计产业年增长率将达30%以上。

后 记

　　为摸清我国信息化总体发展阶段和区域信息化发展现状，正确评价各地信息化发展水平，帮助政府部门准确把握发展趋势和规律，务实推进信息化工作，赛迪智库在 2013 年开展全国信息化发展水平评估的基础上，对原有指标体系进行了优化，并开展了 2014 年全国信息化发展水平评估，根据评估结果最终完成了《中国信息化发展水平评估蓝皮书（2014 年）》。

　　参加本课题研究、数据调研及文稿撰写的人员有：中国电子信息产业发展研究院的樊会文、陆峰、谭霞、刘柳、秦文聪、张妮、马英才、庄金鑫、曹江龙、王蕤等。本书的出版还得到了国家统计局、工信部信息化推进司、工信部运行监测协调局、各省（区、市）经信委、院软科学处的大力支持，在此一并表示诚挚感谢。

　　本书的内容和观点虽然经过广泛而深入的讨论，在编写过程中也经过多次修改和提炼，但由于涉及领域宽、研究难度大，有些成果还有待时间考验，加之编撰者的理论水平和视野所限，难免存在缺点和不足，敬请广大读者批评指正。

赛迪智库

面向政府 服务决策

研究，还是研究
才使我们见微知著

信息化研究中心	工业化研究中心	规划研究所
电子信息产业研究所	工业经济研究所	产业政策研究所
软件与信息服务业研究所	工业科技研究所	财经研究所
信息安全研究所	装备工业研究所	中小企业研究所
无线电管理研究所	消费品工业研究所	政策法规研究所
互联网研究所	原材料工业研究所	世界工业研究所
军民结合研究所	工业节能与环保研究所	工业安全生产研究所

编 辑 部：赛迪工业和信息化研究院
通讯地址：北京市海淀区万寿路27号电子大厦4层
邮政编码：100846
联 系 人：刘颖 董凯
联系电话：010-68200552 13701304215
　　　　　010-68207922 18701325686
传 　 真：010-68200534
网 　 址：www.ccidthinktank.com
电子邮件：liuying@ccidthinktank.com

赛迪智库

面 向 政 府　服 务 决 策

思想，还是思想
才使我们与众不同

《赛迪专报》　　　　《两化融合研究》　　　《装备工业研究》

《赛迪译丛》　　　　《互联网研究》　　　　《消费品工业研究》

《赛迪智库·软科学》　《信息安全研究》　　　《工业节能与环保研究》

《赛迪智库·国际观察》《电子信息产业研究》　《工业安全生产研究》

《赛迪智库·前瞻》　　《软件与信息服务研究》《产业政策研究》

《赛迪智库·视点》　　《工业和信息化研究》　《中小企业研究》

《赛迪智库·动向》　　《工业经济研究》　　　《无线电管理研究》

《赛迪智库·案例》　　《工业科技研究》　　　《财经研究》

《赛迪智库·数据》　　《世界工业研究》　　　《政策法规研究》

《智说新论》　　　　《原材料工业研究》　　《军民结合研究》

《书说新语》

编 辑 部：赛迪工业和信息化研究院

通讯地址：北京市海淀区万寿路27号电子大厦4层

邮政编码：100846

联 系 人：刘颖　董凯

联系电话：010-68200552　13701304215

　　　　　010-68207922　18701325686

传　　真：010-68200534

网　　址：www.ccidthinktank.com

电子邮件：liuying@ccidthinktank.com